装备检验技术

(第 2 版)

刘小方　高成强　周永涛　编著

国防工业出版社

·北京·

内 容 简 介

本书以现代武器装备质量检验为主线,全面系统地介绍了现代武器装备质量检验的方法、理论及不同类型装备产品的相关检验技术。全书共分为四篇:装备质量检验技术、机械产品检验技术、电子产品检验技术和软件产品检验技术。

装备质量检验技术篇介绍了装备质量检验概述、装备质量检验过程与管理、检验数据误差分析与处理、统计抽样检验、质量信息管理与分析等内容;机械产品检验技术篇介绍了材料检验、几何量检验和无损检验等检验技术;电子产品检验技术篇介绍了电子元器件可靠性筛选检验、破坏性物理分析(DPA)检验、电子产品加工过程检验、电磁兼容性检验、热性能检验及环境适应性检验等方面内容;软件产品检验技术篇则从软件检验对象、软件质量特性、质量度量、质量测试、质量评价等方面进行了分析探讨。为便于理解、掌握装备质量检验的相关方法与技术,在介绍检验基础理论、基本方法的同时,还列举了工程应用实例。

本书可作为有关武器装备采办专业高年级本科生、研究生教材,以及军事代表培训教材,亦可供从事武器装备管理、采办工作相关人员阅读使用。

图书在版编目(CIP)数据

装备检验技术/刘小方,高成强,周永涛编著. —2 版.
—北京:国防工业出版社,2019.6
ISBN 978-7-118-11922-0

Ⅰ.①装… Ⅱ.①刘… ②高… ③周… Ⅲ.①武器装备—质量检验 Ⅳ.①F407.486.3

中国版本图书馆 CIP 数据核字(2019)第 120803 号

※

*国防工业出版社*出版发行
(北京市海淀区紫竹院南路 23 号 邮政编码 100048)
涿州宏轩印刷服务有限公司
新华书店经售

*

开本 787×1092 1/16 印张 31 字数 714 千字
2019 年 6 月第 1 版第 1 次印刷 印数 1—2000 册 定价 78.00 元

(本书如有印装错误,我社负责调换)

国防书店:(010)88540777 发行邮购:(010)88540776
发行传真:(010)88540755 发行业务:(010)88540717

再版前言

自2007年《装备检验技术》出版发行以来，作为培训教材，本书广泛地应用于全军装备采购干部质量监督与检验方面任职培训、军事装备学科研究生及相关专业本科生的教学，承蒙广大读者的支持和厚爱，提出许多修改建议、意见。新形势下，武器装备的快速发展建设促进装备检验技术的更新、发展，随着装备采办学科相关研究的加强，对装备检验技术的理解、认识不断加深，有必要对本书中内容进行修改、更新，使内容体系更为合理、科学、系统，体现装备检验技术新发展和相关研究的新成果。

第2版内容的修订围绕装备采购工作岗位需求而展开。全书总体框架未变，依然由装备质量检验技术、机械产品检验技术、电子产品检验技术、软件产品检验技术四篇组成，对术语进行了规范，对局部内容结构进行调整。机械、电子产品检验技术均按照原材料、元器件→生产加工过程→成品检验技术的顺序编排内容，第10章电子产品制造过程检验单独成章，第12章软件产品检验的内容进行了大幅度调整，按照软件产品质量特性、度量、测试、评价的顺序编写相关内容，更符合本书的内涵。同时，第3章、第6章在其结构未做大的调整情况下，较大幅度充实相关内容，使之更能满足装备采购基层军事代表岗位的工作需求。此外，在其他章节增补了数字化质量检验、质量评估分析、无损检验及各类技术发展趋势、电子产品整机加速老化等新内容，修订了全书国标、国军标等标准版本号，使之体现最新版本，还对其他相关术语修订、内容进行增补与删减。

在本书第2版编写、修订过程中，刘小方负责第1~5章、高成强负责第6~11章、周永涛负责第12章内容的整理、增删、编写，刘小方负责全书内容统筹、定稿。

由于作者水平有限，书中错误在所难免，敬请同行专家与读者批评指正。

作者

2019年1月

前 言

现代武器装备是军队现代化建设的重要物质基础。装备质量的优劣，影响到武器装备建设以及部队战斗力的形成，关系到战争胜负与国家民族安危。质量检验是提高武器装备质量的重要保证。现代武器装备采用了大量新材料、新工艺、新技术，技术高度密集，包含着多学科的尖端技术，涉及现代科学技术的各个领域，并且因专业面宽、领域多，其工程实现极为复杂，协作面广，研制、生产的风险性高。现代武器装备的上述特点要求其质量检验技术不断地更新并与之相适应，从而促进了装备检验技术随着新武器装备发展而不断地更新和发展。现代武器装备的自身特点对从事装备采购的质量检验人员素质与能力也提出了更高的要求。质量检验人员不仅需要掌握现代武器装备的质量检验体系、检验监督的重点环节、检验方法理论，而且需要了解质量检验技术的发展趋势，掌握不同专业学科的先进质量检验技术，扩大专业技术视野，以适应高技术密集、高度综合的现代武器装备的发展。显然，过去那种依靠工作岗位长期锻炼提高检验人员素质与能力的做法已远不能满足新形势下装备检验的要求，必须通过系统、正规的培训，使装备质量检验人员在较短的时间内提高检验技术水平，掌握全面、系统的检验技术知识，这对于稳步提高装备检验质量，进而向部队提供高质量武器装备和提高部队战斗力都具有十分重要的意义。

近年来，为适应新形势下武器装备发展的需要，总部机关十分重视装备采购队伍的建设，不断加大人员培训力度。装备检验技术是装备采购人员必备的专业基础知识之一，目前还缺乏全面、系统阐述现代武器装备检验技术的书籍，给武器装备采购人才的培养造成一定的困难，影响到武器装备采办相关学科的发展。为此，作者结合现代武器装备主要构成及其生产过程特点，编著了本书，作为从事装备采购人员培训、相关专业本科生及研究生的教材，以改进培养对象知识结构，提高其素质能力，促进装备采购学科的发展。

本书由装备质量检验技术、机械装备检验技术、电子装备检验技术、软件装备检验技术共四篇组成。第一篇包括第 1~5 章，介绍了装备质量检验工作的基本内容、质量检验体系的构成、检验数据处理、统计抽样检验的基本原理与方法、检验质量统计与信息管理。第二篇包括第 6~8 章，介绍了装备制造基础的材料检验技术、装备几何量检验技术与方法以及广泛应用的无损检验技术。第三篇包括第 9 章、第 10 章，系统地介绍了电子装备从基本元器件、生产制造工艺直至模块、整机生产中所涉及的各类检验技术。第四篇包括第 11 章，介绍了软件产品检验的对象、目的、原则，以及软件测试检验、软件可靠性测试检验、软件质量控制技术与方法等内容。

本书在编写过程中，刘靖洁、刘明军、占君、张永国、王峰立参与输入文字资料，江良洲、秦金华、王猛、王晶、郑钦、宋海容帮助整理资料与图片。在本书编写、收集资料过程中，得到了第二炮兵驻西安地区、成都地区多个军代室有力支持与帮助，其中程绪建、孙海洋、曹翠薇、赵慎言、杨贺田、张维祯、李林、王继川、尚建蓉、郭瑞峰以及其他多名军事代表更是积极提出许多改进意见,在此一并表示衷心的感谢。

  本书的编写得到了总装备部装备采购干部培训教学协作组的资助,本书的出版得到了总参2110工程"武器系统及运用工程"重点学科的资助,在此衷心地感谢有关领导的指导与支持!

  由于作者水平有限、经验不足,书中错误在所难免,恳请同行专家与读者批评指正。

作者
2006年6月于西安

目　　录

第一篇　装备质量检验技术

第1章　装备质量检验概述 …………… 1
1.1　现代武器装备与质量检验……… 1
　　1.1.1　武器装备质量管理重
　　　　　要性……………………… 1
　　1.1.2　质量检验与质量管理……… 2
　　1.1.3　装备检验有关要求与
　　　　　标准……………………… 5
1.2　检验定义与要求………………… 6
　　1.2.1　检验……………………… 6
　　1.2.2　判定性检验工作内容…… 7
　　1.2.3　检验指导思想…………… 8
1.3　检验职能………………………… 9
1.4　检验分类………………………… 10
　　1.4.1　按生产过程顺序分类…… 10
　　1.4.2　按检验地点分类………… 12
　　1.4.3　按检验方法分类………… 12
　　1.4.4　按被检装备数量分类…… 12
　　1.4.5　按质量特性数据性质
　　　　　分类……………………… 13
　　1.4.6　按检验后样品状况分类… 14
　　1.4.7　按检验目的分类………… 14
　　1.4.8　按供需关系分类………… 14
　　1.4.9　按检验人员分类………… 15
　　1.4.10　按检验系统组成部分
　　　　　　分类…………………… 15
　　1.4.11　按检验效果分类………… 16
1.5　数字化质量检验………………… 16

第2章　装备质量检验过程与管理…… 19
2.1　质量检验主要活动内容………… 19
2.2　质量检验计划…………………… 19

　　2.2.1　质量检验计划编制……… 19
　　2.2.2　质量检验流程与机构
　　　　　设置……………………… 21
　　2.2.3　质量检验文书…………… 26
　　2.2.4　不合格严重性分级……… 29
2.3　进货检验与试验………………… 32
　　2.3.1　进货检验与试验目的和
　　　　　作用……………………… 32
　　2.3.2　进货检验要求…………… 32
　　2.3.3　进货检验内容…………… 33
　　2.3.4　进货检验种类…………… 34
2.4　过程(工序)检验与试验………… 37
　　2.4.1　过程检验与试验的目的与
　　　　　作用……………………… 37
　　2.4.2　过程检验与试验形式…… 37
　　2.4.3　过程检验与试验的基本
　　　　　条件……………………… 38
　　2.4.4　过程检验与试验内容和
　　　　　要求……………………… 38
　　2.4.5　三检与过程监督………… 39
　　2.4.6　过程检验中的例外放行… 41
2.5　最终检验与试验………………… 41
　　2.5.1　最终检验与试验的目的和
　　　　　作用……………………… 41
　　2.5.2　最终检验与试验要求…… 41
　　2.5.3　最终检验与试验内容…… 42
2.6　成品入库、包装及交接检验…… 46
　　2.6.1　成品入库检验…………… 46
　　2.6.2　成品包装检验…………… 46
　　2.6.3　装备交接检验…………… 47

Ⅶ

2.7 质量检验管理 ………………… 49
  2.7.1 检验与试验状态 …………… 49
  2.7.2 不合格品管理与质量问题
      归零 ………………………… 50
  2.7.3 检验记录与质量证明文件
      管理 ………………………… 52
  2.7.4 检验批次管理 ……………… 55

第3章 质量检验数据处理 ……………… 57
3.1 测量不确定度概述 …………… 57
  3.1.1 不确定度概念 ……………… 57
  3.1.2 测量不确定度来源 ………… 57
  3.1.3 测量不确定度分类 ………… 58
  3.1.4 测量不确定度与测量
      误差 ………………………… 60
3.2 检验异常数据剔除 …………… 61
  3.2.1 3σ 原则检验法 …………… 61
  3.2.2 狄克逊检验法 ……………… 62
  3.2.3 格拉布斯检验法 …………… 63
  3.2.4 奈尔检验法 ………………… 64
3.3 测量不确定度评定 …………… 65
  3.3.1 标准不确定度评定 ………… 65
  3.3.2 合成不确定度评定 ………… 71
3.4 检验数据修约与结果表示 …… 73
  3.4.1 有效数字及运算规则 ……… 73
  3.4.2 数字修约及其规则 ………… 73
  3.4.3 微小误差准则 ……………… 74
  3.4.4 检验结果表示 ……………… 75
3.5 提高检验结果准确度 ………… 76
  3.5.1 平均值精密度 ……………… 76
  3.5.2 提高检验结果准确度 ……… 77

第4章 统计抽样检验 …………………… 79
4.1 抽样检验相关概念 …………… 79
  4.1.1 抽样检验概念 ……………… 79
  4.1.2 抽样检验与全数检验 ……… 79
  4.1.3 统计抽样检验概念与
      类型 ………………………… 80
  4.1.4 统计抽样检验基本事项 …… 81
4.2 计数抽样检验原理 …………… 83
  4.2.1 抽样检验方案及其接收
      概率 ………………………… 83
  4.2.2 检验特性曲线——OC
      曲线 ………………………… 85
  4.2.3 抽样检验的两种风险 ……… 85
  4.2.4 百分比抽样的不合理性 …… 85
4.3 计数调整型抽样检验标准
    （GJB 179A—1996）的使用 … 86
  4.3.1 检索抽样检验方案的先决
      条件 ………………………… 87
  4.3.2 一次抽样正常检验方案的
      检索 ………………………… 94
  4.3.3 采用 GJB 179A—1996 应注
      意的问题 …………………… 95
4.4 计量抽样检验原理与应用 …… 96
  4.4.1 已知标准差的计量一次抽
      样方案（σ法） ……………… 96
  4.4.2 未知标准差的计量一次
      抽样方案（s法） ………… 101
4.5 平均值的计量抽样检验标准
    （GB 8054—1995）的使用 … 103
  4.5.1 适用范围 ………………… 103
  4.5.2 有关规定 ………………… 103
  4.5.3 实施程序 ………………… 105

第5章 质量信息管理与分析 ………… 106
5.1 质量信息概述 ……………… 106
  5.1.1 质量信息基本概念 ……… 106
  5.1.2 质量信息作用 …………… 106
  5.1.3 质量信息分类 …………… 107
  5.1.4 质量信息特性 …………… 109
5.2 质量信息管理 ……………… 110
  5.2.1 质量信息流程 …………… 110
  5.2.2 质量信息管理组织 ……… 113
  5.2.3 质量检验信息管理 ……… 113
5.3 质量信息管理系统 ………… 114
  5.3.1 质量信息管理系统
      组成 ……………………… 114
  5.3.2 质量信息管理系统
      建设 ……………………… 115
5.4 质量信息分析与处理 ……… 116

5.4.1 质量信息统计分析工作内容 …… 116
5.4.2 质量统计及其指标 …… 117
5.4.3 质量评估与分析 …… 123

第二篇　机械产品检验技术

第6章　材料检验技术 …… 127
6.1 概述 …… 127
6.1.1 现代武器装备材料特点 …… 127
6.1.2 材料检验内容 …… 133
6.1.3 材料常规检验 …… 135
6.2 材料力学性能检验 …… 137
6.2.1 拉伸试验 …… 137
6.2.2 压缩试验 …… 141
6.2.3 弯曲试验 …… 142
6.2.4 剪切试验 …… 143
6.2.5 扭转试验 …… 143
6.2.6 硬度试验 …… 144
6.2.7 冲击试验 …… 144
6.2.8 疲劳试验 …… 145
6.3 材料显微检验 …… 147
6.3.1 透射电子显微镜 …… 147
6.3.2 扫描电子显微镜 …… 153
6.3.3 电子探针 …… 162
6.4 材料表面成分检验 …… 166
6.4.1 俄歇电子能谱分析 …… 166
6.4.2 原子探针显微分析 …… 169
6.4.3 X射线光电子能谱分析 …… 173
6.5 材料光谱检验 …… 177
6.5.1 红外光谱分析 …… 178
6.5.2 拉曼光谱分析 …… 184
6.6 材料热分析检验 …… 188
6.6.1 差热分析方法 …… 188
6.6.2 差示扫描量热法 …… 191
6.6.3 DTA和DSC在高聚物研究中应用 …… 193

第7章　几何量测量 …… 196
7.1 概述 …… 196
7.1.1 几何量测量概念 …… 196
7.1.2 几何量测量要素 …… 196
7.1.3 几何量测量系统组成 …… 197
7.1.4 几何量测量技术发展趋势 …… 198
7.2 零件尺寸检测方式 …… 199
7.2.1 计量器具与测量方法分类 …… 199
7.2.2 零件尺寸检测方式 …… 202
7.3 长度检测 …… 205
7.3.1 长度检测器具 …… 205
7.3.2 产品外径与内径检测 …… 206
7.3.3 产品厚度检测 …… 209
7.3.4 产品长度检测 …… 212
7.4 形状和位置误差检测 …… 214
7.4.1 检测规定 …… 214
7.4.2 测量 …… 219
7.4.3 评定 …… 226
7.5 表面几何特性检测 …… 230
7.5.1 表面光泽度检测 …… 230
7.5.2 表面缺陷检测 …… 230
7.5.3 表面轮廓检测 …… 230
7.5.4 表面粗糙度检测 …… 230
7.6 三坐标测量机及其应用 …… 234
7.6.1 三坐标测量机类型和组成 …… 234
7.6.2 三坐标测量机测量与应用 …… 235

第8章　无损检测 …… 239
8.1 概述 …… 239
8.1.1 发展历程与趋势 …… 239
8.1.2 无损检测特点 …… 240
8.1.3 无损检测方法及其选择 …… 241
8.1.4 无损检测评价 …… 244
8.2 超声检测 …… 245

8.2.1 超声物理基础……… 245	8.5.3 磁记忆效应检测……… 289
8.2.2 超声检测原理与方法…… 247	8.6 噪声检测……………………… 291
8.2.3 超声检测发展趋势……… 252	8.6.1 噪声及其度量…………… 291
8.3 射线检测……………………… 254	8.6.2 噪声测量与评价………… 292
8.3.1 射线物理基础…………… 254	8.7 声发射检测…………………… 295
8.3.2 射线检测原理与方法…… 257	8.7.1 声发射检测原理及
8.3.3 射线检测发展趋势……… 266	特点………………………… 296
8.4 涡流检测……………………… 266	8.7.2 声发射检测定位方法…… 299
8.4.1 涡流检测原理…………… 268	8.7.3 声发射检测应用………… 300
8.4.2 涡流检测方法…………… 269	8.8 红外检测……………………… 302
8.4.3 涡流检测发展趋势……… 274	8.8.1 红外检测基础…………… 303
8.5 表层缺陷检测………………… 275	8.8.2 红外检测技术原理与
8.5.1 渗透检测………………… 276	方法………………………… 306
8.5.2 磁粉检测………………… 283	8.8.3 红外检测技术应用……… 307

第三篇 电子产品检验技术

第9章 电子元器件检验……… 310	10.2.3 粘接………………………… 357
9.1 电子元器件选用与控制……… 310	10.2.4 螺纹连接………………… 358
9.1.1 电子元器件选用准则…… 310	10.2.5 内部结构连接…………… 360
9.1.2 电子元器件控制………… 311	10.3 焊接工艺检验……………… 360
9.1.3 电子元器件管理………… 314	10.3.1 焊接质量要求…………… 360
9.2 电子元器件可靠性筛选……… 315	10.3.2 常见焊接缺陷…………… 361
9.2.1 概述………………………… 315	10.3.3 焊接质量检验…………… 361
9.2.2 可靠性筛选检验方法…… 317	10.3.4 SMT 电路板焊接质量
9.2.3 可靠性筛选方案设计与	检验………………………… 364
评价………………………… 325	10.4 "三防"、灌封、粘固工艺
9.2.4 元器件二次筛选………… 335	检验………………………… 366
9.3 电子元器件破坏性物理	**第11章 电子产品整机检验**……… 367
分析………………………… 338	11.1 电性能检验………………… 367
9.3.1 DPA 检验一般要求……… 338	11.1.1 基本性能检验…………… 367
9.3.2 DPA 检验项目…………… 341	11.1.2 电磁兼容性检验………… 373
9.3.3 DPA 工作程序…………… 346	11.2 热性能检验………………… 388
第10章 电子产品制造过程检验…… 349	11.2.1 概述……………………… 388
10.1 印制板检验………………… 349	11.2.2 热控制原则与方法……… 390
10.1.1 印制板缺陷……………… 349	11.2.3 热评估实施……………… 393
10.1.2 印制板检验内容………… 349	11.2.4 热测试技术……………… 396
10.2 装配工艺检验……………… 350	11.3 环境适应性检验…………… 404
10.2.1 元器件安装……………… 350	11.3.1 "三防"性能检验………… 404
10.2.2 绕接连接………………… 356	11.3.2 环境应力筛选检验……… 406

11.4 综合环境应力检验 ………… 410
    11.4.1 综合环境应力试验定义与作用 ………… 410
    11.4.2 综合环境应力试验特点 ………… 410
    11.4.3 综合环境应力之间联合作用 ………… 410
    11.4.4 几种典型综合环境应力试验 ………… 411
    11.4.5 综合环境应力试验案例 ………… 412

第四篇 软件产品检验技术

第12章 软件产品检验 ………… 414
12.1 概述 ………… 414
    12.1.1 软件质量检验背景 ……… 414
    12.1.2 软件质量概念及其影响因素 ………… 419
    12.1.3 软件质量检验与监督策略 ………… 422
12.2 软件质量度量 ………… 425
    12.2.1 软件质量特性相关概念 ………… 425
    12.2.2 软件质量模型 ………… 428
    12.2.3 软件质量度量 ………… 432
12.3 软件质量测试 ………… 437
    12.3.1 概述 ………… 437
    12.3.2 软件测试内容 ………… 440
    12.3.3 软件测试过程 ………… 446
    12.3.4 软件测试方法 ………… 449
    12.3.5 软件测试用例设计 ………… 454
    12.3.6 软件测试质量评估 …… 460
12.4 软件质量评价 ………… 462
    12.4.1 概述 ………… 462
    12.4.2 评价策划与管理 ………… 464
    12.4.3 评价方法 ………… 465
    12.4.4 评价模块 ………… 468
    12.4.5 评价过程 ………… 471
    12.4.6 软件质量综合评价模型构建与应用 ………… 475

参考文献 ………… 481

第一篇　装备质量检验技术

第1章　装备质量检验概述

现代武器装备是军队现代化建设的物质基础，是构成军队及其战斗力的基本要素，是当代高技术的高度集成。武器装备质量检验是提高装备质量的重要保证。现代武器装备由于其独特的特点必须要注重检验和管理，本章从介绍现代武器装备的特点和质量管理入手，引出装备质量检验的定义并对检验进行简要的叙述，主要内容包括进行检验活动的指导思想、检验的职能和分类，最后对近期发展的数字化质量检验有关内容予以介绍，以便读者了解和学习。

1.1　现代武器装备与质量检验

1.1.1　武器装备质量管理重要性

现代武器装备具有以下几项特点：

(1) 技术密集。现代作战的诸多装备使用了大量的电子技术、精确制导技术、微电子技术、隐身技术、C^4ISR指挥自动化技术等，使得武器装备在外形结构、战术技术指标、使用操作和维护保养等方面向机械化、智能化、自动化方向发展。在研制生产过程中采用了大量新材料、新工艺、新技术，科技含量进一步增大。

(2) 工程复杂。现代武器装备技术涉及的专业面宽、领域多、协作面广。一些现代武器装备在研制生产进程中与多个省市、部委、研究院所、高等院校建立了广泛协作关系，其设计、生产和试验是一项极为复杂的系统工程，是全国大协作的产物。

(3) 高度综合。现代武器装备是技术高度密集，包含了多学科的尖端科学技术，是一门高度综合的技术领域，涉及现代科学技术的各个领域，是现代科学技术高度发展的结晶，几乎荟萃了当今世界上科学技术的最新成果和各种专业人才。

(4) 高风险性。从可靠性、可用性角度来看，现代武器装备若在研制、生产、检验等过程中问题考虑不周，就会造成装备列装后长期难以形成有效的战斗力，甚至可能造成严重后果。例如，导弹武器装备的的试验、使用不多，而且是一次性使用，一旦发射起飞出现故障，难以修复挽回。

现代武器装备对于国家的政治、军事、经济和科学技术的发展具有重要影响，是综合国力的体现，关系到国威、民心，质量责任重大。装备质量的优劣，影响到武器装备建设以及部队战斗力的形成，关系到战争胜负和国家民族安危的大问题，因此装备的质量管理具有特殊的重要意义。

所谓质量,是指一组固有特性满足要求的程度。质量定义明确提出,武器装备质量必须全面满足使用方——部队的要求(明确的)和期望(隐含的)。军队现代化建设的各方面发展,都与武器装备质量密不可分,甚至都是以武器装备质量为前提和基础的。没有质量就谈不上数量,当然也就难以保障军队现代化建设的发展。

现代武器装备的质量管理从大的方面看主要分两大块:一是承制方的质量管理,如设计质量(含研制质量)、生产质量和使用质量等;二是订购方的质量管理,对军品而言,立项论证质量、方案评审质量、研制和生产过程中的质量检控,以及使用维修质量、库存质量等,军方都需要承担很大的责任。如果不注意质量管理,那么就不可能获得优质的装备,就不可能使装备发挥出应有的效能。装备质量管理必须坚持"严、细、慎、实、深、透"的要求,对保证武器装备的高可靠性、高安全性、长寿命具有十分重要的现实意义。

武器装备质量是军队的生命,是军队形成战斗力的基础,对于战争的进程与走向具有重要的影响作用。因而,装备质量管理是装备采购部门与人员工作的中心环节,必须给予高度重视。作为装备质量管理中的一项重要工作——装备质量检验必须加强。

1.1.2 质量检验与质量管理

1.1.2.1 质量管理发展

科学技术和生产力的高速发展促进了质量管理的发展,作为装备质量管理重要组成部分的装备质量检验,随着质量管理发展而发展是非常正常的,也是必然的。对装备质量提出高标准要求的同时,对装备质量检验的要求亦更加严格。装备质量检验突出表现在经常化、科学化等方面,并且通过高质量、高效率的工作和全过程的验证活动,与装备承制单位的各项活动相协同,有力地保证了装备质量的稳步提高,不断满足军队现代化建设的要求。

质量管理是在装备质量检验的基础上发展起来的,而质量检验又随着质量管理的发展而发展。到目前为止,质量管理大致经历了以下三个阶段。

1. 传统质量检验阶段

为满足军方对装备质量要求开始就有了装备质量检验。传统质量检验阶段是单纯靠检验或检查保证装备或工作质量的。装备生产后经过检验,区分合格产品与不合格产品。合格装备交付军方使用,不合格装备需通过返工、返修、降等级使用或报废等方式进行处理。因此,传统的质量检验阶段是事后的质量保证,是不经济的质量管理。

由于生产力不断发展,生产规模不断扩大,传统质量检验阶段历经了操作者检验、工长检验、专职检验三个时期。在传统质量检验阶段质量是通过"全数检验"完成检验工作的。

2. 统计质量控制阶段

统计质量控制阶段,应用数理统计方法从装备质量波动中找出规律性,捕捉生产过程中的异常先兆,经过质量分析找出影响质量的异常因素并采取措施将其消除,使生产过程中的各个环节控制在正常的生产状态,从而起到最经济地生产出符合标准要求的装备的作用。

实践证明,统计质量控制是保证装备质量、预防不合格品产生的有效方法。但是,由于在统计质量控制阶段,只对生产过程进行控制,忽略了装备质量的产生(设计阶段)、形成(生产制造阶段)和实现(使用阶段)中各个环节的作用,而且还忽视了人的主观能动作用和承制单位组织管理(质量体系)的作用,使人误解为"质量管理就是统计方法的应用"。同时,由于大多数生产者文化素质还达不到充分理解和掌握统计方法应用的技能,因而在推广应用方面受到很大的阻力。

3. 全面质量管理阶段

随着科学技术和管理理论的不断发展,20世纪60年代初,美国的费根鲍姆和朱兰等提出全面质量管理理论,把质量管理推向一个新的纪元。

全面质量管理强调"三全"管理:

(1) 全员参与的质量管理。

(2) 全过程的质量管理。对装备质量的产生(产品的设计阶段)、形成(装备的生产制造阶段)和实现(产品的使用阶段)的全过程实施有效的质量管理。

(3) 全企业(承制单位)的质量管理。

1.1.2.2 质量检验与质量管理关系

装备质量检验是武器装备承制企业质量管理中的一项重要工作,是全面质量管理中不可缺少的组成部分,也是军事代表保证军队获得质量优良的武器装备、防止不合格产品交付部队的主要工作任务。质量管理最早是从质量检验发展起来的,全面质量管理的许多内容都与质量检验有密切关系。在质量管理发展过程中的各个阶段,质量检验的功能各有不同,但质量检验始终是质量管理中的重要工作。

在当前以质量管理体系运转为中心的质量管理工作中,质量检验是装备质量管理体系的重要组成部分,是其中的一个子体系,它们之间的关系主要表现在以下几个方面。

1. 质量检验是装备承制方质量管理体系的重要组成部分

首先,装备承制方按ISO 9000族标准建立质量管理体系策划时,质量检验作为质量管理体系所需要的过程,已被确定下来,这在ISO 9001:2000 4.1质量管理体系总要求中做了描述,同时也要求确定质量检验与其他过程的顺序和相互作用。因此,质量检验既是识别、确定其输入和输出活动过程设计的一部分,也是由一系列过程组合成质量管理体系中不可缺少的一部分。

其次,装备承制方的质量检验,一般包括采购产品的验证、不合格品控制、产品的监视和测量检验状态标识等。这些要求在ISO 9001:2000标准的一些条款中做了描述。这是因为对外购产品进行检验或验证,不合格品进行控制,对产品进行检验与监视,并对这一系列过程中的装备检验状态进行标识,是装备质量形成过程不可缺少的环节,其工作质量直接关系到装备质量的优劣和装备承制方的信誉,因此质量检验是装备承制方质量管理体系的重要组成部分。

2. 质量检验机构是构成装备承制方质量管理体系的重要组成部分

装备承制方质量管理体系的重要内容之一是组织结构,它是由装备承制方的设计、工艺、制造、检验、销售等有关的组织机构组成,其中包括了质量检验机构。按照质量法要求,厂长作为装备承制方法人,应直接对装备质量负责,因此,质量检验应在厂长的领导下,独立行使检验职能,组织全体检验人员开展检验和试验工作。

3. 质量检验是质量管理体系的一部分,应制定文件化程序

质量管理体系是由被识别、确定并规定它们之间顺序和相互作用的一系列过程组成。

过程是一组将输入转化为输出的相互关联或相互作用的活动。质量检验是通过一个过程来实现的,它既存在检验职能之中,又可跨越检验职能通过鉴别、把关、预防及报告等监督活动与其他过程相联系而有效运行。

为了确保过程的质量,对输入过程的信息、要求和输出的产品以及在过程中的适当阶段进行必要的检查、验证。因此,应制定文件化程序,将质量检验作为过程通过文件规定它的活动途径,结合 ISO 9001:2000 的要求,一般要制定以下程序(或规范):

(1) 进货检验和试验程序。

(2) 过程检验和试验程序。

(3) 最终检验和试验程序。

(4) 支持文件:如装备检验指导书或装备检验规程以及装备的状态标识规范等,此类文件由工艺部门或质检部门编制,是质量管理体系文件化组成部分之一。可以明确某项检验工作的人员、时间、地点、方法、仪器、设备、文件种类以及检查、监视和记录内容。

4. 质量检验应配备必需的资源

(1) 装备承制方在建立质量管理体系识别和确定质量检验时,应根据装备的复杂程度、规模的大小来配备必需的资源,以保证质量管理体系的正常运行和装备质量的稳定及提高。

这些资源包括:

① 各类检验人员(包括管理干部)。

② 检验和试验设备。

③ 检验和试验设施和场地。

④ 资金,如标准检验仪器的检定费用等。

⑤技术方法,包括采用计算机和质量监控软件等。

(2) 项目质量计划中规定应配备的资源。

① 装备开发研制并在该项质量计划中规定质量检验所需要配备的资源。

② 质量改进和管理运作等,并在该项质量计划中规定质量检验所需要配备的资源。

装备和产品的概念有所区别。装备是军队用于作战和作战保障的各种器械、器材等军事装备的统称。产品是指生产出来的物品,包括装备生产过程中的零部件、半成品、成品。配备于部队的成品即为装备,可见产品的内涵更为丰富。在本书中,在不产生歧义的情况下,这两个概念的运用采取了灵活做法,未作勉强的文字上的统一,而是从表达实际意义的角度出发来确定具体使用。

1.1.2.3 质量检验作用

根据质量检验的职能,它在质量管理体系运行中有以下作用:

1. 评价作用

质量检验机构根据技术标准、合同、法规等依据,对装备质量形成的各阶段进行检验,并将检验和试验结果与标准比较,做出符合或不符合标准的判断,或对装备质量水平进行评价,并依此评价质量管理体系中"产品实现"和"测量、分析和改进"有关条款,即采购产品的验证、不合格品控制、产品的监视与测量等活动的符合性和有效性。

2. 把关作用

检验人员通过对原材料、外购件、外协件、零部件和成品的检验和试验,将不合格品分选或剔出,严格把住每个环节的质量关,做到不合格的原材料、外购外协件不进厂,不合格的零部件不转序,不合格的装备不出厂。

3. 预防作用

检验人员通过进货检验、首件检验、巡回检验及抽样检验等,及早发现不合格品,防止不合格品进入工序加工和大批量的产品不合格,避免造成更大的损失。

4. 信息反馈作用

通过各阶段的检验和试验,记录和汇集了装备质量的各种数据,这些质量记录是证实产品符合性及质量管理体系有效运行的重要证据。另外,当装备质量发生变异时,这些检验记录能及时向有关部门及领导报告,起到重要信息反馈作用。

5. 实现装备的可追溯性

当有要求时,检验部门通过装备的检验和试验状态标识、装备标识、质量记录等相关活动,实现装备的可追溯性。

1.1.3 装备检验有关要求与标准

1.1.3.1 武器装备质量管理条例对质量检验的要求

1987年6月,国务院、中央军委批准发布了《军工产品质量管理条例》,对于提高装备质量管理水平,确保装备质量发挥了重要作用。但随着高新技术装备建设质量管理要求的不断提高,国防科技工业管理体制和军队装备管理体制调整改革的不断深化,质量管理新理念、新技术的不断涌现,质量管理的理论与实践发生了一些深层次的变化,亟待出台与之相适应的顶层法规。原总装备部会同原国防科工委,自2003年起共同组织了《军工产品质量管理条例》的编修工作,2010年9月30日批准发布,自2010年11月1日起实施,并更名为《武器装备质量管理条例》。

《武器装备质量管理条例》总结了多年来装备质量管理的有效措施和成功经验,研究借鉴了国际质量管理的最新理论和方法,做到了定位准确、要求科学、结构合理、便于实施。条例将装备质量管理的核心理念统一到现代质量管理理念上来,系统地提出论证、研制、生产、试验和维修保障等各环节质量管理的任务、责任和要求,以及质量监督的有关措施和制度。条例实现了与国防法、产品质量法、保密法、认证认可条例、武器装备科研生产许可管理条例、驻厂军事代表工作条例、军工产品定型工作规定的一致性。

在《武器装备质量管理条例》中有关质量检验的要求主要有:第三十三条中要求"未经检验合格的外购、外协产品,不得投入使用";第三十四条中要求武器装备生产时"元器件、原材料、外协件、成品件经检验合格";第三十六条中要求"武器装备研制、生产单位应当按照标准和程序要求进行进货检验、工序检验和最终产品检验;对首件产品应当进行规定的检验;对实行军检的项目,应当按照规定提交军队派驻的军事代表(以下简称军事代表)检验";第三十九条中要求"武器装备研制、生产单位交付的武器装备及其配套的设备、备件和技术资料应当经检验合格""军事代表应当按照合同和验收技术要求对交付的武器装备及其配套的设备、备件和技术资料进行检验、验收,并监督新型武器装备使用和维修技术培训的实施";第五十七条中要求"武器装备质量检验机构、认证机构与武器装备研制、生产单位恶意串通,弄虚作假,或者伪造检验、认证结果,出具虚假证明的,取消其检验、认证资格,并由国务院国防科技工业主管部门、国务院有关部门依照《中华人民共和国认证认可条例》的有关规定处罚;属于军队的武器装备质量检验机构、认证机构,由军队有关部门按照有关规定处理;构成犯罪的依法追究刑事责任。"

由此可见,《武器装备质量管理条例》对采购检验、外包检验、过程检验、最终检验、军检以法律法规的形式进行强制要求,体现了质量检验在武器装备研制生产中的重要作用。

1.1.3.2 检验验收工作标准

关于检验工作的主要国军标包括 GJB 1442A—2006《检验工作要求》、GJB 3677A—2006《装备检验验收程序》、GJB 5715—2006《引进装备检验验收程序》。

GJB 1442A—2006《检验工作要求》定义了质量检验部门的职责和权限、检验人员的职责和权限,对检验计划、检验规程、检验记录、检验报告所包括的内容进行了规定,对外购产品、外协产品、顾客提供的产品、工序检验、最终检验、军检、产品包装检验的检验过程控制明确了要求,并提出了检验印章的管理要求。

GJB 3677A—2006《装备检验验收程序》规定了检验验收的基本要求和条件,明确了检验验收步骤,明确了停止和恢复检验验收的条件及执行步骤。

GJB 5715—2006《引进装备检验验收程序》规定了引进装备的检验验收基本要求和条件,明确了检验验收步骤,明确了质量问题处理的要求。

1.2 检验定义与要求

1.2.1 检验

质量检验是借助于某种手段或方法,测定产品的质量特性,然后把测得结果同规定的产品质量标准进行比较,从而对产品做出合格或不合格判断。凡是符合标准的,称为合格品,检查后予以通过;凡是不符合标准的,称为不合格品或不良品,检查后予以返修、报废或降级使用处理。

装备质量检验就是依据装备订货合同,按照有关标准、技术条件和检验程序,对装备进行检查、测试和试验,根据其结果确定是否接收的过程。GJB 20357—1997《武器装备订购与质量监督术语》中,对"检验"的定义是:对实体的一个或多个特性进行的诸如测量、检查、试验、度量并将结果与规定要求进行比较以确定每项特性合格情况所进行的活动。

ISO 9000 标准对检验的定义是:通过观察和判断,适时结合测量、试验所进行的符合性评价。

(1) 凡是可以想像到的事物都是实体,或可理解为:可单独描述和研究的事物称为实体。例如:活动或过程;产品(有形产品和无形产品);组织(企业、部门、班组以及个人);上述各项的任何组合。因此说,检验适用于任何活动。

(2) 合格与不合格指满足或不满足规定的要求。检验工作的规定要求是指质量标准,企业执行的质量标准有验收标准和内控标准之分。

(3) 检验的技术性在于对产品的一项或若干项质量特性进行诸如测量、检查、试验或度量。用于检验的测量和监控装置必须在满足受控的条件下使用。

(4) 检验是一种活动,是对测量、检查、试验或度量的一项或多项特性的结果,与规定要求进行比较,并确定每项特性是否合格的活动。因此,检验是一种符合性判断。

（5）以上定义是"判定性检验"的定义。

1.2.2 判定性检验工作内容

判断性检验是质量检验基本内容，硬件、软件、服务及流程性材料，无论哪一种产品均需要进行把关，保证装备的质量。其一般工作内容如下：

1. 熟悉与掌握规定的要求(质量标准)

首先应熟悉所检验的一项或多项特性的规定要求(质量标准)的内容，并将其转换为具体的质量要求、抽样和检验方法，确定所用的测量装置。通过对规定要求(质量标准)的具体化，使有关人员熟悉与掌握什么样的装备是合格装备，什么样的装备是不合格装备。

承制方所执行的质量标准有验收标准和内控标准。

验收标准用于供需双方交接(验收)装备时使用。凡公开发布的标准，无论是国家标准、地区标准、行业标准还是企业标准，都属于验收标准。

内控标准用于承制方对所生产的装备进行检验时使用。内控标准是在验收标准的基础上，按以下原则进行加严：

（1）扣除因装备质量稳定性而造成的差异。

（2）扣除因测量误差而造成的差异。

内控标准不能无原则加严，过严则错杀很多合格装备，过宽则失去内控的意义。内控标准与验收标准的差异反映了承制方的技术能力和管理水平，因此内控标准属于承制方机密。

2. 测量

测量就是按确定采用测量装置或理化分析仪器，对装备的一项或多项特性进行定量(或定性)的测量、检查、试验或度量。

测量首先应保证所用的测量装置或理化分析仪器处于受控状态。这一点在ISO 9000标准中明确规定为：测量和监控装置的使用和控制应确保测量能力与测量要求相一致。

关于测量能力的概念另行叙述。

3. 比较

比较就是把检验结果与规定要求(质量标准)相比较，观察每一个质量特性是否符合规定要求。

应注意，承制方对所生产的产品进行自行检验时，必须严格执行内控标准，以避免与军方发生质量争议，影响承制方的声誉。

4. 判定

质量管理具有原则性和灵活性。对检验的装备质量有符合性判断和适用性判断。

符合性判断，就是根据比较的结果，判定被检验的装备合格或不合格。符合性判断是检验部门的职能。

适用性判断，就是对经符合性判断被判定为不合格的装备或原材料进一步确认能否适用的判断。适用性判断不是承制方检验部门的职能。

对原材料的适用性判断是承制方技术部门的职能。在进行适用性判断之前必须进行必要的试验，只有在确认该项不合格的质量特性不影响装备的最终质量时，才能做出适用性判断。必要时可采用筛选和预处理(加工)的方法,创造适用性条件。

对装备的适用性判断只能由驻厂军事代表判断,经军代表做出适用性判断的产品应加以特殊标识。

5. 处理

检验工作的处理阶段包括以下内容:

(1)对单件产品,合格的转入下道工序或入库。不合格的作适用性判断或经返工、返修、降等级、报废等方式处理。

(2)对批量产品,根据检验结果的分析做出接收、拒收或回用等方式处理。

6. 记录

把所测量的有关数据,按记录的格式和要求,认真做好记录。质量记录按质量体系文件规定的要求控制。

对不合格产品的处理应有相应的质量记录,如返工单、回用单、报废单等。

1.2.3 检验指导思想

做好质量检验工作:一是按照验收依据进行装备质量检验;二是根据检验制度及有关质量管理要求做好检验的管理业务工作;三是为了完成以上工作随时都要和与生产有关的各类人员打交道并搞好工作关系。

驻厂军代室的工作具有涉及面广、矛盾多、要求高、难度大、责任重等特点。如何把一个工作具有以上特点,技术与管理兼而有之的部门建设好,使之能更充分有效地发挥其职能作用,除了要加强组织、思想、技术和业务建设外,确立正确的检验指导思想、工作原则,树立良好的工作作风,是十分必要的。

装备检验工作的指导思想是:一坚持、二把关、三依靠、四服务。

"坚持":就是坚持质量第一。

坚持质量第一,要求检验人员把工作责任心、事业心和对部队高度负责的精神集中体现在坚持质量第一上。

"把关":就是严把质量关。

严把质量关,就是要求检验过程必须处处严格按照检验依据的规定办事,确保检验验收装备的符合性质量。而检验工作中,那些潜在的危害,如"差不多""能用""出不了问题""凭经验检验""图省事"(该检的不检或少检)等侥幸心态,都必须防止和纠正。

"依靠":就是依靠承制方全体员工把好质量关。

依靠群众把好质量关,是依靠企业中所有与生产有关的人员共同搞好产品质量。要相信他们是愿意搞好质量的,让他们参与检验工作,并善于与他们建立融洽合作的工作关系,以赢得他们对质量检验工作的支持。

"服务":就是要服务于科研、生产和部队。

确保检验质量的目的,是为了更好地为科研生产和部队服务。为了满足科研生产和部队的要求,检验部门还要在密切配合生产、质量检验咨询、检验方式方法、提供质量数据等方面,尽力提供人力、物力和技术的支援。

1.3 检 验 职 能

1. 鉴别职能

鉴别职能是其他各项职能的前提。它是根据技术标准、产品图样、工艺规程和订货合同(协议)的规定,采用相应的检验方法观察、试验、测量装备的质量特性,判定装备质量是否符合规定的要求。不进行鉴别就不能确定装备的质量状况,就难以实现其他各项职能。

2. 把关职能

质量"把关"是质量检验最重要、最基本的职能。装备实现的过程往往是一个复杂的过程,影响装备质量的人、机、料、法等诸因素都会在这过程中发生变化和波动,各过程(工序)不可能始终处于等同的技术状态,质量波动是客观存在的、不可避免的。因此,必须通过严格的检验,剔除不合格品并予以"隔离",实现不合格原材料不准投产、不合格半成品不准转序、不合格成品不准出厂,严把质量关的"把关"的职能。

3. 预防职能

现代的质量检验不是单纯的事后把关,还同时起到预防的作用。检验的预防作用主要体现在以下几个方面:

(1) 通过对过程能力的测定和控制图的应用起到预防的作用。无论是过程能力测定还是控制图的应用,都需要通过装备检验取得质量数据,但这种检验的目的不是为了判定装备合格与否,而是为了计算过程能力的大小或反映过程的状态是否受控。如果发现过程能力达不到要求,或者通过控制图表明过程出现了异常(异常先兆),都需要及时调整或采取技术、组织措施,提高过程能力或消除异常因素,使过程恢复到稳定受控状态。

(2) 通过过程作业的首检与巡检起到预防作用。当一个班次或一批装备开始作业(加工)时,一般应进行首件检验,只有当首件检验合格并得到认可时,才能正式投产。此外,当设备进行了调整又开始作业(加工)时,也应进行首件检验,其目的都是为了防止出现成批不合格品。而正式投产后为了及时发现作业过程中的异常变化,还要定时或不定时到作业现场进行巡回抽检,一旦发现问题可以及时采取措施纠正。

(3) 广义的预防作用。实际上是对原材料和外购件的进货检验;对半成品转序或入库前的检验,既起到把关的作用又起到预防的作用。前过程(工序)的把关,对后过程(工序)就是预防。特别是应用现代数理统计方法对检验数据进行分析,就能找到或发现质量变异的特征和规律。利用这些特征和规律就能改善质量状况,预防不稳定生产状态的出现。

4. 报告职能

为了使领导层和相关的管理部门及时掌握装备实现过程中的质量状况,评价和分析质量控制的有效性,把检验获取的数据和信息,经汇总、整理、分析后写成报告,为质量的控制、改进、考核以及管理决策提供重要的信息和依据。

质量报告的主要内容:

(1) 原材料、外购件、外协件进货验收的质量状况及合格率。

(2) 过程检验、成品检验的合格率、返修率、报废率和等级品率,以及相应的质量损失金额。

(3) 按装备组成部分(如零件、部件、组件)或作业单位划分统计的合格率、返修率、报废率及相应的质量损失金额。

(4) 装备不合格原因分析。

(5) 重大质量问题的调查、分析和处理意见。

(6) 提高装备质量和质量改进的建议。

5. 监督职能

装备质量检验部门还担负着企业质量监督的职能，其职能包括：

(1) 装备质量的监督。

(2) 专职和兼职质量检验人员工作质量的监督。

(3) 工艺技术执行情况的技术监督。

1.4 检 验 分 类

1.4.1 按生产过程顺序分类

按生产过程的顺序分类是为了保证国家关于"三不准"规定的实施，即不合格原材料不准投产，不合格半成品不准转序，不合格装备不准出厂。

1. 进货检验

进货检验是对所采购的原材料、外购件、外协件、配套件、辅助材料、配套产品以及半成品等在入库之前所进行的检验。进货检验的目的是为了防止不合格品进入仓库，防止由于使用不合格品而影响装备质量，打乱正常的生产秩序。这对于把好质量关，减少不必要的经济损失是至关重要的。

进货检验应由装备承制方专职检验员严格按照技术文件进行，军方代表复核。

进货检验包括首(件)批样品检验和成批进货检验两种。

1) 首(件)批样品检验

首(件)批样品检验是指对供应方的样品进行检验，其目的在于掌握样品的质量水平和审核供应方的质量保证能力，并为今后成批进货提供质量水平的依据。因此，必须认真对首(件)批样品进行检验，必要时进行破坏性试验、解剖分析等。

在以下几种情况下应进行首(件)批样品检验：

(1) 首次交货。

(2) 在执行合同中装备设计有较大的改变。

(3) 制造过程有较大的变化，如采用新工艺、新技术或停产3个月以上之后又恢复生产等。

(4) 对装备质量有新的要求。

2) 成批进货检验

成批进货检验是指对供应方正常交货的成批货物进行的检验。目的是为了防止不符合质量要求的原材料、外协件等成批进入生产过程，影响装备质量。利用进货检验数据作控制图，控制供货质量及选择合格供方。

根据外购货品的质量要求,应对其按对装备质量的影响程度分成 A、B、C 三类,检验时应区别对待。

A 类(关键)品:必须进行严格的检验。

B 类(重要)品:可以进行抽检。

C 类(一般)品:可以采用无试验检验,但必须有符合要求的合格标志和说明书等。

通过 A、B、C 分类检验,可以使检验工作分清主次,集中力量对关键品进行检验,确保装备质量。

其中 A 类原材料、外购件的检验应全项目检验,无条件检验时可采用工艺验证的方式检验。

2. 过程检验

过程检验也称为工序检验,是在装备形成过程中对各加工工序之间进行的检验。其目的在于保证各工序的不合格半成品不得流入下道工序,防止对不合格半成品的继续加工和成批半成品不合格,确保正常的生产秩序。由于过程检验是按生产工艺流程和操作规程进行检验,因而起到验证工艺和保证工艺规程贯彻执行的作用。

过程检验通常有以下三种形式:

1) 首件检验

首件检验是在生产开始时(上班或换班)或工序因素调整后(调整工艺、工装、设备等)对制造的第一件或前几件产品进行的检验。目的是为了尽早发现过程中的系统因素,防止产品成批报废。

在首件检验中,通常实施"首件三检制",即操作工人自检、班组长检验和专职检验员检验,军方代表复核检验结果。首件不合格时,应进行质量分析,采取纠正措施,直到再次首件检验合格后才能成批生产。

对检验合格的首件应按规定进行标识,并保留到该批产品完工。

2) 巡回检验

巡回检验也称为流动检验,是在生产现场按一定的时间间隔对有关工序的产品质量和加工工艺进行的监督检验。

在过程检验中应进行的巡回检验项目和职责:

(1) 巡回检验的重点是关键工序,应熟悉所负责检验范围内工序质量控制点的质量要求、检测方法和加工工艺,并对加工后产品是否符合质量要求及检验指导书规定的要求,以及负有监督工艺执行情况的责任。

(2) 做好检验后的合格品、不合格品(返修品)、废品的专门存放处理工作。

3) 完工检验

完工检验是对该工序的一批完工的产品进行全面的检验。完工检验的目的是挑出不合格品,使合格品继续流入下道工序。

过程检验不是单纯的质量把关,应与质量控制、质量分析、质量改进、工艺监督等相结合,重点做好质量控制点加工质量的主导要素的效果检查。

3. 最终检验

最终检验也称为成品检验,目的在于保证不合格装备不出厂。成品检验是在生产结束后,装备入库前对装备进行的全面检验。经最终检验的装备要求"二无"(无错检、无漏检)、"三不带"(不带故障、不带疑点、不带多余物)。

成品检验由装备承制方与军方质量检验机构共同负责,检验应按成品检验指导书的规定进行,大批量成品检验一般采用统计抽样检验的方式进行。

成品检验合格的装备,应由检验员签发合格证后,才能办理入库手续。凡检验不合格的装备,应全部退回车间作返工、返修、降级或报废处理。经返工、返修后的装备必须再次进行全项目检验,检验员要做好返工、返修装备的检验记录,保证装备质量具有可追溯性。

1.4.2 按检验地点分类

1. 集中检验

把被检验的装备集中在一个固定场所进行检验。由于检验场地固定,检验条件相对生产现场要好,多用于精度高的复杂零件。

2. 跟班检验

检验者跟随操作者在现场对受检装备进行检验。多用于关键件、重要件生产和大部件、集体操作的检验。

3. 流动检验(巡回检验)

检验者深入生产现场对装备(含过程)进行的检验。

1.4.3 按检验方法分类

1. 理化检验

理化检验是指主要依靠量检具、仪器、仪表、测量装置或化学方法对装备进行检验,获得检验结果的方法,如材料力学性能、化学成分的检验。有条件时尽可能采用理化检验。

2. 感官检验

感官检验也称为官能检验,是依靠人的感觉器官对装备的质量进行评价或判断,多用于质量特性不易量化的情况,如对装备的形状、颜色、气味、伤痕、老化程度等,通常是依靠人的视觉、听觉、触觉或嗅觉等感觉器官进行检验,并判断装备质量的好坏或合格与否。

感官检验又可分为:

(1) 嗜好型感官检验,如装备外观、款式的鉴定。要靠检验人员丰富的实践经验,才能正确、有效判断。

(2) 分析型感官检验,如装备点检,依靠手、眼、耳的感觉对温度、速度、噪声等进行判断。

3. 试验性使用鉴别

试验性使用鉴别是指对装备进行实际使用效果的检验。通过对装备的实际使用或试用,观察装备使用特性的适用性情况。

1.4.4 按被检装备数量分类

1. 全数检验

全数检验也称为百分之百检验,是对所提交检验的全部装备逐件按规定的标准全数检验。

全数检验在以下情况进行：
(1) 装备价值高但检验费用不高时应全数检验。
(2) 关键质量特性和安全性指标应全数检验。
(3) 生产批量不大，质量又无可靠措施保证时应全数检验。
(4) 精度要求比较高或对下道工序加工影响比较大的质量特性要全数检验。
(5) 手工操作比重大，质量不稳定的加工工序所生产的装备应全数检验。
(6) 军方退回的不合格交验批，应采用全数重检筛选不合格装备。应注意，即使全数检验，由于错验和漏验也不能保证百分之百合格。如果希望得到的产品百分之百都是合格装备，必须重复多次全数检验才能接近百分之百合格。

2. 抽样检验

抽样检验是按预先确定的抽样方案，从交验批中抽取规定数量的样品构成一个样本，通过对样本的检验推断批合格或批不合格。

抽样检验适用于以下情况：
(1) 生产批量大、自动化程度高，装备质量比较稳定的情况。
(2) 带有破坏性检验项目的装备。
(3) 装备价值不高但检验费用较高时。
(4) 某些生产效率高、检验时间长的装备。
(5) 外协件、外购件大量进货时。
(6) 有少数装备不合格不会造成重大损失的情况，如螺钉、螺母、垫圈等。

抽样检验方案的确定依据不同时，又有：
(1) 统计抽样检验。统计抽样检验的方案完全由统计技术所决定，其对交验批的接受概率只受批质量水平唯一因素影响，因此是科学的、合理的抽样检验。
(2) 非统计抽样检验。非统计抽样检验(如百分比抽样检验)的方案不是由统计技术决定的，其对交验批的接收概率不只受批质量水平的影响，还受到批量大小的影响，是不科学、不合理的抽样检验，应予淘汰。

3. 免检(无试验检验)的适用范围
(1) 生产过程稳定，对后续生产无影响时可采用免检。
(2) 国家批准的免检产品及产品质量认证产品的无试验买入时可采用免检。
(3) 长期检验证明质量优良，使用信誉很高的产品在交接中可采用免检。

应注意，免检并非完全放弃检验。如果不能及时获得生产过程的质量情况，一旦发生异常将难以拿出有效的解决措施。所以，采用免检时应加强对生产方的生产过程进行质量监督，如派驻代表(指军工生产企业的军代表制)和向生产方索取生产过程的控制图等。

1.4.5 按质量特性数据性质分类

1. 计量值检验

计量值检验需要测量和记录质量特性的具体数值，取得计量值数据，并根据数据值与标准对比，判断装备是否合格。

计量值检验所取得的质量数据，可应用直方图、控制图等统计方法进行质量分析，可以获得较多的质量信息。

2. 计数值检验

在工业生产中为了提高生产效率,常采用界限量规(如塞规、卡规等)进行检验。所获得的质量数据为合格品数、不合格品数等计数值数据,而不能取得质量特性的具体数值。

1.4.6 按检验后样品状况分类

1. 破坏性检验

破坏性检验是指只有将被检验的样品破坏以后才能取得检验结果(如火工品的爆破能力、金属材料的强度等)。经破坏性检验后被检验的样品完全丧失了原有的使用价值,因此抽样的样本量小,检验的风险大。

2. 非破坏性检验

非破坏性检验是指检验过程中装备不受到破坏,装备质量不发生实质性变化的检验,如零件尺寸的测量等大多数检验都属于非破坏性检验。现在由于无损探伤技术的发展,非破坏性检验的范围正在逐渐扩大。

运用统计技术(如回归分析等),以非破坏性检验推断破坏性检验的结果(加以金属材料的硬度推断金属材料的抗拉强度),大大提高了检验的有效性。

1.4.7 按检验目的分类

1. 生产检验

生产检验是指在装备形成的整个生产过程中的各个阶段所进行的检验。生产检验的目的在于保证所生产的装备质量。

生产检验执行内控标准。

2. 验收检验

验收检验是指军方在验收装备承制方提供的产品所进行的检验。验收检验的目的是军方为了保证验收产品的质量。

验收检验执行验收标准。

3. 监督检验

监督检验是指军方检验机构,按质量监督管理部门制定的计划,抽取样品所进行的抽查监督检验。监督检验的目的是为了对装备质量进行宏观控制。

4. 验证检验

验证检验是指军方承认的独立检验机构,从装备承制方生产的装备中抽取样品,通过检验验证所生产的装备是否符合所执行的质量标准要求的检验,如装备的型式试验就属于验证检验。

5. 仲裁检验

仲裁检验是指当供需双方因装备质量发生争议时,由各级政府主管部门所授权的独立检验机构抽取样品进行检验,提供给仲裁机构作为裁决的技术依据。

1.4.8 按供需关系分类

1. 第一方检验

生产方(供方)称为第一方。第一方检验是指生产企业自己对自己所生产的装备进行的检验。第一方检验实际就是生产检验。

2. 第二方检验

使用方(军方)称为第二方。军方对采购的产品或原材料、外购件、外协件,以及配套产品和成品等所进行的检验称为第二方检验。

3. 第三方检验

由军方承认的独立检验机构称为公正的第三方。第三方检验包括监督检验、验证检验、仲裁检验等。

1.4.9 按检验人员分类

1. 自检

自检是指由操作工人自己对自己所加工的装备或零部件所进行的检验,自检的目的是操作者通过检验了解被加工装备或零部件的质量状况,以便不断调整生产过程生产出完全符合质量要求的装备或零部件。

2. 互检

互检是由同工种或上下道工序的操作者相互检验所加工的装备。互检的目的在于通过检验及时发现不符合工艺规程规定的质量问题,以便及时采取纠正措施,从而保证加工装备的质量。

3. 专检

专检是指由装备承制方与军方质量检验机构直接领导,专职从事质量检验的人员所进行的检验。

1.4.10 按检验系统组成部分分类

1. 逐批检验

逐批检验是指对生产过程中所生产的每一批装备,逐批进行的检验。逐批检验的目的在于判断批装备的合格与否。

2. 周期检验

周期检验是从逐批检验合格的某批或若干批中按确定的时间间隔(季或月)所进行的检验。周期检验的目的在于判断周期内的生产过程是否稳定。

周期检验和逐批检验构成装备承制方的完整检验体系。周期检验是为了判定生产过程中系统因素作用的检验,而逐批检验是为了判定随机因素作用的检验。二者是投产和维持生产的完整的检验体系。周期检验是逐批检验的前提,没有周期检验或周期检验不合格的生产系统不存在逐批检验。逐批检验是周期检验的补充,逐批检验是在经周期检验杜绝系统因素作用的基础上而进行的控制随机因素作用的检验。

一般情况下逐批检验只检验装备的关键质量特性。而周期检验要检验装备的全部质量特性以及环境(温度、湿度、时间、气压、外力、负荷、辐射、霉变、虫蛀等)对质量特性的影响,甚至包括加速老化和寿命试验。因此,周期检验所需设备复杂、周期长、费用高,但绝不能因此而不进行周期检验。没有条件进行周期检验时,可委托各级检验机构代做周期检验。

1.4.11 按检验效果分类

1. 判定性检验

判定性检验是依据装备的质量标准,通过检验判断装备合格与否的符合性判断。

判定性检验的主要职能是把关,其预防职能的体现是非常微弱的。

2. 信息性检验

信息性检验是利用检验所获得的信息进行质量控制的一种现代检验方法。因为信息性检验既是检验又是质量控制,所以具有很强的预防功能。

3. 寻因性检验

寻因性检验是在装备的设计阶段,通过充分的预测,寻找可能产生不合格的原因(寻因),有针对性地设计和制造防差错装置,用于装备的生产制造过程,杜绝不合格品的产生。因此,寻因性检验具有很强的预防功能。

1.5 数字化质量检验

现代武器装备研制、生产制造的数字化程度越来越高,生产模式、技术模式发生了革命性的改变,与其设计、工艺、制造密切相关的质量检验数字化发展是保证装备质量的必然要求。

1. 数字化检验概念

数字化检验不仅仅是传统质量检验的信息化管理,还要与数字化设计、工艺、制造的环境相适应、匹配。传统检验工作依附于工艺系统,大量的产品质量控制以加工指令作为依据,其结果导致产品的加工方法与检验方法是同一个依据,不能充分暴露加工制造过程中的问题,不利于质量控制。为保证产品的质量,建立以设计为源头、与工艺系统并行的检验技术模式,才能满足数字化技术发展对检验工作提出的新要求。

数字化检验的模式界定为:以数字化信息为基本内容,以数字化设备为管理工具,以局域网络为传递方式的一种新型检验检测模式,形成无时空限制的、超大规模的高智能、高技术含量的现代高新技术的数字信息资源和专家系统,检验人员按编制好的工作流程对重点和关键检验工序进行检测判断,形成电子记录实时存储,并能直接被计算机识别和处理。

2. 数字化质量检验系统组成

根据复杂武器装备数字化质量检验的需求,数字化检验系统应由中心控制与信息处理模块、视频/数据监控模块、单项产品检验模块、系统虚拟装配与适配性检验模块、系统性能检验模块、检验流程管理模块、数据深度处理模块等组成,如图1.1所示。

数字化质量检验系统模块功能

(1) 中心控制与信息处理模块:包括一个控制台和分布式数据处理节点,其主要任务包括系统监控、用户管理、视频展示、数据展示、文档管理、数据深度处理等。

(2) 视频/数据监控模块:包括视频监控和数据监控两部分。视频监控采集环境实验室、生产线等处的固定视频和检验试验现场等处的随机视频,数据监控是采集环境试验设备和被检验装备等的状态或运行数据。

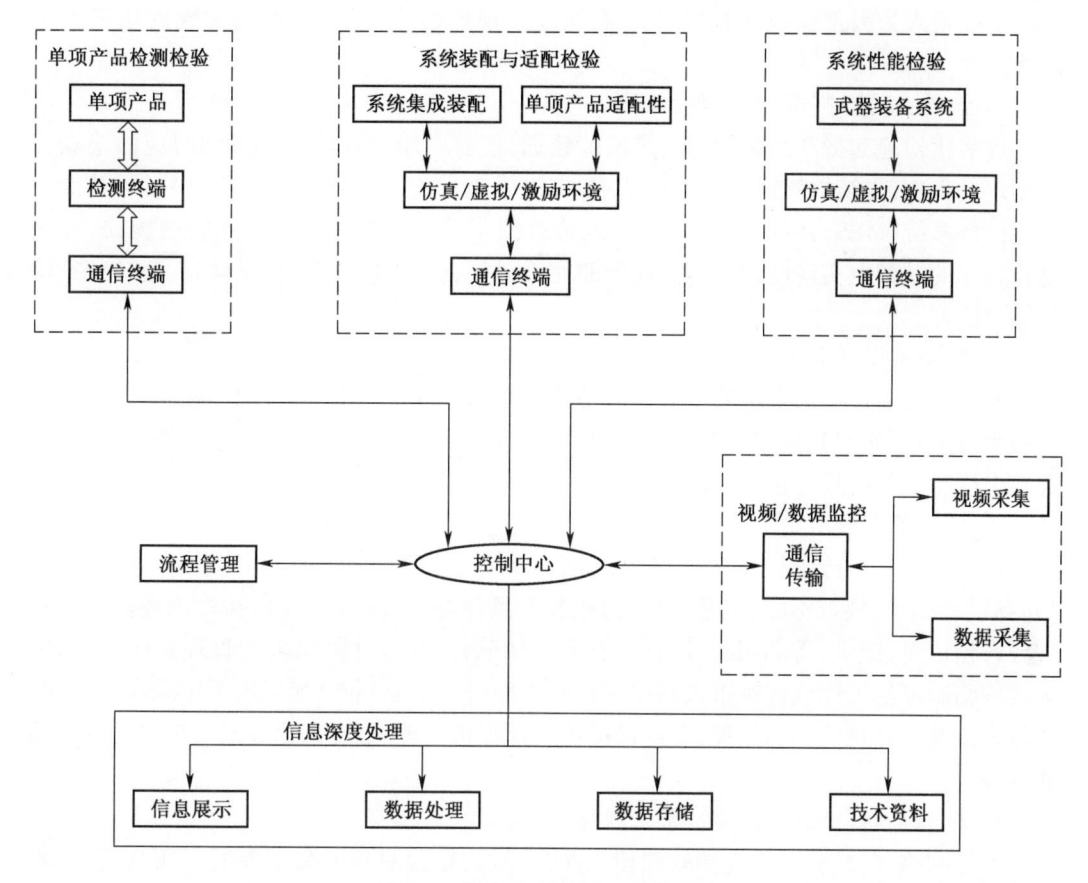

图1.1 数字化质量检验系统组成

（3）单项产品检验模块：利用现场检验终端，以手动或自动的方式录入检验数据，形成检验记录，并发送给中心控制与信息处理模块。

（4）系统装配与适配性检验模块：对于硬件产品构建虚拟装配环境，根据单项产品检验结果，从过程、精度和物理特性的角度，实时地模拟装配现场和装配过程中可能出现的各种问题和现象；对于电子软件类产品，不仅检验其物理装配特性，还要通过专用仿真设备检验其接口适配性，确保单项产品之间数据、信号发送和接收一致。

（5）系统性能检验模块：由工装设备、专用设备等模拟装备系统使用环境，为其信息传递建立通道；基于装备作战、训练的想定，驱动系统运行，考核被检验装备在不间断工作条件下的实际性能。

（6）检验流程管理模块：实现对检验验收整个过程的指挥控制，一方面可以实时掌握检验进程，实现检验数据的同步显示；另一方面，可以实现从提交审查、检验实施、记录生成、记录评审、逐级审签、合格判定等整个流程的规范化、正规化。

3. 数字化检验特点

1）检验计划编制全面、规范

数字化检验系统能够很好地承接设计思想，从根本上简化检验计划编制人员查找资料的时间，让检验计划的编制由原来的 Word 文档编辑到使用数字化检验平台进行编制，进一步规范检验计划编制人员的编制过程，使检验计划编制内容颗粒化、数据结构化，减

17

少甚至杜绝人为因素造成的检验计划不规范及现场检验人员错、漏检形成的质量安全隐患。

2）设计、工艺、制造、检验融为一体

数字化检验支持产品前期的三维设计数据,能将三维设计成果融入到对应的检验计划制定过程中,支持检验计划三维化需求,实时采集和记录现场的产品检验数据,并能与制造执行系统(MES)系统进行集成,摆脱传统依附工艺指令验收产品的传统模式,在信息化共享的基础上实现设计、工艺、检验的完美对接,彻底打通数字化设计、工艺、制造、检验的全流程。

3）检验工作规范化

数字化检验系统的实施使得武器装备质量检验以同一质量标准、同一检验流程、同一检验手段进行,实现从提交审查、检验验收实施、记录生成、记录评审、逐级审签、合格判定等整个检验工作的规范化、正规化。

4）检验信息数字化

数字化检验与传统检验模式最大区别在于它是以数字化信息为主,各种检验依据(包括设计图纸、规范标准、工艺规程、验收技术条件等)、检验数据(包括检测数据、图像、视频音频信息、记录)等利用相关软件、开发专用软件,建立计算机辅助管理系统,让检验人员按编制好的工作流程对重点和关键检验工序进行检测判断,形成电子记录实时存储,并能直接被计算机识别和处理,既可以由单台计算机处理,也可以通过网络进行远程传递和处理。

5）检验判断自动化、检验结果直观化

通过网络、与检验验收终端软件相互配合,对比检验对象的数据模型与实物模型,判断是否符合设计标准,可以是远程的、综合多个专家知识的判断,相对于传统的对比判断,直观可视、智能科学。

6）检验档案电子化

数字化检验在实施过程中直接形成的文档均是能被计算机相关软件处理的文档文件或电子文件。而对检验产生的纸质载体则可转化为电子档案存入计算机或连入网络,建立专门的信息管理系统处理法律、法规及规范、标准、图纸、数据、记录、文件资料等共享信息。授权人员可以通过网络随时查阅项目检测的基本概况,同时给予相关指示,而不受区域、时间的限制。数字化检验形成的数据均为电子信息,可通过网络进行远程传递及实时监控。

7）用户使用方便化

经授权的内部人员可在任何时间、任何地点调阅有关信息,实施决策。授权的外部人员可随时查阅检验的相关信息,了解项目实施进程。通过计算机进行智能化的资料、档案检索,方便、准确、快捷、效率高、范围广。既减少人员、简化手续,又大大节约工作时间,提高工作效率。

第2章 装备质量检验过程与管理

2.1 质量检验主要活动内容

装备承制企业质量检验的主要活动内容有两大方面:装备检验与试验、质量检验管理工作。

1. 装备检验与试验

常见的装备种类有硬件、软件、相关的服务及流程性材料,无论哪一种均需进行检验、试验,不过是检验的形式和内容有区别,装备检验工作按照生产过程不同阶段和检验对象不同进行划分,包括:进货检验;工序(过程)检验;最终(成品)检验;成品入库、包装及出厂检验。

2. 质量检验管理工作

为了保证质量管理体系正常有效运行,同时给检验人员的工作创造条件,必须做好质量检验的管理工作,其主要工作内容包括以下三大项:

(1)编制和实施质量检验与试验计划,包括设计检验流程、设置检验站(组)、制定质量检验技术管理文件,以及配备必须的人、财、物等资源。

(2)不合格品的管理。

(3)质量检验与试验的记录、检验状态标识、证书、印章的管理。

以上两大方面工作将在以下各节中详述。

2.2 质量检验计划

2.2.1 质量检验计划编制

1. 质量检验计划概念

质量检验与试验计划,简称为质量检验计划,是对检验涉及的活动、过程和资源做出的规范化的书面(文件)规定,用以指导检验活动正确、有序、协调地进行。

检验计划是装备承制方和军方对整个检验与试验工作进行的系统策划和总体安排的结果,一般以文字或图表形式明确地规定检验站(组)的设置,配备资源(包括人员、设备、仪器、量具和检具),选择检验与试验方式、方法和确定工作量,它是指导各检验站(组)和检验人员工作的依据,是质量工作计划的一个重要组成部分。

2. 编制质量检验计划目的

为了保证装备质量,在装备生产活动的各个阶段,都必须由分散在各个生产单位的检验人员来进行检验和试验。这些人员需要熟悉和掌握装备及其检验与试验工作的基本情况和要求,如装备零部件的用途、质量特性及其对装备功能的影响,以及检验与试验的技术标准、项目、方式和方法、场地及测量误差等,才能更好地保证检验与试验的质量。为此,就需要编制检验计划来予以阐明,以指导检验人员的工作。

现代企业的生产活动从原材料等物资、配件进厂到产品实现最后出厂是一个有序、复杂的过程,涉及不同部门、工种、人员、过程(工序)、材料、物资、设备,这些部门、人员和过程都需要协同配合、有序衔接,因而也就要求检验活动和生产作业密切协调和紧密衔接。为此,需要编制检验计划来予以保证。

3. 质量检验计划作用

检验计划是对检验与试验活动带有规划性的总体安排,它的重要作用有:

(1) 按照装备加工及物流的流程,充分利用企业现有资源,统筹安排检验站、点(组)的设置,可以节约质量成本中的鉴别费用,降低装备成本。

(2) 根据装备及其工艺要求合理地选择检验与试验的项目、方式、方法,合理配备和使用人员、设备、仪器仪表与量检具,有利于调动每个检验与试验人员的积极性,提高检验与试验的工作质量和效率,降低物质和劳动消耗。

(3) 对装备不合格按严重性分级,并实施管理,能够充分发挥检验职能的有效性,在保证装备质量的前提下降低装备制造成本。

(4) 使检验与试验工作逐步实现规范化、科学化和标准化,使装备质量能够更好地处于受控状态。

4. 质量检验计划内容

质量检验部门根据装备承制方技术、生产、计划等部门的有关计划及装备不同情况来编制检验计划,其基本内容有:

(1) 编制质量检验流程图,确定适合生产特点的检验程序。

(2) 合理设置检验站、点(组)。

(3) 编制主要零部件的质量特性分析表。制定产品不合格严重性分级原则并编制分级表。

(4) 对关键的和重要的零部件编制检验规程(检验指导书、细则或检验卡片)。

(5) 编制检验手册。

(6) 选择适宜的检验方式、方法。

(7) 编制测量工具、仪器设备明细表,提出补充仪器设备及测量工具的计划。

(8) 确定检验人员的组织形式、培训计划和资格认定方式,明确检验人员岗位工作任务和职责等。

5. 编制检验计划原则

根据装备复杂程度、形状大小、生产工艺、生产规模、特点、批量的不同,质量检验计划可由质量管理部门或质量检验的主管部门负责,由检验技术人员编制,也可以由两个部门合作共同编制。编制检验计划时应考虑以下原则:

(1) 充分体现检验的目的,一是防止产生和及时发现不合格品,二是保证检验通过的产品符合质量标准的要求。

(2) 对检验活动能起到指导作用。检验计划必须对检验项目、方式和手段等具体内容有清楚、准确、简明的叙述和规定,而且应能使检验活动相关人员有同样的理解。

(3) 关键质量应优先保证。关键质量是指关键的零部件,关键的质量特性。对这些质量环节,制定质量检验计划时要优先考虑和保证。

(4) 进货检验应在采购合同的附件中做出说明。对外部供货商的产品质量检验,应在合同的附件或检验计划中详细说明,并经双方共同评审确认。

(5) 综合考虑检验成本,制定检验计划时要综合考虑质量检验成本,在保证装备质量的前提下,尽可能降低检验费用。

2.2.2 质量检验流程与机构设置

2.2.2.1 检验流程图编制

1. 流程图分类

装备承制方的流程图有生产/作业流程图、工艺流程图(工艺路线)和检验流程图三种,而生产/作业流程图和检验流程图的基础和依据都是工艺流程图。

(1) 工艺(工序)流程图在机械制造行业习惯上称为工艺路线。它是根据设计文件将工艺过程控制的要求和实现的方式、方法,表示为具体采取的流程顺序、工艺步骤和加工制作的方法、要求。

(2) 生产流程图将产品从原材料(包括外购、外协件等)和其他工艺所需的材料投入开始,到最终产品实现的全过程中的所有备料、加工制作(工艺反应)、搬运、包装、防护、存储等作业的程序,包括每一过程涉及的车间、工段、班组或场地,用图表和文字组合形式予以表达,以便于生产管理和劳动组织。

(3) 检验流程图是用图形符号,简洁明了地表示检验计划中确定的特定产品的检验流程(过程、路线)、检验站(组)设置和选定的检验方式、方法和相互的顺序和程序的图纸,它是检验人员进行检验活动的依据。检验流程图和其他检验指导书等一起,构成完整的检验文件,较为简单的装备可以直接采用工艺流程(路线)图,并在需要控制和检验的部位、处所,添加检验站(组)和检验的具体内容、方法,起到检验流程图的作用和效果,如图2.1所示。

对于比较复杂的装备,单靠工艺流程(路线)图往往还不够,还需要在工艺流程(路线)图基础上编制检验流程图,以明确检验的要求和内容及其与各工序之间的清晰、准确的衔接关系。

检验流程图对于不同的行业、不同的企业、不同的装备会有不同的形式和表示方法,不能千篇一律。但是一个企业内部流程图的表达方式、图形符号要规范、统一,以便于准确理解和执行。

2. 检验流程图编制过程

首先,要熟悉和了解有关的装备技术标准及设计技术文件、图样和质量特性分析。其次,要熟悉装备的工艺文件,了解装备工艺流程(路线)。然后,根据工艺流程(路线)、工艺规程等工艺文件,设计检验工序的检验点,确定检验工序和生产工序的衔接点及主要的检验工作内容,绘制检验流程图。最后,对编制的流程图进行评审。由装备设计、工艺、检验人员、生产管理人员、生产操作人员一起联合评审流程图的合理性,提出改进意见,进行修改。流程图最后经装备承制企和军方技术或质量的最高管理者(如总工程师、质量保证经理)批准。

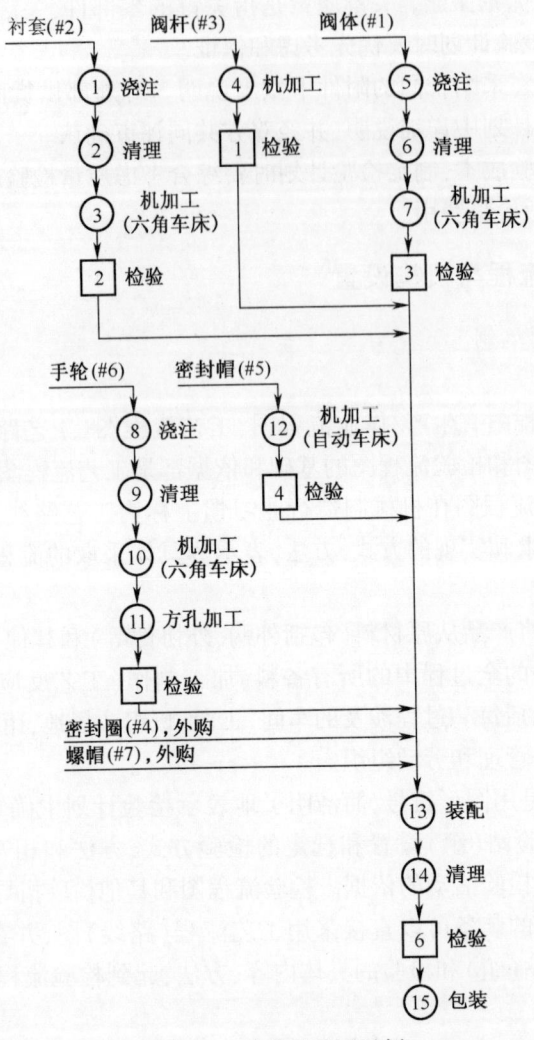

图 2.1 检验流程图示例

2.2.2.2 检验机构设置

检验站是根据生产工艺布置及检验流程设计确定的生产过程中最小的检验实体,其作用是通过对产品的检测,履行产品检验和监督的职能,防止所辖区域不合格品流入下道工序或出厂。

1. 检验站设置的基本原则

检验站是检验人员进行检验活动的场所,合理设置检验站可以更好地保证检验工作质量,提高检验效率。设置检验站通常遵循的基本原则如下:

(1) 要重点考虑设在质量控制的关键部位和控制点。为了加强质量把关,保证下道工序或军方的利益,必须在一些质量控制的关键部位设置检验站。例如,在外购物料进货处、在成品的出厂处、在车间之间、工段之间、半成品进入半成品库之前、成品进入成品库之前,一般都应立检验站;其次,在关键零件、关键工序之后或生产线的最后工序处,也必须设立检验站。

(2) 要能满足生产过程的需要,并和生产节拍同步和衔接。在流水生产线和自动生产线中,检验通常是工艺链中的有机组成部分,因此在某些重要工序之后,在生产线某些分段的交接处,应设置必要的检验站。

(3) 要有适宜的工作环境。检验站要有便于进行检验活动的空间,要有合适的存放和使用检验工具、设备的场地,要有存放等待进行检验产品的面积,要方便检验人员和操作人员的联系,使生产工人送取检验产品时行走的路线最佳,检验人员要有较广的视域,能够很清楚地观察到大部分操作工人的生产活动情况。

(4) 要考虑节约检验成本,提高工作效率。为此,检验站和检验人员要有适当的负荷,检验站的数量和检验人员、检测设备、场地面积都要适应生产和检验的需要。检验站和检验人员太少,会造成等待检验时间太长,影响生产,甚至增加错检与漏检的损失;人员太多,又会人浮于事,工作效率不高,并增加检验成本。

2. 检验站设置的分类

1) 按产品类别设置

这种方式就是同类产品在同一检验站检验,不同类产品分别设置不同的检验站。其优点是检验人员对产品的结构和性能容易熟悉和掌握,有利于提高检验的效率和质量,便于交流经验和安排工作。它适合于产品的工艺流程简单,但每种产品的生产批量又很大的情况。图 2.2 为按产品类别设置检验站的示例。

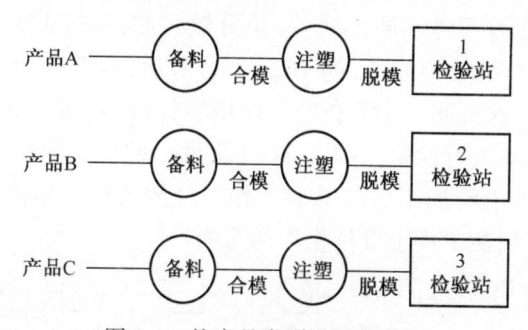

图 2.2 按产品类别设置检验站

2) 按生产组织设置

(1) 按生产组织设置:一车间检验站;二车间检验站;三车间检验站;热处理车间检验站;铸锻车间检验站;装配车间检验站等。

(2) 按生产作业班次设置:每一作业班次分别设立检验站,如图 2.3 所示。

某些连续生产性质的企业,如化工产品、纺织等,设备需要连续不停地运转,检验人员一般随作业班次跟班进行检验。

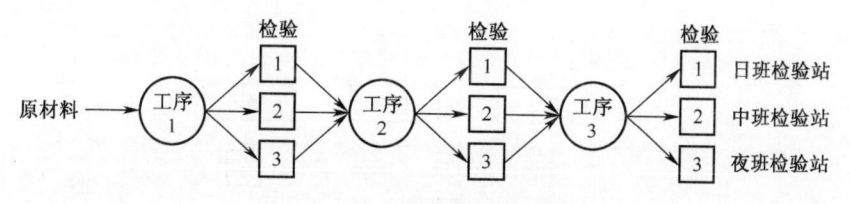

图 2.3 按生产组织设置检验站

3) 按工艺流程顺序设置

(1) 进货检验站(组),负责对外购原材料、辅助材料、外购配套件、工艺性协作件及

23

其他散件等的进厂检验与试验。

（2）过程检验站（组）。在生产车间各生产工序设置。

（3）完工检验站（组）。在生产车间对各生产工序已全部加工完成的零部件进行检验，其中包括零件库检验站。

（4）成品检验站（组）。专门负责成品装配质量和防护、包装质量的检验工作。

4）按检验技术的性质和特点设置

检验工作中针对特殊检测技术要求和使用的测试设备特点而设置专门、专项的检验站，如为高电压试验、无损探伤检测、专项电器设备检测等项目而设置的检验站。

3．几种主要检验站设置的特点和要求

1）进货检验站

进货检验通常有两种形式：一是在本企业检验，这是较普遍的形式。物料进厂后由进货检验站根据规定进行接收检验，合格品接收入库，不合格品退回供货单位或另作处理；二是在供货单位进行检验，这对某些产品是非常合适的，像高技术产品，由于没有完善的检验技术和方法，部分企业在本厂无法进行接受检验，在这种情况下，双方可以协商在供货单位就地进行检验，决定接受还是退货。

2）工序检验站

工序检验基本上也有两种不同形式：一是分散式的，即按工艺顺序分散在生产流程中，如图 2.4(a)所示；二是集中式的，如图 2.4(b)所示，零件 A、B、C 三条生产线的末端有一个公共的检验站。这说明三个零件在工序中实行自检（可能还有巡检），部分工序完成后，都送到同一检验站进行检验。图 2.4(c)是另一种形式的集中检验站，该检验站负责车、铣、刨、钻、磨等各工段加工后的检验工作。分散式检验站多用在大批量生产的车间，而集中式检验站多用在单件小批量生产的车间。

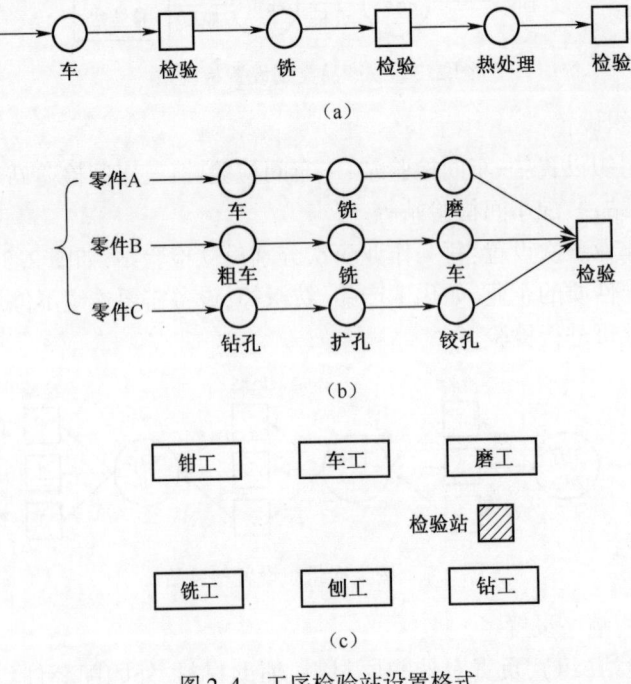

图 2.4 工序检验站设置格式

3) 完工检验站

完工检验站是指对半成品或成品的完工检验,也是指产品在某一生产环节(如生产线、工段或加工车间)全部工序完成以后的检验。对于半成品来说,完工检验可能是半成品入库前的检验,也可能是直接进入装配前的检验;对于成品来说,可能是出厂检验,也可能是进入成品库以前的检验。不管是半成品或成品的完工检验,都可按照以下三种形式组织检验站。

(1) 如图 2.5(a)所示,称为开环分类式检验站,这种检验站只起把合格品和不合格品分开的作用,以防止不合格品流入下一生产环节或进入部队。

(2) 如图 2.5(b)所示,称为开环处理式检验站。这种检验站的工作特点,就是对于一次检查后被拒收的不良品,还应进行重新审查,审查后能代用的代用,能返修的就进行返修,返修后再重新检验,并做出是拒收还是接收的决定。

(3) 如图 2.5(c)所示,称为闭环处理式检验站。这种检验站的特点,就是对一次检测后的拒收品,要进行认真的原因分析,查出不合格的原因,这种分析不仅决定是否可进行返修处理,而且要分析标准的合理性,分析加工中存在的问题,并采取改进措施,反馈到加工中去,防止重新出现已出现过的不合格。显然,最后一种形式的检验站,对生产来说具有明显的优越性。

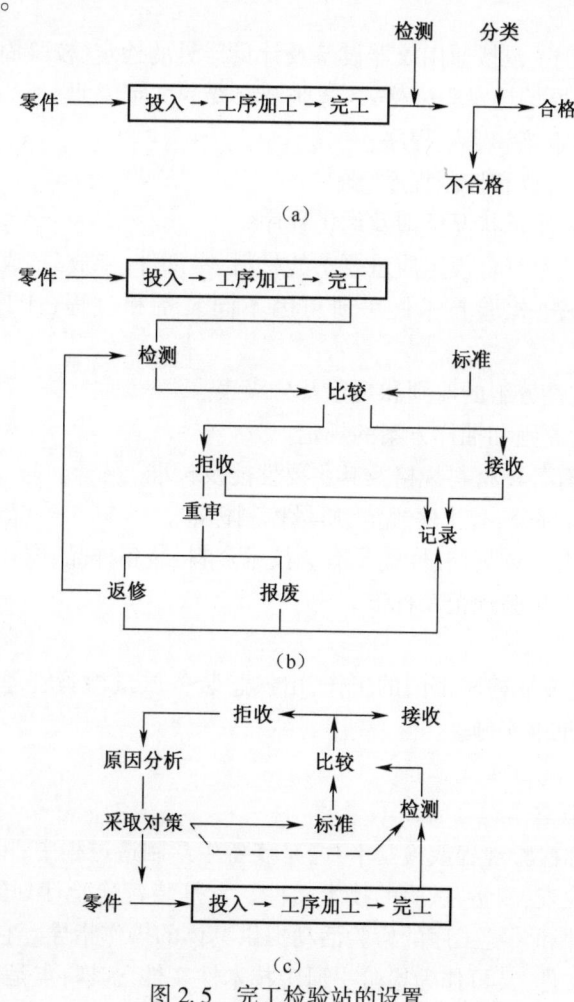

图 2.5 完工检验站的设置

但是一般检验站都是开环形式,不进行不合格的原因分析。

2.2.3 质量检验文书

2.2.3.1 检验手册

检验手册是质量检验活动的管理规定和技术规范的文件集合。它是质量检验工作的指导文件,是质量体系文件的组成部分,是质量检验人员和管理人员的工作指南,对加强装备承制方和军方的检验工作,使质量检验的业务活动标准化、规范化、科学化具有重要意义。

检验手册中首先要说明质量检验工作宗旨及其合法性、目的性,并经授权的负责人批准之后生效。检验手册基本上由程序性和技术性两方面内容组成,程序性的具体内容如下:

(1) 质量检验体系和机构,包括机构框图,机构职能(职责、权限)的规定。
(2) 质量检验的管理制度和工作制度。
(3) 进货检验程序。
(4) 过程(工序)检验程序。
(5) 成品检验程序。
(6) 计量控制程序(包括通用仪器设备及计量器具的检定、校验周期表)。
(7) 检验有关的原始记录表格格式、样张及必要的文字说明。
(8) 不合格产品审核和鉴别程序。
(9) 检验标志的发放和控制程序。
(10) 检验结果和质量状况反馈及纠正程序。
(11) 经检验确认不符合规定质量要求的材料、零部件、半成品、成品的处理程序。

装备和过程(工序)检验技术性手册可因不同装备和过程(工序)而异,主要内容如下:

(1) 不合格严重性分组的原则和规定及分级表。
(2) 抽样检验的原则和抽样方案的规定。
(3) 材料部分,有各种材料规格及其主要性能及标准。
(4) 过程(工序)部分,有工序规范、质量控制标准。
(5) 装备部分,有装备规格、性能及有关技术资料、装备样品、图片等。
(6) 试验部分,有试验规范及标准。
(7) 索引、术语等。

编制检验手册是专职检验部门的工作,由熟悉装备质量检验管理和检测技术的人员编写,并按规定程序批准实施。

2.2.3.2 检验指导书(检验规程)

1. 检验指导书概念

检验指导书又称检验规程或检验卡片,是装备生产制造过程中,用以指导检验人员正确实施装备和工序检查、测量、试验的技术文件。它是装备检验计划的一个重要部分,其目的是为重要零部件和关键工序的检验活动提供具体的操作指导。它是质量体系文件中的一种作业指导性文件,又可作为检验手册中技术性文件。其特点是表述明确、可操作性强,作用是使检验操作达到统一、规范。

由于生产过程中工序和作业特点、性质的不同,检验指导书的形式、内容也不相同,有进货检验用检验指导书(如某材料化学元素成分检验指导书、某电子元器件筛选检验指导书等)、工序检验用检验指导书(如机加工工序检验指导书、电镀工序检验指导书等)、组装和成品完成检验用指导书(如主轴组装检验指导书、清洁度检验指导书、负荷试验指导书等)。

2. 编制检验指导书的要求

一般对关键和重要的零件都应编制检验指导书,在检验指导书上应明确详细规定需要检验的质量特性及其技术要求,规定检验方法、检验基准、检测量具、样本大小以及检验示意图等内容。为此,编制检验指导书的主要要求如下:

(1) 对所有质量特性,应全部逐一列出,不可遗漏。对质量特性的技术要求要明确、具体,使操作和检验人员容易掌握和理解。此外,它还可能要包括不合格的严重性分级、尺寸公差、检测顺序、检测频率、样本大小等有关内容。

(2) 必须针对质量特性和不同精度等级的要求,合理选择适用的测量工具或仪表,并在指导书中标明它们的型号、规格和编号,甚至说明其使用方法。

(3) 当采用抽样检验时,应正确选择并说明抽样方案。根据具体情况及不合格严重性分级确定 AQL 值(合格质量水平),正确选择检查水平,根据产品抽样检验的目的、性质、特点选用适用的抽样方案。

质量检验指导书的主要作用,是使检验人员按检验指导书规定的内容、方法和程序进行检验,保证检验工作的质量,有效地防止错检、漏检等现象发生。

3. 检验指导书内容

(1) 检测对象:受检产品的名称、型号、图号、工序(流程)名称及编号。

(2) 质量特性值:按产品质量要求转化的技术要求,规定检验的项目。

(3) 检验方法:规定检测的基准(或基面)、检验的程序和方法、有关计算(换算)方法、检测频次、抽样检验时有关规定和数值。

(4) 检测手段:检测使用的计量器具、仪器、仪表及设备、工装卡具的名称和编号。

(5) 检验判断:规定数据处理、判断比较的方法、判断的原则。

(6) 记录和报告:规定记录的事项、方法和表格,规定报告的内容与方式、程序与时间。

(7) 其他说明。

检验指导书的格式,应根据装备承制方的不同生产类型,不同工种等具体情况进行设计。

2.2.3.3 质量特性分析表

为了使检验人员充分了解和掌握装备的各项质量特性要求及其与整机的关系,分析产生不合格的主要原因,应该在流程图的基础上,由技术部门编制质量特性分析表,以指导检验站的检验活动。质量特性分析表可以按装备(包括零件或部件)编制,表中详细列出各道工序所需检验的质量特性,并指出这些特性的主要影响因素,作为编制检验文件的依据。制定质量特性分析表所依据的主要技术资料有:

(1) 装备图纸或设计文件(含原材料、元器件、零部件汇总表中的质量特性重要性分级标识或质量特性重要性分级表)。
(2)工艺流程(路线)及工艺规程。
(3)工序管理点明细表。
(4)军方或下道工序要求的变更质量指标的资料。

表2.1、表2.2是两种形式质量特性分析表的示例。

表2.1 质量特性分析表例1

主要件重要质量特性分析表			共 页
^^			第 页
零件号	48011	零件名称	摇臂
工序			磨削
重要质量特性		导轨面平行度 0.08/1000 0.05/1000	大孔与导轨面平行度 300∶0.02
重要质量特性分析			导轨面的平行度与大孔轴线对导轨面平行度合格与否,将直接影响整机的精度
决定因素		1. 人的因素 2. 方法的因素 3. 机器的因素 4. 材料的因素	与严格执行规程和操作者水平有关 零件的正确装配,充足的冷却液 机床精度必须满足加工零件的技术要求 铸件硬度的均匀性

表2.2 质量特性分析表例2

车间:	产品名称:××	编订日期:				
生产线或部门:	零件号及名称:	编订者:				
工 序	瑕 疵	影响因素				备注
^^	^^	设备	工装	材料	操作者	^^
10 下料	材料及成分,厚度			×	×	
^^	尺寸		×			
^^	毛刺	×				
20 滚齿	齿距		×			
^^	齿深		×			
^^	毛刺	×				
^^	齿尖锐度	×				
30 磨齿	齿的精度	×	×		×	
^^	是否有齿面漏磨	×			×	
40 抛光	表面粗糙度				×	
50 腐蚀印字	字体是否清晰		×			
^^	打印位置是否正确		×			
60 冲压	尺寸		×			
^^	毛刺	×				
70 清洗涂塑	是否有漏涂部位	×				

2.2.4 不合格严重性分级

1. 不合格的概念

在全数检验或抽样检验中,不合格是指单位产品的任何一个质量特性不符合规定要求。它是由于装备在生产过程中,影响质量的基本因素(人员、材料、设备、方法、环境条件)的波动和变化造成的。

2. 不合格分级的作用

不合格是偏离质量规定要求的表现,而这种偏离因其质量特性的重要程度和偏离规定的程度不同,对装备适用性的影响程度也就不同。不合格严重性分级,就是将装备可能出现的不合格,按对装备适用性影响的不同进行分级,列出具体的分级表,并据此实施管理。具体地说,不合格分级的作用如下:

(1) 明确检验控制的重点。通过分级明确各种不合格对装备适用性影响的严重程度,就可使检验工作把握重点,以便更好地保证装备质量和提高检验效率。

(2) 有利于选择更好的验收抽样方案。在使用抽样标准时,对于 AQL 值的确定以及不合格批的判定和处理,都可根据不合格严重性的级别做出相应的规定。

(3) 便于综合评价装备质量。通过不合格分级,可以对装备多个质量特性的不合格进行总体的评价。例如,将装备的检查结果进行记录统计,以最低一级不合格为基数,其余各级按严重程度以倍数计算,用这种方法可以把某个生产工人或某一装备(包括零部件)所产生的实际不合格,用同一基数进行综合比较,使评价工作更加科学、细致,有利于保证和提高装备质量。

此外,对不合格进行分级并实施管理,对发挥质量综合管理和质量检验职能的有效性都有重要作用。

3. 不合格严重性分级原则

不合格严重性分级,需要考虑的原则如下:

(1) 所规定的质量特性的重要程度。首先应根据装备承制企业设计部门提供的装备质量特性重要度分级表或设计文件中的原材料、元器件、零部件汇总表上标明的质量特性重要度标识,编制装备不合格严重性分级表。等级高的质量特性如 A 类发生的不合格,其严重性也高。

(2) 对装备适用性的影响程度。不合格严重性分级不能单纯由质量特性的重要程度来决定,还要从使用和安全、经济等方面综合考虑产生不合格后装备应如何处理来决定。

不合格的严重性分级,除考虑功能性质量特性外,还必须包括外观、包装等因素。

表 2.3 是某产品考虑不合格分级的原则示例。

表 2.3 不合格的分级原则

不合格等级代号	不合格等级	对安全、性能的影响	对精度、性能的影响	对最终装备可靠性的影响	对装备外观的影响	对信誉和经济性的影响
A	致命不合格	造成对人身、装备危害或不安全,导致零部件报废、人身伤亡	影响严重	对某些装备在使用期造成重大故障,丧失工作能力	影响严重	须承担法律责任

(续)

不合格 等级代号	不合格 等级	对安全、 性能的影响	对精度、 性能的影响	对最终装备 可靠性的影响	对装备外 观的影响	对信誉和经 济性的影响
B	严重 不合格	造成故障,降低 单位装备预定的使 用性能	有严重影响	对使用期可靠 性有较大影响	引起军方不满 或索赔	造成信誉和经济 损失
C	一般 不合格	不会严重降低装 备预定使用性能或 是产品偏离指标	有影响	对使用期内可 靠性有轻微影响	外观质量影响 军方不满,但不会 索赔	军方有意见,可 能造成信誉和经济 损失
D	轻微 不合格	对装备性能无影 响	影响不大	没有影响	不会引起军方 不满	不会造成信誉 损失

4. 不合格分级的级别

根据上述原则,一般将不合格划分为几个等级。我国某些行业将不合格分为4级,其代号分别为A、B、C、D,某些行业则分为3级。

(1) A类不合格。单位产品的极重要的质量特性不符合规定,或单位产品的质量特性极严重不符合规定,称为A类不合格。

(2) B类不合格。单位产品的重要特性不符合规定,或单位产品的质量特性严重不符合规定,称为B类不合格。

(3) C类不合格。单位产品的一般特性不符合规定,或单位产品的质量特性轻微不符合规定,称为C类不合格。

不合格分级较早在美国使用,20世纪40年代,美国贝尔系统在公司范围内对质量特性的重要性和不合格的严重性进行了分级。第二次世界大战期间,美国国防部采用了这种分级方案。贝尔系统将不合格的严重性分为4级。

(1) A级——非常严重(不合格分值100分)。

① 必然会造成部件在使用中运转失灵,并在现场难以纠正,如继电器线圈断线。

② 必然会造成间隙的运转故障,在现场难以确定其位置,如接线连接不实。

③ 会使部件完全不适用,如装备液压支腿不能恢复到正常位置。

④ 在正常使用情况下,易于造成人员伤害或财产损失,如接线露出部分有锐利的边缘。

(2) B级——严重(不合格分值50分)。

① 可能会造成部件在使用中运转失灵,并在现场难以纠正,如同轴插销保护涂层的缺损。

② 必然会造成部件在使用中运转失灵,但在现场易于纠正,如继电器接触不良。

③ 必然会造成尚未严重到运转失灵程度的麻烦,如保险器组不能在特定电压下运转。

④ 必然会导致增加保养次数或缩短寿命。如单接点圆盘不合格。

⑤ 会大大增加用户安装上的困难,如安装孔错位。

⑥ 极严重的外形或涂层上的不合格,如涂层颜色同其他部件不能匹配,需要重涂。

(3) C 极——中等严重(不合格值10分)。
① 可能会造成部件在运转中失灵,如接触低于最低限度。
② 可能造成尚未严重到运转失灵程度的故障,如振铃不在特定范围内运转。
③ 可能导致增加保养次数或缩短寿命,如接触部位肮脏。
④ 造成用户安装上的小困难,如安装托座歪曲。
⑤ 较大的外观、涂层或工艺不合格,例如涂层有明显的划痕。
(4) D 级——不严重(不合格值1分)。
① 不影响部件在使用时的运转、保养或寿命(包括对工艺要求上的小偏差,如套管太长或太短)。
② 外观、涂层或工艺上的小毛病,如涂层轻微划痕。
不合格等级的划分,对不同行业、不同装备将有所不同,应根据具体情况确定。
5. 装备不合格严重性分级表

装备不合格严重性分级原则(标准)是承制方的一种管理规范性质的文件(可纳入承制方管理标准内),并不是某种装备检验计划的构成文件,而反映某一装备不合格严重性的分级表才是该装备检验计划的组成部分。不合格严重性分级表应明确列出不合格的项目、状况及严重性级别,如表2.4 所列。它是不合格严重性分级原则对某一产品的具体化。

表 2.4 某装备不合格分级表(其中的一部分)

序号	瑕 疵 内 容	不合格分级 A	B	C
一、	包装质量			
1.	包装箱外部尺寸不符合规定,超过要求 10mm			×
2.	包装箱面不齐全、不正确、不清晰			×
3.	包装箱底部架不牢固、不可靠、有断裂现象	×		
4.	包装箱底座或框架缺少皮包角,或缺少横头长圆钉		×	
5.	装备附件及零部件不固定、不牢靠、能任意移动		×	
6.	装备及附件、工具油封保护不良,能造成锈蚀		×	
7.	包装箱内缺备件,缺技术文件规定的物品			
8.	由于外箱质量差,造成箱内积水		×	
⋮	……			
二、	外观质量			
1.	装备上各种标牌歪斜、不平整、不牢固			×
2.	装备结合面边沿、缝隙超过规定			×
3.	外露加工面有明显磕碰、生锈			×
4.	错装、漏装标牌		×	

31

(续)

序号	瑕疵内容	不合格分级 A	不合格分级 B	不合格分级 C
5.	标牌上字码不清楚或打错		×	
⋮	……			
三、	结构性能质量			
1.	整个液压系统漏油,影响液压性能,压力不正常,并超过温升值	×		
2.	进给手轮、工作台手轮、液压操作手柄超过规定力		×	
3.	各联锁动作失灵,砂轮架快速进退动作混乱,会造成安全事故	×		
4.	各联锁动作失灵,动作混乱,但不会造成安全事故		×	
5.	冷却液油水混合,冷却液漏进油池	×		
6.	装备噪声超过规定值		×	
⋮	……			

2.3 进货检验与试验

进货检验是指对供方(供货厂商、外协厂)交付的原材料、元器件、零件、组装件、配套分机等进行的质量检验。

2.3.1 进货检验与试验目的和作用

现代装备承制企业生产装备时,所需的原材料、元器件、配套件、分机等不可能都由本企业加工制造,而是适应专业化生产方式,选择专业化生产的原材料、元器件、配套件以及外协厂的产品,来满足本企业生产需要。

外购和外协的产品,涉及产品的质量,如性能、可信性、安全性、经济性和环境适应性等,它们对本企业的成品起着重要作用,甚至是决定性的作用。

进货检验与试验的目的,就是通过进货检验,确保所购的产品,所外协的产品符合规定要求,防止不合格的产品进入装备工序进行加工或装配,减少购货引起的经济损失。

2.3.2 进货检验要求

(1) 按照合同或协议明确交货产品的质量保证内容进行检验。

装备承制企业与合格供方的订货合同或协议中应明确交货产品的质量保证内容,视情况可规定以下内容。

① 检验的方式方法:规定全检还是抽检,抽检还要规定采用何种标准,如计数型 GJB 179A 或计量型 GB 8053—1987;还应规定 AQL(合格质量水平)或 p_0(生产方风险质量)、p_1(使用方风险质量)等指标。

② 供方应提供交货产品的合格证明书,必要时要求提供检测数据和表单。

③ 对供货不合格的处理方式,如退货、换货以及经济补偿(赔偿)等。

④ 对供方的质量体系进行第二方质量认证审核等。

(2) 按装备承制企业形成文件的检验和试验程序,以及进货检验和试验规程进行检验和办理入库手续。

(3) 外购、外协产品应是经装备承制企业评定合格供方的产品,其他情况进货应经过审批并通知相关部门。

(4) 按文件化程序、质量计划、检验和试验计划执行。

进货检验视装备承制企业的资源及检验产品后的有效程度来设计检验方法,既可采用检测设备进行检验,也可采用其他验证方法进行验证。

(5) 合格放行,不合格追回等处置。"紧急放行"的产品,需要在该项产品上做出标识,做好记录,能及时追回和更换,经相应的授权人批准,才可放行。同时,进货检验员继续对此批产品进行检验,直到能判别合格与否并做完相应的处理为止。

2.3.3 进货检验内容

进货检验、外协检验(以下简称进货检验)也称进厂检验,包括两个内容:首件(批)样品进货检验和成批进货检验。

1. 首件(批)样品进货检验

(1) 对首件(批)进货样品,按程序文件、检验规程以及该产品的规格要求或特殊要求进行全面检验、全数检验或某项质量特性的试验;详细记录检测和试验数据,以便分析首件(批)样品的符合性质量及缺陷,并预测今后可能发生的缺陷,及时与供方沟通进行改进或提高。

(2) 要求供方(可在合同、协议条款中)在首件(批)送检与成批交货有一定的时间间隔,这样可使供方有时间去纠正质量缺陷,不影响正式交货。

在以下情况下应进行首件(批)样品的进货检验。

(1) 首次交货。要求供方提供的产品必须具有代表性,制造首件(批)样品的生产设备,检测设备,操作人员水平与将来大生产时一致。

(2) 供方产品设计上有较大的变更。

(3) 产品(供货)的制造工艺有了较大的改变,如改变了所用的原材料、改变了配比、改变了操作条件等。

(4) 供货停产较长时间后恢复生产。

(5) 需方质量要求有了改变。

2. 成批进货检验

现代装备承制企业对外购、外协件按其对产品质量的影响程度分为 A、B、C 三类,实施 A、B、C 管理法。

A 类:关键件,必检。

B 类:重要件,抽检。

C 类:一般件,对产品型号规格、合格标志等进行验证。

通过 A、B、C 分类检验,可使检验工作分清主次,集中主要力量检测关键件和重要件,确保进货质量。

其中 A 类的外购、外协件的检验,一般应做到检验项目齐全,如无条件检验的可采用工艺验证试验,或送具有资格的第三方检测机构(如产品检测中心)进行检测或试验,经全项目合格后才能办理入库。

工艺验证试验,按程序文件或检验规程要求,由检验部门提出工艺验证申请,工艺(技术)部门批准,车间按照工艺标准进行试验,并出具试验报告。检验部门按照工艺试验报告和其他项目的检验,出具检验报告,判断该批进货是否合格。

2.3.4 进货检验种类

根据装备承制企业进货过程及特点,进货检验的种类可分为入库检验、保管监督检验、发放检验和外协产品检验。

2.3.4.1 入库检验

(1) 外购产品进厂(所)应分类、分批存放在待验库或指定地点,并做出标识。

(2) 外购产品在入库前,应进行如下复验(验证)工作:

① 检验人员应检查外购产品的质量证明文件是否齐全,填写的内容是否符合技术文件和订货协议或合同等规定。

② 外购产品的名称、牌号、型号、件号、规格、炉(批)号、数量等与质量证明文件是否相符。

③ 包装、配套、封印、备件是否完整齐全,外观质量是否符合技术文件规定。

④ 油封期、保管期(库存期)、储存期是否符合规定要求。

⑤ 供应单位是否在合格器材供应单位名单之内。

⑥ 原材料按相关行业标准中的金属材料、非金属材料复验的规定,进行几何尺寸、理化性能等入厂复验,对关键、重要的原材料,应按照专用技术条件或装备承制企业标准,加严、加项(如金属板材、管材无损检测)复验检查,复验材料的取样应满足试验方法中取样的规定。

⑦ 进口的原材料,应按中外材料对照手册转换为国内牌号后,再按复验文件规定取样送检测部门,经检测合格并征得设计部门同意后方可入库。

⑧ 元器件按"五统一"管理中的有关要求进行复验。对于需做破坏性物理分析的按有关国军标、企业标准进行 DPA(Destructive Physical Analysis)。

⑨ 从国外进口的元器件,要按元器件规定的技术标准进行检验,检验工作由认定的检测中心进行,对因无检验手段而未进行检验的进口元器件,必须经型号总师批准。

⑩ 外购成品件按规定的检验项目和方法进行复检,航天产品用标准紧固件应按QJ 3122—99《产品用标准紧固件入厂(所)复验规定》复验。

(3) 外购产品入厂复验的检验、试验方法与验收要求应符合国家的有关标准和合同的规定。

(4) 有定点供应要求的外购产品,当改变供货单位或供货单位生产条件变化时,须履行审批手续,并加严入厂复验控制。

(5) 经复验合格的外购产品,应按规定做标识(如喷字、涂色、挂标签等),检验人员确认其识别标志符合要求后,方可办理入库手续。不合格的外购产品,应做出明显标识,严加隔离,妥善保管。需退货的外购产品,检验人员应填写质量意见书,供有关部门办理退货用。

（6）外购产品入库检验,应按规定填写各项检验与试验记录,并定期整理、分类、编号,连同质量原始证件一起存档。

2.3.4.2 保管监督检验

（1）库房保管人员应经专业培训并考核合格,持证上岗。

（2）存放外购产品的仓库或场地的环境条件应满足产品技术文件的要求(如温度、湿度、防护、通风等),防止外购产品保管中破损、变质。

（3）外购产品应按性质、类别、规格、炉(批)号分类保管,摆放时分清先后次序,不同批次或性质不相容的外购产品不许混杂保管。

（4）军用产品、民用品、外购产品应分开保管,做出明显标识。军用产品与民用产品共用的外购产品按军用产品要求保管。

（5）入库的外购产品应及时建账、立卡,外购产品保管要做到账、物、卡相符。

（6）需油封、充气、冷藏、真空等保护处理的外购产品,应按规定进行保护,并定期检查其保护情况。

（7）非金属材料应按规定的复验周期进行定期复验(复验周期从入厂验收之日算起),超过保管期(从原材料生产厂验收日期算起)的材料,即使复验合格,也必须经过设计部门批准方可发放使用。

（8）易老化和有保管期要求的外购产品,应定期检查,老化变质或超期的应及时从库房剔除,并进行隔离。

注:油封期是指外购产品经油封处理,规定的保证时间;材料保管期是指非金属材料从制成合格之日起到用于产品止的规定期限;零件保管期是指外购元器件、非金属零件(用毛坯加工的零件从毛坯制成合格之日起)从制成合格起到用于产品时止的规定期限;复验期是指非金属材料从上次复验到下一次复验的间隔时间。

2.3.4.3 发放检验

（1）外购产品发放必须遵循"先进先发"和按炉(批)号发放的原则,严防发生混料、混批事故。需传递炉(批)号的外购产品应做好标志移植(如金属材料需断开发放时,各段均应有标识)。

（2）发放的外购产品要求其识别标志和质量证明文件完整无误,油封期、保管期(库存期)符合要求。

（3）外购产品发放时,检验人员应根据领料单、工艺文件、质量跟踪卡上的要求,核对牌号、规格、尺寸、炉(批)号、供应状态和技术条件等与实物是否相符,并检查外观质量,承办出库质量证明。

（4）外购产品代用(指变更牌号、技术条件、规格等),必须具有按规定程序办理并经审批的文件,检验员应在出库合格证上传递代用文件号。

2.3.4.4 外协产品检验

在装备生产中,有些产品(含零、部、组件和委托外单位设计、生产的产品)或工序需要由外单位协作加工,这些由外单位生产(加工)的产品统称外协产品。

对外协单位应采取先考察(质量保证能力考察)后加工的原则。检验应对此进行监督,凡未经质量保证能力考察评价合格的单位,不能承担外协产品的生产。

（1）签定外协合同时应签定质量保证协议。质量保证协议一般包括以下内容：

① 对原材料、元器件控制要求。

② 生产中过程控制要求，如编写工艺规程、填写质量跟踪卡、实行"三检制"、特殊工种实行持证上岗等。

③ 生产中使用的工、夹、量具控制要求。

④ 关键件、重要件控制要求。

⑤ 对关键重要节点是否要进行监督检验。

⑥ 外协单位应提供的质量信息，检验记录。

（2）外协产品入厂（所）检验（到货检验）内容如下：

① 检查包装、封印、封存是否完好无损。

② 开箱检查装箱质量、防振、防静电措施是否完好。核对装箱单所列产品名称、规格、数量等与实物是否一致。

③ 检查质量证明文件及质量记录（含检验记录、检验试验报告）。

④ 按规定进行外观检验。

⑤ 按规定进行产品检测（包括尺寸、性能）或试验。

⑥ 出具外协产品入厂（所）检验报告。

（3）下厂验收。验收方式如下：

① 合验。在协作产品最终检验（含总验、测试、试验）时，验收代表与协作厂联合检验验收。

② 单检。协作产品经协作厂检验合格后，验收代表单独对协作产品进行检验验收。

③ 监检。监督协作单位是否按合同和质量协议的要求进行生产，抽查检验协作产品（或工序）。

检验内容（检验的内容、方法、标准应事前约定）如下：

① 核对生产厂质量记录、质量跟踪卡，确认交检产品的所有工序均已检验合格，无遗留问题。

② 检查工、夹、量具、仪器、仪表是否在有效期内，精度是否满足要求。

③ 检查核对重要原材料、元器件的采购、入厂复验和保管发放情况是否符合规定，协作产品是否有二次扩散（转包）生产问题。

④ 生产中出现的质量问题处理是否符合规定，结论是否明确。

⑤ 按规定检验交检产品。

⑥ 核对配套的备、附件数量。

⑦ 检查产品包装、铅封包装箱。

⑧ 填写下厂验收报告。

2.3.4.5 紧急放行控制

1. 紧急放行

紧急放行是指因生产急需来不及验证（含复验、入厂检验、试验）的外购产品，直接投入使用所采取的应急措施。紧急放行承担着巨大的风险，紧急放行的外购产品一旦经验证不合格将造成经济损失，同时也将失去宝贵的时间，因此紧急放行不是管理上所提倡的，应慎重使用，并应制定相应的文件对紧急放行做出明确的规定。

进货检验中对紧急放行应遵守下列原则：

（1）紧急放行不能取消外购产品的入厂（所）验证，而应加紧验证工作以免因验证不合格而造成更大的损失。

（2）紧急放行的外购产品应标识和记录，保持可追溯性。

（3）对紧急放行的外购产品，应采取可靠措施，保证一旦验证不合格能及时追回。

（4）紧急放行的外购产品，放行后的加工、装配、试验应是可追溯的，在追回不合格外购产品时，对相关的零、部、组件的质量不会产生不良影响，经济损失最小。

（5）紧急放行应办理文件（如紧急放行单），紧急放行文件应经授权的主管领导批准并归档。

（6）紧急放行的外购产品，在流转中应规定停止点（限定范围），在外购产品到达停止点时，应完成外购产品的验证工作并有验证结论，否则紧急放行的外购产品不得通过停止点而继续流转，以免造成更大的损失。

2. 紧急放行产品的控制

检验凭紧急放行文件（如紧急放行单）开临时出库合格证，注明停止点和紧急放行文件编号后放行。紧急放行的产品在流转中到达停止点应停止加工（流转），等待进货检验结论。进货检验合格后，开正式出库合格证换回临时出库合格证，产品继续流转。如经进货检验不合格，立即追回不合格产品，按不合格品管理办法隔离。

2.4 过程（工序）检验与试验

过程（工序）检验是对本工序加工完毕的在制品、半成品的检验，有的单位则是对生产加工的分机进行检验。

2.4.1 过程检验与试验的目的与作用

1. 过程检验与试验的目的

验证装备在制造过程中各工序的质量特性是否符合规定要求，鉴别不合格品并进行及时处置，防止不合格品进一步加工，避免造成更多损失，同时为质量管理提供信息（数据）。

2. 可以实施对不合格品的控制

对检查出的不合格品，做出标识、记录、隔离、评价和处置，并通知有关部门，作为纠正或纠正措施的依据。

3. 通过过程检验与试验实现产品标识

在有产品标识和可追溯性要求的场合，通过过程检验与试验，可实现生产过程中对每个或每批产品都有唯一性的标识。

2.4.2 过程检验与试验形式

1. 首件检验

首件检验是对加工的第一件产品进行的检验，或在生产开始时（上班或换班）或工序因素调整（调整工装、设备、工艺）后前几件产品进行检验，其目的是及早发现质量缺陷，防止产品成批报废，以便查明缺陷原因，采取改进措施。

2. 三检

操作者自检、组长(质量员或指定工人)互检和专职检验人员检验。一般互检可不进行,必要时在质量跟踪卡(或工艺规程)上明确规定互检要求,但自检和专检必须执行。

3. 巡回检验

巡回检验是检验员在生产现场,按一定的时间间隔对有关过程(工序)进行流动检验。

巡回检验员在过程检验中的检验项目和主要职责如下:

(1) 巡回检验的重点是关键工序,检验员应熟悉和掌握所负责检验范围内工序控制点的质量要求及检验方法,并对加工后产品进行检测或观察是否符合工艺文件、检验规程等规定的要求,发现质量缺陷应及时处理。

(2) 按照过程检验规程要求,对关键工序的零部件进行抽样检验或全检,并做好检验后合格品、不合格品(返工品)、废品的存放处理工作。

(3) 做好巡回检验记录,提出检验报告。

4. 完工检验

完工检验是指对一批加工完的产品(这里指零件、部件)进行全面的检验,目的是发现和剔除不合格品,使合格品继续转入下道工序或进入半成品库。

除上述检验试验形式外,还有环境检验、工艺监督检查等。

环境检验是指对工作环境和操作人员的卫生实行严格控制所进行的检验。

工艺监督检查是指对一些关键重要工序的操作工人是否严格执行工艺纪律进行监督检查,检查内容包括:根据工艺规程、作业指导书或检验规程的规定,对照所有量具、夹具、仪器仪表是否符合规定要求;所用原材料是否符合规定要求;零部件的加工结果是否符合规定要求。

2.4.3 过程检验与试验的基本条件

(1) 设计文件、工艺文件和质量控制文件正确、齐全、有效,工艺文件中要有明确的过程检验内容和要求(即工艺文件中应单独安排检验工序),必要时应编写检验规范。

(2) 生产、试验、检测设备、计量器具、工艺装备等按规定要求经鉴(检)定合格,并有合格证。

(3) 原材料、元器件和装配用的零、部、组件等经认定合格,并具有合格证明文件,在制品必须经上道工序检验合格,并有合格结论。

(4) 生产环境、工作秩序符合规定。

(5) 操作人员持有有效资格证书。

不具备上述条件,检验人员有权拒绝检验产品。

2.4.4 过程检验与试验内容和要求

(1) 认真阅读验收依据,对产品外观及上道工序的质量进行预防性检查(不是对上道工序的重复检验),检查内容如下:

① 上道工序是否已加工完毕并经检验验收合格。

② 上道工序质量记录是否填写正确、有效、签署完整。

③ 上道工序质量问题结论是否明确。

④ 产品外观有无缺陷,必要时可抽检已加工的重要质量特性。

如发现上道工序存在质量问题,应返回上道工序处理。

(2) 正确选择、使用计量器具。

(3) 严格按现行有效的验收依据,进行认真细致的产品检验,避免错(漏)检,不允许私自减少检验内容和项目。

(4) 按规定填写质量(检验)记录,并加盖检验印章。

(5) 对三检产品做出标记,对不合格品做出标识并隔离。

(6) 按规定进行巡回检验,并做好记录。

2.4.5 三检与过程监督

1. 三检

(1) 三检的概念。三检是指产品在生产过程中对完工的工序(含首件产品,下同),必须经操作者"自检",班(组)长(质量员或指定的工人)"互检"和专职检验人员检验的工作程序。它是坚持群检与专检相结合原则的体现。

(2) 三检的范围。下列范围产品或工序的首件必须进行三检。

① 批量生产时,每个工作班的每个工人(或集体操作小组)加工完的首件。

② 每批超过三件的首件各工序。

③ 生产过程中工艺条件发生变化(如更换或者重新调整工装、设备、刀、量、模具等)加工的首件。

④ 设计、工艺文件更改后加工的首件。

⑤ 关键工序、关键件、重要件及提交验收代表验收的产品或工序。

⑥ 稀贵材料或加工周期长的产品或工序。

⑦ 质量不稳定,易出现质量故障的工序或产品。

(3) 三检的条件。

① 具有符合规定的完整、正确、清晰的设计文件、工艺规程、标准实样。

② 三检工序已在工艺文件上做出标识。

③ 具有符合工艺规程规定的并经鉴定合格的工、夹、量、模具以及测试设备等。

④ 具有符合工艺规程规定的合格器材。

⑤ 工作环境符合规定。

⑥ 操作人员经上岗考核合格。

(4) 三检的规定和要求。根据工艺文件规定的"三检"要求,认真履行操作者"自检",操作者之间"互检",在"自检""互检"完成后,才能交付专职检验员进行检验。未经"自检""互检"等违反三检规定加工的产品,检验人员有权停止验收,并请工艺部门按违反工艺纪律进行处理。

三检产品,应按图样规定的质量特性要求,逐项进行检验。三检成员要在质量跟踪卡(工艺流程卡)上按技术文件规定填写实测数据。

三检合格后,三检成员在质量跟踪卡(工艺流程卡)上签字留名或盖章,并按规定做出标识。经三检确认合格后,方可继续加工。

为确保首件三检产品的可追踪性,首件三检产品的三检标识应保持到工作班或同批产品工序完工检验合格后,标识方可消除。

首件三检如出现不合格或三检后又发生质量问题,应及时查明原因,采取纠正措施,再次加工应重新进行三检。

因三检错误造成不合格品,由参加三检的成员共同负责。

2. 过程监督

检验人员应根据本单位的规定,对生产过程的以下方面进行监督:

(1) 生产现场的人、机、料、法、测、环等各要素是否符合规定的要求。

(2) 生产操作是否执行工艺规程和质量控制文件,对违反工艺纪律的现象,检验人员有权拒绝验收,并向有关部门报告。

(3) 对产品"五清"(批次清、质量状况清、原始记录清、数量清、炉批号清),"六分批"(分批投料、分批加工、分批转工、分批入库、分批装配、分批出厂)的执行情况进行监督。

(4) 对产品在工序间周转运输(含吊装、吊运)时的防护措施进行监督。

(5) 对计量器具监督及管理。

① 监督生产现场使用的各种计量器具的精度或准确度,是否满足使用要求,是否按周期进行检(鉴)定,并具有有效的检(鉴)定合格证或彩色标识。

② 监督驻在单位的计量器具严格执行周期检定,超期一律不准使用。

③ 各种计量器具必须正确使用和妥善保管,不允许混乱放置,应按规定放入专用箱(盒)中,放置前应擦拭干净,防止污染或缺损。

④ 检验人员对生产人员正确使用计量器具应给予关注,必要时应予以指导。

⑤ 检验人员自用的计量器具应加强管理,不应与生产人员混用,以确保量值的准确性。

⑥ 检验人员自用的计量器具送周检或没到周检期发生故障送检,在计量部门判定为不合格时,应对用此计量器具检查的产品进行跟踪检查,并按规定做好记录。

⑦ 对生产现场无法检测的产品,检验员负责填写计量申请单,申请计量部门或有条件的单位进行检测。

(6) 对工装的监督。

① 工装应有合格证,需要定期鉴定的工装应有鉴定合格证,且应在鉴定有效期限内,超过有效期或鉴定不合格的工装不准用于装备生产。

② 工装应按使用情况分类管理,如分为 A、B、C 类。

③ 凡经鉴定站鉴定的工装,应按规定鉴定周期,并在适当的地方明示和标识。

④ 当工装用作检验手段时,使用前应验证,当生产与检验合用同一工装,用作检验手段时,检验使用前应进行校验或验证。

⑤ 当用作检验手段的工装在校验和鉴定中发现不合格,应根据不合格项对产品的影响情况,对用该工装生产、检验的产品追踪,必要时应重新检验。

工装在使用、保管、鉴定中发现不合格,应及时返修并记录。

(7) 对设备的监督。

① 各类设备的精度应满足产品生产过程的质量要求,精度不符合要求应进行修理或更换。

② 凡技术文件规定有定期校验的设备,应按规定进行校验或鉴定,超过期限未鉴定合格的设备不得继续使用。
③ 凡应校验鉴定的设备,应在醒目位置挂上注明"合格"或"禁用"字样的标牌。
④ 各类设备,车间都要明确专人保管维护和使用,他人不得随意动用和拆装。
⑤ 发现设备运转不良或造成产品不合格时,车间应对设备进行重新校验或鉴定。
检验员对驻在单位的设备管理与正确使用情况进行必要的监督。

2.4.6 过程检验中的例外放行

例外放行是指在生产过程中,工序检验(试验)报告没有完成、质量问题没有处理完或装配中缺少零、部、组件(含成品、标准紧固件),因生产任务紧急,为抢时间需转到下一道工序继续加工(即保留工序,带问题转工序)。

例外放行应办理文件如"放行单"并经授权的主管领导批准,对例外放行的产品应标识并记录。为了防止因例外放行而发生产品漏工序、漏装,应按需要对工艺文件做临时性更改,注明情况,检验员应对此进行监督。

2.5 最终检验与试验

最终检验与试验也称成品检验或出厂检验,是完工后的装备入库前或发到军方手中之前进行的一次全面检验。这是最关键的检验。装备最终检验直接关系到承制方和军方的切身利益,因此在最终检验工作中,要严格把关切实保证经最终检验的装备"三不带"(不带故障、不带隐患、不带多余物),防止不合格装备出厂(车间)。未经最终检验合格的装备,不得签发合格证,装备不得交付出厂。

2.5.1 最终检验与试验的目的和作用

最终检验与试验的目的是防止不合格装备出厂和流入到军方手中,损害军方利益和承制企业的信誉。

最终检验与试验是全面考核装备质量是否符合规范和技术文件的重要手段,并为最终装备符合规定要求提供证据,因而最终检验与试验是质量控制的重点,也是实行质量管理活动的必需过程。

2.5.2 最终检验与试验要求

1. 依据承制企业文件进行检验
按承制企业形成文件的检验与试验程序、质量计划、最终检验与试验规程等文件进行检验与试验,合格后办理入库手续。

2. 按规定要求检验做出结论
最终检验与试验的程序,应要求所有规定的进货检验,过程检验均完成,结果满足规定要求后,才能做出是否合格的结论。

3. 审批认可
只有在规定的各项检验、试验都全部完成,有关检验结果符合要求,数据、文件都得到审批认可后,装备才能发货。

2.5.3 最终检验与试验内容

以工业电子和机械行业为例,主要有装配过程检验、总装检验及型式试验。

1. 装配过程检验

按照承制企业装备技术标准和技术文件的要求,将零件、部件进行配合和连接使之成为半成品或成品的工艺过程称为装配。

在生产过程中,装配工序一般作为装备的进货检验及零部件加工过程检验均完成且结果满足规定要求的最后一道工序。虽然零部件、配套件的质量符合规范和技术文件规定的要求,但在装配过程中,由于不遵守工艺规程和技术文件规定的要求,导致装备质量不合格。为此,要保证装配工序的装配质量,装配过程的检验工作是十分重要的。

部件装配是依据装备图样和装配工艺规程,把零件装配成部件的过程。部件装配检验是依据装备图样,装配工艺规程及检验规程对部件的检验。有的承制企业在装配工艺规程中单独列出检验项目和技术要求,称为检验卡,其目的是方便检验。

部件装配检验内容:机械方面有部件的几何尺寸、不平行度、轴径的椭圆度、端面与外圆跳动、角度等,然后与标准比较,判其是否合格;电气方面有部件的性能,包括电、声、色等质量特性。例如,温度控制电源,它是一个部件,检验的项目一般有输出的电源电压(幅度)、输出电源电压的稳定度、过压和过流的保护等,然后与标准比较,判其是否合格。

2. 总装成品检验

把零件和部件或外购配套件按工艺规程装配成最终装备的过程称为总装。

总装(成品)检验是依据装备图样,装配工艺规程及检验规程对最终装备(成品)的检验。

成品检验内容如下:

(1)成品性能,包括正常功能、特殊功能、效率三个方面。

正常功能是指装备应具有的功能,如载重汽车的载重量和速度、模块电源输出的电压幅度及输出电压的稳定度等。

特殊功能是指装备正常功能以外的功能,一般是指增加附件后所具有的功能,如某型号半导体三极管,带该型号散热器时的输出额定功率为5W,不带散热器时为1W。

效率是指装备在规定时间和规定条件下的完成任务能力,或装备的输出功率与输入功率的比值。

(2)成品精度,包括几何精度和工作精度两项。

几何精度检验是指对最终影响装备工作精度的那些主要零部件的精度进行检验,其中包括零部件尺寸、形状、位置和相互间的运动精度。

工作精度检验是通过对规定任务完成的情况进行检验,判定是否满足规定要求。

(3)结构,是指对装备的装卸、可维修性、空间位置、抵御环境能力等项的检验。

(4)操作,主要要求操作简便、轻巧灵活等。

(5)外观,主要是造型美观大方,色彩适宜和光洁,出现瑕疵应符合规定要求等。

(6)安全性,是指装备在使用过程中保证安全的程度,如:检验某装备超温下的报警;检验某装备的闭锁、隔离装置是否能达到闭锁和隔离的要求。

(7) 环保,主要是对成品的噪声和排放的有害物质对环境的污染是否符合有关标准,如对噪声检测、对粉尘浓度的检验。

以上各条,应按技术文件的规定进行检验。检验均合格时,才能判定装备合格和出厂。为方便检验工作,承制企业在设计质量管理体系文件时,将该装备的检测项目、技术要求、检测方法、实测结果合格与否判定等项目列在××装备检验报告(表)中,以此报告作为最终装备检验的记录和凭证。

具体到航空航天及其他高技术装备的特点,最终检验除上述要求外还有一些独特要求,如多余物检查。其最终检验内容可分为部(组)件、整机最终检验和分系统、全系统的最终检验。相关内容如下:

(1) 部(组)件、整机最终检验内容。

① 检查装备标记(图代号、型号、编号、检印等)是否齐全、正确、与验收凭证是否一致。审查工艺文件最终检验工序前的所有工序是否已加工完毕、质量问题处理完毕、结论明确、装备经过清理。

② 装备内外表面有无划伤、碰伤、锈蚀、漆层脱落或变形、裂纹等。

③ 开关、阀门等初始位置是否正确,试验用的气、液体是否排放干净,图样、工艺文件规定以外的插头、电缆、管路、工艺件等应拆除。

④ 装备技术状态是否符合要求,有无错、漏装。

⑤ 随装备的配套件、文件资料是否齐全、正确。

⑥ 有无多余物。弹体最终检验前操作者应清点工具、零件、消耗器材、铅封保险丝头等,确保以上物品没有遗留在装备内。

⑦ 与军方有协调关系的部位是否符合要求(如导弹弹体与弹头、导弹与地面设备配合对接等)。

⑧ 验收凭证、质量原始记录是否与实物相符。

⑨ 装备铅(漆)封及保险是否完整、正确。

⑩ 各开口部位的保护措施是否符合技术文件规定。

(2) 分系统或全系统的最终检验内容。

① 按工艺文件规定的所有总检前的装配、试验均已完成,结论明确,所有问题处理完毕。

② 装备内外表面有无划伤、碰伤、压痕、漆层脱落、不清洁等,并清理多余物。

③ 所有连接是否符合出厂状态。

④ 装备上所有的铅封、保险和口盖、附件是否正确完好无损。

⑤ 喷漆标志是否符合规定。

⑥ 所有验收凭证与实物是否相符、配套是否齐全、文件资料是否齐全正确。

3. 型式试验

型式试验,是根据装备技术标准或设计文件要求,或装备试验大纲要求,对装备的各项质量指标所进行的全面试验与检验。通过型式试验,评定装备技术性能是否达到设计功能的要求,并对装备的可靠性、维修性、安全性、外观等进行数据分析和综合评价。

型式试验一般对装备施加的环境、应力条件比较恶劣,常有低温、高温、潮热、电源电压变换(如从198~242V)、满功率负载、机械振动、温度冲击等项目的试验,因此新装备研制、设计定型均应按装备技术标准所列的试验项目做全项目的试验,而出厂时只是选择其中若干项做试验,甚至不做试验,依装备的要求和军方要求而定。

型式试验和交收试验有区别又有联系。型式试验:①只有周期检验与试验,如执行 GB 2829—1987 标准时进行全项目试验;②在装备设计定型或生产定型进行全项目的检验与试验。交收试验:出厂交军方,只选择部分项目进行检验与试验,如选择空运转试验、负载试验、精度检验等项。这些规定一般都在承制企业制定的该装备技术标准中的验收准则中列出。

还应指出,装备的技术标准包括其中必须做试验的项目和达到的质量水平(性能指标),同时它与该装备的行业标准(部标)、国标或国军标相关连。一般情况下承制企业制定的装备技术标准,应高于部标、国标,至少应与部标、国标规定的要求相等。质量检验部门在出厂检验或型式试验时应进行监督检查,保证装备的质量和承制企业的竞争能力。

1) 结构受力试验

结构受力试验一般用于承受外力的装备,进行机械力学性能试验。模拟外界受力的状态进行静力和动力等试验,试验时往往加载到结构破坏时测定其结构的强度,验证装备设计及参数计算的正确性。

2) 空运转试验

空运转试验包括主运动机构、进给机构、快速移动机构三个空运转试验。空运转试验时,主运动机构从最低速度起,做低、中、高速运转,每级速度按规定时间运转;进给机构做低、中、高进给量的空运转;快速移动机构做快速移动的空运转。在试验过程中,检验工作机构的平移性、可靠性和准确性;检验主运动和进给机构的启动、停止、制动、自动动作的灵活性和可靠性;检验变速转换的可靠性和准确性,检验重复定位、分度和转位动作的准确性;检验自动循环动作的可靠性;检验夹紧装置、快速移动机构、读数指示装置和其他附属装置的可靠性;检验刻度装置的手轮反向空程量;检验手轮和手柄的操纵力;检验安全防护装置和保险装置的可靠性;检验电气、液压、气动、润滑、冷却系统,光学及自动测量装置的工作情况。

3) 负载试验

负载试验是按照设计编制的试验规范和装备质量分等规定所规定的试验方法,对装备额定的最大负载量、承载零件最大重量的运转(主传动系统最大扭矩)、最大切削主分力和主传动系统最大功率进行试验,试验后把试验数据记录在装备合格证书上。

4) 精度检验

精度检验包括几何精度检验和工作精度检验。几何精度检验是在负载试验前后进行;工作精度检验是在负载试验后进行,不做负载试验的装备在空运转试验后进行。最后一次精度检验的实测数值记入装备合格证书内,并根据装备标准和装备质量分等规定判定装备精度的等级。

5) 高低温试验

装备高低温试验,一般都是按装备技术标准或技术协议规定的要求进行检验评定。装备高温试验通常是把装备置于恒温箱或恒温室内进行,它是检验和评定装备在高温条件下工作的可靠性。产品低温试验通常是在低温箱(或室)内进行,它是检验和评定装备在模拟寒冷地区、冬季或高空条件下工作的可靠性。

6) 温度冲击试验

装备进行温度试验时,装备一般处于非工作状态,交替置于低温和高温箱或低温和高温室内,按所要求的高低温度和保温时间进行若干次循环试验,在最后一次循环的高温结束时,将产品取出箱外,待温度恢复到常温后对装备进行检验和评定。装备温度冲击试验是衡量装备在温度冲击条件下的工作适应性及结构的承受能力。

7) 耐潮试验

装备耐潮试验,一般是把装备置于湿热试验箱或试验室内进行,其湿度是靠喷雾水或使水加热蒸发来调节。装备耐潮试验是检验和评定装备对潮湿空气影响的条件下抵抗的能力。耐潮试验的目的是防止产品绝缘材料在潮湿空气的条件下绝缘性能显著降低和金属零件易锈蚀等现象的发生。

8) 防霉试验

装备在使用和储存中,在长期高温和高湿的环境条件下,外表面可能有霉菌生长。霉菌生长后,菌丝吸收潮湿气体和分泌有机酸性物质使装备的绝缘性能遭到破坏,并加速金属零件的腐蚀作用,光学玻璃上长菌后会使光聚性能下降。为此,要进行装备的防霉试验。

防霉试验是把非工作状态下的装备和易于长菌的对比样件同时放入霉菌试验箱内,然后将按规定配制好的霉菌溶液均匀地喷到装备表面和对比样件上,试验后根据装备生霉情况检验和评定装备的抵抗霉菌侵蚀能力。

9) 防腐试验

装备的防腐试验是把装备置入喷射盐水雾的盐雾试验箱或室内进行,其试验温度、盐溶液的组成、浓度、喷雾量和喷雾方式等按装备技术条件来决定,检验和评定装备对含盐水分或大气腐蚀的抵抗能力。其目的是防止装备在沿海地区含盐水分或大气侵袭条件下,装备的金属零件受到电化学腐蚀的现象发生。

10) 防尘试验

任何装备在风沙或灰尘环境条件下都会受到风沙和灰尘的影响。当沙粒或尘埃进入转动或滑动部位时,将会增大这些部位的摩擦力和磨损程度,使这些部位出现动作失灵或卡死现象,容易造成油路和气路的堵塞,还会影响电路接点的接触性能。为此,要进行装备的防尘试验提高工作的可靠性。防尘试验是在防尘实验室进行的,试验后检验和评定装备在风沙或灰尘环境条件下其防尘结构的密封性和工作的可靠性,要求装备打开密封后无尘埃,无妨碍装备正常工作的一切故障。

11) 密封试验

某些装备在使用中,可能会被浸入水中或被雨淋,水的渗透会使装备发生故障或被破坏。为此,这些装备要进行密封性试验,密封性试验又分两类:一是淋雨试验,把装备放入实验室内,用一定水压和水量的水以一定的角度或任意方向喷淋在装备上,经一定时间后取出装备检验和评定装备防漏性,试验后的装备要求内部不应有渗透和积水存在,同时应无妨碍装备正常工作的一切故障发生;二是漏气和漏液的试验,是根据装备结构和要求不同采用不同的检漏试验。密封试验的目的是鉴定装备的防漏能力。

12) 振动试验

装备在运输和使用过程中,将会受到由旋转冲击和振动诸力所产生的谐和振动的影响。当装备构件受到周期性的干扰后,各构件都会被激振动,甚至有些构件会产生谐振;当弹性构件产生振动后,构件承受了反复载荷而影响构件的寿命,甚至很快产生断裂;由于振动的作用,还可使装备各构件的连接部位松动、脱落,甚至破坏;振动还会使滑动或转动构件间摩擦力增大或产生附加的摩擦运动而加速磨损;装载装备上的电器部件也会由于振动而造成导线、插头、焊头或接线片松动或脱落以至于装备上的仪器仪表可能因振动而不能正常工作。装备振动试验时,把装备固定在振动试验台上,使其在3个互相垂直故障最易暴露的轴向依次振动,有减振装置的装备应带减振器进行试验。试验的目的是确定装备经受振动的适应性,评价装备结构的完好性。

2.6 成品入库、包装及交接检验

2.6.1 成品入库检验

成品入库存在两种状态,一种是装备在完成成品包装作业后,经检验入库;另一种是成品在完工后进行油封、油漆处理并经检验入库。

无论哪种情况,检验人员应做到:

(1) 按检验与试验程序及检验规程的要求进行检验。

(2) 核对和检查油封、油漆的质量是否满足文件规定的要求,判定是否合格。

(3) 核对和检验包装的装备,主要是检查包装材料、包装箱的结构和包装的质量是否满足文件规定要求,判定是否合格。

(4) 入库单或入库交验单齐全,判定合格后方能入库。

2.6.2 成品包装检验

装备包装是为了保护装备,保证装备质量、数量和安全,便于运输、储存。装备的包装是保证装备外在质量特性的一项重要措施,也是维护承制方和军方共同利益的有力保证。因此,凡出厂装备,承制方应按技术要求进行装备包装,质量检验部门应对装备包装质量进行检验与监督。

包装检验是一项细致而烦琐的工作,要求检验人员要认真细致的工作,检验中要认真清点、核对,防止错装、漏装和因装箱不合格造成装备损坏的事故。

1. 装备包装前的要求

(1) 待包装装备质量符合规定要求。有质量检验部门签发的质量证明文件。

(2) 装备应经军方代表代表验收并签署。

(3) 装箱文件齐全,文件符合规定要求。

(4) 装备有识别标志。

(5) 装备按技术文件的规定和合同的要求进行了封存,其质量符合要求。

(6) 有签署完整的装箱清单。

2. 包装检验内容和要求

(1) 检查装箱装备有无产品合格证,合格证填写的质量结论是否明确清楚,装备型号、图号、名称、件号(编号)、规格、数量等与实物是否相符。

(2) 检查装箱清单所列装备型号、图号、名称、件号(编号)、规格、数量等与实物是否一致。

(3) 检查配套交付的文件资料包装是否符合技术文件的规定。系统级装备(如导弹)文件资料应用专用箱(包)包装,装箱装备的文件资料放在包装箱的指定位置并应有明显标志。

(4) 检查具有易燃、易爆、易挥发、有毒、放射性等特性的装备,是否按技术文件规定及有关安全措施进行了特别防护处理。对于上述装备的包装应符合国家的规定。

(5) 检查装备包装箱(或包装材料)的质量、规格是否符合有关标准的规定,以防影响包装质量。

(6) 检查装备在包装箱内放置的位置是否正确,固定是否牢固,有填充物的包装箱填充物应填实,以保证包装质量。

(7) 如果装备有运输方向、不允许倒置、防震、防潮、起吊位置等技术要求时,检验人员要检查包装箱外表面是否有上述要求的明显标志,标志的字迹是否清楚、正确,是否符合设计文件和有关标准的规定。

(8) 经检验人员检查确认包装质量符合要求后,检验人员应在包装箱的开启处打上检验合格的封印(如铅封)。

(9) 如果装备采用专用包装箱包装时,还应检查专用包装箱外表面所标注的装备型号、图号、名称、数量、件号等与箱内实物是否一致,确认无误后,即行封箱,防止错、漏项等问题的发生。

2.6.3 装备交接检验

1. 交接检验应具备的条件

(1) 装备按订货合同(或技术协议、质量协议书)、图样、技术文件及有关文件规定加工完毕,并经检验合格。

(2) 有质量检验部门按要求签署完整的装备质量证明文件。

(3) 装备装箱和铅封完好,符合图样、技术文件要求。

(4) 随装备的配套件、文件、资料齐全。

2. 装备交接检验的内容

(1) 包装箱外观质量检验内容:

① 包装箱有无损坏(变形、开裂、碰伤等),发现损坏应记录,经双方确认后再进行其他项目检查。

② 包装箱有无规定的标志,如防雨、防振、向上、运输方向、起吊位置等。

③ 在规定位置标写的装备型号、图(代)号、编号的正确性。

④ 铅封是否正确完好。

(2) 开箱质量检验内容:

① 检查装箱单签署是否完整。

② 核对装箱单填写的名称、数量与所装实物是否相符。

③ 检查装备在箱内运输方向的固定方向及减振、防护情况,特别要检查带表头类仪器在运输中加装的短路插头及止动环(钉)有无脱落、松动。

④ 包装介质及包装质量是否符合要求,产品铅封是否完好,包装箱外的图(代)号、编号等与合格证的一致性。

(3) 装备外观质量检验内容:
① 装备代号、编号与质量证明文件及包装箱上标志的一致性。
② 铅(铝、漆)封及保险是否正确。
③ 装备上应装零件及配套件是否齐全、正确。
④ 检查仪器、电缆插头(座)部位有无异常,如插针(孔)应无锈蚀、发黑、断尖、变形、结构无掉块无多余物。
⑤ 装备状态及装备所有开口部位的保护堵盖是否符合图样技术文件规定。
⑥ 装备上的橡胶、塑料制品是否有老化、开裂等异常情况。
⑦ 伺服机构、电池等类产品是否有渗液。
⑧ 电缆外罩、防波套、绝缘层是否完好。
⑨ 装备表面有无划伤、碰伤、锈蚀、漆层脱落等。
⑩ 装备是否清洁,有无多余物。
注:一般装备交接只做外观检查,其他检查项目(如性能检查等)应另行规定。

(4) 质量证明文件检查内容:
① 装备两书(装备证明书、装备质量履历书)齐全,填写符合规定。
② 证与物是否一致。
③ 各岗位人员留名盖章,单位盖章及有关领导签署是否齐全。
④ 按规定经订购方检验的装备,应有"验收代表"签字。
⑤ 填写的各项内容应符合要求,无错、漏填。
⑥ 合格结论、使用结论明确。
⑦ 装备的保证期(如校验期、保管期、周转期、储存期等)应符合要求。
⑧ 装备运输或交接有关的记录齐全正确。
⑨ 配套技术资料齐全、正确。

3. 交接质量检验程序

一般按以下程序,装备交接流程图如图 2.6 所示。

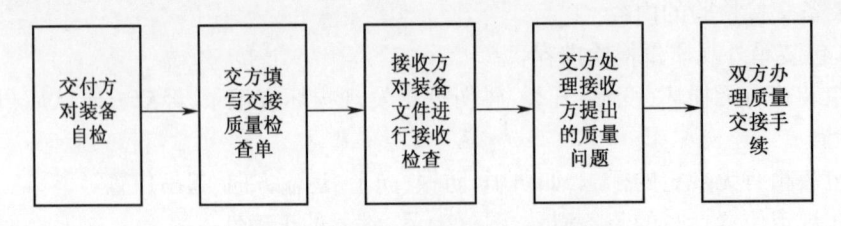

交付方对装备自检 → 交方填写交接质量检查单 → 接收方对装备文件进行接收检查 → 交方处理接收方提出的质量问题 → 双方办理质量交接手续

图 2.6 装备交接质量检验流程图

4. 交接质量检验的凭证

(1) 厂(所)内装备交接质量检查工作,严格按工艺规程或操作文件中明确的工序检验内容和要求检查。凡未经检验合格并盖章认可的,一律不准转入下道工序。下道工序的操作者和检验人员要检查产品外观质量,符合要求后即可接收。发现质量问题,应排除,并要有质量检查记录,经双方检验员签署。

(2) 厂(所)际之间、承制方和军方装备的部、组(整)件交接,使用"装备质量交接检查单"。

(3) 全系统装备向军方交付,使用"装备质量交接证明书""配套件移交清单"及"资料发送单";经交接检查合格后,双方负责人(或检验代表)应在"装备质量交接证明书"上签字。

5. 交接质量检验中质量问题的处理

(1) 交接检验时,检查出的问题,如不影响装备质量,经双方认可,由接收方检验员填写在"装备交接质量检查单"上(处理意见由交付方填写),经双方确认属于装备质量的问题,必须按有关规定办理文字手续。双方对质量问题如有异议,报上级质量部门裁决。

(2) 质量问题处理结束后,双方认为需要在装备质量证明文件上说明的质量问题,由交付方将上述问题及处理结论填写在质量证明文件上。

(3) 交接检查时发现的问题,一律由交付方(含订货方)处理解决。

(4) 交付后发现(发生)的问题,厂内产品按"不合格品管理"规定处理。厂际之间、承制方和军方之间由产品所在单位填写"产品故障通知单"通知交付方,并会同交付方及有关单位分析原因,确定责任单位,然后由责任单位会同有关单位解决处理。

(5) 交付后发现产品外观的质量问题,若查不清责任单位,则由接收方负责。属于产品性能方面的质量问题按上一条规定处理。

2.7 质量检验管理

2.7.1 检验与试验状态

1. 检验(试验)状态划分

只有合格的原材料、外购件才能投入生产,只有合格的零部件才能转序或组装,只有合格的装备才能出厂发送军方。因此,需要正确区分和管理原材料、零部件、外购件、成品等产品所处的检验与试验状态,并以恰当的方式标识,以标明是否经过检验与试验,检验后是否合格等状态。

根据程序文件或质量计划规定,检验状态一般分以下4种:

(1) 产品未经检验或待检的。
(2) 产品已经检验但尚待审理的。
(3) 产品通过检验合格的。
(4) 产品经检验判定为不合格的。

其中,待审理状态实质上就是产品通过检查鉴别发现有不合格项时,在等待不合格审理组织对其进行评审和处理之前的检验状态。

2. 检验(试验)状态标识

标识产品检验(试验)状态的目的是保证只有经过检验合格的产品才能投产、转工序或出厂。

一般可采用区域标识的方法,就是将产品按检验阶段划分区域,采取放置或悬挂标识牌的方法,明确区分产品各检验阶段的状态,确保产品在检验过程中的各种状态清楚,避免发生漏检、重复检验或状态混淆。

3. 检验（试验）状态控制

（1）当产品按图样、技术条件、工艺规程的要求,经操作者自检合格（有三检要求时还应互检合格）,提交检验人员检验时,应对检验状态采取控制措施,即利用区域标识的方法,明确检验各阶段的状态:

① 用"合格"标牌,明确标识经检验合格后的产品。

② 用"不合格"标牌,明确标识经检验不合格的产品,不合格产品应隔离。

③ 用"待审理"标牌,明确标识经检验后产品有不合格项,还在等待不合格品审理组织进行审理的产品。

④ 用"未经检验"标牌,明确标识等待检验的产品。

（2）检验（试验）状态控制要求:

① 在检验过程中应有效地区分产品的检验（试验）状态。

② 在检验过程中应保持好检验（试验）状态标识。

③ 确保只有通过检验合格的产品才能签发合格证。

装备承制应当指出:企业应正确区别产品标识、检验、试验状态标识,前者是产品在整个生产过程中自始至终保持不变的唯一标识,是产品的"身份证",当需要时可以追溯;而后者在每一个过程都只有相应检验与试验状态,因而检验与试验状态标识是可以变化的,如某产品毛坯经检验是合格的,经车床切削加工后检验是不合格的。

2.7.2 不合格品管理与质量问题归零

1. 术语

（1）不合格:未满足要求。

（2）返工:为使不合格产品符合要求而对其采取的措施。

（3）返修:为使不合格产品满足预期用途而对其所采取的措施。

（4）报废:为避免不合格产品原有的预期用途而对其采取的措施。

（5）降级:为使不合格产品满足不同于原有的要求对其等级的改变。

（6）让步:为使用或放行不符合规定要求的产品的许可。

（7）偏离许可:产品实现前,偏离原规定要求的许可。

2. 不合格品管理

（1）检验的职责。

① 鉴别。检验人员按照验收依据鉴别产品（工序）的质量特性是否符合规定的要求,以判断产品（工序）是否合格。

② 标识与隔离。当检验人员对产品（工序）判断为不合格时,应按规定对不合格产品（工序）进行标识,以区别于其他已检验合格的产品（工序）。经标识的不合格品,应采取严密的隔离措施（如锁入废品箱）,防止不合格品的非预期使用或安装。

③ 记录与报告。对鉴别为不合格产品（工序）,在标识和隔离后,检验人员应在质量跟踪卡的本工序相关栏目内记录该项产品（工序）的不符合特性的状态和实测值。

当上述工作完成后,检验人员要将产品（工序）的不符合特性的内容报告给不合格品审理组织的有关人员,填写产品不符合项报告单或在不合格品审理单上填写不合格项的内容。

(2) 不合格品管理的基本原则。

① 不合格品的管理应有完整、准确的质量记录,不合格审理和处理文件应按有关规定的要求存档。

② 不合格品的审理应当坚持原因找不出不放过、责任查不清不放过、纠正措施不落实不放过的原则,未履行批准手续,不得进行下道工序或交付。

③ 不合格品的处理结论一次有效,不能作为以后不合格品处理和验收产品的依据。

④ 不合格品的责任单位,应按规定及时处理不合格品,办理不合格品相关文件,否则检验人员有权停止该产品(工序)的验收。

⑤ 对不合格品责任有意见分歧时,由不合格审理组织及其常设机构仲裁。

⑥ 产品交接后发现的外观质量问题,当具体责任单位(责任者)查不清时,由产品所在(接收)单位负责。

⑦ 属于工装、样板、组合夹具等原因造成的不合格品,除首件由工装车间承担外,其余不合格品损失由产品生产车间承担。

⑧ 不合格品责任不属于产品主制单位时,由主制单位找责任单位处理。

⑨ 因检验人员错、漏检通过的不合格品,由操作者、互检者、检验员各负其责。

⑩ 不合格品的经济损失,包括材料损失和工时损失,由承制单位的财务部门或经济管理组负责核算,应计入责任单位的质量指标考核,有条件的单位还应纳入质量成本管理。

(3) 不合格品的审理与处置。

① 检验参加驻在单位不合格品的审理工作。

② 检验人员直接处理以下不合格品而不需要经过审理:不合格品的返工;按通用规范返修不合格品;明显的报废品。

③ 对经审理的不合格品办理相关手续,会签超差、代料、质疑单(让步接收),填写返修单、废品单。

3. 质量问题归零

(1) 质量问题技术上归零的5条标准。

① 定位准确。确定质量问题发生的准确部位。

② 机理清楚。通过理论分析或试验等手段,确定质量问题发生的根本原因。

③ 问题复现。通过试验或其他验证方法,确认质量问题发生的现象,验证定位的准确性和机理分析的正确性。

④ 措施有效。针对发生的质量问题,采取纠正措施,经过验证,确保质量问题得到解决。

⑤ 举一反三。把发生质量问题的信息反馈给本型号、本单位和其他型号、其他单位,检查有无可能发生类似模式或机理的问题,并采取预防措施。

(2) 质量问题管理上归零的5条标准。

① 过程清楚。查明质量问题发生和发展的全过程,从中查找管理上的薄弱环节或漏洞。

② 责任明确。根据质量职责分清造成质量问题的责任单位和责任人,并分清责任的

主次和大小。

③ 措施落实。针对管理上的薄弱环节或漏洞,制定并落实有效的纠正措施和预防措施。

④ 严肃处理。对由于管理原因造成的质量问题应严肃对待,从中吸取教训,达到教育人员和改进管理工作的目的。对重复性和人为责任质量问题的责任单位和责任人,应根据情节和后果,按规定给予处罚。

⑤ 完善规章。针对管理上的薄弱环节或漏洞,健全和完善规章制度,并加以落实,从制度上避免质量问题的发生。

(3) 检验在双归零工作中的职责。

① 参加驻在单位归零工作,做好检验问题归零。

② 对质量问题造成的不合格品按规定进行管理。

③ 监督归零措施是否落实到图样、技术文件、工艺文件和规章制度中。

④ 产品交付前,对归零情况进行检查,质量问题未归零产品不得放行。

2.7.3 检验记录与质量证明文件管理

2.7.3.1 检验与试验记录的作用、种类及内容

检验与试验记录是质量管理体系有效运行的重要证实性文件,是表明装备承制企业实施的质量控制和最终装备符合质量要求的证据。检验记录能明确表明负责装备放行的检验部门和检验或验证人员。

检验记录又是质量信息,可供统计和分析使用,为纠正措施和改进质量提供依据。另外,当军方需要时,按合同要求提供检验记录和数据。

检验和试验记录的种类,装备承制企业中一般有以下6种:

① 进货检验与试验记录。

② 过程检验与试验记录。

③ 成品装配检验记录。

④ 入库、包装和发运交付记录。

⑤ 设计、生产定型鉴定的检验与试验记录;周期检验与试验记录。

⑥ 检验与试验报告、质量分析报告、关键点控制图表(有一部分)、质量分析会议记录等。

2.7.3.2 填写要求

1. 检验记录填写要求

(1) 检验记录要按规定正确、完整、及时填写各项内容,不准事后补填。

(2) 应填写检测、测试的实测值,不能简单填合格或不合格。

(3) 检验记录填写应字迹清晰工整、数据详实可靠、不错(漏)项。

(4) 检验记录的记录者应留名,重要记录应经复核、审核、批准签字,签名应工整易辨认,不得只签姓不留名。

(5) 检验记录需引用文件时,应将文件的名称和编号写全。

(6) 检验记录更改应采用划改,并在划改处签名或盖章。

(7) 检验记录填写不得空缺,凡不需填写的空白项应划斜线,斜线应从左下方向右上

方倾斜。

2. 质量证明文件填写要求

（1）填写应使用钢笔(复写除外)。

（2）填写字迹应清晰工整,数据详实可靠。

（3）署名应署全名,检验人员署名一律用检验印章。

（4）质量证明文件填写错误应由原填写人更改,更改只能划改,不得涂(刮)改,更改处应盖检验印章。一证(页)更改不得超过两处。

（5）质量证明文件只能由检验人员签发,非检验人员无权签发。

（6）质量证明文件不得空项,空白项应加盖"空白"字样印章或划斜线(从左下方斜划到右上方)。

（7）质量证明文件中传递质量信息的文字应准确,引用文件的名称、编号应写全,不得随意简化。

（8）质量证明文件中选择填写的项目,应将不用的项划掉。

（9）装备交付后,需要做工作如返修、排故、复查等,工作结束后应在质量证明文件上记载并留名。

（10）合格证、产品证明书应编号,便于查询。

2.7.3.3 质量证明文件签发、转发及补发要求

1. 质量证明文件签发

（1）质量证明文件签发应具备的条件。

① 器材(含原材料、元器件、成品件下同)有原始(生产厂)合格证,并按规定复验合格。

② 各工序经检验符合验收依据要求,无遗漏工序。

③ 检验过程中发现的质量问题均已处理,并有文件及结论,无遗留问题。

④ 质量跟踪卡(工艺流程卡)齐全,各工序有留名及检验员印章。

⑤ 有关的质量证明文件齐全,符合规定要求。

⑥ 按有关规定装备进行了总检、质量评审等。

⑦ 装备封存、包装质量符合规定要求。

（2）签发要求。

① 质量证明文件所填写内容应符合要求、无遗漏,应传递的质量信息(如超差、代料等)应填写清楚无误。

② 签发质量证明文件的产品必须是经过检验或验证的产品(工序),未经检验或验证的产品不得签发质量证明文件,不得以经验或信任代替检验。

③ 质量证明文件尽量做到一证一件,当产品(工序)较简单(如简单的零件、原材料、元器件),量较大且为同型号、同生产批次、同图号、同炉(批)号时允许一证多件,但产品应尽量做出标识。

④ 在质量证明文件上需填写单件编号和某些几何尺寸、性能参数(如容积、压力、质量等)和数据的部、组(整)件,必须一证一件,不允许一证多件。

⑤ 自带料加工的产品,在质量证明文件上应注明"自带料"字样。

⑥ 按白图加工的产品应注明"按白图生产"字样,并应在白图适当部位做标记(如背

面加盖检验印章,注明日期)备查。

⑦ 借用件质量证明文件的"型号"栏,应填写借用型号的代号,有超差、代料等的借用件,如设计已限定使用范围,应在质量证明文件上注明"限用于××产品"。

2. 质量证明文件的转发要求

(1) 原质量证明文件为一证多件或一证为一批料,需分批或零散发出(或调拨)时,可转开质量证明文件。

(2) 原始质量证明文件必须有效,并是转开质量证明文件的依据。转开时,应在原合格证上注明去向。原始及转开的合格证均应存档。

(3) 转开的质量证明文件应传递原始质量证明文件上的有关质量信息。

(4) 只有检验人员有权转开质量证明文件。

3. 质量证明文件的补发要求

(1) 属下列情况时,检验组可决定补发。

① 质量证明文件书写错误。

② 质量证明文件受潮字迹模糊、沾上脏物、但仍能分辨出书写内容。

③ 质量证明文件缺损,但仍能查清原生产验收日期、数量、质量状态等。

(2) 质量证明文件遗失,应查清责任,责任单位要写出书面报告,在能查出原始依据的情况下,经质量部门领导批准才能补发。

(3) 补发的质量证明文件应填写原生产(完工)验收日期,并注明补发日期、补发原因,补发时应收回原合格证。

4. 装备质量履历书上的一般要求

(1) 对有装备代号并独立交付的组件,设备以上级别的装备应建立装备质量履历书。

(2) 装备质量履历书应在装备开始装配时建立,并随装备流转,各项内容填至装备出厂。

(3) 装备质量履历书中记载的各项内容应以原始记录为基础,应具有可追溯性。

(4) 装备质量履历书的项目、填写内容和要求由设计单位在装备设计文件中规定。

(5) 装备质量履历书由生产单位制备、填写、保管和归档,并向总装单位提供副本。

(6) 装备质量履历书中的各项内容应及时、准确地填写并按规定签署,凡与装备证明书相同的项目应该使用产品证明书的复印件。

2.7.3.4 装备返厂(所)改装、排故、退库时合格证的处理

(1) 装备返厂(所)改装。应随带原出厂质量证明文件,改装合格后,一般不重新签发质量证明文件,只在原质量证明文件的"特殊记载"栏内,记录改装内容、改装结论、改装的技术文件编号,有关人员签字盖章。

装备改装后,需重新下质量结论时,质量证明文件应重新签署。

(2) 装备排除故障。应在质量证明文件上记录装备故障情况、原因、排故措施、结论、技术文件编号,并由设计、工艺、检验和验收代表签字。

(3) 装备退库。质量证明文件上应有领用(或使用)单位检验员的质量记录及结论,并经库房检验员确认后方可退库。

2.7.3.5 检验记录与质量证明文件的管理要求

检验记录与质量证明文件(以下简称质量检验档案)是装备质量信息的重要组成部

分,确保质量检验档案的完整安全,是检验业务管理的重要内容。

(1) 质量检验档案管理应制订收集、整理、归档办法,并由专(兼)职人员负责。

(2) 质量检验档案应用钢笔填写、字迹工整清晰、填写完整、并不得涂改。

(3) 质量检验档案一般应分级管理,需要归档的应列出详细目录清单,规定保存单位,保存年限一般不少于装备的寿命期。

(4) 质量检验档案应建立台账,编制检索目录,便于查询。

(5) 质量检验档案应制定移交、借阅、复制、销毁管理办法。

(6) 应积极开展计算机管理和应用缩微技术归档。

2.7.4 检验批次管理

武器装备经设计工艺定型后转入批生产,批生产管理的目的是提高装备一致性,缩短生产周期,降低生产成本,保证质量可追溯性。

1. 批生产检验管理内容与要求

(1) 制定批次检验管理措施。

(2) 对参加批生产检验人员组织培训,熟悉投产批的技术状态、质量保证措施、检验管理措施、图样、技术条件和工艺规程。

(3) 参加批生产开工前的生产准备评审(检查),对批生产的生产准备情况、工装设备、计量器具进行全面检查。

(4) 器材(原材料、元器件、成品件、标准紧固件等)从投料到装备交付实行"五清"(装备批次清、质量状况清、原始记录清、数量清、炉(批)号清)"六分批"(分批投料、分批加工、分批转工、分批入库、分批出厂)管理。批次号随器材传递记录到质量控制卡及合格证上,保证质量可追溯性。

(5) 生产中发现(生)批次性质量问题,要严格按质量问题技术归零和管理归零的"双五条"标准,实施质量问题的归零管理,对已放行的装备进行跟踪复查(检)直至纠正。

(6) 批生产中要有完整、准确的质量记录,装备批次标识(如年、批、序号、炉(批)号、件号等)清晰,并按规定传递,保持装备质量的可追溯性。

(7) 对有有效期限(如保管期、生产周转期、储存期)要求的产品(含原材料、零、部、组件)应准确转递期限要求,保证不超期使用。

(8) 零、部、组件(含仪器、设备、备附件)应传递、保持批次标识,跨批使用时,应经质量复查、并办理转批申请,经批准后方可使用。

(9) 成品(含一、二次配套件、仪器、电缆等)合格证应有批次标识。

(10) 库房检验员在出库合格证上传递此次标识。

(11) 同一批零件应使用同一炉(批)号的材料,不同炉(批)号的材料用于同一批零件时,应按炉(批)号分别开合格证并标识,防止混批。

(12) 凡标有炉(批)号的毛坯(如锻、铸件),在加工中应进行标记移植。

(13) 凡超差使用的零、部件应在合格证上注明超差使用文件编号,并在相应零、部件上标识。

(14) 零、部件库房应按"五清""六分批"的要求严格管理。库房应建台账,记录零、部件的去向,以便追溯。

（15）检验人员应监督库房批次管理,校核库房保管员的配套、发放及管理工作。

2. 批生产质量问题处理

批生产中出现的质量问题,必须作到技术、管理双归零,防止重复发生。

生产中出现成批超差,应坚持"三不放过"(原因查不清不放过、责任者查不清不放过、措施不落实不放过)原则,并应召开专题质量分析会,写出专题质量分析报告。

3. 批生产质量管理

编制批生产质量总结,对批生产发生的质量问题认真分析,严格归零并写出归零报告。批生产中的质量信息应进行整理,并归档。

第 3 章 质量检验数据处理

3.1 测量不确定度概述

3.1.1 不确定度概念

1. 测量结果

测量结果是由测量所得的赋予被测量的值。测量结果可用单次观测值,即所用测量设备的示值表示,但通常用多次重复测量所得测量值的算术平均值表示。对间接测量而言,测量结果还需由测量值通过计算得到。根据是否修正的情况,当给出测量结果时,应说明所指的是未修正的测量结果还是已修正的测量结果。在测量结果的完整说明中应包括测量不确定度。

2. 测量不确定度

"不确定度"这个词的意思是不能肯定或有怀疑的程度。测量不确定度的定义为:与测量结果相关联的参数,表征合理赋予被测量值的分散性。这个定义主要包含以下 3 个含义:

(1) 测量不确定度是一个分散性参数。定量说明测量结果的质量的一个参数,它可以是标准差或其倍数,或说明了置信水平的区间半宽度。

(2) 该参数一般由若干分量组成,统称它们为不确定度分量。关键是应对这些不确定度的分量大小的估计要合理,最好还应知道每个分量估计的可靠程度。

(3) 该参数是用于完整表征测量结果的。完整地表征测量结果,应包括对被测量的最佳估计及其分散性参数两个部分。贡献于测量不确定度的部分,应包括所有的不确定度分量。在这些分量中,除了不可避免的随机影响对测量结果有贡献外,当然也包括系统影响等引起的,如与修正值和参考标准有关的分量,均对分散性有贡献。

3.1.2 测量不确定度来源

不确定度来源的分析取决于对测量方法、测量设备及被测量对象的详细了解和认识,必须具体问题具体分析。所以,应深入研究有哪些可能的因素会影响测量结果,根据实际情况分析对测量结果有明显影响的不确定度来源。通常测量不确定度来源可以从以下因素考虑。

(1) 被测量的定义不完全。例如,规定被测特定量为一根标称值是 1m 长的钢棒的长度,要求测准到 μm 量级。被测的钢棒受温度和压力的影响已经比较明显,而这些条件在定义中没有说明。在评定测量不确定度时,应该考虑温度和压力引入的不确定度。

(2) 被测量的定义值的复现不理想。例如,如果规定测量在 25.0℃时钢棒的长度,但实际测量时的温度不可能恰好为 25.0℃,与定义规定的条件有差别,就引入了测量的不确定度分量;又如,在微波测量中,"衰减"量是在匹配条件下定义的,但实际测量系统不可能理想匹配,因此失配引入不确定度。

(3) 被测量的样本不能完全代表定义的被测量。例如,被测量为某种介质材料在给定频率时的相对介电常数,由于测量方法和测量设备的限制,只能取这种材料的一部分做成样本,然后对样本进行测量,如果由于材料成分和均匀性方面的不足,测量所用的样本不能完全代表定义的被测量,就会引入测量不确定度。

(4) 对测量过程受环境影响的认识不足或环境条件的测量与控制不完善。同样以测钢棒长度为例,如果实际上钢棒的支撑方式有明显影响,但测量时由于认识不足而没有采取措施,在评定测量结果时应把支撑方式引起的不确定度考虑进去;又如,实测环境温度为 25.0℃,则必要时应考虑温度计不准引入的不确定度。

(5) 模拟式仪表的读数偏差,以及自动化测试仪器中 A/D 转换的量化不确定度。

(6) 测量仪器计量性能局限性(如分辨力等)和鉴别阈值等引起的不确定度。

(7) 赋予测量标准包括标准装置、实物量具、标准物质的标准值不准确。例如,用天平称质量时,测得值的不确定度包括所用天平及标准砝码的不确定度。

(8) 引用常数或其他参数的不确定度。例如,测量黄铜棒的长度时,要考虑长度随温度的变化,要用到黄铜的线膨胀系数 a_t,查数据手册可以得到所需的 a_t 值,该值的不确定度也同样是测量结果不确定度的一个来源。

(9) 与测量方法和测量程序有关的近似性或假定性,测量系统的不完善。例如,被测量的表达式的某种近似程度、自动化测试程序的迭代程度,以及由于测量系统不完善引起的绝缘漏电、热电势、引线电阻上压降等引起的不确定度。

(10) 相同条件下,被测量重复观测中的随机变化。也就是说,测量的重复性也是不确定度的来源之一。

(11) 修正不完善引入的不确定度。

(12) 在有的情况下,需要对某种测量条件变化,或是在一个较长的规定时间内测量结果的变化做出评定。此时,也应把相应条件变化的合理赋予测量值的分散性大小作为该测量条件下的测量结果的不确定度。

以上的各种不确定度的来源可以分别归为设备、方法、环境、人员等带来的不确定性,以及各种随机影响和修正各种系统影响的不完善,特别还包括被测量定义、复现和抽样的不确定度等。总的来说,所有的不确定度来源对测量结果都有贡献,原则上都不应轻易忽略。但是,当一旦对各个不确定度来源的大小都比较清楚的前提下,为了简化对测量结果的评定,就应分清主次,有所取舍。另外,这些来源也未必相互独立,在处理时需要细致考虑。

3.1.3 测量不确定度分类

为了表征测量值的分散性,测量不确定度用标准偏差表示。但在实际使用中,往往希望知道测量结果的置信区间,因此规定测量不确定度也可用标准偏差的倍数或说明了置信水平的区间半宽度表示。为了区分这两种不同表示方法的测量不确定度,分别称为标准不确定度和扩展不确定度。

1. 标准不确定度(Standard Uncertainty)

定义:用标准偏差表示的测量不确定度。

（1）标准不确定度用符号 u 表示。它不是由测量标准引起的不确定度,而是指不确定度由标准偏差表示,表征测量值的分散性。

（2）测量结果的不确定度往往由许多原因引起,对每个不确定度来源评定的标准偏差,称为标准不确定度分量,用 u_i 表示。标准不确定度分量有两类评定方法:A 类评定和 B 类评定。

（3）A 类标准不确定度(TypeA Standard Uncertainty)。用对测量样本统计分析进行不确定度评定的方法称不确定度的 A 类评定,用 A 类评定方法得到的标准不确定度称 A 类标准不确定度,用符号 u_A 表示,A 类标准不确定度用实验标准偏差表征。

（4）B 类标准不确定度(TypeB Standard Uncertainty)。用不同于对测量样本统计分析的其他方法进行不确定度评定的方法称不确定度的 B 类评定。用 B 类评定方法得到的标准不确定度称 B 类标准不确定度,用符号 u_B 表示,它是用根据经验或资料及假设的概率分布估计的标准偏差表征。

（5）A 类标准不确定度与 B 类标准不确定度仅仅是评定方法不同,并不表明不确定度性质的不同,对某一项不确定度分量既可用 A 类方法评定也可用 B 类方法评定,由测量人员根据具体情况选择。

（6）"A 类标准不确定度"及"B 类标准不确定度"与"随机"及"系统"两种性质无对应关系;为避免混淆,不再使用"随机不确定度"和"系统不确定度"这两个术语。在需要区分不确定度性质时,应采用"由随机影响引起的不确定度分量"和"由系统影响引起的不确定度分量"的表述方式。

2. 合成标准不确定度(Combined Standard Uncertainty)

定义:由各不确定度分量合成的标准不确定度。

当测量结果由若干其他分量得来时,合成标准不确定度是由这些分量的方差与协方差加权和的正平方根表示。其中权系数按测量结果随这些分量变化的情况而定。

（1）合成标准不确定度用符号 u_C 表示。

（2）合成方法称为测量不确定度传递率(或称传播率),由国际文件统一规定。

（3）合成标准不确定度仍然是标准偏差,它表征了测量结果的分散性。

（4）合成标准不确定度的自由度称为有效自由度,用 v_{eff} 表示,它表明所评定的 u_C 的可靠程度。

3. 扩展不确定度(Expanded un Certainty)

定义:由合成标准不确定度的倍数表示的测量不确定度。

规定了测量结果取值区间的半宽度,该区间包含了合理赋予被测量值的分布的大部分。

（1）扩展不确定度用符号 U 表示,它是将合成标准不确定度扩展了 k 倍得到的,即 $U=ku_C$。

（2）扩展不确定度是测量结果的取值区间的半宽度,可期望该区间包含了被测量值分布的大部分。

（3）测量结果的取值区间在被测量值概率分布中所包含的百分数称为该区间的置信水平,用 P 表示。

（4）为获得扩展不确定度而用作合成标准不确定度的倍乘因子称为包含因子(Coverage Factor),用符号 k 表示,k 通常在 2~3 之间。

(5) k 的取值决定了扩展不确定度的置信水平。若 u_C 近似为正态分布,且其有效自由度较大,取 $U=2u_C$ 时,表征了测量结果 y 在 $(y-2u_C, y+2u_C)$ 区间内的置信水平约为 95%;而 $U=3u_C$ 时,$y=y+3u_C$ 的置信水平约为 99% 以上。

(6) 在 20 世纪 80 年代用术语总不确定度,由于报告最终测量结果时,既可用扩展不确定度也可用合成标准不确定度,为避免混淆,现在在定量表述时一般不再用总不确定度这个术语。

(7) 测量不确定度也可用相对形式表示,如用 $U(y)/y$ 表示相对扩展不确定度,也可写成 $Ur(y)$。当说明具有置信水平为 P 的扩展不确定度时,可以用 U_P 表示,如 $U_{0.95}$ 表明由 U 决定的测量结果取值区间具有置信水平为 0.95,U 为该区间的半宽度。

(8) U 和 u_C 单独定量表示时,数值前不必加正负号,如 $U=0.05\text{V}$,不要写成 $U=\pm 0.05\text{V}$。

3.1.4　测量不确定度与测量误差

1. 测量误差

定义:测量结果减去被测量的真值。

被测量的真值就是被测量的定义值(又称被测量值)。测量的目的是要确定被测量的量值。但由于人们对客观规律认识的局限性、测量设备的不准确、测量方法的不完善、测量时所处环境条件的不理想、测量人员技术水平等原因都会使测量结果不可能等于被测量的真值,即存在测量误差。测量误差是一种客观存在。

若用符号 X 表示测量结果,X_0 表示真值,则按定义可得测量误差 Δ 的表达式为

$$\Delta = X - X_0 \tag{3.1}$$

Δ 又称绝对误差,测量的绝对误差与被测量的真值之比 Δ/X_0 称为相对误差。当测量结果大于被测量的真值时称正误差,反之为负误差。但是,由于通常不知道真值,因此无法准确确定测量误差的值。测量误差属于理想的概念。

2. 测量误差和测量不确定度

不要把误差与不确定度混为一谈。两者定义既有联系,又有截然不同之处。所谓联系,是指两者都与测量结果有关,而且是从不同角度反映了测量结果的质量指标。测量不确定度是与人们对被测量的认识程度有关的,是由人们经过分析和评定得到的。而误差是客观存在的测量结果与真值的差,但人们无法准确得到。有可能测量结果是非常接近真值的(即误差很小),但由于认识不足,认为所赋予的值是落在一个较大区间内(测量不确定度较大)。也有可能实际上测量误差较大,由于分析估计不足而给出的不确定度偏小。国际上开始研制成功铯原子频率标准时,经分析其测量不确定度达到 10^{-15} 量级,但经过运行一段时间后,发现有一项重要因素不可忽视,经再次评定,不确定度下降到 10^{-14} 量级,这说明人们的认识提高了。因此,在进行不确定度分析时应尽量充分考虑各种影响因素,并对不确定度的评定需要验证。不确定度的大小决定了测量结果的使用价值,是可以操作的合理表征测量质量的一个重要指标。测量误差主要是用在测量过程中对误差源的分析,即通过这样的误差分析,设法采取措施达到减小、修正和消除误差的目的,提高测量的质量水平。最终,在评定测量结果之前,先需要对测量结果所得的数据进行正确的统计与处理后,给出最佳的估计;同时,还需要视可能占有的相关测量信息,采用测量不确定

度的评定和表示方法,合理给出该测量结果最佳估计的测量不确定度的大小。两者的区别如表 3.1 所列。

表 3.1 测量不确定度与测量误差的主要区别

序号	测量不确定度	测量误差
1	一个有正、负号的量值,其值为测量结果减去被测量的真值	一个无符号的参数,用标准偏差或标准偏差的倍数表示该参数的值
2	误差表明测量结果偏离真值的大小	测量不确定度表明测量值的分散性
3	误差是客观存在的,不以人的认识程度而改变	测量不确定度与人们对被测量和影响量及测量过程的认识有关
4	由于真值未知,故不能准确得到测量误差的值。当用约定真值代替真值时,可以得到测量误差的估计值	测量不确定度可以由人们根据实验、资料、经验等信息评定,从而可以定量确定测量不确定度的值
5	测量误差按性质可分为随机误差和系统误差两类,按定义,随机误差和系统误差都是无穷多次测量时的理想概念	测量不确定度分量评定时,一般不必区分其性质
6	已知系统误差的估计值时,可以对测量结果进行修正,得到已修正的测量结果	不能用测量不确定度对测量结果进行修正。已修正的测量结果的测量不确定中,应考虑修正不完善引入的测量不确定度分量
7	待修正而未修正的误差,应在测量结果中予以单独说明,除此之外,其他误差只在测量结果的不确定度来源中出现	完整的测量结果必须合理给出测量不确定度的大小

3.2 检验异常数据剔除

质量检验、试验的结果将以对取得的质量数据(测定值)的统计计算结果为依据。但是,所取得的所有质量数据是否符合实际,将直接影响检验结果表达的正确性和有效性。因此,检验数据的处理和检验结果表示是质量检验与试验工作中的主要问题,要求应用误差理论对检验数据进行处理并正确表示出检验结果。

对所取得的检验数据,首先应判断有没有因粗大误差而取得的异常数据。剔除异常数据是质量检验与试验工作中对数据进行处理的一个最基本的问题。对质量特性的测量,经多次测量后得到一系列测定数据,数据间存在一定的散差是正常现象。但是,有时在检验数据中会出现一个明显偏高或明显偏低的数据,对这种情况,在未经查明原因不知是否属于异常数据时,不可以轻易取、舍。无论是保留了异常效据,还是剔除了正常数据,都会影响检验、试验结果的真实性。

事实说明,异常数据往往表现在一系列检验数据中的最大值或最小值上,为处理方便要求将测定值(数据)排列为顺序统计量,即 $X_1 \leq X_2 \leq \cdots \leq X_n$。单纯判断最小值 X_1 或最大值 X_n 是否为异常值时,称为单侧检验(判断);若同时判断最小值 X_1 和最大值 X_n 是否为异常值时,称为双侧检验(判断)。

3.2.1 3σ 原则检验法

由正态分布的重要结论可知,在一定条件下,多次重复测量其得到的测量值,落在

$[\mu - 3\sigma, \mu + 3\sigma]$ 范围内的概率为 99.73%。若有个别数据超出这个范围,根据小概率事件原理,则有理由认为属于异常数据,应予以剔除。

应注意,应用 3σ 原则检验法时,是以样本分布的标准偏差 S_x 代替 σ 作为估计值,当样本量 n 较小时会造成较大的误差,一般规定 $n \geq 10$ 时才能应用。

3.2.2 狄克逊检验法

以下介绍的几种判断异常值的方法,需设置风险度(小概率 α),称为检验水平。通常设 $\alpha = 5\%$ 称为检出水平,作为判断是否有异常值的水平。当判断有异常值之后,应尽可能查明造成异常值的原因(如测试错误、记录错误等),采取措施消除异常值(如重新测量、根据原始记录更正等)。若无法查明原因时,应设 $\alpha^* = 1\%$ 称为剔除水平,判断该异常值是否应当从数据中剔除。当判断为异常值而又达不到剔除水平时,应以剔除和不剔除的两种统计结果相比较,看哪种结果更接近实际情况。

当给定检出水平 α 和剔除水平 α^* 后,从相应的临界值表中查得临界值(实际是以置信度 $(1-\alpha)$ 为查表依据)与所计算的统计量相比较,做出判断和剔除的决定。

狄克逊检验法的统计量计算:根据样本量 n 的不同值,在表 3.2 中查得统计量计算公式,计算 D 或 D'。

表 3.2 狄克逊检验法的临界值表

n	统 计 量	90%	95%	99%	99.5%
3		0.886	0.941	0.988	0.994
4		0.679	0.765	0.889	0.926
5	$D = \dfrac{x_{(n)} - x_{(n-1)}}{x_{(n)} - x_{(1)}}$ 或 $D' = \dfrac{x_{(2)} - x_{(1)}}{x_{(n)} - x_{(1)}}$	0.557	0.642	0.780	0.821
6		0.482	0.560	0.698	0.740
7		0.434	0.507	0.637	0.680
8		0.479	0.554	0.683	0.725
9	$D = \dfrac{x_{(n)} - x_{(n-1)}}{x_{(n)} - x_{(2)}}$ 或 $D' = \dfrac{x_{(2)} - x_{(1)}}{x_{(n-1)} - x_{(1)}}$	0.441	0.512	0.635	0.677
10		0.409	0.477	0.597	0.639
11		0.517	0.576	0.679	0.713
12	$D = \dfrac{x_{(n)} - x_{(n-2)}}{x_{(n)} - x_{(2)}}$ 或 $D' = \dfrac{x_{(3)} - x_{(1)}}{x_{(n-1)} - x_{(1)}}$	0.490	0.546	0.642	0.675
13		0.467	0.521	0.615	0.649
14		0.492	0.546	0.641	0.674
15		0.472	0.525	0.616	0.647
16		0.454	0.507	0.595	0.624
17		0.438	0.490	0.577	0.605
18		0.424	0.475	0.561	0.589
19		0.412	0.462	0.547	0.575
20		0.401	0.450	0.535	0.562
21		0.391	0.440	0.524	0.551
22	$D = \dfrac{x_{(n)} - x_{(n-2)}}{x_{(n)} - x_{(3)}}$ 或 $D' = \dfrac{x_{(3)} - x_{(1)}}{x_{(n-2)} - x_{(1)}}$	0.382	0.430	0.514	0.541
23		0.374	0.421	0.505	0.532
24		0.367	0.413	0.497	0.524
25		0.360	0.406	0.489	0.516
26		0.354	0.399	0.486	0.508
27		0.348	0.393	0.475	0.501
28		0.342	0.387	0.469	0.495
29		0.337	0.381	0.463	0.489
30		0.332	0.376	0.457	0.483

注:表头中的百分数为置信度 $1-\alpha$

3.2.3 格拉布斯检验法

应用格拉布斯检验法判断检验数据中是否有异常值时,首先应计算 $\overline{X}$ 和 s_x,然后计算判断统计量。

在单侧检验的情况下:

(1) 判断最大值 $x_{(n)}$ 是否为异常值,即

$$G_{(n)} = \frac{x_{(n)} - \overline{X}}{s_x} \tag{3.2}$$

(2) 判断最小值 $x_{(1)}$ 是否为异常值,即

$$G'_{(n)} = \frac{\overline{X} - x_{(1)}}{s_x} \tag{3.3}$$

当给定 $\alpha = 5\%$,$\alpha^* = 1\%$ 后,查表 3.3 格拉布斯检验法的临界值表,得临界值 $G_{1-\alpha}(n)$ 和 $G_{1-\alpha^*}(n)$。判断和剔除方法同前所述。

表 3.3 格拉布斯检验法的临界值表

n	90%	95%	97.5%	99%	99.5%	n	90%	95%	97.5%	99%	99.5%
						26	2.502	2.681	2.841	3.029	3.157
						27	2.519	2.698	2.859	3.049	3.178
3	1.148	1.153	1.155	1.155	1.155	28	2.534	2.714	2.876	3.068	3.199
4	1.425	1.463	1.481	1.492	1.496	29	2.549	2.730	2.893	3.085	3.218
5	1.602	1.672	1.715	1.749	1.764	30	2.563	2.745	2.908	3.103	3.236
6	1.729	1.822	1.887	1.944	1.973	31	2.577	2.759	2.924	3.119	3.253
7	1.828	1.938	2.020	2.097	2.139	32	2.591	2.773	2.938	3.135	3.270
8	1.909	2.032	2.126	2.221	2.274	33	2.604	2.786	2.952	3.150	3.286
9	1.977	2.110	2.215	2.323	2.387	34	2.616	2.799	2.965	3.164	3.301
10	2.036	2.176	2.290	2.410	2.482	35	2.628	2.811	2.979	3.178	3.316
11	2.088	2.234	2.355	2.485	2.564	36	2.639	2.823	2.911	3.191	3.330
12	2.134	2.285	2.412	2.550	2.636	37	2.650	2.835	3.003	3.204	3.343
13	2.175	2.331	2.462	2.607	2.699	38	2.661	2.846	3.014	3.216	3.356
14	2.213	2.371	2.507	2.659	2.755	39	2.671	2.857	3.025	3.228	3.369
15	2.247	2.409	2.549	2.705	2.806	40	2.682	2.866	3.036	3.240	3.381
16	2.279	2.443	2.585	2.747	2.852	41	2.692	2.877	3.046	3.251	3.393
17	2.309	2.475	2.620	2.785	2.894	42	2.700	2.887	3.057	3.261	3.404
18	2.335	2.504	2.651	2.821	2.932	43	2.710	2.896	3.067	3.271	3.415
19	2.361	2.532	2.681	2.854	2.968	44	2.719	2.905	3.075	3.282	3.425
20	2.385	2.557	2.709	2.884	3.001	45	2.727	2.914	3.085	3.292	3.435
21	2.408	2.580	2.733	2.912	3.031	46	2.736	2.923	3.094	3.302	3.445
22	2.429	2.603	2.758	2.939	3.060	47	2.744	2.931	3.103	3.310	3.455
23	2.448	2.624	2.781	2.963	3.087	48	2.753	2.940	3.111	3.319	3.464
24	2.467	2.644	2.802	2.987	3.112	49	2.760	2.948	3.120	3.329	3.474
25	2.486	2.663	2.822	3.009	3.135	50	2.768	2.956	3.128	3.336	3.483

注:表头中的百分数为置信度 $1-\alpha$

在双侧检验的情况下,以 α/2 代替 α 查临界值表。

3.2.4 奈尔检验法

若在常规测量中,已知在正常情况下数据总体分布的标准偏差 σ 时,可应用奈尔检验法判断和剔除异常值。

应用奈尔检验法时,因为 σ 已知,所以首先计算样本均值 $\overline{X}$,然后计算统计量。

在单侧检验的情况下:

(1) 判断最大值 $x_{(n)}$ 是否为异常值,即

统计量:
$$R_n = \frac{x_{(n)} - \overline{X}}{\sigma} \tag{3.4}$$

(2) 判断最小值 $x_{(1)}$ 是否为异常值,即

统计量:
$$R'_n = \frac{\overline{X} - x_{(1)}}{\sigma} \tag{3.5}$$

当给定 α 和 α^* 后查表 3.4 奈尔检验法的临界值表,得临界值 $R_{1-\alpha}(n)$ 和 $R_{1-\alpha^*}(n)$。判断和剔除方法同前所述。

表 3.4 奈尔检验法的临界值表

n	90%	95%	97.5%	99%	99.5%	n	90%	95%	97.5%	99%	99.5%
						26	2.602	2.829	3.039	3.298	3.481
						27	2.616	2.843	3.053	3.310	3.493
3	1.497	1.738	1.955	2.215	2.396	28	2.630	2.856	3.065	3.322	3.505
4	1.696	1.941	2.163	2.431	2.618	29	2.643	2.869	3.077	3.334	3.516
5	1.835	2.080	2.304	2.574	2.764	30	2.656	2.881	3.089	3.345	3.527
6	1.939	2.184	2.408	2.679	2.870	31	2.668	2.892	3.100	3.356	3.538
7	2.022	2.267	2.490	2.761	2.952	32	2.679	2.903	3.111	3.366	3.548
8	2.091	2.334	2.557	2.828	3.019	33	2.690	2.914	3.121	3.376	3.557
9	2.150	2.392	2.613	2.884	3.074	34	2.701	2.924	3.131	3.385	3.566
10	2.200	2.441	2.662	2.931	3.122	35	2.712	2.934	3.140	3.394	3.575
11	2.245	2.484	2.704	2.973	3.163	36	2.722	2.934	3.140	3.394	3.575
12	2.284	2.523	2.742	3.010	3.199	37	2.732	2.953	3.159	3.412	3.592
13	2.320	2.557	2.776	3.043	3.232	38	2.741	2.962	3.167	3.420	3.600
14	2.352	2.589	2.806	3.072	3.261	39	2.750	2.971	3.176	3.428	3.608
15	2.382	2.617	2.834	3.099	3.287	40	2.759	2.980	3.184	3.436	3.616
16	2.409	2.644	2.860	3.124	3.312	41	2.768	2.988	3.192	3.444	3.623
17	2.434	2.668	2.883	3.147	3.334	42	2.776	2.996	3.200	3.451	3.630
18	2.458	2.691	2.905	3.168	3.355	43	2.784	3.004	3.207	3.458	3.637
19	2.480	2.712	2.926	3.188	3.374	44	2.792	3.011	3.215	3.465	3.644
20	2.500	2.732	2.945	3.207	3.392	45	2.800	3.019	3.222	3.472	3.651
21	2.519	2.750	2.963	3.224	3.409	46	2.808	3.026	3.229	3.479	3.657
22	2.538	2.768	2.980	3.240	3.425	47	2.815	3.033	3.235	3.485	3.663
23	2.555	2.784	2.996	3.256	3.440	48	2.822	3.040	3.242	3.491	3.669
24	2.571	2.800	3.011	3.270	3.455	49	2.829	3.047	3.249	3.498	3.675
25	2.587	2.815	3.026	3.284	3.468	50	2.836	3.053	3.255	3.504	3.681

注:表头中的百分数为置信度 1-α

在双侧检验时,以 $\alpha/2$ 代替 α 查临界值。判断和剔除方法同前所述。

3.3 测量不确定度评定

影响检验测量结果的分量有许多,每个分量对测量结果的分散性都有贡献,前面已经明确了其分类方式,本节在明确概念的基础上,进一步理解评定方法,并结合几个典型的测量实例进行具体分析计算。

3.3.1 标准不确定度评定

3.3.1.1 标准偏差

1. 期望

测量值的期望是对被测量进行无穷多次测量所得的测量值 x_i 的算术平均值的极限,通常用 μ 表示期望,即

$$\mu = \lim_{n \to \infty} \frac{1}{n} \sum_{i=1}^{n} x_i \tag{3.6}$$

在统计学中,把期望称为总体均值或均值,通常也把 X 量的期望表示为

$$E(X) = \mu = \sum_{i=1}^{\infty} x_i P_i \tag{3.7}$$

测量值的期望是无穷多次测量的测量值 x_i 与其相应的概率 P_i 乘积之和,即以概率为权的加权平均值。

当已知概率密度的函数时,期望的值为

$$E(X) = \int_{-\infty}^{+\infty} x p(x) \mathrm{d}x \tag{3.8}$$

期望是概率密度曲线与 X 坐标轴所构成之面积的重心所在横坐标,所以期望是决定分布曲线位置的量。对于单峰、对称的概率分布来说,期望在分布曲线峰顶对应的横坐标。

用无穷多次测量的平均值作为测量结果时,测量值的期望与真值之差就是系统误差,真值是被测量的定义值。由此可见,真值、期望和误差都是理想情况下的概念,因此不可能通过测量获得真值。

2. 方差与标准偏差

方差是无穷多次测量的测量值与其期望之差平方的算术平均值,用 σ^2 表示,即

$$\sigma^2 \lim_{n \to \infty} \left[\frac{1}{n} \sum_{i=1}^{n} (x_i - \mu)^2 \right] \tag{3.9}$$

测量值与期望之差为随机误差。方差就是测量的随机误差平方的数学期望,X 的方差可表示为

$$D(X) = \sigma^2 = E(x - \mu)^2 \tag{3.10}$$

也可把上式转换为

$$D(X) = \sigma^2 = E(x^2) - [E(x)]^2 \tag{3.11}$$

即方差等于测量值平方的期望减去期望的平方。已知概率密度函数时,方差为

$$\sigma^2 = \int_{-\infty}^{+\infty} (x-\mu)^2 p(x) \mathrm{d}x \qquad (3.12)$$

当期望为 0 时,有

$$\sigma^2 = \int_{-\infty}^{+\infty} x^2 p(x) \mathrm{d}x \qquad (3.13)$$

标准偏差是方差的正平方根,简称标准差,即

$$\sigma = \lim_{n \to \infty} \sqrt{\frac{1}{n} \sum_{i=1}^{n} (x_i - \mu)^2} \qquad (3.14)$$

图 3.1 所示为测量值分布示意图。从图 3.1 看出,σ 小表明测量值比较集中,σ 大表明测量值比较分散。因为方差的量纲是单位的平方,使用不便,所以常用标准偏差表征测量值的分散程度,如用标准偏差表征测量值的重复性和复现性。σ 是从无穷多次测量情况下定义的,所以又称总体标准偏差,实际情况下不可能测量无穷多次,因此 σ 是理想的概念。

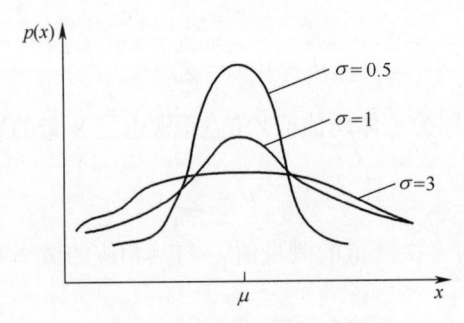

图 3.1 测量值分布示意图

3. 算术平均值与实验标准偏差

算术平均值定义:值的总和除以值的个数,用 $\bar{x}$ 表示。

在相同条件下,对被测量 x 进行有限次(n 次)独立重复测量得到测量列 $x_1, x_2 \cdots, x_n$,则算术平均值为

$$\bar{x} = \frac{1}{n} \sum_{i=1}^{n} x_i \qquad (3.15)$$

算术平均值是由一个总体随机抽样得到的样本平均值,它是期望的无偏估计。根据大数定理,测量值的算术平均值是期望的最佳估计值,通常在测量时,用算术平均值作为测量结果。

4. 实验标准偏差

实际上,测量不可能进行无穷多次,所以无法得到总体标准偏差 σ。实验标准偏差(样本标准偏差)是用有限次测量的数据,估计得到的测量值的标准偏差,用 s 表示。在相同条件下,对被测量 x 进行有限次独立的重复测量,每次测得值为 x_i,测量次数为 n,则实验标准偏差可用以下几种方式进行估计。

(1) 贝塞尔公式法。

$$s = \sqrt{\frac{1}{(n-1)} \sum_{i=1}^{n} (x_i - \bar{x})^2} \qquad (3.16)$$

（2）极差法。从有限次测量的测量列中找出最大值 $x_{\max}$ 和最小值 $x_{\min}$，得到极差 $(x_{\max}-x_{\min})$；根据测量次数 n 查表得到 d_n（表3.5），代入公式，可以得到实验标准偏差 s。

$$s = (x_{\max} - x_{\min})/d_n \tag{3.17}$$

表 3.5 极差法的 d_n 值及其自由度

n	2	3	4	5	6	7	8	9
d_n	1.13	1.69	2.06	2.33	2.53	2.70	2.85	2.97
v	0.9	1.8	2.7	3.6	4.5	5.3	6.0	6.8

（3）较差法。

$$s = \sqrt{\frac{1}{2(n-1)}\sum_{i=1}^{n-1}(x_{i+1}-x_i)^2} \tag{3.18}$$

较差法更适用于随机过程的方差分析，如频率稳定度测量时的阿仑方差就相当于较差法。当被测量随时间变化，贝塞尔公式法不适用时，推荐采用较差法计算实验标准偏差。

5. 算术平均值的实验标准偏差

算术平均值的实验标准偏差为

$$s(\bar{x}) = \frac{s(x)}{\sqrt{n}} \tag{3.19}$$

式中：$s(x)$ 为单个测量值 x 的实验标准偏差；$s(\bar{x})$ 为 n 次测量的算术平均值 $\bar{x}$ 的实验标准偏差。

通常用 $s(n)$ 表征测量设备的重复性，用 $s(\bar{x})$ 评价用此设备进行 n 次测量获得的测量结果的分散性。有限次测量的算术平均值的标准偏差与 $\sqrt{n}$ 成反比，测量次数增加，测量结果分散性减小。因为多次测量取平均时，可使正负误差相互抵偿，所以在对测量要求高时，应适当增加测量次数，但当 $n>20$ 时，随测量次数 n 的增加 $s(\bar{x})$ 减小的速度减慢，而测量次数增加意味着测量时间和测量成本的增长，因此测量次数的选取应综合考虑，一般情况下取 4~20 为宜，至少测量 3 次。

3.3.1.2 标准不确定度的 A 类评定

标准不确定度的 A 类评定可按测量数据处理的任何一种统计计算方法进行，用计算得到的实验标准偏差表征。检验数据标准偏差的计算如下。

1. 贝塞尔法

这是基本的评定方法，一般情况下推荐使用贝塞尔法计算实验标准偏差。

$$s(x) = \sqrt{\frac{1}{n-1}\sum_{i=1}^{n}(x_i-\bar{x})^2} \tag{3.20}$$

式中：n 为独立重复测量次数；x_i 为测量值（$i=1,2,\cdots,n$）；$\bar{x}$ 为 n 次测量的算术平均值。

2. 极差法

当测量次数较少时，可使用极差法计算实验标准偏差。

$$s(x) = R/d_n \tag{3.21}$$

式中：R 为极差，是测量数据中最大值与最小值之差；d_n 为极差法的系数，可查表 3.2 得到其值。

3. 较差法

当被测量随时间变化,贝塞尔法不适用时,推荐采用较差法计算实验标准偏差。

$$s(x) = \sqrt{\frac{1}{2(n-1)}\sum_{i=1}^{n-1}(x_i - x_{i+1})^2} \tag{3.22}$$

式中:$x_i - x_{i+1}$ 为相邻两个测量值之差。

4. 最小二乘法预期值的实验标准偏差

由最小二乘法拟合的最佳直线为

$$y_j = a + bx_j$$

则预期值的实验标准偏差为

$$s_y = \sqrt{s_a^2 + s_j^2 s_b^2 + b^2 s_x^2 + 2s_j r(a,b) s_a s_b} \tag{3.23}$$

式中:$r(a,b)$ 为 a 和 b 的相关系数。

5. 测量过程的实验标准偏差

采用核查标准和控制图方法控制测量过程时,测量过程的实验标准偏差是测量过程各组内标准偏差的统计平均值,称为合并标准偏差。

$$s(x) = s_p = \sqrt{\left(\sum_{i=1}^{m} v_i s_i^2\right) / \sum_{i=1}^{m} v_i} \tag{3.24}$$

式中:s_p 为合并标准偏差;s_i 为第 i 次核查时的实验标准偏差;v_i 为第 i 次核查的自由度;m 为核查次数。

确定 A 类标准不确定度。用算术平均值作为测量结果时,测量结果的 A 类标准不确定度分量为

$$u_A = s(\bar{x}) = s(x)/\sqrt{n} \tag{3.25}$$

式中:n 为获得测量结果 $\bar{x}$ 时的重复观测次数。

3.3.1.3 标准不确定度的 B 类评定

如果因成本、资源和时间等因素的限制,无法或不宜用 A 类方法来评定测量结果的不确定度,则可设法收集对测量有影响的信息,如以前的测量数据、手册资料、历史经验和知识等,采用 B 类方法评定测量结果的不确定度。事实上,经对常见的大量实际测量工作的统计调查表明,在实际工作中,采用 B 类评定方法的情形要比 A 类评定方法多,而且用 B 类评定方法的可靠程度并不比 A 类评定方法差。

1. 评定方法

标准不确定度分量的 B 类评定,是借助于一切可利用的有关信息进行科学判断,得到估计的标准偏差。通常是根据有关信息或经验,判断被测量的可能值区间 $(-a, a)$,假设被测量值的概率分布,根据概率分布和要求的置信水平 P 估计置信因子 k,则 B 类标准不确定度为

$$u_B = \frac{a}{k} \tag{3.26}$$

式中:a 为被测量可能值区间的半宽度;k 为置信因子。

2. 区间半宽度 a 的确定

区间半宽度值根据有关的信息确定，一般情况下，可利用的信息包括：

（1）制造厂的技术说明书。例如，制造厂的说明书给出的测量器具的允许误差极限为 $\pm\Delta$，并经计量部门检定合格，则区间半宽度为

$$a = \Delta \tag{3.27}$$

（2）校准证书、检定证书、测试报告或其他提供数据的文件。例如，校准证书、检定证书、测试报告或其他提供数据的文件给出了扩展不确定度 U 时，则

$$a = U \tag{3.28}$$

（3）引用的手册。例如，所用的参数值由手册查得时，应同时查出该参数的最小可能值 b_- 和最大可能值 b_+，则可对该参数加以修正，修正后的参数为 $\frac{1}{2}(b_+ + b_-)$，具有对称区间，区间半宽度为

$$a = \frac{1}{2}(b_+ - b_-) \tag{3.29}$$

（4）以前测量的数据。例如，数字显示器的分辨力为 1 个数字所代表的量值 δ，则一般取

$$a = \frac{\delta}{2} \tag{3.30}$$

如果指示器的分辨力为 $\pm\delta_0$，则

$$a = \delta_0 \tag{3.31}$$

（5）经验或有关测量器具性能或材料特性的知识。例如，必要及可能时，用实验方法来估计可能的区间。

3. 置信因子 k 值的确定

（1）已知扩展不确定度是合成标准不确定度的若干倍时，则该倍数（包含因子）即为 k 值。

（2）假设为正态分布时，根据要求的置信水平 P 查表 3.6 得到 k 值。

表 3.6　正态分布的置信因子 k 与概率 P 的关系

P	0.90	0.95	0.99	0.9973
k	1.64	1.96	2.58	3

（3）假设为非正态分布时，根据概率分布查表 3.7 得到 k 值。

表 3.7　几种概率分布的置信因子 k 值

概率分布	均匀	反正弦	三角	梯形
$k(P=1.00)$	$\sqrt{3}$	$\sqrt{2}$	$\sqrt{6}$	$\sqrt{6}/(1+\beta^2)$[①]

①β 为梯形上底半宽度与下底半宽度之比，$0<\beta<1$

4. 概率分布的假设

（1）被测量受许多相互独立的随机影响量的影响，这些影响量变化的概率分布各不相同，但各个变量的影响均很小时，被测量的随机变化服从正态分布。

（2）如果由证书或报告给出的不确定度不是按标准偏差的倍数给出，而是将不确定度定义为具有 0.90、0.95 或 0.99 置信水平的一个区间（即给出 $U_{0.90}, U_{0.95}, U_{0.99}$）。此时，除非另有说明，可以按正态分布来评定 B 类标准不确定度。

（3）一些情况下，只可能估计被测量的可能值区间上限和下限，测量值落在该区间外的概率为零。若落在该区间内任何值的可能性相同，则假设为均匀分布；若落在该区间的中心的可能性最大，则假设为三角分布；若落在该区间中心的可能性最小，而落在上限和下限处的可能性最大，则假设为反正弦分布。

（4）对被测量的可能值落在可能值区间内的情况缺乏具体了解时，一般假设为均匀分布。

（5）实际工作中，可依据同行专家的研究和经验假设概率分布。例如，无线电计量中失配引起的不确定度及几何量计量中度盘偏正引起的测角不确定度为反正弦分布，两个量之和或差引入的不确定度为三角分布，测量仪器分辨力或最大允许误差导致的不确定度按均匀分布考虑等。

5. 标准不确定度 B 类评定的举例

例1 校准证书上给出标称值为 1000g 的不锈钢标准砝码质量的校准值为 1000.000 325g，且校准不确定度为 24μg（按 3 倍标准偏差计），求砝码的相对标准不确定度。

解：由校准证书的信息知道

$$a = 24(\mu g), k = 3$$

则砝码的标准不确定度为

$$u_B(m_s) = 24/3 = 8(\mu g)$$

相对标准不确定度为

$$u_B(m_s) / M_s = 8\mu g/1000g = 8 \times 10^{-9}$$

例2 校准证书上说明标称值为 10Ω 的标准电阻，在 23℃ 时的校准值为 10.000074Ω，扩展不确定度为 90μΩ，置信水平为 99%，求电阻的相对标准不确定度。

解：由校准证书的信息可知

$$a = 90(\mu\Omega), P = 0.99 = 99\%$$

假设为正态分布，查表 3.3 得到 $k = 2.58$，则电阻的标准不确定度为

$$u_B(R_s) = 90/2.58 = 35(\mu\Omega)$$

相对标准不确定度为

$$u_B(R_s)/R_s = 3.5 \times 10^{-6}$$

例3 一个机械师在测量零件的尺寸时，估计其长度以 0.5 概率落在 10.07~10.15mm 范围内，并报告 $L = (10.11 \pm 0.04)$ mm，求长度测量的标准不确定度及估计方差。

解：根据报告的测量结果：

$$a = 0.44(mm), p = 0.5 = 50\%$$

假设，L 可能值为正态分布，查表得 $k = 0.676$，则长度的标准不确定度为

$$u(L) = 0.04/0.676 = 0.06(mm)$$

估计方差为

$$u^2(L) = (0.06)^2 = 3.6 \times 10^{-3}(mm^2)$$

3.3.2 合成不确定度评定

合成标准不确定度是由各标准不确定度分量的平方及各分量间的协方差合成得到,不论各标准不确定度分量是 A 类评定还是 B 类评定得到的。当各分量独立不相关时,合成标准不确定度由各标准不确定度分量平方和的正平方根值确定。

1. 直接测量

如果被测量 X 由测量设备直接测得,经过不确定度分析,对测量结果有明显影响的不确定度来源有 N 个,即包含 N 个标准不确定度分量,且各分量间不相关,合成标准不确定度为

$$u_C = \sqrt{\sum_{i=1}^{n} u_i^2} \tag{3.32}$$

式中:u_i 为第 i 个标准不确定度分量;N 为标准不确定度分量的数量。

2. 间接测量

当被测量 Y 是由 N 个其他量 $x_1, x_2, \cdots, x_N$ 的函数确定时,被测量的测量结果为

$$y = f(x_1, x_2, \cdots, x_N)$$

被测量又称为输出量,x_1 为各输入量,N 为输入量的数目。输出量测量结果的合成标准不确定度为

$$u_C(y) = \sqrt{\sum_{i=1}^{N} \left[\frac{\partial f}{\partial x_i}\right]^2 u^2(x_i) + 2\sum_{i=1}^{N-1}\sum_{j=i+1}^{N} \frac{\partial f}{\partial x_i} \cdot \frac{\partial f}{\partial x_j} r(x_i, x_j) u(x_i) u(x_j)} \tag{3.33}$$

式中:x_i, x_j 为输入量,$i \neq j$;$\frac{\partial f}{\partial x_i}$、$\frac{\partial f}{\partial y_i}$ 为偏导数,通常称为灵敏系数;$u(x_i)$ 为输入量 x_i 的标准不确定度;$u(x_j)$ 为输入量 x_j 的标准不确定度;$r(x_i, x_j)$ 为输入量 x_i 与 x_j 的相关系数估计值;$r(x_i, x_j)$、$u(x_i)u(x_j)$ 为输入量 x_i 与 x_j 的协方差估计值。

式(3.33)称为不确定度传播律或不确定度传递律,为通用公式,在实际评定时常有一些特例可以使该公式简化。

(1) 当各输入量之间不相关时,即 $r(x_i, x_j) = 0$ 时,则

$$u_C(y) = \sqrt{\sum_{i=1}^{N} \left[\frac{\partial f}{\partial x_i}\right]^2 u^2(x_i)} \tag{3.34}$$

式中:$\frac{\partial f}{\partial x_i} u(x_i)$ 为被测量 y 的标准不确定度分量 $u(x_i)$,因此,式(3.34)可以表示成

$$u_C(y) = \sqrt{\sum_{i=1}^{N} u_i^2(y)} \tag{3.35}$$

(2) 当被测量的函数形式为 $y = A_1 x_1 + A_2 x_2 + \cdots + A_N x_N$ 时,合成标准不确定度为

$$u_C(y) = \sqrt{\sum_{i=1}^{N} A_i^2 u_i^2(x_i)} \tag{3.36}$$

(3) 当被测量的函数形式为 $y = A(x_1^{P_1} \cdot x_2^{P_2} \cdot x_N^{P_N})$ 时,合成标准不确定度为

$$\frac{u_C(y)}{y} = \sqrt{\sum_{i=1}^{N} [P_i u(x_i)/x_i]^2} \tag{3.37}$$

由式(3.37)可见,当被测量与输入量呈指数关系且幂为 1 时,被测量的相对合成标准不确定度是各输入量的相对标准不确定度的方和根值。

(4) 若所有输入量都相关,且相关系数为 1 时,合成标准不确定度为

$$u_C(y) = \left| \sum_{i=1}^{N} \frac{\partial f}{\partial x_i} u_i(x_i) \right| \tag{3.38}$$

如果灵敏系数为 1,则

$$u_C(y) = \sum_{i=1}^{N} u_i(x_i) \tag{3.39}$$

由此可见,当各输入量都正常相关时,合成标准不确定度由各标准不确定度分量代数和得到,也就是说不再用方和根法合成。

3. 计算合成标准不确定度的举例

例 1 一台数字电压表的技术说明书中说明:"在仪器校准后的 2 年内,1V 的准确度是读数的 $14×10^{-6}$ 倍加量程的 $2×10^{-6}$ 倍。"在校准后的 20 个月时,在 1V 量程上测量电压 V,一组独立重复观测值的算术平均值为 $\bar{V} = 0.928571V$,其 A 类标准不确定度为 $u(\bar{V}) = 12\mu V$。求该电压表在 1V 量程上测量电压的合成标准不确定度。

解:(1) A 类标准不确定度 $u_A(V) = 12(\mu V)$。

(2) B 类标准不确定度。

读数:0.928 571V;量程:1V

$$a = 0.928571 \times 14 \times 10^{-6} + 1 \times 2 \times 10^{-6} = 15(\mu V)$$

假设为均匀分布,$k = \sqrt{3}$,则

$$u_B(\bar{V}) = 15/\sqrt{3} = 8.7(\mu V)$$

(3) 合成标准不确定度为

$$u_C(\bar{V}) = \sqrt{u_A^2(\bar{V}) + u_B^2(\bar{V})} = \sqrt{15^2 + 8.7^2} = 15(\mu V)$$

例 2 如果加在一个随温度变化的电阻两端的电压为 V,在温度 t_0 时的电阻为 R_0,电阻的温度系数为 α,在温度 t 时电阻损耗的功率 P 为被测量,被测量 P 与 V、R_0、α 和 t 的函数关系为

$$P = V^2/R_0[1 + \alpha(t - t_0)]$$

问测量结果的合成标准不确定度的计算方法。

解:由于各输入量之间不相关,得

$$u_C^2(P) = \left[\frac{\partial P}{\partial V}\right]^2 u^2(V) + \left[\frac{\partial P}{\partial R_0}\right]^2 u^2(R_0) + \left[\frac{\partial P}{\partial \alpha}\right]^2 u^2(\alpha) + \left[\frac{\partial P}{\partial t}\right]^2 u^2(t)$$

其中

$$\left[\frac{\partial P}{\partial V}\right] = \frac{2V}{R_0[1 + \alpha(t - t_0)]} = 2P/V$$

$$\left[\frac{\partial P}{\partial R_0}\right] = -\frac{V^2}{R_0[1 + \alpha(t - t_0)]} = -P/R_0$$

$$\left[\frac{\partial P}{\partial \alpha}\right] = -\frac{V^2(t - t_0)}{R_0[1 + \alpha(t - t_0)]^2} = -P(t - t_0)/[1 + \alpha(t - t_0)]$$

$$\left[\frac{\partial P}{\partial t}\right] = -\frac{V^2\alpha}{R_0[1+\alpha(t-t_0)]^2} = -P\alpha/[1+\alpha(t-t_0)]$$

3.4 检验数据修约与结果表示

3.4.1 有效数字及运算规则

1. 有效数字

（1）有效数字。用近似数表示一个量值时,通常规定:"近似值误差限的绝对值不超过末位的单位量值的一半,则该量值从其第一个不是零的数字起到最末一位数的全部数字就称为有效数字。"例如:3.1415 意味着误差限为+0.00005;3×10^{-6}Hz 意味着误差限为±0.5×10^{-6}Hz。值得注意的是,数字左边的 0 不是有效数字,数字中间和右边的 0 是有效数字,如 3.8600 为 5 位有效数字,0.0038 为 2 位有效数字,1002 为 4 位有效数字。

（2）测量结果 y 及其合成标准不确定度 $u_C(y)$ 或扩展不确定度 U 的数值不应该给出过多的位数。通常,$u_C(y)$ 和 U 只需要 1 位或 2 位有效数字,因为过多的位数已失去意义。

（3）为了在连续计算中避免舍入时引入不确定度,输入估计值 x_i 的标准不确定度 $u(x_i)$ 可以多保留几位数字。

2. 近似数计算规则

在计算过程中为避免因舍入而引入不确定度,应多保留几位数字,运算规则如下:

（1）加减运算。加减运算时以小数点后位数最少的那一项为参考,凡是小数点后面位数比它多的均可修约到与那项相同,然后再进行加减运算;先运算后修约时,计算结果的有效数字中小数点后的位数应与被加(减)数中小数点后面位数最少的那一项相同。

例:10.2838+15.01+8.69572=33.98952,修约后为 33.99

先删略后计算:10.28+15.01+8.70=33.99

计算过程中也可先多保留一位,然后按数字修约规定处理。

（2）乘除计算。乘除运算时以有效数字位数最少的那一项为参考,凡是有效数字位数比它多的其他项均可修约到与那项相同,然后再进行运算;先运算后修约时,其计算结果的有效数字位数应与有效位数最少的那一项相同。

例:517.43×0.279/4.082=35.4

先删略后计算:517×0.279/4.08=35.4

计算过程中也可先多保留一位,然后按数字修约规定处理。

（3）乘方及开方运算。乘方运算结果的有效数字应比原数据多保留一位有效数字。

例:$(25.8)^2=665.6$　　$(4.8)^{\frac{1}{2}}=2.19$

　　$(77.7)^2=6037$　　$(395)^{\frac{1}{2}}=6.285$

（4）对数运算。对数运算结果的有效数字位数应与原数据有效数字位数相同。

例:lg2.00=0.301　　ln106=4.66

3.4.2 数字修约及其规则

（1）通用的修约规则:以保留数字的末位为单位。

① 末位后的数大于 0.5 者,末位进一。

② 末位后的数小于 0.5 者,末位不变。

③ 末位后的数恰为 0.5 者,使末位为偶数。当末位为奇数时,末位进一而成偶数;当末位为偶数时,末位不变。

可以简捷地记成:"四舍六入,逢五取偶"。

例如:$u_C = 0.568$mV,应写成列 $u_C = 0.57$mV 或 0.6mV

$u_C = 0.561$mV,取二位有效数字,应写成 $u_C = 0.56$mV

$U = 10.5$nm,取二位有效数字,应写成 $U = 10$nm

$U = 10.5001$nm,取二位有效数字,应写成 $U = 11$nm

$U = 11.5 \times 10^{-5}$,取二位有效数字,应写成 $U = 12 \times 10^{-5}$

取一位有效数字,应写成 $U = 1 \times 10^{-4}$

$U = 1235687$μA,取一位有效数字,应写成 $U = 1 \times 10^6 = 1$A

注意:不可连续修约,如 7.691499,取 4 位有效数字,应修约为 7.691,而采取 7.691499→7.6915→7.692 是不对的。

(2) 最终报告测量不确定度 u_c 或 U 时,除一般情况下用通用的舍入规则外,为了保险起见,当保留 2 位有效数字时,对多余位数可按"不为零即进位";当保留 1 位有效数字时,按"三分之一原则"进行修约。

例如:$u_C(y) = 10.47$ mΩ,报告时取 2 位有效数字,为保险起见,可取为 $u_C(y) = 11$ mΩ,而不用 $u_C(y) = 10$mΩ。又如,$u_c = 0.001001$,要保留 1 位有效数字,显然如按多余位数"不为零即进位",进位为 0.002,对结果估计的影响 999/1000,远超过了 1/3;如改按"三分之一原则"进行修约,则 3 位多余位数 001 小于该基本单位 999 的 1/3,按微小误差或微小不确定度原则舍弃,原不确定度数据修约为 0.001,对结果估计的影响为 1/1000。

(3) 测量结果的位数。测量结果的末位应修约到与它们的不确定度的末位相对齐。多余部分按"四舍六入,逢五取偶"的原则进行舍弃截断或进位截断。

例如,$x = 6.3250$g,$u_C = 0.25$g,应写成 $X = 6.32$g

$\overline{X} = 1039.56$mV,$U = 10$mV,应写成 $\overline{X} = 1040$mV

$\overline{X} = 1.50005$ms,$U = 10015$ns,应写成 $\overline{X} = 150$μs,$U = 10$μs

在数据处理时,要注意应使测量不确定度与测量结果的单位相同。当测量结果的末位与测量不确定度的末位对齐时,测量结果在有效数字后多取了 1~2 位安全数字。例如,$y = (980.1138 \pm 0.0045)$V,其中 980.1 为有效数字,0.0038 为安全数字,通常称 980.1138 为有效安全数字。

3.4.3 微小误差准则

与所有误差的总影响相比是微不足道的某一误差,称为微小误差。

微小误差是可以略去不计的。实际工作中一般要求为:若略去某项误差影响小于不略去结果的 1/10,即可视该误差为微小误差。

在计量中,若高一等计量标准的不确定度为 u_1,其余各分量不确定度合成为 u_2,考虑到两者不相关,故

$$u_C = \sqrt{u_1^2 + u_2^2} \tag{3.40}$$

因略去 u_1 后合成不确定度即为 u_2,故它与不略去的合成不确定度 u_C 之差为 $u_C - u_2$。由微小误差定义,欲定为微小误差,则它应满足

$$\sqrt{u_1^2 + u_2^2} - u_2 < \frac{1}{10}\sqrt{u_1^2 + u_2^2} \tag{3.41}$$

解上述不等式,得

$$u_1 < \frac{1}{2.3}\sqrt{u_1^2 + u_2^2} \tag{3.42}$$

取满足上式之最小正整数 3,得

$$u_1 < \frac{1}{3}\sqrt{u_1^2 + u_2^2} \approx \frac{1}{3}u_2 \tag{3.43}$$

这就是说,高一等标准的不确定度只须为合成不确定度的 1/3,即可略去不计,这就是通常希望高一等计量标准误差小于低一等误差的 1/3 的原因。

若高一等误差为可修正而未修正的常值,则因它直接对计量结果产生影响,故可推出高一等误差应小于低一等误差的 1/10。

在各种计量工作中,以上两种可能都会出现,故一般认为高一等标准的误差宜取为低一等误差的 1/3~1/10。

3.4.4 检验结果表示

(1) 什么时候使用合成标准不确定度。在报告基本常数、基本的计量学研究以及复现国际单位制单位的国际比对时,要用合成标准不确定度 u_c。其报告的基本内容是:明确说明被测量的定义;给出被测量的估计值,合成标准不确定度及其单位,必要时还应给出其自由度;必要时还给出相对标准不确定度。

(2) 什么时候使用扩展不确定度。除传统使用合成标准不确定度的情形和特殊场合外,通常测量结果的不确定度都用扩展不确定度表示,尤其工业、商业及涉及健康和安全方面的测量都用扩展不确定度 U。其报告的基本内容是:明确说明被测量的定义;给出被测量的估计值,扩展不确定度及其单位;必要时也可给出相对扩展不确定度;对 U 应给出 k 值,对 U_p 应明确置信水平、有效自由度和包含因子等。

(3) 测量结果及其合成标准不确定度的表述,推荐以下 3 种方式。

例:标准砝码的质量 m_s,测量结果为 100.02147g,$u_C(m_s)$ 为 0.35mg。

① $m_s = 100.02147\text{g}, u_C(m_s) = 0.35\text{mg}$。

② $m_s = 100.02147(35)\text{g}$,括号中的数为合成标准不确定度 u_C 的值,其末位与测量结果的末位相对应。

③ $m_s = 100.02147(0.00035)\text{g}$,括号中的数为合成标准不确定度 u_C 值,与说明的测量结果有相同的测量单位。

以上 3 种表示方式中,最为简洁而又明确的是第②种形式,在公布常数、常量时常采用这种方式,并且给出自由度的大小,以便于将不确定度传播到下一级。但这种表示方式在有些场合操作起来比较困难,这是因为它不仅要做到标准差末位数与前面结果的末位数对齐,又要保证非零数字 1 位或 2 位,可能会造成测量结果增加虚假的有效数字。

(4) 测量结果及其扩展不确定度的表述,推荐以下几种方法。

① $m_s = 100.02147\text{g}, U = 0.70\text{mg}, k = 2$。

② $m_s = (100.02147 \pm 0.00070)\text{g}, k = 2$。

③ $m_s = 100.02147\text{g}, U_{0.95} = 0.79\text{mg}, k = 2.26, v_{\text{eff}} = 9$。

④ $m_s = (100.02147 \pm 0.00079)\text{g}$,其中正负号后的值为扩展不确定度 U_p, $U_p = k_p u_C$, $u_C = 0.35\text{mg}, k_p = 2.26, k_p$ 是根据 $P = 0.95$、$v_{\text{eff}} = 9$ 的 t 分布值得到的。

⑤ $m_s = 100.02147(79)\text{g}$,括号内为 $U_{0.95}$ 之值,其末位与前面结果的末位对齐,$v_{\text{eff}} = 9, k_p = 2.26$。

⑥ $m_s = 100.02147(0.00079)\text{g}, P = 95\%, v_{\text{eff}} = 9$。括号内为 $U_{0.95}$ 之值,与测量结果有相同测量单位。

当在证书或报告中有许多测量结果数据时,用⑤或⑥方法表示测量不确定度是便利的,关于括号内的说明可以统一写在数据表格下的注内。

(5) 报告不确定度时的注意事项如下。

① 测量不确定度简称不确定度,是对应于每个测量结果的。

② 当不确定度定量表示时,应说明是扩展不确定度还是合成标准不确定度,或用 U 和 u_c 区分。两者均为总的不确定度,为防止混淆,避免使用"总不确定度"。

③ 在单独定量给出测量不确定度时,其数值前应不加正负号。因为测量不确定度是标准偏差或标准偏差的倍数,标准偏差是没有正负号的,因此不要写成扩展不确定度为±1%,应写成扩展不确定度为1%。但当用来说明测量值所处的区间时,可用测量结果±扩展不确定度表示,如 $y = (58.0 \pm 0.5)\Omega$。

④ 不确定度可以用相对形式表示。例如,$u(x_i)/|x_i|$ 为输入量估计值的相对标准不确定度,$u_C(y)/|y|$ 为被测量估计值 y 的相对合成标准不确定度,$U/|y|$ 为测量结果的相对扩展不确定度。相对不确定度的表示既可不用下标,如 $U = 1\%$ 或 $U = 3 \times 10^{-6}$,也可用下标"r"表明"相对",如相对合成标准不确定度 $U_{c,r} = 0.5\%$,相对扩展不确定度 $U_r = 1\%$。

⑤ 最终报告时,不确定度取 1 位或 2 位有效数字,测量结果的末位与不确定度的末位相对齐。修约规则见上。

⑥ 在确定测量方案时往往需要进行不确定度预估,其不确定度分析与评定方法是相同的,预估的测量不确定度对应于某个量值或某个量值范围。通过测量不确定度预估,可论证测量方案的合理性和可行性。

⑦ 在我国,许多用户对合成标准不确定度与扩展不确定度这些术语还不太熟悉,必要时在技术报告或科技文章中报告测量结果及其不确定度时可加以说明。例如,可写成:"合成标准不确定度(标准偏差估计值)$U_c = 2\mu\Omega$""扩展不确定度(2 倍标准偏差估计值)$U = 4\mu\Omega$"。

3.5 提高检验结果准确度

3.5.1 平均值精密度

1. 等精密度测量

在消除系统误差后,等精密度多次平行测量可以有效提高检验结果的准确度。多次

测量平均值的分散程度一定比单次测定结果分布的分散程度要小。从正态分布的计算可知

$$s_{\overline{X}} = \frac{s_x}{\sqrt{n}}$$

式中：s_x 为单次测量值分布的标准偏差；$s_{\overline{X}}$ 为平均值分布的标准偏差；n 测量次数。

增加平行测量的次数，能够提高检验结果的准确度。表3.8给出二者的关系，并可由图3.2直观地表达。当然，过多地增加测量次数虽然可以提高精密度，但需付出很大代价，耗费过多的时间和精力，一般要求 $n \geqslant 10$ 即可。

表3.8　$s_{\overline{X}}$ 随测量次数的变化

次数	1	4	9	16	25
$s_{\overline{X}}$	0.006	0.003	0.002	0.0015	0.0012

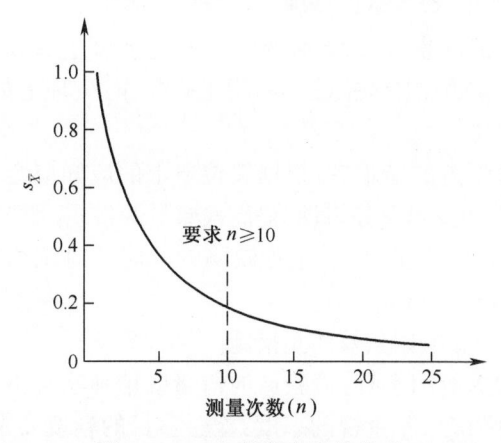

图3.2　$s_{\overline{X}}$ 与测量次数的关系

2. 不等精密度的平均值及标准偏差

等精密度测量是指每次测量都是在完全相同的条件下进行，其数据处理比较简单。若每次测量的条件不相同，如不同人、不同时在不同的实验室，用不同的测量设备和不同的方法测量，得到不同精密度的数据，其数据处理就需要予以加权。

3.5.2　提高检验结果准确度

1. 系统误差消除

系统误差对测量结果的影响往往比随机误差的影响还要大，所以通过实验的方法消除系统误差的影响是非常必要的。

（1）对照检验。对照检验是以标准样品（或标准器）与被检样品一起进行对照检验。若检验结果符合公差要求，说明操作和设备没有问题，检验结果可靠。若不符合则以标准量的差值进行修正。

（2）校准仪器。通过计量检定得到的测定值与真值的偏差，对检验结果进行修正。

（3）检验结果校正。通过各种试验求出外界因素影响测量值的程度，之后从检验结果中扣除。

（4）选择适宜的测量方法。

2. 控制检验环境和测量条件

正确选择测量设备和检验方法，都是保证检验结果的重要因素。

3. 对检验员的要求

由于主观因素的影响，检验员的素质条件不同会造成不同程度的检验误差，必须加以高度重视。只有对检验员严格要求，选择训练有素的检验员，才能高质量完成检验任务。

（1）检验员误差的种类。

① 技术性误差。技术性误差是由于检验员缺乏检验技能而造成的误差。

② 粗心大意误差。粗心大意误差是由于检验员责任心不强，工作马虎而造成的误差。

③ 程序性误差。程序性误差是由于工作程序混乱，检验员精神压力过大而造成的误差。

（2）技术性误差影响因素及防止措施。

① 影响技术性误差的因素有：缺乏必要的技术、生产工艺知识，对生产中出现的质量问题不了解；检验技术不熟练，对检验设备不能正确操作；生理上的缺陷，如视力不佳等；检验工作经验不足。

② 防止发生技术性误差的措施有：根据岗位要求的应知应会标准，选择适合担任检验员的人；加强岗位练兵和技术业务培训，提高检验员的素质；加强对检验员的工作考核，淘汰不适宜从事检验工作的人员；对有生理缺陷的人应及时调离检验岗位；经常总结经验，推广先进工作方法。

（3）粗心大意误差的影响因素及防止措施。

① 影响粗心大意误差的因素有：检验员的情绪或精神状态不良；检验员的责任心不强，对检验工作抱着满不在乎，不重视的态度；检验项目的精度要求高、难度大，检验员的精神过于紧张；生产任务重、时间紧，生产车间或调度人员频繁催促，造成检验员放松检验要求。

② 防止粗心大意误差的措施有：简化检验方法或内容，减少检验员的手忙脚乱的现象；采取不易发生差错的检验方法；采用自动化检验装置；感官检验时，采取放大装置；建立标准件或样板；采用通用量具、检具；合理安排检验工作时间，规定合理的间歇时间，防止检验员过度疲劳。

（4）程序性误差的影响因素及防止措施。

① 影响程序性误差的因素有：生产不均衡，前松后紧，检验任务过度集中；管理混乱，产品放置混乱。标识不清，造成不合格产品的误用。

② 防止程序性误差的措施有：加强生产管理，实行三、四、三均衡生产；实行定置管理，严格产品分区堆放。要有明显的界限和明确的标识；严格调运手续，建立调度人员责任制，防止误调、误用。

第4章 统计抽样检验

4.1 抽样检验相关概念

4.1.1 抽样检验概念

1. 抽样检验

抽样检验是指从交验的一批产品(批量为 N)中,随机抽取一个样本(由 n 个单位产品组成)进行检验,从而对批产品质量做出推断的过程。抽样检验示意图如图4.1所示。

图4.1 抽样检验示意图

N——批产品;n——样本;r——不合格品数;A_c——合格判断数;R_e——不合格判断数。

2. 抽样检验的目的

抽样检验的目的是"通过样本推断总体",而其期望则在于"用尽量少的样本量来尽可能准确地判定总体(批)的质量"。而欲达到这一目的和期望,传统的"百分比抽样"是不科学、不合理的,通过多年来的理论研究和实践,证明只有采用"统计抽样检验"才能保证科学、合理地实现这一目的和期望。

3. 抽样检验的步骤

(1) 抽样。需要研究的是怎样抽和抽多少的问题。

(2) 检验。应在统计抽样检验理论的指导下,采用具有一定测量能力的设备和正确的方法进行检验。

(3) 推断。根据对样本的检验结果来推断总体(批)的质量水平。

其中抽样和推断法则就构成了抽样方案,即抽多少和怎样判断。

4.1.2 抽样检验与全数检验

4.1.2.1 全数检验与抽样检验的比较

(1) 全数检验将批中的产品一件件区分为合格品与不合格品,因此全数检验的对象是单件产品;抽样检验是通过对样本的检验来判断批产品是否合格,因此抽样检验的对象是批产品。

(2) 全数检验判定不合格而拒收的是少量不合格品,对生产者或交验者的压力并不大;而抽样检验判定不合格而拒收的是整批产品,对生产者或交验者压力较大,能更好地促使生产者提高产品质量。

(3) 全数检验接收的产品均是合格品,前提是检验工作不出差错。但实践表明由于主客观因素的影响,会出现差错,特别是产品批量大、生产任务要求急、连续工作时间长的检验。因此,对批量大的产品检验来说,全数检验不是一种完美的检验方法。

(4) 抽样检验只对样本检验,就对产品批做出合格与否的判定,但判定合格的产品批中仍可能存在不合格品;而判定不合格的产品批中也可能存在合格品,这是由于抽样的随机性会造成误判的可能性,再好的抽样方案也不可能保证不发生错判。

(5) 抽样检验由于检验工作量相对减少,时间比较充裕,能改善检验工作环境,降低检验人员劳动强度等。综合评定由于抽样检验比全数检验的判定差错风险小,因而当今在质量控制中抽样检验得到了广泛应用。

4.1.2.2 全数检验适用范围

(1) 生产过程不能保证达到预先预定的质量水平,不合格品率较高时采用全检。
(2) 不合格项目属于安全性指标,或不合格将导致产品功能丧失时采用全检。
(3) 不合格会给下道工序或军方带来重大损失时采用全检。
(4) 产品价值高,检验费用不高时采用全检。

应注意:全检的花费时间和费用较高,而且限于非破坏性检验项目,很少有产品的全部质量特性都实施全检的,一般只有在特定项目的检验中采用全检。

4.1.2.3 抽样检验适用范围

(1) 破坏性检验项目不允许采用全检时,应采用抽样检验。
(2) 检验费用高于检验效果时,采用抽样检验。
(3) 生产量很大、时间不允许采用全检时,采用抽样检验。

应注意:采用抽样检验必具备两个条件:

① 经检验被判为合格的交验批中,在技术上和经济上都允许存在一定数量的不合格品。

② 产品能够划分为单位产品,在交验批中能随机抽取一定数量的样本。

4.1.3 统计抽样检验概念与类型

1. 统计抽样检验概念

统计抽样检验是指抽样方案完全由统计技术所确定的抽样检验。

统计抽样检验的优越性体现在能够以尽可能低的检验费用(经济性),有效地保证产品质量水平(科学性),且对产品质量检验或评估结论可靠(可靠性),而且实施过程又很简便(可用性)。

2. 统计抽样检验发展历史

统计抽样理论是美国贝尔实验室的工程师道吉和罗米格于1929年创立的。1945年和1950年,美军发布了具有全球影响力的计数调整型抽样标准,即美国军用标准 MIL-STD-105A,以后几经修改于1963年公布了 MIL-STD-105D。发达国家的标准基本上是照搬或参照 MIL-STD-l05A 而制定的。1973年 ISO 在此标准的基础上制定了"计数调整型抽样检验国际标准",1974年正式颁布实施 ISO 2859,1989年将其修订为 ISO 2859-1

标准。为强调过程管理与持续不断改进的重要性，美军于1996年推出新版的抽样标准MIL-STD-1916，用以取代 MIL-STD-105E 作为美军装备采购时主要选用的抽样标准。

我国在统计抽样检验方面的应用起步较晚，20世纪60年代只有少数先进企业采用。1981年我国制定了 GB 2828(逐批检验)和 GB 2829(周期检验)的统计抽样检验国家标准，并于1987年进行重大修订。于1989年颁布了 GB 8053 和 GB 8054《平均值的计量标准型一次抽样检查程序及表》。对于军工产品，于1986年颁布了 GJB 179《计数抽样检查程序及表》，1996年对其进行了修订，目前执行的是 GJB 179A—1996。到目前为止，我国制定的统计抽样检验国家标准已有22个。

3. 统计抽样检验类型

1) 计数检验与计量检验

计数检验：根据给定的技术标准，将单位产品简单地分成合格品或不合格的检验；或是统计出单位产品中不合格数的检验。前一种检验又称"计件检验"；后一种检验又称"计点检验"。

计量检验：根据给定的技术标准，将单位产品的质量特性(如重量、长度、强度等)用连续尺度测量出其具体数值，并与标准对比的检验。

2) 调整型抽样检验与非调整型抽样检验

调整型抽样检验有以下3种调整方式：调整检验的宽严程度；调整检验水平；调整检验方式(全检、抽捡、免检)。

非调整型抽样检验也有3种类型：

(1) 标准型抽样检验：只需判断批本身的质量是否合格，并做出保护供需双方利益的有关规定。

(2) 挑选型抽样检验：需要预先规定检验方法的抽样检验。对合格批接收，对不合格批要逐个产品进行挑选，检出的不合格产品要换成(或修复)合格产品后再进行二次提交。

(3) 连续型抽样检验：相对于稳定批而言的一种抽样检验。产品在流水线上连续生产，不能预先构成批，检验是对连续通过的产品而进行的。

3) 一次、二次、多次抽样和序贯抽样

一次抽样检验：只需从交验批中抽取一个样本，根据对这一个样本的检验结果，就一定可以判定该批产品合格或不合格。

二次抽样检验：第一次按规定样本大小抽样并进行检验后，可能做出合格与不合格的判定，也可能做不出合格与不合格的判定。若不能做出合格与不合格的判定时，应继续抽取第二个样本进行检验，此后应根据累积检验结果做出(一定可以做出)合格与不合格的判定。

多次抽样检验：二次抽样检验的扩展。

序贯抽样检验：在抽样时每次只能抽取一个单位产品进行检验，之后依次继续抽样并检验，直至能够做出合格与不合格的判定为止。

4.1.4 统计抽样检验基本事项

1. 单位产品

为了实施抽样检验而划分的单位体或单位量。单位产品可以自然划分(如1只螺丝钉),有时又不可能以自然划分(如钢材、燃料等)。对不可自然划分的单位产品,则根据具体情况给出单位产品的定义(如 1t 钢材、1L 燃料等)。

2. 检验批

它是作为检验对象而汇集起来的一批产品,有时也称交验批。一个检验批应由基本相同的制造条件、一定时间内制造出来的同种单位产品构成。

批的形式有稳定批和流动批。稳定批是指产品可以整批储放在一起,使批中所有单位产品可以同时提交检验的。流动批则不然,各个单位产品一个一个从检验点通过,由检验员逐个直接进行检验。只要条件允许,应尽可能采用稳定批的形式。

3. 批量 N

批量 N 是指检验批中所包含的单位产品的总数。对批量的大小没有特殊规定,一般质量不太稳定的产品以小批量为宜。而生产过程稳定的产品批量可适当大一些,但不宜太大,批量太大时一旦出现误判,造成的损失也很大。

4. 缺陷

单位产品未满足预期或与规定用途有关的要求,即构成缺陷。

5. 不合格

在抽样检验中,不合格是指单位产品的任何一个质量特性不符合规定要求。按质量特性的重要性或其不符合的严重程度分类,不合格可分成 A、B、C 三类,如本书第 2 章所述。

6. 不合格品

有一个或一个以上不合格的单位产品,称为不合格品。按不合格类型,不合格品一般可分为以下 3 类:

(1) A 类不合格品。有一个或一个以上 A 类不合格,也可能还有 B 类不合格和(或) C 类不合格的单位产品,称 A 类不合格品。

(2) B 类不合格品。有一个或一个以上 B 类不合格,也可能还有 C 类不合格,但没有 A 类不合格的单位产品,称 B 类不合格品。

(3) C 类不合格品。有一个或一个以上 C 类不合格,但没有 A 类不合格,也没有 B 类不合格的单位产品,称 C 类不合格品。

7. 不合格品率

不合格品总数除以其中单位产品总数,即

$$不合格品率 = \frac{不合格品总数}{被检验单位产品数}$$

8. 不合格品百分数

不合格品总数除以被检验单位产品总数,再乘以 100%,即

$$不合格品百分数 = \frac{不合格品总数}{被检验单位产品数} \times 100\%$$

9. 每百单位产品不合格数

不合格总数除以被检验单位产品总数,再乘以 100%,即

$$每百单位产品不合格数 = \frac{不合格品总数}{被检验单位产品数} \times 100\%$$

10. 抽样方案

规定样本量 n 和有关接收准则的一个具体方案。

4.2　计数抽样检验原理

4.2.1　抽样检验方案及其接收概率

1. 一次抽样检验方案

（1）一次抽样检验方案的构成。一次抽样检验方案表现为 $[N,n,A_c]$ 或 (n,A_c)、(n,A_c,R_e) 等。其中：N 为交验批的批量；n 为样本大小；A_c 为合格判定数。

方案中还应包括不合格判定数置 R_e，在一次抽样检验方案中总有 $R_e=A_c+1$，所以往往在方案中不标出。

（2）一次抽样检验方案的判定程序如图 4.2 所示。首先，从交验批 N 件产品中随机抽取 n 件产品组成样本，按标准预先设定一个合格判定数 A_c。

对样本中的 n 件产品进行检验，若发现样本 n 中的不合格品数为 r，则用 r 与 A_c 作比较后进行判定：

若 $r \leqslant A_c$ 时，判批（N 件产品）为合格，对整批产品接收。

若 $r > A_c$ 时，判批（N 件产品）为不合格，对整批产品拒收。

可见，一次抽样检验只需抽取一个样本，就肯定会做出合格或不合格的判断。

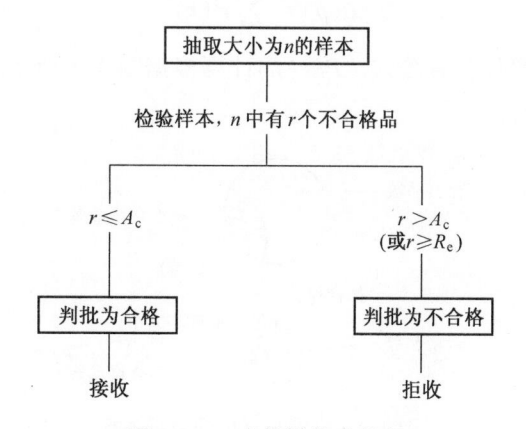

图 4.2　一次抽样检验程序

注 1：多次抽样检验方案。

如果对一批产品需抽检 3 个以上的样本进行检验才能做出合格或不合格的判定时，称为多次抽样检验。目前，国外（如国际标准 ISO 2859，美国军用标准 MIL-STD-105E 等）规定最多为七次抽样，而 GB 2828 规定最多为 5 次抽样，GJB 179A—1996 规定最多为七次。

注 2：一次抽样、二次抽样与七次抽样的比较。

① 一次、二次、七次抽样方案只要设定的 AQL 值和检验水平 IL 相同对产品的质量保证能力（检验的判断能力）基本上是相同的。

② 当产品批的质量水平与设定的 AQL 值相比较为明显的优或劣时，二次抽样检验

的样本量明显比一次抽样检验要少,而七次抽样检验的样本是会更少。

③ 从检验成本考虑,七次抽样检验的费用最低,二次抽样检验的费用又比一次抽样检验低。

④ 从检验的组织与管理工作考虑,一次抽样检验方法简单,批合格与否的误判危险性小,而二次抽样检验特别是七次抽样检验方法复杂,对检验的组织与管理工作以及检验人员的素质要求很高,需经专门的培训。

⑤往往人们在心理效果上可能会认为多次抽样的合格判定机会多,心理上满意,就认为多次抽样检验的效果好,其实这是没有必要的。

2. 一次抽样检验方案的接受概率

1) 接收概率的概念

当交验批的不合格品率为 p,采用某一抽样检验方案时,交验批可能被接收的程度称为该方案的接受概率。显然,影响接收概率的因素只能是交验批的不合格品率。因此,一个方案的接收概率是批不合格品率的函数,记为 $L(p)$。接收概率 $L(p)$ 与交验批不合格品率是反比关系。

2) 接收概率的计算

(1) 接收概率的一般公式。一次抽样检验方案 $[N, n, A_c]$,只有在随机抽取的样本中,不合格品数 $r \leq A_c$ 时,才能判该批产品被接收。若以 $P(r)$ 表示样本 n 中恰好有 r 件不合格品的概率,则接收概率 $L(p)$ 的一般公式为

$$L(p) = \sum_{r=0}^{A_c} P(r)$$

(2) 接收概率的具体计算公式。$P(r)$ 的计算根据图 4.3 所示的关系,$P(r)$ 可以用 3 种不同的公式进行计算。

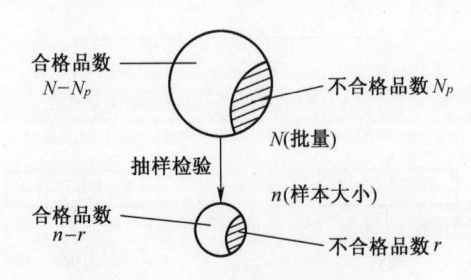

图 4.3 样本与批量的数量关系

超几何分布计算公式为

$$P(r) = \frac{\binom{N_p}{r}\binom{N-N_p}{n-r}}{\binom{N}{n}}$$

二项分布计算公式为

$$P(r) = \binom{n}{r} p^r (1-p)^{n-r}$$

泊松分布计算公式为

$$P(r) = \frac{(np)^r}{r!} e^{-np}$$

用 3 种公式中的哪一种公式计算都可以,但应注意:超几何分布的计算公式计算结果很精确,但很麻烦,一般不采用。

抽样检验有一个抽检率 $f = \frac{n}{N}$ 的概念。当 $f < p$ 时采用二项分布近似计算公式比较准确,当 f 和 p 都很小时,应采用泊松分布近似计算公式。

(3) 接收概率的计算。有了 $P(r)$ 的计算公式,接收概率 $L(p)$ 的计算就不成为问题。

4.2.2 检验特性曲线——OC 曲线

1. OC 曲线的概念

对给定的抽样方案,表示批质量水平与其预期被接收的概率的函数关系曲线,称为 OC 曲线。

产品是一批一批依次提交检验的,但每一批的不合格品率不仅是一个未知数,而且也不是一个确定的数值(是随机变量 p_i)。对一个确定的抽样检验方案而言,有一个 p 值就有一个唯一的接收概率值 $L(p)$ 与之相对应。我们不仅要知道某一特定的 p 值时该方案的接收概率 $L(p)$,而且希望掌握当 p 值连续变化时,相应的接收概率 $L(p)$ 的变化情况和规律,这就是抽样检验方案的抽样检验特性。接收概率与交验批不合格品率的关系的图像称为抽样检验特性曲线,简称 OC 曲线。有一个确定的抽样检验方案,就有一个确定的 OC 曲线与之相对应。

2. OC 曲线的计算与绘制

(1) 建立坐标系。横坐标表示自变量 p 值,纵坐标表示相应的接收概率 $L(p)$ 值。

(2) 对应一个抽样检验方案可以分别计算若干不合格品率 P_i 值相对应的接收概率 $L(p)$ 值。

(3) 根据计算结果在平面直角坐标系中把相对应的数据描点并连成一条光滑的曲线,即为 OC 曲线。

4.2.3 抽样检验的两种风险

采用抽样检验自然不同于全检。合格批也可能有 α 的概率遭到拒收,而不合格批也会有 β 的概率被接收。前者称为生产方风险(α 为弃真概率),后者称为军方(需方)风险(β 为取伪概率)。在实际应用中应照顾到双方的利益,使生产方风险和使用方风险都尽可能小。

4.2.4 百分比抽样的不合理性

统计抽样检验的科学性、合理性表现在当抽样检验的先决条件确定时,其 OC 曲线基本上相同,代表不同批量的抽样检验方案,对于相同质量水平的交验批其接收概率基本上是相同的。而传统的百分比抽样检验却不然,从图 4.4 可以看出,是极其不合理的。

传统的百分比抽样检验方案的极其不合理表现在:不管交验批的批量 N 多大,规定一个确定的百分比去抽样(如按 10% 抽样),如果样本中的不合格品数 $r = 0$,则判批合格,

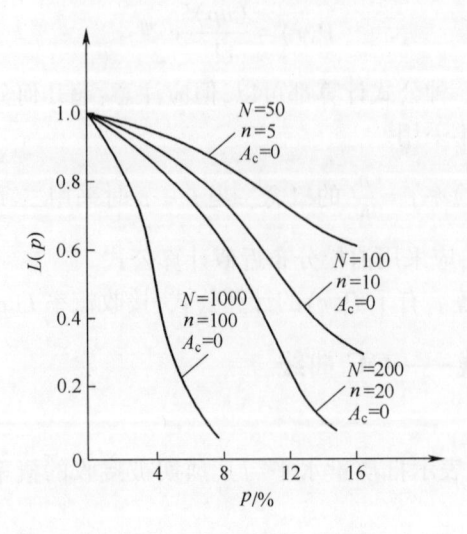

图 4.4 百分比抽样的不合理性

予以接收,只要样本中出现不合格品,就判该批不合格,予以拒收。表面看来这种抽样逻辑思想似乎是合理的,所以至今尚有为数不少的企业沿用百分比抽样检验。实际上这是一种十分错误的抽样检验方案,要说明其不合理性是很容易的,只要分析一下它们的 OC 曲线就可以知道。图 4.4 所示的 4 个方案的 A_c 值都为"0",同时不管 N 多大都按 10% 抽样,4 个方案就有 4 条 OC 曲线。可以看出,这 4 条 OC 曲线的形状、位置差异很大,说明 4 个方案的检验特性及判断能力相差甚远。按普通常识不难理解,既然以不合格品率来衡量质量水平,则不管交验批的批量有多大,只要交验批的不合格品率相同,其质量水平就是相同的,因此其接收概率就应该相同。然而,实际上采用百分比抽样检验时,尽管交验批的不合格品率 P 是相同的,当批量 N 不同时其接收概率相差甚远,因此其不合理性显而易见,应淘汰这种不合理的抽样检验方法,采用科学的、合理的统计抽样检验方法。

因此,百分比抽样的不合理性表现在:
(1) 百分比抽样检验具有"大批严,小批松"的严重缺点。
(2) 百分比抽样检验的假设前提不确切。
(3) 百分比抽样没有明确的质量保证。
(4) 百分比抽样检验的抽样比例缺乏理论根据。

4.3 计数调整型抽样检验标准(GJB 179A—1996)的使用

GJB 179A—1996 属于计数调整型抽样检验标准,它与美国军用标准 MIL-STD-105E 相对应,有严密的数学理论基础和广泛的应用范围,适用于连续批的检验,也可用于孤立批检验。

在抽样检验过程中,随着交验批质量的变化按照事先规定的"转移规则",抽样检验方案可在正常检验、放宽检验和加严检验之间进行调整,以达到促进生产方不断提高产品质量、保护供需双方权益的目的。抽样检验方案和转移规则必须同时使用。

GJB 179A—1996 是以可接收质量水平 AQL 为质量指标,设计了一次、二次、七次抽样检验方案,供使用者选用。

4.3.1 检索抽样检验方案的先决条件

1. 批量 N

1) 交验批必须是由质量均匀的产品所构成的

(1) 不同原材料、零部件制造的产品不得归为同一批提交检验。

(2) 由不同设备、不同工艺方法所制造的产品不得归为同一批交付检验。

(3) 不同时期或交替轮番生产的产品不得归为同一批交付检验。

2) 批量 N 的大小要适宜

对构成交验批的批量大小并无特殊规定,但应注意:

(1) 批量 N 过于小时,相对于批量 N 的抽样比例加大。

(2) 批量 N 过于大时,一旦发生误判所造成的损失亦大。

(3) 从交验批的批量 N 中抽取用于检验的样本 n,一定要做到随机抽样。

2. 合格质量水平 AQL

1) AQL 的概念

AQL 是合格质量水平,也称可接受的质量水平,它表征连续提交批平均不合格品率的上限值(最大值),它是计数调整型抽样检验对交验批的质量标准。计数调整型抽样检验方案可以保证需方得到具有 AQL 水平的平均质量水平的产品。

2) AQL 的数值

AQL 的数值可以表征"每百件产品中的不合格品数"也可以表征"每百单位产品缺陷数"。GJB 179A—1996 标准中规定的 AQL 值取值范围为 0.01%~100%。当 AQL≤10% 时,既可表征百件产品中的不合格品率又可表征百单位产品缺陷数;但当 AQL>10% 时,则只能表征百单位产品缺陷数。

3) AQL 值的确定原则

(1) 根据过程平均 $\bar{p}$ 或 $\hat{p}$ 来确定。

$$\bar{p} = \frac{N_{p1} + N_{p2} + \cdots + N_{pk}}{N_1 + N_2 + \cdots + N_k}$$

式中: $N_{p1}, N_{p2}, \cdots, N_{pk}$ 为各批所含不合格的单位产品的个数; $N_1, N_2, \cdots, N_k$ 为交验批各批的数量。

一般要求全检 10 批(至少 3 批)批量,来求(找)出交验批的质量。如果在实施中仍有困难,可以用 $\hat{p}$ 代替 P,抽检 10~20 批,找出交验批的质量(平均质量水平)。

$$\hat{p} = \frac{r_1 + r_2 + \cdots + r_k}{n_1 + n_2 + \cdots + n_k}$$

式中: $r_1, r_2, \cdots, r_k$ 为各批样本中的不合格的单位产品个数; $n_1, n_2, \cdots, n_k$ 为各批样本的数量。

注意 $\hat{p}$ 不如 $\bar{p}$,估计误差较大,因此抽检 10~20 批是很有必要的。

过程平均同 AQL 之间有如下关系:

① 如果规定的 AQL 值大于过程平均,则几乎所有批都能抽检合格,生产不致中断。

② 如果规定的 AQL 值小于过程平均,则不合格批增多,生产方常挑选产品或中断生产,成为不经济的生产状态。不过这样对促进提高产品质量是有好处的。

因此,决定 AQL 时应考虑到供应方参与供货或上工序的质量,促使他们提高产品质量。一般多取稍高于过程平均的 AQL 值。

(2) 按不合格类别来确定。对于不同的不合格类别的产品,分别规定不同的 AQL 值,越是重要的检验项目,验收后的不合格品造成的损失越大,越应指定严格的 AQL 值。即规定:$AQL_A < AQL_B < AQL_C$。

(3) 考虑检验项目数来确定。同一类的检验项目有多个(如同属 B 类不合格的检验项目有 3 个)时,AQL 的取值应比只有一个检验项目时的取值要适当大一些。或者说:单项检验的 AQL 值应严于多项目检验。

(4) 参照本书表4.1~表4.4提供的 AQL 值,并结合本企业所属行业、产品类型来确定,一般有:

① 航天产品检验的 AQL 值应十分严格,依次为军工产品、工业产品和民用产品。

② 电气性能的检验 AQL 值应严于机械性能,其次是外观性能。

表 4.1 轻、重不合格品与 AQL 值得参考值

轻不合格品		重不合格品	
检验项目数	AQL/%	检验项目数	AQL/%
1	0.65	1~2	0.25
2	1.0	3~4	0.40
3~4	1.5	5~7	0.65
5~7	2.5	8~11	1.0
8~18	4.0	12~19	1.5
19 以上	0.65	20~48	2.5
		49 以上	4.0

表 4.2 不合格品种类与 AQL 值有参考值

企业	检验类别	不合格品种类	AQL/%
一般工厂	进货检验	A、B 类不合格品	0.65,1.5,2.5
		C 类不合格品	4.0,6.5
	成品出厂检验	A 类不合格品	1.5,2.5
		B、C 类不合格品	4.0,6.5

表 4.3 不同性能与 AQL 的参考值

质量特性	电器性能	机械性能	外观质量
AQL/%	0.4~0.65	1.0~1.5	2.5~4.0

表 4.4　不同产品与 AQL 的参考值

使用要求	特高	高	中	低
AQL/%	≤0.1	≤0.65	≤2.5	≤4.0
适用范围	卫星 导弹 宇宙飞船	飞机、舰艇 重要工业产品 军工产品	一般工、农业产品 一般军需产品	民用产品 一般工农业用品

（5）按用户要求的质量来确定。当用户根据使用的技术、经济条件提出了必须保证的质量水平时，应将该质量要求定为 AQL，但如果供应方的产品质量非常差，为了达到用户要求的质量水平必须进行全数挑选，因此往往误期和增加成本，这是按用户要求确定 AQL 值时应注意的问题。

（6）同供应方协商决定。为使用户要求的质量同供应方的过程能力协调，双方需要彼此信赖，共同协商，合理确定 AQL 值，这样可以减少由 AQL 值引起的一些纠纷。

此法多用于质量信息很少(如新产品等)的场合。

上述方法在抽检时，可以根据实际情况从中选取。如果缺少过去的质量信息资料，一时难以确定合适的 AQL 值时，可先暂行规定一个 AQL 值，等积累了一定的质量信息后，再根据实际情况予以修定。

3. 检验水平 IL

1）检验水平的概念

在抽样检验过程中，检验水平用于表征抽样检验方案的判断能力。即判断能力强时检验水平高。实际是，检验水平是为确定判断能力而规定的批量 N 与样本大小 n 之间关系的等级划分。

2）检验水平的等级划分

一般检验水平分为 3 级：Ⅲ级、Ⅱ级、Ⅰ级，判断能力：Ⅲ>Ⅱ>Ⅰ。

在没有特殊说明的情况下，抽样检验的检验水平一律选用 Ⅱ 级。对判断能力要求高的抽样检验则选择 Ⅲ 级，而判断能力要求较低的抽样检验则选择 Ⅰ 级。

特殊检验水平分为 4 级：S-4 级、S-3 级、S-2 级、S-1 级。其判断能力：S-4>S-3>S-2>S-1。

特殊检验水平的判断能力低于一般检验水平，只有破坏性检验和外观检验时，才能采用特殊检验水平。

3）检验水平的样本大小 n 与批量 N 的关系

现观察 $N=3000$，AQL=2.5% 情况下，采用一次抽样正常检验方案时，不问检验水平的样本大小及供需双方的风险（在 $p=2.5\%$ 下计算 α 值，在 $p=12.5\%$ 下计算 β 值），数据如表 4.5 所列。

表 4.5　供需双方风险数据

IL	n	A_c	$L(p=2.5\%)$	α	$L(p=12.5\%)$	β
S-1	5	0	0.8817	0.1183	0.53	0.53
S-2	5	0	0.8817	0.1183	0.53	0.53
S-3	20	1	0.9094	0.0906	0.29	0.29

(续)

IL	n	A_c	$L(p=2.5\%)$	α	$L(p=12.5\%)$	β
S-4	32	2	0.9533	0.0467	0.24	0.24
Ⅰ	50	3	0.9608	0.0392	0.13	0.13
Ⅱ	125	7	0.9842	0.0158	0.011	0.11
Ⅲ	200	10	0.9860	0.0140	0.007	0.007

从表4.5中的数据可以看出,当检验水平提高以后,样本大小的比例不断增大,同时供需双方的风险都在逐渐减小,从而判断能力在不断增强。体现了以下功能:

(1) 检验水平IL越低,对单批的判断精度越差,误差概率增大。检验水平越高,对单批的判断精度越高,误差概率越小。

(2) 检验水平IL越低,对交验总体的质量保证能力越差。检验水平IL越高,对交验总体的质量保证能力越强。

4) 检验水平IL的选择原则

(1) 总的选择原则如下。

① 没有特别规定时,首先应采用一般Ⅱ级检验水平。

② 比较检验费用时,若每个样品的检验费用与处理一个不合格品的费用相当时,选择一般检验水平Ⅱ级,若高则改选Ⅰ级,若低则选择Ⅲ级。

③ 为保证AQL值,使劣于AQL值的产品批尽可能少漏过去,宜选用高的检验水平。

④ 检验费用(包括人力、物力、时间等)较低时,宜选用高的检验水平。

⑤ 产品质量不稳定,质量波动大时,选用高的检验水平。

⑥ 破坏性检验或严重降低产品性能的检验,选用低的检验水平。

⑦ 检验费用高时,选用低的检验水平。

⑧ 产品质量稳定,相对差异较小时,选用低的检验水平。

⑨ 历史资料不多或缺乏的试制品,为安全起见,检验水平必须选择高一些。

⑩ 间断生产的产品,检验水平选择要高些。

(2) 一般检验水平Ⅰ级的选用条件如下。

① 即使降低判断的准确性,但对用户使用该产品并无明显影响时选用。

② 单位产品价格较低时选用。

③ 产品生产过程比较稳定,随机因素影响较小时选用。

④ 各个交验批之间质量波动不大时选用。

⑤ 交验批内质量比较均匀时选用。

⑥ 产品批不合格时带来的危险性较小时选用。

(3) 一般检验水平Ⅲ级的选用条件如下。

① 需方在产品使用上有特殊要求时选用。

② 单位产品价格较高时选用。

③ 产品质量在生产过程中容易受随机因素影响时选用。

④ 各个交验批之间质量波动较大时选用。

⑤ 交验批内质量均匀性较差时选用。

⑥ 产品批不合格时,平均处理费用大于检验费用时选用。
⑦ 对于质量状况把握性不大的新产品检验时选用。
(4) 特殊检验水平的选用条件如下。
特殊检验水平限用于检验费用极高或贵重产品的破坏性检验场合,原则上是宁愿增加对批质量误判的危险性,也要尽可能减少样本的大小。

4. 抽样方式

抽样方式指的是一次抽样、二次抽样还是七次抽样。在应用统计抽样检验方法时应事先选定抽样方式。

1) 不同抽样方式的特点

设交验批批量 $N=3000$ 检验水平 IL = Ⅱ,AQL = 2.5%,可以从 GJB 179A—1996 标准中查出一次抽样正常检验方案、二次抽样正常检验方案、七次抽样正常检验方案分别为

[125,7,8]

[80,3,7]
[80,8,9]

[32,0,4]
[32,1,6]
[32,3,8]
[32,5,10]
[32,7,11]
[32,10,12]
[32,13,14]

分析以上三个不同的方案可以得到表4.6的结果。

表4.6 不同抽样方式的样本量分析

抽样方式	接收该批时最小样本量	拒收该批时最小样本量
一次抽样	118	8
二次抽样	77	7
七次抽样	61	4

分析结果表明,不同抽样方式的抽样次数越多,对批质量做出判定时所需的样本量越小;反之,抽样方式的抽样次数越少,对批质量做出判定时所需的样本量越大。

虽然不是在任何情况下都具有完全相同的规律,但对连续检验多批的平均样本量而言,使用的抽样方式的抽样次数越多,所需的平均样本量就越小,使用的抽样方式的抽样次数越少,所需的平均样本量就越大(图4.5)。

2) 选择抽样方式的原则

(1) 检验费用很高,希望减少样本量时,选用高次抽样方式。
(2) 检验单位产品耗时很长,用高次抽样方式不允许时,只能选用一次抽样。
(3) 检验费用不高时优先选用一次抽样。

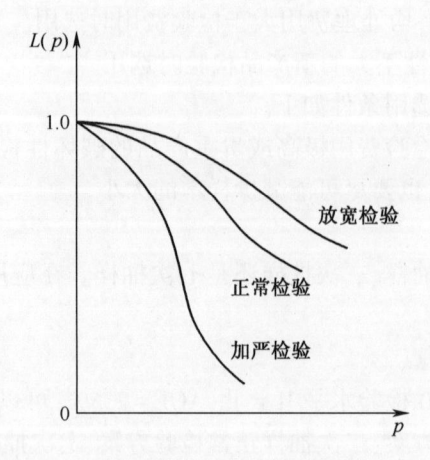

图 4.5　不同严格程度抽样方案的 OC 曲线

（4）多次抽样的检验组织工作难度大，判定复杂，对检验人员的素质要求高。在选择抽样方式时应充分考虑自己的技术能力、管理水平和人员素质。

（5）对于给定的合格质量水平 AQL 和检验水平 IL，可以选用不同的抽样方式。应注意到，只要给定的 AQL 和 IL 相同，无论选用哪种抽样方式所对应的方案进行抽样检验，对批质量的判定能力及对总体质量的保证能力基本上相同。切不可受心理效果的影响，盲目选择多次抽样。

5. 检验严格程度

1）检验严格程度划分

GJB 179A—1996 标准规定有正常检验、放宽检验和加严检验 3 种不同严格程度的检验。当产品批初次被送交检验时，一律从正常检验开始。开始正常检验经历一段时间后，如果认为送交检验的每一批质量水平一致且优于合格质量水平时，为鼓励生产方不断提高和保证产品质量方面所做的努力，应转为采用放宽检验。如果认为送交检验的各批质量水平低于合格质量水平，出现大部分批被拒收，极少部分被接收时，当然可认为被接收的批质量水平也是低劣的。为了弥补这种缺陷，必须由正常检验转入加严检验，通过降低接收概率来拒绝许多批的通过，促使生产方努力提高产品的质量水平。可见，调整型抽样检验，无论是放宽还是加严都有利于促进生产方不断提高产品的质量水平。

2）检验严格程度调整

检验严格程度调整是通过对抽样检验方案的调整来实现。图 4.5 所示的是正常检验、放宽检验、加严检验所对应的 OC 曲线。显然，放宽检验时相应提高了批的接收概率，减少了生产方风险。反之当转入加严检验后，相应降低了批的接收概率，加大了生产方风险。

（1）调整方式。

① 正常检验转入放宽检验。

② 放宽检验恢复正常检验。

③ 正常检验转入加严检验。

④ 加严检验恢复正常检验。

⑤ 加严检验转入暂停交收。

(2)调整(转移)规则。

从正常检验转入放宽检验:

当进行正常检验时,若下列条件均得到满足,则从下一批转入放宽检验。

① 在正常检验的情况下连续 10 批(不包括拒收后再次提交检验的批),经初次检验均被接收。

② 在上述连续 10 批被接收的批中,所抽取的样本中包含的不合格品(或缺陷)总数,应小于或等于规定的界限数 L_R(L_R 值可在界限值 L_R 表中查找)。

③ 生产过程稳定(从生产方提供的控制图判定)。

④ 负责部门认为可以执行放宽校验。

上述 4 条必须同时具备才能由正常检验转为放宽检验,4 条之中第①条是基础,而且第②条是以第①条为前提的。

从放宽检验恢复为正常检验:

在放宽检验的情况下,若出现下列任一情况时,则从下一批恢复为正常检验。

① 在放宽检验的情况下只要有一批初次检验拒收。

② 如果抽样结束后,样本中发现的不合格品数大于接收数、小于拒收数,则接收该批;但从下批必须执行正常检验。

③ 生产过程不稳定(从生产方提供的控制图判定)。

④ 负责部门认为有必要恢复为正常检验。

从正常检验转入加严检验:

在正常检验的情况下,若在不多于 5 批(连续交验批)中有 2 批不合格(拒收)(不包括经拒收后再次提交检验的批),则从下一批开始转入加严检验。

若以 O 代表检验后被接收的批,⊗代表检验后被拒收的批,若有下列情况则转入加严检验:

OOOO ⊗OO ⊗→ 加严检验。

O ⊗OOOO ⊗⊗→ 加严检验。

⊗OOOO ⊗OOOOO ⊗O ⊗→ 加严检验。

从加严检验恢复正常检验:

当在加严检验的情况下,若连续 5 批检验(不包括拒收后再次提交检验的批)合格(被接收),则从下一批开始恢复正常检验,如下列情况:

O ⊗OOOOO → 正常检验。

⊗O ⊗OOOOO → 正常检验。

从加严检验转入暂停交收:

当加严检验开始后,被拒收的批累计达到 5 批时,应暂停按标准进行的交收。

被拒收的批不包括再次提交批,而累计到 5 批的被拒收批只是从正式转入加严检验后的被拒收批,不包括转入加严检验前在正常检验情况下被拒收的批,也不包括前次加严检验时被拒收的批。

当停止交收,生产方实施有效质量改进措施后,确认有质量改进的效果时,可以向需方提出恢复交收,但因质量问题而停止交收后再恢复交收时必须从加严检验开始。

总结以上各转移规则,可用图 4.6 表示。

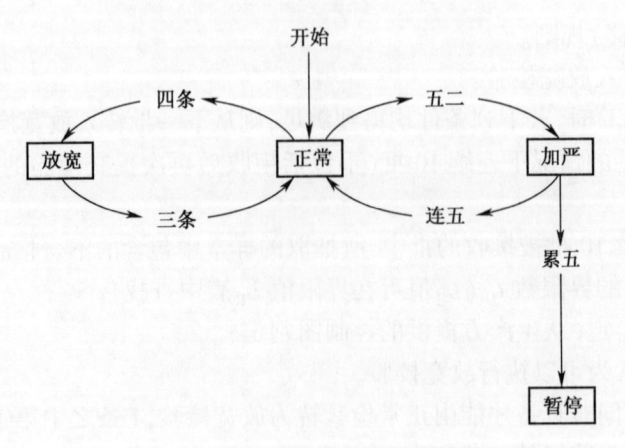

图 4.6 检验严格程度转移规则示意

4.3.2 一次抽样正常检验方案的检索

在 GJB 179A—1996 标准中,由于有一次抽样、二次抽样、七次抽样的正常检验、放宽检验、加严检验 3 种检验严格程度,经组合共有 9 种检索抽样检验方案的主抽检表(统计抽验(GB 2828))。

本书只讲解一次抽样正常检验方案的检索,其他方案的检索程序都相类似,应用时只须从标准中去查不同的主抽检表即可。

1. 确定样本大小字码

根据批量 N 和规定的检验水平 IL,查"样本大小字码表",见表 4.7 得到相应的样本大小字码。

表 4.7 统计抽样样本大小字码表

批量范围	特殊检验水平				一般检验水平		
	S-1	S-2	S-3	S-4	I	II	III
1~8	A	A	A	A	A	A	B
9~15	A	A	A	A	A	A	C
16~25	A	A	B	B	B	C	D
26~50	A	B	B	C	C	D	E
51~90	B	B	C	C	C	E	F
91~150	B	B	C	D	D	F	G
151~280	B	C	D	E	E	G	H
281~500	B	C	D	E	F	H	J
501~1200	C	C	E	F	G	J	K
1201~3200	C	D	E	G	H	K	L
3201~10000	C	D	F	G	J	L	M
10001~35000	C	D	F	H	K	M	N
35001~150000	D	E	G	J	L	N	P
150001~500000	D	E	G	J	M	P	Q
≥500001	D	E	H	K	N	Q	R

2. 查主抽检表

根据抽样方式和检验的严格程度确定查哪一个主抽检表,这里讲的是要查一次抽样正常检验主抽检表。

在主抽检表上查得抽样检验方案的步骤:

(1) 根据样本大小字码 CL,在主抽检表上的第一列"样本大小字码"栏确定要查的行数。

(2) 根据事先确定的合格质量水平 AQL 值,从表头"AQL 数值栏"确定要查的列数。

(3) 用十字交叉法查表。

① 若交叉点为一组数据(A_c,R_e),则同时在该行上可查到样本大小 n 的数值,此时得到抽样检验方案$[n,A_c,R_e]$。

② 若交叉点为箭头,则应沿着箭头所指的方向直到查到一组数据(A_c,R_e),则同时在这一组数据的同一行上可查得样本大小 n 的数值,此时得到抽样检验方案$[n,A_c,R_e]$。

总结以上查主抽检表的规则为一句话:"跟着箭头走,见数就停留,同行是方案,千万别回头"。

一次抽样方案的检索程序可用下面的简图表示:

$$\left.\begin{matrix}N\\ IL\end{matrix}\right\} \quad \left.\begin{matrix}CL\\ AQL\end{matrix}\right\} \quad [n,A_c,R_e]$$

4.3.3 采用 GJB 179A—1996 应注意的问题

在产品技术标准或订货合同(协议)中引用 GJB 179A—1996 标准应规定以下内容:

(1) 规定检验批。

(2) 按不同的不合格分类,分别规定合格质量水平 AQL 值。

(3) 按不同的不合格分类,分别规定检验水平 IL。

(4) 按不同的不合格分类,分别规定抽样方式。

GJB 179A—1996 标准适用于生产过程受控的连续批的逐批检验。如果是孤立批或只有少数几批(如设计定型、生产定型、转产、复产鉴定以前或改变了重要工艺、主要原材料以后生产的前几批),而又希望选取与规定的 AQL 有关,并且所提供的保护不小于指定的极限质量保护的抽样方案,为此可选用极限质量(LQ)及其相关的使用方风险来确定。不过此时需要注意,AQL 已失去它原来的意义。

在 GJB 179A—1996 中分别给出了在一般情况下,订货方风险分别为 10% 和 5% 的极限质量值,应用所确定的方案,在批质量达到 LQ 时,接收概率不大于 10%(5%)。

经抽样检验合格的批,应整批接收,被判为不合格的批则全部退回供货方。

(1) 关于不合格品的再提交。凡在抽样检验中发现的不合格品,不能再次提交(订货方有权拒绝接收),对不合格品经修理或校正确认符合标准且经订货方同意后,才能按规定的方式再次提交。

(2) 关于不合格批的再提交。凡被拒收的批应退回供货方。经供货方再次检验或试验,将不合格品剔除或经修复后,允许再次提交检验。对再次提交批是使用正常检验,还是加严检验,检验范围是全部类别的缺陷,还是仅仅导致拒收的特定类别的缺陷,应由负责部门确定。若再次提交批仍被拒收,由订货方和供货方协商处理。

GJB 179A—1996 标准的抽样检验对提交批的全体负责(不是其中一件产品)，若被检验批的样本中，不合格品数 $r>R_e$，则表明产品批的质量水平可能达不到规定标准，意味着质量水平下降，因此必须拒收整批产品。

4.4 计量抽样检验原理与应用

有些产品特征是连续变化的，计量检验是对批中或样本中每个单位产品定量地检验它的某个特征。计量抽样检验则是定量地检验从批中随机抽取的样本，其目的是通过检验出样本的特征值，用一个或一组判断规则来判定这批交验的产品是否合格。

计量抽样方案的判断规则与计数抽样方案的判断规则有区别，前者是以样本中各单位产品特征值为依据；后者则以样本中所含不合格品(或缺陷)个数为依据。

计量抽样方案，适用于质量特性值服从正态分布或近似正态分布且能用量值表示的产品，如机械零件尺寸大小、某化学原料的成分含量多少等。1957 年，美国颁布了 MIL-STD-414 计量调整型抽样标准，是具有代表性的计量型抽样方案。1981 年，国际标准化组织发布了 ISO 3951《计量抽样程序及图表》。我国于 1987—2001 年期间先后发布了 3 种计量型抽样标准。

计量抽样方案的优点：计量抽样较计数抽样可以得到更多的产品信息，并在相同的 α(弃真概率)和 β(取伪概率)下可使抽样量 n 大大减小；或者在相同的抽样量下，使 α、β 大大减小。其缺点：计量抽样检验必须对每一个特征值做出精确测量，多指标的产品需要有多个判断方案。

计量抽样有多种分类方法：
(1) 按衡量质量水平的标志分总体平均值 μ 和总体不合格品率 p。
(2) 按总体标准偏差 σ 分为已知 σ 和未知 σ。
(3) 按产品规格界限分为单侧上规格限、单侧下规格限和双侧规格限。
(4) 按抽样次数分为一次、二次、多次和序贯抽样方案。

下面重点介绍以平均值和不合格品率衡量批质量的计量抽样方案原理及其应用。

4.4.1 已知标准差的计量一次抽样方案(σ 法)

已知标准差是指有以往的批质量历史资料，可提供标准差 σ 的数值，或从极差 R 控制图上表明生产过程处于统计控制状态，均视为标准差为已知。

设某产品的质量特征 $x:N(\mu,\sigma^2)$，今从批中随机抽取大小为 n 的样本，则样本均值 $\overline{X}=\sum x_i/n:N(\mu,\sigma^2/n)$，其概率密度曲线如图 4.7 所示。

1. 以批均值为质量指标的计量一次抽样(σ 法)
1) 规定单侧上规格限

此时希望均值小好。规定 μ_0 为合格质量，μ_1 为极限质量。从交验批中随机抽取大小为 n 的样本，则样本均值 $\overline{X}=\sum x_i/n$ 的曲线如图 4.8 所示。

根据对所抽样本的测试，采用下面的判断规则：$\overline{X} \leqslant k$ 时，接收；$\overline{X}>k$ 时，拒收。其中,$\bar{X}$ 为样本均值,k 为待定实数。为使总体均值不太大,要求样本均值不能太大,故应满足 $\bar{X} \leq k$。σ 为已知时,给定 α 和 β 的,以均值为质量指标的计量一次抽样方案 (n,k) 可由公式确定,即

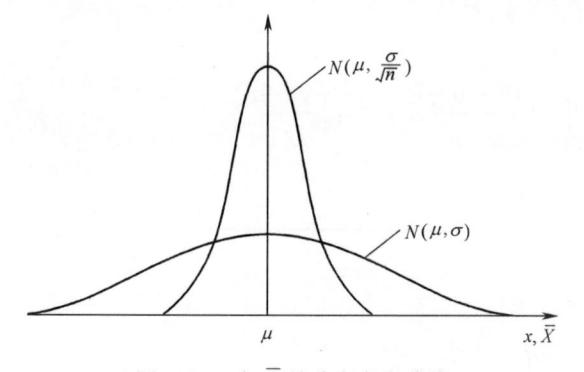

图 4.7 x 与 $\bar{X}$ 的分布密度曲线

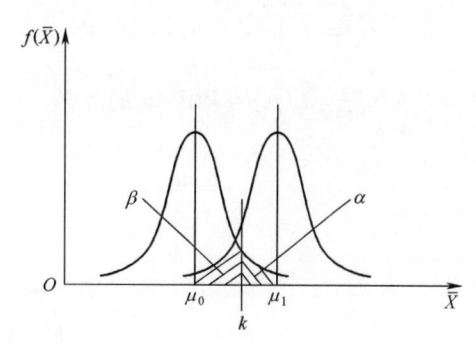

图 4.8 规定单侧上规格限时样本均值曲线

$$n = \sigma^2 \left[\frac{\Phi^{-1}(\alpha) + \Phi^{-1}(\beta)}{\mu_1 - \mu_0} \right]^2$$

$$k = \frac{\mu_1 \Phi^{-1}(\alpha) + \mu_0 \Phi^{-1}(\beta)}{\Phi^{-1}(\alpha) + \Phi^{-1}(\beta)}$$

对于确定的抽样方案 (n,k),其接收概率(OC 函数)为

$$L(\mu) = P(\bar{X} \leq k) = \Phi \left[\frac{\bar{X} - \mu}{\sigma/\sqrt{n}} \leq \frac{k - \mu}{\sigma/\sqrt{n}} \right] = \Phi \left[\frac{k - \mu}{\sigma/\sqrt{n}} \right]$$

在以上公式中出现了标准正态分布函数 $y = \Phi(x)$ 的反函数中 $\Phi^{-1}(y)$,为使用方便,在表 4.8 中给出常用的中 $\Phi^{-1}(y)$ 值

表 4.8 常用 $\Phi^{-1}(y)$ 值

y	0.0005	0.001	0.005	0.01	0.02	0.03	0.04
$\Phi^{-1}(y)$	-3.29	-3.09	-2.58	-2.33	-2.05	-1.88	-1.75
y	0.05	0.06	0.07	0.08	0.09	0.10	0.15
$\Phi^{-1}(y)$	-1.64	-1.56	-1.48	-1.41	-1.34	-1.28	-1.04

2) 规定单侧下规格限

此时希望均值越大越好。规定 μ_0 为合格质量,μ_1 为极限质量。

由图 4.9 看出,规定了下规格限判定常数 k 后,对于均值为 μ_0 的优质批和为 μ_1 的劣质批,分别存在两种风险 α 和 β,为使其控制在规定范围内,应采用如下判断规则:$\bar{X} \geq k$ 时,接收;$\bar{X} < k$ 时,拒收。

单侧下规格限以均值为质量指标的已知 σ 时的一次抽样方案,由以下二式确定,即

$$n = \sigma^2 \left[\frac{\Phi^{-1}(\alpha) + \Phi^{-1}(\beta)}{\mu_1 - \mu_0} \right]^2$$

$$k = \frac{\mu_1 \Phi^{-1}(\alpha) + \mu_0 \Phi^{-1}(\beta)}{\Phi^{-1}(\alpha) + \Phi^{-1}(\beta)}$$

对于确定的方案 (n,k) 的 OC 函数为

$$L(\mu) = P(\overline{X} \geq k) = P\left(\frac{\overline{X} - \mu}{\sigma/\sqrt{n}} \geq \frac{k - \mu}{\sigma/\sqrt{n}}\right) = 1 - \Phi\left(\frac{k - \mu}{\sigma/\sqrt{n}}\right)$$

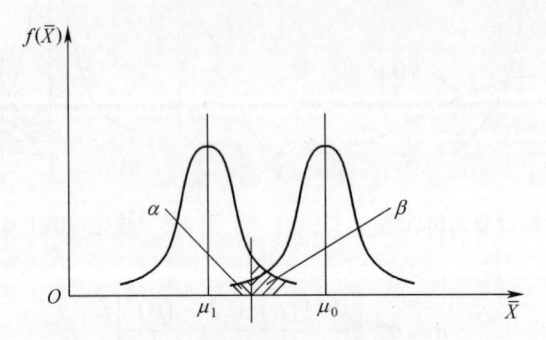

图 4.9 规定单侧下规格限时样本均值曲线

3) 同时规定上、下双侧规格限

μ_{0U} 和 μ_{1U} 分别为批均值的上限合格质量与极限质量;μ_{0L} 和 μ_{1L} 分别为批均值下限的合格质量与极限质量。即当 $\mu = \mu_{0U}$ 或 $\mu = \mu_{0L}$ 时,认为是优质批,应以不低于 $1-\alpha$ 的高概率接收;当 $\mu = \mu_{1U}$ 或 $\mu = \mu_{1L}$ 认为是劣质批,应以不高于 β 的低概率接收。

如图 4.10 所示,k' 和 k'' 分别为上、下规格限的判定常数,按要求应采用如下的判断规则:$k'' \leq \overline{X} \leq k'$ 时,接收;$\overline{X} > k'$ 或 $\overline{X} < k''$ 时拒收。其中,k',k'' 和 n 是待定参数。

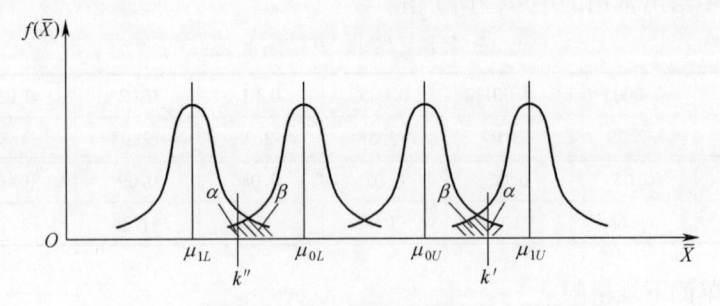

图 4.10 同时规定上、下侧规格限时样本均值曲线

只要符合 $|\mu_{1U} - \mu_{0U}| = |\mu_{1L} - \mu_{0L}|$ 且 $(\mu_{1L} - \mu_{0L})/(\sigma/\sqrt{n}) > 1.7$ 的条件时,便可得到满足 $\alpha = 0.05$,$\beta = 0.10$ 的双侧规格限的抽样方案的近似解为

$$n = \left[\frac{\Phi^{-1}(\alpha) + \Phi^{-1}(\beta)}{\mu_{1U} - \mu_{0U}}\sigma\right]^2$$

$$= \left[\frac{\Phi^{-1}(\alpha) + \Phi^{-1}(\beta)}{\mu_{1L} - \mu_{0L}}\sigma\right]^2$$

$$k' = \frac{\mu_{1U}\Phi^{-1}(\alpha) + \mu_{0U}\Phi^{-1}(\beta)}{\Phi^{-1}(\alpha) + \Phi^{-1}(\beta)}$$

$$k'' = \frac{\mu_{1L}\Phi^{-1}(\alpha) + \mu_{0L}\Phi^{-1}(\beta)}{\Phi^{-1}(\alpha) + \Phi^{-1}(\beta)}$$

双侧规格限一次抽样方案的接收概率(OC 函数)为

$$L(\mu) = P(k'' \leqslant \overline{X} \leqslant k')$$

$$= P\left(\frac{k'' - \mu}{\sigma/\sqrt{n}} \leqslant \frac{\overline{X} - \mu}{\sigma/\sqrt{n}} \leqslant \frac{k' - \mu}{\sigma/\sqrt{n}}\right)$$

$$= \Phi\left(\frac{k' - \mu}{\sigma/\sqrt{n}}\right) - \Phi\left(\frac{k'' - \mu}{\sigma/\sqrt{n}}\right)$$

2. 以不合格品率为质量指标的计量一次抽样检验(σ 法)

假设产品质量特征 $x:N(\mu,\sigma^2)$，在计量检验情况下，一个单位产品是否合格，通常有以下 3 种衡量方式：

(1) 给定 x 一个上规格限值 U，单位产品的特征值 $r \leqslant U$ 时为合格，否则不合格。

(2) 给定 x 的下规格限值 L，单位产品特征值，$x \geqslant L$ 时为合格，否则不合格。

(3) 同时给定 x 的上规格限值 U 和下规格限值 L，单位产品的特征值若满足 $L \leqslant x \leqslant U$ 时为合格，若 $x>U$ 或 $x<L$ 时为不合格。

1) 规定上规格限值 U

此时要求 $x \leqslant U$ 为合格。所说的不合格品率 p，也就是事件 $r>U$ 的概率 $P(x>U)$，如图 4.11 所示。

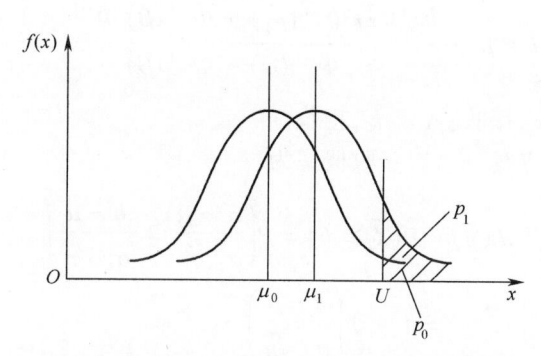

图 4.11 规定上规格限时不合格品率示意图

在 σ 已知条件下，以不合格品率为指标的一次抽样方案就可转化为以均值为质量指标的一次抽样方案，可得到

$$n = \left[\frac{\Phi^{-1}(\alpha) + \Phi^{-1}(\beta)}{\Phi^{-1}(p_1) - \Phi^{-1}(p_0)}\right]^2$$

$$k = U + \frac{\Phi^{-1}(\alpha)\Phi^{-1}(p_1) + \Phi^{-1}(\beta)\Phi^{-1}(p_0)}{\Phi^{-1}(\alpha) + \Phi^{-1}(\beta)}\sigma$$

判断规则：$\overline{X} \leqslant k$ 时，接收；$\overline{X} > k$ 时，拒收。

对于确定的抽样方案(n,k)，其接收概率(OC 函数)为

$$L(p) = P(\overline{X} \leqslant k) = P\left(\frac{\overline{X} - \mu}{\sigma/\sqrt{n}} \leqslant \frac{k - \mu}{\sigma/\sqrt{n}}\right)$$

$$= \Phi\left(\frac{k - U - \sigma\Phi^{-1}(p)}{\sigma/\sqrt{n}}\right)$$

2）规定下规格限值 L

假设产品质量特征值 $x:N(\mu,\sigma^2)$，规定单位产品质量特征值 x 的下限值为 L，当 $x \geqslant L$ 时为合格品，当 $x<L$ 时为不合格品。所以，不合格品率 p 就是事件 $(x<L)$ 时的概率，如图 4.12 所示。

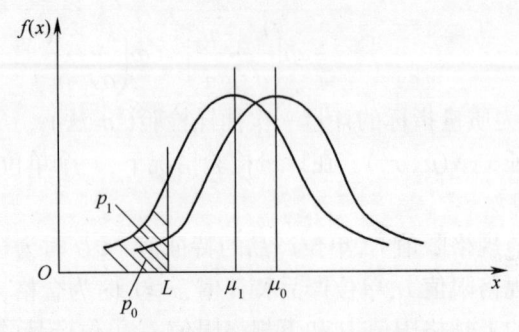

图 4.12　规定下规格限时不合格品率示意图

仿照上规格限的作法，可得要求的方案为

$$n = \sigma^2 \left[\frac{\Phi^{-1}(\alpha) + \Phi^{-1}(\beta)}{\mu_1 - \mu_0}\right]^2 = \left[\frac{\Phi^{-1}(\alpha) + \Phi^{-1}(\beta)}{\Phi^{-1}(p_0) - \Phi^{-1}(p_1)}\right]^2$$

$$k = L - \frac{\Phi^{-1}(\alpha)\Phi^{-1}(p_1) + \Phi^{-1}(\beta)\Phi^{-1}(p_0)}{\Phi^{-1}(\alpha) + \Phi^{-1}(\beta)}$$

判断规则：$\overline{X} \geqslant k$，接收；$\overline{X} < k$，拒收。

对于确定的抽样方案 (n,k)，接收概率为

$$L(p) = P(\overline{X} \geqslant k) = P\left(\frac{\overline{X} - \mu}{\sigma/\sqrt{n}} \geqslant \frac{k - \mu}{\sigma/\sqrt{n}}\right)$$

$$= 1 - \Phi\left(\frac{k - \mu}{\sigma/\sqrt{n}}\right)$$

$$= 1 - \Phi\left(\frac{k - L + \sigma\Phi^{-1}(p)}{\sigma/\sqrt{n}}\right)$$

3）同时规定上规格限 U 和下规格限 L

产品质量特征值 $x:N(\mu,\sigma^2)$。给定双侧规格限后，若 $L \leqslant x \leqslant U$ 时认为合格，当 $x < L$ 或 $x > U$ 时认为不合格，所以产品的不合格率 p 就是事件 $x > U$ 或 $x < L$ 的概率，批不合格品率是批均值 μ 的函数，故对 p 的要求可转化为对均值的要求，要求的方案是：当 $p = p_0$ 时，对应批均值为 μ_{0U} 或 μ_{0L}，视为优质批应以不低于 $1-\alpha$ 的高概率接收；当 $p = p_1$ 时，对应的批均值为 μ_{1U} 或 μ_{1L}，视为劣质批，应以不高于 β 的低概率接收。

p_0、p_1 与均值 μ_{0U}、μ_{1U} 及 μ_{0L}、μ_{1L} 间的关系如图 4.13 所示，故可综合考虑后直接得

双侧规格限的方案参数为:

$$n = \left[\frac{\Phi^{-1}(\alpha) + \Phi^{-1}(\beta)}{\Phi^{-1}(p_0) - \Phi^{-1}(p_1)}\right]^2$$

$$k' = U + \frac{\Phi^{-1}(\alpha)\Phi^{-1}(p_1) + \Phi^{-1}(\beta)\Phi^{-1}(p_0)}{\Phi^{-1}(\alpha) + \Phi^{-1}(\beta)}\sigma$$

$$k' = L - \frac{\Phi^{-1}(\alpha)\Phi^{-1}(p_1) + \Phi^{-1}(\beta)\Phi^{-1}(p_0)}{\Phi^{-1}(\alpha) + \Phi^{-1}(\beta)}\sigma$$

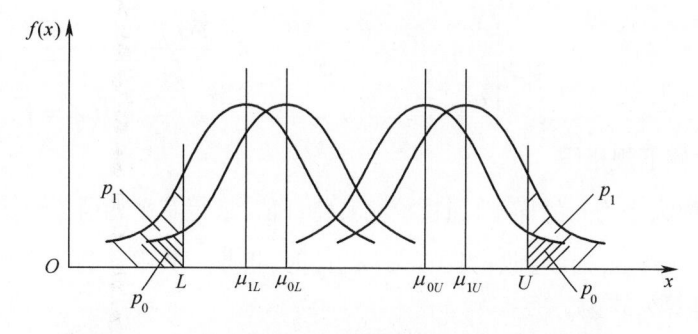

图 4.13 同时规定上、下规格限不合格品率示意图

应用以上两个式子的条件是,计算值 $(U - L)/\sigma$ 大于或等于表 4.9 中的相应数值。

表 4.9 数值表

p_0/%	$\frac{U-L}{\sigma}$	p_0/%	$\frac{U-L}{\sigma}$	p_0/%	$\frac{U-L}{\sigma}$
0.10	7.9	0.70	6.6	5.00	5.0
0.15	7.7	1.00	6.4	7.00	4.7
0.20	7.5	1.50	6.0	10.00	4.3
0.30	7.2	2.00	5.8	15.00	3.8
0.50	6.9	3.00	5.5		

4.4.2 未知标准差的计量一次抽样方案(s法)

未知标准差是指无以往的批质量历史资料可借鉴,或由控制图显示生产工艺过程处不稳定状态而造成批质量指标分散程度较大,均视为标准差为未知。在此情况下,用样本标准差 s 代替 σ,故称"s法"。

1. 以均值为质量指标的一次抽样检验(s法)

1) 规定单侧上规格限

假设从批中抽取一个大小为 n 的样本,通过检测数据可计算出样本均值 $\overline{X}$ 和样本标准差 s。为判定批是否合格,采用判断规则:$\overline{X} - ts \leqslant \mu_0$,接收;$\overline{X} - ts > \mu_0$,拒收。其中,$t$ 为待定实数,$\overline{X} = \sum x_i/n$,$s = \sqrt{\frac{1}{n-1}\sum(x_i - \overline{X})^2}$,$i = 1,2,\cdots,n$,判定规则可由 n 与 t 唯一确定。

n 和 t 的计算公式为

$$n = \sigma^2 \left(\frac{\Phi^{-1}(\alpha) + \Phi^{-1}(\beta)}{\mu_1 - \mu_0} \right)^2 + \frac{[\Phi^{-1}(\alpha)]^2}{2}$$

$$t = \frac{(\mu_1 - \mu_0)\Phi^{-1}(\alpha)}{\sigma[\Phi^{-1}(\alpha) + \Phi^{-1}(\beta)]}$$

对于确定的方案 (n,t),其接收概率(OC 函数)为

$$L(\mu) = P(\overline{X} - ts \leq \mu_0)$$

$$= P\left(\frac{\overline{X} - ts - (\mu_0 - t\sigma)}{\sigma\sqrt{\frac{1}{n} + \frac{t^2}{2(n-1)}}} \leq \frac{\mu_0 - (\mu_0 - t\sigma)}{\sigma\sqrt{\frac{1}{n} + \frac{t^2}{2(n-1)}}} \right)$$

2) 规定单侧下规格限

从批中抽取大小为 n 的样本,通过检测其特征值,求得其平均值 $\overline{X}$ 和标准差 s,采用判断规则:当 $\overline{X} - ts \geq \mu_0$ 时,接收;当 $\overline{X} - ts < \mu_0$ 时,拒收。其中,t 为待定系数。

n 和 t 的计算公式为

$$n = \sigma^2 \left(\frac{\Phi^{-1}(\alpha) + \Phi^{-1}(\beta)}{\mu_1 - \mu_0} \right)^2 + \frac{[\Phi^{-1}(\alpha)]^2}{2}$$

$$t = \frac{(\mu_1 - \mu_0)\Phi^{-1}(\alpha)}{\sigma[\Phi^{-1}(\alpha) + \Phi^{-1}(\beta)]}$$

对于确定的抽样方案 (n,t),其 OC 函数为

$$L(\mu) = P(\overline{X} - ts \geq \mu_0)$$

$$= 1 - P(\overline{X} - ts < \mu_0)$$

$$= 1 - P\left(\frac{\overline{X} - ts - (\mu + t\sigma)}{\sigma\sqrt{\frac{1}{n} + \frac{t^2}{2(n-1)}}} < \frac{\mu_0 - (\mu + t\sigma)}{\sigma\sqrt{\frac{1}{n} + \frac{t^2}{2(n-1)}}} \right)$$

$$= 1 - \Phi\left(\frac{\mu_0 - \mu + t\sigma}{\sigma\sqrt{\frac{1}{n} + \frac{t^2}{2(n-1)}}} \right)$$

由于以上3个式子中皆含有 σ,而 σ 未知,所以只能依据历史资料给出其估计值。

2. 以不合格品率为质量指标的一次抽样检验(s 法)

1) 规定上规格限

若产品质量特征值 $x:N(\mu,\sigma^2)$,σ 未知,从批中随机抽取大小为 n 的样本,通过检测其特征值,计算样本均值 $\overline{X}$ 和标准差 s,采用判断规则:当 $\overline{X} - ts \leq U$ 时,接收;当 $\overline{X} - ts > U$ 时,拒收。

根据对批不合格品率的要求,当 $p < p_0$ 时,以不低于 $1 - \alpha$ 的高概率接收;当 $p \geq p_1$ 时,以不高于 β 的低概率接收。

n 的计算公式为

$$n = \left(\frac{\Phi^{-1}(\alpha) + \Phi^{-1}(\beta)}{\Phi^{-1}(p_1) - \Phi^{-1}(p_0)}\right)\left(1 + \frac{t^2}{2}\right)$$

对于确定的方案 (n,t),其接收概率为

$$L(p) = P(\overline{X} - ts \leqslant U) = \Phi\left(\frac{t - \Phi^{-1}(p)}{\sqrt{\frac{1}{n} + \frac{t^2}{2(n-1)}}}\right)$$

2) 规定下规格限

若产品质量特征值 $x:N(\mu,\sigma^2)$,从批中抽取大小为 n 的样本进行检测,求其样本平均值 $\overline{X}$ 和标准差 s,采用判断规则:当 $\overline{X} - ts \geqslant L$ 时接收;当 $\overline{X} - ts < L$ 时拒收。

给定合格质量 p_0 和极限质量 p_1 后,要求 $p \leqslant p_0$ 时,以不低于 $1-\alpha$ 的高概率接收;而 $p \geqslant p_1$ 时,以不高于 β 的低概率接收。

n 的计算公式为

$$n = \left(\frac{\Phi^{-1}(\alpha) + \Phi^{-1}(\beta)}{\Phi^{-1}(p_1) - \Phi^{-1}(p_0)}\right)^2\left(1 + \frac{t^2}{2}\right)$$

对于确定的方案 (n,r),其接收概率(OC 函数)为

$$L(p) = P(\overline{X} - ts \geqslant L) = 1 - \Phi\left(\frac{\Phi^{-1}(p) + t}{\sqrt{\frac{1}{n} + \frac{t^2}{2(n-1)}}}\right)$$

4.5 平均值的计量抽样检验标准(GB 8054—1995)的使用

4.5.1 适用范围

GB/T 8054—1995《平均值的计量标准型一次抽样检验程序及抽样表》,是以批平均值为质量指标的计量标准型一次抽样检验的程序与实施方法。本标准规定生产方风险 $\alpha = 0.05$,使用方风险 $\beta = 0.10$,适用于被检产品的质量特征值服从或近似服从正态分布的批检验。

4.5.2 有关规定

1. 可接收质量与极限质量

可接收质量是指在抽样检验中,对应于一个确定的较高接收概率(本标准 $L(\mu = \mu_0) = 0.95$),认为满意的批质量水平,用 μ_0 表示。

极限质量是指在抽样检验中,对应于一个确定的较低接收概率(本标准 $L(\mu = \mu_1) = 0.10$),认为不容许更劣的批质量水平,用 μ_1 表示。

2. 抽样检验类型

标准将抽样检验区分为"σ 法"与"s 法"两类。产品质量稳定,并有近期质量管理或抽样检验数据能预先确定批的标准差时,可使用"σ 法"。无近期数据或虽有数据但表明产品质量不稳定时,应使用"s 法"。

3. 检验方式

检验方式由所要求质量规格界限的情况确定。本标准规定的检验方式有 3 种：①上规格限；②下规格限；③双侧规格限。

4. 确定抽样方案的方法

1) 使用"σ 法"方案的确定步骤

(1) 规定质量要求，即规定单侧规格限的 μ_{0U}、μ_{1U} 或 μ_{0L}、μ_{1L}；双侧规格限的 μ_{0U}、μ_{1U} 或 μ_{0L}、μ_{1L}。

(2) 确定 σ：由近期 20~25 组 $\overline{X}$:s（或 R）控制图数据，或近期 20~25 批的抽样检验数据进行估计，计算出 $\sigma = \bar{s}/c_4$ 或 $\sigma = \bar{R}/d_2$。

(3) 计算：$A = \dfrac{\mu_{1U} - \mu_{0U}}{\sigma}$；$A' = \dfrac{\mu_{0L} - \mu_{1L}}{\sigma}$ 或 A、A'、$C = \dfrac{\mu_{0U} - \mu_{0L}}{\sigma}$。

(4) 检索抽样方案 (n,k)，依据计算值 A、A'、C，单侧规格限查标准之表 1（周期检验（GB 2829）），双侧规格限查标准之表 2（周期检验（GB 2829）），可得所求方案。

2) 使用"s 法"时方案的确定步骤

(1) 规定质量要求，即规定单侧规格限 μ_{0U}、μ_{1U} 或 μ_{0L}、μ_{1L}；双侧规格限 μ_{0U}、μ_{1U} 或 μ_{0L}、μ_{1L}。

(2) 估计 $\hat{\sigma}$ 值，由生产和使用双方根据经验商定 $\hat{\sigma}$ 值，或商定出试抽样本量 n_0，以其样本标准差 s 作为 $\hat{\sigma}$ 值。

(3) 计算 $B = \dfrac{\mu_{1U} - \mu_{0U}}{\hat{\sigma}}$；$B' = \dfrac{\mu_{0L} - \mu_{1L}}{\hat{\sigma}}$ 或 B、B'、$D = \dfrac{\mu_{0U} - \mu_{0L}}{\hat{\sigma}}$。

(4) 检索抽样方案。依据计算值 B、B' 查标准之表 3（周期检验（GB 2829））可得相应单侧规格限抽样方案；由 B、B' 和 D 查标准之表 4（周期检验（GB 2829））可得双侧规格限抽样方案。标准规定，不论使用"σ 法"还是"s 法"采用双侧规格限，须满足 $\mu_{1U} - \mu_{0U} = \mu_{0L} - \mu_{1L}$，否则不能使用本标准检索方案。

5. 判断规则

1) 质量统计量

由规格限、样本均值和批标准差（或样本标准差）构成的函数，用来判断交验批能否接收本标准分上规格限质量统计量 Q_U 和下规格限质量统计量 Q_L 两种。

2) 接收常数 k

是用以判断交验批接收与否的常数。本标准给出了可接收批的上规格限质量统计量和（或）下规格限质量统计量的最小值。

3) 判断规则

(1) 对上侧规格限。计算上质量统计量 $Q_U = \dfrac{\mu_{0U} - \overline{X}}{\sigma}$ 或 $Q_U = \dfrac{\mu_{0U} - \overline{X}}{s}$，若 $Q_U \geq k$，接收此批；若 $Q_U < k$，则拒收此批。

(2) 对下规格限。计算下质量统计量 $Q_L = \dfrac{\overline{X} - \mu_{0L}}{\sigma}L$ 或 $Q_L = \dfrac{\overline{X} - \mu_{0L}}{s}$，若 $Q_L \geq k$，接收此批；若 $Q_L < k$，则拒收此批。

(3) 对双侧规格限。计算上、下质量统计量 $Q_U = \dfrac{\mu_{0U} - \overline{X}}{\sigma}$、$Q_L = \dfrac{\overline{X} - \mu_{0L}}{\sigma}$ 或 $Q_U = \dfrac{\mu_{0U} - \overline{X}}{s}$、$Q_L = \dfrac{\overline{X} - \mu_{0U}}{s}$，若 $Q_U \geqslant k$ 且 $Q_L < k$，接收此批；若 $Q_u < k$ 或 $Q_L < k$，则拒收此批。

4.5.3 实施程序

1. 选择抽样检验类型
选择或确定采用"σ 法"，还是采用"s 法"。
2. 确定抽样检验方式
根据所检验的产品质量特性的需要，在以下 3 种检验方式中任选一种：
(1) 上规格限。
(2) 下规格限。
(3) 双侧规格限。
3. 规定可接收质量与极限质量的上规格限和(或)下规格限
(1) 对于上规格限，规定 μ_{0U} 和 μ_{1U}。
(2) 对于下规格限，规定 μ_{0L} 和 μ_{1L}。
(3) 对于双侧规格限，规定 μ_{0U}、μ_{1U} 和 μ_{0L}、μ_{1L}。
4. 确定抽样方案
按 4.5.2 小节第 4 条中所述：
(1) 如采用"σ 法"，计算 A；A'；或 A、A'、C。
(2) 如采用"s 法"，计算 B；B'；或 B、B'、D。
(3) 检索抽样方案，查标准之表 1~表 4，找出 $[n, k]$。
5. 构成批与抽取样本
(1) 构成交验批 N。
(2) 从批量 N 中随机抽取样本量 n。
6. 检验样本与计算结果
(1) 检验每个样本的质量特性(值)。按照专业技术要求和事先规定(如检验规程)的检测设备、检测方法，对每个样本进行检验，并将检验结果(质量特性值)记录下来。
(2) 计算并列出结果。

$$\overline{X} = \frac{1}{n}\sum_{i=1}^{n} x_i$$

$$s = \sqrt{\frac{1}{(n-1)}\sum_{i=1}^{n}(x_i - \overline{X})^2}$$

7. 判断交验批能否接收
按标准的有关规定(4.5.2 小节第 5 条中所述)进行判断。
8. 处理检验批
(1) 检验结论：合格，接收此批，可入库或转入下道工序。
(2) 检验结论：不合格，拒收此批，按不合格品控制程序要求处理。

第5章 质量信息管理与分析

5.1 质量信息概述

5.1.1 质量信息基本概念

GJB 1405A《装备质量管理术语》中"质量信息"概念为:与各种报表、资料和文件承载有关质量活动有意义的数据。在产品质量形成的全过程中,反映质量要求、动态的管理信息,如数据、情报、报表、图纸等统称为产品质量信息。质量信息为质量决策、控制、计划与改进措施提供可靠的依据。

反映质量动态的信息,是反映产品和工作质量实际状态的原始资料,为正确识别影响质量各种因素及相互作用,掌握质量波动提供依据。例如:产品使用过程的质量记录和数据;原材料、外协外购件进厂检查和取样的质量记录;工序质量控制的管理文件和控制文件的原始记录;设备、工具、工装、计量器具使用、调整、检修、管理点的点检记录;反映国内外同行业质量情报资料等。

反映质量要求的信息,是衡量产品质量、工序质量、工作质量的尺度,为组织生产技术活动和各项管理工作提供依据。例如:用户对产品的质量要求;企业质量计划指标,包括对各单位、各环节下达的质量指标;企业技术标准,包括产品技术标准、零件和部件技术标准、设备和工具技术标准、工艺标准及技术文件;协作件的质量要求和企业管理标准等。

产品在生产过程中的每个环节都会产生质量信息。伴随着物流产生的质量信息流是通过质量信息反馈而进行的,包括厂内和厂外质量信息反馈两部分。高效、灵敏的质量信息反馈,是提高产品质量的必要条件。质量信息流要求传递及时、流转速度快、流程短、中间环节少、质量信息准确可靠等。对起预防作用的质量信息还要求及时掌握、及时发送,以便及时采取措施,保持质量稳定。

5.1.2 质量信息作用

军工企业管理活动是通过信息的流动来实现的,通过信息流的作用实现对人、财、物等资源的协调与控制。因此,信息是企业的重要资源,发挥着越来越重要的作用,必须严格管理。质量信息也是各级执行国家各项质量政策和进行质量管理的基本依据。在当今的信息社会中,质量信息系统又是协调各项质量职能之间正常运行必不可少的重要环节,也是军工企业质量管理体系不可缺少的重要组成部分。

1. 为质量决策提供依据

企业在制定质量方针目标、开发新产品和改造老产品、编制质量计划以及处理质量问题的决策和预测中,都需要掌握有关历史和现状的质量信息。否则,将会出现判断失误,必然造成不应有的损失。开展系统的质量信息管理的主要目的,就是要为各级管理层的决策者提供准确、可靠的信息,以便做出适时、正确的决策。

2. 为质量改进提供依据

企业的质量管理可以被看作一个调节系统(图 5.1),把所获得的实际质量与期望质量相比较,如果发现偏差,就把偏差质量信息反馈到会影响产品质量或工作质量的有关部门,通过质量信息中心及时发出调节指令,影响产品质量和工作质量部门采取纠正措施,把质量始终控制在期望质量水平的范围内。不断地收集信息,及时反馈信息,就能不断地调节控制质量的偏差,为质量改进提供依据。

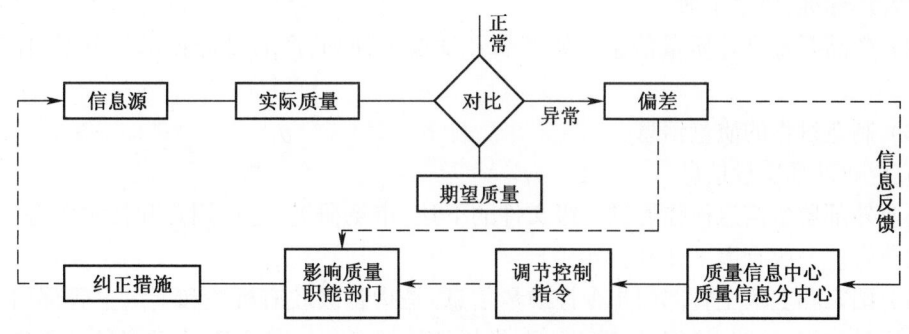

图 5.1 质量调节控制示意图

3. 为质量检查考核提供依据

企业内的质量管理通常与经济责任制紧密结合,进行严格的考核。要进行严格的考核,就必须完整地掌握能正确反映日常生产经营活动的质量动态信息,并使之和质量要求信息(计划、指标、标准)相比较,才能鉴别优劣,进行奖惩。因此,通过质量信息管理活动,为质量的检查考核提供依据。

企业各项质量指标和质量工作,通过质量计划下达企业各有关部门,各部门的执行情况可通过产品质量情况报告和质量管理正常信息目录规定的内容、时间反馈到质量信息管理中心,经汇总后报经济责任制管理部门进行考核。这样,质量计划、质量指标、质量成本、工序控制、工艺纪律、市场调查与预测、新产品开发、用户意见以及设备、工具、工装、计量的管理现状等均以质量信息形式在企业内部进行传递。根据企业经济责任制有关规定,运用上述日常信息,质量管理部门对有关部门进行考核并提出奖罚意见。

4. 为建立质量档案提供资料

质量信息资料要分类、分级建立质量信息档案,以便随时查询。质量信息档案是质量档案的重要组成部分,是质量信息管理一项十分重要的工作。它不仅为调节控制当前的实际质量提供资料,还为指导今后工作提供方便,企业质量信息管理中心、各质量信息分中心及各信息网点都要建立质量信息档案。一般的质量信息档案包括产品质量情况报告、质量信息汇总报告单、质量信息反馈单、质量信息反馈登记表、质量信息措施完成报告单、走访用户情况报告、用户服务报表、综合统计报表、产品质量用户意见事例处理反馈单、用户意见征求书、市场调查报告、工序质量表、作业指导书、设备定期检查记录卡、设备点检记录卡、工装周期检查记录卡、量检具周期检定卡、质量成本分析报告等。

5.1.3 质量信息分类

为了加强质量信息管理,确定质量信息管理系统组织结构及分工,并选择科学的信息

加工技巧,方便信息的检索与利用,对质量信息进行分类,将起到极其重要的作用。一般军工企业习惯按以下几种分类:

1. 按质量信息的来源分

1) 企业内部质量信息

流通于企业内部各职能部门之间、生产经营各环节的各种质量信息。从其质量信息内容上分,主要有以下几种:

(1) 本企业的决策质量信息。如企业的质量方针、质量目标、质量规划和计划、技术标准和管理标准、质量手册等。

(2) 产品开发设计质量信息。如产品开发设计规划、产品设计技术任务书、样机设计等。

(3) 制造过程的质量信息。

2) 企业外部质量信息

企业外部质量信息往往通过上级文件的下达、市场研究、走访用户和技术服务、销售等方式获得。一般有以下几种:

(1) 国家和上级主管部门指令性质量信息,是指各级政府机关和上级主管部门颁布的各项质量政策、法律、法规、标准、条例、规划和计划等。这类信息,企业必须认真贯彻落实,是制定企业质量政策、目标及质量活动的基本原则和依据。

(2) 市场质量信息,包括国内外同类产品的质量水平、市场对产品质量的要求、市场的需求量、本企业产品销售预测和市场占有率、覆盖面等质量信息。

(3) 与本企业直接有关的质量信息,如外协件、外购件、扩散件和原材料生产厂的产品质量状况、价格、交货期、质量保证能力等,可通过企业签订合同及对供货单位的质量保证能力调查及产品进厂检测中获取。

2. 按质量信息规律性分

(1) 日常质量信息。日常质量信息要求按事先规定的时间定期发出并逐级传递,如质量统计日报、月报、季报和年报等动态质量信息。

(2) 突发质量信息。突发质量信息是指生产制造和产品使用过程发现的质量问题,如 A、B、C 级质量信息反馈单、质量事故报告、用户产品质量反馈等。

3. 按质量信息特征分

(1) 指令信息是指各级政府及上级机关制定的质量政策、法律、法规、条例、标准、规划和计划等。另外,还包括企业制定的质量方针政策、质量目标、质量手册、质量计划、技术标准和管理标准等。

(2) 质量动态信息是指企业在日常的生产经营活动反映产品质量和工作质量状态的各种资料、数据,如企业内质量检验与工序控制等的统计数据,各项质量计划、质量指标、质量报告等。另外,还有协作、供应厂家的质量保证能力,以及市场动态及产品用户意见等。

(3) 异常质量信息是指产品生产制造和产品使用过程中发生的产品质量、工序质量和工作质量问题的质量信息,也就是质量动态(实际质量)与有关标准(期望质量)相比较产生的偏差。也称为突发质量信息或反馈信息,一般是指产品的质量事故。

4. 按质量信息重要性分

根据质量信息重要程度分为一类、二类、三类信息,也有企业分为 A 级、B 级、C 级信息。

"一类质量信息"是指质量信息网点(职能部门)发生的一般质量问题。

"二类质量信息"是指质量信息网点发生的属于其他网点的一般质量问题。

"三类质量信息"是指质量信息分中心或网点发生的涉及面较广或重大质量问题,质量信息分中心又协调不了的质量信息。

"A级质量信息"是指:严重影响产品功能;将危及人身安全;引起用户强烈申诉;B级质量信息在处理过程中无法协调解决,需要质量信息管理中心或企业领导进行协调解决的质量问题。

"B级质量信息"是指:用户必然要申诉;影响产品功能;C级质量信息在协调处理中涉及其他部门无法解决,需要质量信息分中心协调处理的质量问题。

"C级质量信息"是指:对产品质量有一定影响的一般质量问题;用户可能也可能不申诉的质量问题;责任部门能够自行处理解决的一般质量问题。

5.1.4 质量信息特性

质量信息管理是质量管理的主要手段之一,在质量管理中占有极其重要的地位和作用。因此,有必要了解和掌握质量信息的特性,端正开展质量信息管理活动的指导思想。

1. 真实性

质量信息的真实性也称准确性,主要是指质量信息要尊重事物特征的客观性和反映事物的真实性。这就要求质量信息要从实际出发,如实地反映事物的现状和变化,从大量的质量信息中进行认真的筛选,去伪存真,由表及里,使质量信息在生产经营过程中起到协调控制作用,作为企业决策的基础。

为了保证质量信息的真实性,要做到以下几点:①要做好调查研究工作,实事求是地做好各种原始记录和统计资料;②对原始信息要严肃认真地进行整理加工和筛选,防止人为的变异和人为的臆断;③及时做好信息的传递工作,尽可能减少干扰和失误现象发生;④要提高信息工作人员的素质。

2. 时效性

在客观世界里,任何客观事物总是在不断地变化,每一变化都会产生信息,客观事物变化越快,信息的时效性就越强。这就要求尽可能迅速地搜集、整理、传递信息,以保证信息能及时、有效的被利用。

3. 系统性

信息的系统性是指一组具有特定内容与特定性质的信息在一定环境和条件下形成的有机整体。企业的各项质量职能,对保证产品质量所起的作用,虽然在管理上都具有相对的独立性,但它们之间又存在着不可分割的联系。例如,市场研究对产品开发设计及生产制造的指导作用,产品设计、工艺手段、采购供应、设备、检查与生产制造过程的紧密联系,销售和售后服务对生产制造和改进设计的反馈等,而所有这些联系都离不开信息的传递,这就要求从大量的单个信息中找出信息的系统性,从而认识客观事物变化的内在规律和发展趋势。

4. 目的性

为了保证信息具有明显的目的性,要做到以下几点:①按科学的方法加工处理信息,提取尽可能多的有价值的信息,突出信息的目的性;②对搜集到的信息要进行科学的管理,便于按信息的目的被有效的利用;③信息在传递过程中,要保证信息的真实性,使信息可靠。

5. 有效性

信息的有效性主要是针对信息的传递而言的,就是在最短的时间内传递尽可能多的有价值信息。为了提高信息的有效性,一定要选择最有价值的信息,选择最合适的传递工具和最合理的传递渠道。

5.2 质量信息管理

5.2.1 质量信息流程

质量信息流程是指对某信息按接收者的先后顺序,用文字符号表达信息的开始与终止的过程,也就是信息流转的顺序。质量信息流程图的基本模式,如图5.2所示。

1. 质量信息发生与发出

信息发生与发出的地点称为信息源。指令信息发生与发出的时间、地点往往是相同的,而反馈信息发生与发出时间、地点往往不同。例如,某信息网点(装配工段)发现外协件或配套件出现质量问题,信息的来源是该信息网点(装配工段),但质量问题发生的根源却是外协或配套件生产厂家。要想纠正偏差,改进产品质量,光知道信息的来源还不行,还必须知道信息发生的根源,这样才能实施纠正质量偏差,改进质量,达到期望质量的要求。因此,对信息接收者来说,一般先知道信息发生地点(信息来源),经过信息分析处理后才能找出信息发生地点(信息根源)。

2. 质量信息收集

质量信息管理中心有组织、有目的地搜集各网点信息的过程称质量信息的搜集(或称信息的输入),可根据质量管理的需要确定或设立质量信息搜集网点(信息源)。

质量信息的搜集要注意以下几点:

(1) 注意信息的及时性,做到及时登记、处理、传递、反馈、储存,防止信息过时,失去信息价值。

(2) 注意信息的真实性,避免信息人为地失真,干扰信息系统的功能。

(3) 要根据质量管理的需要来搜集质量信息,不同的管理层按其质量职能搜集有关的质量信息。

(4) 要注重信息的完整性,要求搜集到的质量信息本身相对的完整,如对生产制造质量信息的搜集,应对质量问题(质量偏差)发生的时间、地点、内容、责任部门、影响程度、原因分析等要做完整的记载,具有可追踪性。

3. 质量信息分析处理

质量信息分析处理包括信息的分类、分级、核对筛选、处理、比较、分析等项内容。信息分析处理是指对信息本身的处理,不是代替责任部门去解决质量问题。

(1) 信息分类。搜集到质量信息后,首先要进行分类,以便根据信息的不同类型采取不同的传递工具和渠道传递、处理。

(2) 质量信息分级。按质量信息的主次程度和信息的紧迫性进行分级,以便区分对待。例如:信息网点发生的属于网点的一般质量问题由网点自行处理;网点发生的属于其

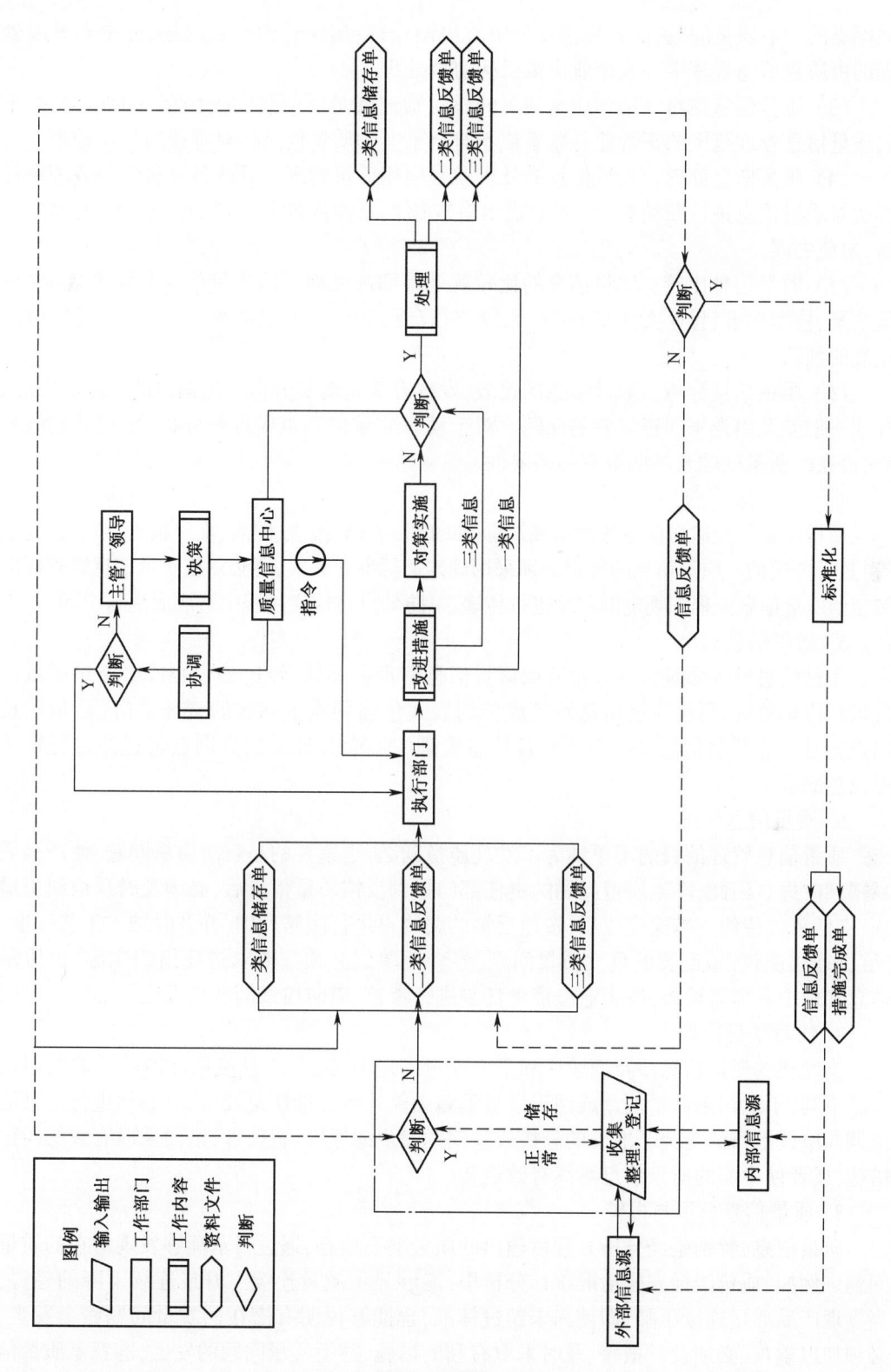

图 5.2 承制单位质量信息流程图

他网点的一般质量问题,由质量信息分中心协调处理;属于重大质量问题,分中心难以处理的由质量信息管理中心或企业决策机构协调处理。

(3) 质量信息核对筛选。质量信息的核对筛选就是对信息的去伪存真的过程,把不属质量信息管理范围的正常业务联系或不符合事实的质量信息核对筛选后另做处理。

(4) 质量信息处理。质量信息的处理就是应用质量管理工具或各种科学的数理统计方法对质量信息进行归纳整理,从中找出有规律性或倾向性的结果,以便做出正确的判断,避免失误。

(5) 质量信息比较。质量信息的比较就是将筛选处理后的质量信息与标准规定(质量政策、技术标准、程序文件等)进行比较,对有无偏差、偏差量的大小、影响程度等做出正确的判断。

(6) 质量信息分析。通过信息的比较,发现有偏差就要分析产生偏差的原因,研究怎样纠正偏差及由谁来纠正偏差的问题。对于动态质量信息也应进行分析,研究其发展趋势、潜在的质量问题及早期报警的必要性。

4. 质量信息传递

质量信息的传递是依靠各种运载工具(如文件、表格、报表、图表、文字报告、声、光、电讯等)进行传递的。质量信息的传递必须采用规定的标准化表式,还必须按质量信息管理标准制定的质量信息流程图规定的路线进行传递,以防信息在传递过程中造成混乱与中断。

5. 质量信息输出

质量信息输入质量信息分中心或质量信息管理中心后,经过分中心或中心对质量信息进行协调处理,再将质量信息转换成新的表式传递到质量问题的责任部门(质量信息网点),这种自质量信息分中心或质量信息管理中心向其外部信息网点传递的过程称质量信息的输出。

6. 质量信息纠正

质量信息管理的目的不单纯为了发现质量问题,更重要的是解决质量问题,使产品质量得到改进。因此,产生质量问题的责任部门接到反馈质量信息后,必须及时采取纠正措施,责任单位待纠正措施完成后,按原反馈的路线再进行闭路反馈,并及时纳入工艺标准。凡已形成"决议"或纪要的重大质量问题,各责任单位必须按要求进度组织实施,由质量信息管理中心监督检查,按企业经济责任制进行考核,以防质量问题再发生。

7. 质量信息协调

当发现的质量信息涉及面较广和重大质量问题时,或者质量信息反馈后采取的纠正措施不利,不能纠正质量偏差或纠正质量偏差未能达到标准质量要求,都必须进行信息的协调。协调的目的是为了准确的分析质量问题发生的原因、责任者,以便采取有效的纠正措施,或者使中断的质量信息继续有效运转。

8. 质量信息显示与报警

质量信息,特别是经分析处理后辅出的质量动态信息,通过显示能够发现潜在的质量问题。例如,质量指标完成情况统计分析中,能够显示质量连续上升或连续下降的趋势,当发现产品质量连续下降,即使尚未超过标准,也能够说明有潜在的质量问题将会发生,必须加以重视、必须及时报警、及时采取有利的措施,避免质量问题的发生,这就是质量信息的显示与报警。信息报警工作可根据实际情况制定报警的原则及方法,并定期在质量分析活动的过程中进行。

9. 质量信息储存

质量信息管理最后一个环节就是质量信息的储存工作,可按照质量信息管理规定及档案管理的要求对质量信息进行归纳整理建档,作为质量管理资料备查,并按档案管理的规定分门别类统一编号,以便检索查询。

5.2.2 质量信息管理组织

为了使正常质量信息被充分地利用,异常质量信息得以及时处理,必须加强对质量信息的管理。加强质量信息管理的关键在于各级领导的高度重视,充分发挥质量信息管理机构的职能作用和各职能部门的充分合作。为使质量信息管理体系运行有效,还必须加强对质量信息的检查与考核工作。

1. 质量信息管理机构

企业质量信息管理机构,一般在质量管理综合部门内设质量信息管理中心,设专职质量信息员,负责全企业质量信息系统的管理工作,为保证质量信息畅通无阻,在企业整个质量信息管理系统中设若干质量信息分中心,如设计、工艺、检验、技术服务等。各分中心受各有关部门的质量管理领导小组的领导,信息管理业务上受厂质量信息管理中心指导,负责信息分中心和本部门内质量信息日常管理工作。

2. 质量信息管理系统

质量信息系统是整个系统工程的重要组成部分。除企业质量信息管理中心设专职质量信息员外,其余子系统(包括质量信息分中心)可设兼职质量信息员,一般由各级质量管理人员兼任。质量信息流程必须要形成闭路,即"闭路循环",也就是信息必须始于信息,终于信息。强调闭路循环的目的,就是为了防止信息出现中断的弊端,以便从发生质量问题的根源上解决,以免质量问题的重复发生。

5.2.3 质量检验信息管理

1. 质量检验部门的信息管理

检验质量信息工作是质量检验部门重要的工作内容,质量检验部门的信息中心是军代表质量信息管理系统中一个重要的分中心。在产品质量检验的整个过程中,大量的质量信息需要质量检验部门进行分析、处理、传递、报告,使原始的数据资料变成有用的信息,从而获得大量的有关产品质量的信息和数据资料,为企业的质量改进和提高产品质量,提供大量可靠的决策依据。因此,做好质量检验部门的质量信息管理工作,有效地发挥其职能作用是一项十分重要的工作。为了实施检验部门的质量信息管理,首先必须明确直接信息和间接信息的概念。

直接质量检验信息,就是直接可作为质量信息传递和保存的质量检验资料,如军方对产品的使用情况和对产品质量的要求意见等。

间接质量检验信息,必须经过处理后才能作为质量信息传递和保存的检验原始记录,如产品质量特性测试记录;外购、外协件进厂检验记录;生产工序检验记录;零部件入库检验记录;成品装配检验记录以及产品和零部件试验记录等。

2. 质量检验信息流程

质量检验信息流程,即对某信息按接收者的先后顺序,用文字或符号所表达的始末过程,亦即信息流转的顺序。也就是根据企业质量管理的需要,对质量检验信息事先规定流转的顺序。一般来说,对质量检验信息的流程有以下4项要求。

(1) 要求质量检验信息必须真实、准确,不允许人为失真。
(2) 对信息要求及时发现登记、及时分析处理、及时传递反馈,以防失去原有的价值。
(3) 要求每个信息的内容要完整,并具有可追溯性。
(4) 要求信息在传递过程中要符合质量信息管理的要求。

质量检验信息流程,要反映出检验部门信息的来源、接受及传递反馈的流转全过程。当然,由于每个单位的生产经营方式、规模及生产的产品不同,质量检验信息流程也不可能完全相同。但是,每个质量检验部门都应根据企业的特点及管理需要,设计符合实际的质量检验信息流程图,以防检验信息出现"短路"或"断路"的现象。

5.3 质量信息管理系统

质量信息管理是军品质量管理重要手段之一,它是企业开展质量管理的重要基础工作。质量信息管理系统,是应用系统论、控制论、信息论的原理建立一整套专门从事质量信息管理的管理网络,它是企业质量管理体系的一个重要组成部分。质量信息管理系统由信息源、信息流、信息中心、信息决策机构及执行机构等要素组成。它是企业各项质量职能之间、企业内部部门之间、企业内部与企业外部(外购、外配供应厂家及产品用户)之间进行质量信息联系的纽带。由此可见,建立和健全质量信息管理体系对充分发挥信息的作用,提高企业质量管理水平具有非常重要的意义。

质量信息管理系统按运载工具的不同,可分为人机系统和人工系统两大类。人工质量信息管理系统是用人工方法建立起来的能够起到人机系统基本作用的一种质量信息管理形式,它为建立人机系统打下基础。人机质量信息管理系统是以人为主体,以电脑为辅助管理的信息管理系统。它具有快速、系统、精确、集中、统一和信息储存量大等特点,它是质量信息管理的一种现代化管理形式。

5.3.1 质量信息管理系统组成

1. 质量信息源

质量信息源是质量信息发生和发出的始端,可以理解为质量信息产生的来源和产生的根源。质量信息源也可理解为由两个过程组成,一是质量信息产生的来源(发出),二是质量信息产生的根源(发生)。例如,某分厂装配工段在装配过程中发现主电机有质量问题造成产品整机性能不良的质量信息,该质量信息的来源(发出)是该分厂装配工段,但造成质量问题的根源(发生)是主电机的生产厂家;由于设计的失误造成用户的申诉的质量信息来自用户,其质量问题的根源在企业设计部门。因此,常把质量信息发生和发出统称为质量信息源,但质量信息管理中信息源一般是指质量信息发出的单位。

2. 质量信息流

所谓质量信息流是指质量信息的流动。每个企业都存在三种流,即人流、物流、信息流。人流是指企业人员岗位的变动;物流是指从原材料、外购外协件进厂到成品出厂的生产经营活动的过程;信息流是从信息指令发出到信息执行结束的管理活动过程。信息不断地反映人流、物流的状态并不断地追踪和控制着人流、物流的运动,达到最优的经济效果。信息流本身是无流的,也不会流动,它是伴随着人流、物流的流动而流动的,它必须依靠各种运载工具才会变成信息流。另外，信息还必须按照规定的流程流动，以保证质量信息管理系统有秩序地运行。

3. 质量信息中心

科学和现代化质量信息管理需要建立质量信息中心，它是主管质量信息管理工作的机构，是质量信息系统的中枢。一般设在质量管理综合部门内，设专职质量信息员负责日常质量信息管理工作。

4. 质量信息决策机构(决策者)

质量信息决策机构指做出指令的各级组织机构或质量负责人，各级质量信息中心均在相应地决策机构直接领导下开展工作。

5. 质量信息执行机构(执行者)

质量信息执行机构(执行者)是指接受指令信息并具体实施指令信息的部门，如企业各职能处、室及各分厂车间。

5.3.2 质量信息管理系统建设

装备质量信息系统的建设和运行管理可概括为以下几个方面：

（1）制定必要的规章制度和相关规定。为保证装备质量信息系统正常运行，要制定质量信息工作的政策、法规、标准和规范以及信息组织的管理章程和有关的工作细则等，使质量信息工作制度化、规范化。

（2）进行信息工作基础条件建设。为适应开展装备质量工作的需要，要配置必要的技术设备，制定规范化的信息表格和信息代码系统，编制配套的计算机数据库和分析软件，开展信息分析处理、传输与应用等信息技术和方法的研究工作。

（3）信息系统标准化管理。标准化是资源共享的前提和提高信息质量的重要保证。在信息系统管理中，实施标准化管理就是从系统的应用出发，在系统指标体系、文件格式、分类编码、交换格式、名词术语等方面，提出一系列的标准化的原则和具体要求。在各管理层次和部门，要使各类信息能及时、准确地传递，必须抓好标准化工作，以实现资源共享。

（4）信息分类编码。信息分类与编码标准化，就是将信息按照科学的原则进行分类并加以编码，经有关方面协商一致，由标准化主管机关发布，作为各单位共同遵守的准则，并作为有关信息系统进行信息交换的共同语言使用。装备质量信息编码应符合 GJB 3837 的要求，对某一装备可补充一些编码，以满足不同装备的特殊需要，但通过的编码必须符合标准要求。

（5）明确信息管理责任单位和人员，利于信息收集、汇总、分析，方便信息管理工作。

（6）实行信息的闭环管理。对信息实行闭环管理是开展装备质量信息工作的基本原则。信息的闭环管理有两层含义：①信息流程要闭环；②信息系统要与有关的工程系统相结合，不断地利用信息解决实际问题，形成闭环控制。为此，要依据对信息的需求，对信息流程的每个环节进行有效的管理，并对信息的应用效果进行不间断的跟踪、评估。

（7）技术培训。信息工作人员的素质是搞好信息的关键，要有计划地开展技术培训工作，以建立一支从事装备质量信息工作的专业队伍。

（8）质量信息安全建设。信息安全关系国家安全和装备建设信息化建设成败，质量信息系统建设必须采取以下对策与措施：采用与民用互联网络物理隔离的专用网络，对上网传输的装备质量信息采取数据加密，开发与使用自主技术的信息安全产品，研究与综合运用安全技术，建立一系列信息安全机制、强化信息安全管理等。

5.4 质量信息分析与处理

5.4.1 质量信息统计分析工作内容

质量信息统计与分析就是将收集到的质量信息,运用质量管理手段和数理统计方法进行统计与分析,将其结果定期向企业领导、有关部门传送,并及时将重要的质量问题向质量改进归口管理部门反馈,使企业内部和外部形成信息流、形成"闭路"信息系统。通过开展质量信息的统计与分析,使质量信息得到充分地发挥与利用。利用质量信息统计与分析,找出质量缺陷和质量事故发生的真正原因及责任者,采取防止质量问题再发生的纠正措施,从而使产品质量和产品可靠性得到进一步的提高。

质量信息统计与分析工作必须以专业队伍为主,专群结合。企业质量管理综合部门及质量检验部门必须设专职质量信息统计人员,其余职能部门及各生产单位可设兼职质量信息统计人员,形成质量信息统计分析网络。

质量信息统计分析的主要工作内容:

(1) 企业质量信息管理中心及质量信息分中心,对输入及输出的质量信息要定期进行统计分析、登记、建档,并对质量信息统计工作进行组织、监督、检查、考核。

(2) 建立健全班组、分厂(车间)、厂级的三级质量分析制度,发现质量问题及时召开分析会,寻找发生质量问题的原因,制定改进质量措施,使产品质量问题控制在萌芽之中,防止不合格品的发生。

(3) 质量信息统计人员要主动参加各级质量分析会议,协助有关部门分析质量缺陷的特征、产生原因及责任者,为质量改进和质量检查与考核提供依据。

(4) 质量信息统计人员要及时准确地统计生产过程中出现的质量偏差,并按企业标准的各种质量统计报表填写,定期把原始记录传递有关部门。

(5) 为企业财务部门、计划部门计算质量成本、废品损失和等级品率等质量指标提供必要的统计数据。

(6) 严格执行不合格品报废和返修等管理标准,对不合格品要及时妥善的隔离,严格控制不合格品流入下道工序。

(7) 对质量信息统计数据要应用数理统计方法进行分析、建立质量控制图等手段,及时揭示工序质量和产品质量的变化趋势,并提供有关单位参考,把质量水平控制在期望质量的范围内。

(8) 收集积累国内外同类产品的质量水平,为企业编制质量发展规划和质量计划及产品创名牌提供资料。

统计分析中出现的异常质量信息也称质量反馈信息,又称突发质量信息。无论在生产过程或产品使用过程发生质量异常,都会给部队带来一定的损失。因此,必须对异常质量信息及时快速地进行处理,把损失减少到最低限度。

质量信息统计与分析的目的是及时快速地将统计分析的结果传递有关领导和有关职能部门,形成"闭路"信息系统。质量信息反馈是质量信息流中的关键环节,只有信息流正常地流动,才能使企业内、外部出现的大量质量问题,及时、准确、快速地反馈到有关部门和人员,然后进行分析,掌握发展规律,才能把质量水平控制在标准范围内,起到预防的质量职能作用。

5.4.2 质量统计及其指标

5.4.2.1 质量统计及其作用

1. 质量统计概念

质量统计是指对有关质量原始记录的收集、整理、计算和分析,提供额外资料的过程。

质量统计作为装备质量管理的一项重要基础工作,军工企业必须确保质量统计的正确性、准确性、及时性、统一性和机密性,防止统计资料数出多门,造成混乱,更要防止虚假数据和统计内容的"水分",否则会导致错误判断和决策失误。为便于统计资料的传递、查阅,必须对质量统计工作实行统一管理。通常质量统计工作由质量检验处(科、室)分管,应设置专职或兼职质量统计员。质量统计员应贯彻执行国家有关统计工作的法令、法规、方针、政策,按时完成国家、行业主管及企业规定的各项质量统计任务,及时报出统计报表。

为及时完成统计工作任务,对承担统计工作的人员,提出相应的规定要求。统计人员应具备的专业知识包括:

(1) 统计法律、法令、法规、统计制度、统计方法和统计标准化知识。

(2) 政治经济学、统计学原理、工业统计、会计学原理等。

(3) 企业管理、计算机应用等。

(4) 企业生产过程及检验、试验、计量方面的有关知识。

2. 质量统计作用与原则

1) 质量统计作用

装备质量统计是装备统计工作的一个重要组成部分。质量统计在了解生产质量状况和能力,指导质量管理和质量体系的运行具有重要作用,有利于促进生产的顺利进行和生产任务的完成。

质量统计的作用主要有以下几个方面:

(1) 为决策提供依据。质量统计资料是领导层做出提高质量决策、进行有效管理的依据,有利于提高企业质量管理水平和促使质量体系的有效运行。

(2) 为军工企业提供各项质量指标完成情况和质量报表。全面检查企业是否完成国家下达的各项质量指标以及企业内部考核的质量指标实际完成情况,分析质量指标完成的好坏及其影响因素。对于需要改进的,采取有效纠正及预防措施,推动技术进步,不断提高质量水平,以利于不断开发新产品,不断改进过程控制,降低质量损失,提高过程能力,取得最佳的经济效益。这一切都要依赖于质量统计和质量统计分析的结果。

(3) 为质量考核提供依据。通过公布质量指标的实际完成情况,作为质量考核的依据,同时也是实行质量否决权和质量奖励的依据。

2) 质量统计原则

系统完整地进行质量统计工作,是做好军品质量评估和分析工作地基础。为了保证武器装备的质量,必须做好质量统计工作。进行产品质量统计,首先碰到的是产品的产量、产值的统计。产品产量是指成品、半成品以及自制品等实物产量,通常以台、套、件、匹等单位或以吨、千克、克等来表示。对某些质量指标如优等品产值率、质量损失率等,是以工业产品的产值来计算,计算单位为万元,价值是用现价和不变价两种来计算,应按国家经贸委、国家质量技术监督局有关通知的规定执行。

在质量统计过程中应遵循以下原则：

（1）应符合质量标准的规定。报告期内产品质量统计必须以符合产品技术标准和有关规定并经检验合格的产品来计算产量。未经检验合格的产品以及废品，降级品（等外品）一律不得计入产量。优等品、一等品产量（产值）的计算，必须是已经取得相应质量等级证书并在其报告期内的产品。

（2）要符合规定的截止日期（时间）。报告期产品产量截止日期（时间）是报告期最后一天最后一班的交库时间。统计时间的统一规定必须严格遵守，提前、移后都是不允许的。

（3）要符合规定的入库手续。报告期内的产品产量必须是已办完入库手续的产品。入库的产品必须配套齐全，经过包装，并经最终检验合格和办理入库手续（合同规定不需配套和不需包装的产品除外）。配套件（如外购配套电机、电控柜及附件等）和包装未完成的产品均不得计入产量。

（4）要符合产品分类规定。为便于管理，在质量统计中产品的名称、分类、排列顺序和计算单位等必须符合产品技术标准和 GB 7635—1987《全国工农业产品（商品物资）分类和代码》的规定。

填报统计资料是非常严肃的工作，必须遵守统计法规和统计纪律。有下列行为之一者，视为违法行为：

（1）虚报、瞒报统计资料。

（2）伪造、篡改统计资料。

（3）拒报或屡次迟报统计资料。

（4）妨碍统计机构、统计人员行使法定职权。

（5）违反统计法有关规定，未经批准自行编报统计调查表。

（6）违反统计法有关保密规定。

以上违法行为情节严重的，对有关领导和直接人员予以行政处分，对触犯统计法构成犯罪的，司法机关依法追究刑事责任。

3. 质量原始记录与统计资料

（1）质量原始记录。质量原始记录是指按规定要求，采用经策划、设计的规范化表格，对生产过程中的各类特性所做的记录，包括：原材料、外购件、外协件检验记录，生产过程中各项检验记录、理化试验记录、成品检验记录、不合格品处置记录（如返工、返修、让步、报废等），以及规定的其他原始记录，如生产紧急放行（例外放行）记录、特殊过程控制记录、重大质量事故及故障分析记录、各类试验（如例行试验、寿命试验、可靠性试验等）记录，以及用户投诉、信息反馈等记录。

（2）统计资料。统计资料是在质量统计分析的基础上，为质量管理工作提供的材料，它是统计工作结果，包括质量统计报表、统计图表、质量月（季或年）报以及质量快报、质量通讯等。

统计资料不仅反映了产品质量状况和质量水平，连续累积的统计资料反映了产品质量的波动程度和性质，以及质量问题的产生原因，为质量工作的决策提供可靠的依据。

5.4.2.2 质量统计工作程序

1. 提出质量指标

由质量管理部门负责提出本企业的年、季、月的质量指标,提出依据为:

(1) 国家和行业主管部门下达的质量指标。

(2) 企业质量方针、质量目标以及年度的中心任务。

(3) 企业标准(包括技术标准、管理标准和工作标准)。

(4) 行业考核的质量指标。

(5) 上年度质量指标完成情况,实物质量水平和新产品的生产、质量情况。

(6) 完成质量指标的有利条件和不利因素。

2. 批准和公布质量指标

质量管理部门将提出的质量指标,广泛征求各相关部门的意见,经修改后提交企业综合统计部门汇总,报请企业主管领导批准、公布,作为企业质量考核的内容贯彻执行。

3. 质量指标的展开与落实

为确保各标质量指标的贯彻执行,应用系统图的方式,按目的—手段逐级展开,落实到有关职能部门、车间、班组和个人,而且要把质量指标的考核与奖励纳入经济责任制。

4. 贯彻执行质量统计工作管理标准

统计工作管理标准是将原始记录管理、统计报表制度管理、统计数据和统计分析管理以及统计工作人员岗位责任制等纳入统计标准化管理。

5. 质量统计

质量统计一般由质量检验部门负责实施,负责原始记录的收集、汇总、整理、分析、报表、分发和管理。为做好质量统计工作,质量检验部门应设有专职或兼职质量统计人员。

6. 原始记录

原始记录力求简明,一单多用,并在使用中不断完善,努力做到少而实用。原始记录填写要求字迹清晰、数字真实,并有检验人员的完整签字。

7. 建立统计台账

企业根据质量指标的统计要求,建立质量统计台账,将有关质量方面的原始记录分类登记、汇总,形成一套完整的原始记录档案。

8. 质量统计分析

质量统计分析是应用有关的数理统计方法(统计技术),遵循统计标准化的要求,对原始记录数据进行分析、整理,研究其分布规律,做出切合实际的评价。在统计分析中若发现重大变化(异常现象),应及时提出分析报告上级,以便及时采取纠正和预防措施加以解决。

9. 质量统计报表

质量检验部门的专职或兼职统计人员应根据统计资料填报质量报表,要求做到及时、准确提出月、季、年度质量统计报表,报表应有制表人和企业负责人的签字。

10. 管理好质量统计资料

质量统计资料要设专人或兼职人员管理,统计资料包括质量统计台账、原始记录、上报的质量统计报表和质量月报,要做到在规定的保管期内完好无缺和供有关部门随时调阅。

5.4.2.3 质量统计项目与指标

1. 产品等级品率(G)

产品等级品率是企业产品实物质量、质量保证能力和技术水平的综合反映,是企业能够完成何种产品等级能力的标记。

考核产品等级品率(G)应根据产品所划分的优等品、一等品、合格品 3 个等级分别统计,应计算优等品产值率(G_1)、一等品产值率(G_2)、合格品产值率(G_3)。产品等级品率在实际统计计算时,国家规定使用加权系数,以鼓励提高我国工业产品的整体水平,这样可以直接反映出产品质量总的水平。

1) 优等品产值率(G_1)的计算

优等品产值率是指报告期全部优等品产值与报告期分等产品总产值之比,计算公式为

$$G_1 = \frac{P_1}{P} \times 100\%$$

式中:G_1 为报告期优等品产值率(%);P_1 为报告期全部优等品产值(万元,不变价);P 为报告期分等产品总产值(万元,不变价)。

2) 一等品产值率(G_2)

一等品产值率是指报告期全部一等品产值与报告期分等产品总产值之比,计算公式为

$$G_2 = \frac{P_2}{P} \times 100\%$$

式中:G_2 为报告期一等品产值率(%);P_2 为报告期全部一等品产值(万元,不变价);P 为报告期分等产品总产值(万元,不变价)。

3) 合格品产值率(G_3)

合格品产值率是指报告期全部合格品产值与报告期分等产品总产值之比,计算公式为

$$G_3 = \frac{P_3}{P} \times 100\%$$

式中:G_3 为报告期合格品产值率(%);P_3 为报告期全部合格品产值(万元,不变价);P 为报告期分等产品总产值(万元,不变价)。

4) 产品质量等级品率(G)

产品质量等级品率是指报告期加权等级品产值之和(即加权优等品产值、加权一等品产值与加权合格品产值之和)与同期等级品总产值(即优等品、一等品、合格品的总产值)之比,计算公式为

$$G = \frac{a_1 P_1 + a_2 P_2 + a_3 P_3}{P} \times 100\%$$

式中:P、P_1、P_2、P_3 同前;a_1 为优等品加权系数,$a_1 = 1.5$;a_2 为等品加权系数,$a_2 = 1.0$;a_3 为合格品加权系数,$a_3 = 0.5$。

加权系数值 a_1、a_2、a_3 的确定原则是依据我国工业生产的技术水平、质量水平和管理水平,依据国家和各行业统计、评价工作需要以及依据提高产品质量水平的规化目标。采

用 $a_1=1.5$ 是鼓励企业生产优等品；采用 $a_2=1.0$ 是把我国多数产品质量水平的目标规划在国际一般水平上；采用 $a_3=0.5$ 是不鼓励企业满足于生产合格品，要求多生产优等品。

2. 质量损失率(F)

质量损失率是一项为宏观经济决策提供科学依据的重要经济性指标。该指标通过内部损失成本和外部损失成本的计算而获得。考核的目的是降低内部损失和外部损失，以最经济合理的生产手段生产出满足要求的、物美价廉的产品。通过质量损失率的考核，促进降低质量损失（降低废品率、返修返工品率、降等级品率等），增加经济收益。多年来，我国工业企业开展降损活动，有些先进企业开展无缺陷生产活动，如纺织行业的万米无疵布、冶金行业的百炉钢无废品、机械行业的万小时无废品等。

质量损失率是质量成本管理二级科目中的内部损失成本与外部损失成本之和与工业总产值之比，计算公式为

$$F = \frac{C_i + C_e}{P_c} \times 100\%$$

式中：F 为报告期质量损失率(%)；C_i 为报告期内部损失成本(万元，现价)；C_e 为报告期外部损失成本(万元，现价)；P_c 为报告期工业总产值(万元，现价)。

3. 产品质量稳定提高率

产品质量稳定提高率是指某一种产品的合格品率提高的百分比。应注意，生产同一类型的不同厂家、不同地区的合格品率基数不相同，因此统计质量稳定提高率没有横向的可比性。如果把产品质量稳定提高率作为企业的质量考核指标，必然发生"鞭打快牛"的不合理现象。因此，产品质量稳定提高率只能作为一项宏观指标，以反映行业或地区质量指标的波动状况，并不能反映产品的实际质量水平。

4. 质量计划完成率

质量计划完成率是反映质量计划完成的程度。它是弥补产品质量稳定提高率不能反映产品质量水平的缺陷由各地方自行确定的一项统计项目。由于各地区产品质量水平不相同，品种也不完全相同，因而缺乏横向可比性。

5. 产品一次交验合格率(D)

产品一次交验合格率是行业主管部门，特别是企业内部的一项重要考核质量指标。产品一次交验合格率分为最终产品一次交验合格率和各过程（工序）产品一次交验合格率。产品一次交验合格率既适用于对整个企业的考核，也适用于对出产产品的车间进行考核。

产品一次交验合格率是指报告期一次交验所检验出的合格产品数量与同期一次交验产品总数之比，计算公式为

$$D = \frac{n}{N} \times 100\%$$

式中：D 为产品一次交验合格率(%)；n 为报告期一次交验合格品数量；N 为报告期一次交验产品总数量。

目前，有些先进企业已改用"一次投入产出合格率"简称"一投率"作为考核指标。一次投入产出合格率是指从原材料（或零部件、元器件）投入生产的第一道工序开始，一直到最后一道工序完成产品制造过程为止，逐工序合格品率的连乘积。这一指标的考核是

非常严格的,各工序返工、返修、降等级及报废的产品、半成品一律不得计入。通过一次投入产出合格率的考核,将合格品率低的工序称为关键工序,作为质量改进(攻关)的对象,逐月、逐季、逐年的连续考核、持续改进,必定会使一次投入产出合格率逐步提高,也就是产品质量水平的提高。

6. 监督抽查合格率(J_c)

监督抽查合格率是表示监督抽查的合格程度。

监督抽查合格是指报告期监督抽查合格次数与同期监督抽查总次数之比,计算公式为

$$J_c = \frac{n_c}{N_c} \times 100\%$$

式中:J_c为监督抽查合格率(%);n_c为报告期监督抽查合格次数;N_c为报告期监督抽查总次数。

7. 用户接收批次合格率(Y_s)

用户接收批次合格率是指产品出厂军代表验收合格接收的程度,是报告期部队验收合格接收总批次与同期出厂产品总批次之比,其计算公式为

$$Y_s = \frac{n_s}{N_s} \times 100\%$$

式中:Y_s为用户接收批次合格率(%);n_s为报告期用户接收合格批次;N_s为报告期出厂产品总批次。

应注意,GJB 179A—1996是调整型统计抽样标准。军代表在验收产品时实行正常检验,但在正常检验的情况下若连续5批或不到5批中就有2批不合格,军方将由正常检验转为加严检验。这种情况下,必然加大生产方风险,拒收批次增加而降低部队接收批次合格率,甚至有停止交收的可能。军工企业应持续不断进行质量改进,提高用户接收批次合格率。

8. 配套件合格率(P_t)

配套件合格率是指产品用配套件的合格程度。用于配套件多的产品,如车辆、大型整机等。

配套件合格率是指报告期配套件合格件数与同期配套件总数之比,计算公式为

$$P_t = \frac{n_t}{N_t} \times 100\%$$

式中:P_t为配套件合格率(%);n_t为报告期配套件合格件数;N_t为报告期配套件总件数。

9. 产品废品率(C_f)

产品废品率是企业内部的质量考核指标,包括最终产品废品率和过程(工序)产品废品率,是报告期废品总量与同期产品总量之比,计算公式为

$$C_f = \frac{n_f}{N_f} \times 100\%$$

式中:C_f为产品废品率;n_f为报告期废品总量;N_f为报告期生产产品总量。

10. 让步接收率(R_b)

让步接收率是指经检验不合格的产品经返修或不经返修让步接收的程度,是企业内

部的质量考核指标。它是指报告期不合格品经返修或不经返修让步接收总数与同期交验产品总数之比,计算公式为

$$R_b = \frac{n_b}{N_b} \times 100\%$$

式中:R_b为让步接收率;n_b为报告期经返修或不经返修让步接收总数;N_b为报告期交验产品总数。

11. 返工率(F_g)

返工品是指不合格品经返工后达到合格品标准的产品。返工率是指返工品数量占交验产品数量的比率,是企业内部的质量考核指标,是报告期返工品数量与同期交验产品数量之比,计算公式为

$$F_g = \frac{n_g}{N_g} \times 100\%$$

式中:F_g为返工率(%);n_g为报告期返工品总数;N_g为报告期交验产品总数。

5.4.3 质量评估与分析

经军事代表检验验收而交付部队的新品,都是合格的产品。但是,合格产品也有一个质量水平高低的问题。此外,产品质量是动态变化的,目前的合格不代表今后也仍然合格。及时掌握产品质量状况及变化趋势,对于提高产品质量管理与监督工作的针对性和有效性有着重要作用。

在产品质量形成过程中,对其质量定期进行评估和分析,是准确把握其质量状况和发展趋势,及时采取纠正和预防措施,防止产生不合格品,不断促进产品质量提高的有效方法。

5.4.3.1 概念

产品质量评估是对经统计处理的产品质量信息进行数学计算,从而定量描述产品质量水平的一种方法。其目的是定量评价、准确掌握产品质量状况。

产品质量分析是利用产品质量评估的结果和经统计处理的产品质量信息,进行比较和分析,找出产品质量变化发展规律的活动。其目的是找出产品质量问题发生的原因,发现异常先兆(苗头),提供信息给有关职能部门,掌握产品质量及影响其质量因素的变化趋势,以便有针对性地采取纠正和预防措施。

产品设计定型投入批产后可定期开展装备质量评估与分析工作。产品质量评估和分析工作,既可由驻厂军事代表机构会同承制单位联合进行,也可由驻厂军事代表机构独立开展。

5.4.3.2 质量评估与分析作用和要求

1. 质量评估与分析作用

在产品加工生产、检验验收、质量监督工作中,获取了大量的产品质量信息。通过利用这些产品质量信息,进行系统地评估和分析,可以掌握其实际达到的质量水平及其质量的变化趋势,找出带有倾向性的问题,查明产生质量问题的主要原因,从而有针对性地采取纠正和预防措施,防止已发生的产品质量问题重复发生,也可消除潜在质量隐患,预防其他产品质量问题发生。

除此之外,产品质量评估和分析还可为驻厂军事代表机构确定质量工作的重点,调整检验品种和项目,评价承制单位质量管理体系和各项质量管理工作的有效性提供依据,为军事代表局和总部、军兵种的业务主管部门掌握装备质量动态提供帮助,为装备精细化管理和作战运用决策提供技术支撑。

2. 产品质量评估与分析的基本要求

(1) 建立评估与分析制度。建立产品质量评估与分析制度,是保证产品质量评估与分析工作持久、有效开展的必要条件。制度应对产品质量评估与分析工作的时机、内容、方法,评估与分析报告的格式和内容等做出规定。

(2) 建立故障报告、分析和纠正措施系统。应要求并督促承制单位建立故障报告、分析和纠正措施系统,保证完整地收集各类产品质量信息,准确地查找产生故障的原因,及时有效地采取纠正措施,为开展产品质量评估与分析工作打下基础。承制单位应通过建立产品质量信息数据库,做好产品质量信息的分类储存工作,并实行数字化管理。

(3) 做好产品质量评估与分析的规范化工作。做好规范化工作,是实现产品质量信息共享,使产品质量评估与分析的结果具有可比性,实行数字化管理的必要条件。规范化工作应由总部、军兵种的业务主管部门统一组织,这样才能保证产品质量评估与分析工作最大限度地实现规范统一。

规范化工作主要包括:建立统一的质量评估指标体系,确定各层次的质量评估特征值;确定质量评估的数学模型;对质量分析的范围和内容予以界定;规范各类装备质量信息分类的类别;统一质量分析的基本方法等。

5.4.3.3 质量评估信息收集与统计

1. 产品质量信息收集

系统、完整、准确地收集产品质量信息,是做好产品质量评估与分析工作的基础。通过承制单位的故障报告、分析和纠正措施系统以及开展质量监督、检验验收工作收集产品质量信息。

产品质量信息可分为生产过程质量信息和成品检验验收质量信息。生产过程产品质量信息一般包括:在制品质量问题信息,外购器材复验情况,关键过程(工序)及特种工艺控制情况,偏离和让步情况,零部件检验质量情况等。成品检验验收质量信息一般包括产品质量问题信息、产品批合格率、产品达到规定的性能指标情况等。

2. 产品质量信息统计处理

所收集的产品质量信息一般是较为零散的,要把这些信息用于评估与分析,必须对其进行整理、归类、统计。信息的整理、归类、统计必须按统一规范的方法进行。为了保证通过质量分析能够找出共性的、倾向性的问题,对同一个产品质量信息,要同时按照不同的分类方法进行归类。例如,对一个具体的产品质量问题信息,可分别按质量问题发生的时机、发生时的环境条件、严重程度和产生原因进行归类。在完成归类后,再分别对各个类别及其子类别中的产品质量信息频次进行统计。

质量统计分析的理论指导为数理统计基本原理。常用的统计分析方法、质量问题的选择和分析类问题,涉及直方图、正态概率纸、排列图、方差分析、回归分析、正交试验设计法等;影响质量的原因分析类问题,涉及因果图、因素展开型系统图、关联图等方法的应用;分析结果的表达类问题,涉及柱状图、饼分图、折线图等方法。

5.4.3.4 质量评估方法

产品质量评估,就是按照规定的产品质量特征值,收集相应的观察值,并应用规定的数学模型,对观察值进行计算处理,获得评价值。通过评价值,可以判断产品质量水平的高低,从而实现对产品质量水平的评价。

新品质量评估使用的质量信息应以成品检验验收质量信息为主、以生产过程质量信息为辅。

开展产品质量评估,首先要确定能够反映产品质量水平的产品质量特征值,而且特征值的选取应尽可能规范统一。由于武器装备的专业门类繁多,各专业门类的产品质量特征各具特点。以产品的可靠性为例,电子产品通常使用平均无故障工作时间作为特征值,而枪械产品一般使用寿命、故障率作为特征值。在确定特征值时,要综合兼顾规范统一和反映产品特点两个方面。特征值可以是产品批的合格率,如一次交验合格率;可以以产品具体的性能指标为基础,以产品性能实测值相对规定指标的裕度作为特征值;可以以反映产品平均故障率的故障密度等指标作为特征值;可以对若干个特征值进行加权求和处理,形成一个综合的特征值。

通过一段时期的质量监督、检验验收工作,可以获得若干个产品质量特征值的观察值。例如,每验收一批产品,都可获得一个观察值。通过建立数学模型,对这些观察值进行计算处理,从而获得一个能定量反映评估期内产品质量水平的评价值。

5.4.3.5 质量分析方法

产品质量分析是通过对经统计处理的产品质量信息进行综合、系统分析,找出规律性的、倾向性的问题,查明质量问题产生的主要原因,判断产品质量的变化趋势,为及时、有效地采取纠正和预防措施提供依据。

1. 共性问题的分析

产品质量分析不但要着眼于具体的装备质量问题,更要着力找出带有规律性的、系统性的问题,一般包括以下内容:

(1) 通过对产品质量信息的统计结果进行分析,找出共性的产品质量问题。

(2) 通过对产生质量问题的原因进行分析,找出产生产品质量问题的共性原因。

(3) 通过对生产过程质量信息以及检验验收质量信息中与生产过程有关的信息进行分析,找出承制单位过程控制的主要薄弱环节。

完成产品质量分析工作后,要针对共性产品质量问题、共性原因和过程控制、管理工作的主要薄弱环节,督促承制单位制定纠正和预防措施,调整质量监督、检验验收工作重点。

2. 主要质量问题分析

主要质量问题分析,是对批次性产品质量问题、发生频次高的产品质量问题和严重影响产品性能和使用的产品质量问题,详细分析产生的原因,并采取具体的纠正措施。

3. 产品质量的比较分析

将当前的产品质量评价值与以前的产品质量评价值进行比较,将当前的故障频次等产品质量信息统计结果与以前的统计数据进行比较,从中分析产品质量是否稳定,有无变化,是上升了还是下降了,质量问题是否重复发生,从而掌握产品质量的变化趋势。将同一产品不同子系统质量水平进行比较,分析产品的薄弱环节。

总部、军兵种的业务主管部门、军事代表局可以对上报的产品质量评价值进行综合分析,也可以确定一个覆盖全部订货产品质量特征值,从而从总体上把握所有订货产品的质量变化趋势。还可以通过同品种或同类产品间的评价值和有关统计结果的横向比较分析,得到各承制单位质量保证能力、各军事代表室工作质量等有关信息。

第二篇 机械产品检验技术

第6章 材料检验技术

6.1 概　　述

6.1.1 现代武器装备材料特点

材料技术一直是世界各国科技发展规划中的一个十分重要的领域,与信息技术、生物技术、能源技术一起,被公认为是当今社会及今后相当长时间内总揽人类全局的高技术。材料高技术还是支撑当今人类文明的现代工业关键技术,也是一个国家国防力量最重要的物质基础,国防工业往往是新材料技术成果的优先使用者,新材料技术的研究和开发对国防工业和武器装备的发展起着决定性的作用。

军用新材料是新一代武器装备的物质基础,也是当今世界军事领域的关键技术。而军用新材料技术则是用于军事领域的新材料技术,是现代精良武器装备的关键,是军用高技术的重要组成部分,在武器装备更新换代中发挥着无可替代的作用,世界各国对军用新材料技术的发展给予了高度重视。

军用新材料按其用途可分为结构材料和功能材料两大类,应用于航空、航天、兵器、船舰等工业领域。

6.1.1.1 军用结构材料

1. 铝合金

铝合金一直是军事工业中应用最广泛的金属结构材料,铝合金具有密度低、强度高、加工性能好等特点。作为结构材料,因其加工性能优良,可制成各种截面的型材、管材、高筋板材等,以充分发挥材料的潜力,提高构件刚、强度。所以,铝合金是武器轻量化首选的轻质结构材料。

铝合金在航空工业中主要用于制造飞机的蒙皮、隔框、长梁和桁条等,在航天工业中作为运载火箭和宇宙飞行器结构件的重要材料,在兵器领域已成功地用于步兵战车和装甲运输车上,最近研制的榴弹炮炮架也大量采用了新型铝合金材料。

近年来,铝合金在航空航天业中的用量有所减少,但它仍是军事工业中主要的结构材料之一。铝合金的发展趋势是追求高纯、高强、高韧和耐高温,在军事工业中应用的铝合金主要有铝锂合金、铝铜合金和铝锌镁合金。

新型铝锂合金应用于航空工业中,预测飞机重量将下降8%~15%,它同样也将成为航天飞行器和薄壁导弹壳体的候选结构材料。随着航空航天业的迅速发展,铝锂合金的研究重点仍然是解决厚度方向的韧性差和降低成本的问题。

2. 钛合金

钛合金具有较高的抗拉强度,较低的密度,优良的抗腐蚀性能和在300~550℃温度下有一定的高温持久强度和很好的低温冲击韧性,是一种理想的轻质结构材料。钛合金具有超塑性的功能特点,采用超塑成形—扩散连接技术,可以以很少的能量消耗与材料消耗将合金制成形状复杂和尺寸精密的制品。

自20世纪50年代初起,钛合金在航空航天领域的应用日益增长,在航空工业中的应用主要是制作飞机的机身结构件、起落架、支撑梁、发动机压气机盘、叶片和接头等,在航天工业中主要用来制作承力构件、框架、气瓶、压力容器、涡轮泵壳、固体火箭发动机壳体及喷管等零部件。现有的航空航天用钛合金中,应用最广泛的是多用途的a+b型Ti-6Al-4V合金。近年来,西方国家和俄罗斯相继研究出两种新型钛合金,分别是高强高韧可焊及成形性良好的钛合金和高温高强阻燃钛合金,这两种先进钛合金在未来的航空航天业中具有良好的应用前景。

随着现代战争的发展,陆军部队需求具有威力大、射程远、精度高、有快速反应能力的多功能的先进加榴炮系统,其关键技术之一是新材料技术。自行火炮炮塔、构件、轻金属装甲车用材料的轻量化是武器发展的必然趋势。在保证动态与防护的前提下,钛合金在陆军武器上有着广泛的应用,155mm火炮制退器采用钛合金后不仅可以减轻重量,还可以减少火炮身管因重力引起的变形,有效地提高了射击精度;在主战坦克、直升机、反坦克多用途导弹上的一些形状复杂的构件可用钛合金制造,既能满足产品的性能要求又可减少部件的加工费用。

在过去相当长的时间里,钛合金由于制造成本昂贵,应用受到了极大的限制。近年来,世界各国正在积极开发低成本的钛合金,在降低成本的同时,还要提高钛合金的性能。我国钛合金的制造成本还比较高,随着钛合金用量的逐渐增大,寻求较低的制造成本是发展钛合金的必然趋势。

3. 复合材料

先进复合材料是比通用复合材料有更高综合性能的新型材料,包括树脂基复合材料、金属基复合材料、陶瓷基复合材料和碳基复合材料等,在军事工业的发展中起着举足轻重的作用。先进复合材料具有高比强度、高比模量、耐烧蚀、抗侵蚀、抗核、抗粒子云、透波、吸波、隐身、抗高速撞击等一系列优点,是国防工业发展中最重要的一类工程材料。

1) 树脂基复合材料

树脂基复合材料具有良好成形工艺性、高比强度、高比模量、低密度、抗疲劳性、减振性、耐化学腐蚀性、良好介电性能、较低热导率等特点,综合性能优异,制备工艺容易实现,原料丰富,广泛应用于军事工业。树脂基复合材料可分为热固性和热塑性两类。热固性树脂基复合材料是以各种热固性树脂为基体,加入各种增强纤维复合而成的一类复合材料;而热塑性树脂则是一类线性高分子化合物,可以溶解在溶剂中,也可以在加热时软化和熔融变成黏性液体,冷却后硬化成为固体。在航空工业中,树脂基复合材料用于制造飞机机翼、机身、鸭翼、平尾和发动机外涵道;在航天领域,树脂基复合材料不仅是方向舵、雷达、进气道的重要材料,而且可以制造固体火箭发动机燃烧室的绝热壳体,也可用作发动机喷管的烧蚀防热材料,以及固体导弹发射筒等。近年来研制的新型氰酸树脂复合材料具有耐湿性强、微波介电性能佳、尺寸稳定性好等优点,广泛用于制作宇航结构件、飞机的主次承力结构件和雷达天线罩等。

2) 金属基复合材料

金属基复合材料具有高比强度、高比模量、良好高温性能、低热膨胀系数、良好尺寸稳定性、优异导电导热性等特点,在军事工业中得到了广泛的应用。铝、镁、钛是金属基复合材料的主要基体,而增强材料一般有纤维、颗粒和晶须三类,其中颗粒增强铝基复合材料已进入型号验证,如用于 F-16 战斗机作为腹鳍代替铝合金,其刚度和寿命大幅度提高。碳纤维增强铝、镁基复合材料在具有高比强度的同时,还有接近于零的热膨胀系数和良好的尺寸稳定性,成功地用于制作人造卫星支架、L 频带平面天线、空间望远镜、人造卫星抛物面天线等。碳化硅颗粒增强铝基复合材料具有良好的高温性能和抗磨损的特点,用于制作火箭、导弹构件、红外及激光制导系统构件、精密航空电子器件等。碳化硅纤维增强钛基复合材料具有良好的耐高温和抗氧化性能,是高推重比发动机的理想结构材料,目前已进入先进发动机的试车阶段。在兵器工业领域,金属基复合材料可用于大口径尾翼稳定脱壳穿甲弹弹托、反直升机/反坦克多用途导弹固体发动机壳体等零部件,以此来减轻战斗部重量,提高作战能力。

3) 陶瓷基复合材料

陶瓷基复合材料是以纤维、晶须或颗粒为增强体,与陶瓷基体通过一定的复合工艺结合在一起组成的材料的总称,是在陶瓷基体中引入第二相组元构成的多相材料,克服了陶瓷材料固有的脆性,已成为当前材料科学研究中最为活跃的一个方面。陶瓷基复合材料具有密度低、比强度高、热机械性能和抗热振冲击性能好等特点,是未来军事工业发展的关键支撑材料之一。陶瓷材料的高温性能虽好,但其脆性大。改善陶瓷材料脆性的方法包括相变增韧、微裂纹增韧、弥散金属增韧和连续纤维增韧等。陶瓷基复合材料主要用于制作飞机燃气涡轮发动机喷嘴阀,在提高发动机的推重比和降低燃料消耗方面具有重要的作用。

4) 碳—碳复合材料

碳—碳复合材料是由碳纤维增强剂与碳基体组成的复合材料,具有比强度高、抗热振性好、耐烧蚀性强、性能可设计等一系列优点。碳—碳复合材料的发展是和航空航天技术所提出的苛刻要求紧密相关。20 世纪 80 年代以来,碳—碳复合材料的研究进入了提高性能和扩大应用的阶段。在军事工业中,碳—碳复合材料最引人注目的应用是航天飞机的抗氧化碳—碳鼻锥帽和机翼前缘,用量最大的碳—碳产品是超声速飞机的刹车片。碳—碳复合材料在宇航方面主要用作烧蚀材料和热结构材料,具体而言,是用作洲际导弹弹头的鼻锥帽、固体火箭喷管和航天飞机的机翼前缘。目前先进的碳—碳喷管材料密度为 $1.87 \sim 1.97 \text{g/cm}^3$,环向拉伸强度为 $75 \sim 115 \text{MPa}$。近期研制的远程洲际导弹端头帽几乎都采用了碳—碳复合材料。

随着现代航空技术的发展,飞机装载重量不断增加,飞行着陆速度不断提高,对飞机的紧急制动提出了更高的要求。碳—碳复合材料重量轻、耐高温、吸收能量大、摩擦性能好,用它制作刹车片广泛用于高速军用飞机中。

4. 超高强度钢和先进高温合金

超高强度钢是屈服强度和抗拉强度分别超过 1200MPa 和 1400MPa 的钢,是为了满足飞机结构上要求高比强度的材料而研究和开发的。超高强度钢大量用于制造火箭发射用高压容器和一些常规武器。由于钛合金和复合材料在飞机上应用的扩大,钢在飞机上用量有所减少,但是飞机上的关键承力构件仍采用超高强度钢制造。目前,在国际上有代表性的低合金超高强度钢 300M,是典型的飞机起落架用钢。此外,低合金超高强度钢 D6AC 是典型的固体火箭发动机壳体材料。超高强度钢的发展趋势是在保证超高强度的同时,不断提高韧性和抗应力腐蚀能力。

高温合金是航空航天动力系统的关键材料。它在 600~1200℃ 高温下能承受一定应力并具有抗氧化和抗腐蚀能力,是航空航天发动机涡轮盘的首选材料。按照基体组元的不同,高温合金分为铁基、镍基和钴基三大类。发动机涡轮盘在 20 世纪 60 年代前一直是用锻造高温合金制造,典型的牌号有 A286 和 Inconel 718。20 世纪 70 年代美国 GE 公司采用快速凝固粉末 Rene95 合金制作了 CFM56 发动机涡轮盘,大大增加了它的推重比,使用温度显著提高。从此,粉末冶金涡轮盘得以迅速发展。最近,美国采用喷射沉积快速凝固工艺制造的高温合金涡轮盘,与粉末高温合金相比,工序简单,成本降低,具有良好的锻造加工性能,是一种具有极大发展潜力的制备技术。

5. 钨合金

钨的熔点在金属中最高,其突出的优点是高熔点带来材料良好的高温强度与耐蚀性,在军事工业特别是武器制造方面表现出了优异的特性。在兵器工业中,它主要用于制作各种穿甲弹的战斗部。钨合金通过粉末预处理技术和大变形强化技术,细化了材料的晶粒,拉长了晶粒的取向,以此提高材料的强韧性和侵彻威力。我国研制的主战坦克 125 Ⅱ 型穿甲弹钨芯材料为 W-Ni-Fe,采用变密度压坯烧结工艺,平均性能达到抗拉强度 1200MPa,延伸率为 15% 以上,战术技术指标为 2000m 距离击穿 600mm 厚均质钢装甲。目前,钨合金广泛应用于主战坦克大长径比穿甲弹、中小口径防空穿甲弹和超高速动能穿甲弹用弹芯材料,这使各种穿甲弹具有更为强大的击穿威力。

6. 金属间化合物

金属间化合物具有长程有序的超点阵结构,保持很强的金属键结合,使它们具有许多特殊的理化性质和力学性能。金属间化合物具有优异的热强性,近年来已成为国内外积极研究的重要的新型高温结构材料。在军事工业中,金属间化合物已被用于制造承受热负荷的零部件上,如美国普奥公司制造了 JT90 燃气涡轮发动机叶片,美国空军用钛铝制造小型飞机发动机转子叶片等,俄罗斯用钛铝金属间化合物代替耐热合金作为活塞顶,大幅度地提高了发动机的性能。在兵器工业领域,坦克发动机增压器涡轮材料为 K18 镍基高温合金,因其比重大、启动惯量大而影响了坦克的加速性能,应用钛铝金属间化合物及其由氧化铝、碳化硅纤维增强的复合轻质耐热新材料,可以大大改善坦克的启动性能,提高战场上的生存能力。此外,金属间化合物还可用于多种耐热部件,减轻重量,提高可靠性与战术技术指标。

7. 结构陶瓷

陶瓷材料是当今世界上发展最快的高技术材料,已经由单相陶瓷发展到多相复合陶瓷。结构陶瓷材料因其耐高温、低密度、耐磨损及低的热膨胀系数等诸多优异性能,在军事工业中有着良好的应用前景。

近年来,国内外对军用发动机用结构陶瓷进行了内容广泛的研究工作,如发动机增压器小型涡轮已经实用化,美国将陶瓷板镶嵌在活塞顶部,使活塞的使用寿命大幅度提高,同时也提高了发动机的热效率。德国在排气口镶嵌陶瓷构件,提高了排气口的使用效能。国外红外热成像仪上的微型斯特林制冷机活塞套和气缸套用陶瓷材料制造,其寿命长达2000h;导弹用陀螺仪的动力靠火药燃气供给,但燃气中的火药残渣对陀螺仪有严重损伤,为消除燃气中的残渣并提高导弹的命中精度,需研究适于导弹火药气体在2000℃下工作的陶瓷过滤材料。在兵器工业领域,结构陶瓷广泛应用于主战坦克发动机增压器涡轮、活塞顶、排气口镶嵌块等,是新型武器装备的关键材料。目前,20~30mm口径机关枪的射频要求达到1200发/min以上,这使炮管的烧蚀极为严重,利用陶瓷的高熔点和高温化学稳定性能有效地抑制了严重的炮管烧蚀。陶瓷材料具有高的抗压和抗蠕变特性,通过合理设计,使陶瓷材料保持三向压缩状态,克服其脆性,保证陶瓷衬管的安全使用。

6.1.1.2 军用功能材料

1. 光电功能材料

光电功能材料是指在光电子技术中使用的材料,能将光电结合的信息传输与处理,是现代信息科技的重要组成部分,在军事工业中有着广泛的应用。碲镉汞、锑化铟是红外探测器的重要材料,硫化锌、硒化锌、砷化镓主要用于制作飞行器、导弹以及地面武器装备红外探测系统的窗口、头罩、整流罩等。氟化镁具有较高的透过率、较强的抗雨蚀、抗冲刷能力,它是较好的红外透射材料。激光晶体和激光玻璃是高功率和高能量固体激光器的材料,典型的激光材料有红宝石晶体、掺钕钇铝石榴石、半导体激光材料等。

2. 贮氢材料

某些过渡簇金属,合金和金属间化合物,由于其特殊的晶格结构的原因,氢原子比较容易透入金属晶格的四面体或八面体间隙位中,形成了金属氢化物,这种材料称为贮氢材料。

在兵器工业中,坦克车辆使用的铅酸蓄电池因容量低、自放电率高而需经常充电,此时维护和搬运十分不便,放电输出功率容易受电池寿命、充电状态和温度的影响,在寒冷的气候条件下坦克车辆启动速度会显著减慢,甚至不能启动,严重影响坦克的作战能力。贮氢合金蓄电池具有能量密度高、耐过充、抗振、低温性能好、寿命长等优点,在未来主战坦克蓄电池发展过程中具有广阔的应用前景。

3. 阻尼减振材料

阻尼是指一个自由振动的固体即使与外界完全隔离,它的机械性能也会转变为热能的现象。采用高阻尼功能材料的目的是减振降噪,因此阻尼减振材料在军事工业中具有十分重要的意义。

国外金属阻尼材料的应用主要集中在船舶、航空、航天等工业部门。美国海军已采用Mn-Cu高阻尼合金制造潜艇螺旋桨,取得了明显的减振效果。在西方,阻尼材料及技术在武器上的应用研究工作受到了极大的关注,一些发达国家专门成立了阻尼材料在武器装备上应用的研究机构。20世纪80年代以后,国外阻尼减振降噪技术有了更大的发展,其借助CAD/CAM在减振降噪技术中的应用,把设计—材料—工艺—试验一体化,进行了整体结构的阻尼减振降噪设计。阻尼材料在航空航天领域主要用于制造火箭、导弹、喷气机等控制盘或陀螺仪的外壳;在船舶工业中,阻尼材料用于制造推进器、传动部件和舱室隔板,有效地降低了来自于机械零件啮合过程中表面碰撞产生的振动和噪声;在兵器工业中,坦克传动部分(变速箱、传动箱)的振动是一个复杂振动,频率范围较宽,高性能阻尼锌铝合金和减振耐磨表面熔敷材料技术的应用,大大减轻了主战坦克传动部分产生的振动和噪声。

4. 隐身材料

现代攻击武器的发展,特别是精确打击武器的出现,使武器装备的生存力受到了极大的威胁,单纯依靠加强武器的防护能力已不实际。采用隐身技术,使敌方的探测、制导、侦察系统失去功效,从而尽可能地隐蔽自己,掌握战场的主动权,抢先发现并消灭敌人,已成为现代武器防护的重要发展方向。隐身技术的最有效手段是采用隐身材料。国外隐身技术与材料的研究始于第二次世界大战期间,起源于德国,发展在美国并扩展到英、法、俄罗斯等先进国家。目前,美国在隐身技术和材料研究方面处于领先水平。在航空领域,许多国家都已成功地将隐身技术应用于飞机的隐身;在常规兵器方面,美国对坦克、导弹的隐身也已开展了不少工作,并陆续用于装备,如美国M1A1坦克上采用了雷达波和红外波隐身材料,苏联T-80坦克也涂敷了隐身材料。

隐身材料有毫米波结构吸波材料、毫米波橡胶吸波材料和多功能吸波涂料等,它们不仅能够降低毫米波雷达和毫米波制导系统的发现、跟踪和命中的概率,而且能够兼容可见光、近红外伪装和中远红外热迷彩的效果。

近年来,国外在提高与改进传统隐身材料的同时,正致力于多种新材料的探索。晶须材料、纳米材料、陶瓷材料、手性材料、导电高分子材料等逐步应用到雷达波和红外隐身材料,使涂层更加薄型化、轻量化。纳米材料因其具有极好的吸波特性,同时具备了宽频带、兼容性好、厚度薄等特点,发达国家均把纳米材料作为新一代隐身材料加以研究和开发。国内毫米波隐身材料的研究起步于20世纪80年代中期,经过多年的努力,取得了较大进展,该项技术可用于各类地面武器系统的伪装和隐身,如主战坦克、155mm先进加榴炮及水陆两用坦克。

目前,世界上第4代超声速歼击机,其机体结构采用复合材料、翼身融合体和吸波涂层,使其真正具有了隐身功能,而电磁波吸收型涂料、电磁屏蔽型涂料已开始在隐身飞机上涂装。美国和俄罗斯的地空导弹正在使用轻质、宽频带吸收、热稳定性好的隐身材料。可以预见,隐身技术的研究和应用已成为世界各国国防技术中最重要的课题之一。

世界范围内的军用新材料技术已有上万种,并以每年5%的速度递增,正向高功能化、超高能化、复合轻量和智能化的方向发展。新材料在促进武器装备功能性能飞速发展的同时,也带来了极大的挑战,即以何种技术、方法对新材料进行检验以保证装备质量。目前,材料检验技术普遍落后于材料的发展,不能满足需要,必须得到改进和创新。

不仅是当前,材料发展历史上也总是表现出检验技术滞后于材料技术发展的现象。例如,材料检验的一个重要对象是结构材料,过去以金属材料为主,已有一套很成熟的行之有效的检验技术。20世纪五六十年代由于飞机、火箭等航空航天技术的需要出现了超高强度钢,传统的力学检验遇到了致命的失败,出现了一系列灾难性的事故。于是,发展了断裂韧性测试技术,引入了新的材料性能指标,把强度、塑性和韧性结合起来考虑。目前,同样的问题再次出现,诸如陶瓷材料、复合材料等新材料因其具备的优良特性已在装备结构设计中获得越来越广泛的应用,根据材料在装备的实际应用,采用不同检验方法进行相关的内容项目检验。例如,对于作为装备结构的材料,不仅检验其成分、微观结构及形貌,更重要的是其力学性能指标的检验;而火工品、固体推进剂、核材料则要求对其均匀性、密度、化学成分等性能要求重点检验。并且,随着新材料的发展,在新型武器系统必将采用更多种类的新材料,这就势必要求材料检验工作不断地改进,针对不同材料采用新的检验方法与技术,制定一系列新的标准、方法,以保证装备的质量。

6.1.2 材料检验内容

材料的检测评价技术既涉及了金相、物理、力学性能、失效分析、化学分析、仪器分析和高速分析技术领域的理化检验技术,又结合现代物理学、化学、材料科学、微电子学、等离子科学等学科的发展,对传统理化检验技术和方法进行拓展和延伸,构成了现代材料分析方法。

材料现代分析方法是关于材料成分、结构、微观形貌与缺陷等的现代分析、测试技术及其有关理论基础的实验科学。材料现代分析、测试技术的发展,使得材料分析不仅包括材料(整体的)成分、结构分析,也包括材料表面与界面分析、微区分析、形貌分析等诸多内容。

材料现代分析方法主要是通过对表征材料的物理性质或物理化学性质参数及其变化(称为测量信号或特征信息)的检测实现的,换言之,材料分析的基本原理(或称技术基础)是指测量信号与材料成分、结构等的特征关系,采用各种不同的测量信号(相应地具有与材料的不同特征关系)形成了各种不同的材料分析方法。特别是基于电磁辐射及运动粒子束与物质相互作用的各种性质建立的各种分析方法已成为材料现代分析方法的重要组成部分,大体可分为光谱分析、电子能谱分析、衍射分析与电子显微分析等四大类方法。此外,基于其他物理性质或电化学性质与材料的特征关系建立的色谱分析、质谱分析、电化学分析及热分析等方法也是材料现代分析的重要方法。

材料结构表征的任务及其分析仪器的发展基本上是围绕着成分分析、结构测定和形貌观察三个方面发展的。

1. 成分分析

材料的化学成分分析除了传统的化学分析技术外,还包括质谱、紫外、可见光、红外光谱分析,气、液相色谱,核磁共振,电子自旋共振,X射线荧光光谱,俄歇与X射线光电子谱、二次离子质谱,电子探针、原子探针(与场离子显微镜联用)、激光探针等。在这些成分分析方法中有一些已经有很长的历史,并且已经成为普及的常规的分析手段。

2. 结构测定

在材料的结构测定中,X射线衍射分析仍是最主要的方法。这一技术包括:德拜粉末照相分析,高温、常温、低温衍射仪,背反射和透射劳厄照相,测定单晶结构的四联衍射仪,结构的极图测定等。在计算机及软件的帮助下,只要提供试样的尺寸及完整性满足一定要求,现代的X射线衍射仪就可以打印出测定晶体样品有关晶体结构的详尽资料。但X射线不能在电磁场作用下汇聚,所以要分析尺寸在微米量级的单晶晶体材料需要更强的X射线源,才能采集到可供分析的X射线衍射强度。

由于电子与物质的相互作用比X射线强4个数量级,而且电子束又可以汇聚得很小,所以电子衍射特别适用于测定微细晶体或材料的亚微米尺度结构。电子衍射分析多在透射电子显微镜上进行,与X射线衍射分析相比,选区电子衍射可实现晶体样品的形貌特征和微区晶体结构相对应,并且能进行样品内组成相的位向关系及晶体缺陷的分析。而以能量为 10~1000eV 的电子束照射样品表面的低能电子衍射,能给出样品表面 15 个原子层的结构信息,成为分析晶体表面结构的重要方法,已应用于表面吸附、腐蚀、催化、外延生长、表面处理等表面工程领域。

中子受物质中原子核散射,所以轻重原子对中子的散射能力差别比较小,中子衍射有利于测定轻原子的位置。例如,液氮温区的新型超导体的超导临界温度与晶体结构中氧原子空位有一定关系,目前 X 射线、电子衍射,高分辨像对氧原子空位的测定都无能为力,中子衍射则可以提供较多的信息。

在结构测定方法中,值得特别一提的是热分析技术。热分析技术虽然不属于衍射法的范畴,但它是研究材料结构特别是高分子材料结构的一种重要手段。热分析技术的基础是当物质的物理状态和化学状态发生变化时(如升华、氧化、聚合、固化、脱水、结晶、降解、熔融、晶格改变及发生化学反应),通常伴有相应的热力学性质(如热焓、比热容、导热系数等)或其他性质(如质量、力学性质、电阻等)的变化,因此可通过测定其热力学性质的变化来了解物质物理或化学变化过程。目前,热分析已经发展成为系统的分析方法,是高分子材料研究的一种极为有用的工具,它不但能获得结构方面的信息,而且还能测定一些物理性能。

3. 微观形貌

材料的组织形貌观察,主要是依靠显微镜技术,光学显微镜是在微米尺度上观察材料的普及方法,扫描电子显微镜与透射电子显微镜则把观察的尺度推进到亚微米和微米以下的层次。

由于近年来扫描电镜的分辨率的提高,所以可以直接观察部分结晶高聚物的球晶大小完善程度、共混物中分散相的大小、分布与连续相(母体)的混溶关系等。20 世纪 80 年代末其分辨率提高到 0.7nm,超晶格试样只要在叠层的侧面进行适当的磨光便可在扫描电镜下得到厚度仅为几纳米或十几纳米的交替叠层的清晰图像。透射电镜的试样制备虽然比较复杂,但在研究晶体材料的缺陷及其相互作用,微小第二相质点的形貌与分布,利用高分辨点阵像直接显示材料中原子(或原子集团)的排列状况等方面,都是十分有用的。现代电子透镜的分辨率可以达到 0.2nm 甚至更高,完全可以在有利的取向下将晶体的投影原子柱之间的距离清楚分开,透射电镜提供晶体原子排列直观像的能力正得到越来越广泛的应用。场离子显微镜(FIM)利用半径为 50nm 的探针尖端表面原子层的轮廓边缘电场的不同,借助氦、氖等惰性气体产生的电离化,可以直接显示晶界或位错露头处原子排列及气体原子在表面的吸附行为,分辨率可达 0.2~0.3nm。20 世纪 80 年代初期发展的扫描隧道显微镜(STM)和 20 世纪 80 年代中期发展的原子力显微镜(AFM),克服了透射电子显微镜景深小、样品制备复杂等缺点,原子力显微镜在探测表面深层次的微观结构上显示了无与伦比的优越性。

需要特别提及的是,近年来由于对材料的表面优化处理技术的发展,对确定表面层结构与成分的测试需求迫切。一种以 X 射线光电子能谱、俄歇电子能谱、低能离子散射谱仪为代表的分析系统的使用日益重要。

其中 X 射线光电子能谱(XPS)也称为化学分析光电子能谱(ESCA),是用单色的软 X 射线轰击样品导致电子的逸出,通过测定逸出的光电子可以无标样直接确定元素及元素含量,目前已成为从生物材料、高分子材料到金属材料的广阔范围内进行表面分析的不可缺少的工具之一。

俄歇电子能谱(AES)由于俄歇电子在样品浅层表面逸出过程中没有能量的损耗,因此从特征能量可以确定样品元素成分,同时能确定样品表面的化学性质,由于电子束的高分辨率,故可以进行三维区域的微观分析。

二次离子质谱(SIMS)是采用细离子束轰击固体样品,它们有足够能量使样品产生离子化的原子或原子团,二次离子被加速后在质谱仪中根据荷质比不同分类,从而提供包含样品表面各种官能团和各种化合物的离子质谱。

在无法利用上述手段进行材料表面成分表征的情况下,可以采用红外光谱的衰减全反射(ATR)技术进行测试。ATR技术的优点是不需要进行复杂的分离,不破坏材料的表面结构,而且制样方法简单易行,可以得到高质量的表面红外谱图,是一种对材料特别是高分子材料很实用的表面成分分析技术。

微拉曼谱方法作为测量材料内部应力应变不均匀性的新技术,适用于金属基、聚合物基及陶瓷基的复合材料。拉曼谱可测量原子振动的频率,它与原子间作用力成正比。应变时原子间距改变,原子间作用力随之改变,故拉曼谱对微应变很灵敏,用微光束射入可得到微米量级的分辨率。前面提到,未来的新材料大多具有成分、结构、组织的不均匀性,在内外作用下应力应变的不均匀分布是一个普遍性问题,而这是进行强度、断裂和失效分析所必需的基本数据。可预期,还会有更多的新方法出现,以便适用于不同的材料和使用条件。

在实际工程材料检验中,无损检验也是检验材料的大有前途的领域。美国材料试验学会(ASTM)的E-7委员会非常活跃,其动向是发展非接触的无损检验技术。这是由于高温环境下测试的需要,测试组件不耐高温,只能采取非接触方法。例如,有人用激光在材料内产生超声波,然后用光学干涉仪测量高温下材料内的声速,测量精度很高。声速与材料内的工艺缺陷和裂纹有关,是很重要的数据。还有人用遥控探头探查不可进入或危险地区的内部情况,进行动态在线层析监测。所用探测原理可分三大类,即电磁辐射、声学及电性能测量。电磁辐射包括可见光、X射线、γ射线、正电子、磁共振等探测技术。声学主要用超声技术和声发射。电性能测量则包括电容、电导率及电感的测量。各种方法都有优缺点,适用于不同场合,可选择性强。关于各种粘结连接点的无损探伤也有很大的发展,未来的需要会很迫切。目前的情况是,真正得到工业应用的是垂直入射的超声技术、低频振动方法以及射线探测。处于研究开发阶段的是超声谱、超声斜入射、超声界面波、声—超声及介电测量方法。处于研究向工业应用过渡的是全息技术、热象探测和磁共振方法。总之,超声探测技术还是最成熟和最成功的,其他方法尚在发展中,限制条件较多,但发展前景不可限量。

6.1.3 材料常规检验

6.1.3.1 金属材料检验流程

一般金属材料入厂检验流程图如图6.1所示。

6.1.3.2 非金属材料检验

非金属材料一般分为塑料及其制品类、橡胶及其制品类、胶黏剂类、涂料类、油料类、

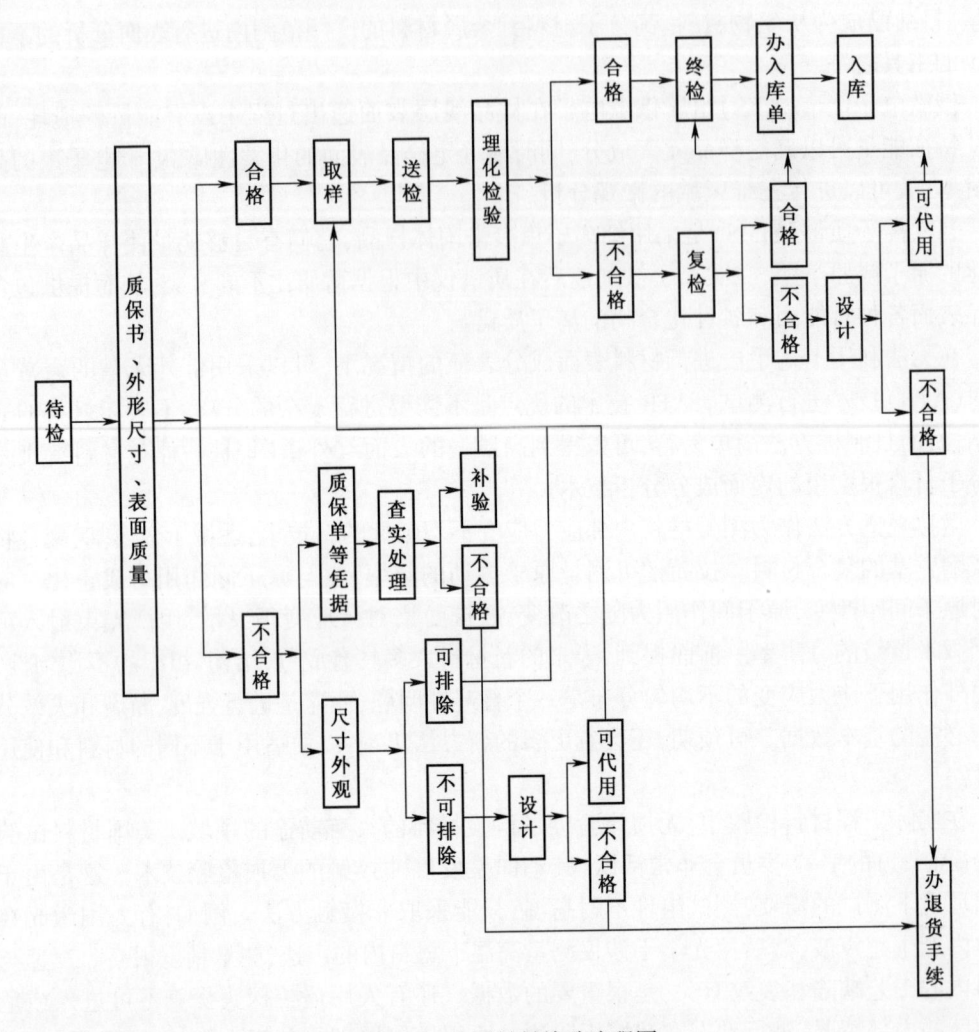

图6.1 金属材料检验流程图

纺织品类、其他类等。

1. 检验依据

非金属材料品种繁多,常用的均有国家标准、行业标准或企业标准,这些标准中的质量要求是检验的依据。

2. 检验程序

审查质量证明文件→外观→标志→尺寸→工艺性能试验→理化性能检验。

3. 检验方法

(1) 质量证明文件(《合格证明》《质保书》《保单》《质量证明书》)是证实材料质量合格与否的原始凭证,每批非金属材料均应有供方填发的这种文件,没有这种文件视为不合批,可拒收。质量证明文件内容包括:材料的名称、牌号和规格,供应状态,材料的标准号(或技术协议号),各项理化性能检测结果数据,材料的批号、数量、生产日期、保质期等。如上述内容齐全,且有检验员印章,则可免检或抽样检验。

(2) 外观检查。用目测,如光泽、颜色、分层、裂纹等,也可用手摸检查。若某些项目用目测有困难时,可借助25倍以下的放大镜进行观测,也可送到理化室去检验。

(3) 标志检查。检查是否有标志以及标志是否清晰。

(4) 尺寸检验。根据被检验非金属材料的特点选择计量器具进行检验,如检验人造棉垫的厚度尺寸,应选用$1g/cm^2$的针式厚度计测量。

(5) 工艺性能检验。有工艺性能要求的非金属材料,应按标准要求进行检验。

(6) 理化性能检验。这是检验非金属材料的组织成分的内在质量,应根据技术条件规定的方法由理化室进行检验。

4. 超期非金属材料的处置原则

凡有保质期规定的,超过保质期后原则上不能使用。如果因生产急需,应由有关部门对材料进行适应性判定。判定时应考虑以下几方面:

(1) 该材料用在何处,使用者是谁?

(2) 使用该材料时,是否对人身安全和健康造成危害?

(3) 该产品对企业和社会的经济影响如何?

(4) 出售该产品是否会影响企业的信誉及影响程度如何?

(5) 有无可能触犯有关法律法规?

6.2 材料力学性能检验

6.2.1 拉伸试验

6.2.1.1 拉伸试验目的与特点

1. 拉伸试验目的

拉伸试验是材料力学性能试验中最普遍、最常用也是最重要的一种试验方法。一般说的拉伸试验是指在常温、静载和轴向加载下所表现的力学行为,这里常温、静载和轴向加载是拉伸时温度、加载速率和加载点的位置(必须沿试样轴线)的三个外在条件。

拉伸试验的目的概括起来有以下几点:

(1) 结构和零部件设计上的需要。在机械结构中,很多零部件是承受拉伸载荷的,在设计这些受拉零部件时,就必须知道材料的拉伸力学性能指标,即要知道材料的强度性能、刚度性能和变形性能,这样才能通过设计确定零部件的形式和尺寸。

(2) 材料研究和工艺选择上的需要。在同一个受拉零部件上可以选用的材料可能很多,如何选择一种最经济的材料,这就要进行材料应用的研究;对于一些特殊工况下(高温、腐蚀、粒子的辐射等)零部件所需的材料,必须进行新材料的研制,即进行成分和工艺上的筛选。无论是材料的应用研究和新材料研制,其最后决定取舍的是材料拉伸的性能指标如何。

(3) 出厂检验和进料验收。很多钢铁厂的质量保证书上都有材料的位伸性能指标,而进料单位则需验收,因此拉伸试验是材料供需双方都要进行的一种试验。

(4) 由材料拉伸性能指标推断该材料的其他力学性能指标。拉伸试验反映了材料在单向应力状态下的强度、刚度和塑性性能,材料在其他试验(如弯曲、扭转、硬度和疲劳等)中表现的性能均与拉伸下的性能有某种程度的联系,因此,可用拉伸指标的大小来简接推断其他性能的好坏。迄今为止,材料的拉伸性能已与材料的硬度、疲劳和断裂力学性能建立了经验关系式,这在实际应用中是很有参考价值。

2. 拉伸试验特点

(1) 能够反映材料的基本属性。拉伸试验是造成一种单向的、均匀的拉伸应力状态,在此条件下测得的强度指标(屈服点 σ_s 和抗拉强度 σ_b)、刚度指标(弹性模量 E)和塑性指标(伸长率 δ 和收缩率 ψ)代表了材料的基本力学性能,反映了材料在弹性变形、塑性变形和断裂三个阶段中的行为,因此掌握了材料的拉伸性能,对理解、研究、分析和推断材料的其他力学性能都是有益的。

(2) 具有简单、快速和可靠的特点。拉伸试验所要求的试验机和记录装置已发展得很完善,试验方法较简单,能快速得出结果。由于拉伸试验是测定材料在一定体积(试样直径乘标距长度)内的平均力学行为,所以数据较稳定、可靠。只要保证试验机及测量工具的精度,一般材料的拉伸数据较之其他性能(如冲击、疲劳和断裂性能)数据较为稳定、可靠。

6.2.1.2 材料拉伸行为

在拉伸载荷 F 的作用下,可测得试样的伸长 ΔL,从加载开始直至试样断裂,记录下 F-ΔL 曲线(称为拉伸图),材料在拉伸载荷下的行为就可从拉伸图上看出来,如图 6.2 所示。

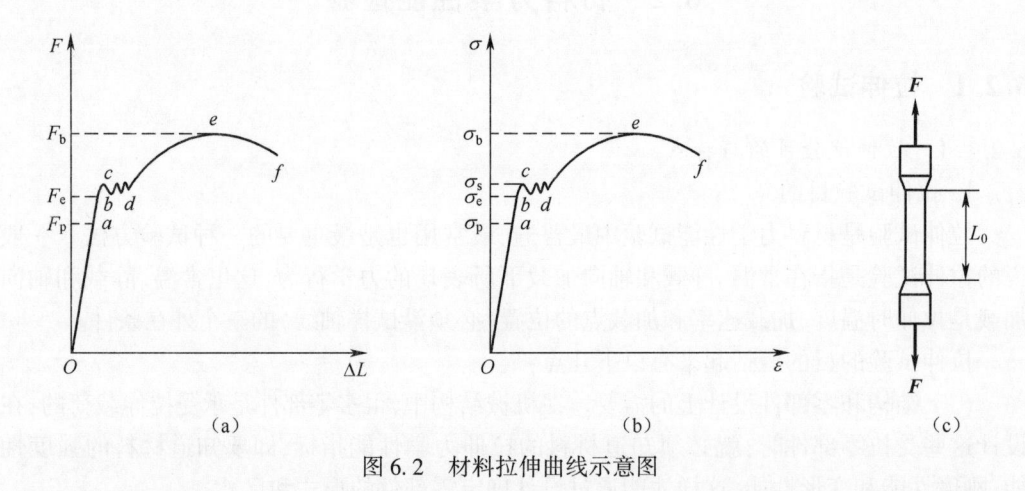

图 6.2 材料拉伸曲线示意图

一般来说,材料在拉伸下的全过程可分为三个阶段:弹性变形阶段、塑性变形阶段和断裂阶段。

(1) 弹性变形阶段(曲线上 Ob 段)。这个阶段试样的变形是弹性的,其特点是载荷 F(或应力 σ)一旦卸出,变形 ΔL(或应变 ε)就立即消失。在弹性阶段的 oa 段,F 与 ΔL 成正比(即 σ 与 ε 成正比),力和变形符合胡克定律,可表达为

$$\sigma = E\varepsilon$$

式中:E 为材料的弹性模量,是材料刚度的度量。

在 ab 段内,变形仍是弹性的,但力的变形已不成正比关系。一般称 Oa 为线性弹性阶段,ab 为非线性弹性阶段。

(2) 塑性变形阶段(曲线上 be 段)。

① 屈服阶段(曲线 cd 段)。当载荷达到 F_s 时,变形从 c 点开始突然很快增长,一直延续到 d 点,此时 F 增加很小,或不增加,或有小的起伏,这种现象称为屈服,是材料产生大量塑性变形(滑移)的结果。其实,bc 段已产生了塑性变形,只是变形量小不明显而已。

② 均匀塑性变形阶段(曲线 de 段)。变形到 d 点时,屈服结束,进一步的变形必须继续加载。这时,在标距 L_0 长度内产生了均匀塑性变形,即在 L_0 内某一微段内只要继续产生塑性变形它就会强化,从而停止塑性变形,然后使其他微段塑性变形。这样,由于材料具有形变强化能力,使 L 内各段都有产生塑性变形的机会,造成了 L 内的均匀塑性变形。在这一阶段中材料的强度和硬度都得到提高,因此形变强化称为形变硬化,它是材料在加工(冷轧、冲压)过程中的重要性能,因此又称为加工硬化。

③ 断裂阶段(曲线 ef 段)。加载到 e 点,形变强化(均匀塑性变形)结束,开始材料的断裂阶段,其特点是试样在 L_0 内某一微段内产生大量局部的塑性变形,随着微段的局部伸长,该截面也急剧地缩小,形成颈缩现象。其实,从 e 点开始,试样中心就形成显微孔洞,它的聚集长大就成裂纹源,随着颈缩的继续,裂纹不断扩大,至 f 点产生最后断裂。因此,断裂是从 e 点开始,至 f 点结束的。

6.2.1.3 材料拉伸性能指标

1. 拉伸力学性能指标的定义与物理含义

(1) 弹性阶段。这一阶段有以下 3 个指标。

① 比例极限 σ_p。如图 6.2(b)中的 a 点,它是应力和应变成比例的极限应力,超过这一点,σ 和 ε 就不成正比了。这个指标对于仪表零件很重要,它要求零件严格工作在比例极限范围内,不允许产生塑性变形,以保证零件的形状尺寸不变,达到运行的精度(炮弹的发射精度和仪表的运行精度)。

② 弹性极限 δ。图 6.2(b)中的 b 点,它是应力和应变成弹性关系的极限应力,超过这一点,就要产生塑性变形。对于弹性元件(如精密弹簧)很重要,它要求弹性元件吸收的弹性功能全都释放出来,这就要求材料在工作过程中不产生塑性变形。

③ 弹性模量 E。如图 6.2(b)中的 oa 段内,应力与应变成正比,即虎克定律成立,$\sigma = E\varepsilon$,即 $E = \sigma/\varepsilon$。由此式可知,在一定应力 σ 下,应变 ε 越小,E 越大;ε 越大则 E 越小,所以 E 是表示材料刚度大小的一个物理量。

(2) 塑性变形阶段。这一阶段又分为屈服阶段和形变硬化阶段,这两个阶段中的指标如下。

① 屈服点 σ_s。其定义为材料产生屈服时的应力值,或定义为材料抵抗起始(塑性变形)的抗力。由于材料的不同,其屈服现象和形式就不同,因此,上面的严格定义还得具体化,以便可进行测试和工程应用。这里要指出的是,材料的 σ_s 是材料强度的一个重要指标,在设计和材料研究中有极为重要的作用。

② 硬化指数 n。在形变硬化阶段,材料的真实应力和真实应变的关系符合如下的指数关系:

$$S = Ke^n$$

式中:S 为材料的真实应力,它是用载荷 F 除以试样真实面积(不是原始面积 S_0)而得到的,S 与 σ(又称工程应力)的关系是 $S = \sigma(1+\varepsilon)$;e 为真实应变,它是用瞬时伸长 ΔL 除以试样瞬时标距长度(不是原始标距长 L_0)而得到的,e 与 ε(又称工程应变)的关系是 $e =$

$\ln(1+\varepsilon)$；K 为应变硬化系数；n 为应变硬化指数。

(3) 断裂阶段。这一阶段从颈缩开始至断裂为止，其指标如下。

① 抗拉强度 σ_b。试样拉断的最大应力称为抗拉强度，记为 σ_b，它是材料对颈缩开始的抗力，即应力—应变曲线上的最高应力点。σ_b 是材料强度的又一个重要指标，对于设计和选材有重要的作用。σ_b 和 σ_s 是反映材料强度基本属性的指标。

② 实际断裂强度 σ_f。其定义是 $F-\Delta L$ 曲线上实际断裂点的载荷 F_f，除以断裂颈缩处的最小截面积，它表示材料的实际抗拉强度。σ_f 比 σ_b 大，它在研究材料的断裂抗力中有重要价值。

③ 材料伸长率 δ。其定义为 $\delta = (L_1 - L_0)/L_0$，其中 L_1 为试样断裂后两标点间的长度。δ 是反映材料塑性变形能力大小的指标。

④ 断后收缩率 ψ。其定义为 $\psi = (S_1 - S_0)/S_0$，其中 S_1 是试样拉断后颈缩处的最小面积。ψ 也是反映材料塑性变形能力的一个指标，与 δ 不同之处，ψ 是代表的是收缩变形，而 δ 则表示伸长变形。

ψ、δ 是材料另一个基本属性——塑性的衡量指标。

2. 材料拉伸力学性能指标的工程定义

上面定义的拉伸力学性能指标，都是严格的，物理含义也是明确的，但在测试上和工程应用中却受到了限制。GB/T 228.1—2010《金属材料 拉伸试验第 1 部分：室温试验方法》给出了下述工程定义：

(1) 规定塑性延伸强度 R_p。塑性延伸率等于规定的引伸计标距 L_e 百分率时对应的应力，如图 6.3 所示。图 6.3 中，e 为延伸率，e_p 为规定的塑性延伸率，R 为应力，R_p 为规定塑性延伸强度。

使用的符号应附下脚标说明所规定的塑性延伸率。例如，$R_{p0.2}$ 表示规定塑性延伸率为 0.2% 时的应力。

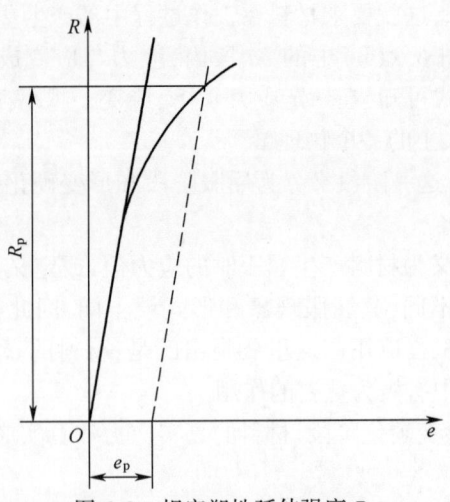

图 6.3 规定塑性延伸强度 R_p

(2) 规定总延伸强度 R_t。总延伸率等于规定的引伸计标距 L_e 百分率时的应力，如图 6.4 所示。图 6.4 中，e 为延伸率，e_t 为规定总延伸率，R 为应力，R_t 为规定总延伸强度。

使用的符号应附下脚标说明所规定的总延伸率。例如，$R_{t0.5}$ 表示规定总延伸率为

0.5%时的应力。

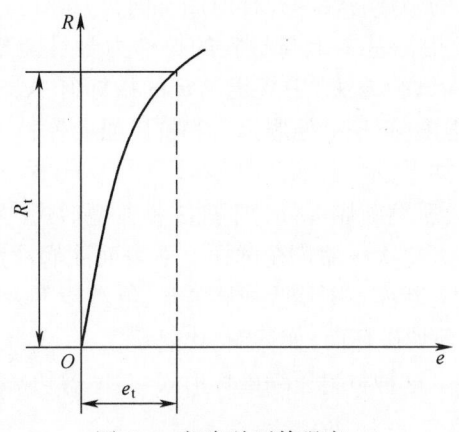

图 6.4 规定总延伸强度 R_t

(3) 规定残余延伸强度 R_r。卸除应力后残余延伸率等于规定的原始标距 L_0 或引伸计标距 L_e 百分率时对应的应力,如图 6.5 所示。图 6.5 中,e 为延伸率,e_r 为规定残余延伸率,R 为应力,R_r 为规定残余延伸强度。

使用的符号应附下脚标说明所规定的残余延伸率。例如,$R_{r0.2}$ 表示规定残余延伸率为 0.2%时的应力。

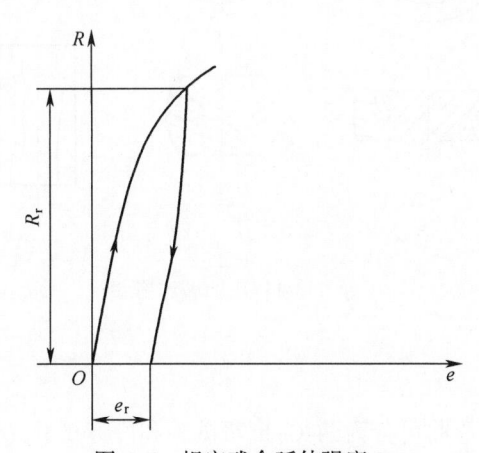

图 6.5 规定残余延伸强度 R_r

相关术语和定义可参考 GB/T 10623—2008《金属材料力学性能试验术语》和 GB/T 228.1—2010《金属材料拉伸试验第 1 部分:室温试验方法》。

6.2.2 压缩试验

压缩试验的特点如下:

(1) 从理论上说,压缩可以看作反方向的拉伸,因此材料在拉伸时表现出来的性能(如比例极限、弹性极限、屈服点和抗拉强度等)在压缩试验中都存在。在拉伸中材料的各项指标的定义均适用于压缩试验,所不同的是材料在拉伸中的伸长和断面收缩,在压缩中则是缩短和断面膨胀。

(2)压缩时的力学分析方法与拉伸时相同。

(3)压缩试验中材料的破坏特性与拉伸时的不同,它具有自己的特殊规律。

材料的压缩力学性能指标基本上与材料的拉伸力学性能指标相同。GB/T 7314—2005《金属材料 室温压缩试验方法》中规定测定的指标有:规定非比例压缩强度、规定总压缩强度、上压缩屈服强度、下压缩屈服强度和抗压强度等。

材料压缩破坏的特征如下。

根据材料塑性的好坏,压缩破坏可分为下列3种典型形式(图6.6)。

(1)塑性很好的材料。每次压缩均在试样上下表面涂润滑剂,以减少磨擦。这样一次次地压缩,试样高度减小,断面不断增大成腰鼓形,继续压下去则试样成为圆饼,一般不会破坏或出现近似45°的剪切破坏面,如黄铜、软钢等。

(2)塑性一般的材料。这种材料压缩破坏形式:整体剪切破坏,断裂面与底面交角近似为55°,如熟铁等材料。

(3)脆性材料。这种材料有两种破坏形式:剪切或拉坏,剪切的断裂面与底面成近似45°角,拉坏则是由于横向纤维的伸长率不足而破坏。

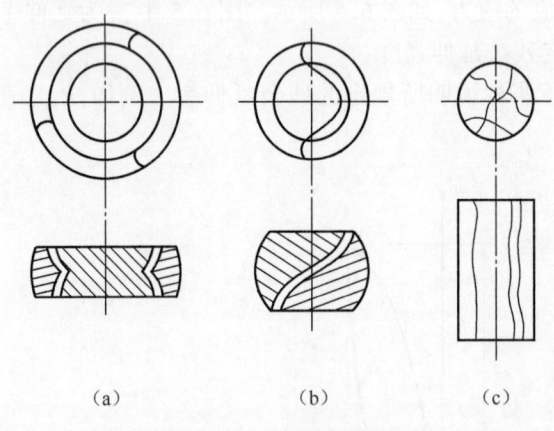

图6.6 材料压缩破坏形式

6.2.3 弯曲试验

根据工程上的需要,弯曲可分为两类:抗弯试验和冷弯试验。抗弯试验主要用于材料的抗弯强度的测定(包括抗弯弹性模量);冷弯试验是考核材料(板材)在弯曲时塑性好坏的一种工艺试验。

材料抗弯试验种类如图6.7所示。

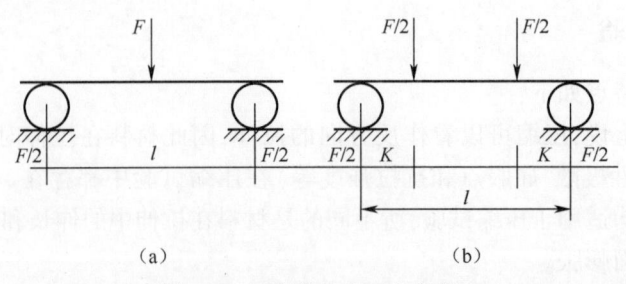

图6.7 三点弯曲和四点弯曲

抗弯试验主要测定的材料力学性指标有抗弯强度 σ_{bb}、中点挠度 f 和弹性模量 E。

6.2.4 剪切试验

剪切试验的目的：机械零部件中很多是承受剪切载荷的，如铆钉和销子等，为了考核这些零部件的强度，必须进行剪切试验。

剪切试验种类如图 6.8 所示。

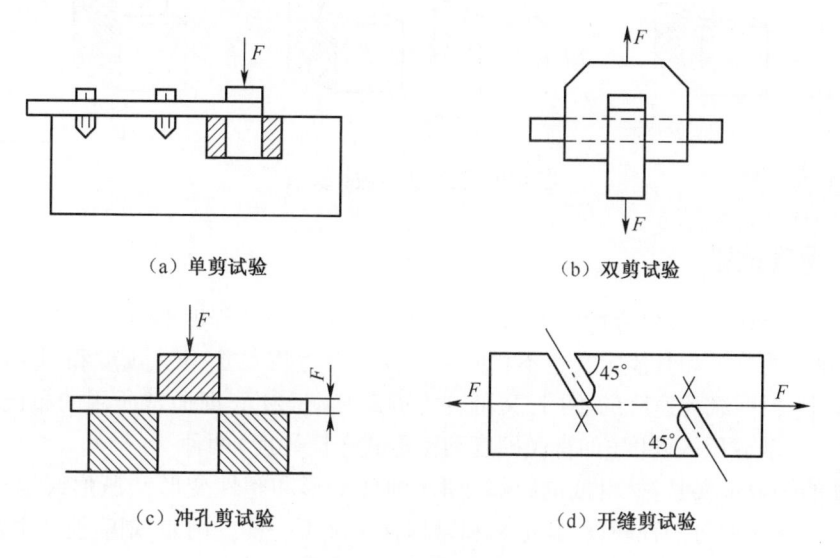

（a）单剪试验　　（b）双剪试验

（c）冲孔剪试验　　（d）开缝剪试验

图 6.8　剪切试验种类

6.2.5 扭转试验

扭转试验目的：在试样的两端施加一对大小相等、方向相反的力矩，使之形成扭转。在工程实践中，轴和弹簧都是承受扭转的典型零件，为了测定材料在扭转时的强度和变形性能，必须进行扭转试验。

材料扭转的力学性能指标：通过扭转试验，主要测定材料的剪切屈服点 $\tau_{0.3}$、扭转强度 τ_b（也可称为剪切强度）、剪切弹性模量 G 等指标。

材料扭转破坏特征：沿扭转试样相邻两横截面和两相邻的纵截面，可以截出一个受力的单元体。在单元体 4 个面上均受到剪应力 τ 的作用。如果把单元体旋转 45°，则此时的单元体上，一对面上受着拉应力，另一对面上受着压应力。根据这一应力状态，材料扭转破坏的形式可分为 3 类：

（1）塑性很好的材料。这种材料扭转破坏的断口为与轴线垂直的平断口，呈纤维的撕裂，这是由横断面上的剪应力所剪坏的，如低碳钢等，如图 6.9(a) 所示。

（2）脆性材料。铸铁及其他脆性材料，由于它们的抗拉强度低于抗剪强度，因此它们是在与轴线 45°交角的面上被拉坏的，如图 6.9(b) 所示。

（3）层间剪切性能差的材料。这种材料由于层间剪切性能较差，因此沿纵向截面的剪应力超过材料层间剪切强度时，便被剪坏（似被劈开状），如木材等，如图 6.9(c) 所示。

(a)　　　　　　　(b)　　　　　　　(c)

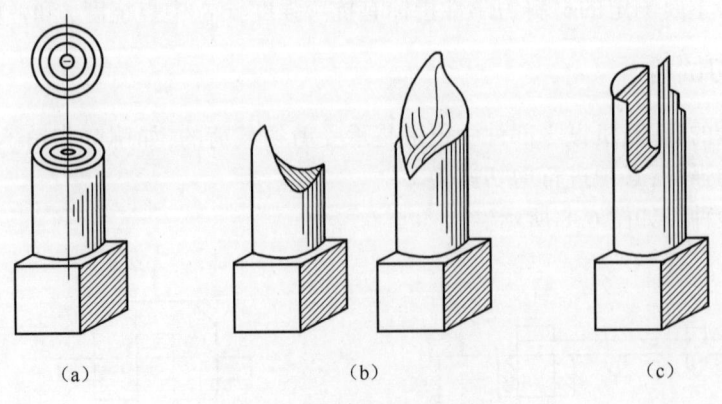

图 6.9　材料扭转破坏类型

6.2.6　硬度试验

硬度是材料的一种综合性的力学性能指标,是材料硬软程度的度量。由于度量的方法不同,硬度的分类和具体定义也不相同。硬度可分为两大类:压入硬度和划痕硬度。在压入硬度中,根据载荷速度的不同,又可分为静载压入硬度(即通常所用的布氏、洛氏和维氏硬度)和动载压入硬度(如肖氏硬度和锤击式布氏硬度)两种。

硬度的一般定义是:材料抵抗局部变形(弹性变形和塑性变形)、压痕或划痕能力的指标。对于具体的每一种硬度,其定义和物理含义又不一样。例如,划痕硬度主要是反映金属对切断破坏的抗力;肖氏硬度是表征金属弹性变形能力的大小;常用的布氏、洛氏和维氏硬度实际上是反映了压痕附近局部体积内金属的弹性变形、微量塑性变形、形变硬化以及大量塑性变形能力的指标。

硬度试验的目的:

(1) 原材料的质量检查和热处理质量的控制。因为硬度试验能敏感地反映出材料的化学成分、金相组织和结构的差异,因此被广泛地用来进行原材料的质量检查,并被用来检查材料或零件热处理质量的好坏。

(2) 金属的静强度可由硬度换算得到。对于压入硬度中的布氏、洛氏和维氏硬度来说,经长期的积累已与静强度指标(抗拉强度 σ_b)建立了经验换算关系,因此只要通过硬度的测量便可间接推断其抗拉强度的大小。

(3) 用硬度来控制零件的加工工艺。金属的硬度与冷成型性、切削性、焊接性等工艺性能有密切的关系,因此硬度也可以作为零件加工工艺质量评定的一个指标。

一般来说,硬度试验具有设备简单、操作迅速方便、压痕小不破坏零件以及便于现场操作等特点,因此在工业生产中得到广泛地应用。

6.2.7　冲击试验

1. 材料的韧性和冲击韧性

众所周知,强度和塑性是金属材料的两个基本的力学性能。在零部件的实际工作中,除了对材料的强度和塑性提出要求外,还会对材料的韧性提出一定的要求。

韧性的定义是材料在变形和断裂过程中吸收能量(以外力作功来衡量)的一种性能。

按照这一定义,韧性可分为静韧性、冲击韧性和断裂韧性。

(1) 静韧性:在静载荷(拉伸、压缩、弯曲和扭转)下材料经历弹性变形、塑性变形和断裂时所吸收的能量就称为材料的静韧性。

(2) 冲击韧性(a_k):在冲击载荷下材料吸收的能量 A_K 除以试样缺口根部的面积所得的商,称为材料的冲击韧性。

(3) 断裂韧性(K_{IC}):在试样上预制一条裂纹,然后在静载下(拉伸或弯曲)使其变形直至断裂,再按一定的公式计算出材料的断裂韧性。

材料的强度和变形(特别是塑性变形)能力越大,其韧性也就越高。因此,韧性是材料强度和塑性两者综合的给果。

在常规冲击试验中又分为两种类型:一是简支梁式的三点弯曲试验,又称为夏比(Charpy)冲击试验;二是悬臂梁式冲击弯曲试验,又称为艾佐(Izad)冲击试验。由于在低温、常温和高温下,夏比试样的安放均比艾佐试样来得简便,因此,在我国使用较普遍的仍是夏比冲击试验。

反映材料抗冲击性能的指标有两个:

(1) 冲击吸收功(A_K):具有一定形状和尺寸并带有一定缺口的试样,在冲断后所吸收的功,单位是 J。

(2) 冲击韧性(a_k):冲击吸收功 A_K 除以试样缺口底部横截面积 S(以 cm² 计)所得的商,即 $a_k = A_K/S$,单位是 J/cm²。要指出的是,A_K 除以 S 并没有实际的物理含义。这部分功 A_K 并不是被缺口底部横截面所吸收,而是被缺口底部附近材料(体积)所吸收,由于缺口底部这部分体积的材料在冲断过程中,其变形程度不一致,极不均匀,吸收的变形也不能用单位体积来衡量。因此,a_k 就定义为 A_K 除以 S 的商,而不去深究其含义,就目前来说,很多国家已不再使用 a_k 了。

6.2.8 疲劳试验

在机械零部件中,承受变动载荷(或应力)的情况是很普遍的,如连杆、曲轴、齿轮、弹簧等,零部件在变动载荷作用下,经过较长时间的工作发生断裂的现象称为疲劳。疲劳断裂与静载荷下的断裂不同,无论是静载荷下显示脆性或韧性的材料,在疲劳断裂时都不产生明显塑性变形,且断裂是突然发生的。

科学的疲劳分类方法是按照零部件从受载开始直至破坏所经历的载荷循环次数 N_f 来进行分类,$N_f > (10^4 \sim 10^5)$ 次的疲劳称为高周疲劳,$N_f < (10^4 \sim 10^5)$ 次的疲劳称为低周疲劳。

大量研究表明,高、低周疲劳反映了材料的两种不同的本质,其区别主要有以下几个方面:

(1) 控制参量不同。对于高周疲劳来说,零件的设计、试验和寿命估算都是用应力作为参量来进行的;而低周疲劳则是用应变作为参量,因为承受低周疲劳的零件,其应力已接近或超过材料的屈服点,此时应力与应变已不是一一对应的关系,只能以应变为控制参量(循环应变值)才能准确地进行设计、试验和寿命估算了。

(2) 衡量材料的指标不同。对于高周疲劳来说,反映材料疲劳抗力的指标是疲劳极限(在某一固定循环数下,材料不产生疲劳破坏的最小应力值)和 $P\text{-}S\text{-}N$ 曲线(存活率—

应力—寿命曲线);对于低周疲劳来说,材料的疲劳性能是由循环应力—应变曲线和应变寿命曲线($\Delta\varepsilon_1/2 \sim 2N_f$曲线,其中 $\Delta\varepsilon_1/2$ 为循环应变的总应变幅)。

(3) 反映材料的性能不同。高周疲劳主要是反映材料的强度性能,即疲劳极限主要取决于材料的强度(σ_s和σ_b)级别,而与材料的塑性(伸长率δ和收缩率ψ)关系不大。相反,材料的低周疲劳性能好坏则主要取决于材料塑性(δ和ψ)的优劣,而与材料的强度关系不大。因此,两类疲劳反映了材料的不同性能。

疲劳载荷是一种变动载荷,即载荷(应力)的大小、方向和频率都随时间而变化的一种载荷,按照幅值随时间的变化,疲劳载荷可分为等幅载荷、程序载荷和随机载荷三类,如图 6.10 所示。对于前两种载荷又统称为循环载荷。

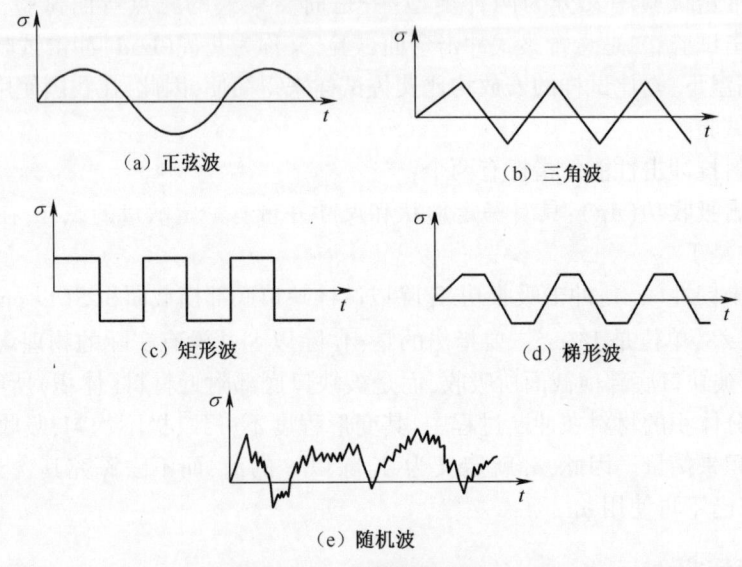

(a) 正弦波　　(b) 三角波

(c) 矩形波　　(d) 梯形波

(e) 随机波

图 6.10　疲劳载荷种类

在循环载荷的作用下,金属承受的循环应力和断裂循环周次之间的关系可以用疲劳曲线($S-N$曲线)来描述,$S-N$曲线是在试验室内通过标准试样或零部件的疲劳试验得到的。疲劳学科是一门实验的科学,其强度和寿命的变化规律都是从实验得到的,可以用成组法与升降法确定材料的疲劳极限和绘制 $S-N$ 曲线,如图 6.11 所示。

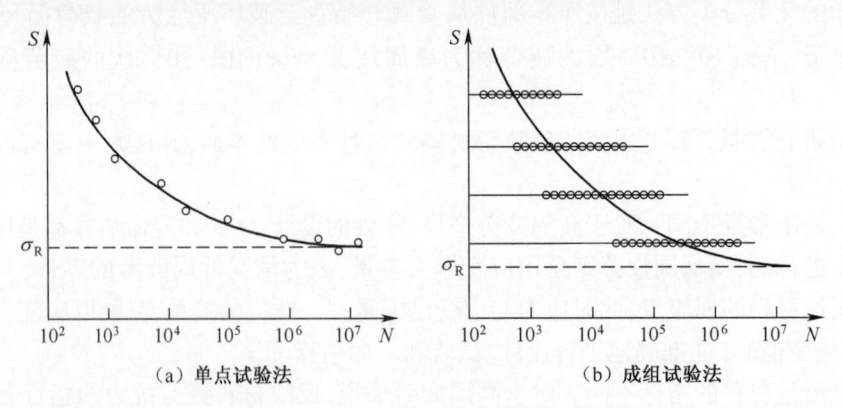

(a) 单点试验法　　(b) 成组试验法

图 6.11　$S-N$ 曲线及疲劳极限的确定

疲劳断裂断口形貌及其特征(图 6.12)如下。

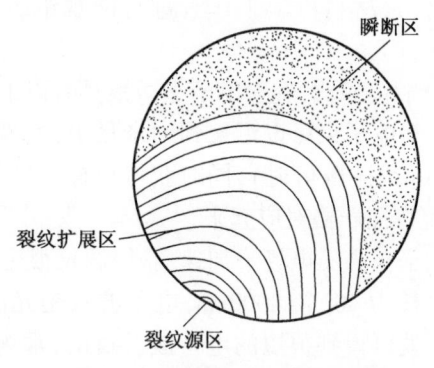

图 6.12 疲劳断口形貌示意图

（1）疲劳源区。这是疲劳裂纹的萌生区,往往因材料的质量(冶金缺陷或热处理不当等)或是设计不合理造成应力集中,或是加工不合理造成表面粗糙或损伤等,均会使裂纹在零件的某一部位萌生。疲劳源区的宏观断口形貌并不明显,它可由裂纹扩展区前沿线上若干点的垂直线的交点而找到裂纹源的位置,电子显微镜观察可以找到裂纹萌生的起因。

（2）疲劳扩展区。疲劳扩展区最主要的宏观形貌特征是疲劳条纹和疲劳台阶。疲劳条纹是在裂纹扩展(一张一合)过程中形成的一些近似平行的弧线,称为裂纹扩展前沿线,这些弧线有点像贝壳花样,也有点像海滩状。疲劳台阶是在一个独立的疲劳区内,两个疲劳源向前扩展相遇而形成的。对于薄板材料,有时断口上并无明显的疲劳条纹,但却有明显的疲劳台阶。这个区的微观断口特征是有辉纹,辉纹间距的大小与裂纹扩展速率有一定的对应关系,可用来估算裂纹的扩展寿命。

（3）瞬时断裂区。由于裂纹的不断扩展,使零件或试样的剩余断面越来越小,当剩余断面上的应力达到和超过材料的静强度时,便发生了断裂。另一种情况是,当裂纹扩展到一定程度时,其应力强度因子 K_I 超过材料的断裂韧性 K_{IC} 时,便发生了断裂。瞬时断裂区的宏观、微观形貌与该材料静载荷下的断口是相同的。

疲劳裂纹扩展区和瞬断区所占面积的相对比例随所受应力大小而变化,当循环应力较小而又无大的应力集中时,则疲劳扩展区较大,反之,则瞬断区较大。

6.3 材料显微检验

材料显微结构分析是材料科学中最为重要的研究方法之一,准确、快捷的分析结果为材料的制备工艺、材料性能微结构表征及其材料显微结构设计提供可靠的实验和理论依据。本节主要介绍应用于材料显微结构分析的透射电子显微镜、扫描电子显微镜和电子探针。

6.3.1 透射电子显微镜

透射电子显微镜(Transmission Electron Microscope,TEM)是以电子源代替光源,电磁

场为透镜,电子束穿过试样成像的一种仪器。目前,大型电镜的分辨本领为 0.2~0.3nm,放大倍数为 $50\sim1.2\times10^6$ 倍,是材料科学工作者进行微观组织与结构研究的有力工具之一。

与扫描电镜和 X 射线衍射仪相比,透射电子显微镜具有以下优势:

(1) 实现微区物相分析。电子束可以汇聚到纳米量级,实现样品选定区域电子衍射(选区电子衍射)或微小区域衍射(微衍射),同时获得目标区域的组织形貌,将微区的物相结构(衍射)分析与其形貌特征严格对应起来。

(2) 高图像分辨率。电子在高压电场下加速,获得波长很短的电子束,电子显微镜的分辨率大大提高。可见光波长为 4000~8000nm,电子波长是光波长的十万分之一,只要能使加速电压提高到一定值就可得到很短的电子波。目前,常规的透射电镜最终的图像分辨率可以达到 1nm 左右,从而获得原子级的分辨率,直接观测原子像。

(3) 获得立体丰富的信息。装备能谱、波谱、电子能量损失谱,透射电子显微镜可以实现微区成分和价键的分析。

以上这些功能的配合使用,可以获得物质微观结构的综合信息。

6.3.1.1 透射电镜系统组成及工作原理

透射电子显微镜是以波长极短的电子束作为照明源,用电磁透镜聚焦成像的一种高分辨本领、高放大倍数的电子光学仪器。它由电子光学系统、真空系统及电源与控制系统三部分组成。

1. 电子光学系统

电子光学系统通常称为镜筒,是透射电子显微镜的核心,它的光路原理与透射光学显微镜十分相似,分为 3 部分,即照明系统、成像系统和观察记录系统。

整个电子光学系统置于显微镜镜筒之内,类似于积木式结构,按自上而下顺序排列着电子枪、聚光镜、试样室、物镜、中间镜、投影镜、观察室、观察屏、照相机构等装置。其中,电子枪、聚光镜等组成照明部分;试样室、物镜、中间镜、投影镜等组成成像放大部分;观察室、观察屏、照相装置(有的还设有电视装置)等组成显像部分。从结构上看,它非常类似于透射式光学显微镜,只不过用电子枪代替可见光光源,用电磁透镜代替光学透镜,最后是在涂有荧光粉的观察屏上成像。图 6.13 为透射电子显微镜的构造原理和光路图,即从光源或电子枪发出的光线或电子束,被聚光镜会聚在所观察的试样上,通过物镜形成试样的中间像,再经目镜或投影镜把像呈现在毛玻璃或观察屏上。

2. 真空系统

为了保证电子在整个通道中只与试样发生相互作用,而不与空气分子碰撞,整个电子通道从电子枪至照相胶版盒都必须置于真空系统之内,一般真空度为 $1.33\times10^{-2}\sim1.33\times10^{-5}$ Pa。电镜真空系统一般由机械泵、油扩散泵、离子泵、阀门、真空测量仪和管道等部分组成。

3. 电源与控制系统

镜体和辅助系统中的各种电路都需要工作电源,且因性质和用途不同,对电源的电压、电流和稳压度也有不同的要求。例如,电子枪的阳极需要数十至数百千伏的高电压,它的稳定度应在每分钟不漂移 10^{-5} 以上(每分钟的偏离量低于十万分之一),这专门由高压发生器和高压稳定电路(埋于油箱内)来提供。在物镜电源中则要求电流的稳定度优

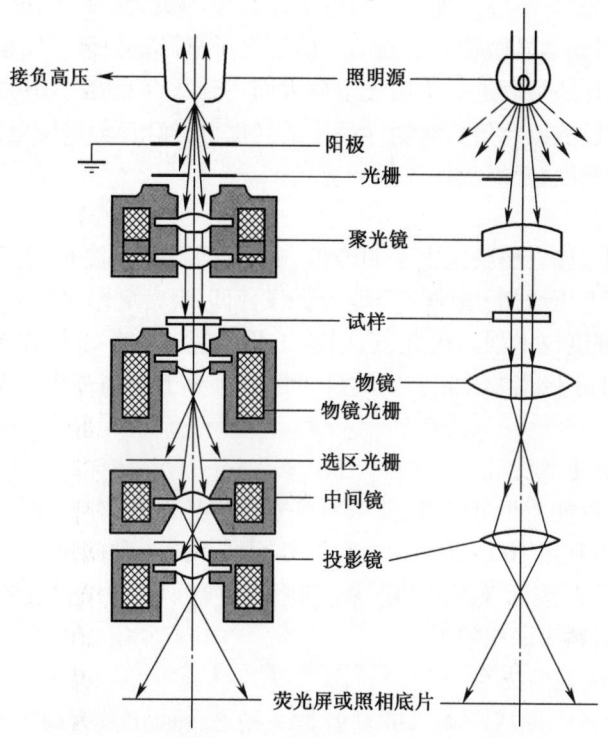

图 6.13 透射电子显微镜的构造原理和光路图

于 $10^{-6} \sim 10^{-5}$。其他透镜电源、操纵控制等电路则要求工作电压从几伏到几百伏,电流从几毫安到几安不等,全部由相应的电源电路变换配给,其中包括变换电路、稳压电路、恒流电路等。

6.3.1.2 透射电子显微镜主要性能指标

电子显微镜主要性能指标通常有 3 个:分辨本领、放大倍数和加速电压(电子束具有的能量)。

1. 分辨本领

显微镜的分辨本领是表示用显微镜来观察物体细微结构的能力,它是由显微镜能清楚地分辨开被观察物体中两个细节间的最小距离来定义的。这个最小距离越小,分辨本领越高。

现今 1000kV 透射电子显微镜的分辨本领可达 $0.2 \sim 0.3$nm。很显然,分辨本领一方面取决于仪器本身的性能,如物镜的球差、衍射像差、色差(电子能量分散)、像散(光路中电场、磁场非对称)等因素,另一方面与被观察物体的材料性质、细节的形状、位置及衬度条件诸因素有关,甚至与检测者对最小距离的判别和测量有关。总之,分辨本领是显微镜的最重要指标,也是一个不容易严格定义和测定的指标。

2. 放大倍数

电子显微镜的放大倍数是指横向放大倍数,它是成像系统中各级电磁透镜电子放大倍数之乘积。每一级电磁透镜的放大倍数 M 定义为该透镜成像的像距 b 和物距 a 的比值,即 $M=b/a$,显然像距与物距取决于透镜的焦距 f,即 $1/f=1/a+1/b$,而磁透镜的焦距 f 是透镜激励电流 I 和加速电压 U 的非线性函数 $f(U/I)$,因而改变透镜电流就可以满足成像关系,获得清楚的聚焦图像。现代透射电子显微镜的放大倍数从几十倍到几十万倍可连续改变,这是一般光学显微镜办不到的。由于电子显微镜分辨本领很高,即使放大几十万倍以后获得的照片还可以进一步用光学放大而得到几百万倍的图像。

透射电子显微镜的放大倍数将随样品平面高度、加速电压、透镜电流而变化。为了保持仪器放大倍数的精度,必须定期进行标定。

3. 加速电压

电子显微镜的加速电压决定电子的能量,电子能量越高、波长越短,电子显微镜的分辨本领越高。加速电压增加,电子穿透能力更强,可以观察更厚的样品。同时电子枪亮度增加,荧光屏发光强度也增强。因此,透射电子显微镜通常都工作在 50~200kV,工作电压在 500kV 以上的属于超高压电子显微镜。目前世界上超高压电子显微镜的加速电压高达 3000kV。

6.3.1.3 透射电镜复型技术

由于电子束穿透能力很低,因此要求所观察的样品很薄,对于透射电镜常用的加速电压来说,样品厚度控制在 100~200nm 为宜。复型样品是一种间接试样,是用中间媒介物(碳、塑料薄膜)把样品表面浮雕复制下来,利用透射电子的质厚衬度效应,通过对浮雕的观察,间接地得到材料表面组织形貌。

1. 塑料-碳二级复型技术

在各种复型制备中,塑料-碳二级复型是一种迄今为止最为稳定和应用最为广泛的一种。该方法在制备过程中不损坏试样表面,重复性好,供观察的第二级复型—碳膜导热导电好。具体制备方法如下:

(1) 在样品表面滴一滴丙酮,然后贴上一片稍大于样品的 AC 纸(6%醋酸纤维素丙酮溶液制成的薄膜)。注意不可留下气泡或皱折,待 AC 纸干透后小心揭下。AC 纸应反复贴几次以便使试样表面的腐蚀产物或灰尘等去除,将最后一片 AC 纸留下,这片 AC 纸就是需要的塑料一级复型。

(2) 将得到样品浮雕的 AC 纸复型面朝上平整地贴在衬有纸片的胶带纸上。

(3) 上述的复型放入真空镀膜机内进行投影重金属,最后在垂直方向上喷镀一层碳,从而得到醋酸纤维素—碳的复合复型。

(4) 将复合复型剪成小于直径 3mm 小片投入丙酮溶液中,待醋酸纤维素溶解后,用铜网将碳膜捞起。

(5) 将捞起的碳膜连同铜网一起放到滤纸上吸干水分,经干燥后即可入电镜进行观察。

2. 萃取复型技术

萃取复型法是样品制备中最重要的进展之一,其目的在于如实地复制样品表面的形貌,同时又把细小的第二相颗粒(如金属间化合物、碳化物和非金属夹杂物等)从腐蚀的金属表面萃取出来,嵌在复型中,被萃取出的细小颗粒的分布与它们原来在样品中的分布完全相同,因而复型材料提供了一个与基体结构一样的复制品。萃取出来的颗粒具有相当好的衬度,而且可在电镜下做电子衍射分析。

萃取复型方法也有很多种,常见的是碳萃取复型和火棉胶—碳二次萃取复型方法。

(1) 碳萃取复型方法。

① 按一般金相试样的要求对试样磨削、抛光。

② 选择适当的浸蚀剂进行深腐蚀,这种浸蚀剂既能溶去基体而又不会腐蚀第二相颗粒。

③ 将试样认真清洗以除去腐蚀产物。

④ 将试样放入真空镀膜机中喷碳,喷碳时转动试样以使碳复型致密地包住析出物或夹杂物,一般情况下不投影。

⑤ 选择适当的电解液进行电解脱膜,电解脱膜时电流密度要适当,电流过大形成大量气泡会使碳膜碎裂,电流过小则长时间脱不掉碳膜,适当的电流密度可通过实验来确定。

⑥ 将脱下的碳膜捞入新鲜电解液中停留10min左右以溶掉贴在碳膜上的腐蚀产物。

⑦ 将碳膜捞入酒精中清洗,最后用铜网捞起放到滤纸上干燥待观察。图6.14是碳萃取复型过程示意图。

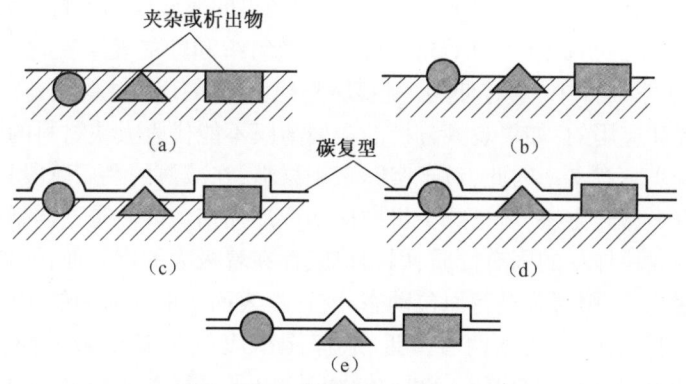

图6.14 碳萃取复型过程示意图

(2) 火棉胶—碳二次萃取复型方法。火棉胶—碳二次萃取复型方法的试样准备、深浸蚀与碳萃取复型方法相同,在此基础上进行如下操作:

① 将1%的火棉胶滴到试样上,待火棉胶干燥后用刀片轻划四周火棉胶,然后用胶带纸将其取下。

② 在真空镀膜机内喷碳后将其剪成大于ϕ3mm的小片。

③ 用石油醚溶掉胶带纸得到火棉胶—碳二次萃聚复型,然后再用醋酸戊脂溶去火棉胶得到碳萃取复型。

④ 用铜网将大于直径3mm的碳膜捞到滤纸上干燥后待观察。

应注意,复型制备技术是电镜观察中的一个十分关键环节。制备出合格的试样样品,不仅需要各种知识,而且需要实际经验以及熟练的技能。

6.3.1.4 金属薄膜的透射电子显微分析

由于高性能电子显微镜、薄晶体样品制备方法及电子衍射理论的日臻完善,薄膜的透射电子显微技术取得了十分卓著的发展,成为研究微观组织结构不可缺少的基本手段。由金属材料本身制成的金属薄膜样品具有以下优点:

(1) 可以最有效地发挥电镜的极限分辨能力。

(2) 能够观察和研究金属与合金的内部结构和晶体缺陷,并能对同一微区进行衍衬成像及电子衍射的研究,把相变与晶体缺陷联系起来。

(3) 能够进行动态观察,研究在变温情况下相变的生核长大过程,以及位错等晶体缺陷在应力下的运动与交互作用,从而更加深刻地揭示其微观组织和性能的内在关系。

目前,还没有任何其他的方法可以把微观形貌和特征如此有机地联系在一起,因而金属薄膜技术在研制新材料、开发新工艺乃至进一步深化材料科学基础理论等方面所发挥的作用都是十分重要的。

1. 金属薄膜样品的制备

用于透射电子显微分析的金属薄膜样品的制备技术是十分重要的,薄膜样品必须具备一些基本条件,才能保证在观察和分析中顺利地进行和得到正确的结果。

首先,薄膜应对电子束"透明"无疑是最基本的要求,用于透射电镜下观察的样品厚度一般要求在 50~200nm 之间。显然,金属薄膜的合适厚度与加速电压、金属材料密度有关。在一定加速电压下,材料的密度越大,金属薄膜必须越薄;对同种材料来说,加速电压高,薄膜可以相应的厚些。另一个重要的是,要求制得的薄膜应当保持与大块样品相同的组织结构,即在薄膜的制备过程中不允许材料显微组织和性能发生变化。除了少数情况(如在光学或电子学器件中)直接使用薄膜以外,绝大多数工程材料都是以大块的形式被制造、加工、处理和应用的,如果观察分析的金属薄膜不能代表大块材料的固有性质,则其结果就没有多少实际意义。因此,对于实际工程材料,在减薄的最后阶段只能采取化学的或电化学的无应力抛光方法,尽量减少机械损伤或热损伤。即使是这样制得的薄膜,仍然不可能完全保持大块样品的固有性质,因为薄膜存在着极大的比表面,至少其中缺陷密度和组态将发生变化,当用薄膜进行原位动态分析时,表面效应使薄膜的相变和形变规律不同于大块样品。有人认为,要使两者接近,膜厚至少应包含 2~3 颗晶粒,从这个观点来看,采用高压(>150kV)和超高压(1000~3000kV)电子显微镜观察较厚的样品将有重要的意义,同时也使薄膜的制备变得容易一些。

其次,薄膜得到的图像应当便于分析,所以即使在高压电镜中也不宜采用太厚的样品,因为薄膜不同深度处存在着太多的结构特征彼此重叠、干扰,使分析变得困难。而且,较厚的样品还会引起较多的非弹性散电子,增加色差,减低像衬度,致使图像的分辨率下降。

最后,制备的薄膜应有较大的透明面积,以便选择最典型的视域进行分析,因此减薄过程做到尽可能的均匀。此外,制备薄膜时必须选用可靠的技术规范,使制备方法便于控制,并有足够的可靠性和重复性。

目前较普遍采用的金属薄膜制备过程:线切割→机械研磨(或化学抛光)→化学抛光→电解抛光。具体制备方法如下述:

(1) 线切割。用线切割从大块样品上切下 0.20~0.30mm 厚的薄片,一般多切几片备用。

(2) 机械研磨预减薄。机械研磨方法与金相试样磨光过程基本一样,其目的是将线切割留下的凹凸不平的表面磨光并预减薄至 100μm 左右。机械研磨具有快速和易于控制厚度的优点,但难免产生应变损伤和样品升温,因此减薄厚度不应小于 100μm,否则其损伤层将贯穿薄片的全部深度。

(3) 化学抛光预减薄。化学抛光是无应力的快速减薄过程。抛光液一般包括三个基本成分,即硝酸或双氧水等强氧化剂用以氧化样品表面,又以另一种酸溶解产生的氧化物层,此外还应含有黏滞剂以作为溶解下来的原子进行扩散的介质。

为达到均匀的减薄,在浸入抛光液之前应仔细去除经机械研磨预减薄的样品表面的油污。由于薄片的边缘在抛光液中溶解快,所以最好在薄片的四周涂以耐酸漆,以使最终得到的薄片面积不致过小。一般来说,当薄片能够自由地漂浮于溶液表面时,表明其厚度大约为 100μm,即可取出并投入清水中冲洗。

(4) 双喷电解抛光最终减薄。经化学抛光预减薄的薄片可以冲成直径 3mm 小试样,也可以剪成小块试样,然后将样品放入双喷电解抛光装置的喷嘴之间进行最终的减薄处理,最后得到的是中心带有穿透小孔的薄片样品,将样品清洗干燥即可直接在透射电镜下观察到小孔周围的透明区域。电解抛光的抛光液配方很多,最常用的是 10%高氯酸酒精溶液。

得到大而平坦的电子束所能透射的区域样品并不是一件很容易的事,因为不同材料要求的电解抛光液也不同,抛光过程中电解液温度以及电压、电流等电解抛光条件,都直接影响样品的抛光效果。此外,电解抛光操作方法也十分重要的,如在样品穿孔后应迅速地将样品夹具移入酒精中漂洗,并迅速地打开夹具取出样品放入酒精中多冲洗几次,这个操作要求在几秒内完成,否则因电解液不能及时去除而腐蚀薄膜使样品报废。对于不能及时上电镜观察的样品,应放在甘油、丙酮或无水乙醇中保存。

2. 薄晶体样品的衍衬成像

金属材料的许多性能是结构敏感的,只有了解晶体缺陷或晶体学特征、组态之后才能为提高材料性能找到途径。电镜复型技术是依据"质量厚薄衬度"的原理成像的。也就是说,利用复型膜上不同区域厚度或平均原子序数的差别,使进入物镜光阑并聚焦于像平面的散射电子强度不同,从而产生了图像的反差,所以复型技术只能观察表面的组织形貌而不能观测晶体内部的微观缺陷。对于金属薄膜样品来说,样品厚度大致均匀,平均原子序数也没有差别,薄膜上不同部位对电子的散射或吸收作用将大致相同,所以这种样品不可能利用质厚衬度来获得满意的图像反差。更重要的是,如果让散射电子与透射电子在像平面上复合构成像点的亮度,则图像除了能够显示样品的形貌特征以外,所有其他信息(特别是样品内与晶体学特征有关的信息)将全部丧失。为此,必须寻找一种用晶体薄膜作样品,利用电镜就不仅能在物镜后焦平面上获得衍射花样,而且能在像平面上获得组织形貌像的方法。这种方法就是利用透射电子"衍衬效应"而发展起来的衍衬技术,这种技术能将某处的结构和形貌结合起来观测,成为观测晶体结构缺陷的有力工具。

6.3.2 扫描电子显微镜

扫描电子显微镜(Scanning Electron Microscope,SEM),简称扫描电镜。近些年来,扫描电镜的发展非常迅速,应用也很广泛。它的成像原理与透射电子显微镜完全不同,不用透镜放大成像,而是利用类似的电视成像原理,以细聚焦电子束在试样表面光栅式扫描,激发试样表面产生各种信息来调制阴极射线管(CRT)的电子束强度而成像。

最初,扫描电镜主要用来观测固体表面形貌,在这点上很像光学显微镜。但是,它的放大倍数比光学显微镜高,并且景深很大,特别适用于观测断裂表面。现代的扫描电镜,不仅能利用电子束与试样表面的相互作用产生的信息来观察形貌,而且还能获得晶体方位、化学成分、磁结构、电位分布及晶体振动方面的信息来研究试样的各种特性。

6.3.2.1 扫描电镜的成像原理及特点

扫描电镜是用聚焦电子束在试样表面逐点扫描成像。试样为块状或粉末颗粒,成像信号可以是二次电子、背反射电子或吸收电子,其中二次电子是最主要的成像信号。

扫描电镜的工作原理如图6.15所示。由电子枪发射的能量为5~35keV的电子,以其交叉斑作为电子源,经二级聚光镜及物镜的缩小形成具有一定能量、一定束流强度和束斑直径的微细电子束,在扫描线圈驱动下,于试样表面按一定时间、空间顺序作栅网式扫描。聚焦电子束与试样相互作用,产生二次电子发射(以及其他物理信号),二次电子发射量随试样表面形貌而变化。二次电子信号被探测器收集转换成电信号,经视频放大后输入到显像管栅极,调制与入射电子束同步扫描的显像管亮度,得到反映试样表面形貌的二次电子像。

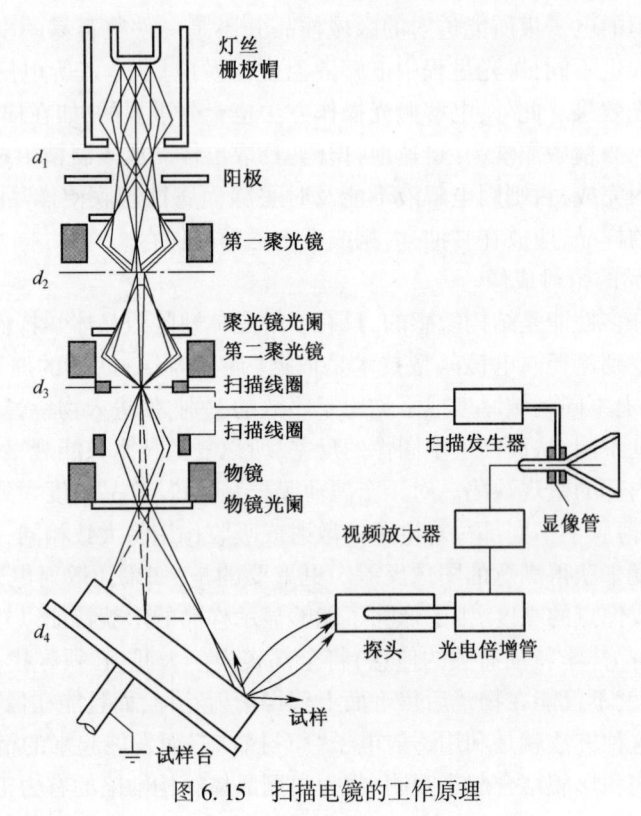

图6.15 扫描电镜的工作原理

扫描电镜的特点:

(1) 可以观察直径为10~30mm的大块试样(在半导体工业可以观察更大直径),制样方法简单。

(2) 场深大、300倍于光学显微镜,适用于粗糙表面和断口的分析观察;图像富有立体感、真实感,易于识别和解释。

(3) 放大倍数变化范围大,一般为15~200000倍,最大可达10~1000000倍,对于多相、多组成的非均匀材料便于低倍下的普查和高倍下的观察分析。

(4) 具有相当的分辨率,一般为2~6nm,最高可达0.5nm。

（5）可以通过电子学方法有效地控制和改善图像的质量,如通过调制可改善图像反差的宽容度,使图像各部分亮暗适中。采用双放大倍数装置或图像选择器,可在荧光屏上同时观察不同放大倍数的图像或不同形式的图像。

（6）可进行多种功能的分析。与X射线谱仪配接,可在观察形貌的同时进行微区成分分析;配有光学显微镜和单色仪等附件时,可观察阴极荧光图像和进行阴极荧光光谱分析等。

（7）可伸用加热、冷却和拉伸等样品台进行动态试验,观察在不同环境条件下的相变及形态变化等。

6.3.2.2 扫描电镜的构造及性能

扫描电镜由电子光学系统(镜筒)、扫描系统、信号收集系统、图像显示系统、电子学系统及真空系统组成,如图6.16所示。

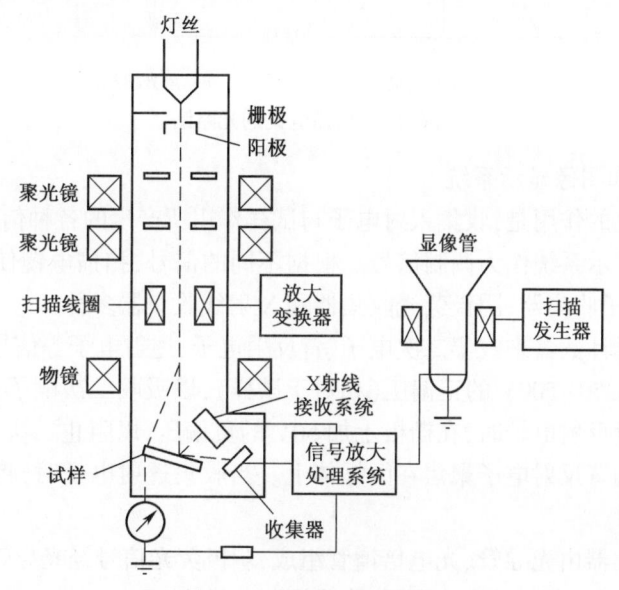

图6.16 扫描电镜的构造

1. 电子光学系统

电子光学系统由电子枪、聚光镜、光阑、试样室组成,其作用是获得极细的、亮度高的电子束。电子束是产生信息的激发源,电子束的亮度主要取决于电子枪发射电子的强度。电子枪的阴极一般为发夹式钨丝。阴极发射的电子经栅极会聚后,在阳极加速电压的作用下通过聚光镜。扫描电镜通常由2~3个聚光镜组成,它们都起缩小电子束斑的作用。钨丝发射电子束的斑点直径一般约为0.1mm,经栅极会聚成的斑点直径可达0.05mm。经过几个聚光镜缩小后,在试样上的斑点直径可达6~7nm。

2. 扫描系统

扫描系统的作用是使电子束能发生折射,提供入射电子束在试样上以及阴极射线管电子束在荧光屏上的同步扫描信号;改变入射电子束在试样表面上的扫描场的大小,以获得所需放大倍数的扫描像。扫描系统由扫描信号发生器、放大控制器及相应的线路和扫描线圈所组成,扫描线圈又分上偏转线圈和下偏转线圈。上偏转线圈装在末级聚光镜的物平面位置上,当上、下偏转线圈同时起作用时,电子束在试样表面上作光栅式扫描,如图6.17(a)所示;当下偏转线圈不起作用,而末级聚光镜起着第二次偏转作用时,电子束在试样表面上作角光栅式扫描,如图6.17(b)所示。

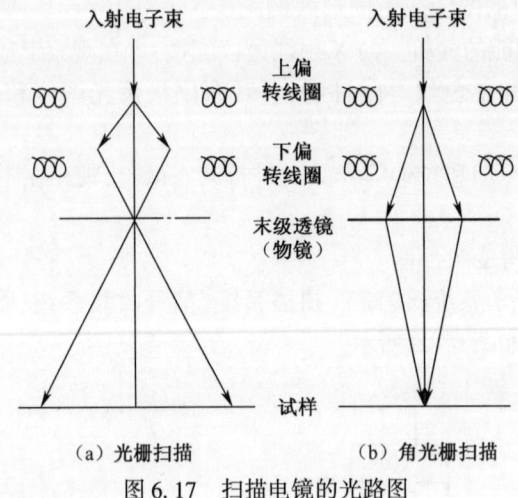

图 6.17 扫描电镜的光路图

3. 信号收集和图像显示系统

信号收集系统的作用是,收集入射电子与试样作用所产生的各种信号,然后经视频放大器放大输送到显示系统作为调制信号。根据不同的信号,扫描电镜使用不同的信号收集系统,一般有电子收集器、阴极荧光收集器和X射线收集器多种。

通常采用闪烁计数器来收集二次电子、背反射电子、透射电子等信号。当收集二次电子时,在栅极上加250~500V的正偏压(相对于试样),以吸收二次电子,增加有效的收集立体角。当收集背反射电子时,在栅极上加50V的负偏压,以阻止二次电子到达收集器,并使进入收集器的背反射电子聚焦在闪烁体上。当收集透射电子时,将收集器放在薄膜试样的下方。

阴极荧光收集器由光导管、光电倍增管组成,阴极荧光信号经光导管直接进入光电倍增管放大,再经视频放大器适当放大后,作为调制信号。

图像显示系统的作用是把信号收集系统输出的调制信号,转换到阴极射线管的荧光屏上,然后显示出试样表面特征的扫描图像,以便观察和照相。

至于电子光学系统和真空系统,其要求和指标均与透镜的相同,故不再赘述。

6.3.2.3 扫描电镜的性能

(1)放大倍数。扫描电镜的图像是由电子束在荧光屏上显示像的边长 L 与试样上扫描场的边长 l 之比所决定的,即放大倍数为

$$M = L/l$$

一般照相用的显像管荧光屏尺寸为100mm×100mm,即 L = 100mm,是固定不变的。调节试样上的扫描场的大小,可以控制荧光屏上扫描图像的放大倍数。大多数扫描电镜的放大倍数可以在10~200000倍的范围内连续调节。

(2)分辨率。分辨率是衡量扫描电镜性能的主要指标。通常在某一确定的放大倍数下拍摄图像,测量其能够分辨的两点之间的最小距离,然后除以此时确定的放大倍数,即为分辨率。分辨率直接与轰击试样的电子束的直径有关,若电子束的直径为10nm,那么

成像的分辨率最高也达不到 10nm。分辨率既受仪器性能的限制,取决于末级透镜的像差(随光阑减小而增加);又受试样的性质及环境的影响。入射电子束在试样中的扩展体积的大小、仪器的机械稳定性、杂乱磁场、加速电压及透镜电流的漂移等都会影响分辨率。一般现代高性能的扫描电镜的分辨率可达 5nm。

(3)景深。当试样表面在入射电子束的方向上发生位置变化时,其像不会显著变模糊,则称此时的位置变化的距离为扫描电镜的景深(有时也称为焦深),如图 6.18 所示,它与透射电子显微镜的景深有着不同的定义。设电子束发散度为 a,像斑的直径(分辨率)为 d,位置变化距离(景深)为 F。当 a 很小时,取近似值,则有

$$F = d/a$$

由于扫描电镜的电子束发散度 a 很小,所以景深 F 比较大。例如,在放大倍数为 5000 时 F 可达 20μm。扫描电镜与同一放大倍数的光学显微镜相比,其景深一般要大 10~100 倍。

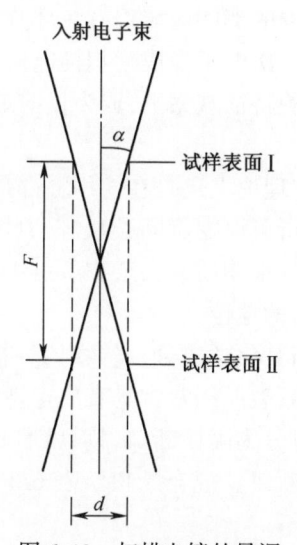

图 6.18 扫描电镜的景深

随着科学技术的迅猛发展,扫描电镜的性能在不断改善和提高,功能在不断增强,现已成为冶金、生物、考古、材料等各领域广泛应用的重要表征手段,特别是对各种断口的观察更是无可替代的有力工具。目前,扫描电镜的发展主要表现在以下方面:

(1)场发射电子枪。场发射电子枪可显著提高扫描电镜的分辨率,目前场发射式扫描电镜的分辨率已达 0.6nm(加速电压 30kV)或 2.2nm(加速电压 1kV),场发射电子枪还促进了高分辨扫描电镜技术和低能扫描电镜显微技术的迅速发展。

(2)低能扫描电镜。当加速电压低于 5kV 时的扫描电镜即称为低压或低能扫描电镜。虽然加速电压减小会显著减小电子束的强度,降低信噪比,不利于显微分析,但使用场发射电子枪就可保证即使在较低的加速电压下,电子束强度仍然较强,仍能满足显微分析的基本要求。低压扫描电镜具有以下优点:

① 显著减小试样表面的荷电效应,在加速电压低于 1.5kV 时,可基本消除荷电效应,这对非导体样品尤为适合。

② 可减轻试样损伤,特别是生物试样。

③ 可减轻边缘效应,进一步提高图像质量。

④ 有利于二次电子的发射,使二次电子的产额与表面形貌对温度更加敏感,一方面可提高图像的真实性,另一方面还可开拓新的应用领域。

6.3.2.4 扫描电镜在材料研究中应用

扫描电镜的像衬度主要是利用样品表面微区特征(如形貌、原子序数或化学成分、晶体结构或位向等)的差异,在电子束作用下产生不同强度的物理信号,导致阴极射线管荧光屏上不同区域不同亮度差异,从而获得具有一定衬度的图像。

1. 表面形貌衬度及其应用

表面形貌衬度是利用二次电子信号作为调制信号而得到的一种像衬度。由于二次电子信号主要来自样品表层 5~10nm 深度范围,它的强度与原子序数没有明确的关系,而仅对微区刻面相对于入射电子束的位向十分敏感,且二次电子像分辨率比较高,所以特别适用于显示形貌衬度。此外,由于检测器上加正偏压,使得低能二次电子可以走弯曲轨迹被检测器吸引,这就使得背向检测器的那些区域仍有一部分二次电子到达检测器,而不致于形成阴影。基于这些优点,使得二次电子像成为扫描电镜应用最广的一种方式,尤其在失效工件的断口检测,各种材料形貌特征观察上,成为目前最方便、最有效的手段。

1) 断口分析

工程构件的断裂分析无论在理论上还是在应用上都是十分有用的。断裂分析包括宏观分析和微观分析,通过断口分析可以揭示断裂机理,判断裂纹性质及原因,以及裂纹源及走向;还可以观察到断口中的外来物质或夹杂物。由于扫描电镜的特点,使得它在现有的各种断裂分析方法中占有突出的地位。

材料断口的微观形貌往往与其化学成分、显微组织、制造工艺及服役条件存在密切联系,所以断口形貌的确定对分析断裂原因常常具有决定性作用。

金属材料断口按断裂性质可分为脆性断口、韧性断口、疲劳断口及环境因素断口;按断裂途径可分为穿晶断口、沿晶断口及混合断口。表 6.1 列出了它们的主要特点及相应的断口形貌,现分别简要介绍如下。

表 6.1 金属材料断口的主要特点及相应的形貌

分类方法	断口类型	特 点	断口微观形貌
按断裂性质分类	脆性断口	断裂前材料不产生明显的宏观塑性变形,断口宏观形貌为结晶状或放射状	解理断口、准解理断口或冰糖状沿晶断口
	韧性断口	断裂前材料有明显的塑性变形,断口宏观形貌为纤维状	韧窝断口
	疲劳断口	由周期性重复载荷引起的断裂	穿晶,有疲劳条纹或沿晶断口
	环境因素断口	由于应力腐蚀、氢脆、液态金属脆化、腐蚀疲劳或高温蠕变引起的断裂	沿晶断口 穿晶断口
按断裂途径分类	穿晶断口	脆性穿晶断口 韧性穿晶断口	解理或准解理断口,韧窝断口
	沿晶断口	脆性沿晶断口(回火脆及氢脆等断口)韧性沿晶断口(过热组织断口)	冰糖状沿晶断口 断口晶界表面有密布的小韧窝
	混合断口		穿晶和沿晶两种断口混杂存在

（1）韧窝断口。这是一种伴随有大量塑性形变的断裂方式，宏观断口为纤维状。在拉伸试验时，当应力超过屈服强度并开始塑性变形，这时材料内部的夹杂物、析出相、晶界、亚晶界或其他范性形变不连续的地方将发生位错塞积，产生应力集中，进而开始形成显微孔洞。随着应变增加，显微孔洞不断增大，相互吞并，直到材料发生颈缩和破断，结果在断口上形成许多微孔坑，称为韧窝。在韧窝中心往往残留有引起开裂的夹杂物。韧性较好的结构材料，在常温冲击试验条件下也常常形成韧窝断口。

韧窝形状与材料断裂时的受力状态有关，单轴拉伸造成等轴韧窝；剪切和撕裂造成拉长或呈抛物线状的韧窝。韧窝大小、深浅取决于断裂时微孔生核数量和材料本身的相对塑性，若微孔生核数量很多或材料的相对塑性较低，则韧窝的尺寸较小或较浅；反之，尺寸较大或较深。韧窝断口是大多数结构零件在室温条件下的正常断裂方式。图6.19为X70钢断口韧窝断裂区的形貌。

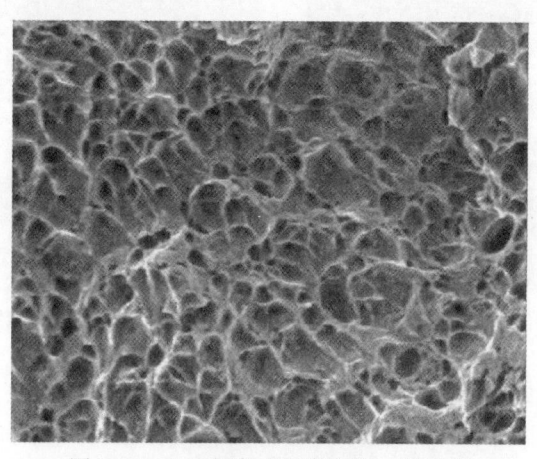

图 6.19　X70 钢断口韧窝断裂区的形貌

（2）解理断口及准解理断口。解理断裂是金属在拉应力作用下，由于原子间结合键的破坏而造成的穿晶断裂。通常是沿着一定的、严格的结晶学平面发生开裂。例如，在体心立方点阵金属中，解理主要沿$\{100\}$面发生，有时也可能沿基体和形变孪晶的界面$\{121\}$面发生。在密排六方点阵的金属中，解理沿$\{001\}$面发生。在特殊情况下，如应力腐蚀环境中，面心立方金属也会发生解理。解理是脆性断裂，但并不意味着所有的解理断裂都是脆性的，有时还伴有一定程度塑性变形。

解理断口的典型微观特征为河流花样。从理论上讲在单个晶体内解理断口应是一个平面，但是实际晶体难免存在缺陷，如位错、夹杂物、沉淀相等，所以实际的解理面是一簇相互平行的（具有相同晶面指数）、位于不同高度的晶面。这种不同高度解理面之间存在着的台阶称为解理台阶。在解理裂纹的扩展过程中，众多的台阶相互汇合便形成河流状花样，它由"上游"许多较小的台阶汇合在"下游"较大的台阶，"河流"的流向就是裂纹扩展的方向。可见，河流花样就是裂纹扩展中解理台阶在图像上的表现。裂纹源常常在晶界处，当解理裂纹穿过晶界时将发生"河流"的激增或突然停止，这取决于相邻晶体位向和界面性质。

当解理裂纹以很高速度向前扩展时塑性变形只能以机械孪晶的方式进行，这时裂纹沿着孪晶-基体界面进行扩展,在裂纹的前端形成"舌状花样"。这种特征在解理断裂中也经常看到。图 6.20 为 X70 钢解理断口微观形貌。

此外,羽毛状花样、二次裂纹等,在解理断口也常发现。

准解理断裂也是一种脆性的穿晶断裂,断裂沿一定的结晶面扩展,也有河流花样,与解理断裂没有本质区别。但其河流一般是从小平面中心向四周发散的(断裂源起于晶粒内的碳化物),形状短而弯曲,支流少,并形成撕裂岭。准解理断口常出现于具有回火马氏体组织的碳钢及合金钢中,尤其是在低温冲击试验时。

低温、高应变速率、应力集中及晶粒粗大均有利于解理的发生。解理裂纹一旦形成,就会迅速扩展,造成灾难性破断。图 6.21 为 X70 钢准解理断口微观形貌。

图 6.20　X70 钢解理断口微观形貌 　　图 6.21　X70 钢准解理断口微观形貌

(3) 沿晶断口。沿晶断口又称晶界断裂,此时断裂沿晶界发生。因为晶界往往是析出相、夹杂物及元素偏析较集中的地方,因而其强度受到削弱。沿晶断裂多属脆性,微观上为冰糖状断口。但在某些情况下,如由于过热而导致的沿原奥氏体晶界开裂的石状断口,在石状颗粒表面上有明显的塑性变形存在,呈韧窝特征,而且韧窝中常有夹杂物,这种断口称为延性沿晶断口。图 6.22 为沿晶断口微观形貌。

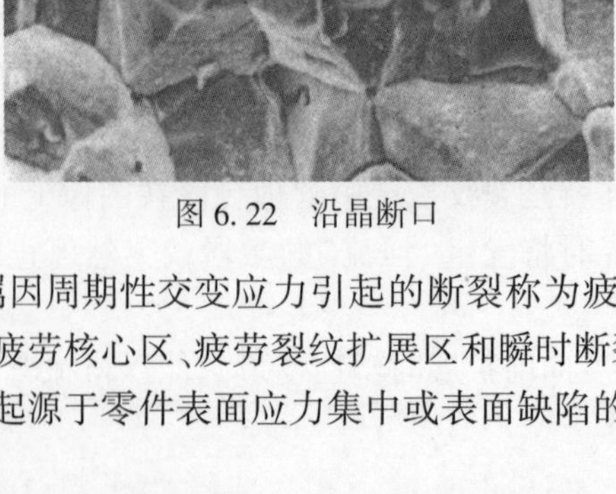

图 6.22　沿晶断口

(4) 疲劳断口。金属因周期性交变应力引起的断裂称为疲劳断裂。从宏观上看,疲劳断口分为三个区域,即疲劳核心区、疲劳裂纹扩展区和瞬时断裂区。疲劳核心是疲劳裂纹最初形成的地方,一般起源于零件表面应力集中或表面缺陷的位置,如表面槽、孔、过渡

小圆角、刀痕和材料内部缺陷(夹杂、白点、气孔等)。疲劳裂纹扩展区裂纹扩展缓慢,断口较为平滑,其微观特征是具有略带弯曲但大致平行的疲劳条纹(与裂纹扩展方向垂直),条纹间距取决于应力循环的振幅。

一般地说,面心立方的金属,如铝及其合金、不锈钢的疲劳纹比较清晰、明显;体心立方金属及密排六方金属中疲劳纹不及前者明显;超高强度钢的疲劳纹短而不连续,轮廓不明显,甚至难以见到,而中、低强度钢则可见明显规则的条纹。形成疲劳纹的条件之一是至少有1000次以上的循环寿命。

疲劳又可分为韧性疲劳和脆性疲劳两类,后者的特征是在断口上还能观察到放射状的河流花样,疲劳纹被放射状台阶分割成短而平坦的小段。

(5) 应力腐蚀开裂断口。应力腐蚀开裂是在一定介质和拉应力共同作用下引起的一种破坏形式。其过程大致是,首先在材料表面产生腐蚀斑点,然后在应力和介质的联合作用下逐渐连接而形成裂纹,并向材料内部浸蚀和扩展,直至断裂。因而其断口宏观形貌与疲劳断口颇为相似,也包括逐渐扩展区和瞬断区两部分,后者一般为延性破坏。

因材料性质和介质不同,应力腐蚀开裂可能是沿晶的,也可能是穿晶的。其断口的微观特征主要是腐蚀坑、腐蚀产物及泥状花样。

2) 高倍金相组织观察与分析

扫描电镜不仅在材料断裂研究中有十分重要的价值,同时在观察显微组织、第二相的立体形态、元素的分布以及各种热处理缺陷(过烧、脱碳,微裂纹等)方面,也是一种十分有力的工具。

在多相结构材料中,特别是在某些共晶材料和复合材料的显微组织和分析方面,由于可以借助于扫描电镜景深大的特点,所以完全可以采用深浸蚀的方法,把基体相溶去一定的深度,使得欲观察和研究的相显露出来,可以在扫描电镜下观察到该相的三维立体的形态,这是光学显微镜和透射电镜无法做到的。图6.23为CFRP材料的拉伸断口微观形貌。

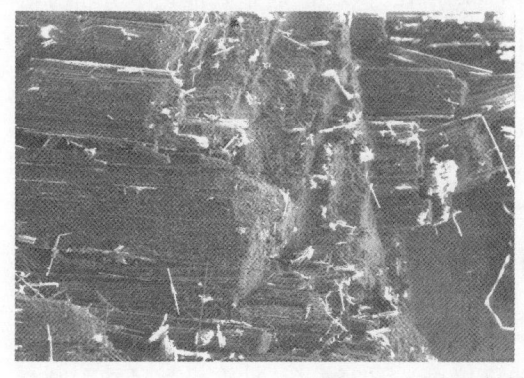

图6.23 CFRP材料的拉伸断口微观形貌

3) 断裂过程的动态研究

有的型号的扫描电镜带有较大拉力的拉伸台装置,为研究断裂过程的动态过程提供了很大的方便。在试样拉伸的同时既可以直接观察裂纹的萌生及扩展与材料显微组织之间的关系,又可以连续记录下来,为科学研究提供最直接的证据。

2. 原子序数衬度及其应用

原子序数衬度是利用对样品微区原子序数或化学成分变化敏感的物理信号作为调制信号得到的、表示微区化学成分差别的像衬度。背散射电子、吸收电子和特征X射线等信号对微区原子序数或化学成分的变化敏感，所以可用来显示原子序数或化学成分的差别。

背散射电子产额随样品中元素原子序数的增大而增加，因而样品上原子序数较高的区域，产生较强的信号，在背散射电子像上显示较高的衬度，这样就可以根据背散射电子像亮暗衬度来判断相应区域原子序数的相对高低，对金属及其合金进行显微组织分析。

背散射电子能量较高，离开样品表面后沿直线轨迹运动，故检测信号强度远低于二次电子，因而粗糙表面的原子序数衬度往往被形貌衬度所掩盖。为此，对于显示原子序数衬度的样品，应进行磨平和抛光，但不能浸蚀。样品表面平均原子序数大的微区，背散射电子信号强度较高，而吸收电子信号强度较低，因此背散射电子像与吸收电子像的衬度正好相反。

6.3.3 电子探针

电子探针(Electron Probe Micro Analyzer,EPMA)是用作微区成分分析的仪器。它是在电子光学和X射线光谱学原理的基础上发展起来的一种高效率分析设备。其原理就是用细聚焦电子束轰击试样，激发出样品中所含元素的特征X射线，而不同的元素具有不同的X射线特征波长和能量，通过鉴别其特征波长或特征能量来确定出所含元素的种类(定性分析)，通过分析X射线的强度来确定出样品中相应元素的含量(定量分析)。其中，用来测定X射线特征波长的谱仪称为波长色散谱仪(Wave Dispersive Spectrometer,WDS)，简称波谱仪；用来测定X射线特征能量的谱仪叫做能量色散谱仪(Energy Dispersive Spectrometer,EDS)，简称能谱仪。

电子探针适用微区、微粒和微量的成分分析，具有分析元素范围广、灵敏度高、准确、快速以及不损耗样品等特点，可以进行定性和定量分析。这些优点是其他化学分析方法无可比拟的，因此电子探针在许多领域中得到了广泛的应用。

6.3.3.1 电子探针仪结构

通常，电子探针镜筒部分的构造大体上和扫描电镜相同，只是在探测器部分使用的是X射线谱仪，专门用来检测X射线的特征波长或特征能量，以此来对微区的化学成分进行分析。因此，除专门的电子探针仪外，有相当一部分电子探针仪是作为附件安装在扫描电镜或透射电子显微镜镜筒上，以满足微区组织形貌、晶体结构及化学成分三位一体同位分析的需要。

图6.24所示为电子探针的结构示意图。它主要由电子光学系统(镜筒)、观察光学系统(显微镜)、样品室、信号检测系统(X射线谱仪等)、真空系统、计算机与自动控制系统组成。

1. 电子光学系统

电子光学系统和扫描电镜基本相同，由电子枪、电子透镜(通常有两个透镜)、扫描线圈、光阑等组成。它是X射线的激发源，其作用是产生稳定的、具有足够电流密度并能在试样表面聚焦的高能细电子束。电子探针仪兼有扫描成像功能，电子束可以在固定的光轴位置轰击样品进行点分析，又可以借助于扫描线圈使电子束在样品表面进行线或面的扫描，这样就可以同时进行组织形貌及化学成分的分析。

2. 光学显微系统

为了便于选择和确定样品表面上的分析微区，镜筒内装有与电子束同轴的光学显微镜，确保从目镜中观察到微区位置与电子束轰击点的位置精确地重合。

3. 样品室

样品室位于电子光学系统下方，样品台可放几个样品。电子探针要求分析的样品平面与入射电子束垂直，样品台可作 X、Y 轴方向的平移运动，Z 轴方向的精密调节是为了保证工作距离的恒定。样品台也可在 45°或 60°范围以内做倾斜调节，对于探针分析来说，样品平面的倾斜可增大出射角，使 X 射线信号强度提高。但非垂直入射条件下定量分析的校正计算较困难，精度也差，所以倾斜调节一般仅用于扫描成像方式。

一般样品可以用作元素的定性和定量分析，但对于定量分析的样品，必须严格保证表面清洁和平整。因为表面凹凸不平影响谱仪的聚焦条件。不平整的表面常常导致 X 射线出射过程中受到额外的吸收，使强度减弱。粗糙表面又常常带来一些虚假的 X 射线强度，这是因为分析点以外的凸起处受到背反射电子或 X 射线的激发而产生附加的 X 射线信号。

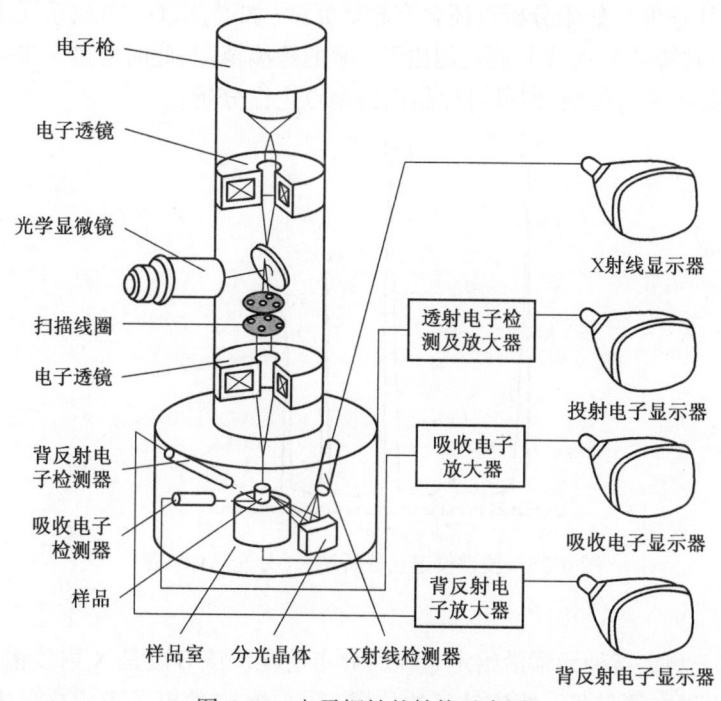

图 6.24 电子探针的结构示意图

4. 信号检测系统

电子探针仪中用于检测 X 射线信号进行微区成分分析的是波谱仪或能谱仪。两种谱仪的分析方法差别比较大，前者是用光学的方法，通过晶体的衍射来分光测定 X 射线特征波长，后者是用电子学的方法测定 X 射线特征能量。此外，电子探针还可以检测二次电子、背射电子、吸收电流、阴极发光和其他电子等信息进行成像和成分的同位分析。

5. 真空系统和电源系统

由机械泵和油扩散泵构成的真空系统使电子光学系统、样品室和 X 射线分光计处于高真空状态,确保它们正常工作、防止样品污染。电源系统由稳压、稳流及相应的安全保护电路所组成。

6.3.3.2 电子探针分析方法

电子探针 X 射线波谱及能谱分析有三种基本的工作方法:定点分析、线分析和面分析。

1. 定点分析

定点分析用于测定样品上某个指定点(成分未知的第二相,夹杂物或基体)的化学成分。方法是关闭扫描线圈,使电子束固定在所要分析的某一点上,连续和缓慢地改变谱仪长度(改变晶体的衍射角 θ),就可能接收到此点内的不同元素的 X 射线,根据记录仪上出现衍射峰的波长,可确定被分析点的化学组成。这就是电子探针波谱仪的分析方法,同样,也可以采用能谱仪进行分析。如果用标样做比较则可以进行定量分析,目前较先进的谱仪都采用先进的计算机定量分析计算的操作,可以很方便地进行定量分析。

图 6.25 是某合金钢的基体组织的定点分析结果,横轴表示测试过程中根据波谱仪长度变化标定的衍射角 θ,从而确定每个衍射峰所对应的元素及其线系。纵轴表示对应每个波长的 X 射线强度。如果分析点还含有超轻元素(如 C、N、O 等)或重元素(如 Zr、Nb、Mo 等)时,由于其特征 X 射线的波长超出了 LiF 的检测范图,此时应进一步采用面间距不同的其他分光晶体进行检测,即可对样品进行定点全谱分析。

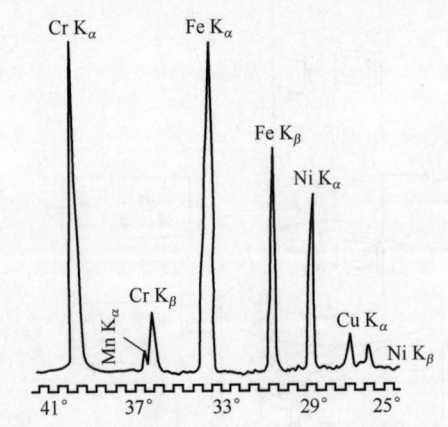

图 6.25 波谱仪定点分析结果(分光晶体:LiF)

2. 线分析

线分析用于测定某种元素沿给定直线的分布情况。该方法是 X 射线谱仪(包括波谱仪和能谱仪)设置在测量某一指定波长的位置(图 6.26),使电子束沿样品上某条给定直线从左向右移动,同时用记录仪或显像管记录该元素在这条直线上的 X 射线强度变化曲线,就是该元素的浓度曲线。

3. 面分析

面分析是把 X 射线谱仪固定在某一波长的地方,利用仪器中的扫描装置使电子束在样品表面上扫描,同时,显像管的电子束受同一扫描电路的调制作同步扫描。显像管亮度由样品给出的信息(如 X 射线强度,二次电子强度)调制,可以得出样品的形貌像和某一元素的成分分布像,两者对比可以清楚地看到样品中各个部位的成分变化。图 6.27 为面扫描。

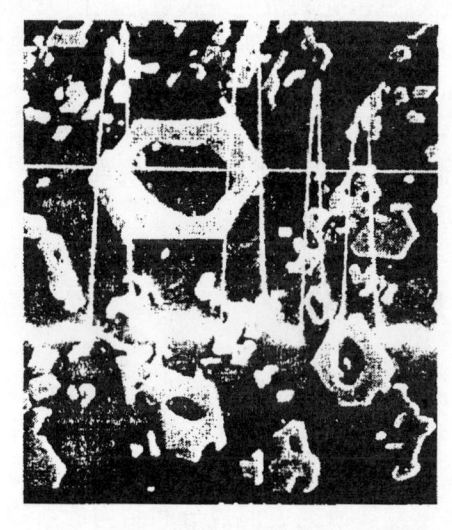

图 6.26　线扫描 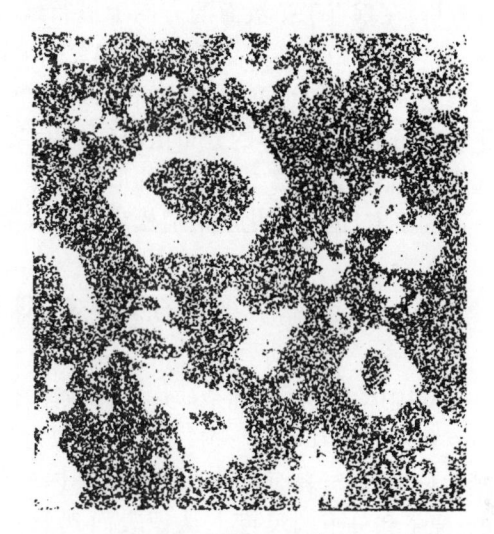　　　　　　　　　　图 6.27　面扫描

6.3.3.3　电子探针的应用

电子探针的最早应用领域是金属学,后来用于陶瓷、塑料、纤维等非金属材料的成分研究与检测方面,并能对牙齿、骨骼、细胞、木材、树叶和根等生物样品中含有的元素进行探测。因而,电子探针无论在金属材料领域,还是在地质、生物、化工等领域都已得到广泛的应用。下面介绍电子探针主要在金属材料领域的应用。

1. 测定合金中相成分

合金中的析出相往往很小,有时几种相同时存在,因而用一般方法鉴别十分困难。例如,不锈钢在 1173K 以上长期加热后,析出很脆的 δ 相和 χ 相,其外形相似,金相法难以区别。但用电子探针测定 Cr 和 Mo 的成分,可以从 Cr/Mo 的比值来区分 δ 相(Cr/Mo 为 2.63~4.34)和 χ 相(Cr/Mo 为 1.66~2.15)。

2. 测定夹杂物

钢中大多数非金属夹杂物对性能起不良的影响。用电子探针能很好地测定出夹杂物的成分、大小、形状和分布,这为选择合理的生产工艺提供了依据。

3. 测定元素的偏析

在冶炼、铸造、焊接或热处理过程中,材料中往往不可避免地会出现众多的微观现象,如晶界偏析、树枝状偏析、焊缝中成分偏析等,而用"电子探针"可以对它们进行有效地分析。绝大多数金属材料都是通过熔炼和结晶获得。各种元素熔点不同以及晶界与晶粒内部结构上的差异,往往会造成金属在结晶和热处理过程中晶界元素的富集或贫乏现象;而焊接时,母材与焊缝常存在造成元素的偏析现象;在铸造合金中由于元素的因素也会引起成分的偏析。这些偏析现象有时对材料的性能会带来极大的危害,用电子探针进行面扫描就可以很直观地看到偏析的情况。

4. 研究元素扩散现象及测定渗层厚度

利用电子探针研究金属材料的氧化和腐蚀问题,测定薄膜、渗层或镀层的厚度和成分等问题,是机械构件失效分析、生产工艺选择、特殊用材剖析等的重要手段。采用电子探针分析,在垂直于扩散面的方向上进行线分析,即可显示元素浓度与扩散距离的关系曲线;若以微米距离逐点分析,还可测定扩散系数和扩散激活能。同样,可以测定化学热处理渗层以及氧化和腐蚀层厚度和元素分布。例如,用线分析方法清楚地显示出元素从氧化层表面至内部基体的分布情况。如果把电子探针成分分析和 X 射线衍射相分析结合起来,就能把氧化层中各种相的形貌和结构对应起来。而用透射电子显微镜难以进行这方面的研究,因为氧化层常疏松难以制成金属薄膜。

6.4　材料表面成分检验

除固体内部缺陷和杂质影响其性能之外,固体表面(包括晶界和相界等内表面)状态对材料性能也有重要影响。例如,金属材料氧化和腐蚀,材料脆性和断裂行为,半导体外延生长等,都与表面几个原子层范围内的化学成分及结构有密切关系,从而要求从微观的、原子和分子的尺度上认识表面现象,为此需要发展研究表面成分和结构的新物理方法。

在研究表面现象时,由于涉及的层深很浅,故需对样品的制备和分析过程进行严格控制,防止外来污染造成的假象和误差。因此,用于分析的仪器必须具有极高的真空度 $10^{-7} \sim 10^{-8}$ Pa;同时,被检测信息来自极小的采样体积,信息强度微弱,因此,对信息检测系统的灵敏度要求也很高。由于上述原因,表面分析技术一直到 20 世纪 60 年代以后,随着超高真空技术和电子技术的发展才开始出现,并得到了较快的发展。

本节主要介绍俄歇电子能谱分析、原子探针显微分析和 X 射线光电子能谱分析。

6.4.1　俄歇电子能谱分析

俄歇电子能谱(Auger Electron Spectroscopy, AES)是用单能电子辐照置于真空中的样品,随着入射电子与表面原子的相互作用,由俄歇过程从表面发射出电子,测量这些俄歇电子的能量,可以得到关于表面原子的性质和化学形态的信息。俄歇电子能谱可以作物体表面的化学分析、表面吸附分析和断面的成分分析。

6.4.1.1　俄歇电子能谱仪

俄歇电子能谱仪包括以下几个主要部分:电子枪、能量分析器、二次电子探测器、样品分析室、溅射离子枪和信号处理与记录系统等,如图 6.28 所示。样品和电子枪装置需置于 $10^{-7} \sim 10^{-9}$ Pa 的超高真空分析室中。俄歇电子能谱仪中的激发源一般都用电子束。由电子枪产生的电子束容易实现聚焦和偏转,并获得所需的强度。近年来由于电子枪技术的发展,用场发射或高亮度热发射代替传统的热阴极发射,并用磁透镜代替静电聚焦,可以得到直径小于 30nm 的入射束,从而使真正的微区分析成为可能。

电子能量分析器是能谱仪的中心部分。由于用电子束照射固体时,将产生大量的二次电子和非弹性背散射电子,它们在俄歇电子能谱能量范围内构成很高的背景强度,所以俄歇电子的信噪比极低,检测相当困难,需要某些特殊的能量分析器和数据处理方法(如俄歇谱的微分等）来加以解决。电子能量分析器的种类很多，主要有阻挡场分析器（RFA）及圆筒镜分析器（CMA）两种，目前的俄歇能谱仪大多采用圆筒镜分析器作为俄歇电子检测装置。与阻挡场分析器相比，筒镜分析器具有点传输率很高、有很好的信噪比特性、灵敏度比前者高出 2~3 个数量级等优点。

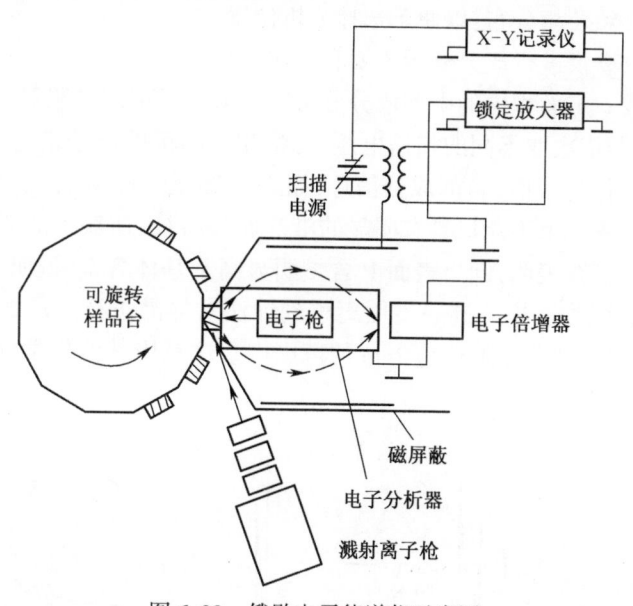

图 6.28 俄歇电子能谱仪示意图

俄歇能谱仪的主要性能指标有能量分辨率、信噪比和检测极限。俄歇能谱仪的能量分辨率主要由其能量分析器决定，此分辨率通常用次级电子能分布曲线上弹性峰的半高宽来确定。目前，俄歇能谱仪的分辨率范围大致为 0.3~1.2。俄歇能谱仪信噪比的理论估计值可达 10^4。实用中关心的是信噪比低至两者不能区分时的情况。一般要信噪比大于 2，才可能区分信号与噪声。微分谱中常以峰高作为信号，其附近的微小波动作噪声，用二者峰高之比作信噪比。若可检测的信噪比下限定为 2，根据理论估算的最大信噪比可达 10^4，外推到 2 时的检测极限约为 100ppm（一百万分之一）。考虑到实际条件，典型值为 10000ppm，即可检测极限为 0.1%~1%，相当于体浓度为 $5×10^{18}$ ~ $5×10^{19}$ 个原子/cm^3，面浓度为 $5×10^{12}$ ~ $5×10^{13}$ 个原子/cm^2。检测极限与入射束流、分析器效率、检测线路等许多因素有关。

6.4.1.2 俄歇能谱测量与分析

俄歇电子能谱采用 X-Y 记录仪或阴极射线管记录谱线。将能量器的扫描电压 U 聚作 X 坐标信号（U 决定能够通过筒镜分析器的电子的能量值，因而 X 坐标表示信号电子的能量，即俄歇电子的能量）；把相敏检波器的输出信号取作 Y 坐标信号（表示电子数目随能量分布的一次微分，即 $dN(E)/dE$，从而显示出微分形式的俄歇电子能谱图。根据俄歇峰所在的能量位置，查表或与标准谱图对照，即可确定产生这些峰的化学元素。

对于普通的俄歇谱仪，由于电子束的方向是固定的，且束斑直径较大（一般为数十微米），测量结果是一定面积范围内的平均值。

在材料科学的研究中，研究者除了对材料的成分关心以外，更关心材料表面成分对材料性能的影响,还需要了解元素在表面(包括界面)上的存在形式(存在于固溶体中还是以化合物形式存在)和分布状态(均匀分布还是集中在表面的某些区域),这时需要使用扫描俄歇谱仪。像电子探针分析方法一样,扫描俄歇谱仪的入射电子束可以按照要求在样品表面进行光栅式扫描。同时,仪器带有二次电子和吸收电子检测器,可以在荧光屏上显示样品的表面形貌及相分布,以便于选择分析位置。

利用扫描俄歇谱仪进行成分分析主要有下述4种方式。

(1) 点分析或一定面积内的平均成分分析。入射电子束固定照射某点或在一定面积内扫描,能量分析器依次取不同的扫描电压 U,将相应的俄歇电子谱记录在 X-Y 记录仪上,即可获得被分析点(或面内)的成分信息,如图 6.29 为 Cr-Ni 合金钢在回火脆性断口表面俄歇电子能谱图。由于断口具有明显的沿晶断裂特征,所获得的能谱曲线可以反映晶界的化学成分。谱线表明,断口表面 P 含量明显高于基体含量,说明在回火状态下,在晶界处发生了 P 的强烈富集。进一步用离子刻蚀法对样品进行逐层的纵向成分分析的结果表明,P 的富集深度在晶附近约 2nm 的范围内。这是用其他化学分析方法及电子探针微区分析无法做到的。

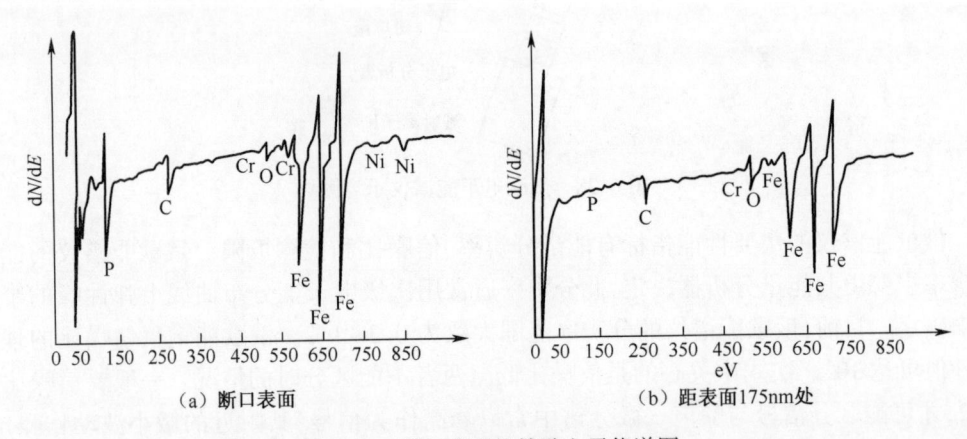

图 6.29 断口表面的俄歇电子能谱图

(a) 断口表面 (b) 距表面175nm处

(2) 线分析。入射电子束沿预先定的某一直线扫描,调节能量分析器扫描电压 U,用选定元素的俄歇电子信号作为荧屏的亮度调制或 X-Y 记录仪的 Y 信号调制,显示出该元素给定直线的浓度变化。

现代的扫描俄歇谱仪可以同时对 5 条给定的直线进行扫描,并分别显示与记录 5 种不同的俄歇谱线。

(3) 元素面分布图。入射电子束在待分析区内作光栅扫描,调整电子能量分析器只让某种选定能量电子通过(即仅监测某种指定元素的俄歇电子),并用相敏检波器的输出调制记录显示系统,得到该元素的俄歇电子显微像。

(4) 纵向浓度分布。利用离子枪对样品表面进行溅射刻蚀,然后逐层测定其化学成分,则可以得到元素沿纵深方向的浓度分布。这种分析手段是电子探针无法做到的。

6.4.1.3 俄歇电子能谱技术应用

俄歇电子谱仪主要是研究固体表面及界面的各种化学的变化,通过成分分布的规律来研究和解释许多与表(界)面吸附及偏聚等物理现象,从而来改变和控制元素在表(界)

面的分布,达到改善材料性能的目的。

1. 研究金属及合金脆化的本质

晶间断裂是脆性断裂的一种特殊形式,有的是由于片状沉淀在晶界析出而引起的,可以用扫描电镜、选区电子衍射、电子探针等手段确认晶界析出物的形貌、晶体结构和化学成分,从而找出产生脆断的原因。但是,还有一些典型的晶间脆断,如合金钢的回火脆断及难熔金属的脆断,在电子显微镜放大几十万倍下观察,仍未能在晶界处发现任何沉淀析出,人们一直怀疑这可能是一些有害杂质元素在晶界富集而引起脆断,但一直苦于拿不出直接的证据。直到在俄歇能谱对断口表面进行分析后,合金钢回火脆性本质才被揭开。

难熔金属的晶间脆断也是在俄歇谱仪问世后才把问题搞清楚。过去人们一直认为难熔金属的晶间脆断是氧化引起的,为此有意识地在金属中加入微量碳,以期在氧化后产生一氧化碳而得到脱氧的效果。但是,这种措施并未得到预期的结果。最后在对区域提纯钨和一般冶炼钨的俄歇谱线分析结果上找到了答案,两种工艺生产的钨试样的断口表面上都含有少量的碳和氧,但一般冶炼工艺的钨断口表面还含有相当多的磷,而区域提纯的钨断口表面则不含磷。由此可以看出,钨中引起晶间脆断不是氧而是磷。尽管磷含量仅为百万分之五十,但它却在晶界两侧几纳米的范围富集相当高的浓度,从而导致脆断。

可见,表界面的元素偏聚问题是金属及合金中影响其性能的一个很重要的问题,而在表界面的成分分析研究中,俄歇谱仪具有其他分析仪器不可替代的作用。

2. 了解微合金化元素的分布特性

早在20世纪五六十年代,人们就发现微合金化对材料组织和性能有很大影响,如结构钢加硼(B)可以提高淬透性,高温合金中加硼(B)、锆(Zr)、稀土元素可提高抗蠕变性能等。但金相观察或化学分析均无法查知这些元素的存在形式和分布状态。有人推测,可能由于表面吸附现象,使这些元素富集在晶界上,从而改善晶界状态,进而影响相变过程及提高高温下晶界的强度。俄歇谱仪为研究这些微量元素的作用机理提供了有效的手段。类似的问题还有很多,如铝合金变质机理和长效变质剂的研究,化学热处理中稀土元素催渗机理的研究,稀土元素在钢中的形态及分布规律的研究等。

3. 复合材料界面成分的分析

复合材料中增强纤维与基体金属之间的结合力,与界面上杂质元素的种类及含量有着极密切的关系,为了获得所要求的基体和纤维的相容性,必须控制基体成分和杂质含量。在选择扩散阻挡层的成分、种类的研究中,俄歇谱仪都成为一种必须的试验手段。

由上所述,可以看出,俄歇谱仪主要用于研究表面和界面的问题,这类问题在材料科学研究中是经常遇到的关键性问题。例如:电极合金与半导体界面上的互扩散,离子溅射工艺中择优溅射引起在表面形成一个与基体成分不同的成分改变层;烧结合金中界面和孔洞表面元素成分变化;在陶瓷和薄膜材料中俄歇谱仪都是重要而不可替代的分析测试手段。

6.4.2 原子探针显微分析

材料微观结构及微区成分的研究,是各国材料科学家最为关心的问题。扫描或透射电镜、俄歇谱仪、二次离子质谱这些分析技术受分辨率的限制,难以直接观察到固体表面单个原子。场离子显微镜(FIM)由于具有高分辨率,高放大倍数的特点,故可以直接观察到固体表面单个原子,将场离子显微镜与飞行时间质谱仪组合成场离子显微镜—原子探针(FIM-AP),可鉴别几纳米的极微区的化学成分,并且对原子序数无任何限制,因此,原子探针显微分析技术越来越受到人们的青睐。

随着表面物理及材料科学研究的不断发展,FIM-AP 仪器本身在提高,而且 FIM-AP 应用范围也在不断扩大。目前,在金属材料中的应用大致分为两方面:在金属材料内部结构方面,包括晶体缺陷、位错观察、界面和晶界偏析出及沉淀相析出的研究;在金属表面结构和表面反应方面,包括表面台阶类型,金属原子在晶体表面的凝聚、迁移及扩散的研究。

6.4.2.1 场离子显微镜结构与工作原理

场离子显微镜结构如图 6.30 所示,其主要结构是一个玻璃真空容器。被检测样品为阳极(顶端曲率半径约为 20~200nm 的针尖),并固定在容器的轴线上。为了减小样品表面原子热振动,通常用液氮或液氦降低样品温度,以提高像的分辨率。真空容器的一端是磷荧光屏,在其上面有一个电子通道倍增板,其作用是将微弱成像的离子束转化为信号很强的电子束。显微镜工作时,首先在容器中充以低压惰性气体作为成像气体,当样品的电势增高时,强电场使样品附近成像气体原子极化,并拽向样品表面。气体原子在针尖表面做连续的非弹性跳动。在离针尖表面约 0.4nm 处,气体原子的一个电子通过量子力学隧道效应进入试样未占满的能级,从而使成像气体原子变为正离子,此过程也称为场电离。通常来说,场电离更易在较为突起样品表面的原子上发生,结果使正离子从样品表面离开,沿着近似法向轨迹运动,经电子通道板增益后,在荧光屏上形成亮斑(像点)。其成像原理如图 6.31 所示。

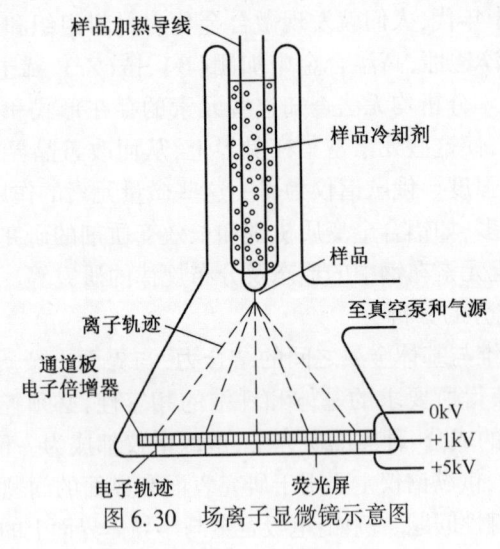

图 6.30 场离子显微镜示意图

场离子显微镜的放大率可近似为

$$M = \frac{D}{\beta r}$$

式中:D 为样品到荧屏的距离;r 为样品端面的曲率半径;β 为常数(约为 1.5)。

当端面半径为 100nm,距离荧屏 10cm,得到的放大倍数约为 100 万倍。从上式中可看出,放大倍数由端面曲率半径决定,这就意味着不同样品其放大倍数有明显不同。

在通常操作温度下,分辨率是由离化瞬间气体原子的热运动速度所控制。速度的横向分量导致从任何一个原子位置上离子的发射角扩张使对应的像点大小增加,因此要得

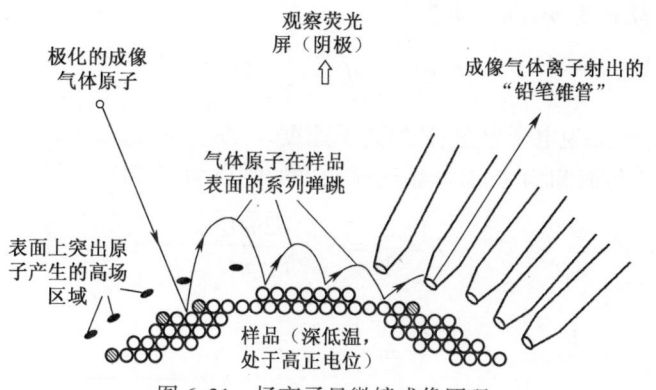

图 6.31 场离子显微镜成像原理

到原子级分辨率的图像,需要将样品冷却到较低的温度,由此降低气体原子的切向速度,从而使离子的发射角减小。一个 50nm 曲率半径的样品在氦气中成像,在 20K 的分辨率近似为 0.2nm,而同样条件下 80K 成像分辨率约为 0.35nm。

6.4.2.2 原子探针工作原理与结构

1967 年,Müller 和 Panitz 设计的第一台原子探针是由一台质谱仪与一台场离子显微镜组合,可实现场离子成像中的单个原子的元素鉴别。原则上,可用任何类型的质谱仪,但在实际中使用最多的是飞行时间质谱仪。

针尖试样上施加足够强的电场强度,当场强超过某一临界值时,表面原子就会离开试样形成正离子,这个过程称为场蒸发。蒸发一般以单原子层蒸发,同时也与针尖表面形貌及晶体取向有关。当电压恒定时,随着场蒸发的发生,针尖曲率半径随之增加,由于场强减弱使蒸发速率下降。原子探针的物理基础就是场蒸发,图 6.32 给出原子探针的原理图。将这些从针尖上场蒸发的离子引入质谱仪,就能对其进行化学成分分析。为了实现这个分析,在场离子显微镜的成像荧光屏上开一个小探孔,样品固定在一个可以转动的支架上,以便使图像上的某个小的区域调整到与单个离子灵敏的飞行时间质谱仪成一直线。质谱仪由一支飞行管组成,管的末端装有对单原子灵敏的检测器。在原子探针分析中必须严格控制场蒸发过程,通常采用纳秒脉冲叠加在直流电压上,用它不仅能控制原子蒸发速率,而且也能打开计时器门电路测量场蒸发离子的飞行时间。

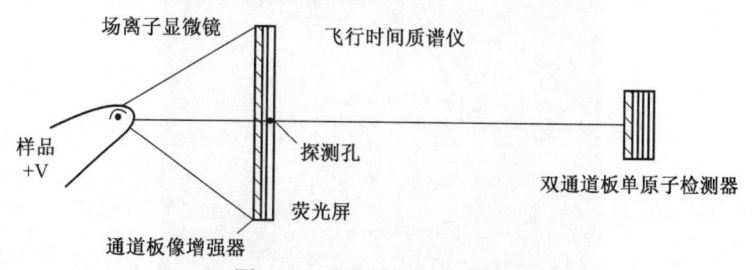

图 6.32 原子探针的原理图

原子探针基本工作原理是先形成样品的场离子图像,调整样品位置,以便被选择区域的离子像落在通道板和荧光屏的小孔上。当在样品上施加高于蒸发场的脉冲电压时,将产生场蒸发。此时电离的原子从样品表面剥落,但只有穿过小孔的离子才能进入质谱仪被分析。这些离子的质荷比 m/n 可利用飞行时间质谱仪来测出离子飞行时间求得。若

离子的价数为 n,质量为 m,则其动能为

$$E_k = neU = \frac{1}{2}mV^2$$

式中:U 为脉冲高压;e 为电子电量;V 为离子速度。

如果测得其飞行时间为 T,而样品到检测器的距离为 S,则有

$$T = \frac{S}{V} = S \Big/ \sqrt{\frac{2neU}{m}}$$

可得出

$$\frac{m}{n} = 2eU\frac{T^2}{S^2}$$

当准确地测量出离子的飞行时间 T,根据上式可计算出离子的质荷比,从而完成了元素的鉴别。

6.4.2.3 原子探针场离子显微镜应用

近些年来,随着科学技术的飞速发展,原子探针场离子显微镜无论在性能还是质量上都得到极大的改善,因而其应用领域也在不断地扩大。由于原子探针场离子显微镜具有原子级分辨本领,因而它已成为材料科学和表面物理领域内不可多得的实验手段。

1. 晶体表面结构的研究

由于原子探针场离子显微镜具有原子级的分辨率,因此具有检测单个原子的特点。钨在 FIM-AP 研究中广泛用作表面原子迁移及功函数测量等方面基体材料,因此对钨晶体的场离子显微镜观察及图像分析有助于了解金属及合金复杂结构的成像机理及其结构特征。图 6.33 为钨的场离子像。对于大多数元素,特别是难熔金属如钼(Mo)、铱(Ir)、铼(Re)等能观察到类似的原子像。它显示出原子占据在场稳定的低坐标位置,而不是通常的晶格位置。

同样,FIM-AP 在研究合金相变、晶体缺陷、有序无序转变、固溶体短程有序化及簇和合金中沉淀分解过程等都是有力的手段。图 6.34 为螺旋位错的场离子显微图像。

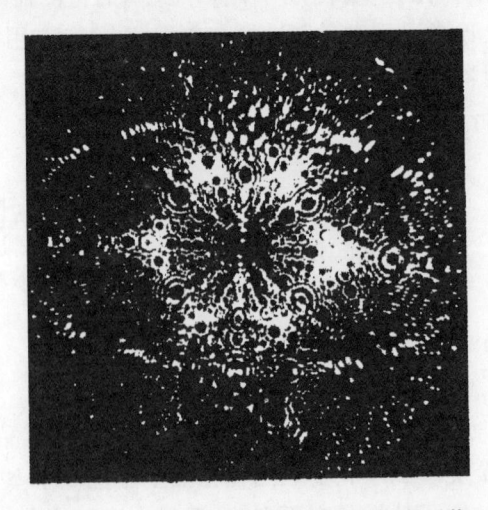

图 6.33 一个(011)取向钨样品的场离子像

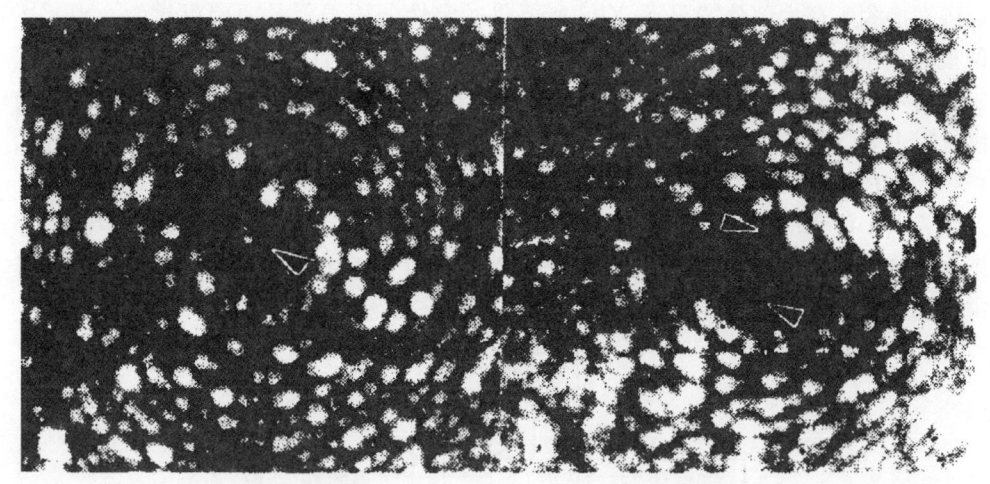

(a) Fe-Be合金中的单螺旋位错　　　　　(b) 经中子辐照过的容器压力钢中的双螺旋位错

图 6.34　螺旋位错的场离子显微图像

2. 金属中氢的研究

金属中氢的研究至今已有 100 多年,随着近代科学技术的迅速发展,氢对金属性能的影响日益引起人们的重视,研究氢与金属的交互作用也逐渐深化。以前较少有人用原子探针场离子显微镜研究过氢,因为氢与金属的交互作用很强,而氢在某些金属中扩散非常快,并且不易在真空中移去,控制实验非常困难,分辨金属与金属氢化物更加不易。利用直型飞行时间质谱仪的原子探针,是不能获得极高的分辨率的。

1974 年,美国宾州大学发明的能量补偿原子探针,通过利用一个聚焦型静电透镜消除了场蒸发离子的能量不稳定性,获得了高的质量分辨率($m/\Delta m \geqslant 1000$)。应用此高效能原子探针研究了 Fe-0.29ω%Ti 合金在充氢前与高温充氢后,进行原子探针分析和场离子显微,结果发现,在晶粒边界聚集了 H、H_2、FeH 及 TiH_2,还观察到一个微裂纹的形成和扩展。

原子探针场离子显微镜在精确测定存在于合金中的相成分,高熔点元素是否在相界面上偏聚等方面,也都成为一种重要手段。例如,IN939 是一种主要用于造船业的高铬镍基超合金,在四级热处理后,将产生超细化的二次沉淀物,而这种二次沉淀物在 TEM 图像上是模糊不清的,采用场离子显微镜就能清晰地观察到它们。

显然,原子探针场离子显微镜在研究晶(相)界元素偏聚和分布方面是其他仪器无法比拟的。

6.4.3　X 射线光电子能谱分析

X 射线光电子能谱(X-ray Photoelectron Spectroscopy,XPS)技术起始于 100 多年前原子物理发展的早期,光电效应发现之后。XPS 亦称化学分析电子能谱(Electron Spectroscope for Chemical Analysis,ESCA),主要用于分析表面化学元素的组成、化学态及其分布,特别是原子的价态、表面原子的电子密度、能级结构。

XPS 能够提供对材料研究非常有用的丰富信息,可用来检测固体材料表面及体相(通过合适的取样方法)所存在的化学元素。除了氢和氦,所有元素都可通过 X 射线光电子能谱来检测。在大部分情况下,XPS所提供的定性分析结果是明确可靠的。XPS还是一种很有用的半定量分析技术。在材料研究中,由XPS测量所得的化学组成对建立组分—过程—性能的关系非常有价值。通过对电子结合能及俄歇参数的分析,XPS实验可提供材料中元素的化学价态信息,这对于研究材料的化学性能及其变化是非常有效的。

6.4.3.1 XPS系统组成

随着电子能谱应用的不断发展,电子能谱仪的结构和性能在不断地改进和完善,并且趋于多用型的组合设计电子能谱仪。XPS系统一般由超高真空系统、X射线光源、分析器系统、数据系统及其他附件组成,仪器结构如图6.35所示。

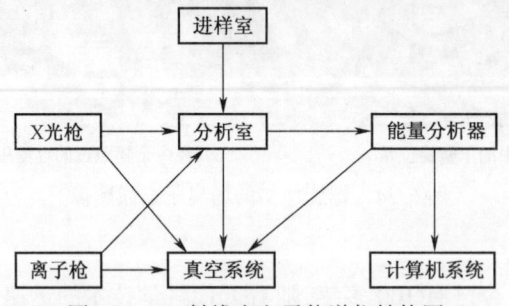

图6.35 X射线光电子能谱仪结构图

1. 超高真空系统(UHV)

超高真空系统是进行现代表面分析及研究的主要部分。谱仪的光源、进样室、分析室及探测器等都安装在超高真空中,通常超高真空系统真空室由不锈钢材料制成,真空度优于1×10^{-8}MPa。

2. X射线光源

常规X射线源是用来产生X射线的装置。X射线源主要由灯丝阳极靶及滤窗组成,常用的有Mg/Al双阳极X射线源,其产生的X射线特征辐射如下。

$$MgK\alpha: h\nu = 1253.6eV, \Delta E = 0.7eV$$
$$AlK\alpha: h\nu = 1486.6eV, \Delta E = 0.85eV$$

3. 分析器系统

分析器系统由电子透镜系统、能量分析器和电子检测器组成。能量分析器用于在满足一定能量分辨率、角分辨率和灵敏度的要求下,析出某能量范围的电子,测量样品表面出射的电子能量分布,它是电子能谱仪的核心部件。分辨能力、灵敏度和传输性能是分析器的3个主要指标,常用的静电偏转型分析器有球面偏转分析器(CHA)和筒镜分析器(CMA)两种。

4. 数据系统

电子能谱分析涉及大量复杂的数据采集储存分析和处理数据系统,由在线实时计算机和相应软件组成。在线计算机可对谱仪进行直接控制,并对实验数据进行实时采集和处理。实验数据可由数据分析系统进行一定的数学和统计处理,并结合能谱数据库对检测样品进行定性和定量分析。现代的电子能谱仪操作大都在计算机的控制下完成,样品定位系统的计算机控制允许多样品无照料自动运行,当代的软件程序包含广泛的数据分析能力,复杂的峰型可在数秒内拟合出来。

5. 其他附件

现代的电子能谱一般都要求在谱仪的超高真空室内能对样品进行特定的处理和制备,可添加到 XPS 能谱仪上的附件类型几乎是常见的附件,包括 Ar 离子枪、电子枪、气体 Doser 四极杆质谱仪、样品加热和冷却装置(最高可加热到 700℃,用液氮可冷却到 -120℃)以及样品蒸镀装置等,可提供对样品的原位溅射、清洁溅射、蒸发升华、淀积断裂、刮削和热处理等手段。为给定系统选择附件取决于计划在此系统上的应用需要。在多数情况下,XPS 谱仪是多功能表面分析系统的一部分,可有一个或多个附加技术(如 AES、ISS、SIMS、LEED、EELS 等)安装在同一真空室中。离子枪主要用于样品表面的清洁和深度刻蚀,常用的有气体放电式离子枪。例如,VG 生产的型号 AG61,属差分抽气式离子枪,其离子束可做二维扫描,以使刻蚀更加均匀,主要用于进行深度剖析的俄歇分析,也可用于表面清洁。

6.4.3.2 XPS 测量原理

用单色的 X 射线照射样品,具有一定能量的入射光子同样品原子相互作用,光致电离产生了光电子,这些光电子从产生之处输运到表面,然后克服逸出功而发射,这就是 X 射线光电子发射的三个步骤。用能量分析器分析光电子的动能,得到的就是 X 射线光电子能谱。

根据测得的光电子动能可以确定表面存在什么元素以及该元素原子所处的化学状态,这就是 X 射线光电子能谱的定性分析;根据具有某种能量的光电子的数量,便可知道某种元素在表面的含量,这就是 X 射线光电子能谱的定量分析。为什么得到的是表面信息呢?这是因为光电子发射过程的后两步,与俄歇电子从产生处输运到表面,然后克服逸出功而发射出去的过程是完全一样的,只有深度极浅范围内产生的光电子才能够能量无损地输运到表面,用来进行分析的光电子能量范围与俄歇电子能量范围大致相同。所以和俄歇谱一样,从 X 射线光电子能谱得到的也是表面的信息,信息深度与俄歇谱相同。

如果用离子束溅射剥蚀表面,用 X 射线光电子能谱进行分析,两者交替进行,还可得到元素及其化学状态的深度分布,这就是深度剖面分析。

X 射线光电子能谱的测量原理很简单,它是建立在 Einstein 光电发射定律基础之上的。

6.4.3.3 XPS 在材料研究中应用与分析

在电子、光学、冶金、化工和医学等领域等,材料研究具有重要的地位。在材料制备及使用的过程中,常有化学变化在材料的表面区域发生。因此,材料科学与工程的许多领域都包含对材料的表面化学研究。作为最常用的表面表征技术之一的 X 射线光电子能谱,在材料研究中有着广泛的应用。

1. X 射线光电子能谱谱线的定性分析与俄歇峰的利用

根据测量所得光电子谱峰位置,可以确定表面存在哪些元素以及这些元素存在于什么化合物中,这就是定性分析。定性分析可借助于手册进行,最常用的手册就是 Perkin-Elmer 公司的 XPS 手册。在此手册中有在 MgK_α 和 AlK_α 照射下从 Li 开始的各种元素标准谱图,谱图上有光电子谱峰和俄歇峰的位置,还附有化学位移的数据。图 6.36 和图 6.37 就是 Cu 的标准谱图。对照实测谱图与标准谱图,不难确定表面存在的元素及其化学状态。

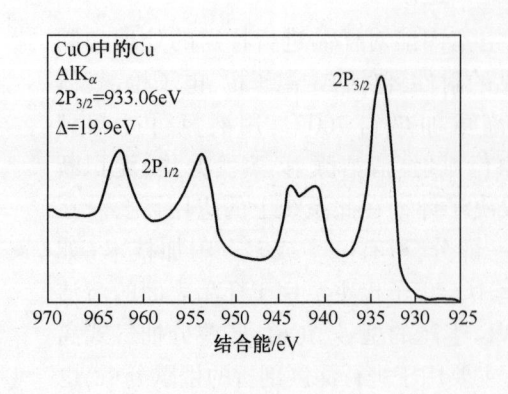

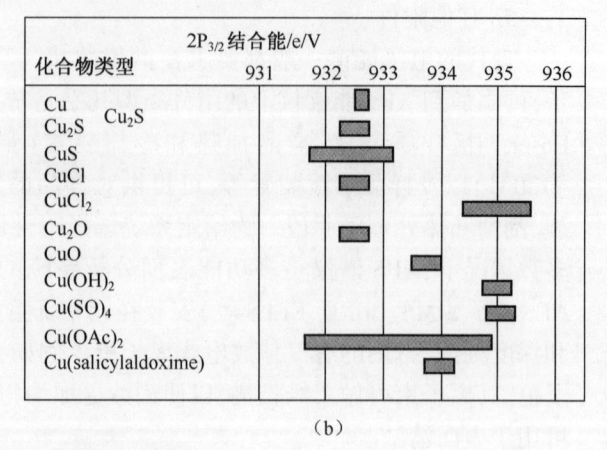

图 6.36 Cu 的化学状态区域图(1)

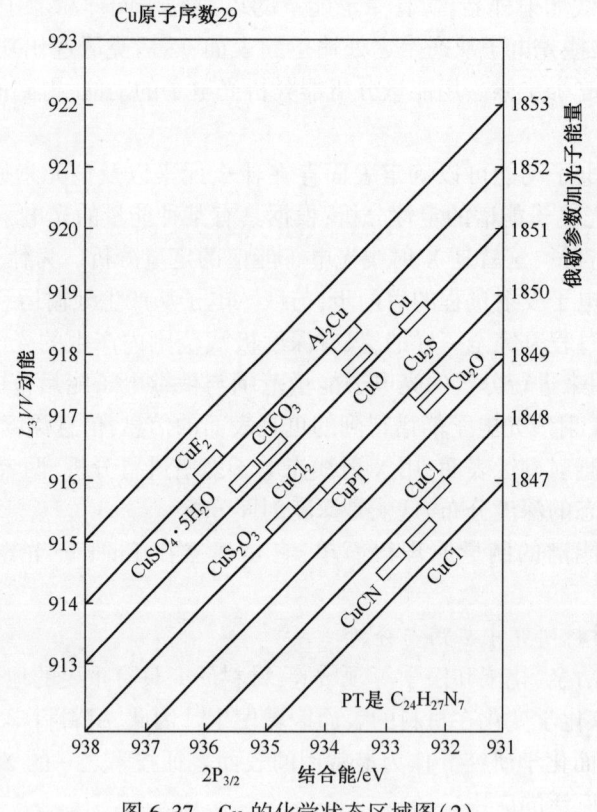

图 6.37 Cu 的化学状态区域图(2)

定性分析所利用的谱峰,当然应该是元素的主峰(也就是该元素最强、最尖锐的峰)。有时会遇到含量少的某元素主峰与含量多的另一元素的非主峰相重叠的情况,造成识谱的困难。这时可利用"自旋—轨道耦合双线",也就是不仅看一个主峰,还要看与其 n、l 相同但 i 不同的另一峰,这两个峰之间的距离及其强度比是与元素有关的,并且对于同一元素,两个峰的化学位移又是非常一致的,所以可根据两个峰(双线)的情况来识别谱图。

伴峰的存在与谱峰的分裂会造成识谱的困难,因此要进行正确的定性分析,必须正确鉴别各种伴峰及正确判定谱峰分裂现象。

一般进行定性分析首先进行全扫描（整个 X 射线光电子能量范围扫描），以鉴定存在的元素，然后再对所选择的谱峰进行窄扫描，以鉴定化学状态。在 X 射线光电子能谱谱图中，C_{1s}、O_{1s}、C(KLL)、O(KLL)的谱峰通常比较明显，应首先鉴别出来，并鉴别其伴线。然后由强到弱逐步确定测得的光电子谱峰，最后用"自旋—轨道耦合双线"核对所得结论。

在 X 射线光电子能谱中，除光电子谱峰外，还存在 X 射线产生的俄歇峰。对某些元素，俄歇主峰相当强也比较尖锐。俄歇峰也携带着化学信息，如何合理利用它是一重要问题。

2. 定量分析与半定量分析

X 射线光电子能谱与俄歇谱的定量分析有不少共同之处，X 射线光电子能谱定量分析主要采用灵敏度因子法。定量分析的任务是根据光电子谱峰强度，确定样品表面元素的相对含量。光电子谱峰强度可以是峰的面积，也可以是峰的高度，一般用峰的面积可以更精确些。计算峰的面积要正确地扣除背底。元素的相对含量可以是试样表面区域与单位体积原子数之比 $\dfrac{\eta_i}{\eta_j}$，而光电子峰的强度 I 与表面原子的数目密度 η 成正比，这构成定量分析的基础。于是有

$$I = \eta S$$

式中：S 为元素灵敏度因子，它概括了特定实验条件下，各种因素合起来对强度的影响，反映了不同元素的每个原子对特定峰强度的相对贡献，相对灵敏度因子通常来自于成分已知的标准化合物的强度实验数据（$S_i = \dfrac{I_i}{\eta_i}$），有时也取自涉及各种影响因素的计算值。一旦已知 S_i，很容易从样品实验强度得出表面不同元素的原子数之比，即

$$\dfrac{\eta_1}{\eta_2} = \dfrac{I_1/S_1}{I_2/S_2}$$

此外，光电子能谱还能提供化学价态和化学结构鉴定、深度分布等信息。

6.5　材料光谱检验

红外（Infrared，缩写为 IR）和拉曼（Raman）光谱在材料领域的研究中占有十分重要的地位，它们是研究材料的化学和物理结构及其表征的基本手段。由于红外光谱技术可以对材料的研究提供各种信息，因此已逐渐扩展到多种学科和领域，应用非常广泛。随着激光技术的发展，激光拉曼光谱仪在材料研究中的应用也日益增多。

红外和拉曼光谱统称为分子振动光谱，但它们分别对振动基团的偶极矩和极化率的变化敏感。因此可以说，红外光谱为极性基团的鉴定提供最有效的信息，而拉曼光谱对研究物质的骨架特征特别有效。一般非对称振动产生强的红外吸收，而对称振动则出现显著的拉曼谱带。红外和拉曼分析法相结合，可以更完整地研究分子的振动和转动能级，从而更可靠地鉴定分子结构。

6.5.1 红外光谱分析

6.5.1.1 红外光谱仪系统组成

目前,使用的中红外光谱仪器主要有色散型红外光谱仪和傅里叶变换红外光谱仪两大类型。近红外光谱仪器的基本结构与一般光谱仪器一样,都是由光源系统、分光系统、样品室、检测器、控制和数据处理系统及记录显示系统组成。按照分光系统,近红外光谱仪可分为4类:滤光片型近红外光谱仪、色散型近红外光谱仪、干涉型近红外光谱仪和声光可调型近红外光谱仪。色散型红外光谱仪存在能量受到限制、扫描速度慢、与其他仪器联用发生困难等缺点,因此色散型红外光谱仪在许多方面已经不能满足需要。傅里叶变换红外光谱仪基于干涉调频分光,不用狭缝,具有许多优点:扫描速度快,测量时间短,可在1s内获得红外光谱;灵敏度高,检出限可达 $10^{-9} \sim 10^{-12}$ g;分辨本领高,波数精度可达0.01cm^{-1};光谱范围广,可研究整个红外区的光谱;测定精度高,重复性可达0.1%,而杂散光小于0.01%。

傅里叶变换红外光谱仪没有色散元件,是由光源(硅碳棒、高压汞灯等)、干涉仪、试样插入、检测器、计算机和记录仪等部件组成,如图6.38所示。

其中傅里叶变换红外光谱仪的核心部分是Michelson干涉仪。在傅里叶变换红外光谱测量中,在干涉光束中放置能够吸收红外辐射的试样,样品吸收了某一频率的红外辐射后,得到复杂的干涉图,通过计算机对该干涉图进行傅里叶变换,得到常见的以波长或波数为函数的光谱图。

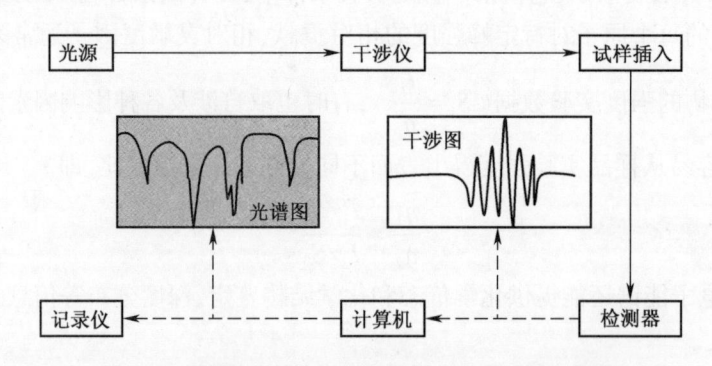

图6.38 傅里叶变换红外光谱仪的基本结构示意图

傅里叶变换红外光谱仪的特点如下。

(1) 测量速度快,在几秒时间内就可以完成一张红外光谱的测量工作,比色散型仪器快几百倍。由于扫描速度快,一些联用技术得到了发展。

(2) 谱图的信噪比高。FTIR仪器所用的光学元件少,无狭缝和光栅分光器,因此到达检测器的辐射强度大,信噪比高。它可以检出 $10 \sim 100 \mu g$ 的样品。对于一般红外光谱不能测定的散射性很强的样品,傅里叶变换光谱仪采用漫反射附件可以测得满意的光谱。

(3) 波长(数)精度高,测定波数范围宽。在实际的傅里叶变换红外光谱仪中,除了红外光源的主干涉仪外,还引入激光参比干涉仪,用激光干涉条纹准确测定光程差,从而使波数更为准确,波数精度可达 ±0.01cm^{-1},重现性好。测定的波数范围可达 $10 \sim 10000$ cm^{-1}。

(4) 分辨力高。分辨力取决于动镜线性移动距离,距离增加,分辨力提高。傅里叶变换红外光谱仪在整个波长范围内具有恒定的分辨力,通常分辨力可达 0.1cm^{-1},最高可达 0.005cm^{-1}。棱镜型的红外光谱仪分辨力很难达到 1cm^{-1},光栅式的红外光谱仪也只是 0.2cm^{-1} 以上。

由于傅里叶变换红外光谱仪的突出优点,目前已经取代了色散型红外光谱仪。

6.5.1.2 红外光谱基本原理

1. 电磁辐射与物质分子的相互作用

红外光谱的波长范围是 $0.8\sim1000\mu\text{m}$,相应的频率是 $12500\sim10\text{cm}^{-1}$(波数)。$\mu\text{m}$ 和 cm^{-1} 是红外光谱经常使用的波长和波数单位,它们之间的关系是

$$\nu(\text{cm}^{-1}) = 1/\lambda(\mu\text{m}) \times 10^4$$

红外光谱范围可分成三个部分,即 $0.8\sim2.5\mu\text{m}$ 或 $12500\sim4000\text{cm}^{-1}$ 部分,称为近红外区;$2.5\sim50\mu\text{m}$ 或 $4000\sim200\text{cm}^{-1}$ 部分,称为中红外区;$50\sim1000\mu\text{m}$ 或 $200\sim10\text{cm}^{-1}$ 部分,称为远红外区。中红外区的光谱是来自物质吸收能量以后,引起分子振动能级之间的跃迁,因此称为分子的振动光谱。远红外区的光谱,有来自分子转动能级跃迁的转动光谱和重原子团或化学键的振动光谱以及晶格振动光谱,分子振动模式所导致的较低能量的振动光谱也出现在这一频率区。近红外区为振动光谱的泛频区,中红外区是分子振动的基频吸收区,也是红外光谱应用中最重要的部分。

当用一束红外辐射照射高聚物样品时,包含于高聚物分子中的各种化学键或基团,如 C—C、C=C、C—O、C=O、O—H、N—H、苯环等便会吸收不同频率的红外辐射而产生特征的红外吸收光谱,因此利用红外光谱可以鉴定这些化学键或基团的存在。

由于某些化学键或基团处于不同结构的分子中,它们的红外吸收光谱频率会发生有规律的变化,利用这种变化规律可以鉴定高聚物的分子链结构。当高聚物的序态不同时,由于分子间的相互作用力不同,也会导致红外光谱带的频率变化或是发生谱带数目的增减或谱带强度的变化,因此可用以研究高聚物的聚集态结构。

此外,红外吸收谱带的强度与相应的化学键或基团的数目有关,因此可以利用红外光谱对高聚物的某些特征基团或结构进行定量测定。

2. 大分子的简正振动

一个含有 N 个原子的分子应有 $3N-6$ 个简正振动(线性分子为 $3N-5$),每个简正振动具有一定的能量,应在相应的波数位置产生吸收。高聚物分子内的原子数目是相当大的。例如,含有 1000 个苯乙烯单元的聚苯乙烯包含 16000 个原子,应有 48000 个简正振动。由此看来,聚苯乙烯(或所有其他高聚物)的红外光谱将是非常复杂的。但事实上,结晶等规聚苯乙烯只有 50 条左右的红外谱带,无规聚苯乙烯仅有约 40 条(图 6.39),可见它们的红外光谱往往比单体还要简单。高聚物的红外光谱具有这种特点的主要原因是,高聚物是由许多重复单元构成的,各个重复单元具有大致相同的力常数,因而简正振动的频率相近,在光谱上无法分辨,只能看到一个吸收带。其次,高聚物的选择定则十分严格,只有少数简正振动具有红外或拉曼活性。此外,由于振动相互耦合而使振动频率发生位移。不同链长的分子,其振动耦合不完全相同。因此,经耦合而发生不同位移的单个谱带重叠混合,出现扩散型的强宽峰。同时,强宽峰往往要覆盖与它频率接近的弱而窄的吸收谱带。

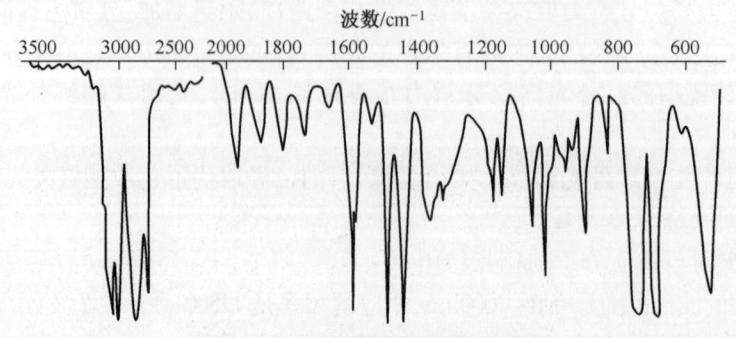

图 6.39 无规聚苯乙烯的红外光谱

3. 基团频率

对于高聚物光谱的解析,是建立在基团频率这一基本前提之上的,即高聚物中原子基团的振动与分子其余部分的振动之间的机械耦合及电子耦合均很少。因此,从小分子或简单的高分子所获得的理论或经验的特征频率数据均可应用于高聚物的光谱解析。例如,C=O、C—O、C≡N、苯环及酰胺基等的光谱吸收带均位于一定的特征频率范围以内。图 6.40 中三种不同碳链长度的聚酰胺 6、7 和 8 的红外光谱,均在以下各处出现酰胺

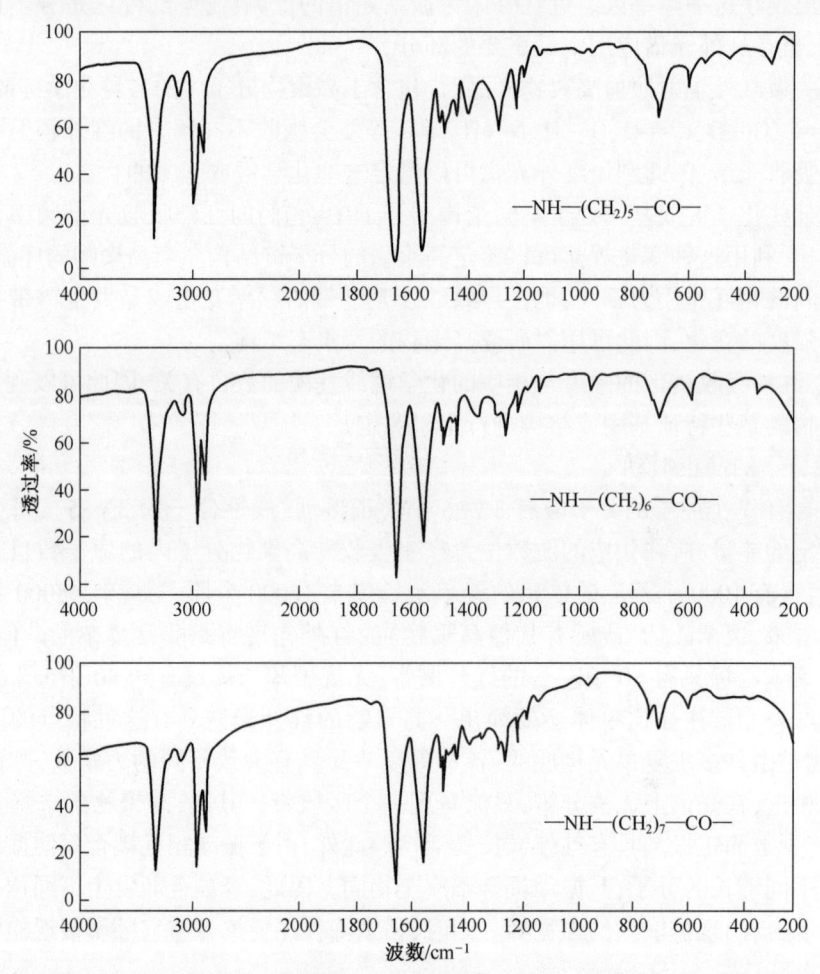

图 6.40 聚酰胺 6、7、8 薄膜(α-形)红外光谱

基的特征谱带:3300cm^{-1}[ν(NH)],1635cm^{-1}[ν(C=O)],1540cm^{-1}[ν(NH)+ν(N-C)],以及 690 和 580cm^{-1}。这些谱带在三种聚酰胺中的相应位置几乎完全相同,但在 1400~800cm^{-1} 波数范围内又各保留细微的差别。

高聚物光谱中,除特征的基团频率本身,还有大量来自邻近基团相互耦合的其他谱带,这些谱带可看作高聚物的指纹。例如,线型脂肪族聚酯的 CH$_2$ 基团的弯曲振动带,按其所处的分子环境不同,可分为三类:CH$_2$ 连接酯链上的氧原子;CH$_2$ 自身相互为邻;CH$_2$ 与羰基相连。由于耦合程度不同,这些 CH$_2$ 的振动行为各异。红外光谱基团频率表可参考有关专著。

4. 序态

序态是指高聚物的分子结构(平衡状态分子中原子的几何排列)和聚集态结构(分子与分子间的几何排列)。在解析高聚物的红外光谱时,必须考虑到大分子系统的这种化学和物理的序态。处于不同序态的高聚物,它的光谱也将出现特征性的变化。其中有些谱带对不同序态有特殊的敏感性,而另一些谱带则不敏感的。为表征不同序态的高聚物,把有关的谱带进行如下分类:

(1) 构象带(Conformational Bands):高聚物分子链组成单元中的基团构象的特征谱带。这类谱带在液态、晶态或液晶态的光谱中均可出现。由于高聚物在非晶态时可能有旋转异构体存在,所以这种构象谱带的数目要比结晶态时来得多。

(2) 构象规整带(Conformational Regularity Bands):取决于高聚物分子链内相邻基团之间的相互作用,它在熔融态或液态时消失或者谱带强度减弱。

(3) 立构规整带(Stereoregularity Bands):随高聚物分子链的构型不同而异。这类谱带的数目在各种不同相态的光谱中都相同。

(4) 结晶带(Crystallinity Bands):真正的结晶带是来自结晶高聚物晶胞内相邻分子链之间的相互作用。当一个晶胞内有两个或两个以上的高分子链通过时,可能引起谱带的分裂。图 6.41 是不同序态聚丙烯的红外光谱,从谱图上可以看到不同序态对光谱的影响。

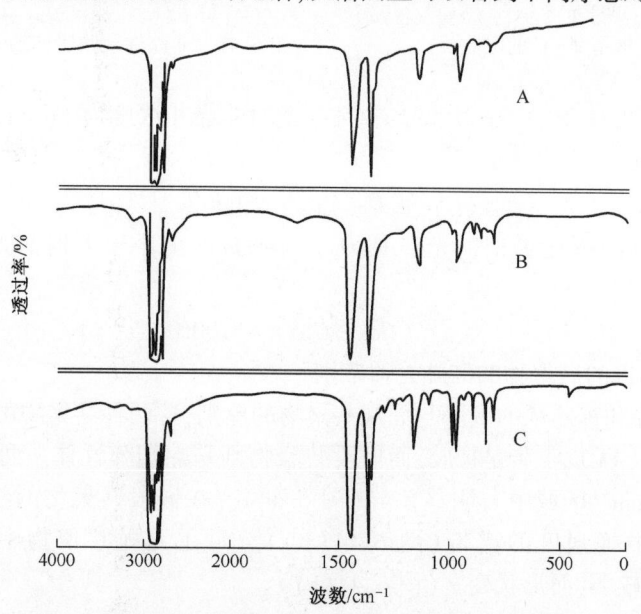

图 6.41 无规立构聚丙烯 A、间同立构聚丙烯 B 和全同立构聚丙烯 C 的红外光谱

6.5.1.3 红外光谱在高聚物研究中应用

在振动光谱的许多应用中,分析方面的应用是最早令人感兴趣的,也是最普遍的。它不仅可对样品的化学性质进行定性分析,而且也可对样品的组成进行定量分析(如纯度、添加剂的含量、共聚物的组成等)。定量吸收光谱不仅可用于纯粹的分析,而且可广泛应用于高聚物的结构测定,如构型、构象、构象规整度、序列分布、取向度、结晶度等。

红外光谱图吸收峰的归属方法主要是依赖基团频率关系。表示特征谱带位置的波数(cm^{-1})是红外光谱法的最重要参数。红外标准谱有 D. O. Hurmnel 等编著的《高聚物、树脂和添加剂的红外分析谱图》;还有美国的萨特勒《标准谱》;文件式的商品光谱图还有英、德两国合编的 OMS 卡片。近代红外光谱仪的计算机有储存系统,存有各种分子结构的标准图,可按分子式、化学名称以及最强波数自动检索,并且能同时给出 IR、UV、Raman、NMR 谱图以供对照比较。

1. 研究高聚物的相转变

例如,PE 的非晶型吸收带在 $1308cm^{-1}$ 处。通过测定不同温度下 $1308cm^{-1}$ 峰的强度变化,可以求出 PE 的结晶度(图 6.42、图 6.43)。

在温度 T_1(熔融)以前,吸收带强度维持恒定。在 $T_1 \sim T_2$ 之间晶粒熔融,非晶相增加,使 $1308cm^{-1}$ 吸收带强度增加(透光率下降),如图 6.44 所示。

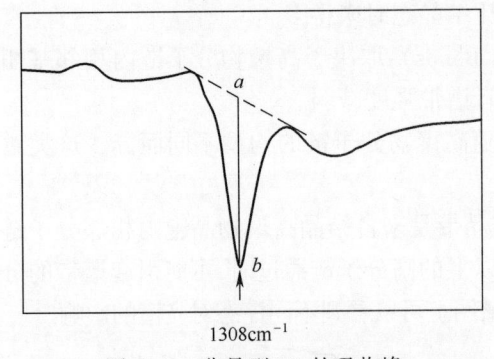

图 6.42 非晶型 PE 的吸收峰 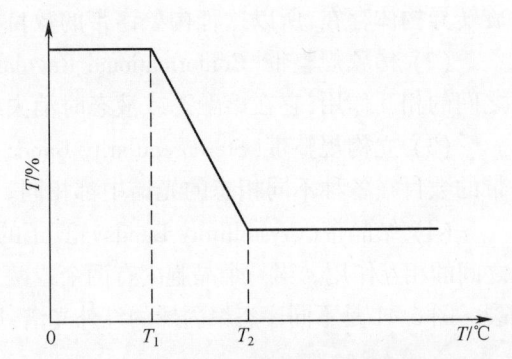 图 6.43 非晶性吸收带的透光率与温度的关系

当温度大于 T_2 时,PE 完全以非晶态存在,此时非晶相浓度为 $C\alpha=1$。当温度小于 T_2 时,非晶相浓度为

$$C'\alpha = D_2/D_1; D = \lg a/b$$

式中:D_1 为 $1308cm^{-1}$ 峰在 T_2 时的光密度;D_2 为 $1308cm^{-1}$ 峰小于 T_2 时的光密度。

结晶度为

$$X_c = (C\alpha - C'\alpha) \times 100\%$$

2. 对结构相近的高聚物的红外光谱鉴别

例如,丁二烯和苯乙烯的嵌段与无规共聚物的鉴别,这两种共聚物由于结构不同其物理性能也不相同。无规丁苯是橡胶,而嵌段共聚物则是热塑弹性体。两种结构的红外光谱图在 $650 \sim 450cm^{-1}$ 区域中有明显差异(图 6.44)。在嵌段共聚物的红外光谱中,位于 $542cm^{-1}$ 处有一中等强度的谱带(图 6.44(b))。而在无规共聚物中,则谱带位移至 $560cm^{-1}$ 处,强度较弱,而形状变宽(图 6.44(a))。

Schnell 把在这两个波数位置所测量的谱带吸光度的比值定义为嵌段指数 β,即
$$\beta = A_{542}/A_{560}$$

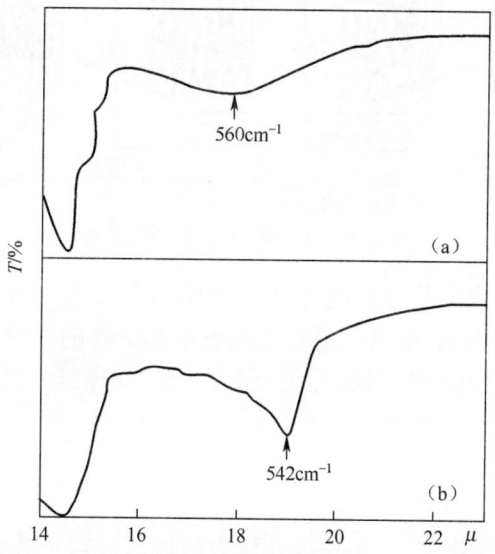

图 6.44 丁二烯—苯乙烯共聚物的红外光谱图(丁二烯:苯乙烯=75:25)

3. 聚乙烯支化度的测定

由于聚合方法不同,聚乙烯有高密度和低密度之分。低密度聚乙烯的分子链中含有较多的短支链。它对聚乙烯的拉伸行为、熔点、晶胞尺寸和结晶度等物理性质都有很强的影响,所以支化度的测定具有重要实际意义。

在红外光谱法中,采用测定聚乙烯端基(甲基)的浓度来表征它的支化度。取位于 $1378cm^{-1}$ 的甲基对称形振动谱带作为分析谱带。

$$\begin{array}{c}
-CH_2-CH-CH_2-CH-CH_2-\\
||\\
CH_2CH_2\\
||\\
CH_2CH_3\\
|\\
CH_3
\end{array}$$

4. 高聚物取向的研究

用偏振红外光谱法研究高聚物分子链的取向,在理论和实践上都有重大意义。首先,它可以测量纤维或薄膜的取向类型和程度,从而研究高聚物在外力作用下的变形机理。其次,可以测定高分子链的结构,在红外谱带归属上也很有用。

根据不同的使用性能要求,可以采取不同方法使高聚物材料产生不同方式的永久取向(图 6.45)。例如,采用单轴拉伸取向或双轴拉伸(压延)取向,可以获得具有不同性能的永久取向材料。

研究高聚物取向性的方法是,把入射红外光加一偏振器使其成为偏振红外光,在偏振红外光照射拉伸取向的高聚物薄膜时,会引起某基团偶极变化方向(即跃迁距方向,也即振动模式)与入射偏振光电场矢量方向有较大的平行度时,吸收峰的相对强度加强,记为 $A_{/\!/}$;当二者大致垂直时,吸收峰的相对强度变弱,记为 $A_\perp$。

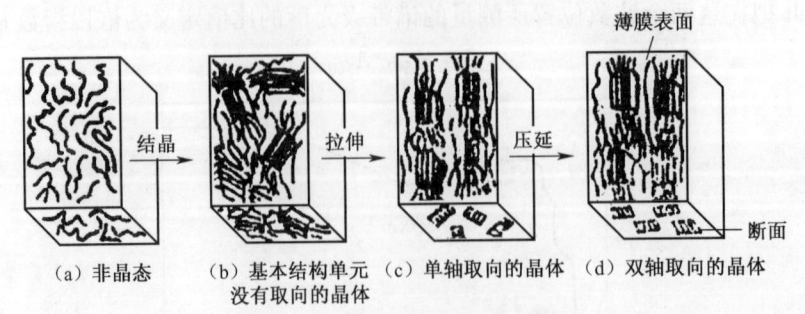

(a) 非晶态　(b) 基本结构单元　(c) 单轴取向的晶体　(d) 双轴取向的晶体
　　　　　　没有取向的晶体

图 6.45　高聚物形态的简单模型

光谱中所得到的相应吸收峰的吸光度 A 之比称为二色性，$A_{//}/A_{\perp}=R$。因为偶极变化方向与高分子链取向有关，所以可用二色性表征高聚物的取向性。$A_{//}$ 与 $A_{\perp}$ 之值变化越大(即 R 值大)说明取向性强，如果用平行和垂直的偏振红外光照射样品，A 值无变化，则说明样品分子的取向是杂乱的。

6.5.2　拉曼光谱分析

1928 年，印度物理学家 C. V. Raman 在研究液体苯散射光谱的实验中发现一种现象，并指出，当单色光定向地通过透明物质时，会有一些光受到散射。散射光的光谱含有一些弱的光，其波长与原来光的波长相差一个恒定的数量。这种单色光被介质分子散射后频率发生改变的现象，称为并合散射效应，并表明这是由于光的非弹性散射引起的。这种现象称为拉曼散射。

随着 20 世纪 60 年代激光技术的迅速发展，从 1970 年左右开始使用激光作为拉曼光谱的光源，使得拉曼光谱效应较弱的缺陷得到了改善，从而打开了拉曼光谱应用研究的新局面。随着拉曼光谱在分子光谱学中越来越活跃，拉曼光谱技术以其信息丰富、制样简单、水的干扰小等独特的优点也得到了很大的提高，到目前为止主要有以下几种重要的拉曼光谱分析技术：①单道检测的拉曼光谱分析技术；②以 CCD 为代表的多通道探测器用于拉曼光谱检测仪的分析技术；③采用傅里叶变换技术的 FT-Raman 光谱分析技术；④共振拉曼光谱定量分析技术；⑤表面增强拉曼效应分析技术；⑥近红外激发傅里叶变换拉曼光谱技术。

目前，拉曼光谱广泛应用于化学、材料、半导体物理、生命科学、环境科学、医学等各个领域，是一种重要的测试分析方法和手段。随着科技的进步，拉曼光谱在有机物结构的分析、高聚物的分析、无机体系的研究、生物高分子结构，特别是在高分子材料的研究中的作用日趋重要。

6.5.2.1　拉曼光谱仪系统组成

拉曼光谱仪的基本组成包括光源、样品室、单色器和检测记录系统 4 个部分，基本组成如图 6.46 所示，只是在光源和样品室方面拉曼光谱仪有特殊的要求。

1. 光源

进行拉曼散射实验首先应确定光源的波长，由于拉曼散射光的强度仅约为荧光的万分之一，所以拉曼散射常会由于较强的荧光被隐藏而观测不到，因此，拉曼散射应选择在荧光较弱的波长附近的激光作为光源，这样才能产生足够强的拉曼散射信号。早期的光

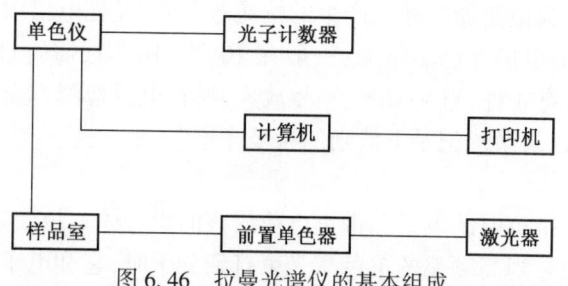

图 6.46　拉曼光谱仪的基本组成

源是汞弧灯,汞弧灯能发出 7 条较强的辐射线,在拉曼光谱中常用的波长是 435.8nm,但是汞弧灯的散射角大,单色性比较差,对于拉曼效应来说,仍然太弱。近年来,随着激光技术的发展,激光成为拉曼散射的理想光源。激光与普通光源相比具有几个突出的特点:①激光是一种单色性的光波,具有极好的单色性;②激光几乎是一束平行光,发散角极小,具有极好的方向性;③由于激光具有极好的方向性,因此激光的能量集中在一个很窄的范围内,是一种非常强的光源。

原子气体激光器包括各种惰性气体激光器和各种金属蒸汽激光器,其中氦氖激光器是国内最常用的激光器,也是研究最为成熟的激光器。分子气体激光器中最为重要的是二氧化碳激光器,其最大的特点就是输出功率很高,近年来又成功地研制出在一定范围内可以调谐的二氧化碳激光器,使得它的用途更加广泛。准分子(准分子是指那些在基态不稳定、易解离,而在受激状态稳定的分子)激光器的迅速发展,使得在拉曼光谱仪中的应用越来越广泛。准分子激光器的特点主要是输出功率高,且激发波长范围很宽,从红外一直覆盖到紫外区域。固体激光器主要有红宝石激光器、掺钕的钇铝石榴石激光器、掺钕的玻璃激光器等。目前,研究比较成熟、应用最普遍的一类可调谐激光器是染料激光器。

2. 外光路系统和样品池

外光路系统包括在激光器以后、单色器以前的一系列光路,为了分离所需的激光波长,最大限度地吸收拉曼散射光,通常采用多重反射装置。

样品室主要有两个功能:①样品室装有聚焦透镜,使激光聚焦在样品上,产生拉曼散射;②样品室又装有收集透镜,收集由样品产生的拉曼散射光,并使其聚焦在双单色仪的入射狭缝上。常用的样品池有液体池、气体池和毛细管。微量样品可以采用不同直径的毛细管,常量样品可以用液体池、气体池和压片样品架等。常量固体粉末样(粗大颗粒需研磨成粉)放入烧瓶、试剂瓶等常规样品池,对于易潮解的样品,放入样品池应封闭。微量固体样品可溶于一定的溶剂中,装入毛细管中进行测试。样品池还可以根据实验的特殊需要设计成恒温样品池、高温样品池和低温样品池等。例如,对于熔融盐,由于测试温度较高,有时往往要达到几百甚至是上千摄氏度,因此必须在高温样品池进行拉曼测试。

3. 单色器

要在强的瑞利散射(Rayleigh)的存在下能观察到有较小位移的拉曼线,要求单色器的分辨率必须高,而双单色器正好可以达到这个效果,并且能减弱杂散光,因此拉曼光谱一般采用全息光栅的双单色器。使用这种全息光栅的双单色器能够得到较理想的拉曼光谱图。

4. 检测记录系统

拉曼光谱检测的是可见光,可以采用与可见紫外光谱相同的信噪比很高的光电倍增管或阵列检测器等作为检测器。样品产生的拉曼散射光,经光电倍增管处理后,光信号转变成电信号,但此时的电信号仍然很弱,一般在 $10^{-10} \sim 10^{-9}$ A,需要进一步放大处理。目前放大的方法基本上有4种:直流放大、锁相放大、噪音电压检测、电子脉冲计数。电信号经放大后,就可以由记录系统记录下清晰的拉曼光谱图。

6.5.2.2 工作原理

分子可以看成是带负电的电子和带正电荷的核的集合体。拉曼光谱是分子对光子的一种非弹性散射效应。当高频率的单色激光束打到分子时,它和电子发生较强烈的作用,使分子发生极化,产生一种以入射频率向所有方向散射的光,即散射光的频率和入射光的频率相等,这种散射是分子对光子的弹性散射,只有分子和光子间的碰撞为弹性碰撞,没有能量交换时,才会出现这种散射,这种散射称为瑞利散射。另一部分散射光的频率和入射光的频率不相等,这种散射称为拉曼散射。拉曼散射的概率极小,其强度是入射光的 $10^{-8} \sim 10^{-6}$,失去或得到的能量相当于分子的振动能级的能量。当散射光的能量小于激发光的能量时,得到拉曼散射的斯托克斯(Stokes)线,也称为红伴线;当散射光的能量大于激发光的能量时,得到拉曼散射的反斯托克斯(Anti-Stokes)线,也称为紫伴线,如图6.47所示。散射光与入射光的频率的差值称为拉曼位移。拉曼位移的大小与分子的跃迁能级差相同,因此对于同一分子能级,斯托克斯线与反斯托克斯线的拉曼位移是相等的,但是在正常情况下,大多数分子处于基态,测量得到的斯托克斯线强度比反斯托克斯线强得多。因此,一般拉曼光谱图通常只有斯托克斯线,即采用斯托克斯线研究拉曼位移。

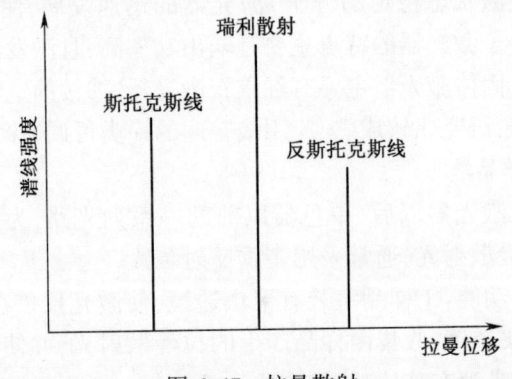

图6.47 拉曼散射

在很多情况下,拉曼频率位移正好相当于红外吸收光谱,因此红外测量能够得到的信息同样也出现在拉曼光谱中,红外光谱解析中的定性三要素(吸收频率、强度和峰形)也同样适用于拉曼光谱的解析。拉曼散射光谱也同红外吸收光谱一样,遵循一定的光谱选律。在拉曼光谱中,分子振动要产生位移要服从一定的选择定则,只有分子极化度发生变化的分子振动才具有拉曼活性,产生拉曼散射。分子的某一振动是红外活性还是拉曼活性是由光谱的选择定则决定的,即若在某一振动中分子的偶极矩发生变化是红外活性的,反之是红外非活性的;若在某一振动中分子的极化率发生变化,则是拉曼活性的,反之就是拉曼非活性;若在某一振动分子的极化率和偶极矩均发生变化,则是拉曼活性的和红外活性的,反之则是拉曼非活性的和红外非活性的。

由于这两种光谱的分析机理不同,所提供的信息上也是有差异的,一般来说,拉曼光谱与红外光谱相比有以下特点：

（1）拉曼光谱是一个散射过程，任何形状尺寸的样品只要能被激光照射，均可用拉曼光谱测试，还可以测试到极微量的样品。

（2）同种原子的非极性键（如S—S—C、C＝C、N＝N、C≡≡C）产生的拉曼谱带比较强，随着可变形电子数目的增加，从单键、双键到三键的谱带强度增加。

（3）一般强极性基团如极性基团C＝O在红外光谱中是强谱带，而在拉曼光谱中是弱谱带。

（4）C—N、C＝S、S—H的伸缩振动在红外光谱的谱带中强度可变，在拉曼光谱中却是强谱带。

（5）环状化合物的对称伸缩振动往往是最强的拉曼谱带。

（6）X＝Y＝Z这类键的对称伸缩振动在拉曼光谱中是强谱带，而在红外光谱中是弱谱带，反之非对称伸缩振动在拉曼光谱中是弱谱带，而在红外光谱中是强谱带。

（7）C—O键和C—C键的力常数或键的强度差别不大，而羟基的质量仅比甲基的质量多两个单位，因此烷烃和醇的拉曼光谱是相似的，O-H的拉曼谱带比C-H的拉曼谱带稍弱。

虽然拉曼光谱在结构分析和定性分析中有自己的优点，但是拉曼光谱用于分析也有以下几点不足：①不同振动峰重叠和拉曼散射强度容易受光学系统参数等因素的影响；②由于荧光的强度远远强于拉曼散射，因此荧光现象对拉曼光谱分析存在很大的干扰；③由于拉曼散射的强度比较低，因此任何一物质的引入都会对被测体体系带来某种程度的污染，也就引入了一些误差的可能性，会对分析的结果产生一定影响。

6.5.2.3 拉曼光谱在高聚物中应用

拉曼光谱与红外光谱在应用上可以互相配合。近年来，对高聚物的立规性、结晶和取向，特别是水溶性高分子和生物高分子方面的研究，已成为激光拉曼光谱研究的一个重要领域。

（1）测定聚烯烃的内、外双键和顺、反结构，运用拉曼光谱法是十分有效的，因为C＝C键的拉曼散射很强，且因结构而异。

例如，聚异戊二烯的拉曼光谱，1,4-结构的谱带在1662cm^{-1}；3,4-结构在1641cm^{-1}；1,2-结构在1689cm^{-1}。再如，聚丁二烯的外双键-1,2-结构在1639cm^{-1}；内双键中的顺1,4-结构的谱带在1650cm^{-1}；反1,4-结构在1664cm^{-1}。

（2）结晶性高聚物的拉曼光谱研究。例如，聚四氟乙烯的拉曼光谱（图6.48），可明显地看出，600cm^{-1}处谱带的变宽标志着结晶度的降低。

（3）用拉曼光谱研究生物大分子，要比其他手段优越。因为研究生物大分子的结构和行为，多处于水溶液体系，不少情况都是有颜色的，显然用红外光谱研究是困难的。

近年来，共振拉曼光谱和计算机拉曼差谱在生物大分子研究中更加显示出了其独到之处。前者的散射强度比一般拉曼散射大几个数量级，可以研究浓度很小的有生色团的生物大分子，不破坏样品。计算机拉曼差谱技术，可通过重度扫描、信息存储，扣除水和荧光本底的方法得到纯蛋白质的结构。

（4）分析共聚物组成的含量。例如，氯乙烯和偏二氯乙烯共聚物，氯乙烯组分含量P_1与拉曼谱带2906cm^{-1}/2926cm^{-1}（内标）强度有线性关系（图6.49）。用拉曼光谱法的

图 6.48 聚四氟乙烯的拉曼光谱

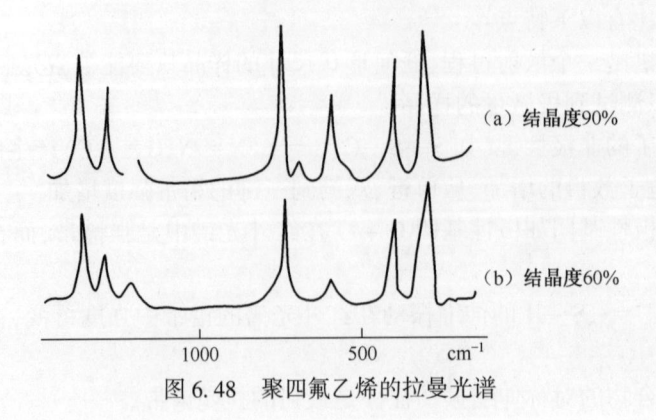

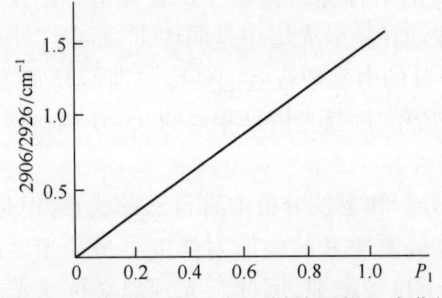

图 6.49 氯乙烯-偏二氯乙烯共聚物组成曲线

退偏振比与红外光谱法的二色性相配合,去推断高聚物的结构性是比较可靠的。

6.6 材料热分析检验

热分析是测量在受控程序温度条件下,物质的物理性质随温度变化的函数关系的技术。这里所说的物质是指被测样品以及它的反应产物。程序温度一般采用线性程序,也可能是温度的对数或倒数程序。

热分析技术的基础是当物质的物理状态和化学状态发生变化时(如升华、氧化、聚合、固化、硫化、脱水、结晶、熔融、晶格改变或发生化学反应时),往往伴随着热力学性质(如热焓、比热容、导热系数等)的变化,因此可通过测定其热力学性能的变化,来了解物质物理或化学变化过程。

目前热分析已经发展成为系统性的分析方法,它对于材料的研究是一种极为有用的工具,特别在高聚物的分析测定方面应用更为广泛,因为它不仅能获得结构方面的信息,而且还能测定性能。热分析用于研究高分子材料的重要方法有:差热分析(Differential Thermal Analysis,DTA)、差示扫描量热法(Differntial Scanning Calorimetry,DSC)、热重分析(Thermogravimetric Analysis,TGA)和热机械分析(Thermomechanic Analysis,TMA)。本节主要介绍前两种方法。

6.6.1 差热分析方法

差热分析是在程序控制温度下,测量样品与参比物之间的温度差和温度之间的一种技术。下面从差热分析仪结构组成、基本原理和影响因素分别简要介绍。

1. 差热分析仪结构组成

差热分析是在程序控温条件下,测量试样与参比的基准物质之间的温度差与环境温度的函数关系。实验的具体方法是用两个尺寸完全相同的白金坩埚,一个坩埚装参比物——选择一种在测量温度范围内没有任何热效应发生的惰性物质,如 $\alpha\text{-}Al_2O_3$ 及 MgO 等;另一个坩埚装待测高聚物样品。将两只坩埚放在同一条件下受热——可将金属块开两个空穴,把两只坩埚放在其中,也可在两只坩埚外面套一温度程控的电炉。热量通过试样容器传导到试样内,使其温度升高。这样,通常在试样内多少会形成温度梯度,故温度的变化方式会依温度差热电偶接点处的位置(测温点)而有所不同。测温点插入试样和参比物中,也可放在坩埚外的底部。考虑到升温和测温过程中的这些因素,DTA 的严密理论要求,必须按照各个装置的特有边界条件、几何形状,进行热传递的理论分析。

通常采用图 6.50 中的方式控温。同极相连,这样它们产生的热电势的方向正好相反,当炉温等速上升,经一定时间后,样品和参比物的受热达到稳定态,即二者以同样速度升温。如果试样与参比物温度相同,$\Delta T=0$,那么它们热电偶产生的热电势也相同。由于反向连接,所以产生的热电势大小相等方向相反,正好抵消,记录仪上没有信号;如果高聚物样品有热效应发生(如玻璃化转变、熔融、氧化分解等),而参比物是无热效应的,这样就必然出现温差 $\Delta T \neq 0$,记录仪上的信号指示了 ΔT 的大小。当样品的热效应(放热或吸热)结束时,$\Delta T=0$,信号也回到零,这就是 DTA 的工作过程,如图 6.50 所示。

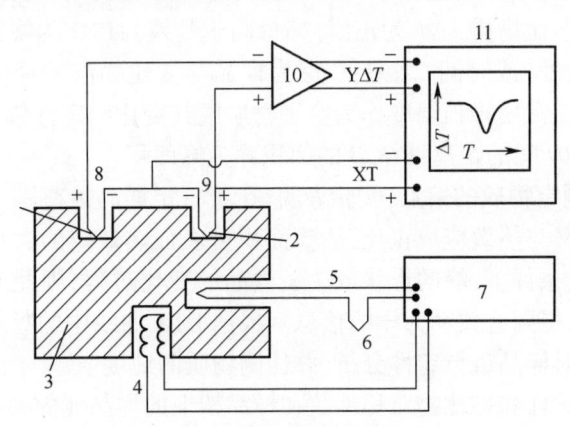

图 6.50 差热分析仪结构示意图

1—参比物;2—样品;3—加热块;4—加热器;5—加热块热电偶;
6—冰冷连接;7—温度程控;8—参比热电偶;9—样品热电偶;10—放大器;11—X-Y 记录仪。

2. 基本原理

样品与参比物同时置于加热炉中,以相同的条件升温或降温,其中参比物在受热过程中不发生热效应。因此,当样品发生相变、分解、化合、升华、失水、熔化等热效应时,样品与参比物之间就产生差热,利用差热电偶可以测量出反映该温度差的差热电势,并经微伏直流放大器放大后输入记录器即可得到差热曲线。

数学表达式为

$$\Delta T = T_s - T_r = f(T)$$

或

$$\Delta T = T_s - T_r = f(t)$$

式中：T_s、T_r 分别代表试样及参比物温度；T 为程序温度；t 为时间。

图 6.51 是一个典型的吸热 DTA 曲线。纵坐标为试样与参比物的温度差（ΔT），向上表示放热，向下表示吸热，横坐标为温度（T）或时间（t）。

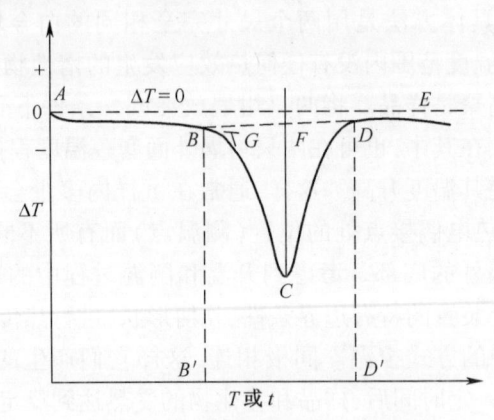

图 6.51　典型的吸热 DTA 曲线

差热分析曲线反映的是过程中的热变化，物质发生的任何物理和化学变化，其 DTA 曲线上都有相应的峰出现。如图 6.51 所示，AB 及 DE 为基线，是 DTA 曲线中 ΔT 不变的部分；B 点称为起始转变温度点，说明样品温度开始发生变化；BCD 为吸热峰，是指样品产生吸热反应，温度低于参比物质，ΔT 为负值（峰形凹于基线），若为放热反应，则图中出现放热峰，温度高于参比物质，ΔT 为正值（峰形凸于基线）；$B'D'$ 为峰宽，为曲线离开基线与回至基线之间的温度（或时间）之差；C 点为样品与参比物温差最大的点，它所对应的温度称为峰顶温度，通常用峰顶温度作为鉴别物质或其变化的定性依据；CF 为峰高，是自峰顶 C 至补插基线 BD 间的距离；$BGCD$ 的面积称为峰面积。

DTA 法可用来测定物质的熔点，实验表明，在某一定样品量范围内，样品量与峰面积呈线性关系，而后者又与热效应成正比，故峰面积可表征热效应的大小，是计量反应热的定量依据。但在给定条件下，峰的形状取决于样品的变化过程，因此从峰的大小、峰宽和峰的对称性等还可以得到有关动力学的信息。根据 DTA 曲线中的吸热或放热峰的数目、形状和位置，还可以对样品进行定性分析，并估测物质的纯度。

差热分析时，将试样和参比物对称地放在样品架上的样品池内，并将其置于炉子的恒温区内。当程序加热或冷却时，若样品没有热效应，样品与参比物没有温差，$\Delta T = 0$，此时记录曲线为一条水平线；若样品有热效应，则样品与参比物有温差，$\Delta T \neq 0$。如果是放热反应，ΔT 为正值，曲线偏离基线移动，直至反应结束，再经过试样与参比物之间的热平衡过程而逐渐恢复到 $\Delta T = 0$，形成一个放热峰；如果是吸热反应，ΔT 为负值，曲线偏离基线移动，结果形成一个吸热峰。表 6.2 所列为物质差热分析中吸热和放热的原因（相应的物理或化学变化），可供分析差热曲线时参考。

3. 影响差热曲线形态的因素

DTA 的原理和操作比较简单，但由于影响热分析的因素比较多，因此要取得精确的结果并不容易。影响因素有仪器因素、试样因素、气氛、加热速度等，这些因素都可能影响峰的形状、位置甚至峰的数目，所以在测试时不仅要严格控制实验条件，还要研究实验条件对所测数据的影响。

表 6.2　差热分析中产生吸热和放热峰的大致原因

现象		吸热	放热	现象		吸热	放热
物理的原因	结晶转变	√	√	化学的原因	化学吸附		√
	熔融	√			析出	√	
	气化	√			脱水	√	
	升华	√			分解	√	√
	吸附		√		氧化度降低	√	
	脱附	√			氧化(气体中)		√
	吸收	√			还原(气体中)	√	
					氧化还原反应	√	√

(1) 实验条件的影响。

① 升温速率的影响。程序升温速率主要影响 DTA 曲线的峰位和峰形,一般升温速率大,峰位越向高温方向迁移以及峰形越陡。

② 气氛的影响。不同性质的气氛如氧化性、还原性和惰性气氛对 DTA 曲线的影响很大,有些场合可能会得到截然不同的结果。

③ 参比物的影响。参比物与样品在用量、装填、密度、粒度、比热及热传导等方面应尽可能相近,否则可能出现基线偏移、弯曲,甚至造成缓慢变化的假峰。

(2) 仪器因素的影响。仪器因素是指与热分析仪有关的影响因素,主要包括加热炉的结构与尺寸、坩埚材料与形状、热电偶性能及位置等。

(3) 样品的影响。

① 样品用量的影响。样品用量是一个不可忽视的因素。通常用量不宜过多,因为过多会使样品内部传热慢、温度梯度大,导致峰形扩大和分辨率下降。

② 样品形状及装填的影响。样品形状不同所得热效应的峰面积不同,以采用小颗粒样品为好,通常样品应磨细过筛并在坩埚中装填均匀。

③ 样品的热历史的影响。许多材料往往由于热历史的不同而产生不同的晶型或相态,以致对 DTA 曲线有较大的影响,因此在测定时控制好样品的热历史条件是十分重要的。

总之,DTA 的影响因素是多方面的、复杂的,有的因素是难以控制的。因此,要用 DTA 进行定量分析比较困难,一般误差很大。如果只作定性分析,则很多影响因素可以忽略,只有样品量和升温速率是主要因素。

6.6.2　差示扫描量热法

差示扫描量热法(DSC)是在程序控制温度下,测量输入给样品和参比物的功率差与温度之间关系的一种热分析方法。记录的曲线称为差示扫描量热曲线或 DSC 曲线。针对差热分析法是间接以温差(ΔT)变化表达物质物理或化学变化过程中热量的变化(吸热和放热),且差热分析曲线影响因素很多,难以定量分析的问题,发展了差示扫描量热法。DSC 的主要特点是分辨能力和灵敏度高。DSC 不仅可涵盖 DTA 的一般功能,而且还可定量地测定各种热力学参数(如热焓、熵和比热等),所以在材料应用科学和理论研究中获得广泛应用。

根据测量方法的不同,目前有两种差示扫描量热法,即功率补偿式差示量热法和热流式差示量热法。热流式差示量热法实际上并不严格,仍脱离不了定量型DTA的痕迹。下面主要介绍功率补偿式差示量热法。

1. 系统组成及原理

功率补偿式DSC的结构如图6.52所示。其主要特点是分别具有独立的加热器和传感器对试样和参比物的温度进行监控,其中一个控制温度,使试样和参比物在预定的速率下升温或降温;另一个用于补偿试样和参比物之间所产生的温差,此温差是由试样的放热或吸热效应产生的。通过功率补偿使试样和参比物的温度保持相同,这样就可以通过补偿的功率直接求算热流率。

对于功率补偿式DSC技术,对试样和参比物温度要求比较严格,无论试样吸热或放热都要处于动态零位平衡状态,使$\Delta T = 0$,这是DSC和DTA技术最本质的区别,实现$\Delta T = 0$的办法就是通过功率补偿。

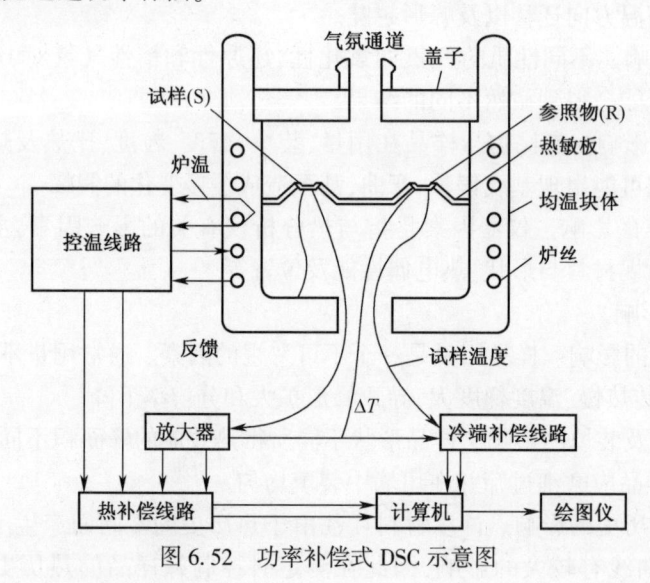

图6.52 功率补偿式DSC示意图

2. 影响差示扫描量热分析的因素

影响DSC的因素和差热分析基本相类似,由于DSC主要用于定量测定,因此某些实验因素的影响显得更为重要,其主要的影响因素大致有以下几方面。

(1) 实验条件的影响。

① 升温速率。程序升温速度主要影响DSC曲线的峰温和峰形。一般升温速率越大,峰温越高,峰形越大和越尖锐,而基线飘移大,因而一般采用10℃/min。

② 气体性质。在实验中,一般对所通气体的氧化还原性和惰性比较注意,而往往容易忽视其对DSC峰温和热焓值的影响,实际上,气氛对DSC定量分析中峰温和热焓值的影响是很大的。在氢气中所测定的起始温度和峰温都比较低,这是由于氢气的热导性近乎空气的5倍,温度响应就比较慢;相反,在真空中温度响应要快得多。同样,不同的气氛对热焓值的影响也存在着明显的差别,如在氢气中所测定的热焓值只相当于其他气氛的40%左右。

③ 参比物特性。参比物的影响与DTA相同。

（2）试样特性的影响。

① 试样用量。试样用量是一个不可忽视的因素。通常用量不宜过多，因为过多会使试样内部传热慢、温度梯度大。导致峰形扩大和分辨率下降。当采用较少样品时，用较高的扫描速度，可得到较大的分辨率和较规则的峰形，可使样品和所控制的气氛更好地接触，更好地除去分解产物；当采用较多样品用量时，可观察到细微的转变峰，可获得较精确的定量分析结果。

② 试样粒度。粒度的影响比较复杂。通常由于大颗粒的热阻较大而使试样的熔融温度和熔融热焓偏低，但是当结晶的试样研磨成细颗粒时，往往由于晶体结构的歪曲和结晶度的下降也可导致相类似的结果。对于带静电的粉状试样，由于粉末颗粒间的静电引力使粉状形成聚集体，也会引起熔融热焓变大。

③ 试样的几何形状。在研究中，发现试样几何形状的影响十分明显。为了获得比较精确的峰温值，应该增大试样与试样盘的接触面积，减少试样的厚度并采用慢的升温速率。

6.6.3 DTA 和 DSC 在高聚物研究中应用

DSC 和 DTA 的功能基本相同，在测定高聚物的物理特性，研究聚合热、反应热及固化反应和高分子反应等方面，这两种方法都是十分有效的。除此之外，用 DSC 还可进行纯度测定、晶体微细结构分析及高温状态结构变化的研究等。

1. 测定高聚物的玻璃化转变

用 DTA 测定聚苯乙烯的玻璃化转变。由于聚苯乙烯的玻璃态与高弹态的热容不同，所以在差热曲线上有一个转折，如图 6.53 所示，$T_g = 82℃$。

用 DSC 同样可以测得 T_g 值，并且可与结构相关联，通过测定样品的 T_g 值，可从曲线上查得结构的含量。

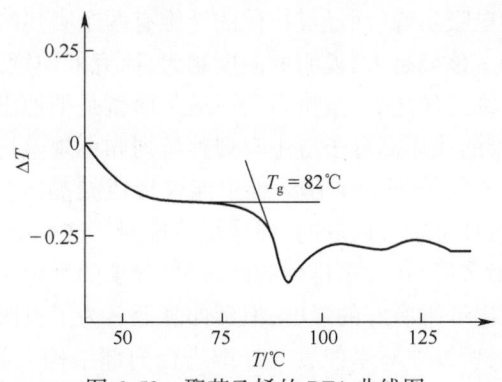

图 6.53 聚苯乙烯的 DTA 曲线图

2. 高聚物在空气和惰性气体中的受热情况

在空气中由于氧化约从 180℃ 基线急剧偏向放热方面，并与熔融吸热峰相重合，而在氮气中因去除氧化的影响，只呈熔融吸热峰。对于高聚物氧化类化学反应，由于反应热比熔融热大，故须在惰性气体中实验。

3. 研究高聚物中单体含量对 T_g 的影响

图 6.54 是聚甲基丙烯酸甲酯的差热曲线，可明显看出，PMMA 的 Mm 含量不同则曲

线形状不同,玻璃化温度随 MMA 含量的增加而降低。

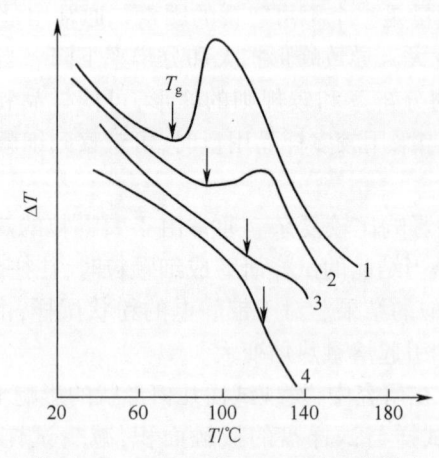

图 6.54　PMMA 中 MMA%对 T_g 的影响
1—MMA6.9%；2—MMA2.9%；3—MMA0.8%；4—MMA0%

4. 共聚物结构的研究

用分析手段测定共聚物热转变,可借以阐明无规、嵌段及多嵌段共聚物的形态结构。

用 DSC 法研究双酚 A 型聚枫—聚氧化丙烯多嵌段共聚物的热转变。结果表明,各样品的软段相转变温度均高于软段预聚的转变温度(206℃)。产生这种结果的原因是,硬段与软段之间的相互作用不仅有分子间力而且有连接硬段与软段的氨醋键,所以硬段对软段的作用特别大,使得软段的玻璃化转变温度被显著提高,这是多嵌段高聚物不同于其他多相高聚物的标志之一。

5. 研究纤维的拉伸取向

用 DTA 研究未拉伸和经过拉伸的尼龙 6、尼龙 66、尼龙 610 和涤纶等纤维时,发现未拉伸的纤维只有一个熔融吸热峰,而经过拉伸的纤维有两个吸热峰,其中第一个峰是拉伸过的纤维解取向吸热峰。该峰越大,说明取向度越大,研究取向度的问题对于合成纤维的生产极为重要。合成纤维纺丝之后,紧接着的一道工序就是把抽出的丝进行牵伸,牵伸即是取向过程,在组成纤维的线形高分子链中有规整排列和不规整排列两部分,所有的链都贯穿在这两部分之中。规整排列的链在纤维中能够形成结晶区,而无规排列的则不能。当牵伸时,长链分子都按纤维轴方向取向,即作规整排列。这就使不规整排列的部分减少了,而规整排列的部分增多了,在规整排列的区域里,分子的堆砌密度较高,分子间的作用力较强。宏观性能表现出纤维有好的强度,但延伸降低。为了克服这一点,使纤维既有好的强度又能有好的弹性,所以要对牵伸后的纤维进行内部结构上的调整。具体方法就是进行热定型处理,也就是解除纤维的内应力,使其内应力受热松弛解取向。要控制受热温度和受热时间,使已取向的纤维部分地解取向,分子链稍有弯曲,这样就获得了一定的弹性。

6. 用 DSC 直接计算热量和测定结晶度

DSC 谱图具有热力学函数的意义,因为

$$\frac{dH}{dt} \bigg/ \frac{dT}{dt} = \frac{dH}{dT} = C_p$$

式中：dH/dt 为 DSC 谱的纵坐标；dT/dt 为升、降温速率（在 DSC 实验中一般为定值），所以 DSC 谱中纵坐标的高低表明了此时样品比热容的相对大小。若在记录纸上已知单位面积热量为 3.53×10^{-4}J/mm^2（可由标准物质通过实验求得），实验误差为±2.6%，用分割法求出待测样品各吸、放热峰的面积。通过计算即可求得各吸、放热峰的热量值，如涤纶样品的 DSC 谱图上结晶峰面积为 633.2mm^2，则其放热量为

$$3.53\times10^{-4}\times633.2=0.224(\text{J})$$

熔融峰面积为 1010.9mm^2，则其吸热量为

$$3.53\times10^{-4}\times1010.9=0.357(\text{J})$$

也可以把各峰剪下来用称重法计算热量。如果纸速打快一些，峰变得很窄，可通过峰高计算热量。

用 DSC 法求得的熔融热可计算结晶性高聚物的结晶度。将结晶性高聚物样品以一定升温速度加热至熔融，保持几分钟，待试样完成熔融后得到熔融吸热峰，即可求得熔融热，然后按下式计算结晶度，即

$$x=\frac{VH_f}{VH_\infty}$$

式中：VH_f 为试样的熔融热；VH_∞ 为完全结晶高聚物的熔融热。

对于每一种高聚物来说，VH_∞ 是一定值，其值可从表中查得，也可通过外推法求得。

7. 橡胶交联度与 DSC 法关系的研究

用 DSC 法测定具有不同交联密度的硫化天然胶的 T_g 值可得，试样密度越低，则在 T_g 时所观察到的比热容异常现象越显著。

第7章 几何量测量

7.1 概 述

7.1.1 几何量测量概念

几何量测量,主要是指各种机械零部件表面几何尺寸、形状的参数测量。它包括零部件具有的长度尺寸、角度参数、坐标尺寸、表面几何形状与位置参数、表面粗糙度以及由二维、三维表示的曲线或曲面等。任何一个机械零部件不论其大小及几何形状如何复杂,均可以视为由上述参数所构成。例如,一个齿轮表现其性能的有关参数达数十项,但可以将其分解成两类参数,一类是每个齿在分度圆上分布不均匀的角度参数,如基节偏差、周节偏差;另一类是表现每个齿齿面是否是标准的轮廓曲线。对渐开线齿轮,在一定的基圆半径 r 下,其渐开线展开长度 ρ 和展开角满足:

$$\rho = rg\psi$$

这样,渐开线的曲线可以用角度 ψ 和长度 r 的尺寸参数和误差决定。又如,空间的丝杆螺旋线曲线,根据其形成原理,有

$$l = \frac{\theta}{2\pi} \cdot T$$

式中: T 为丝杆导程; θ 为丝杆转过的角度; l 为丝杆转过 θ 角时螺旋线理论轴向位移。

由长度 T 和角度 θ 的参数及误差就可确定 l 的参数及误差。因此,不管是平面的或空间的复杂工件的表面均可以用相应的几何量参数去描述它,这些参数的精度就组成了每个机械零件的精度,并在很大程度上决定了整个机构或设备的精度和使用性能。因此,几何量测量技术对产品质量及制造业起着极其重要的作用,是机械工程技术极其重要的组成部分,是测量方法设计和产品设计不可缺少的基本组成技术。

7.1.2 几何量测量要素

对任何一个被测量对象和被测量,其测量过程都是将被测量和一个作为测量单位的标准量进行比较的过程。即采用能满足精度要求的测量器具,以相应的测量方法,将被测量与标准量进行比较,从而得到被测量的测量结果。因此,任何一种测量都包括以下四大要素。

1. 测量物件和被测量

几何量测量对象十分复杂,不同的对象其测量参数各不相同。例如,孔、轴的测量参数主要是直径、螺纹的被测参数有螺距、中径、螺牙半角、螺旋线等,对齿轮传动起主要影响的共有14项参数。对几何量的各种参数,国家或部颁标准往往规定有严格的定义。一般情况下,应按照定义去确定相应的测量方法,并同时考虑被测对象的结构尺寸、质量、大

小、形状、材料、批量等作为设计测量方法的主要依据。

2. 测量单位和标准量

几何量测量的单位为国际基本单位"米"。1983年,第17届国际计量大会批准"米"的新定义为:"1米是光在真空中于(1/299792458)s的时间间隔内所经路径的长度"。米的导出单位如表7.1所列。

表7.1 米的导出单位

单位	米	分米	厘米	毫米	微米
代号	m	dm	cm	mm	μm

各单位之间换算关系如下:

$$1m = 10dm, 1dm = 10cm, 1cm = 10mm, 1mm = 1000\mu m$$

可平行使用的单位有

$$1\text{Å} = 10^{-10}m, 1nm = 10^{-9}m, 1\text{Å} = 0.1nm$$

我国规定角度的计量单位采用度、分、秒,以及辅助单位弧度(rad)两种。$1° = 60'$,$1' = 60''$,$1rad = 360°/(2\pi)$,当某中心角 θ 所对应的弧长 l 等于该半径 r 时,其中心角即为 $1rad$。

$$d\theta = l/r$$

几何量测量标准量也是多种多样的,它们具有不同的工作原理和特点、不同的精度与适用场合,一般分为机械式标准量、光学式标准量和电磁式标准量。

3. 测量方法

测量方法是指完成测量任务所用的方法、量具或仪器以及测量条件的总和。基本的测量方法有直接测量和间接测量、绝对测量和相对测量、接触测量和非接触测量、单项测量和综合测量、手工测量和自动测量、工序测量和终结测量、主动测量和被动测量、自动测量和非自动测量、静态测量和动态测量,组合测量以及在线检测等。一般应根据被测对象要求以最经济的方式去设计相应的测量方法。

4. 测量精度

测量技术的水平,测量结果的可靠性和测量工作的全部价值,全在于测量结果的精确度。测量时并不是精确度越高越好,而是根据被测量的精度要求按精度系数 $A = (1/10 \sim 1/3)$ 去选取,按最经济又保证精度要求的方式完成测量任务的要求。根据国家计量技术规范中规定的通用计量术语,GB/T 1958—2004《产品几何量技术规范(GPS)形状和位置公差检测规定》将"测量精度"改为"测量不确定度"。

7.1.3 几何量测量系统组成

几何量测量系统一般由以下6个系统组成。

(1) 被测对象和被测量系统。根据被测量特点或经过变换处理确定为测量的量作为指令输入比较,使被测量与其他量分离,不受影响,并尽可能按定义测量。

(2) 标准量系统。用以体现测量单位的物质标准或经过进一步细分以便与被测量进行比较,并决定被测量的大小或误差。

(3) 定位系统。安装放置工件,并能初步调整工件位置和固紧。在测量过程中必须使被测量的被测线与作为标准量的标准线位置相对稳定不变,因此定位基面、定位组件的选择都必须与被测精度相适应。

(4) 瞄准系统。工件经过正确定位后,利用瞄准系统确定被测量上的测量点相对于标准量的确切位置,以便在标准量上得到该测量点示值。

(5) 显示系统。将被测量的测量结果进行运算处理得到被测量示值。根据测量要求可采用信号显示、数码指示显示、打印显示、记录显示及图形显示等不同的显示形式。

(6) 外界环境系统。测量时外界条件如温度、湿度、气压、振动、气流、环境净化程度在偏离标准条件时,均对测量产生影响,并产生测量附加误差。特别在高精度测量时,必须对其附加误差进行修正,并采取各种措施减少其对测量的影响。

7.1.4 几何量测量技术发展趋势

现代的计量检测技术将从宏观向微观发展,从静态计测向动态计测发展,向测量特大、特小、极强、极弱、超高、超低等极端情况的两端发展,逐步用现代化的自动检测、信号转换、电测技术加上微处理器或微型计算机取代容易造成人为误差的单凭手和眼操作、观察和计算的落后技术,实现测量—处理—控制一体化。

根据先进制造技术发展的要求以及精密测试技术自身的发展规律,几何量测量技术的发展趋势主要体现在以下几个方面。

(1) 不断应用新的物理原理及新的技术成就。

① 新型塞曼双折射双频激光器的发明极大地提高了双频干涉仪的测量速度。

② 基于 He-Ne 激光腔镜移动中两偏振光相互竞争原理实现自定标位移传感器等。

③ 视觉测试技术应用。

(2) 高精度。如微电子工业中要求 10nm 量级的定位精度,同时晶片尺寸还在增大,达到 300mm,这意味着测量定位系统的精度要优于 3×10^{-8},相应的激光稳频精度应该是 $1 \times (10^{-8} \sim 10^{-9})$ 数量级。

(3) 高速度。因为加工机械的运动速度已经提高到 1m/s 以上,20 世纪 80 年代以前开发研制的仪器已经无法满足需要。例如,惠普公司的干涉仪市场被英国雷尼绍公司抢占的比例很大,就是因为后者的速度达到 1m/s 以上。

(4) 测量方式向多样化发展。

① 多传感器融合技术在制造现场中的应用。

② 积木式、组合式测量方法。

③ 便携式测量仪器。

④ 虚拟仪器。

⑤ 智能结构。

(5) 高灵敏、高分辨率、小型化、集成化。例如,将光谱仪集成到一块电路板上。

(6) 标准化。

(7) 测量尺寸继续向着两个极端发展。

(8) 实现各种溯源的要求。

① 自标定、自校准。

② 现场直接标定。

③ 纳米溯源。

(9) 检测设备发展方向。

① 超精密三维坐标测量机的研制。

② 常规工业用测量仪器的进展。

a. 三坐标测量机的 5 轴化测量功能。

b. 基于多元传感器的三坐标测量技术。

c. 计算机断层扫描技术。

d. 基于激光线扫描检测原理的模具快速修复技术。

e. 微小孔径测量装置。

(10) 检测对象的发展。例如,面临超大型工件、超精密、微纳米器件测量技术的挑战。

7.2　零件尺寸检测方式

7.2.1　计量器具与测量方法分类

1. 计量器具分类

按用途、特点分类,计量器具可分为标准量具、极限量规、计量仪器和计量装置四类。

1) 标准量具

标准量具是指以固定形式复现量值的测量工具,包括单值量具和多值量具两种。单值量具是复现单一量值的量具,如量块、角度块等。多值量具是指复现一定范围内的一系列不同量值的量具,如线纹尺等。标准量具通常用来校对和调整其他计量器具或作为标准用来进行比较测量。

2) 极限量规

极限量规是一种没有刻度的专用检验工具,用这种工具不能得到被检验工件的具体尺寸,但能确定被检验工件是否合格,如光滑极限量规等。

3) 计量仪器

计量仪器(量仪)是指能将被测的量值,转换成可直接观察的指示值或等效信息的计量器具。计量仪器根据构造上的特点还可分为以下几种:

(1) 游标式计量仪器如游标卡尺、游标高度尺等。

(2) 螺旋副式计量仪器如外径千分尺、内径千分尺等。

(3) 机械式计量仪器如百分表、千分表、杠杆比较仪、扭簧比较仪等。

(4) 光学机械式计量仪器如光学比较仪、测长仪、投影仪、干涉仪等。

(5) 电动式计量仪器如电感比较仪、电容比较仪、电动轮廓仪等。

(6) 气动式计量仪器如压力式气动量仪、流量计式气动量仪等。

4) 计量装置

计量装置是指为确定被测几何量值所必需的计量仪器和辅助设备的总体。

2. 计量器具度量指标

度量指标是表征计量器具技术性能的重要标志,也是选择和使用计量器具的依据。

(1) 刻度间距与分度值(图 7.1)。刻度间距指刻度尺或度盘上两相邻刻线中心的距离。为了便于目测估计,一般刻线间距在 1~2.5mm 范围内。

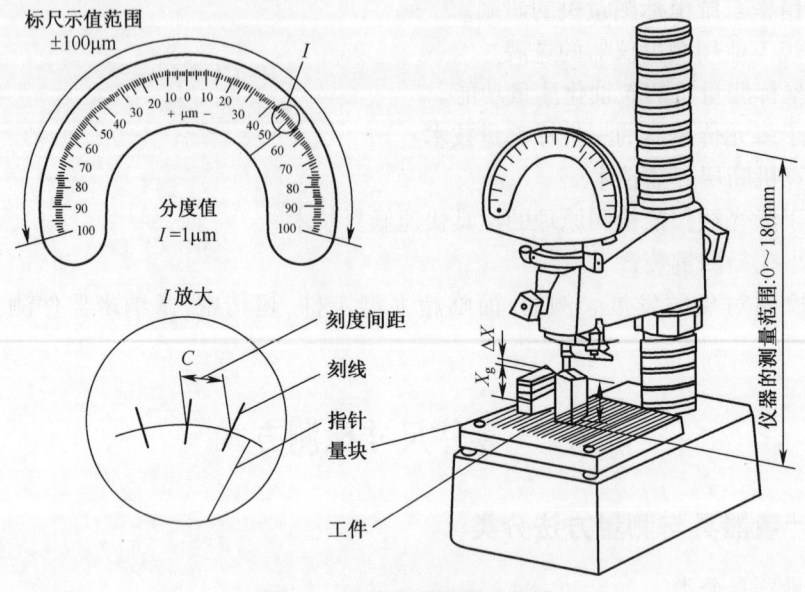

图 7.1 示值范围和测量范围

分度值是指每一刻度间距所代表的被测量值。一般计量仪器的分度值越小,精度就越高。

(2) 示值范围和测量范围。测量范围是指在允许的误差限内,计量器具所能测量的下限值(最低值)到上限值(最高值)的范围。测量范围的上限值与下限值之差称为量程。

示值范围与测量范围的含义是不同的。例如,图 7.1 所示比较仪的示值为 ±100mm,而其测量范围为 0~180mm。有的计量器具的测量范围等于其示值误差,如某些千分尺和卡尺等。

(3) 示值误差与示值变动量。示值误差是指计量器具上的示值与被测几何量的真值之差。各种仪器的示值误差可从使用说明书中或检定中得到。检定时,常用更高一级计量器具检定的标准量的实际值作为真值(相对真值)。分度值相同的各种计量器具,它们的示值误差并不一定相同。示值误差是表征计量器具精度的指标,一般计量器具的示值误差越小,精度就越高。

示值变动量是指在测量条件不变的情况下,对同一被测量进行多次重复观测时,系列测得值的最大差异。

(4) 灵敏度。灵敏度是指计量器具对被测量变化的反映能力。若被测几何量的变化为 Δx,引起计量器具反映的变化为 ΔL,则灵敏度 $S = \Delta L / \Delta x$。当分子与分母是同一类量时,灵敏度又称放大比(放大倍数)。对于一般长度计量仪器,它等于刻度间距与分度值之比。一般分度值越小,精度就越高。

(5) 修正值。修正值是指为了消除系统误差,用代数法加到测量结果上的数值,其大小与示值误差的绝对值相等而符号相反。例如,示值误差为 +0.005mm,则修正值为 -0.005mm,修正值一般通过检定来获得。

(6) 测量力。测量力是指测头与被测工件表面之间的接触力。测量力的大小应适当,太大会引起弹性变形和磨损,太小则影响接触的可靠性,都将使测量误差增大。

(7) 不确定度。不确定度是指由于测量误差的存在,而对被测几何量量值不能肯定的程度。

3. 测量方法分类

测量方法可以按不同的特征分类。

1) 按获得结果的方式分类

(1) 直接测量指无需计算而直接得到被测量值的测量,如用游标卡尺、千分尺测量零件的直径。

(2) 间接测量指首先测量与被测量之间有一定函数关系的其他几何量,然后按函数关系计算,求得被测量值的测量。如图 7.2 所示,欲测此非整圆工件的直径,需先测出弦长 b 和其相应的弓高 h,按 $D = \dfrac{b^2}{4h} + h$,即可计算出半径 R。

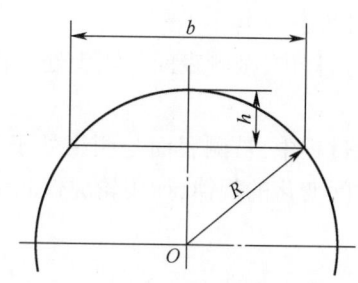

图 7.2　间接测量圆弧直径

为了减小测量误差,一般都采用直接测量,必要时可采用间接测量。

2) 按比较的方式分类

(1) 绝对测量是指直接由计量器具的示值得到被测几何量的整个量值的测量。例如,用游标卡尺测量零件尺寸,其尺寸由刻度尺直接读出。

(2) 相对测量(比较测量)是指先用标准器调整计量器具的零位,再由刻度尺读出被测几何量相对于标准器的偏差的测量。例如,用比较仪测量,示值就是被测几何量相对于量块标称尺寸的偏差。

一般说来,相对测量比绝对测量的测量精度高。

3) 按测头与被测表面的是否接触分类

(1) 接触测量是指仪器的测头与被测表面直接接触,并有测量力存在的测量,如用游标卡尺测量工件。

(2) 非接触测量是指仪器的测头不与被测表面接触的测量,如用光切显微镜测量表面粗糙度,用气动量仪测量孔径等。

接触测量会引起被测表面和计量器具有关部分产生弹性变形和磨损,因而影响测量精度。非接触测量则无此影响。

4) 按同时被测几何量参数的数目分类

(1) 单项测量是指对工件上的每个几何量分别进行测量,如用工具显微镜分别测量螺纹的螺距和牙型半角,并分别判断它们各自的合格性。

(2) 综合测量是指测得零件上几个有关参数的综合结果,从而综合地判断零件是否合格,如用螺纹量规检验螺纹零件,用齿轮单啮仪测量齿轮的切向综合误差等。

单项测量比综合测量的效率低,但单项测量便于进行工艺分析。综合测量反映误差较为客观,用于测量效率要求较高的场合。

5) 按测量目的分类

(1) 主动测量是指被测件在加工过程中进行的测量。它能把测量结果反馈到控制机构,用以控制加工过程,从而决定工件是否需要继续加工或对工艺过程是否需要进行调整,能及时防止废品的产生,故又称积极测量或在线测量。它从根本上改变了测量的被动局面。

(2) 被动测量是指在工件加工完毕后进行的测量。这种测量仅用于发现和剔除废品,故又称消极测量。

主动测量常应用在自动加工机床和自动生产线上,使检测与加工过程紧密结合,以保证产品的质量。因此,它是检测技术发展的方向。

6) 按被测件与测头的相对状态分类

(1) 静态测量是指在测量过程中,被测表面与测头处于相对静止状态,如用千分尺测量工件的直径。

(2) 动态测量是指在测量过程中,被测表面与测头处于相对运动状态。其目的是为了测得误差的瞬时值及其随时间变化的规律,如用轮廓仪测量表面粗糙度,用激光丝杠动态检查仪测量丝杠等。

7.2.2 零件尺寸检测方式

1. 两种检测方式

在加工过程中,为了确定零件尺寸是否达到加工要求;在零件加工后,为了确定零件是否符合设计要求,都需要按一定的标准进行检测,以确保实现互换性。为此,可采用两种不同的检测方式。

1) 采用普通计量器具

普通计量器具是有刻线的量具,通过测量可得到被测几何量的实际尺寸。根据该尺寸是否超越零件极限尺寸,来判断工件尺寸的合格性,如在加工中使用的游标卡尺、千分尺、各种指示表和比较仪等普通计量器具都属于这种方式。

2) 采用极限量规

极限量规是没有刻线的专用测量工具,是按被测工件的两个极限尺寸制造,用它们与被测的孔或轴进行比较。虽然得不到被测工件的实际尺寸和形状误差的具体数值,但可以定性地判明该孔或轴是否合格。这种用于检验零件孔、轴的量规,称为光滑极限量规。检验孔时,量规做成外尺寸形状,称为塞规,如图7.3所示。检验轴时,量规做成内尺寸形状,称为环规或卡规,如图7.4所示。

不论是塞规或卡规,必须成对使用,控制孔或轴体外作用尺寸(由实际尺寸和形状误差综合形成)的称为"通规",它用来模拟最大实体尺寸,代号为"T";控制孔或轴实际尺寸的称为"止规",它用来模拟最小实体尺寸,代号为"Z"。检验时,通规能通过被检验的孔或轴,而止规不能被通过时,则该孔或轴判为合格,否则不合格。

图 7.3　塞规　　　　　　　　　图 7.4　卡规

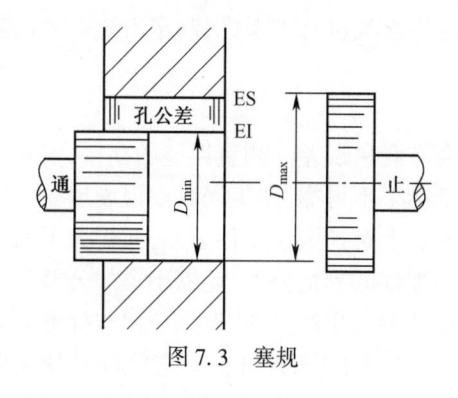

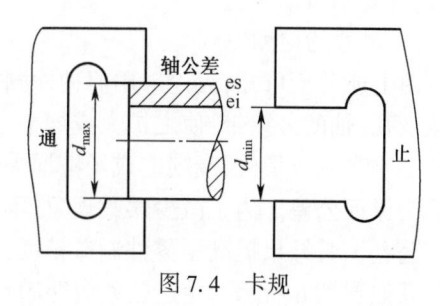

2. 检测方式分析

1）用普通计量器具测量零件尺寸

用计量器具测量零件尺寸，便于了解产品质量情况，并能对生产过程进行分析和控制。通常在生产车间，零件合格与否往往只按一次测得的结果来判断。

因为零件本身不可避免地存在形状误差，所以该检测方式应符合两点法测量。然而，由于测量误差的影响，尤其当零件尺寸处于极限尺寸附近时，可能会出现两种误判：误收或误废。当测得值落在极限尺寸之内，但其真实尺寸却位于极限尺寸以外时，本来不合格的零件被判为合格而接收，则称为误收；若测得值落在其极限尺寸之外，但真实尺寸却位于极限尺寸以内时，本来合格的零件判为不合格而报废，称为误废，如图 7.5 所示。

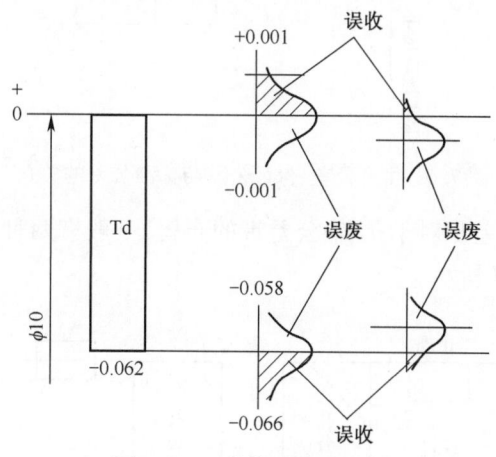

图 7.5　工件的误收和误废

2）用光滑极限量规检验孔或轴

光滑极限量规是一种无刻度的定值专用计量器具。用它检验零件时，只能判断被检验零件的几何量参数是否在规定的极限范围内，而不能测出零件尺寸、形状误差的具体数值。但它结构简单，使用方便、可靠，检验效率高，因此在生产中得到广泛的应用。

用光滑极限量规检验孔或轴，似乎不存在测量误差的影响，但量规和一般零件一样也需生产制造，难免有制造误差。例如，检验轴的卡规，止端是按轴的最小极限尺寸制造的，而卡规制造的真实尺寸可能比它大，这样就会把某些合格品误认为不合格，出现误废；若卡规制造的真实尺寸比它小，这样就会把某些不合格品误认为合格，出现误收。同理，塞规也不例外。因此,要从保证产品质量和经济性两方面加以合理考虑,制定出统一的检测标准,并要求贯彻执行。

3) 尺寸的检测原则

由上述分析可知,无论采用何种检测方式都会有测量误差。测量误差的存在,实际上将改变孔、轴的公差带,使之扩大或缩小,导致测量结果不可靠,产生误收或误废现象。误收会影响产品质量,误废则造成经济损失。误收实际上是扩大了工件公差,此扩大了的公差称为保证公差。为了减少误收现象,不得不缩小零件的制造公差,此缩小了的公差称为生产公差。其结果提高了零件制造精度,因而经济性差。生产公差、保证公差与标准公差的关系如图 7.6 所示。生产公差应能满足加工经济性要求,而保证公差应能满足使用要求,显然两者是矛盾的。为了解决这一矛盾,必须合理地规定允许的测量误差及量规公差,以及它们相对于孔、轴公差带的布置位置。

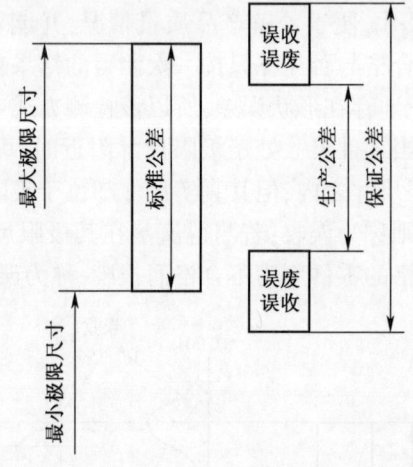

图 7.6 生产公差、保证公差与标准公差的关系

测量误差或量规公差相对于孔、轴公差带的布置,一般有两种方案:内缩极限方案和外延极限方案,如图 7.7 所示。

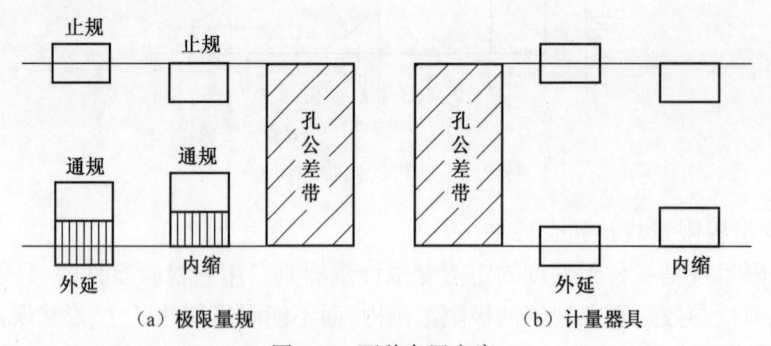

(a) 极限量规　　(b) 计量器具

图 7.7 两种布置方案

内缩极限方案的特点,是将量规公差带或测量误差全部限制在孔、轴公差带内,即其保证公差等于孔、轴规定的标准公差。它能有效地控制误收和保证产品质量与互换性,但零件生产公差减小,加工控制要求比较严格,制造成本增加误废率有所上升。

外延极限方案的特点,是量规的部分公差和磨损极限或测量误差可以超越孔、轴的极限尺寸。此时保证公差将大于孔、轴的标准公差,不利于保证产品质量和互换性,但可扩大生产公差,制造上较经济。

当然,不论用哪种方案,其误收或误废的概率都应很小,否则这个方案便不能成立。国际上这两种方案均有采用。我国有关孔、轴的检测标准有:GB/T 1957—2006《光滑极限量规》和 GB/T 3177—2009《产品几何技术规范(GPS)光滑工件尺寸的检验》,它们是贯彻执行孔、轴《极限与配合》国家标准的技术保证。

7.3 长 度 检 测

长度是几何量中最基本的参数。从几何意义上讲,不外乎是面与面、线与线、点与点之间的距离及它们之间的组合。但从产品的角度看,广义的长度包括圆柱体的轴径和孔径,立方体的长度、宽度、高度(厚度),孔和槽的深度,孔间距、轴心距等。下面简要介绍长度检测的常用器具,并按产品的形体分类叙述典型的实用检测方法。

7.3.1 长度检测器具

常用长度检测器具按测量方式通常分为接触式和非接触式两大类;按转换原理又可分为机械、光学、电学、气动与超声等各种类型。接触式检测器具多以机械和早期的光学、电学仪器为主,测量稳定可靠,应用较广泛。由于检测器具的敏感元件(测头)与被检测工件表面直接接触并存在一定的测量力,有可能使检测器具或工件产生变形,造成测量误差或划伤工件表面,因此,应严格限制测量力大小并保持稳定。非接触式检测器具大多利用光、气、电、磁、声等转换原理来进行长度检测,测量精度高,响应速度快,特别适用于现代工业生产中的在线检测。但这些检测器具对工件的形状有一定要求,同时要求工件定位可靠,表面无污染。

各种检测器具的特征不仅表现在分度值、测量范围、测量精度等性能指标上,而且还表现在检测对象、检测环境和检测批量的要求上。产品检测任务主要是按检测对象的特点和精度要求,正确设计检测方法和经济合理地选用检测器具,并正确处理测量数据。

常用长度检测器具的性能指标和特点如表 7.2 所列。

表 7.2 常用长度检测器具的性能指标和特点

测量量具	测量范围和量程 /mm	分度值 /μm	不确定度 /μm	特点
游标卡尺	0~25,0~300,0~500, 300~1000	20~50	20~150	结构简单,一般用作离线检测
千分尺	0~25,25~50,…,275~300, 300~400,400~500, …,900~1000	10	4~30	一般用作相对检测
机械式比较仪	0~315	0.5~5	0.6~3.5	带 RS-232C 接口,能直接与计算机通信
容栅式卡尺	0~150	10	±5	传感器体积小,灵活度高,一般用作相对测量

(续)

测量量具	测量范围和量程 /mm	分度值 /μm	不确定度 /μm	特点
电感测微仪	±0.003~±0.8	0.01~10	±0.04~±6	非线性误差小,灵活度高,但对振动较敏感
电容测微仪	±0.000025~±0.3	0.01~1	±0.02~±0.1	内装RS-232C接口,可直接与计算机通信
光栅测微仪	0~300	1	±1	立式:测量方便,效率高,但适应性差;卧式:适应性好,但测量效率低
测长仪	0~200	1	$\pm(1.5+\frac{L}{100})$	可用来检定2~4等量块,也可测量高精度零件的外尺寸
立式干涉仪	0~150	0.05~0.2	$\pm(0.03+3ni\Delta\lambda)$	测量精度高,但测量靶需连续移动
双频激光干涉系统	0~60000	0.01~0.08	$0.5\times10^{-6}L$	适用于二维尺寸的测量
万能工具显微镜	100×200~200×500	0.5~1	$\pm\left(2.5+\frac{L}{25}+\frac{HL}{2670}\right)$	适用于空间尺寸的测量
三坐标测量机	400×100×145~9300×1600×2000	1~100	单轴:$0.5+\frac{L}{800}$~150	

注:L为被测长度;H为宽度;n为刻度尺分划数;I为分度值;$\Delta\lambda$为光波波长的测量误差

7.3.2 产品外径与内径检测

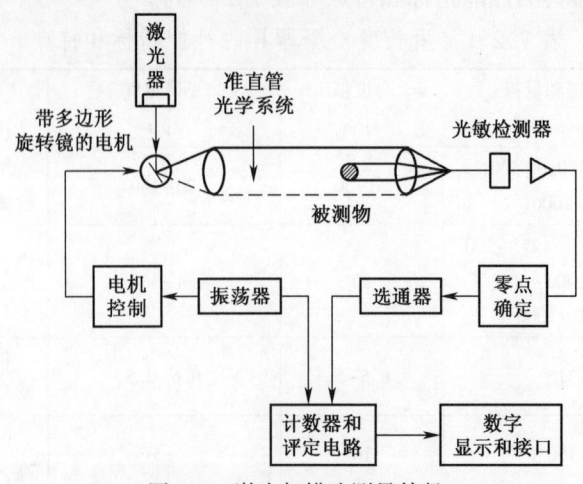

1. 激光扫描法测量外径

激光扫描法测量外径的原理如图7.8所示。He-Ne激光器发出的光线投射到一个多边形旋转镜面上,该镜以恒速旋转,使反射的激光束自上而下地扫描准直光学系统,由准直光学系统将激光束的旋转扫描转换成线性扫描。

图7.8 激光扫描法测量外径

测量时,被测零件遮断了部分扫描光束,使光敏检测器的输出信号变低,形成一个宽度与被测零件直径成正比的负脉冲信号,如图 7.9 所示。可以看出,信号的前沿和后沿是一条曲线,测量的起始点通常发生在信号的 50%处(中点处)。在此门限电压以下的时间内,对振荡器的基准脉冲进行计数,由评定电路计算出被测工件的直径。

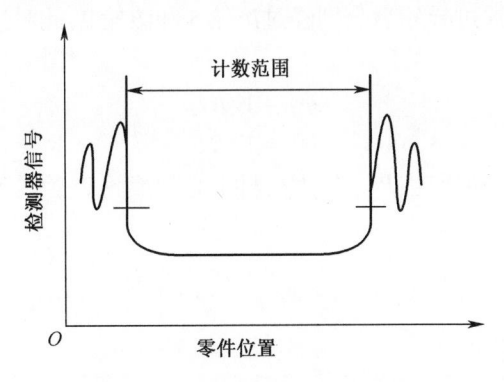

图 7.9 光电检测器的输出信号

激光扫描法特别适用于测量一些带热、有毒以及不易接触的产品。其测量范围为 1~500mm,测量的不确定度为±0.25μm 和±5μm。测量时应使被测工件与扫描方向垂直。

2. 透明细丝直径的检验

对于非透明的细丝直径,通常采用激光衍射法进行测量。然而在用该法检测透明细丝时,衍射光和进入介质的折射光相干涉将引起测量的多值性。为解决这一问题,可采用图 7.10 所示的检验方案。

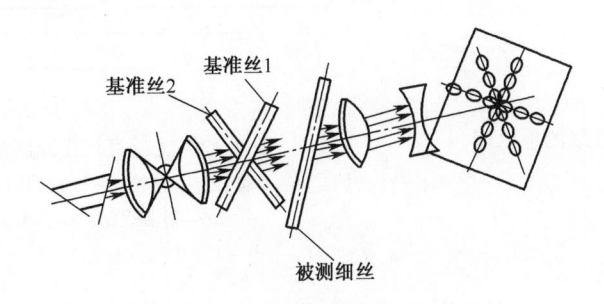

图 7.10 透明细丝的检测方法

按照透明细丝的公差要求,选取直径分别等于最大极限尺寸和最小极限尺寸的两根非透明的基准丝,并将其分别与被测细丝成 60°角置于平行光路中,使它们交点的投影位于光束的中心。在屏幕上基准丝的衍射图形成了被测细丝的公差带。当被测细丝的直径减小时,其衍射条纹远离中心移动;反之,则朝着中心方向移动。从远离中心的距离可测出直径的大小。

这种检验方法允许被检验直径在很大范围内变动(几十微米至几百微米),特别适用于各种光导纤维的直径检验。

3. 线材直径的在线测量

线材直径的线测量原理以楔缝为基础,将线材直径的微小变化转换成线材在模缝内很大的位置变化,如图 7.11 所示。用公式表示为

$$\Delta x = \frac{\Delta d}{2\sin\alpha}$$

式中：α 为模缝半角；Δd 为线材的直径变动量；Δx 为线材位置变化量。

线材直径在线测量装置如图 7.12 所示。基体上装有一个圆柱形滚轮 5 和一个带模缝的滚轮 2。被测线材通过导轮后分别经过滚轮 5 和滚轮 2，此时滚轮 2、滚轮 5 的角速度分别为

$$\omega_1 = V/R_1$$
$$\omega_2 = V/R_2$$

式中：V 为被测线材的运动速度；R_1、R_2 为线材中心到滚轮 2、滚轮 5 旋转轴心的距离。

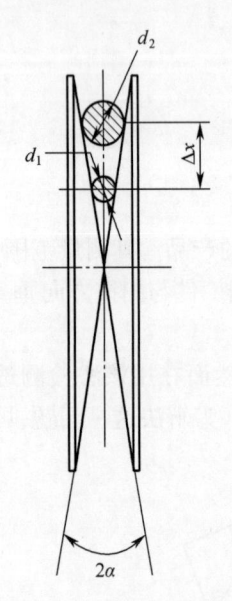

图 7.11　线材直径在线测量原理

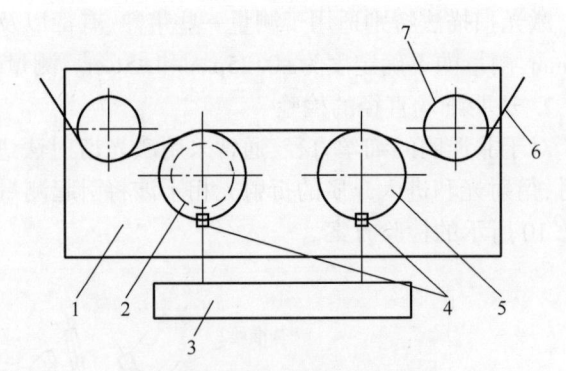

图 7.12　线材直径在线测量装置
1—基体；2,5—滚轮；3—变换器；4—频率计；
6—被测线材；7—导轮。

由于 $R_1 = \frac{d}{2}\cot\alpha\cos\alpha$，故当线材直径 d 变化时，R_1 也随之变化，从而导致 ω_1 的变化。用两个频率计分别检测两个滚轮的角速度，并由变换器显示出两轮的角速度之比，即

$$k = \frac{\omega_2}{\omega_1} = \frac{\cot\alpha\cos\alpha}{2R_2}d = k_1 d$$

当模缝半角和滚轮的半径一定时，k_1 为常数。k 与被测线材的直径成比例，而与线材的运动速度无关。

这种方法可连续测量直径为 0.06～5mm 的运动线材，线材的运动速度为 20～40m/min，测量的相对误差为 ±0.5%。

4. 用干涉法测量内径

用干涉法测量内径，实质上是白光迈克尔逊干涉仪的一种应用，其原理如图 7.13 所示。

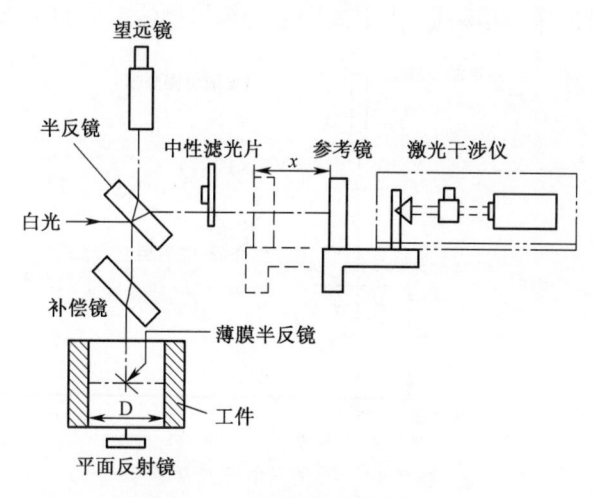

图 7.13 用干涉法检测内径

来自准直仪的一束白光照射到半反(射)镜上,通过半反镜将入射光束分为光强相等的两束光。其中,透射部分经中性滤光片后,由参考镜反射回半反镜;反射部分则经补偿镜至薄膜半反镜。薄膜半反镜又将光束分成两路,一路经工件右壁→薄膜半反镜→补偿镜返回到半反镜;另一路则透过薄膜半反镜,相继经过平面反射镜→薄膜半反镜→工作左壁→薄膜半反镜→平面反射镜→薄膜半反镜→补偿镜返回到半反镜。如果将薄膜半反镜到工件右壁和到平面反射镜之间的距离调至相等,则经工件右壁和左壁反射回的两束光的光程差刚好是工件内径的 2 倍。

测量时,将参考镜移至图中实线位置,由望远镜确定零级干涉条纹的位置,并将激光干涉仪置零。然后将参考镜朝半反镜方向移动,观察望远镜,使零级干涉条纹再次处在相同位置。此时,激光干涉仪的测量值即为被测工件内径 D 的 2 倍。

用干涉法测量内径,最大直径的位置可通过观察干涉条纹精确调整工件来确定,无需使用参考标准。其不确定度可达 $\pm 0.11\mu m$,但内孔的表面粗糙度会给测量结果带来一定的影响。

7.3.3 产品厚度检测

为适应现代工业生产的需要,像冷轧钢板、橡胶、薄膜以及涂层或镀层等厚度的检测,大多采用非接触测量方法,如激光三角测量法、超声法、电容法、涡流法、γ 射线反向散射法和 X 射线法等。各种方法都有其自身的局限性,没有哪一种方法可以解决所有的问题。因此,产品厚度检测的关键是根据不同的产品特征和条件,合理选用测量方法。

1. 激光三角测厚法

激光三角测量原理如图 7.14 所示。由氦氖激光器发出的激光束投射到被测表面上,由表面散射的光束与投射方向成 φ 角,并通过透镜而成像于位置敏感探测器(PSD)上。当被测对象表面的距离变化时,散射光点像的位置也随之改变。

像的移动量 x 与物体表面位移量 d 的关系为

$$d = \frac{g_0 x}{b_0 \sin\varphi + x\cos\varphi}$$

因此,只要测量出像的移动量,由上式即可计算出物体表面的位移量。

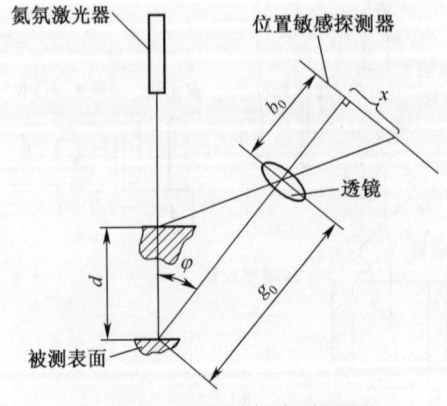

图 7.14 激光三角检测原理

用激光三角测量传感器在线测量冷轧钢板厚度的方案有图 7.15 所示的两种。图 7.15(a)采用参考表面来测量厚度,两个传感器同向安置,可避免由轧辊的偏心所引起的测量误差。图 7.15(b)采用相对测量法,两个传感器反向安置,可在无参考表面的情况下测量厚度,并克服由钢板的上下起伏而造成的测量误差。

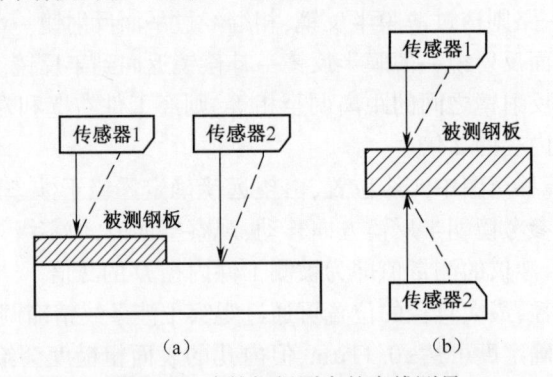

图 7.15 冷轧钢板厚度的在线测量

激光三角测厚系统的测量范围一般为 16mm 左右,测量的相对精度为 ±0.1% ~ ±0.2%,适于在线测量钢板、铝板等板材厚度。测头对被测表面的颜色和纹理变化以及背景光的影响不敏感,但这种散射方法不能用来测量镜面。

2. 超声波测厚法

在厚度检测中,常用超声波厚度计。其传感器的声波频率通常为 4~5MHz,原理如图 7.16 所示。在用压电材料(如石英)制成的振子两面贴上电极,加上高频电压,激励振子产生高频振动,在相邻的介质中传播超声波。这种基于逆压电效应的电—声换能器称为发射探头。反之,当超声波作用于振子上时,其电极上将产生与振动频率相同的交变电压。这种基于正压电效应的声—电换能器称为接收探头。

超声波测厚原理如图 7.17 所示。由发射探头发出的超声波脉冲从测量面进入被测物体,然后从其背面反射至接收探头。将超声波的发射至接收这段时间乘上纵波声速(钢为 5920m/s,铝为 6260m/s,丙烯树脂为 2730m/s),即可计算出被测物体的厚度。实际测量中,是在测量面与背面的两次反射之间,自动加入计时脉冲,对其进行计数,即可指

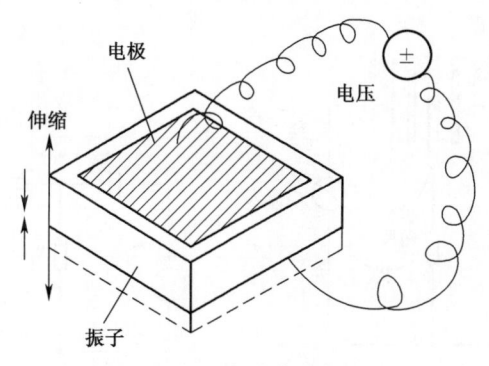

图 7.16 超声波传感器原理

示出被测物体的厚度,如图 7.17(b)所示,超声波由于其频率高、波长短、方向性好,在钢中的穿透能力可达 10m 左右,因此被广泛用来测量金属、木材、橡胶、玻璃、塑料及多种泡沫材料的厚度,也可用来测量镀层或涂层的厚度。

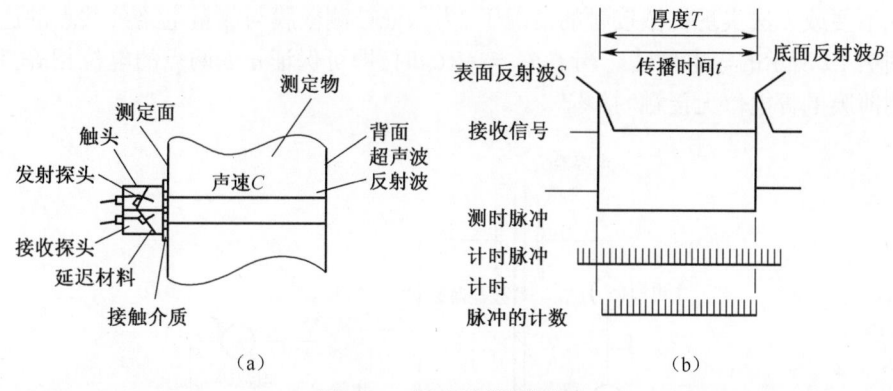

图 7.17 超声波测厚原理

3. 电容法检验厚度

对于薄型、超薄型导电薄膜或镀层的厚度,可采用电容法进行检验,其检验原理如图 7.18(a)所示。设交流电源的电压为 U,测量电容的左右两极板与被测薄膜表面之间的容抗分别为 Z_1 和 Z_2,薄膜被测部位的体积电阻为 R_0,薄膜被测部位到测量电路公共点 a 之间的电阻为 R_1,则图 7.18(a)可简化成图 7.18(b)所示的等效电路。流经电流表的电流为

$$I = \frac{UR_1}{R_0(R_1+Z_1) + Z_1 Z_2 + Z_1 R_1 + Z_2 R_1}$$

当测量电容的极间距足够大且被测薄膜相当薄时,Z_1、$Z_2 \gg R_0$,此时上式可简化成

$$I = \frac{UR_1}{Z_1 Z_2 + Z_1 R_1 + Z_2 R_1}$$

又当被测薄膜处在电容器的两极板中央时,$Z_1 = Z_2 = Z/2$,这时有

$$I = \frac{4U}{\dfrac{Z^2}{R_1} + 4Z}$$

从上式可知,所测电流 I 是电阻 R_1 的函数。而当被测导电薄膜的电导为常数时,R_1

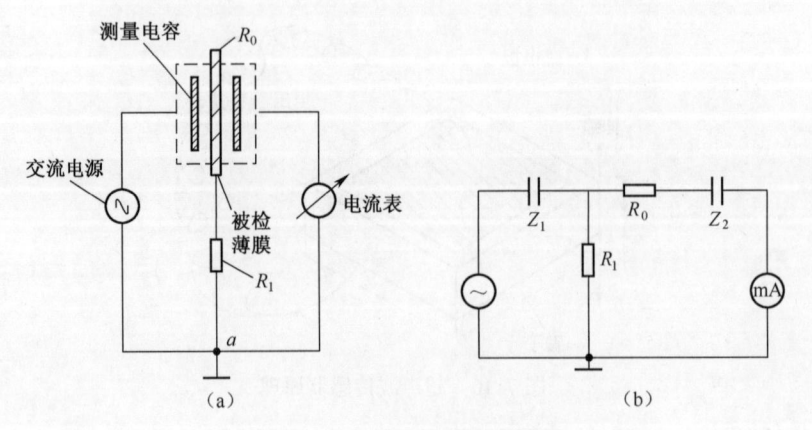

图 7.18 电容法检测厚度原理

仅与薄膜的厚度有关。当薄膜厚度增大时，$R_1 \to 0$，电流将减小至零；反之，当薄膜厚度减小时，$R_1 \to \infty$，电流将增大。

在不便或无法实现机械接触的情况下，为保证被测薄膜与测量电路公共点的连接，可采用图 7.19 所示的等电位法。当 $U_1C_1 = U_2C_2$ 时，即可保证 a、b 两点的电位相等，从而实现被测薄膜的等电位无接触"接零"。

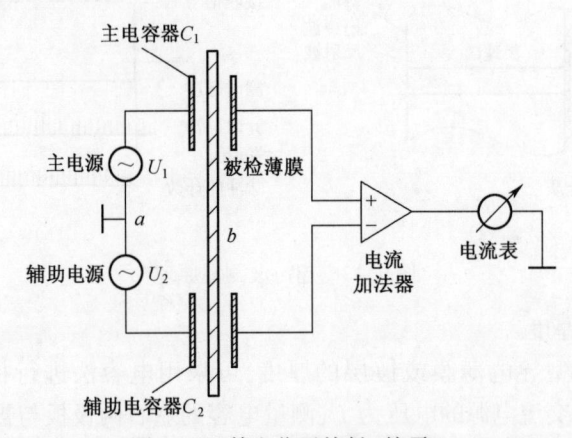

图 7.19 等电位无接触"接零"

用上述方法检验薄膜厚度时，先用标准厚度来进行标定，然后根据薄膜的极限厚度来确定合格条件。厚度检验范围为 $1 \sim 5\mu m$，相对误差为 $\pm 10\%$。

7.3.4 产品长度检测

1. 非接触扫描式长度测量

对于生产线上运动着的杆、管、带及板状产品的长度(宽度)，常采用非接触扫描式测量方法。这种测量仪器的工作原理如图 7.20 所示。沿被测件运动方向，分别设置两组光电传感器(GG 和 FG)，其中 GG 为粗测列，FG 为精测列。精测列长度要大于相邻两个粗测传感器的最大间距。

当被测件始端进入精测列时，FG_j 使触发计时器开始计时；而被测件终端进入粗测列时，GG_j 的输出信号将使计时结束。在被测件相继进入随后的各个精测传感器 FG_{j+1}，

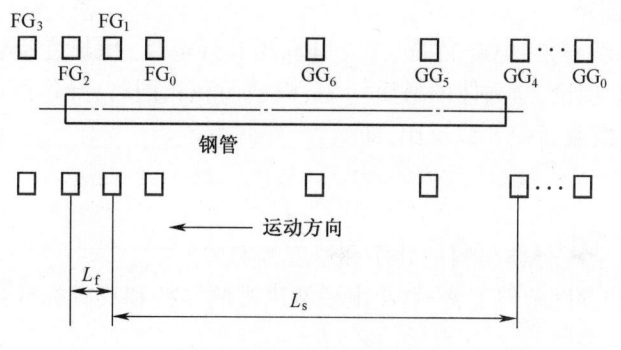

图 7.20 非接触扫描式长度测量仪的工作原理

FG_{j+2},…时,也需分别进行计时。若 FG_j 的下降沿至 GG_j 的上升沿之间的时间间隔为 t,相邻两精测传感器之间的平均触发时间为 $\bar{t}$,FG_j 到 GG_j 之间的距离为 L,两精度传感器之间的距离为 L_f,则被测件测量长度为

$$L = L_x + \frac{t_s}{\bar{t}} L_f$$

用非接触扫描方式测量长度,当长度范围为 1.5~12.5m,被测件运动速度为 0.2~4m/s 时,测量精度可达±0.1%。

2. 接触式在线长度测量

接触式在线长度测量大多采用图 7.21 所示的滚压法,即用弹簧或其他装置使敏感元件 1 与被测件表面接触,并沿被测件表面无滑动地滚动,将被测件的长度量转换成敏感元件的转数和每转中的脉冲数,从而达到测量长度的目的。

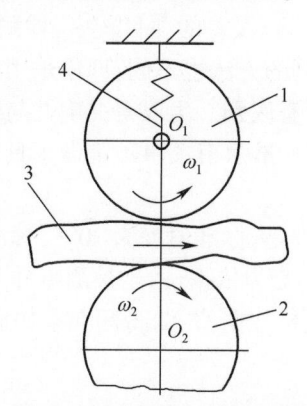

图 7.21 滚压法测长法原理
1、2—敏感元件;3—被测件;4—弹簧。

用来产生敏感元件脉冲的传感器,通常有光电码盘、光电编码器、圆感应同步器及圆光栅等。根据敏感元件的直径和传感测长原理器的刻线数,即可确定测量的脉冲当量。滚压法既可用来测量轧制钢板、钢带等刚性物体的长度,又可测量诸如布匹、塑料、纸张、油毡等柔性物体的长度。在测量刚性物体长度时,敏感元件的磨损与被测件表面的变形会造成一定的测量误差;而在测量柔性物体时,必须对被测件的张紧变形进行适当修正。无论测量何种物体,敏感元件与被测件表面的相对滑动都是测量的主要误差源。

3. 电缆长度测量

对于电缆线(丝)等导电产品的长度,可利用其导电性,将长度量转换成电阻值来进行测量。根据电学理论,当导体的材质均匀、横截面积相同时,导体的电阻 R 与其长度 L 成正比,而与它的横截面积 S 成反比,即

$$L = \frac{S}{\rho}R$$

式中:ρ 为电阻率,它与导体材料的性质和温度等有关。

在同一温度和湿度条件下,分别用电桥测出被测导线和具有标准长度 L_0 的同一导线的电阻值 R_1、R_0,则被测导线的长度 $L_1 = \frac{R_1}{R_0}L_0$。

7.4 形状和位置误差检测

形状和位置精度是零件的主要质量指标之一,它在一定程度上影响着整台机器的使用性能。正确检测形位误差是认识零件形状和位置精度的基本手段。检测形位精度时,其方法应根据零件的结构特点、尺寸大小、精度要求、检测设备条件和现有检测方法,但无论使用何种方法都应满足两点要求:一是保证一定的测量精度;二是要有较好的经济性。

7.4.1 检测规定

形位误差的检测比较复杂,因为形位误差值的大小不仅与被测要素有关,而且与拟合要素的方向和(或)位置有关。形位误差的项目较多,检测方法各不相同。即使对同一项目,采用的检测原则不同,则检测的方法也不同;即使采用的检测原则和方法相同,也随被测对象的结构特点、精度要求而有区别。为取得准确性与经济性相统一的效果,使得检测和评定规则具有统一概念,国家标准对有关事项都做了具体的规定。

7.4.1.1 形位误差检测条件

测量形位误差时的检测条件是:标准温度为 20℃,标准测量力为零。因此,零件图上给出的公差值,是以标准温度 20℃ 为依据,由于被测零件及测量仪器的热胀冷缩,测量时的温度不同,就会得到不同的测量数据,若偏离标准条件而引起较大测量误差时,应进行测量误差估算。

7.4.1.2 五种检测原则

GB/T 1958—2004《产品几何量技术规范(GPS)形状和位置公差检测规定》规定了形位误差的 5 种检测原则,这些原则是各种检测方法的概括。按照这些原则,根据被测对象的特点和有关条件,可选出最合理的检测方案。

1. 与拟合要素比较原则

与拟合要素比较原则是指将实际被测要素与拟合要素相比较,在比较过程中获得测量资料,再根据这些数据来评定形位误差。运用这一检测原则时,必须要有拟合要素作为检测时的标准。由于拟合要素是几何学上的概念,所以在检测工作中如何将其具体地体现出来,是实现这个检测原则的关键。实际检测中体现拟合要素的方法通常是模拟法。

对于被测轮廓要素,拟合要素可以用实物来体现,如刀口尺的刃口、平尺的工作面、一条拉紧的钢丝都可以作为拟合直线,平板和平晶的工作面可以作为拟合平面,样板的轮廓等也都可以作为拟合要素。图 7.22 所示用刀口尺测量直线度误差,就是以刀口作为拟合直线,被测要素与之比较,根据光隙的大小来判断直线度误差。拟合要素还可以用一束光线、水平面等来体现。例如,用自准直仪和水平仪测量直线度误差和平面度误差时,就是应用这样的拟合要素。此外,拟合要素还可以用运动轨迹来体现。例如,沿纵向和横向导轨的移动形成一个拟合平面,一个动点绕一条轴线做等距离回转运动形成一个拟合圆。圆度仪上测量圆度误差就是利用的这一方案。

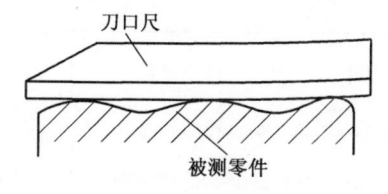

图 7.22 用刀口尺测量直线度误差

图 7.23(a)所示为采用与拟合要素比较原则测量平面度误差的方法。平板为测量基准,按分布最远的 3 点调整被测件相对于测量基准的位置,使这 3 点与平板等高,并将指示计示值调零,即可构成一个与平板平行的拟合平面。指示计在被测面上采样点处的示值,即为被测要素相对于拟合平面的偏离量,根据在被测面上测得的一系列数据,即可评定平面度误差。

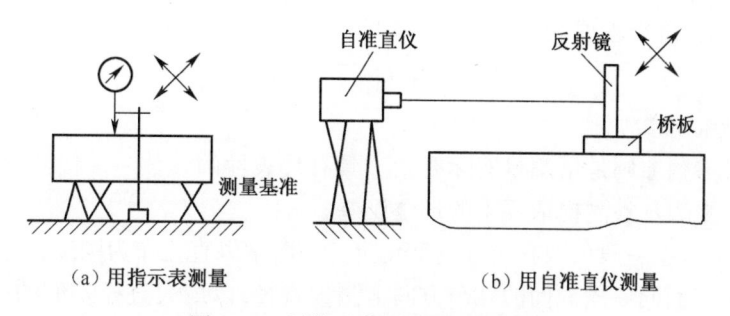

(a)用指示表测量　　　　(b)用自准直仪测量

图 7.23 用指示表测量平面度误差

对于轮廓要素来说,在检测其形位误差时采用"与拟合要素比较原则"比较容易实现。根据被测要素的几何特征,选定相应拟合要素的体现方法,再使用与之相适应的测量机构和示值装置,就可以获得相对拟合要素变动的有关数据。

对于被测中心要素,由于这种要素是抽象的,无法直接与其拟合要素比较,需要先把它对应的实际轮廓要素进行测量,之后间接获得实际中心要素,再与拟合要素比较。被测中心要素若用模拟法体现,就可以方便地采用这种检测原则进行测量,如用心轴模拟孔的轴线、用定位块模拟中心平面等。

2. 测量坐标值原则

测量坐标值原则是指利用测量器具上的坐标系(直角坐标系、极坐标系、圆柱面坐标系),测出实际被测要素上各测点对该坐标系的坐标值,再经过计算确定形位误差值。该原则是形位误差检测中的重要检测原则,尤其在轮廓度和位置度误差的测量中应用较多,随着电子计算机技术的迅速发展和推广,这一检测原则的应用将会更为广泛。

图 7.24 为用测量坐标值原则测量位置度误差的示例。

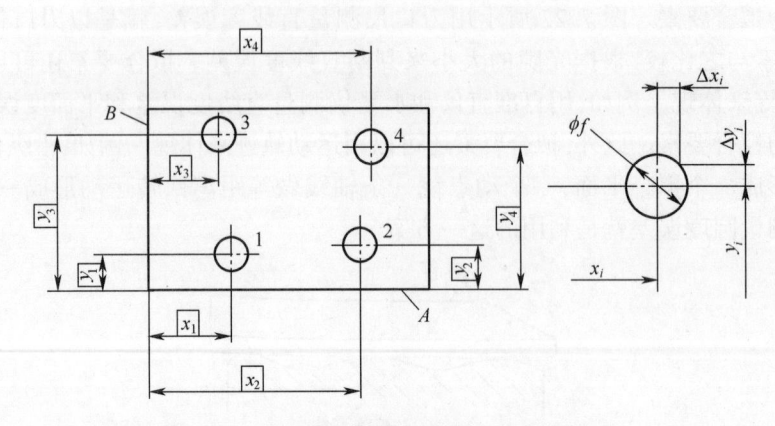

图 7.24　用测量坐标值原则测量位置度误差

测量时,以零件的下侧面 A、左侧面 B 为测量基准,测量出各孔实际位置的坐标值 (x_1, y_1)、(x_2, y_2)、(x_3, y_3) 和 (x_4, y_4),将实际坐标值减去确定孔理想位置的理论正确尺寸,得

$$\begin{cases} \Delta x_i = x_i - \boxed{x_i} \\ \Delta y_i = y_i - \boxed{y_i} \end{cases} \quad (i = 1,2,3,4)$$

于是,各孔的位置度误差值为

$$\phi f_i = 2\sqrt{(\Delta x_i)^2 + (\Delta y_i)^2}$$

3. 测量特征参数原则

测量特征参数原则是指测量实际要素上具有代表性的参数——特征参数,用这些特征参数的差异来表示被测提取要素的形位误差。

例如,圆度误差一般反映在直径的变动上,因此,常以直径作为圆度误差的参数,即用千分尺在实际表面同一横截面的几个方向上测量直径,以最大直径差值的一半作为圆度误差值。这就是常说的两点测量法。

用特征参数的变动量来确定的形位误差是近似的,因为特征参数的变动量与形位误差值之间一般没有确定的函数关系,甚至反映不出形位误差。例如,用两点法测圆柱表面的圆度误差,如果圆柱表面是奇数正棱圆柱状,就反映不出圆度误差。这时用 V 形法(三点法)来测量,可以弥补两点法的缺陷。三点法也是利用特征参数原则的一种方法。测量特征参数原则是以具有代表性的某种参数来表征被测要素的全貌,从概念而言有其不够完善之处,与按定义确定的形位误差相比,只是一个近似值,但运用这一原则往往可使测量设备和测量过程简化,从而提高测量效率。所以在生产实践中,只要能满足测量精度,保证产品质量,就可以采用这一原则。

4. 测量跳动原则

测量跳动原则是指在被测要素绕基准轴线回转过程中,用其相对于某参考点或线的变化情况来表示跳动值的一种原则。

图 7.25(a)所示为径向圆跳动的测量,它可以反映出被测要素在回转一周的过程中,于横截面内相对于某一点的变化情况。变化值的大小由指示计读出,被测件回转一周中指示计示值的最大差值即为径向圆跳动。

图 7.25(b)所示为径向和端面全跳动的测量,它可以反映出被测要素在回转过程中,相对于径向和轴向参考线的变化情况。被测件回转时,指示计同时作径向或轴向移动。于是,指示计将反映出端面和圆柱面相对于参考线的变化量。测量跳动原则是直接根据跳动的定义提出的,所以主要用于测量圆跳动和全跳动。但因为此方法简便易行,测量精度允许的情况下,也可以测量同轴度,或用端面全跳动反映端面垂直度。

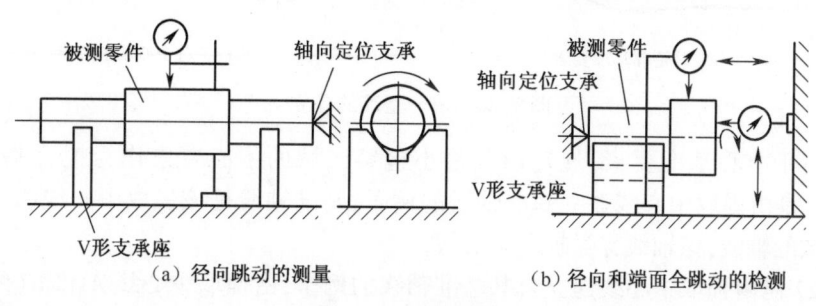

图 7.25　跳动测量

5. 控制实效边界原则

控制实效边界原则是指使用位置量规或光滑极限量规,检验被测实体是否超越零件图样上(标有⑥、⑩)给定的理想边界,以判断被测要素的形位误差和实际尺寸的综合结果合格与否。遵守最大实体要求和包容要求的被测要素,应采用这种检测原则来检验。

国家标准根据以上 5 种检测原则,以附录形式列出了不同种类的检测方案,供生产中选用。当设计人员根据需要采用某种指定的检测方案时,应在相应形位公差框格的下方标注出检测方案的代号,用两个数字之间划短线表示。前一数字表示检测原则的编号,后一数字表示检测方法的编号。

各种检测方案的编号及其示意图可参阅 GB/T 1958—2004《产品几何量技术规范(GPS)形状和位置公差　检测规定》。应注意的是,标准中规定的各种检测原则和检测方案的编号,设计人员不得自行更改。在实际工作中,只要能达到设计精度要求的测量结果,标准规定也允许采用其他检测方案。

7.4.1.3　基准的建立和体现

在位置误差测量中,基准具有十分重要的作用。基准指的是拟合基准要素,被测要素的方向或(和)位置是由基准确定的,因此,正确建立和体现基准是准确反映误差值的前提。

1. 基准建立

基准要素是零件的组成部分。

由实际基准要素建立基准时,应以该基准实际要素的拟合要素为基准。而拟合要素的位置应符合最小条件,即实际基准要素对拟合基准要素的最大变动量为最小。因此,由实际基准要素建立基准应先作最小包容区域。

(1) 对于轮廓基准要素,规定以其最小包容区域的体外边界作为拟合基准要素。图

217

7.26(a)是由实际表面建立基准平面的例子,基准平面是该实际轮廓面的两个平行平面最小包容区域的体外平面。

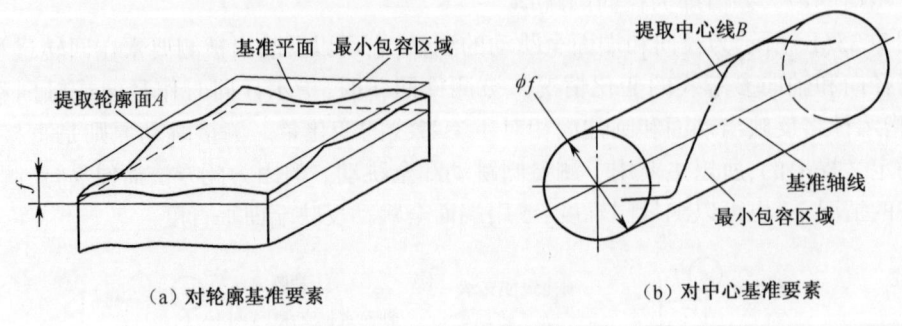

图 7.26　单一基准的建立

(2) 对于中心基准要素,规定以其最小包容区域的中心要素作为拟合基准要素。图 7.26(b)是由提取中心线建立基准轴线的例子,基准轴线是该提取中心线的圆柱面最小包容区域的轴线,该轴线穿过提取中心线。

图 7.27 是由提取中心线建立公共基准轴线的例子,由提取中心线 A 和 B(组合基准要素)建立的公共基准轴线,是同时穿过且包容这两条提取中心线的符合最小包容区域的公有拟合轴线。

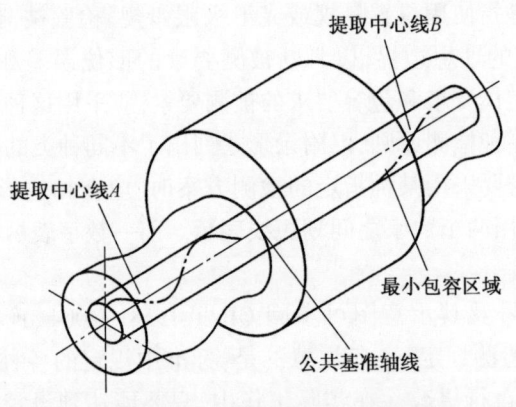

图 7.27　公共基准中心线的建立

2. 基准体系的建立

基准体系也有其建立原则。在三基面体系中,三个基准平面具有互相垂直的定向关系。在实际应用中,三基面体系的建立,不只是由三个相互垂直的平面构成,也可由一根轴线和与其垂直的平面所构成。由提取中心线建立基准体系时,提取中心线构成三基面体系中两个基准平面的交线。在实际应用中,这样的基准轴线可以用作第一基准或第二基准。

在三基面体系中,由基准实际面建立基准时,第一基准平面按最小条件建立,即以位于第一基准实际面实体之外并与之接触,且实际面对其最大变动量为最小的拟合平面为第一基准平面;第二基准平面按定向最小条件建立,即在保持与第一基准平面垂直的前提下,在第二基准实际面实体外与之接触,且实际面对其最大变动量为最小的拟合平面为第二基准平面;第三基准平面按定向最小条件建立,即在保持与第一、第二基准平面垂直的前提下,位于第三基准实际面实体之外并与之接触,且实际面对其最大变动量为最小的拟合平面为第三基准平面。

3. 基准要素的体现

基准的体现应当根据基准的建立原则。但在生产实际中,按最小条件原则来建立基准存在许多困难。为此,在满足被测零件功能要求的前提下,允许在测量时用近似方法来体现基准。常用的基准体现方法有模拟法、直接法和分析法。

(1) 模拟法:通常采用具有足够精确形状的表面来体现基准平面、基准直线和基准点。这样体现的基准称为模拟基准。如图7.28所示,以平板体现基准平面。

孔的轴线是假想存在的,以它作为基准时常常使用心轴来模拟。图7.29所示用心轴体现孔的基准轴线。

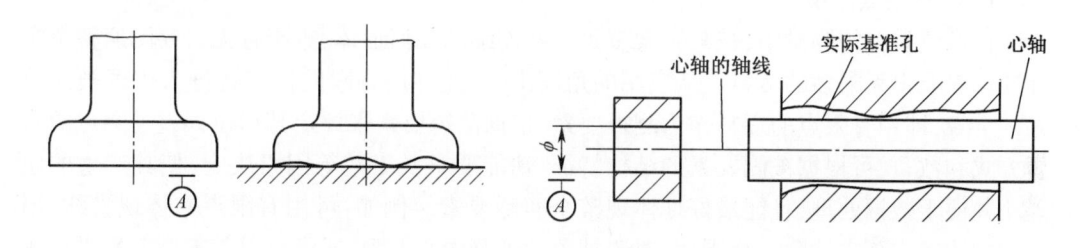

图7.28 用平板体现基准平面　　　图7.29 用心轴体现孔的基准轴线

(2) 直接法:直接用具有足够形状精度的基准实际要素作为基准,来测量实际要素的定向、定位误差。用直接法体现基准简单易行,但需要注意的是,只有在实际基准要素具有足够的形状精度的条件下,才能直接用它作为基准。否则,实际基准要素的形状误差会直接反映到测量结果中,以致影响被测要素测量结果的正确性。

(3) 分析法:分别对实际基准要素和实际被测要素进行测量后,根据对实际基准要素所测得的资料,用计算或图解的方法确定符合最小条件的基准位置,并相应评定实际被测要素的定向、定位误差值。

4. 三基面体系的体现方法

用模拟法体现三基面体系时,可用相互垂直的三个平板来体现,但必须注意基准的顺序。如图7.30所示,确定被测轴线位置的三基面体系由三个互相垂直的平面组成,零件的基准顺序A、B、C。当平面A为第一基准时,零件应与平板有三点接触(提取表面的拟合平面位置符合最小条件原则);平面B为第二基准平面时,零件应与垂直平板有两点接触;平面C为基准平面时,零件只需与另一垂直平板有一点接触。这三块互相垂直的平板就是模拟出的三个基面,模拟情况随基准的顺序的改变而变化。

7.4.2　测量

7.4.2.1　被测要素的体现

形位误差测量时,是以测得要素作为被测提取要素的。被测提取要素的体现通常有两种情形,即以有限点和模拟法体现。

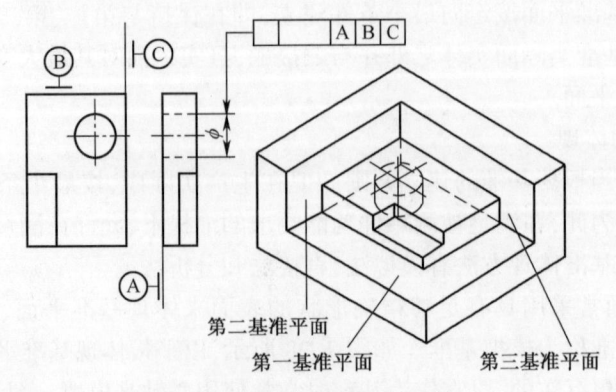

图 7.30 用平板体现三基面体系

1. 以有限点体现

在形位误差的测量中,被测要素多是一些连续的几何形体,难于且无必要测遍整个实际要素来取得无限多的资料。从实用的角度出发,允许用有限的样点数据来体现被测要素的全貌,即用有限点的资料作为测得要素,根据测得要素来评定其形位误差。测点的布置方式和数目,可根据被测要素的结构特征、功能要求及工艺等因素决定,使其产生的误差小并便于数据处理,且能最好地体现整个实际要素。例如:可用有限点来体现直线;用有限的均布点阵来体现一个平面,对于抽象的被测中心要素,通常是对其轮廓要素进行测量,根据测得的资料,通过分析来确定被测中心要素。

2. 以模拟法体现

在测量中,由于孔的中心要素测量比较复杂,在测量定向、定位误差时,在满足功能要求的前提下,允许用模拟法体现被测中心要素。常用的方法是:用精密的心轴模拟孔的轴线;用定位块模拟槽的中心平面。

7.4.2.2 形状误差测量

1. 直线度误差的测量

直线度误差的测量方法有很多,如用刀口尺、水平仪和桥板、自准直仪和反射镜、平板和指示器、优质钢丝和测量显微镜等测量。

(1) 用刀口尺测量。如图 7.31 所示,将刀口尺放置在被测表面上,适当摆动刀口尺,观察光隙变化情况,使刀口尺与实际被测直线间的最大光隙为最小,则此最大光隙为被测要素的直线度误差。当间隙较大时,可用塞尺测量,光隙较小时,通过与标准光隙相比较来估读。

(2) 用自准直仪测量。如图 7.32 所示,仪器由自准直仪和反射镜两部分组成。自准直仪置于被测零件之外的基座上,而将反射镜安放在跨距适当的桥板上,并将桥板置于被测要素上。测量时,首先根据被测直线的长度 l,确定分段数 n 和桥板跨距 $L(L=l/n)$,并在被测直线旁标出各测点的位置。再将反射镜分别置于被测轴线的两端,调整自准直仪的位置,使其光轴与两端点联机大致平行。然后,沿被测直线按各测点的选定位置,依次首尾衔接地移动桥板,同时记录反射镜在各测点上的示值。记下的数值经过处理,便可得到直线度误差值。自准直仪法适用于测量大、中型零件,它是以一束光线模拟拟合要素并作为测量基准的。

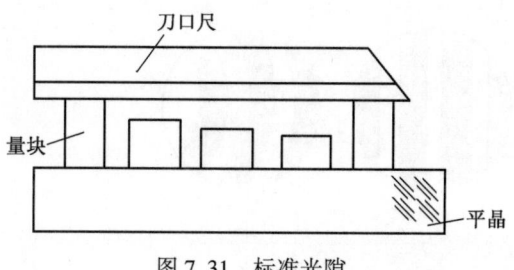

图 7.31 标准光隙 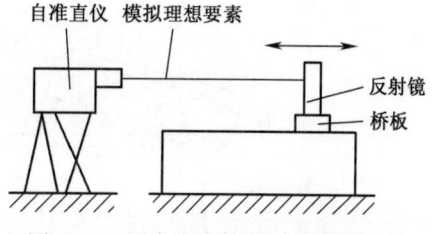　　　　　图 7.32 用自准直仪测量直线度误差

（3）用水平仪测量。水平仪是一种精密测角仪器，用自然水平面作为测量基准。根据液体中气泡总是向高处移动的原理，由水平仪中气泡移动的格数，来表示水平仪倾斜的程度，从而得到示值，并获得直线度误差值。

用水平仪测量，是分段测量实际线各段的斜度变化。如图 7.33 所示，测量时应先将被测零件的位置调整到大致水平，以使水平仪在被测提取线的两端点上都能够得到示值。然后把水平仪安放在跨距适当的桥板上，再把桥板置于实际线的一端，按桥板的跨距 L（实际线的分段长度）依次逐段移动桥板，至另一端为止。同时，记录水平仪在各测点的数值（q 格值）。每次移动桥板时，应使桥板的支撑在前后位置上首尾相接。习惯上规定：气泡移动方向和水平仪移动方向相同时，示值取为"+"；气泡移动方向和水平仪移动方向相反时，示值取为"-"。

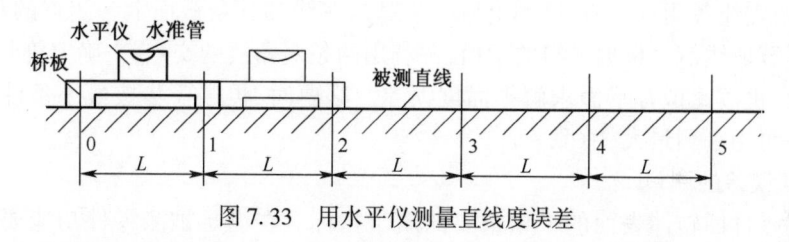

图 7.33 用水平仪测量直线度误差

2. 平面度误差的测量

由于任一平面都可看成由若干条直线组成，因此在平面度误差的测量中，常用若干个截面的直线度误差来综合反映其平面度误差。因此，测量直线度误差的仪器和方法，也能用于测量平面度误差。测量平面度误差，通常采用与拟合要素比较原则。

（1）用平晶测量平面度误差。如图 7.34（a）所示，测量时把平晶放在被测表面上，并略为倾斜，使平晶与被测表面形成一微小的空气楔，观察干涉条纹。干涉条纹的形状与被测表面的形状有关。当干涉条纹相互平行且为直的明、暗条纹时，则被测表面的平面度误差为零，如图 7.34（b）所示。当干涉条纹为封闭的干涉环时，被测表面平面度误差等于干涉环的整环数 N 与光波波长之半的乘积，即 $f = N \times \lambda/2$。对于不封闭的干涉条纹，平面度误差值等于条纹的弯曲度与相邻两条纹的间距之比（a/b），再乘以光波波长的一半，如图 7.34（c）所示。此方法适用于测量高精度的小平面。

（2）用指示表测量。由图 7.23（a）所示，将被测零件支撑在平板上，平板的工作面为测量基准。测量时，通常先调整被测提取表面上相距最远的三点距平板等高，然后按选定的布点测量被测表面。指示表测得的最大示值与最小示值的代数差，即为按三点法评定的平面度误差值。

221

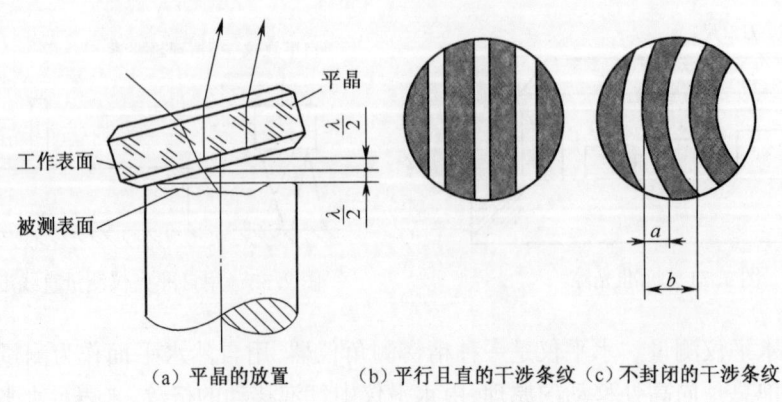

(a) 平晶的放置　　(b) 平行且直的干涉条纹　(c) 不封闭的干涉条纹

图 7.34　平晶测量平面度误差

如果按对角线平面法评定平面度误差值,则可先调整被测平面上一条对角线的两端点距平板等高,然后按选定的各点依次测量各测点,以指示器示值中的最大值与最小值之差作为平面度误差值。还可以把各测点的数据按最小区域法评定,求解出符合定义的误差值。

(3) 用自准直仪测量。如图 7.23(b) 所示,用自准直仪测量平面度误差时,仪器本身置于被测零件之外的基座上,反射镜固定在桥板上,并将桥板置于被测表面上。测量时,应先把自准直仪与被测表面调整到大致平行。然后用测量直线度误差的方法,按米字布线,测出对角在线各测点示值,再测出另一条对角在线和其余截面上各测点的示值,并将这些示值换算成线值。根据测得的示值,并利用两条对角线的交点,来确定符合对角线法的拟合平面,再按此拟合平面求解平面度误差。必要时,再进一步按最小条件求解误差值。本方法可用来测量大、中型平面。

3. 圆度误差的测量

圆度是零件回转体表面的一项重要的质量指标。在满足被测零件功能要求的前提下,圆度误差值可以选用不同的评定方法确定。

(1) 用圆度仪测量。圆度仪具备精密的回转轴系,用于测量较高精度和高精度零件的圆度误差。圆度仪有传感器旋转式和工作台旋转式两种,其结构如图 7.35 所示。

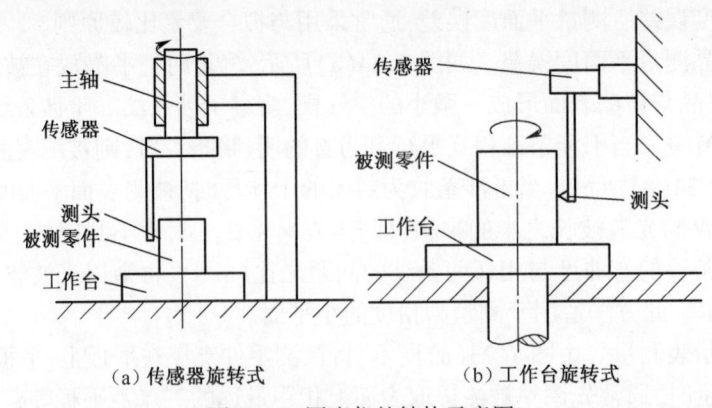

(a) 传感器旋转式　　(b) 工作台旋转式

图 7.35　圆度仪的结构示意图

如图 7.35(a) 所示,用传感器旋转式圆度仪测量时,将被测零件安置在量仪工作台上,调整其轴线,使之与量仪的回转轴线同轴。仪器的主轴带着传感器和测头一起回转。记录被测零件在测头回转一周过程中,测量截面各测点的半径差,绘制极坐标图,然后按最小区域法,也可按最小外接圆法、最大内接圆法或最小二乘圆法评定圆度误差。这种仪器由于测量时使被测零件固定不动,可用来测量较大零件的圆度误差。

如图 7.35(b)所示,用工作台旋转式圆度仪测量圆度误差时,传感器和测头固定不动,而被测零件放置在仪器的回转工作台上,随着工作台一起旋转。这种仪器常制成结构紧凑的台式仪器,宜于测量小型零件的圆度误差。

(2) 在分度装置上测量。一般精度的圆度误差,可以在分度头和分度台等分度装置上按极坐标测量。如图 7.36 所示,用分度头测量圆度误差时,将被测零件安装在光学分度头的两顶尖之间,注意保证零件被测圆柱表面的轴线与分度头主图轴的轴线重合。然后用指示器与所选定的被测截面轮廓接触,按预先确定的分度间隔,逐点分度测量。从指示表上读取被测截面上各测点的半径差值,然后可在极坐标纸上按一定的比例绘出圆度半径差的折线轮廓图,再按某一方法来评定被测截面的圆度误差。

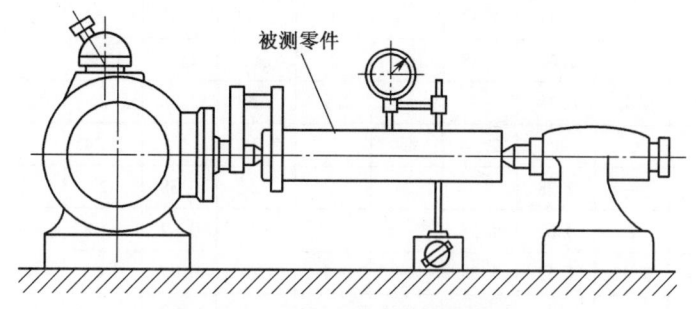

图 7.36 用分度头测量圆度误差

(3) 两点测量法。两点测量法又称直径法,是利用两点接触式仪器、仪表或直接用量具在零件截面 360°范围内,测量直径的变化量,找出测量值中的最大直径差,以最大差值之半作为圆度误差。如此测量若干个截面,取其中最大的误差值作为该零件的圆度误差。

两点法仅适用于测量内外表面的偶数棱圆,多用于测量椭圆度误差。当被测对象为奇数棱圆时,为了揭示实际存在的圆度误差,弥补两点法的缺陷,可用三点法来测量。

(4) 三点测量法。三点测量法又称 V 形测量,如图 7.37 所示。此方法利用的 V 形测量装置,主要由 V 形块和指示器两部分组成。测量时,将被测零件放在 V 形支承上,被

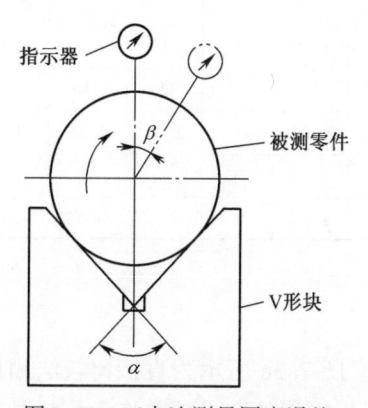

图 7.37 三点法测量圆度误差

223

测零件的轴线应与测量截面垂直,并固定其轴向位置,零件相对 V 形测量装置转动一周,指示器将反映出一个最大示值差 Δ_{max} ,则圆度误差为

$$f = \Delta_{max}/K$$

式中:K 为反映系数,它与被测件轮廓的棱数 n、V 形支承夹角 α 和指示器测杆的偏转角 β 有关。

如图 7.37 中虚线所示,将指示器测杆偏离正中位置 β 角,可大大提高测量精度。此方法适用于测量奇数棱形内、外表面的圆度误差。根据测量的不同情况,K 值可从表 7.3 中查取。

表 7.3　圆度误差测量的反映系数 K 值

棱数 n	两点法	对称安置V形支撑法									对称安置V形支撑法	
		顶点式 α					鞍式 α					顶点式 α/β	
		90°	120°	72°	108°	60°	90°	120°	72°	108°	60°	120°/60°	60°/30°
2	2	1	1.58	0.47	1.38	—	1	0.42	1.53	0.62	2	2.38	1.41
3	—	2	1	2.62	1.38	3	2	1	2.62	1.38	3	2	2
4	2	0.41	0.42	0.38	—	—	2.41	1.58	2.38	2	2	1.01	1.41
5		2	2	1	2.24		2	2	1	2.24	—	2	2
6	2	1	—	2.38	—	3	1	2	0.38	2	1	0.42	0.73
7		2	0.62	1.38			2	0.62	1.38			2	2
8	2	2.42	0.42	1.53	1.38		0.41	1.58	0.47	0.62	2	2.38	1.41
9			1	2			1	2			3	2	2
10	2	1	1.58	0.7	2.24	—	1	0.42	2.7	0.24	2	1.01	1.41
11		2					2					2	2
12	2	0.41	2	1.53	1.38	3	2.41	—	0.47	0.62	1	0.42	2.73
13		2		0.62	1.38			2	0.62	1.38		2	2
14	2	1	1.58	2.38	—		1	0.42	0.38	2	2	2.38	1.41
15			1	1	2.24			1	1	2.24	3	2	2
16	2	2.41	0.42	0.38			0.41	1.58	2.38	2	2	1.01	0.73
17			2	2.62	1.38			2	2.62	1.38		2	2
18	2	1	—	0.47	1.38		1	2	1.53	0.62	1	0.42	1.41
19		2		—				2				2	2
20	2	0.41	0.42	2.7	2.24		2.41	1.58	0.7	0.24	2	1.01	1.41
21			2			3		2	1		3	2	2
22	2	1	1.58	0.47	1.38		1	0.42	1.53	0.62	4	2.38	1.41

7.4.2.3　位置误差测量

1. 定向误差的测量

(1) 平行度误差的测量。图 7.38 所示为直接比较法测量平行度误差。测量时,将被测零件直接放在平板上,由平板模拟基准平面并作为测量基准。测量架在平板上移动,指

示器则相应地对实际被测表面的若干测点进行测量。指示器最大与最小示值之差,即为被测提取表面对其基准平面的平行度误差值。用平板和指示器进行直接比较测量方便易行,适宜于测量尺寸不大的零件。

（2）垂直度误差的测量。图 7.39 所示为直接比较法测量垂直度误差。零件的被测窄平面相对于底平面有垂直度要求,测量时将被测零件的实际基准平面放置在平板上,用平板体现基准平面。将直角尺的工作底面紧贴实际被测平面,通过直角尺的转换,用该直角尺的垂直工作面体现被测平面的方向,于是把垂直度误差测量转换成平行度误差的测量。指示器在直角尺垂直工作面的 A、B 两点处测量,测得示值分别为 M_A 和 M_B,则被测零件平面的垂直度误差值为

$$f = \frac{1}{L}|M_A - M_B|$$

式中:L 为 A、B 两个测量点的距离。

这种测量方法排除了被测零件的实际基准平面和实际被测平面的形状误差。

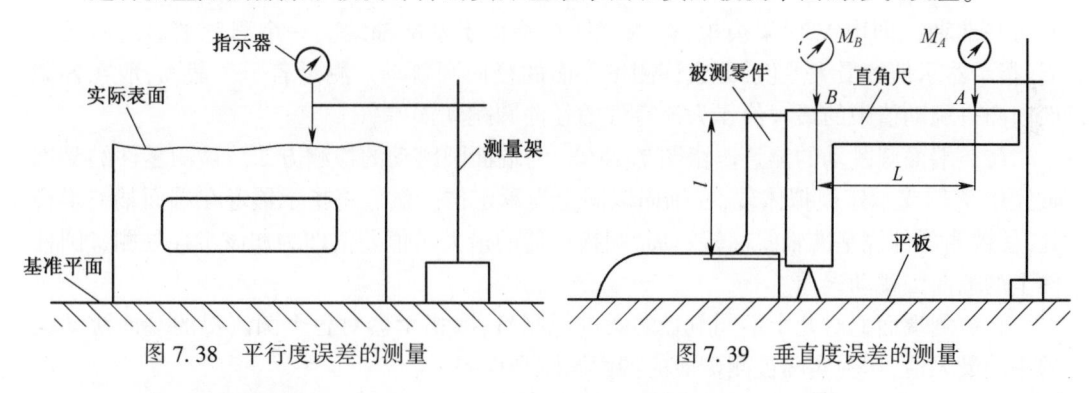

图 7.38 平行度误差的测量　　　　图 7.39 垂直度误差的测量

2. 定位误差的测量

在此仅介绍位置度误差的测量。例如,在坐标测量装置上测量图 7.40(b)所示孔的轴线的位置度误差。测量时,被测轴线用心轴体现,将心轴无间隙地安装在被测孔中,按图 7.40(a)所示图样上给定的三个基准平面和顺序,调整该零件的位置,使其与测量装置的坐标方向一致,然后沿坐标方向,在靠近被测孔的顶面处,分别测取心轴对基准的坐标值 x_1、x_2 和 y_1、y_2。被测轴线的坐标(x,y),按 $x = (x_1 + x_2)/2$；$y = (y_1 + y_2)/2$ 计算。将 x 和 y 分别与对应的理论正确尺寸 X 和 Y 相减,求出实际被测轴线的位置偏差 f_x 和 f_y,则被测孔在该端的位置度误差为 $f = \sqrt{f_x^2 + f_y^2}$。

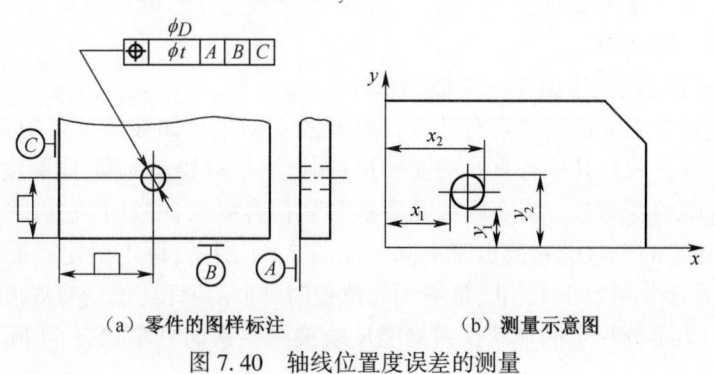

（a）零件的图样标注　　　　（b）测量示意图

图 7.40 轴线位置度误差的测量

如有必要,再对被测孔的另一端依上述方法进行测量,取两端测量中所得较大的误差值,作为该被测孔的位置度误差。

3. 跳动误差的测量

跳动是按特定的测量方法来定义的位置误差项目。测量跳动误差时,被测零件的基准轴线通常采用模拟法体现。跳动误差的测量结果既反映实际被测要素相对于基准轴线的位置误差,又反映其本身形状误差的综合值。例如,径向圆跳动,既反映实际被测横截面轮廓的同轴度误差,又反映其圆度误差。

跳动测量所用的设备比较简单(如跳动测量仪、分度头、V 形支承座等),测量方便,因此生产中得到广泛应用。

无论是测量圆跳动还是全跳动,在测量过程中不允许实际被测要素轴向移动,对被测零件有轴向定位要求,制别是测量端面圆跳动更为重要。

(1) 径向圆跳动的测量。由图 7.25(a)所示,测量时两个 V 形支承座和安装着指示器的测量架都放置在平板上,被测零件放置 V 形支承上,并在轴向上以固定顶针定位。此时基准轴线即由 V 形架模拟,被测零件在垂直于基准轴线的一个测量平面内回转一周,指示器示值的最大差值,即为该测量截面的径向圆跳动。测量若干个截面,取在各截面内测得跳动值中的最大值作为该零件的径向圆跳动误差。

(2) 端面圆跳动的测量。由图 7.25(b)为端面圆跳动的检测方法。被测零件的基准轴线用 V 形支承座模拟体现,在轴向以固定支承定位。然后将指示器定在端面某一半径处,使被测零件绕基准轴线回转一周,则指示器的最大示值差值即为在该半径处测量圆柱面上的端面圆跳动误差。

在被测端面上对几个不同直径的圆进行测量,取指示器对各个圆测得的端面跳动误差中的最大值,作为实际被测端面的端面圆跳动误差。

(3) 全跳动的测量。全跳动测量和圆跳动测量一样,可分为径向全跳动测量和端面全跳动测量。其测量示意图与图 7.25(a)、图 7.25(b)相似,所不同的是,在被测零件连续回转过程中,指示器同时平行于或垂直于被测零件的基准轴线的方向做直线运动。在整个测量过程中,指示器最大与最小示值之差,即为全跳动误差值。

7.4.3 评定

形状和位置误差是指实际被测要素对其拟合要素的变动量。形位误差是形位公差的控制对象。形位误差合格的零件,其形位误差应小于或等于所规定的公差值,即被测提取要素应位于形位公差带之内。

7.4.3.1 形状误差评定

1. 形状误差评定基本原则——最小条件

形状误差是指实际被测要素对其拟合要素的变动量。如被测要素为直线,则直线度误差为被测提取直线对其拟合直线的变动量;如被测提取要素为圆,则圆度误差为被测提取圆对其拟合圆的变动量。将实际被测要素与其拟合要素比较时,它们之间的相对位置关系不同,则评定的形状误差值也就不同。如图 7.41 所示,评定给定平面内的直线度误差时,当拟合要素分别处于 Ⅰ、Ⅱ、Ⅲ 不同的位置时,则相应评定出的直线度误差值分别为 $f_Ⅰ$、$f_Ⅱ$、$f_Ⅲ$。为了使评定的形状误差最能反映被测要素的真实状态,实际被测要素与其拟合要素的相对位置应符合最小条件。

所谓"最小条件"就是指实际被测要素对其拟合要素的最大变动量为最小。在图 7.41 所示的 3 个最大变动量 f_I、f_II、f_III 中，f_I 为最小，故直线度误差应以 f_I 为准。

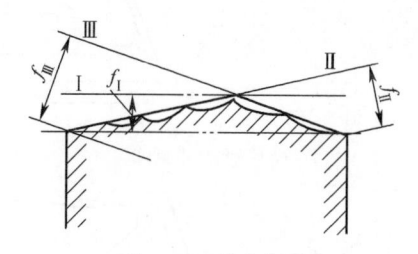

图 7.41　最小条件

在评定形状误差时，根据最小条件的要求，可用最小包容区域(简称最小区域)的宽度(含半径差)或直径来表示形状误差值的大小。

最小区域的形状与形状公差带的形状完全相同，但最小区域的宽度或直径由形状误差值的大小决定。图 7.42 是评定直线度误差和圆度误差时的最小区域 S，它们的宽度分别为符合最小条件的直线度误差和圆度误差。

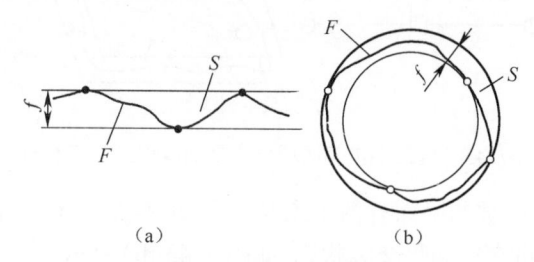

(a)　(b)

图 7.42　最小包容区域

按最小条件来评定形状误差，其结果是唯一的。概念统一且误差值最小，有利于保证工件合格率。但是，在很多情况下，寻找符合最小条件的方位很麻烦、很困难，所以实际应用中，在满足零件功能要求或测量精度允许的条件下，允许采用其他近似方法(如最小二乘法)，但在仲裁或做极其重要的检测时，应按最小条件来进行评定。

2. 最小区域判别准则

在实际检测工作中，对各个形状误差项目，应分别按其最小区域来确定误差值。最小区域应根据实际被测要素与包容区域的接触状态来判别。

(1) 直线度误差的判别。评定直线度误差时，若在给定平面内，则由两条平行直线包容被测提取线，实际线至少成"高、低、高"或"低、高、低"三点相间与包容区域接触；若在给定方向上，则由两个平行平面包容实际线，实际线沿主方向上成"高、低、高"或"低、高、低"三点相间与包容区域接触，这个包容区域就是最小区域。

用水平仪或自准直仪测量直线度误差所得数据，均可用计算法(或图解法)按最小条件(也可按两端点联机法)进行处理，确定被测要素的直线度误差。

(2) 平面度误差的判别。评定平面度误差时，最小区域为两平行平面，被测表面应至少有 3 个点或 4 个点分别与该两平行平面接触，并符合下列准则之一：

① 三角形准则。实际被测平面有 3 个点与一平面接触，还有一个点与另一平面接

触,且该点的投影位于上述3个点构成的三角形区域内,如图7.43(a)所示。

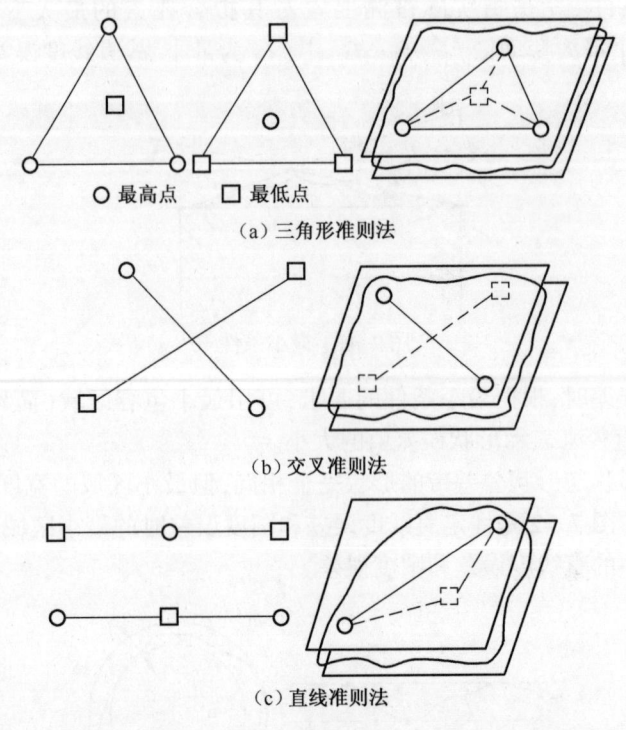

(a)三角形准则法 ○最高点 □最低点

(b)交叉准则法

(c)直线准则法

图7.43 按最小包容区域评定平面度误差的三种准则

② 交叉准则。实际被测平面有两个点与一平面接触,还有两个点与另一平面接触,各平面接触两点的联机在空间呈交叉状态,如图7.43(b)所示。

③ 直线准则。实际被测平面有两个点与一平面接触,还有一个点与另一平面接触,且该点的投影位于由前两个点连成的直线上,如图7.43(c)所示。

(3) 圆度误差的判别。评定圆度误差时,包容区域为两同心圆,实际轮廓上应至少有4个点内外相间地与包容区域接触,这包容区域也就是最小区域,如图7.43(b)所示。

7.4.3.2 定向误差评定

定向误差是指关联实际被测要素,对其具有确定方向的拟合要素的变动量。拟合要素的方向由基准和拟合角度确定。为评定定向误差而确定拟合要素的位置时,拟合要素首先受到相对于基准的方向约束,在此前提下,应使实际被测要素对拟合要素的变动量为最小。

在定向误差评定中,定向误差值用定向最小包容区域(简称定向最小区域)的宽度f或直径ϕf表示。定向最小区域是指按拟合要素的方向来包容实际被测要素时,具有最小宽度(图7.44)或直径(图7.45)的包容区域。

各定向误差项目的定向最小区域的形状分别与各自的公差带形状一致,但宽度或直径则由实际被测要素本身决定。

7.4.3.3 定位误差评定

定位误差是指关联实际被测要素,对其具有确定位置的拟合要素的变动量,拟合要素的位置由基准和理论正确尺寸确定。对于同轴度和对称度,其理论正确尺寸为零。在定位误差的评定中,定位误差值用定位最小包容区域(简称定位最小区域)的宽度f或直径ϕf表示。定位最小区域是指按拟合要素的位置来包容实际被测要素时,具有最小宽度f或最小直径ϕf的包容区域,如图7.46所示。

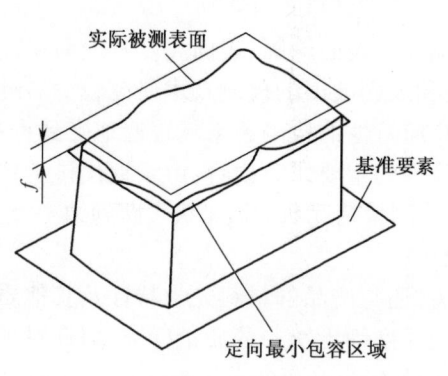

图7.44 面对面平行度最小包容区域

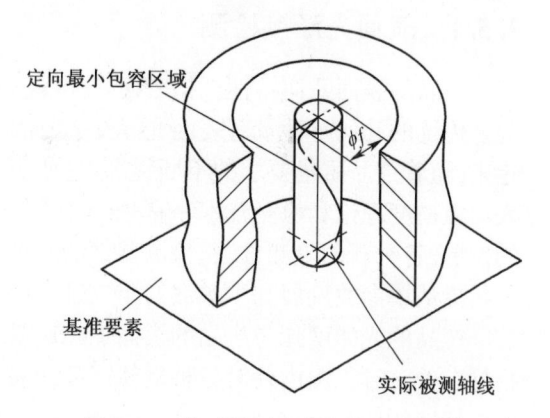

图7.45 线对面垂直度最小包容区域

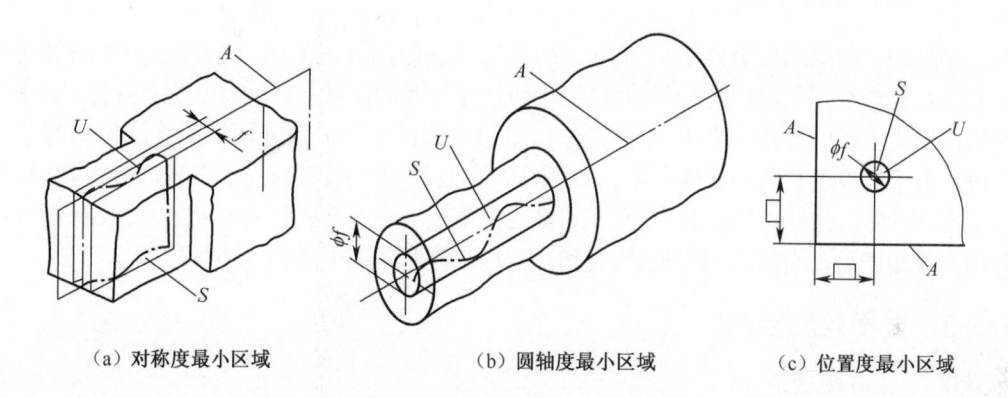

(a) 对称度最小区域

(b) 圆轴度最小区域

(c) 位置度最小区域

图7.46 定位最小区域

A—基准要素;S—实际被测要素;U—定位最小区域。

各定位误差项目的定位最小区域的形状分别与各自的公差带的形状一致,但定位最小区域的宽度或直径则由实际被测要素本身决定。

7.4.3.4 跳动误差的评定

跳动分为圆跳动和全跳动。由于跳动误差的定义来自其测量方法,所以对其评定是分别按它们的定义进行的。

1. 圆跳动误差评定

圆跳动误差是指将实际被测要素(圆柱面、圆端面或圆锥面等),绕基准轴线作无轴向移动地回转一周,由位置固定的指示器在给定方向上测得的最大与最小示值之差。

2. 全跳动误差评定

全跳动是指在整个实际被测要素(圆柱面或圆端面)范围内的跳动,全跳动误差是指将实际被测要素绕基准轴线做无轴向移动回转,同时指示器沿指定方向的拟合要素线连续移动,由指示器在给定的方向上测得的最大与最小示值之差。

7.5 表面几何特性检测

7.5.1 表面光泽度检测

产品的表面几何特性包括表面光泽度、表面缺陷、表面轮廓、表面波度及表面粗糙度等。传统的几何量计量对表面光泽度、表面缺陷和表面波度的检测技术研究较少。近些年来，随着产品质量要求的不断提高，这些表面几何特性的检测越来越普遍地受到重视。表面粗糙度理论和检测技术一直是产品质量检验中的重要研究内容，由于近代科学技术的发展，各种新的检测方法、检测器件的问世，使其测量精度从亚微米级飞跃到纳米级，检测指标从单参数发展到多参数乃至三维表面参数。

产品的光泽度除与产品的表面加工质量有关，还与产品的材料光学特性及其他质量指标有关。过去国内外对各种具体产品的表面光泽度均无统一的质量标准，但针对现代产品特殊的质量要求，对产品的表面光泽进行检测是完全必要的。

7.5.2 表面缺陷检测

产品的表面缺陷种类繁多，如麻点、裂纹、压痕、疵焊点(缝)等。过去，这类缺陷的检查主要靠人眼观察，不仅速度慢、劳动强度大，而且还不能确保产品的质量。近些年来，随着计算机在工业生产中的普遍应用，工业摄像和图像处理技术已成为表面缺陷在线检测的主要手段。由于被检测对象的形体各异，运动形式不同，故用于照明的光学系统亦各不相同，如扫描式、光切式、光纤式等。其中，激光扫描法主要用来检测金属板表面的缺陷，CCD摄像法常用来检测产品表面的凸凹型缺陷，光切法常用来检测印制电路板焊点的缺陷。

7.5.3 表面轮廓检测

7.5.3.1 坐标测量法

三坐标测量机是用坐标法测量三维表面轮廓的典型仪器，特别适用于模具、水轮机叶片等空间曲面的检测。这种仪器在三维测量范围内，分别沿 x、y、z 方向装有3个位置传感器，当仪器探头处在空间某一位置时，显示器即刻显示出该点的3个坐标值。用三坐标测量机测量表面轮廓时，只需使探头连续地沿工件表面移动，计算机便可自动按预定的节距采集资料。通过曲线(曲面)拟合，最后绘制出被测曲线(曲面)的实际轮廓、理论轮廓和给定的公差带图。

7.5.3.2 穆尔等高法

穆尔等高法是利用光学投影系统将标准格栅投射到被测物体表面，得到携带有该被测表面三维形状信息的变形格栅，此变形格栅经摄像物镜成像在像平面上，并和此像平面上的标准格栅重合，从而获得被测物体表面的穆尔等高线条纹图像。穆尔等高法可分为格栅照射法和格栅投影法，其中格栅投影法由于可用较小的栅板测量各种大小的被测物，因而其应用较多。

7.5.4 表面粗糙度检测

表面粗糙度的测量按测头与被测工件的相互作用关系可分为接触式和非接触式。接触式测量以触针法为主,虽然其测量精度较高,测量结果稳定可靠,但测量速度慢,工件表面易被划伤。非接触式测量多以光学方法为主,按其测量结果的性质又可分为直接法和间接法。直接法是用直径很小的光束(光针)沿工件表面逐点测量表面峰谷的高度,如临界角法、像散法、刀口法和外差干涉法等;间接法是根据表面的光学性质来评定表面粗糙度,其典型方法是光散射法。下面主要介绍表面粗糙度测量的光学方法。

7.5.4.1 临界角法

图 7.47 是用临界角法测量表面粗糙度的光学系统。由半导体激光器发出的激光,经准直透镜后变成平行光,再经偏振分束器、1/4 波片,最后通过物镜聚焦照射在被测表面上。准确聚焦位置上的光束直径大约为 1.6 μm,由测量表面反射回来的光经物镜和 1/4 波片后,由偏振分束器反射,最后用半反射镜将光束分成两路。通过两个相同的焦点检测系统进行光电检测。

临界角法的测量范围约为 2μm,其纵向分辨率约为 20mm,灵敏度为 2.3V/μm。

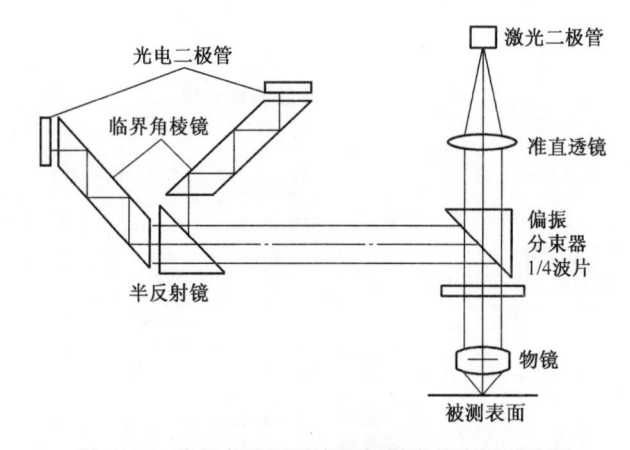

图 7.47 临界角法测量表面粗糙度的光学系统图

7.5.4.2 像散法

像散法的测量原理如图 7.48 所示,图中 L_1 为物镜,L_2 为柱面镜,D 为四象限光电探测器,A、B、C 为被测面的 3 个位置,它们的反射像点位置分别为 P_x,Q_x,S_x。在 y-z 平面上,L_2 起到了压缩光线的作用。在 x-z 平面上,L_2 不压缩光线,其作用和平板一样。当被测表面分别处在 A、B、C 3 个不同位置时,在四象限探测器上探测到的反射像如图 7.48(b)所示。显然,被测面的轮廓起伏和探测器光敏面上的反射像图形变化有对应关系。如果探测器上 4 个象限的信号分别为 A_1、A_2、A_3、A_4,则

$$S = \frac{(A_1 + A_3) - (A_2 + A_4)}{A_1 + A_2 + A_3 + A_4}$$

只要得到 S 值,即可获得被测表面轮廓起伏的信息。

7.5.4.3 刀口法

刀口法测量原理如图 7.49 所示。由氦氖激光器发出的激光束经扩束后,成平行光经过分束器,由聚焦透镜聚束后投射到被测工件表面上。利用具有刀口作用的波面分束镜将反射光分成两路,分别经汇聚透镜后,投射到二象限光电探测器上。如果改变聚焦透镜和被测面之间的距离,反射光的扩束角就会改变,使光电探测器二象限上的光通量发生变

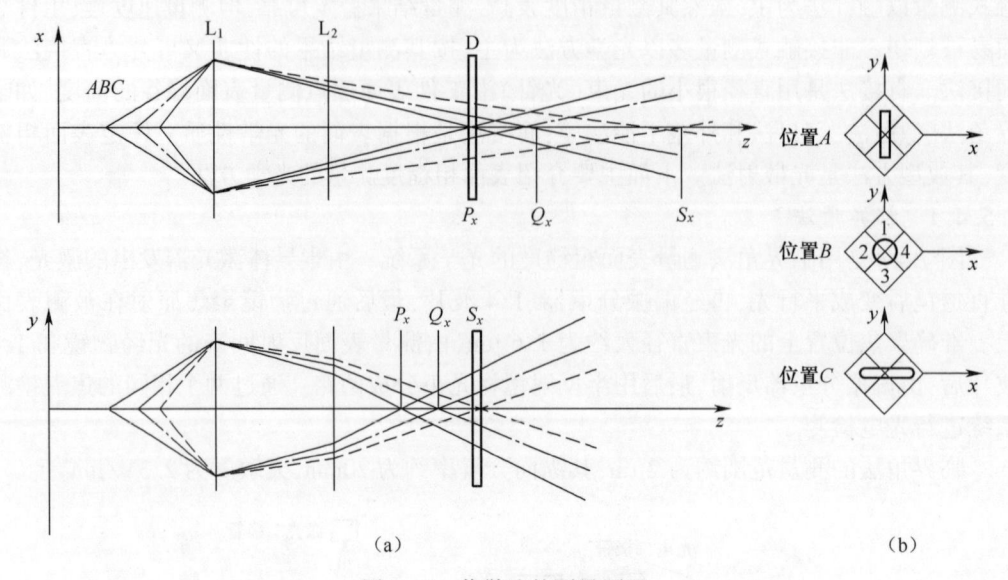

图 7.48 像散法的测量原理

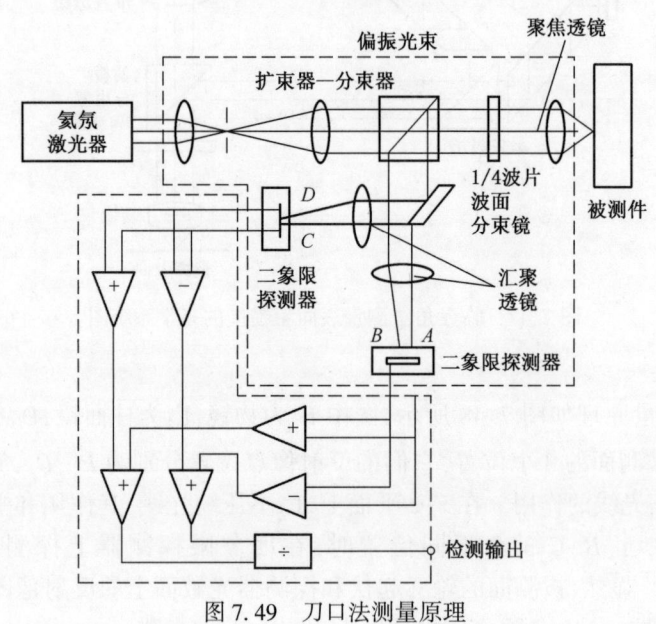

图 7.49 刀口法测量原理

化。只要测得二象限光电探测器输出信号的差值,即可获得被测表面的粗糙度信息。

7.5.4.4 外差干涉法

用外差干涉法测量表面粗糙度,其相位调制可以采用压电陶瓷、调制反射镜和声光调制器来实现。由于声光调制器的频差可以做得很小,且产品成熟,故其应用较多。用外差干涉法测量表面粗糙度,其垂直分辨率可达 $\lambda/2000 \sim \lambda/1000$,声光调制器原理如图 7.50 所示。

7.5.4.5 光散射法

如图 7.51 所示,He-Ne 激光器发出的激光束成一定角度入射到被测表面上。在反

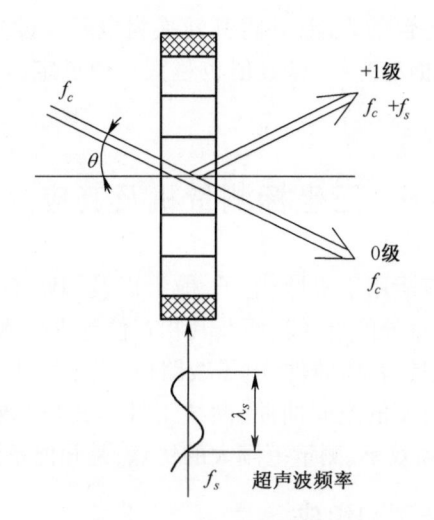

图 7.50 声光调制器原理

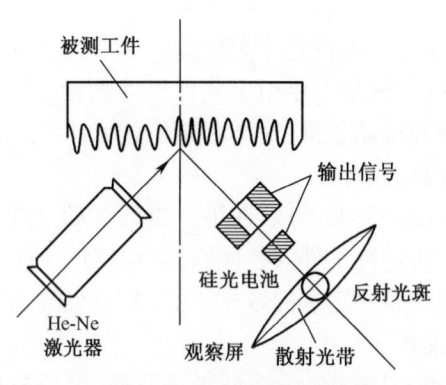

图 7.51 光散射法测量示意图

射光的光路上,放置一个观察屏,在观察屏上出现一个图谱。这个图谱由两部分组成:一部分是在光轴上的反射光斑,光斑的形状与被测工件表面的形状有关,对于平面工件,光斑近似为圆形,对于圆柱形工件,光斑为椭圆形,其长轴与被测工件的半径成反比;另一部分是反射光斑两侧的散射光带,这一散射的光带由许多小光斑组成,光斑的形状与反射光斑的形状相对应,散射光带由表面加工痕迹的乱光栅所发生的衍射形成,当激光束的入射角垂直于加工痕迹的方向时,散射带近似为一条直线,当平行于加工痕迹方向时,它为弧形。由于激光束的亮度很高,因此在一般条件下,都能观察到明显的图谱,也就是所谓的光斑纹现象。由激光照射所得的图谱,工件表面越光洁,则反射光斑的光强越强,而散射光带的光强则越弱。对于不同的工件表面,其反射特性虽有区别,但同一散射角内的总能量不变。因此,根据激光的反射特性,便可求得工件表面的粗糙度等级。评定方法有以下两种。

(1)图谱识别法。被测表面越光洁,反射光斑的光强越强,散射光带的光强越弱,利用相邻两个粗糙度级别的图谱有明显差异的规律,可与其相同形状的标准样板图谱进行比较,以确定工件粗糙度。

(2)数字显示法。既然反射光斑和散射光带的光能随粗糙度高低而不同,就可分别用两组硅光电池接收它们各自的光能,并将其转换为电压。设光斑电压为V_p,光带电压为V_B,其比值$\beta=V_p/V_B$,表面越光洁,则β值也越大。通过定标,即可将β值换算成表面粗糙度的相应数值。

7.6 三坐标测量机及其应用

三坐标测量机目前已广泛用于机械、电子、航天以及国防工业领域,由于有空间3个方向的标准量,可对空间任意处的点、线、面及其相互位置进行测量,特别是用于测量各类箱体、零件的孔距、面距、模具、精密铸件、电子线路板、汽车发动机零件、凸轮、滑轮和泵的叶片等各种复杂而又有高精度的空间曲面、曲线工件。其与"数控加工中心"配合,形成"测量中心",具有高精度、高效率、测量范围大的优点,是几何量测量的代表性仪器。

7.6.1 三坐标测量机类型和组成

1. 类型

按三坐标测量机的技术水准可将其分为三类:

(1) 数显及打字型(N)。该型主要用于几何尺寸测量,采用数字显示与打印。一般为手动操作,但有电机驱动和微动装置,这类测量机技术水准不高,记录下来的数据需人工运算,对复杂零件尺寸计算效率低。

(2) 计算机进行数据处理型(N.C)。在第一类的基础上加上计算机进行数据处理,由于有计算机处理,功能上可进行工件安装倾斜、自动校正计算、坐标变换、孔心距计算及自动补偿等工作,并能预先储备一定量的数据,通过软件储存所需的测量件的数学模型,对曲线表面轮廓进行扫描测量。

(3) 计算机数字控制型(C.N.C)。该型水平较高,可像数控机床一样,按照编制的程序自动测量,并根据工件图纸要求编好穿孔带或磁卡,通过读取装置输入到计算机和信息处理线路,用数控伺服机构控制测量机按程序自动测量,将结果输入到计算机,按程序要求自动打印数据以及以纸带等形式输出。由于数控机床加工用的程序穿孔带可以和测量机的穿孔带相互通用,测量即可按被测量实物进行编程。可根据测量结果直接做出数控加工用的纸带。

2. 三坐标测量机的结构和组成

三坐标测量机是一台以精密机械为基础综合应用电子技术、计算机技术、光栅、激光等先进技术的测试设备。其主要组成部分有:底座、测量工作台、元、y向支承梁及导轨、z轴、y和z向测量系统、测量头及操作系统等。外围设备有计算机、快速打印和绘图仪等。

(1) 以x、y和z轴的布局方式不同而形成不同结构,其总体结构如图7.52所示。

图7.52(a)、(b)为悬臂式,结构小巧,紧凑,工作面宽,装卸工件方便,但悬臂结构易产生挠度变形,必须有补偿变形的设计,从而限制了仪器的测量范围和精度。

图7.52(c)为桥框式,y滑鞍由一主梁改为一桥框,y轴刚性增强,变形影响大为减小,增大了x、y、z行程,使仪器的测量范围增大。

图7.52(d)为龙门架固定式,龙门架刚度大,结构稳定性好,但工件装卸测量受到固定门框尺寸的限制,因y向工作台与工件同步移动,不利于测量重型工件。

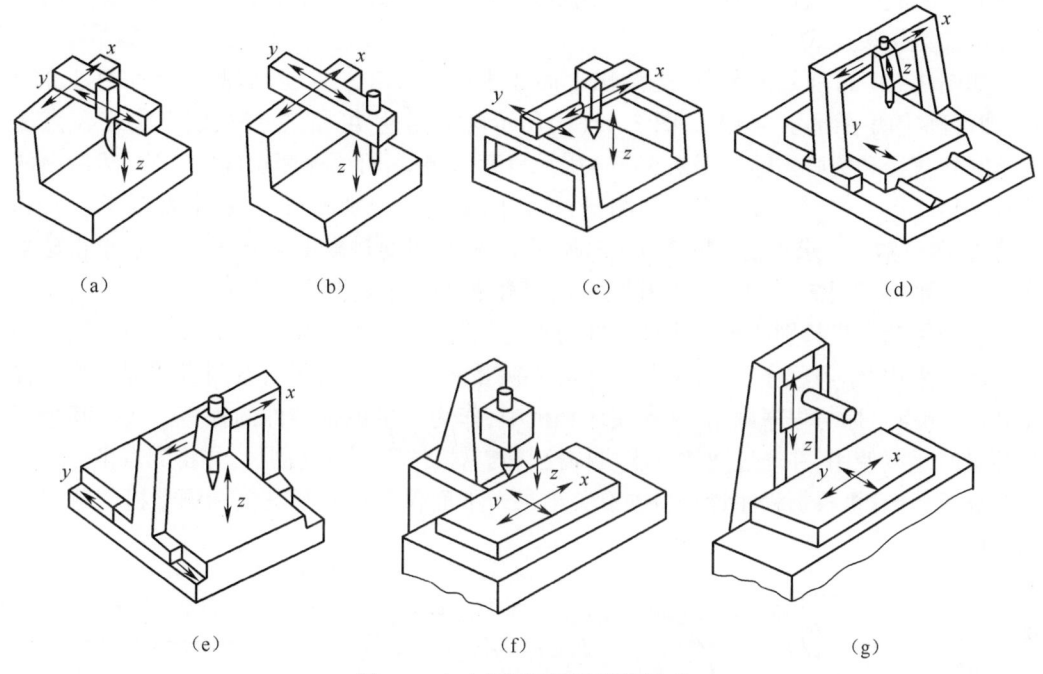

图 7.52　三坐标测量机结构类型

图 7.52(e)为龙门架移动式,便于测量大型工件,操作性好。

图 7.52(f)、(g)为坐标镗式,结构刚度大,测量精度高。

(2) 导轨及支承。一般三坐标测量机都用直流伺服电机通过丝杆螺母、齿轮齿条或摩擦轮传动,除传统的滑动及滚动导轨外,目前广泛采用气浮导轨结构。由于3坐标测量机不可能在3个方向上满足阿贝原则,导轨形状误差将直接影响测量精度,故导轨精度较高。

(3) 测量系统。在 x、y、z 坐标方向上都有一个长度精密测量系统,以便给出任意坐标值。测量系统多数为精密丝杆与微分鼓轮、精密齿轮与齿条、光学刻尺、各种长光栅尺,以及编码器、感应同步器、磁尺、激光干涉器等。

(4) 测量头。三坐标测量机的测量精度和效率与测量头密切相关,一般有以下几类:

① 机械接触式测头。此类测头无传感系统,无量程,不发信号,是纯机械式与工件接触,主要用于手工测量,只适于作一般精度测量。

② 光学非接触式测头。对薄形、脆性、软性工件,接触测量时变形太大,只能用光学非接触式测头,常有光学点位测头和电视扫描头两大类。

③ 电气接触式测量头。电气接触式测量头又称为软测头,不但用于瞄准(过零发讯),还可用于测微(测出给定坐标值的偏差量),因此按其功能,电气测头可分为瞄准用的开关测头和具有测微功能的三向测头。

7.6.2　三坐标测量机测量与应用

三坐标测量机提供了测量任何形状零件的万能程序,除一些特殊曲线(如渐开线,阿基米德螺旋线等)外,任何形状零件可认为是由一些基本的圆柱、孔、圆锥、平面、球或是其断面,如圆、椭圆、直线和角度等单元组成。根据零件的几何特点,就可以确定相应的测量方法及数学表达式。

如图 7.53(a)所示的零件,先测出平面 A 上的 1、2、3 三点,然后测出平面 B 上的 4 点,即可确定两平面间的距离。图 7.53(b)所示圆的测量,可用三点法、四点法或 N 点法确定圆的直径和圆心坐标。图 7.53(c)所示角度的测量,可用测两点确定一边,然后由两边求夹角。图 7.53(d)所示锥度的测量,可在两截面上分别测量三点,求得圆半径 r_1 和 r_2,然后在已知 L 下求锥度。图 7.53(e)所示的球体,可通过测量 4 个以上的点,求得球半径和球心坐标。图 7.53(f)所示,孔距可以用直角坐标或极坐标求得等。

三坐标测量机特别适合于成批零件的重复测量,测量效率高。测量时可用预先编好的程序或采用"学习程序"。先对第一个零件测量一次,计算机将所有测量过程如测头移动轨迹、测点坐标与程序调用,储存在计算机中,作为测量该批零件的程序。在对其余零件测量时重复使用,并通过数控伺服机构控制测量机按程序自动测量,并将测点坐标值输入计算机,计算机根据程序计算得到有关结果。下面仅简单介绍三坐标测量机的测量方法与应用。

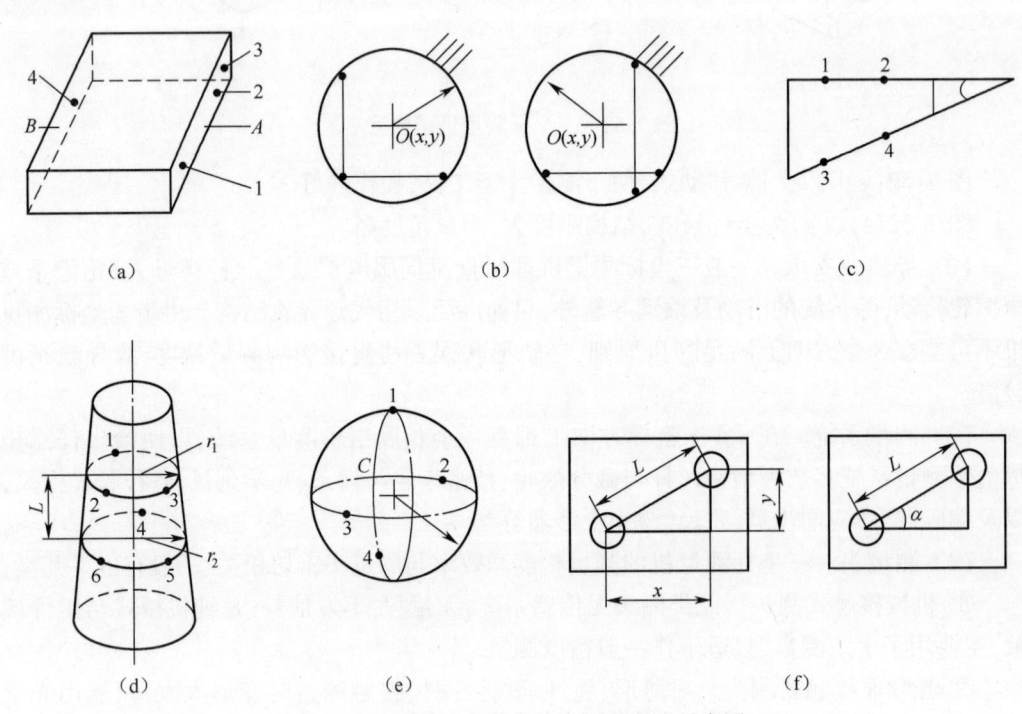

图 7.53 由零件几何特点确定测量方法示意图

1. 点位测量法

点位测量法是从点到点的重复测量方法。多用于孔的中心位置、孔心距、加工面的位置以及曲线、曲面轮廓上基准点的坐标检验与测量。图 7.54(a)是点位测量法的示意图,测头趋近 A 点后垂直向下,直到接触被测工件的 B 点,此时发讯,使内存将 B 点的坐标值存储起来。然后,测头上升退回到 C 点,再按程序的规定距离进到 D 点,测头再垂直向下触测 E 点,并存储 E 点的坐标值。重复以上步骤直至测完所需的点。

前面已测得的被测点坐标值自动地与输入的标准数据进行比较,得出被测对象的误

(a) 点位法　　　　　　　　　(b) 连续法

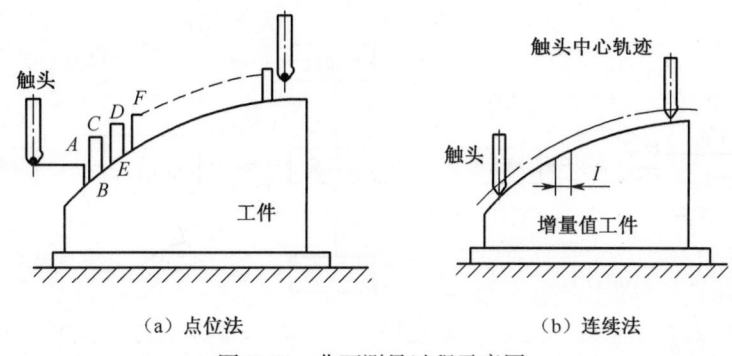

图 7.54　曲面测量过程示意图

差值及超差值等。当测量点的数目很多、操作又用手工进行时,则需花费很多时间。若将手动点位测量改为自动点位测量,则需根据测量对象的图纸和已知测量点的两坐标值(如 z、y 坐标,y、z 坐标或 ZJE 坐标值),按照程序加以数控化,送入计算机中,测量机可自动移动到被测点的各 XJ 坐标值点。对于另一轴可给以伺服驱动,这样就达到了自动测量的目的。如果另一轴(如 z 值)理论值也给定了,还可直接打印出误差值以及超差值。

2. 连续扫描法

图 7.53(b)为仿形连续扫描法示意图,测量头在被测工件的外形轮廓上进行扫描测量。例如,固定一个 y 坐标值,测头沿工件表面在 Z 轴方向上移动,在 X 轴方向测头以增量 I 记录测得的各点 z 值。之后,再更换一个 y 坐标值,在 X 轴方向测头又一以增量 I 记录各点 z 值,这便是连续扫描法。

3. 实物程序编制

在航空、汽车等工业部门中,有些零件及工艺装备形状复杂,加工时不是依据图纸上的尺寸(数字量),而是按照实物(模型量),如根据特定曲线、模板、模型等进行加工。这样的零件最适宜于在数控机床上加工,但由于形状复杂,有时难以建立数学模型,因而程序编制相当困难。因此,在数控机床上加工这类零件,常常可以借助与测量机及其带实物编程软件系统的计算机,通过对木质、塑料、蒙古土或石膏等制成的模型(或实物)进行测量,获得加工面几何形状的各项参数,经过实物编程软件系统的处理,可以输出穿孔纸带并打出清单。

4. 设计自动化

三坐标测量机不仅可对复杂型面零件进行实物程序编制,甚至还可以对整机绘制出设计图。例如,新型飞机设计模型经风洞试验等合格后,需由人工绘制成图,工作量大,难度高,从反复定型到出图要间隔相当长的时间。三坐标测量机配以带有绘图设备及软件的计算机,可通过测量机对模型的测量得到整体外形的设计图纸。图 7.55 为设计过程的示意图。除上述各项应用外,三坐标测量机还可作为轻型加工的动力头对软质材料进行画线、打冲眼、钻孔、微量锐削加工,或对金属制件进行最后一道工序的精加工。在大型测量机上还可用于重型机械的装配、安装等。

三坐标测量机的出现使得测量工作有了飞跃的发展,不仅节省了人力和时间,提高了测量精度,尤其是使得一些大型或复杂型面的测量成为可能。同时,既适合于大批量生产的检测,又适合于中小批量生产的测量。目前,各先进工业国都对三坐标测量机的生产与

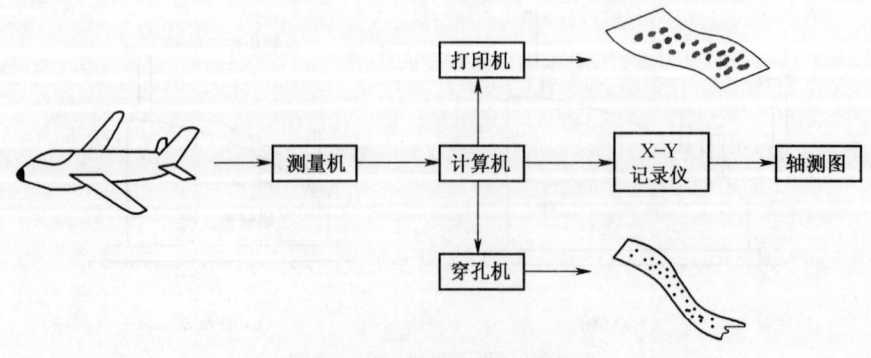

图 7.55 设计过程示意图

发展给予高度重视。三坐标测量机的关键技术是:测量头、气垫导轨、长导轨的制造工艺,长标准器、蠕动现象、卸荷及补偿结构、计算机软件的开发应用,动态精度的研究等。目前,三坐标测量机的设计、功能等各方面都在朝着扩大实用性能、提高自动化程度、扩大软件、提高机器精度和减小误差方向发展。

第8章 无 损 检 测

8.1 概 述

8.1.1 发展历程与趋势

无损检测技术是一门新兴的综合性应用学科,是在不损伤被检测对象的条件下,利用材料内部结构异常或缺陷存在所引起的对热、声、光、电、磁等反应的变化,探测各种工程材料、零部件、结构件等内部和表面缺陷,并对缺陷类型、性质、数量、形状、位置、尺寸、分布及其变化做出判断和评价。其目的是:定量掌握缺陷与强度的关系,评价构件的允许负荷、寿命或剩余寿命;检测设备(构件)在制造和使用过程中产生的结构不完整性及缺陷情况,以便改进制造工艺,提高产品质量,及时发现故障,保证设备安全、高效可靠的运行。

20世纪60年代至70年代是无损检测技术发展的兴旺时期,各种无损检测的新方法和新技术不断出现。20世纪80年代至90年代,在无损检测仪器的研制和改进方面得到了迅速发展和提高,并迅速走向工业现场,向实用化发展。近年来,无损检测技术得到工业界的普遍重视,特别是在航空航天、石油化工、核发电站、铁道、舰艇、建筑、冶金等领域得到广泛应用,并取得了显著的经济效益和社会效益。

随着微电子学和计算机等现代科学技术的飞速发展,无损检测技术也得到了迅速发展。它涉及的领域不只局限于无损检测和试验,还涉及材料的物理性质、制造工艺、产品设计、断裂力学、数据处理、模式识别等多种学科和专业技术领域。各种无损检测方法的基本原理几乎涉及到现代物理学的各个分支。据统计,已经应用于工业现场的各种无损检测方法达70余种,诸如激光、数字散斑、红外、微波、超声、声发射、工业CT、工业内窥镜等方法广受重视、应用。

当前,无损检测领域呈现出以下发展趋势:

(1)检测设备的小型化、数字化和智能化。随着新型传感技术、微电子技术和计算机软硬件技术的发展,体积更小、重量更轻、性能更高、功能更强的无损检测设备不断投放市场,现代无损检测设备一般都带有RS232、485、USB等接口,便于信息交流。

(2)检测过程自动化。如超声波检测,除传统的单通道手工检测外,用于板材检测的超声波自动探伤系统,可以实现多达256甚至更多通道的自动检测,以提高检测效率,减轻检测人员的劳动强度。

(3)检测结果评定智能化和网络化。借助现代信号处理技术、人工智能等学科的研究成果,以及计算机网络技术的发展,人们正在进行超声波检测中对缺陷种类的智能识别、射线检测的网上远程评片和智能评片等方面的探索。通过建立专家系统,集中多名专家的智慧,使评判结果更具权威性。

(4)研究手段不断创新。受到有限差分、有限元和边界元等数值方法研究进展的鼓舞,现代无损检测与评价的研究不再仅限于物理实验研究,在超声、电磁、红外等领域,有越来越多的数值仿真研究的报道,用仿真计算结果指导工程实践。

（5）新技术、新方法不断涌现。除超声、射线、涡流、渗透、磁粉、噪声等常规无损检测方法以及较为成熟的声发射、红外和激光全息检测外,金属磁记忆、数字散斑、激光超声、电磁超声、相控阵超声、空气耦合超声等新方法也不断涌现。可以预见,未来将会有更多的无损检测新技术和新方法出现。

（6）研究不断深入、要求不断提高。从无损探伤、无损检测到无损评价和无损表征(Nondestructive Characterization, NDC)的方向发展。不仅对缺陷的有无、性质、大小、位置等进行检测,而且还要对被检对象的技术状态给出评判。对于在役设备来说,无损评价比无损检测重要得多,相应的技术难度也大很多。

（7）检测对象日益广泛、应用领域不断拓展。随着无损检测相关技术基础研究的不断深入,以及对产品质量要求和竞争力的不断提高,对产品质量保障体系重要性的认识也不断提高,无损检测受到越来越广泛的关注。目前,无损检测的对象不再局限于金属材料,玻璃、陶瓷、混凝土、橡胶、塑料以及各种类型的复合材料及相应产品也逐渐成为无损检测的主要对象。

（8）多层次的合作与交流不断加强。随着全球经济一体化进程的加速发展,无损检测与评价也呈现出国际化发展趋势,国家间、地区间和组织间的合作与交流不断加强,无损检测技术人员的双边和多边资格相互认证日趋广泛。

（9）标准化工作不断加强。世界范围内,国际标准化组织的TCl35等技术委员会负责制定有关无损检测的国际标准。各工业先进国家都设有专门组织负责制定自己国家的无损检测标准。

（10）资格鉴定标准化、执业证书专业化。除技术和产品标准外,无损检测技术人员的考核和评定也日趋标准化。目前,根据理论知识和实际操作技能的高低,我国国防科技工业行业将无损检测从业人员按专业分别划分为Ⅰ、Ⅱ、Ⅲ共3个等级。

8.1.2 无损检测特点

（1）无损检测技术不会对构件造成任何损伤。无损检测诊断技术是一种在不破坏构件的条件下,利用材料物理性质因有缺陷而发生变化的现象,来判断构件内部和表面是否存在缺陷,而不会对材料、工件和设备造成任何损伤。

（2）无损检测技术为查找缺陷提供了一种有效方法。任何结构、部件或设备在加工和使用过程中,由于其内外部各种因素的影响和条件变化,不可避免地会产生缺陷。操作使用人员不但要知道其是否有缺陷,还要查找缺陷的位置、大小及其危害程度,并要对缺陷的发展进行预测和预报。无损检测技术为此提供了一种有效方法。

（3）无损检测技术能够对产品质量实现监控。产品在加工和成形过程中,如何保证产品质量及其可靠性是提高效率的关键。无损检测技术能够在铸造、锻造、冲压、焊接、切削加工等每道工序中,检查该工件是否符合要求,可避免徒劳无益的加工,从而降低产品成本,提高产品质量和可靠性,实现对产品质量的监控。

（4）无损检测技术能够防止因产品失效引起的灾难性后果。机械零部件、装置或系统,在制造或服役过程中丧失其规定功能而不能工作,或不能继续可靠地完成其预定功能称为失效。失效是一种不可接受的故障。1986年,美国"挑战者"号航天飞机升空后70s发生爆炸,宇航员全部遇难,直接经济损失达12亿美元,究其原因是由于固体火箭助推器尾部连接处的O型密封圈失效使燃料泄漏所致。如果用无损检测技术提前或及时检测出失效部位和原因,并采取有效措施,就可以避免灾难性事故的发生。

(5) 无损检测技术具有广阔的应用范围。无损检测技术可适用于各种设备、压力容器、机械零件等缺陷的检测诊断,如金属材料(磁性和非磁性,放射性和非放射性)、非金属材料(水泥、塑料、炸药)、锻件、铸件、焊件、板材、棒材、管材以及多种产品内部和表面缺陷的检测。因此,无损检测技术受到工业界及其他领域的普遍重视。

使用无损检测应注意下列问题:

(1) 检测结果的可靠性。一般来说,不管采用哪一种检测方法,要完全检测出结构的异常部分是比较困难的,因为缺陷与表征缺陷的物理量之间并非是一一对应关系。因此,需要根据不同情况选用不同的物理量,有时甚至同时使用两种或多种无损检测方法,才能对结构异常做出可靠判断。特别是大型复杂装备或结构,则更应如此,如运行中的核反应堆就同时采用了磁粉、涡流、射线、超声、声发射和光纤内窥镜等多种检测方法。

(2) 检测结果的评价。无损检测结果必须与一定数量的破坏性检测结果相比较,才能建立可靠的基础和得到合理的评价,而且这种评价只能作为材料或构件质量和寿命评定的依据之一,而不应仅仅据此做出片面结论。

(3) 无损检测的实施时间。应该在对材料或工件质量有影响的每道工序之后进行检测,如焊缝检测,在热处理前是对原材料和焊接工艺进行检查,在热处理后则是对热处理工艺进行检查,还要考虑时效变化对焊缝的影响。

8.1.3 无损检测方法及其选择

8.1.3.1 检测方法简介

1. 超声检测

设备:超声探伤仪、探头、耦合剂及标准试块等。

用途:检测锻件的裂纹、分层、夹杂,焊缝中的裂纹、气孔、夹渣、未熔合、未焊透,型材的裂纹、分层、夹杂、折叠,铸件中的缩孔、气泡、热裂、冷裂、疏松、夹渣等缺陷及厚度测定。

优点:对平面型缺陷十分敏感,一经探伤便知结果;易于携带;穿透力强。

局限性:为耦合传感器,要求被检表面光滑;难于探测出细小裂纹;要有参考标准,为解释信号,要求检测人员有较高的素质;不适用于形状复杂或表面粗糙的工件。

2. 声发射检测

设备:声发射传感器、放大电路、信号处理电路及声发射信号分析系统。

用途:检测构件的动态裂纹、裂纹萌生及裂纹生长率等。

优点:实时并连续监控探测,可以遥控,装置较轻便。

局限性:传感器与试件耦合应良好,试件必须处于应力状态,延性材料产生低幅值声发射,噪声不得进入探测系统,设备贵,人员素质要求高。

3. 噪声检测

设备:声级计、频率分析仪、噪声级分析仪。

用途:检测设备内部结构的磨损、撞击、疲劳等缺陷,寻找噪声源(故障源)。

优点:仪器轻便,检测分析速度快,可靠性高。
局限性:仪器较贵,对人员素质要求较高。

4. 激光检测

设备:激光全息摄影机。

用途:检测微小变形、夹板蜂窝结构的胶接质量、充气轮胎缺陷、材料裂纹、高速物理过程中等离子体诊断和高速碰撞等。

优点:检测灵敏度高、面积大、不受材料限制、结果便于保存。

局限性:仅适用于近表面缺陷检测。

5. 微波检测

设备:微波计算机断层成像机(微波 CT 机)。

用途:检测复合材料、非金属制品、火箭壳体、航空部件、轮胎等;还可测量厚度、密度、湿度等物理参数。

优点:非接触测量,检测速度快,可实现自动化。

局限性:不能用来检测金属导体内部缺陷,一般不适用于检测小于 1mm 的缺陷,空间分辨率比较低。

6. 光纤检测

设备:光纤内窥镜、光纤裂纹检测仪。

用途:检测锅炉、泵体、铸件、炮筒、压力容器、火箭壳体、管道内表面的缺陷及焊缝质量和疲劳裂纹等。

优点:灵敏度高,绝缘好,抗腐蚀,不受电磁干扰。

局限性:价格较贵,不能检测结构内部缺陷。

7. 涡流检测

设备:涡流探伤仪和标准试块。

用途:检测导电材料表面和近表面的裂纹、夹杂、折叠、凹坑、疏松等缺陷,并能确定缺陷位置和相对尺寸。

优点:经济、简便,可自动对准工件探伤,不需耦合,探头不接触试件。

局限性:仅限于导体材料,穿透浅,要有参考标准,难以判断缺陷种类,不适用于非导电材料。

8. X 射线检测

设备:X 射线源(机)和电源,要有和使用 γ 射线源相同的设备。

用途:检测焊缝未焊透、气孔、夹渣,铸件中的缩孔、气孔、疏松、热裂等,并能确定缺陷的位置、大小及种类。

优点:功率可调,照相质量比 γ 射线高,可永久记录。

局限性:X 射线设备一次投资大,不易携带,有放射危险,要有素质高的操作和评片人员,较难发现焊缝裂纹和未熔合缺陷,不适用于锻件和型材。

9. γ 射线检测

设备:γ 射线探伤仪、底片夹、胶片、射线铅屏蔽、胶片处理设备、底片观察光源、曝光设备以及辐射监控设备等。

用途:检测焊接不连续性(包括裂纹、气孔、未熔合、未焊透及夹渣)以及腐蚀和装配缺陷。最宜检查厚壁体积型缺陷。

优点：获得永久记录，可供日后再次检查，γ源可以定位在诸如钢管和压力容器之类的物体内。

局限性：不安全，要保护被照射的设备，要控制检测源的曝光能级和剂量，对易损耗的辐射源必须定期更换，γ源输出能量（波长）不能调节，成本高，要有素质高的操作和评片人员。

10. 磁粉检测

设备：磁头，轭铁，线圈，电源及磁粉。某些应用中要有专用设备和紫外光源。

用途：检测铁磁性材料和工件表面或近表面的裂纹、折叠、夹层、夹渣等，并能确定缺陷的位置、大小和形状。

优点：简单、操作方便、速度快，灵敏度高。

局限性：限于铁磁材料，探伤前必须清洁工件，涂层太厚会引起假显示，某些应用要求探伤后给工件退磁，难以确定缺陷深度，不适用于非铁磁性材料。

11. 渗透检测

设备：荧光或着色渗透液，显像液，清洗剂（溶剂、乳化剂）及清洁装置。如果用荧光着色，则需紫外光源。

用途：能检测金属和非金属材料的裂纹、折叠、疏松、针孔等缺陷，并能确定缺陷的位置、大小和形状。

优点：对所有的材料都适用；设备轻便，投资相对较少；探伤简便，结果易解释。

局限性：涂料、污垢及涂覆金属等表面层会掩盖缺陷，孔隙表面的漏洞也能引起假显示；探伤前后必须清洁工件；难以确定缺陷的深度；不适用于疏松的多孔性材料。

12. 目视检测

设备：放大镜、彩色增强器、直尺、千分卡尺、光学比较仪及光源等。

用途：检测表面缺陷、焊接外观和尺寸。

优点：经济、方便、设备少，检测人员只需稍加培训。

局限性：只能检查外部（表面）损伤，要求检测人员视力好。

13. 工业 CT 检测

设备：工业 CT 机。

用途：缺陷检测，尺寸测量，装配结构分析，密度分布表征。

优点：能给出检测试件断层扫描图像和空间位置、尺寸、形状，成像直观；分辨率高；不受试件几何结构限制。

局限性：设备成本高。

8.1.3.2　检测方法选择

无损检测涉及到很多科学技术领域，方法原理上千差万别，在探测介质、探测器、记录和显示装置以及对信息的解释方面更是多种多样。但其目的，都是为了检测材料构件中的缺陷或结构异常。面对一项具体的无损检测工程或需要进行无损检测的对象，诸如零件、部件、组件、装置、设备或大型工程项目，由于被检测对象的多样性和各种无损检测方法的局限性，欲达到选择正确的方法和确定合适的检测方案，并不是一件容易的事情。一个成熟的无损检测人员，必须掌握各种无损检测方法的特点，明确各种不同方法的适用范围和它们之间的相互关系,并在综合分析与评价的基础上,面对具体的无损检测工程或对象,才能选择恰当的无损检测方法和确定正确的无损检测方案。

一般来讲,选择无损检测方法必须首先搞清楚究竟想检测什么,并对被检测工件的材质、成型方法、加工过程、使用经历,缺陷的可能类型、部位、大小、方向、形状等做认真分析,然后确定选择哪种检测方法才能达到预定目的。根据缺陷类型,缺陷在工件中的位置,被测工件的形状、大小和材质,就可以选择相应的无损检测方法。不同缺陷、不同材质、不同厚度工件可采用不同的无损检测方法。总之,正确地选择无损检测方法,除掌握各种方法的特点以外,还需与材料或构件的加工生产工艺、使用条件和状况、检测技术文件和有关标准的要求相结合,才能正确地确定无损检测方案,达到有效的检测目的。

8.1.4 无损检测评价

无损检测技术的评价是依据相关标准,借助于无损检测手段,对被检对象的固有属性、功能、状态、潜力及其发展趋势进行分析、验证和预测,并对其能否满足用户需要做出综合性评价和结论。作为一门综合性技术,它必须从不同视角对被测对象的属性、状态等做出完整、准确的综合评价。同时,它又是一项社会责任心大、主体性极强的技术工作,所提供的数据和结果对于决策和行为有着强烈的导向性。客观、公正、可靠的评价结果,必然会带来可观的社会经济效益;反之,将导致错误的决策和行为,其危害性也是非常大的。很多实例说明,缺陷的正确评定可以弥补质量控制方法的不足,创造出很高的经济效益。

1. 无损检测的评价对象

(1) 批量性产品质量事件的评价。这类质量事件产品数量损失大,造成经济损失严重,用户急于要求进行评价。要求无损评价者能迅速寻找原因,并分清责任。如属于外因,即原材料、坯料、外购件引起的,还要求对方赔偿损失。

(2) 重要设备中的零部件失效分析评价。在失效分析中运用无损检测手段,能使失效分析数据更充足、分析更透彻、评价更中肯,这对备品、备件的制造和性能改进及技术进步,有明显地推动作用。

(3) 重要零部件安全性预测评价。零件是否符合要求或是否可组装使用,这就需要对零部件进行安全性预测评价。这类评价首先要对评价对象过去所产生的质量事件进行追问、翻阅,然后进行模拟无损检测,取得感性知识和理性知识后,方能进行无损预测评价。

(4) 新产品、新工艺、新技术在产品试制和试用中的评价。这类评价主要是为采用新工艺、新技术后产品质量的保证和提高提供数据。通过无损检测数据的统计、整理,如发现有不合乎标准要求的情况,可提出自己的评价,并反馈给主管工程技术人员。

(5) 在役零部件定期无损检测标准的制定。由于无损检测人员长期从事零部件的在役定期检测,对零部件在使用中疲劳裂纹的产生、发展,甚至断裂失效的全过程看得透、摸得准,故技术安全部门要求无损检测人员从长期检测实践角度,结合断裂力学进行评价,并制定出零部件无损检测标准。

2. 无损检测的评价过程

无损检测技术的评价过程可按以下几步进行:

(1) 明确评价要求,了解评价对象的背景材料。

(2) 确定评价方法,选择参照体系,建立评价模型。

(3) 对评价对象进行应力分析和缺陷检测,获取对象的状态数据信息。
(4) 根据数据信息进行综合分析,得出评价结论,书写评价报告。

8.2 超声检测

按照经典声学理论的划分,振动频率范围在16Hz~20kHz的机械振动波称为声波(人耳能感受到的纵波模式的机械振动波),频率低于16Hz的机械振动波称为次声波(人耳不能感受到),频率高于20kHz的机械振动波则称为超声波(人耳不能感受到)。实际上,目前工业超声波检测技术中应用的超声波频率范围一般在2kHz~25MHz,在航天工业中甚至应用到数百兆赫(如检测航天飞机隔热陶瓷片,超声频率达400MHz甚至更高,要求发现0.5μm的微细孔隙)。

超声波是超声以波动形式在弹性介质中传播的机械振动。超声波的声速、衰减、阻抗和散射等特性,为超声波应用提供了丰富的信息,并且成为超声波广泛应用的条件。超声检测技术是利用材料本身或内部缺陷对超声波传播的影响,来判断结构内部及表面缺陷的大小、形状和分布情况。

超声检测技术是无损检测中应用最为广泛的方法之一。就无损探伤而言,超声法适用于各种尺寸的锻件、轧制件、焊缝和某些铸件,无论是钢铁有色金属和非金属,都可以采用超声法进行检测,包括各种机械零件、结构件、电站设备、船体、锅炉、压力和化工容器、非金属材料等。就物理性能检测而言,用超声法可以无损检测厚度、材料硬度、淬硬层深度、晶粒度、液位和流量、残余应力和胶接强度等。

超声检测适应性强、检测灵敏度高、对人体无害、使用灵活、设备轻巧、成本低廉、可及时得到探伤结果,适合在车间、野外和水下等各种环境下工作,并能对正在运行装置和设备进行检测,应用十分广泛。

8.2.1 超声物理基础

8.2.1.1 超声波传播特征

1. 超声波在均匀介质中的传播

当介质中某点发生超声振动时,由于相邻介质质点间的弹性作用,振动质点将引起邻近质点振动。这些质点的超声振动就会由近而远地在介质中传播,其波长为

$$\lambda = c/f = cT$$

式中:λ 为超声波在介质中传播的波长(mm);c 为超声波在介质中传播的速度(mm/s),主要取决于介质的性质;f 为超声波在介质中传播的频率(Hz),由超声声源决定;T 为超声波在介质中传播的周期(s)。

2. 超声波在界面的行为

(1) 垂直入射到界面的反射与透射。当超声波垂直入射到两种介质的界面时,一部分能量透过界面进入第二种介质,成为透射波,波的传播方向不变;另一部分能量则被界面反射回来,沿与入射波相反目的方向传播,成为反射波。声波的这一性质是超声检测缺陷的物理基础。通常将反射声压与入射声压的比值称为声压反射率 r,它与两种介质声阻抗的差异直接相关,其表达式为

$$r = \frac{Z_1 - Z_2}{Z_1 + Z_2}$$

式中：Z_1、Z_2 分别为第二种介质和第一种介质的声阻抗。

进行超声检测时，必须考虑声压反射率的影响，如接触法和水浸法中将声波引入工件时，耦合剂与工件界面上的声能损失；缺陷与材料之间的声阻抗差异是否足够引起强的反射波，以便检出缺陷等。

（2）倾斜入射到界面的反射、折射与波型转换。当超声波以相对于界面入射点法线一定的角度（入射角），倾斜入射到两种不同介质的界面时，在界面上会产生反射、折射和波型转换现象。

其中反射声束回到入射波一侧的介质中，在法线的另一侧，与法线成一定的夹角（反射角）。当两种介质声速不同时，透射部分的声波会发生传播方向的改变，称为折射。折射声束与界面入射点的法线之间的夹角称为折射角。反射波和折射波均可因波型转换而产生与入射波不同的波型。因此，在反射波与折射波中均可能同时存在两种波型，但若其中一种介质是液体或气体，则该介质中只能产生纵波。

3. 超声波衰减

超声波在通过材料传播时能量随距离的增大逐渐减小，称为衰减。引起衰减的原因主要有三个方面：一是声束的扩散；二是材料中的晶粒或其他微小颗粒对声波的散射；三是介质的粘滞性使质点摩擦导致的声能损失，称为吸收。

散射衰减与超声波的波长、被检金属的晶粒度、组织不均匀性等有关。散射通常随频率的增高和晶粒度的增大而增大。

8.2.1.2 超声波波型特征

在检测中所用的超声波波型主要有纵波、横波和表面波。

1. 纵波

振源施加于质点上的作用力，使质点波动传播的方向与质点振动方向一致时的振动称为纵波，如图 8.1(a) 所示。目前使用中的超声波探头所产生的波型一般是纵波形式。纵波在被检零件中的传播情况如图 8.1(b) 所示。利用纵波，可以检测几何形状简单的物体的内部缺陷。

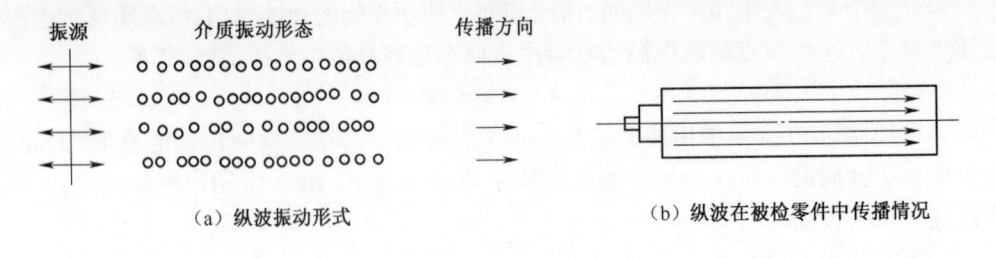

(a) 纵波振动形式　　　　　　　　(b) 纵波在被检零件中传播情况

图 8.1　纵波及其传播

2. 横波

质点振动方向与波的传播方向相互垂直时的振动波称为横波，如图 8.2(a) 所示。横波在被检零件中的传播情况如图 8.2(b) 所示。

横波通常是由纵波通过波型转换器转化而来。利用横波可以探测管件、杆件和其他几何外形复杂零件的缺陷。在同样工作频率下，横波探伤的分辨率要比纵波几乎高1倍。

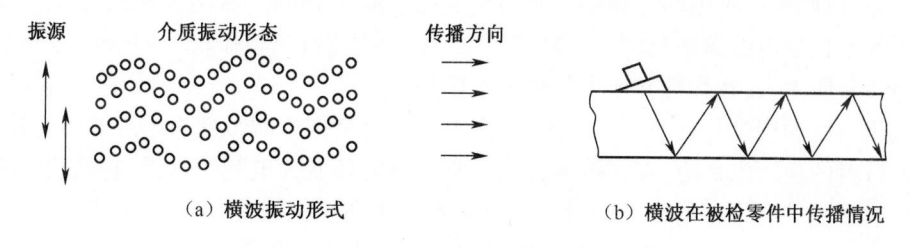

（a）横波振动形式　　　　　（b）横波在被检零件中传播情况

图 8.2　横波及其传播

3. 表面波

表面波是沿着零件表面传播。产生表面波的方法类似于波的产生，也是通过波型转换器转化得到。由于表面波是沿着零件表面进行传播，因此可用来检测零件表面的裂纹和缺陷。

8.2.1.3　超声波声场

超声检测声源通常是有限尺寸的探头晶片，晶片发射的声波形成一个沿有限范围向一定方向传播的超声束。随着声波在介质中逐渐向远处传播，由于衍射的作用，声束范围逐渐扩大，称为声束扩散。这种扩散导致声场中声强（或声压）随离开声源距离的增大逐渐减弱。

对于圆形晶片非聚焦探头，描述声场的两个主要参数是近场长度和扩散角。近场长度是指声传播方向上距探头的某一个距离，小于这一距离的范围称为近场区，声束扩散不明显，但因干涉的作用声压与距离的关系较复杂；大于近场长度的声场称为远场区，声束以一定的角度扩散，声压随距离的增大单调下降。近场长度定义为声轴上最后一个声压极大值点距声源的距离，其大小与波长 λ 和晶片直径 D 有关，即

$$N = \frac{D^2}{4\lambda}$$

另一个重要参数——声束扩散角则与波长成正比，与晶片直径成反比。

在远场区，由于声压以一定规律单调下降，可以将超声反射波的幅度与反射体的尺寸相关联。当声束直径大于缺陷尺寸时，超声反射回波的幅度与缺陷的面积成正比。因此，可采用反射脉冲的幅度来评价缺陷尺寸。由于实际缺陷可有多种影响超声反射的因素，超声检测对缺陷尺寸的评定是通过与标准人工缺陷对比反射幅度的方式进行的。常用的表示方法为缺陷的平底孔当量。当缺陷反射幅度与某一尺寸的圆形平底孔反射相等时，称该平底孔的尺寸为缺陷的平底孔当量。为了能够用反射波幅度进行缺陷当量评定，应尽可能使用远场区进行缺陷的评定。

8.2.2　超声检测原理与方法

8.2.2.1　超声波产生与接收

超声检测是将超声波从探头送入被测材料。当材料内部有缺陷时，输入超声波的一部分在缺陷处发生反射，根据接收的反射波，就可以知道缺陷的位置及大小。

产生超声波的方法很多,如热学法、力学法、静电法、电磁法、电动法、激光法、压电法等,目前应用最普遍的是压电法。压电法是利用压电晶体施加交变电压,晶体将交替地压缩或拉伸,由此而产生振动。振动频率与交变电压频率相同。若施加在压电晶体上的交变电压频率在超声波频率范围内,则所产生的振动就是超声频振动。如果把这种振动耦合到弹性介质中去,在弹性介质中传播的波就是超声波。

从超声波的产生与接收可以看出:超声波的发射是把电能转变为超声能的过程,是利用压电材料的逆压电效应;超声波的接收是把超声能转变为电能的过程,它是利用压电材料的压电效应。由于压电材料同时具有压电效应和逆压电效应特性,因此超声检测中所用的单个探头,一方面用于发射超声波,另一方面可用于接收从界面、缺陷返回的超声波。为了特殊的需要,可将发射与接收超声波的压电材料组合为一体,构成所谓的组合探头,可用一个探头发射超声波,用另一个探头接收超声波。图8.3为超声波监测系统方框图。

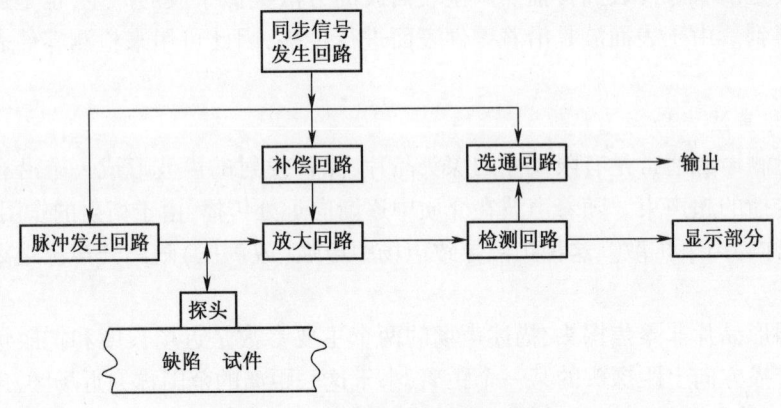

图 8.3 超声波监测系统方框图

8.2.2.2 超声检测方法

根据超声波的波形、发射和接收方式,超声检测的方式很多,常用的有以下几种:

1. 共振法

各种物体都有其固有振动频率。当发射到物体内的超声波频率等于物体固有频率时,就会产生共振现象,利用共振现象来检测物体缺陷的方法称为共振法。共振法主要用于检测工件的厚度。

检测时,通过调整超声波的发射频率,以改变发射到工件中超声波的波长,并使工件的厚度为超声波半波长的整数倍时,入射波和反射波相互叠加便产生共振。根据共振时谐波的阶数(共振次数)及超声波的波长,就可测出工件厚度。其关系式为

$$\delta = n\lambda/2 = nc/(2f)$$

式中:δ 为工件厚度(mm);n 为共振次数;λ 为超声波波长(mm);c 为超声波在工件中的传播速度(mm/s);f 为超声波频率(Hz)。

在实际测量中,如果已知相邻两个共振频率之差 $\Delta f = f_1 - f_2$,也可按下式计算工件厚度,即

$$\Delta = c/(2\Delta f)$$

共振法具有设备简单、测量准确等优点,因此常用于工件壁厚的测量(管材、压力容

器等)。另外,当工件厚度在使用过程中发生变化时,将会导致共振现象的消失或共振点偏移,据此特性可以探测复合材料的胶合质量、板材的点焊质量、板材内部夹层等缺陷。

2. 穿透法

穿透法又称为透射法,是根据超声波穿透工件后的能量变化来判断工件内部有无缺陷。使用时,将两个探头分别置于被测试件相对的两个侧面,一个探头用于发射超声波,另一个探头用于接收透射到另一个侧面的超声波。若工件内无缺陷,超声波穿透工件后衰减较小,接收到的超声波较强;若超声波传播的路径中存在缺陷,超声波在缺陷处就会发生反射或折射,并部分或完全阻止超声波到达接收探头,从而根据接收到超声波能量的大小就可以判断缺陷位置及大小。

穿透法优点:适用于探测较薄工件的缺陷和衰减系数较大的匀质材料工件;设备简单、操作容易,检测速度快;对形状简单、批量较大的工件容易实现连续自动检测。

穿透法缺点:不能探测缺陷的深度;探伤灵敏度较低;对发射探头和接收探头的位置要求较高。

3. 脉冲反射法

脉冲反射法是目前应用最广泛的一种超声波检测法。其检测原理是将具有一定持续时间和一定频率间隔的超声脉冲发射到被测工件,当超声波在工件内部遇到缺陷时,就会产生反射,根据反射信号的时差变化及在显示器上的位置就可以判断缺陷的大小及深度。

根据入射脉冲的波形不同,脉冲反射法可以分为纵波、横波、表面波及板波检测4种。

该方法的突出优点:通过改变入射角的方法,可以发现不同方位的缺陷;利用表面波可以检测复杂形状的表面缺陷;利用板波可以对薄板缺陷进行探伤。

4. 直接接触法

直接接触法是利用探头与工件表面直接接触而对缺陷进行检测的一种方法。它是通过在探头与工件表面之间的一层很薄的耦合剂来实现。如果探头与工件表面之间有空气层,则会使声能几乎完全被反射。为了获得良好的声耦合,工件探测表面的粗糙度应小于6.3μm。这是因为6.3μm时表面不平度约为0.084mm,对探伤灵敏度影响不大。此外,工件表面曲率对探伤灵敏度也有影响,表面曲率大时,因接触面积减小会使灵敏度下降,因此对大曲率工件检测时,应采用小直径探头。

经常使用的耦合剂是油类,一般情况采用中等黏度的机油,平滑表面可以用低黏度油类,粗糙表面可用高黏度油类。甘油的声阻抗最高且易溶于水,也是一种常采用的耦合剂。

5. 液浸法

直接接触法虽具有灵活、方便、耦合层薄、声能损失少等优点,但由于耦合层厚度难以控制、探头磨损大、测速慢等缺点,所以也可采用液浸法。

液浸法是在探头与工件表面之间充以液体,或将探头与工件全部浸入液体进行探伤的方法。液体一般用水。它是把探头发射的超声波经过液体耦合层后,再入射到工件中去。因为探头与工件不直接接触,所以超声波的发射和接收都比较稳定。

液浸法探测时,发射的超声波在液体与工件界面产生界面波,同时大部分声能传入工件。若工件中存在缺陷,则在缺陷处产生反射,而另一部分则传入底面产生反射,其波形如图8.4所示。

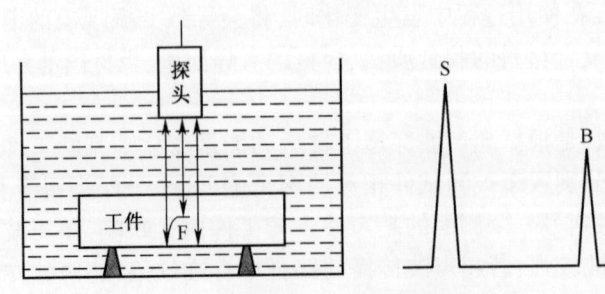

图 8.4 液浸法探伤波形

图 8.4 中，S 为发射波，B 为界面波，F 为缺陷波，D 为底波。波形 S 到 B、B 到 F 和 B 到 D 之间的距离，各相当于超声波在液体中、工件表面至缺陷处及在工件中往返一次所需的时间。如果探头与工件之间的液体厚度改变时，则信号 S 到 B 的距离也随之改变，但 B 到 D、B 到 F、F 到 D 的距离不变。

液浸法探伤时的灵敏度比直接接触法提高约 10dB。使用时，浸液应保持清洁，不应有冷热对流。

8.2.2.3 超声检测图像显示

超声检测图像显示是指超声入射到工件中，在接收反射波束或穿透波束时用图像来显示缺陷的位置、宽度、分布等情况。图像显示方式有 A 型、B 型和 C 型显示。

A 型显示可以在显示器上以脉冲形式来显示缺陷大小，根据脉冲位置来判断缺陷深度和部位。其优点是设备简单、方便，可用纵波、横波探伤；缺点是以波形高低位置为依据，不直观。

B 型显示可以在显示器上显示缺陷的断面像，即缺陷在某截面上的范围、深度、大小。为了有利于检测自动化和不使探头磨损，常采用液浸法方式。

C 型可以显示出工件内部缺陷的平面像，以便了解缺陷在平面上的宽度及分布情况。

目前利用超声波对设备缺陷进行检测主要有两个方面，一是超声波探伤，二是超声波测厚。探伤主要用于大型锻件、铸件、焊缝、钢管、棒材、板材、复合材料等；测厚主要用于受腐蚀的缸、塔、压力容器、管壁厚度等的测量。

8.2.2.4 超声检测条件的选择

在进行超声检测之前，应了解被检工件的材料特性、外形结构和检测技术要求；熟悉工件在加工的各个过程中可能产生的缺陷和部位，作为分析缺陷性质的依据；根据检测目的和技术条件选择合适的仪器和探头，并进行仪器性能的测试；选择检测方法和耦合剂及探测条件，如适当的频率等。

对同种材料而言，频率越高、超声衰减越大。对同一频率而言，晶粒越粗，衰减越大。对细晶粒材料，选用较高频率可提高检测灵敏度。因为频率高，波长短，检测小缺陷的能力强，同时频率越高，指向性越好，可提高分辨率，并能提高缺陷的定位精度。但是，提高频率会降低穿透能力和增大衰减，因此对粗晶和疏松及厚度大的工件，应选用较低的探测频率。

仪器和探头组合系统的灵敏度调节，通常有两种方法：一是等灵敏度法，即参考试块法；二是基准灵敏度法，即底面基准法。

8.2.2.5 缺陷位置的确定方法

超声仪荧光屏上通常有两条扫描线,其中一条为距离标志波。在纵波探伤中,发射波、缺陷波和底波的距离可由标志波直接读出。另一种方法是图像比较法。若工件长为 L,缺陷波和底波距发射波分别为 X_F 和 X_B,如图 8.5 所示,则缺陷距探测面距离为

$$h = (X_F/X_B) \cdot L$$

在横波探伤中,缺陷定位要求出缺陷距探头中心的水平距离 L 和距探测面的垂直距离 h,如图 8.6 所示。若探头中心至缺陷的声程为 s,探头折射角为 β,则

$$h = s \cdot \cos\beta$$
$$L = s \cdot \sin\beta$$

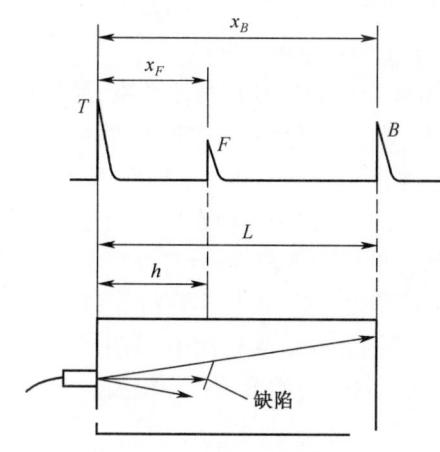

图 8.5　图像比较法定位

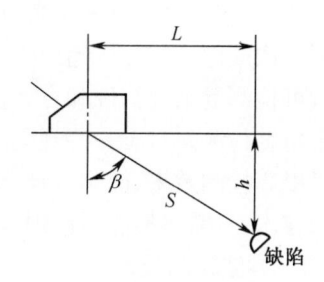

图 8.6　横波定位原理

在荧光屏上读出声程时,要先校正零位。斜探头的零位校正可使用 IIW 试块(ISO-1972(E))、平板试块或横通孔试块等。将发射波移出零位,若缺陷波在第 n 格出现,则 s 等于每格代表的横波传播距离与 n 的乘积。

横波定位也可用直角三角形试块定位法,试块的一个角度等于探头折射角 β,如图 8.7 所示。调节微调旋钮,使缺陷波出现在荧光屏第 n 格上,然后将探头放在与被检件相同材料的三角试块斜边上,移动探头使反射波出现在第 n 格上,此时在试块上量出 L 和 h 值,即为缺陷的水平距离和深度。板材和管材探伤都有类似的缺陷定位方法。焊缝探伤还有专用的定位图法和定位尺法等。

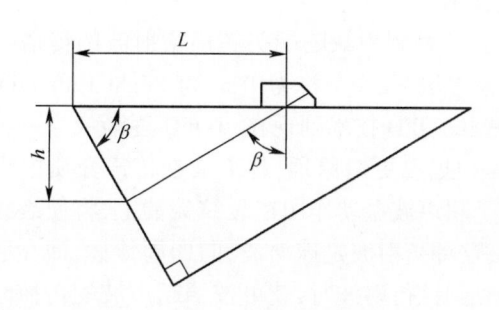

图 8.7　直角三角形试块定位法

8.2.3 超声检测发展趋势

当前,超声检测领域的新理论、新技术、新方法研究主要集中在超声相控阵检测技术、超声导波检测技术、超声 TOFD 检测技术、激光超声检测技术、空气耦合检测技术、非线性超声技术等方面。

1. 超声相控阵检测技术

超声相控阵检测技术是近年来发展起来的一门新型工业无损检测技术。相控阵起源于雷达天线电磁波技术,1968 年美国提出了超声相控阵的概念。超声相控阵成像技术最早仅用于医疗领域,以实现 B 型扫描成像检测的方式出现,至今已有 30 多年的发展历史。随着微电子技术、计算机等新技术的快速发展,以及工业无损检测方面的需求,近年来国内外对该技术的研究日趋活跃,已经逐步将其应用于工业无损检测领域。

超声相控阵技术使用不同形状的多阵元换能器来产生和接收超声波波束,通过控制换能器阵列中各阵元发射(或接收)脉冲的时间延迟,改变声波到达(或来自)物体内某点时的相位关系,实现聚焦点和声束方向的变化,然后采用机械扫描和电子扫描相结合的方法来实现图像成像。与传统超声检测相比,由于声束角度可控和可动态聚焦,超声相控阵技术具有可检测复杂结构件和盲区位置缺陷以及较高的检测效率等特点,可实现高速、全方位和多角度检测。对于一些规则的被检测对象,如管形焊缝、板材和管材等,超声相控阵技术可提高检测效率、简化设计、降低技术成本。特别是在焊缝检测中,采用合理的相控阵检测技术,只需将换能器沿焊缝方向扫描即可实现对焊缝的覆盖扫查检测。

2. 超声导波检测技术

超声导波检测技术是一种特殊的在线管道检测技术,又称为"长距离超声遥探法",能够一次性检测在役管道的内外壁腐蚀(包括冲蚀、腐蚀坑和均匀腐蚀)及焊缝的危险性缺陷,也能检出管子断面的平面状缺陷(环向裂纹、疲劳裂纹等)。

超声导波的产生机理与薄板中的兰姆波激励机理相类似,也是由于在空间有限的介质内多次往复反射并进一步产生复杂的叠加干涉及几何弥散形成的,超声导波应用的主要波型包括扭曲波和纵波。

超声导波检测过程简单,不需要耦合剂,可适应的工作环境温度范围在 $-40 \sim +180℃$,对于有保护层的管道,只需要剥离一小块防腐保护层以便在金属管道表面放置探头环即可进行检测,是一种经济、高效的管道扫查方法。

3. 超声 TOFD 检测技术

"衍射时差检测法"是一种利用缺陷端头超声衍射波的传播时间差来定量检测缺陷的脉冲超声波无损检测新方法,英文全称为 Time of Flight Diffraction,简称 TOFD。

从 1975 年在英国提出 TOFD 技术到现在,TOFD 逐渐成为一种成熟的超声波检测新方法。TOFD 检测技术是根据惠更斯原理,超声波在传声介质中投射到一个异质界面边缘,如裂纹尖端上时,由于超声波振动作用在裂纹尖端上,将使裂纹尖端成为新的子波源而产生新激发的衍射波,这种衍射波是球面波,向四周传播,即在裂纹边缘将有衍射现象发生。用适当的方法接收到该衍射波时,就可按照超声波的传播时间与几何声学的原理计算得到该裂纹尖端的埋藏深度,可用于评定工件表面裂纹的深度或内部裂纹垂直于探测表面的高度。所以,TOFD 是一种依靠从待检试件内部结构(主要是指缺陷)的"端角"

和"端点"处得到的衍射能量来检测缺陷的方法。

4. 激光超声检测技术

激光超声检测技术是利用激光激发并检测超声波以实现对材料无损检测,已逐渐成为材料无损检测的一种重要手段和发展方向。激光超声检测技术是当今一种先进的材料无损评价技术。激光超声技术在材料缺陷和性能的无损检测中发挥了特定的优势,具有巨大的工程应用前景。

在高温、高压、高湿、有毒等极端的检测环境或被检工件具有放射性或腐蚀性以及被测工件具有较快的运动速度时,传统的无损检测方法需要把压电陶瓷换能器接触耦合到材料表面,这个局限性使得传统方法的应用受到很大的制约,甚至完全无法工作,这些场合激光超声检测技术就能发挥其特有的优势。

激光超声检测技术是一种非接触式的检测方法,激光器与被检测物体表面之间不需要任何机械连接和接触,也不需要使用任何耦合剂,消除了困扰某些材料超声检测的耦合问题。此外,无论产生或接收超声波,激光超声检测技术对激光束的方向不敏感,当然,垂直的光束能够给出最好的响应。激光超声检测的原理与其他超声方法是相同的。激光超声检测技术的主要局限性是成本费用高和设备的体积大,各个接收方法之间的兼容性比较差,需要掌握的技术比较高深。

5. 空气耦合超声检测技术

空气耦合超声检测技术是一种以空气作为耦合介质的非接触声学检测方法,除了耦合介质差异外,在超声激发与声传播机理方面与传统超声检测技术相比差异不大。该技术具有非接触、良好的检测分辨率、易实现自动化、适合原位检测和技术较成熟等优点,但是该技术一般采用点对点的扫查方式使得检测效率较低,同时超声衰减导致接收信号的信噪比较差。

在空气耦合条件下,由于空气同检测对象之间巨大的声阻抗差及空气对高频声波的高吸收率,造成超声接收信号微弱且信噪比低,提高空气耦合条件下接收信号强度及信噪比是该技术发展及应用所面临的首要难题。国内外重点研究方向包括新型高性能空气耦合超声换能器、低噪声激励接收放大装置、新型检测方法、激励信号编码技术及数字信号处理技术等。

6. 非线性超声技术

由于晶体结构、晶体缺陷或其他微缺陷的存在,固体材料一般存在非线性的特征。传统线性超声波在固体中的传播亦存在非线性效应,但是这种非线性效应极其微弱,不足以从超声信号上反映出来;同时,传统线性超声检测也不关注此类非线性信号。然而,大幅值高能超声输入固体介质当中时,其传播能够呈现出较强的非线性效应,引起传播中超声波的"扭曲"和"畸变",从而导致高次谐波的形成。这种非线性信号其实包含了材料微缺陷和材料属性等传统线性超声波无法检测到的信息。

非线性超声技术可以克服传统线性超声的不足,对于材料早期损伤或力学性能退化过程中的微观结构(如位错、析出物、微裂纹等)变化较为敏感,能够实现对材料损伤或失效的早期检测。目前,对于利用非线性超声技术表征材料损伤或力学性能退化的问题,国内外研究者已经从理论模型建立、实验检测等方面进行了有益尝试和探讨。在理论研究方面,主要是构建了位错弦相关模型、位错偶相关模型和塑性相关模型,建立了超声非线性与材料微观结构、塑性损伤之间的关联。在试验研究方面,对材料不同类型损伤,如拉伸塑性损伤、疲劳损伤、热老化、蠕变损伤、粘结情况以及其他形式的损伤进行了检测和分析,证实了非线性超声技术对于上述材料损伤检测的有效性。然而,就目前的研究来看,非线性超声技术要应用于工程实际检测中,还需要继续在理论研究、实验检测及检测技术等方面开展工作。

8.3 射线检测

射线成像检测技术在工业上被广泛应用于产品制造、过程控制、设备在役检测和维修等方面,成为当今无损检测诊断技术的重要组成部分。

射线检测使用的主要射线是 X 射线、γ 射线和其他射线。射线检测成像主要有实时成像技术、背散射成像技术、CT 技术等。

对射线无损检测技术影响最大的是计算机技术的成熟,它促使了射线检测领域的一些重大发明,其中最重要的有计算机层析扫描成像技术(X-ray Computed Tomography,CT 或 X-CT)、CR 技术(Computed Radiography,CR)和 DR 技术(Digital Radiography,DR)。

射线无损检测技术的主要优点如下:

(1) 几乎适用于所有材料,而且对试件形状及其表面粗糙度均无特别要求,对厚度为 0.5mm 的钢板和薄如纸片的树叶、邮票、油画及纸币等,均可检查其内部质量。

(2) 能直观地显示缺陷影像,便于对缺陷进行定性、定量与定位分析。

(3) 射线底片能长期存档备查,便于分析事故原因。

(4) 对被测物体无破坏,无污染。

射线无损检测技术的局限性如下:

(1) 射线在穿透物质的过程中被吸收和散射而衰减,使得用于检测的厚度受到限制。

(2) 难以发现垂直射线方向的薄层缺陷。

(3) 检测费用比较高。

(4) 射线对人体有害,需作特殊防护。

8.3.1 射线物理基础

射线,又称为辐射,一般分为非电离辐射与电离辐射两种。前者是指能量很低,且不足以引起物质发生电离的射线(如微波辐射、红外线等);而后者是指那些能够直接或间接引起物质电离的射线。

直接电离辐射通常是那些带电粒子,如阴极射级、β 射线、α 射线和质子射线等。由于它们带有电荷,所以在与物质发生作用时,要受原子的库仑场的作用发生偏转。同时,会以物质中原子激发、电离或本身产生韧致辐射的方式损失能量,故其穿透本领较差。

间接电离辐射是不带电的粒子,如 X 射线、γ 射线及中子射线等。由于它们属于电中性,不会受到库仑场的影响而发生偏转,贯穿物质的本领较强,故广泛地被用作无损检测的射线源。

8.3.1.1 射线及其种类

射线是一种电磁波,与无线电波、红外线、可见光、紫外线等本质相同,具有相同的传

播速度,但频率与波长则不同。射线的波长短、频率高,因此它有许多与可见光不同的性质:

(1) 不可见,以直线传播,并遵守反平方法则。
(2) 不带电荷,因此不受电场和磁场影响。
(3) 能够透过可见光不能透过的物质。
(4) 与可见光一样有反射、干涉、绕射、折射等现象,但这些现象又与可见光有区别。
(5) 能使物质产生光电子、反跳电子以及引起散射现象。
(6) 能被物质吸收产生热量。
(7) 能使气体电离。
(8) 能使某些物质起光化学作用,使照相胶片感光,又能使某些物质发生荧光。
(9) 能产生生物效应,对生物机体既有辐射损伤又有治疗作用。

射线检测中常用的射线种类如下:

(1) X 射线与 γ 射线。射线检测中最常用的两种射线,X 射线是由人为的高速电子流撞击金属靶产生的;γ 射线则是某些放射性物质自发产生的,如钴、铀、镭等,两者产生的机理不同,但都是电磁波。

(2) α 射线与 β 射线。与 X 射线和 γ 射线不同,α 射线和 β 射线不是电磁波,而是离子辐射,由放射性同位素产生 α 衰变和 β 衰变,从而发射出 α、β 射线。α 射线的穿透能力很弱,但有很强的电离作用;β 射线虽然穿透能力强,但能量很小。因此,一般并不直接用 α 射线和 β 射线进行检测,它们只适用于某些特殊场合。

(3) 中子射线。中子是一种呈电中性的微粒子流,具有巨大的速度和贯穿能力,不是电磁波。它与 X 射线和 γ 射线相比,主要区别在于:它在被穿透材料中的衰减主要取决于材料中对中子的俘获能力。例如,对铅来说,X 射线和 γ 射线穿透时能量衰减很大,但俘获中子的能力很小,而对氢来说正好相反。一个很厚的铅罐中装有石蜡时,采用中子射线照相时所得的石蜡图像清晰,而用 X 射线照像时什么也看不到。因此,中子照相常用于检测火药、塑料和宇航零件等。

8.3.1.2 X 射线与 γ 射线主要性质

1. X 射线产生

X 射线是由一种特制的 X 射线管产生的,其原理示意图如图 8.8 所示,它是由阴极、阳极和高真空的玻璃管和陶瓷外壳组成。阴极是一加热灯丝,用于发射电子。阳极靶是由耐高温的钨制成。工作时在两极之间加有高电压,从阴极灯丝发射的高速电子撞击到

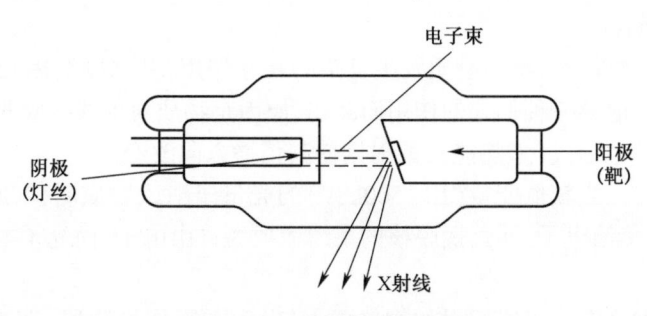

图 8.8 X 射线管的原理图

阳极靶上，其动能消耗于阳极材料原子的电离和激发，然后转变为热能，部分电子在原子场中受到急剧阻止，产生所谓的韧致X射线，即连续X射线。

高能X射线的产生和上述基本相似，所不同的是高能X射线的电子发射源不是热灯丝，而是电子枪，电子运动的加速也不是管电压，而是加速器。射线检测中应用的加速器都是电子加速器，能量在数兆电子伏到数十兆电子伏范围内。

一般情况下，X射线管发出的X射线，其波长是由一系列波长不同的X射线和一个或几个特定波长的X射线谱组成。前者称为连续X射线或白色X射线；后者称为标识X射线或特征X射线。

2. γ射线产生

γ射线是由放射性同位素产生的，放射性同位素是一种不稳定的同位素，处于激发态，其原子核的能基高于基级，它必然要向基级转变，同时释放出γ射线，γ射线的能量等于两个能级间的能量差。射线检测中所用的γ射线通常是由核反应制成的人工放射源，应用较广的γ射线源有钴60、铱192、铯137、铥170等，而铯137因其放射性比活度低，又易造成环境污染、能量单一，不宜检测厚度不均匀工件而日趋淘汰。

3. 两种射线的主要性质

（1）具有穿透物质的能力。与可见光不同，X射线和γ射线对人眼是不可见的，并且能够穿透可见光而不能穿透的物体。

（2）不带电荷、不受电磁场的作用。X射线和γ射线不受电磁场的作用，具有不带电性。

（3）具有波动性、粒子性，即所谓的二象性。X射线和γ射线在材料中传播的过程中，可以产生折射、反射、干涉和衍射等现象，但不同于可见光在传播时的折射、反射、干涉和衍射等。

（4）能够使某些物质起光化学作用。使某些物质产生荧光现象，能使X光胶片感光。

（5）能使气体电离和杀死有生命的细胞。因射线有一定能量，当穿过某些气体时与其分子发生作用而电离，能产生生物效应，杀死有生命的细胞。

8.3.1.3 射线衰减特性

X射线和γ射线与物质相互作用时，主要表现为粒子性，即光量子和光子的性质。为讨论方便，用"光子"一词将X射线和γ射线归在一起。光子具有量子能量，能量为0.01~10MeV的光子是最普遍的。

1. 吸收与散射

当光量子射进物体时，将与物质发生复杂的相互作用，其强度会因光电效应、康普顿效应与电子对的生成第三种形式的作用而减弱，原因是物质对射线的吸收与散射，被吸收时其能量转变为其他形式（如热能），散射则使其传播方向改变。

（1）光电效应。当较低能量（10~500keV）的光量子射入物质时，与原子壳层电子作用，将其全部能量传给电子，使其摆脱核的束缚而成为自由电子，而光子本身消失，这种现象称为光电效应。

光电效应既发生在被射线照射的物体中，又发生在影像检测器（荧光屏或胶片）内，也就是这种效应使得射线照相成为可能。光电效应随着物质原子序数增高而加强，随着光量子能量增高而减弱。

（2）康普顿效应。当 X 射线的入射光子与物质的一个壳层电子碰撞时,光子的一部分能量传给电子并将其击出轨道,该光量子同时将偏离了入射方向而沿新路前进,被击出的电子称为反冲电子。康普顿效应主要发生在 0.2~0.3MeV 较高能量范围内,其发生概率与物质中的电子密度成正比,而受原子序数影响不大。它随射线能量的增加而减少。

由于康普顿效应使光子偏离其入射方向,在射线照相中可以使底片增大曝光灰雾而降级照相衬度,故必须采取各种措施严加防范。

（3）电子对的生成。当能量高于 1.02MeV 光量子与物质作用时,光子在原子核场的作用下,转化成一对正、负电子,而光子则完全消失,这种现象称为电子对的生成。电子对的生成随射线能量的增加而增加。产生的电子对在不同方向飞出,其方向与入射光量子的能量相关。

2. 射线透过物质时的衰减

一般而言,组成物质的原子序数越大,物质对射线的吸收就越强,反之则越弱。当射线强度为 I_0 的一束平行的 X 射线,通过厚度为 d 的物体时,其强度的衰减应遵守如下规律,即

$$I_d = I_0 \mathrm{e}^{-ud}$$

式中：I_d 为 X 射线通过厚度为 d 的物体后强度；I_0 为 X 射线通过物体以前的强度；u 为衰减系数。

表 8.1 所列为几种材料在不同射线能量下的线吸收系数。

表 8.1 材料在不同射线能量下的线吸收系数

射线能量/MeV	水	铝	铁	铜	铅
0.25	0.124	0.29	0.80	0.91	2.7
0.50	0.095	0.22	0.67	0.70	1.8
1.00	0.069	0.16	0.47	0.50	0.8
2.00	0.50	0.15	0.31	0.35	0.48
4.00	0.032	0.09	0.25	0.30	0.46
6.00	0.026	0.07	0.23	0.28	0.50
8.00	0.024	0.065	0.23	0.30	0.55

不同波长的射线可以有不同的衰减系数,这对检测来说使问题复杂化,因此需使连续 X 射线的波长均匀化,就是使 X 射线经过一定厚度的物质,把波长较长的部分吸收掉,剩下的就是波长较短且很接近的 X 射线,因而可以认为有同一吸收系数。γ 射线差不多都接近于单色,即有一个恒定的衰减系数。

8.3.2 射线检测原理与方法

8.3.2.1 射线检测基本原理

射线检测基本原理是:当射线透过被检物体时,有缺陷部位(如气孔、非金属夹杂物等)与无缺陷部位对射线吸收能力不同(如金属物体中,缺陷部位所含空气和非金属夹杂

物对射线的吸收能力大大低于金属对射线的吸收能力),通过有缺陷部位的射线强度高于无缺陷部位的射线强度,因而可通过检测透过工件后的射线强度差异来判断工件中是否存在缺陷。

目前应用最广泛、灵敏度比较高的方法是射线照相法。它是采用感光胶片来检测射线强度,在射线感光胶片上对应的有缺陷部位因接受较多的射线,从而形成黑度较大的缺陷影像,如图8.9所示。

当缺陷沿射线透照方向长度越大或被透照物吸收系数 U 越大,则透过有缺陷部位和无缺陷部位的射线强度差越大,感光片上缺陷与本体部位的黑度差越大,底片的对比度也就越大,缺陷就越容易被发现。

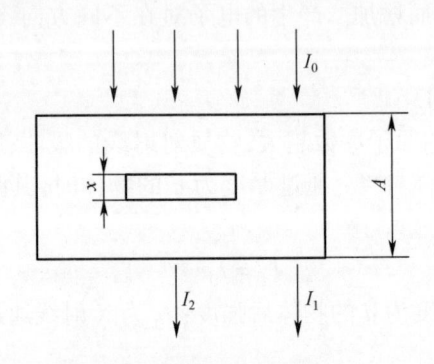

图8.9 射线检测原理图

8.3.2.2 X射线检测方法

应用X射线无损检测方法进行检测探伤时,需注意射线检测灵敏度、影响灵敏度的有关因素、缺陷的可检出性三方面问题。

1. 射线检测灵敏度

射线照相灵敏度是指在射线透着的底片上所能发现的工件中沿射线穿透方向最小缺陷的尺寸,称为绝对灵敏度。由于射线照相时,不同厚度的工件所能发现缺陷的最小尺寸不同,比较薄的工件只能发现细小缺陷,比较厚的工件则只能发现尺寸稍大一些的缺陷。因此,采用绝对灵敏度往往不能反映不同厚度工件透照质量。用所能发现的最小缺陷尺寸占被透照厚度的百分比表示,更能反应不同厚度工件的透照质量,这称为相对灵敏度 K(或百分比灵敏度),即

$$K = (\Delta A / A) \times 100\%$$

式中:ΔA 为最小可识别单元的厚度;A 为工件厚度。

目前,一般所说的射线照相灵敏度都是指相对灵敏度,它是综合评定射线照相质量的指标。按标注,我国X射线照相质量分为三级:

A级:成像质量一般,适用于承载负荷较小的产品与部件。

AB级:成像质量较高,适用于锅炉和压力容器产品与部件。

B级:成像质量最高,适用于航天飞机和设备等极为重要的产品与部件。

1) 像质计

在射线照相前,被透照工件中所能发现的最小缺陷尺寸是无法知道的,一般采用带有

人工缺陷的像质计来确定透照灵敏度。像质计的材质应与被透照工件相同；对射线检测技术的变化灵敏；判断影像的方法尽可能简单、准确；易于应用。像质计必须按标准规定使用,使用方法不当则不能正确反映透照混合灵敏度。目前,最广泛使用的像质计主要有三种类型：丝型像质计、阶梯孔型像和平板孔像质计,此外还有槽式像质计等。

2）缺陷灵敏度

射线照相的影像质量主要由对比度、清晰度和颗粒度三个因素决定。一般来说,一个良好的射线照相影像应具有较高的对比度、较好的清晰度和较细的颗粒。

(1) 对比度。在射线探伤中,对比度定义为射线照相影像两个区域的黑度差,常计为 C。射线照相影像的对比度与透照物体的性质、不同部分的厚度差相关,还与采用的透照技术、选用的胶片类型、暗室处理及射线照片的黑度相关。射线照相的对比度如图 8.10 所示。

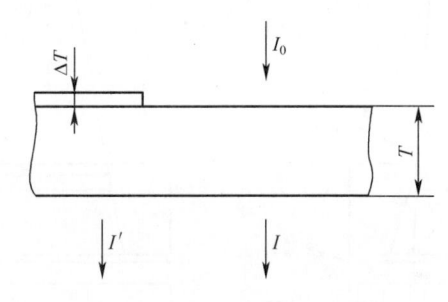

图 8.10 射线照相的对比度

I_0—入射 X 射线的强度；I—穿透厚度 T 以后的射线强度；I'—穿透厚度 $T+\Delta T$ 厚的射线强度。

(2) 清晰度。如图 8.11 所示,当透照一个垂直边界时,理想的情况应得出阶跃形式的黑度分布,但实际上存在一个缓变区 U,U 的大小即为射线照相的清晰度。图 8.11 中,I 为射线强度,D 为密度。

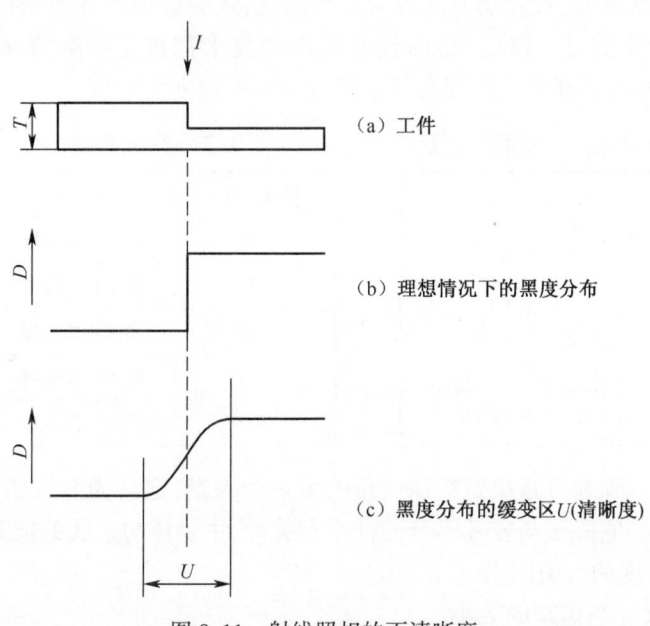

(a) 工件

(b) 理想情况下的黑度分布

(c) 黑度分布的缓变区 U(清晰度)

图 8.11 射线照相的不清晰度

在射线照相中,不清晰度主要来源于几何不清晰度、胶片固有不清晰度,此外还有屏不清晰度以及移动不清晰度等。

几何不清晰度产生于实际的射线源不是一个几何点,而是具有一定的尺寸,当透照一定的厚度时,按照几何成像原理,要形成一定的半影区,这就是几何不清晰度。不同射线源的几何不清晰度如图 8.12 所示。图 8.12(a)中,d 为射线源直径,U_g 为半影宽度(即几何不清晰度)。

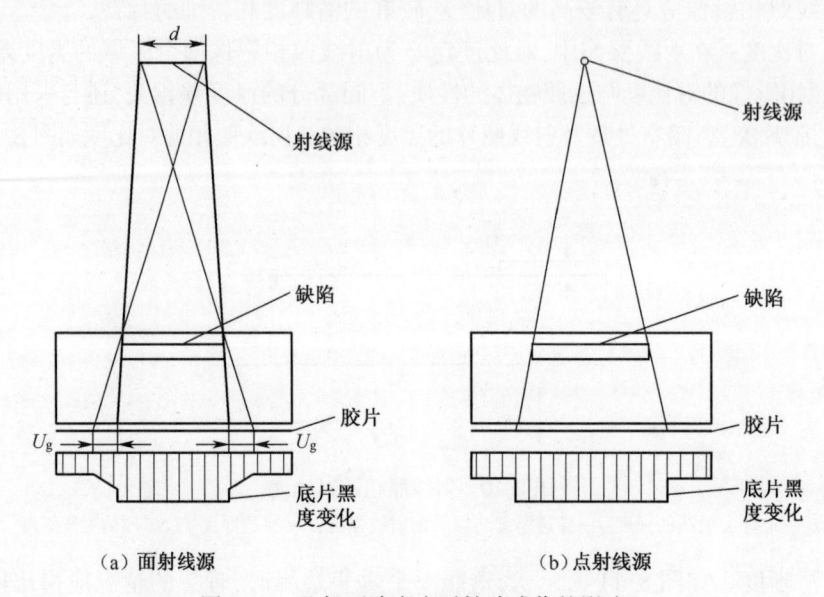

图 8.12 几何不清晰度对缺陷成像的影响

胶片的固有不清晰度产生于电子在胶片乳剂中的散射,它的大小与散射的能量有关。由于使用荧光增感屏时,荧光物质晶粒对光线散射,还会造成屏的不清晰度,这将严重损害射线照相的影像质量。因此,目前较好的透照技术都规定不允许采用荧光增感屏。表 8.2 和表 8.3 列出了部分胶片固有不清晰度和屏不清晰度的值。

表 8.2 胶片的固有不清晰度 U_i

管电压/kV	U_i/mm
100	0.05
200	0.09
300	0.12
400	0.15

表 8.3 荧光增感屏的不清晰度 U_s

管电压/kV	屏 型	U_s/mm
100	高速钨酸盐屏	0.30
100	慢速钨酸盐屏	0.15
140	高速钨酸盐屏	0.30
200	慢速钨酸盐屏	0.26
360	慢速钨酸盐屏	0.26

(3) 颗粒度。颗粒度是决定影像质量的另一个因素,定义为射线照相影像黑度不均匀性的视觉印象。它除了与胶片本身的性质有关外,主要还与射线的能量和曝光量有关。

2. 影响灵敏度的有关因素

1) 射线源尺寸与焦距的大小

影响射线透照灵敏度的因素很多,其中之一就是几何不清晰度。它通常用半影宽度

U_g来度量,即

$$U_g = dT/(f - T)$$

式中:d 为射线源有效焦点尺寸;f 为射线源与胶片间的距离,称为焦距;T 为透照厚度。

工程应用中,常用射线源至工件表面的距离为焦距。从上式可知,欲减小半影宽度,当被检件厚度一定时,主要决定因素是射线源和透照时采用焦距的大小。射线源越小、焦距越大时,半影 U_g 就越小。但焦距越大、照射面上的射线强度越低,要达到某一强度的曝光时间越长,曝光时间的增长既降低了检测效率又增加了散射线。

2) 射线能量

X 射线能量的大小取决于 X 射线管电压的高低。管电压越高,X 射线能量越大,探伤时穿透能力越强,射线检测工件的首要条件是要使射线能够透过工件并使胶片感光,这就要求透照时必须有足够的射线硬度。但并不是管电压越高越好,因为透照电压直接决定材料的吸收系数和胶片的固有不清晰度,并影响积累因子的大小,所以对射线照相灵敏度有重要的影响。在能穿透工件的情况下,尽量采用较低管电压,减少射线能量,衰减系数 u 就变小,有缺陷部位与无缺陷部位的射线强度差变大,从而在底片上有缺陷部位与无缺陷部位黑白对比度增大,提高底片的灵敏度。

3) 散射线和无用射线的影响

射线检测过程中不可避免地要产生散射线,在散射线作用下胶片也会感光,从而降低了底片的对比度和清晰度。散射线严重时,因散射的作用而减少像质计影像中清晰可见的数量,降低灵敏度。对于散射线必须采取如下的防范措施:

(1) 屏蔽措施。将能够产生散射线的部位,用对射线有强烈吸收作用的材料屏蔽起来。

(2) 限束措施。为避免射线在空气中漫射和使射线沿着孔径光栏成一平行射束进行投射,利用铅制的限束器或孔径光槛加以限制。

(3) 背衬措施。为避免暗匣、暗袋背面产生散射线,可利用较厚的铅板为衬盖材料,透照时垫在暗袋背面。

(4) 过滤措施。在射线检测中,一个重要的问题是工件的边界或边缘部分在胶片面积之内,并且要求直到边界都得到良好的缺陷灵敏度。这种情况,可采用边界遮蔽的办法,同时也可采用过滤技术使之得到明显改善。

如果过滤器放在靠近 X 射线管处,可以吸收 X 射线管发射的很软的射线,这部分射线最容易被胶片吸收,且具有最大的照相效应。在没有过滤器时,这部分射线只能到达胶片没有工件的部分或者穿过工件的最薄部分,并在此区域产生强烈的胶片黑度,使影像边界和细节发生模糊。

(5) 采用金属增感屏。到达胶片的射线是一次射线束的较高能量部分与在工件中产生的散射线,由于康普顿散射,大量的这种散射线是较低能量的,为防止其影响,可采取厚的前增感屏将其过滤掉。如厚工件的边界在胶片面积之内,甚至用过滤技术也难以清除影像的"咬边",必须采取遮蔽边界,以防止无用射线到达胶片。此外,还可以采用对复杂形状的工件进行补偿或减少散射线的作用时间等措施。

4) 被检工件的外形

外形复杂或厚薄相差悬殊的工件进行射线检测时,如果按厚的部位选择曝光条件,则薄的部位曝光就会过量、底片全黑;如果按薄的部位选择曝光条件,则厚的部位曝光不足,得不到最佳对比度。对这样的工件进行射线检测必须采取专门措施,如分两次曝光或采取补偿的方法,使用补偿泥或补偿液,使黑度彼此接近。

5) 缺陷本身形状及其所处位置

射线检测发现缺陷的能力有限,对气孔、夹渣、没焊透等体积形缺陷比较容易发现,而对裂纹、细微未熔合等状陷,在透照方向不合适时就不易发现。

在射线检测底片上缺陷的影像并不一定与工件内部实际缺陷一样,如射线源的位置不同(焦距不同),缺陷的影像就有变化。一般而言,焦距大时,缺陷影像放大就小;缺陷与胶片间的距离越远,则其影像越被放大。

对于细微裂纹,特别是裂纹平面不平行于射线方向时,在底片上就很难发现,所以有时在工件里有很长的裂纹,而在底片上只发现一段。对于长条状缺陷,如条状夹渣、未焊透、未熔合等,由于这些缺陷本身在焊缝中状态不一样,同一条状夹渣在不同部位可能夹渣程度不同。同样,未焊透和未熔合程度也会不同。夹渣较轻、未焊透较轻、未熔合较轻的部位在底片上都有可能观察不到,因此实际上是一条程度不同的连续缺陷,而在底片上就可能显示出断续缺陷的影像。

由于缺陷在焊缝中的取向可能是各种方向的,而射线检测底片上的影像是在一个平面上的投影,不可能表示出缺陷的立体形状,所以要确定出缺陷的大小,还需要用几个透照方向来确定出不同方位的缺陷大小(立体形状)。

对角焊缝(T形焊缝或L形焊缝)或对接焊缝进行斜透射时,缺陷影像可能变形,底片上的缺陷影像位置与缺陷在焊缝中的实际位置也会有所错动。

由此可见,缺陷的形状、方向性和在工件中所处的位置对底片影像均有不同程度的影响,既影响其清晰度也影响灵敏度,应用时应予以注意。

6) 暗室处理

胶片的暗室处理过程包括显影、定影、水洗和烘干,而后才能将曝光后具有潜像的胶片变为可见影像的底片,以观察是否存在缺陷影像,并且可将其长期保存。暗室处理是射线检测的一个重要过程,如果处理不当就会前功尽弃。诸如显影过度、显影不足或显影液失效,有杂物混入等均影响底片的质量。

3. 缺陷的可检出性

1) 三类缺陷可检出的最小尺寸

射线照相主要用于检测铸造缺陷和焊接缺陷,而由于这些缺陷几何形状的特点、体积的大小、分布的规律及内在性质的差异,使它们在射线照相中具有不同的可检出性,即在使用同样的射线照相技术的情况下,三类缺陷可检出的最小尺寸不同。对于这些缺陷,按照射线照相的特点,可以把它们简单的分为三类。

(1) 体积类缺陷的可检出性,主要是指气孔、缩孔、夹杂等缺陷,从总体上看多具有较大的体积,在空间上没有特殊的延伸方向,且与基体材料具有明显不同的射线吸收性质。因此,其可检出性主要由射线照相的对比度决定,射线照相的不清晰度对其可检出性无明显影响。

(2) 分散的细小缺陷的可检出性,主要是指小气孔和点状夹渣,其基本形状可视为球形,随缺陷性质的变化,对射线的吸收也将改变。

(3)面状缺陷的可检出性,裂纹、未熔合及未焊透和冷隔等都可视为面状缺陷,这类缺陷在断面上都有较大的深度/宽度比,延伸方向规则或不规则。

2)不同位置缺陷的可检出性

一般来说,由于被检物体上存在的线吸收系数、射线照相总的不清晰度,以及积累因子值的变化,使得不同位置缺陷的最小可检出尺寸也不同,因而同一种缺陷在位于不同位置时将有不同的可检出性。

8.3.2.3 γ射线检测方法

目前国内外常用的放射源大多是钴60和铱192,前者主要用于检测厚工件,后者则主要用于检测薄工件。此外,铥169得到越来越多的应用,它的照相灵敏度和照相衬度相当于经过高度滤波的250~350kV的X射线(取决于工件厚度)。对于小口径、壁厚小于8~10mm的钢管件,采用铥169的结果比常用的放射源铱192灵敏度高而且曝光时间短。使用铥169的另一个优点是,可以采用非常小巧的储源器,而且其防护距离也较铱192或X射线小。

几种常用放射源的特性如表8.4所列。

表8.4 常用放射源的特性

同位素源	半衰期	主要能量/kV	相当X射线/MeV	对刚的穿透能力/mm	源直径/mm	特征强度RHM
钴60	5.3a	1330,1170	3	50~200	1×φ1 4×φ4	1.35
铱192	74d	310,470,600	1	13~75	0.5×φ0.5 1×φ1	0.55
铥170	130d	52,84	0.12	2.5~13	D0.6 D3.0	0.01
铯137	30a	660	—	75	φ10	0.34
铥169	32d	60,120,190,300	0.3	2.5~15	D0.6 D1.0	

注:RHM是指每小时米的伦琴数。

γ射线机按其结构形式分为携带式、移动式和爬行式三种,携带式γ射线机大多采用铱192作射线源;移动式γ射线机大多采用钴60作射线源;爬行式γ射线机用于野外焊接管线的检测,如德国GAMMAMAT公司生产的M10型γ射线探伤机可在管径为150~450mm的焊接管线中爬行,准确定位拍照。

γ射线机一般由射线源、屏蔽体、驱动缆、连接器和支承装置等组成。为了减少散射线,铱192和钴60产品附有各种钨合金光栏,可装在放射源容器上或装在放射源导管末端。按工作需要发射出定向、周向或球形射线场。源导管标准长度为3m,可根据需要延长。

几种典型γ射线机的主要性能如表8.5所列。

表 8.5　γ 射线机的主要性能

类型	型号	γ 源	焦点尺寸 $\phi \times L$/(mm ×mm)	容量(Ci)	重量/kg	屏蔽体
携带式	TS-1（中国）	Ir192	3×3	60~70	26	贫化铀
	TI-FF（德国）	Ir192	1×1	200	18	贫化铀
	PI-104H（日本）	Ir192	2×2	10	21	钨合金
移动式	TK-100（德国）	Co60	4×4	100	145	贫化铀
	PC-501（日本）	Co60	4.2×5.5	50	585	铅

为了保证 γ 射线照相的底片质量,我国标准中对 γ 射线机的选择规定了它的适用厚度,如表 8.6 所列。由于它的射线能量很高,而且不能像普通 X 射线机可以调节,需特别注意它的下限值。

表 8.6　不同 γ 射线机的适用检测厚度

射线源	工件厚度/mm		
	A 级	AB 级	B 级
Ir192	20~100	30~95	40~90
Co60	40~200	50~175	60~150

与 X 射线探伤仪相比,γ 射线装置的投资要低得多。以铱 192γ 射线装置为例,它仅为 150kV X 射线探伤机投资的 1/10,250kV X 射线探伤机投资的 1/15;所需工时为 X 射线机的 1/20;能源消耗仅为 X 射线探伤机的 1/20;维修元件费约为 X 射线探伤机的 1/4;维修工时费约为 X 射线探伤机的 1/10~1/3。

γ 射线照相的透照灵敏度。当钢材厚度小于 25mm 时,依 192 的灵敏度与 400kV 的 X 射线探伤机接近。铱 192 是多能谱能量低的射线,波长较长,容易被工件吸收;工件厚度大于 70mm 后,黑度梯度缓慢下降,所以放射性同位素铱 191 的最佳灵敏度所对应的透照厚度是 20~70mm。对放射性同位素钴 60 来说,它的最佳灵敏度所对应的透照厚度是 50~200mm。

除最常用的 γ 射线照相法外也可采用其他仪器来代替胶片获取透过工件后 γ 射线信息,如 γ 射线透射计、背散射计、中子计和 X 射线发射计等。

8.3.2.4　高能 X 射线检测方法

高能 X 射线照相法的基本原理与一般 X 射线照相法相同,它的主要优点如下:

(1) 能量高的光子具有更强的穿透力。

(2) 采用较大的距离/厚度比可以降低畸变。

(3) 可以缩短曝光时间。

(4) 可检测活动范围宽的工件,对比度好,减少到达造成的大角度散射总量,因此所获得的照相底片质量比较高。

(5) 可采用大焦距和大的覆盖面积。

按加速粒子的种类,可将加速器分为电子加速器、质子加速器、重离子加速器和全离子加速器等。

射线检测中采用的加速器都是电子加速器,能量在几兆到几十兆电子伏范围内,一般都在45MeV以下,因此都用低能电子加速器产生。适合工业无损检测用加速器主要有电子感应加速器、电子直线加速器和电子回旋加速器。

与一般X射线相比,高能X射线更要注意安全,有些高能X射线在几秒内会放出对人体致命的辐射剂量。X射线准直器,在高能辐射场中也会变成一个产生中子的辐射源,这些中子不但对工作人员有危险,而且有损胶片质量。因此,通常在建造高能X射线源的屏蔽室时,首先考虑工作人员的安全防护,其次是设备的使用要求,成本放在第三位。

对铸件或焊接件来说,采用高能X射线的底片质量大大优于一般X射线照相,提高了曝光范围,减少了宽角散射。高能X射线照相的缺点是对比度较差,细纹容易漏检。以检测阀体为例,高能X射线能穿透两个外壁,且提供必要的灵敏度,以显示阀体内部零件的缺陷。特别是在关键的阀座区域,将胶片放在阀体后面进行曝光,射线束以最佳角度射入工件,使阀体内部的关键部分投影在胶片上,效果好。

8.3.2.5 背散射射线检测方法

射线检测通常都采用穿透法,射线源与检测器分别放置在工件的两侧,根据通过工件后的射线强度的衰减情况来判断材料和工件中是否存在缺陷。在一般射线检测的光子能量情况下,射线通过工件时的衰减主要取决于康普顿散射,而且这种散射线的存在还会影响底片的质量,因此在射线检测时要尽可能采取措施,消除这种散射线的影响。

实际上散射线本身也可以用于检测,这是因为康普顿散射的总强度与被检用料的电子数成比例,通过测量康普顿散射可获得被检物体中的电子密度信息,该密度基本上与被检物体的物理密度成比例。由于散射量子的空间分布几乎是围绕散射中心各向同性,即在前后方向上散射量子数几乎相同,这就有可能把辐射与检测器同时置于工件的一侧,利用射线的背散射来进行检测。这就给检测工作带来很大方便,可以获得工件中表面部分缺陷的信息。此外,以往射线检测存在的某些难处理的问题,采用背散射射线法就有可能获得解决。例如,大型铸件在加工前,为了保证强度必须检测表面层时,除了涡流法有可能外,射线照相由于工件厚度太大已不适用。形状复杂工件用一般照相检测法很困难,这是因为缺陷和工件形状的照射结果显示叠加造成的。再如,低密度材料工件射线照相时,存在大气吸收超过工件对射线的吸收等。射线背散射检测技术具有以下特点:

(1) 只需靠近物体的一面;可用于检测用穿透法不能检测的大型工件。

(2) 对物体密度的细微变化极为灵敏;检测灵敏度优于穿透法,特别对原子序数低的材料更为明显,如铝、塑料和复合材料等。

(3) 可直接呈现具有三维图像的深度信息,无需进行图像重建。

(4) 可知缺陷在工件中的深度,能有效地用于分层检测(如复合结构检测)。

(5) 由于背散射的辐射强度随被检工件离表面的深度增加而减弱,因此背散射检测技术用于被检工件的近表面。

目前,该方法已成功用于飞机机体蜂窝构件缺陷、飞机外表面腐蚀和铆钉缺陷以及碳纤维强化塑料缺陷的检测等。

8.3.3 射线检测发展趋势

目前已有多种射线检测技术应用到工业无损检测领域,获得了较好的效果,对材料制备过程的质量控制及其产品的质量评价等起到了至关重要的作用,提高了材料及结构的使用可靠性。随着工业水平的快速提高,将会有越来越多性能优良的新材料被开发利用,相应的无损检测手段也面临巨大的挑战,对射线检测方法提出了新的要求。

(1) 为了实现对材料及结构全面有效的检测,应将 X 射线与其他检测方法相结合,对被测件进行综合评价。

(2) 可应用除 X 射线以外的其他射线源进行射线检测,如将镅 241 产生的 γ 射线与 X 射线对铝和复合材料薄部件试样(诸如刹车片、汽车离合器表面等)的检测照片进行比较,结果表明镅 241 射线源可以产生与低能 X 射线获得的射线照相相比较的照片。

(3) 射线照相的各种检测设备不断改进,如 X 射线实时成像系统需不断更新探测器,提高数字成像图像质量;CT 的研究方向是可采用锥形射线束投射,直接重建物体的三维空间图像,开发多能量多几何 CT 装置和现场 CT 装置,以及发展对不同缺陷的图像的处理技术,达到半自动或全自动缺陷识别分析。检测设备的不断更新和完善可以大大提高检测技术。

(4) 不同复合材料射线检测标准的制定。国内外关于复合材料无损检测的标准相对较少,随着新材料和射线检测新方法的不断发展,制定相应的射线检测方法势在必行。射线检测方法及标准的制定,一方面可使国内射线检测有法可依,促使无损检测更富科学性和合理性,另一方面可以与国际射线无损检测发展更好地接轨。

(5) 射线检测方法的完善与检测设备的研制。随着电子技术和计算机技术的迅速发展,数字射线照相技术和计算机模拟与仿真技术正逐渐成为射线无损检测技术研究和应用的热点。特别是非胶片数字射线实时成像技术,不但可以大大降低检测成本,还可以有效地保护环境,已成为公认的发展趋势。计算机模拟与仿真技术在射线检测领域里的突出优点是优化系统设计、选定最佳结构配置、制定检测工艺、进行虚拟检测过程等,这有助于改进工艺、提高效率、大大缩短研发和生产周期。

(6) 从近些年国内外射线无损检测技术的发展动态来看,未来的检测设备应具有如下特征:①数字技术及自动识别技术;② 高智能化和图像显示功能;③ 大型化、小型化和模块化;④ 研制自动检测系统,包括高性能探测器系统及与 CT 有关的技术,如微焦点 CT、倾斜入射及非完全扫描重建的 CT 系统等技术;⑤ 直接成像检测,特别是非胶片数字射线实时成像技术中的 DR 技术。

8.4 涡流检测

涡流无损检测是以电磁感应为基础的无损检测技术,只适用于导电材料,因此主要应用于金属材料和少数非金属材料(如石墨、碳纤维复合材料等)的无损检测。

该技术从1879年休斯(Hughes)利用感生电流的方法对不同金属和合金进行的判断实验,揭示了应用涡流对导电材料进行检测的可能性,到1950年福斯特(Forster)研制出了以阻抗分析法来补偿干扰因素的仪器,开创了现代涡流无损检测方法和设备的研制工作,已经历了100多年历史。20世纪70年代以来,由于电子技术,尤其是计算机技术和信息技术的飞速发展,给涡流无损检测技术带来无限生机,以较快的速度逐步发展成为当今无损检测技术中的一个重要组成部分。

涡流无损检测的主要特点如下:

(1) 特别适用于薄、细导电材料,而对粗厚材料只适用于表面和近表面的检测。

(2) 不需要耦合剂,可以非接触进行检测,但随着探头距离试件表面的增大,检测灵敏度降低。

(3) 速度极快,易于实现自动化。因为不需要耦合剂,检测时不要求探头与工件接触,所以为实现高速自动化检测提供了条件。

(4) 可用于高温检测。由于高温下的导电试件仍有导电的性质,尤其是加热到居里点温度以上的钢材,检测时不再受磁导率的影响,可以像非磁性金属那样用涡流法进行探伤、材质检测及棒材直径、管材的壁厚、板材厚度等测量。

(5) 可用于异形材和小零件的检测。涡流检测线圈可绕制成各种形状,因而可对截面形状为三角形、椭圆形等的异形材料进行检测。对于小零件如轴、螺母等工件的检测,涡流法也有其独到之处。

(6) 不仅适用于导电材料的缺陷检测,而且对导电材料的其他特性提供检测的可能性。只要试件的其他各种因素对涡流有影响,就可能应用涡流检测来检测试件的各种性能。另外,由于受各种其他因素的影响,要从涡流的变化中单独得到某个因素的变化,就比较困难。

涡流无损检测技术具有设备简单、操作方便、速度快、成本低、易于实现自动化,以及能在装配状态下对机械装置进行检测等优点,因此在许多工业部门中得到十分广泛的应用。特别是在有色金属工程,如铝管、铜管、锆管的自动化生产线上,直接用于在线检测控制产品质量。主要应用有以下几个方面:

(1) 测量材料的电导率、磁导率、检测晶粒度、热处理状况、材料的硬度和尺寸等。

(2) 检测材料和构件中的缺陷,如裂纹、折叠、气孔和夹杂等。

(3) 金属材料或零件的混料分选,通过检查其成分、组织和物理性能的差异而达到分选的目的。

(4) 测量金属材料上的非金属涂层、铁磁性材料上的非铁磁性材料涂层和镀层厚度等。

(5) 在无法进行直接测量的情况下,可用来测量金属箔、板材和管材的厚度,测量管材和棒材的直径等。

根据检测因素的不同,涡流无损检测技术可检测的项目分为探伤、材质试验和尺寸检查三大类,表8.7中列举了三种分类的一些典型应用。

表 8.7 涡流检测的分类

目 的	检测因素	典型应用
探伤	金属试件材料的不连续性	1. 管、棒、线、板材等的探伤 2. 机制件的探伤 3. 飞机维护、管道系统维护检查 4. 疲劳裂纹的监视
材质试验	电导率 σ 磁导率 μ	1. 测量金属试件的电磁参数 2. 技术热处理状态的分选 3. 金属材料的分选 4. 金属材料成分含量、杂质含量的鉴别
尺寸以及状态等的检查	提离效应、厚度效应、 充填效应等	1. 金属试件上涂、镀等膜层测量 2. 板材测厚 3. 位移、振动测量 4. 液面位置、压力等的监控 5. 零件计数、转速测量

8.4.1 涡流检测原理

8.4.1.1 基本原理

当导电体靠近变化着的磁场或导体做切割磁力线运动时,由电磁感应定律可知,导电体内必然会感生出呈涡状流动的电流,即涡流。

涡流检测是涡流效应的一项重要应用。当载有交变电流的检测线圈靠近导电试件时,由于线圈磁场的作用,试件感生出涡流。涡流的大小、相位及流动性受到试件导电性能等的影响,而涡流的反作用又使检测线圈的阻抗发生变化。因此,通过测定检测线圈阻抗的变化(或线圈上感应电压的变化),可以检测材料有无缺陷。

因为线圈交变电流激励的磁场是交变的,涡流也是交变的,同样线圈中的磁场就是一次电流和涡流共同感生的合成磁场。假定一次电流的振幅不变,线圈和金属工件之间的距离也保持不变,那么涡流、涡流磁场的强度和分布由金属工件的材质决定,即合成磁场中包含了金属工件的电导率、磁导率、裂纹缺陷等信息。因此,只要从线圈中检测出有关信息,如从电导率的差别就能得到纯金属的杂质含量、时效铝合金的热处理状态等信息,这是利用涡流方法检测金属或合金材质的基本原理。

8.4.1.2 涡流集肤效应与渗透深度

众所周知,当交变电流通过导体时,分布在导体横截面上的电流密度是不均匀的,即表层电流密度最大,越靠近截面中心电流密度则越小,这就是交变电流分布的集肤效应。

当线圈中通以交变电流时,在试样中感应的涡流存在着集肤效应,使得涡流集中到最靠近线圈的工作表面。集肤效应随着测试频率 f、工件的电导率 σ、磁导率 μ 的增长而增加,即试样中的涡流密度随着离开测试线圈距离的增加而减少,这种减少通常按指数规律下降;而涡流的相位差随着深度的增加成比例地增加。

在平面电磁波进入半无穷大金属导体的情况下,涡流的衰减公式为

$$J_x = J_0 e^{-x\sqrt{\pi f \mu \sigma}}$$

式中：J_0 为工件表面的涡流密度；μ 为磁导率(H/m)，对于非磁性材料，$\mu=\mu_0$，μ_0 为真空磁导率，对于铁磁性材料，$\mu=\mu_r\mu_0$，μ_r 称为相对磁导率；x 为离开金属表面的距离(m)；J_x 为离表面 x 深度处工件中的涡流密度；f 为测试线圈的频率(Hz)；σ 为材料的电导率。

通常把涡流密度减少到离开表面 $1/e$ 处的深度称为标准渗透深度，它大约是涡流密度减少到 36.8% 处的深度，用 δ 表示。

$$J_\delta/J_0 = \exp(-\sigma\sqrt{\pi f\mu\sigma}) = 1/e$$

$$\sigma = 1/\sqrt{\pi f\mu\sigma}$$

涡流渗透深度是一个重要的参量，是反应涡流密度分布与被检材料电导率、磁导率、激励频率之间基本关系的特征值。对于给定的被检材料，应根据检测深度的要求合理选择涡流检测频率。

由于在被检工件表面以下 3δ 处的涡流密度仅约为其表面密度的 5%，因此通常将 3δ 作为实际涡流探伤能够达到的极限深度。

平面电磁波产生的涡流相位角 θ，随着在工件内的深度的增加按下式变化，即

$$\theta = y/\delta$$

式中：δ 为标准渗透深度(m)；y 为工件的深度值(m)。

此式说明相位随着深度的增加成比例地增加。当深度为一个标准渗透深度时，涡流相位滞后 1rad。

8.4.2 涡流检测方法

检测线圈的合理选用、频率的正确的选择、获取的复杂信号的分析处理，以及对比试样的制作都直接关系到涡流检测方法的效能。

8.4.2.1 检测线圈的分类与使用方法

在金属材料的涡流检测中，为了满足不同工件形状和大小的检测要求，设计了许多种形式的检测探头，即检测线圈。

1. 检测线圈的分类

按检测时线圈和试样的相互位置关系，检测线圈可分为三大类：

（1）穿过式线圈，将工件插入并通过线圈内部进行检测，如图 8.13(a)所示，可用于检测从线圈内部通过的导电试件(如管材、棒材、线材等)。穿过式线圈易于实现涡流探伤的批产量、高速、自动检测，因此广泛地应用于管材、棒材、线材试件的表面质量检测。

（2）内通过式线圈，将线圈本身插入工件内部进行检测，如图 8.13(b)所示，也称为内壁穿过式线圈，适用于凝汽器的在役检测。

（3）放置式线圈，又称点式线圈和探头，如图 8.13(c)所示。在探伤时，把线圈放置与被检查工件表面进行检测。由于线圈体积小、线圈内部一般带有磁性，因而具有磁场聚焦的性质，灵敏度高，适用于各种板材、带材、棒材的表面检测，还能对形状复杂工件的某一区域进行局部检测。

2. 检测线圈使用方式

进行涡流无损检测时，必须在被检测工件上及其周围建立一个交变磁场，因此需要有

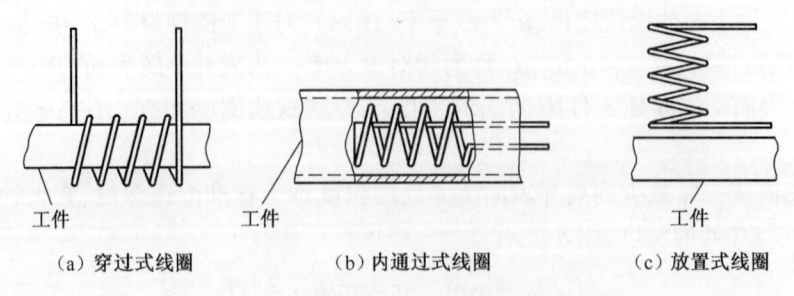

(a) 穿过式线圈　　(b) 内通过式线圈　　(c) 放置式线圈

图 8.13　检测时线圈和试样的相互位置关系

一个激励线圈。同时,为了测量检测中对工件性能影响的涡流磁场,还要有一个测量线圈。它们可以是两个线圈,也可以用一个线圈同时承担激励和检测两项任务。一般不需区分线圈功能的时候,可把激励线圈和测量线圈通称为检测线圈。

只有一个测量线圈工作的方式称为绝对式,使用两个线圈进行反接的方式称为差动式。差动式按工件位置放置形式不同又可分为标准比较式和自比较式两种。

图 8.14(a)为直接测量线圈阻抗的变化。在检测时可以先把标准试件放入线圈,调整仪器,使信号输出为零,再将被测工件放入线圈,这时若无输出,表示试件和标准试件间的有关参数相同;若有输出,则依据检测目的的不同,分别判断引起线圈阻抗变化的原因是裂纹还是其他因素。这种工作方式可以用于材质的分析和测厚,还可以进行探伤,是许多涡流仪广泛采用的一种工作方式。

图 8.14(b)为标准比较式。典型差动式涡流检测,采用两个检测线圈反向连接成为差动形式。一个线圈中放置一个与被测试件有相同材质、形状、尺寸的质量好的(标准的)试件,而另一个线圈中放置被检测工件。由于这两个线圈接成差动形式,当被检测工件质量不同于标准试件(如存在裂纹)时,检测线圈就有信号输出,实现检测目的。

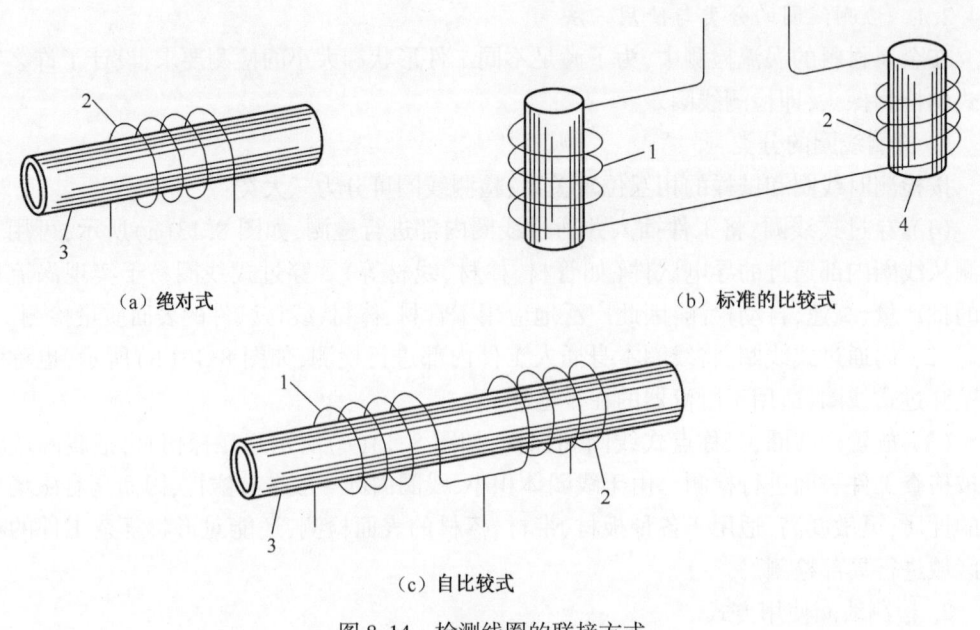

(a) 绝对式　　(b) 标准的比较式

(c) 自比较式

图 8.14　检测线圈的联接方式

1—参考线圈;2—检测线圈;3—管材;4—棒材。

270

图 8.14(c)为自比较式,是标准比较式的特例。因采用同一被检试件的不同部分作为比较标准,故称为自比较式。两个相邻安置的线圈,同时对同一试样的相邻部位进行检测时,该检测部位的物理性能及几何参数变化通常是比较小的,对线圈阻抗影响也就比较微弱。如果将两线圈差动连接,这种微小变化的影响便几乎被消掉,而裂纹的存在会使经过裂纹处线圈感应输出急剧变化的信号。

涡流检测线圈也可以接成各种电桥形式。现代通用的涡流检测已使用频率可变的激励电源和一交流电源相连,测量因缺陷产生的微小阻抗变化电桥式仪器一般采用带有两个线圈的探头,两个线圈设置在电桥相邻桥臂上,如图 8.15(a)所示。如果探头仅有一个检测线圈和一个参考线圈,就是绝对式,如图 8.15(b)所示。如果探头的两个线圈同时对所有探伤的材料进行检测,则是差动式,如图 8.15(c)所示。

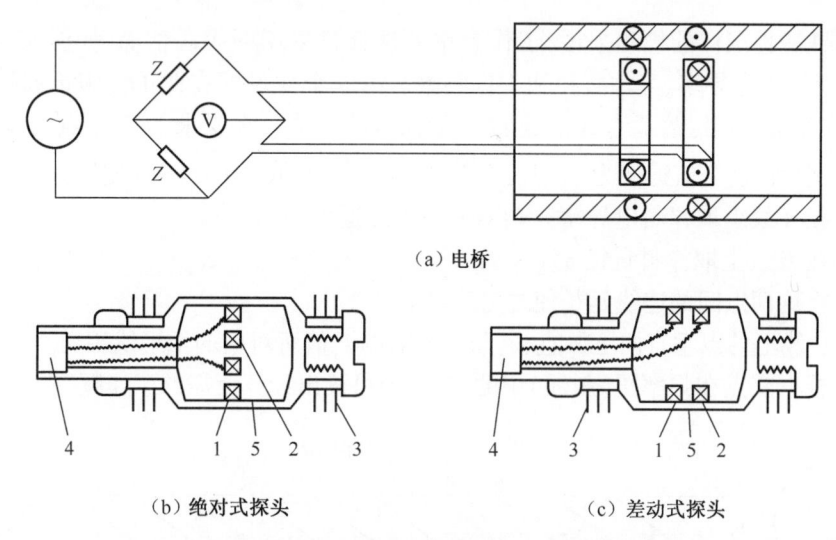

(a) 电桥

(b) 绝对式探头   (c) 差动式探头

图 8.15 用于管子检测的探头线圈在交流桥路中的位置
1—线圈;2—线圈;3—软定心导板;4—接插件;5—外壳。

绝对式探头对影响涡流检测的各种变化(如电阻率、磁导率以及对检测材料的几何形状和缺陷等)均能做出反映,而差动式探头给出的是材料相邻部分的比较信号。当相邻线圈的涡流发生变化时,差动探头仅能产生一个不平衡的缺陷信号。因此,表面检测仪一般都采用绝对式探头,而对管材和棒材的检测,绝对式探头和差动式探头都可采用。表 8.8 概述了绝对探头和差动探头的优缺点。

表 8.8 绝对式探头和差动式探头的比较

探头	优 点	缺 点
绝对式	(1)对材料性能或形状的突变或缓慢变化均能做出反应; (2)混合信号较易区分出来; (3)能显示缺陷的整个长度	(1)温度不稳定时易发生漂移; (2)对探头的颤动比差动式敏感
差动式	(1)不会因温度不稳定而引起漂移; (2)对探头颤动的敏感度比绝对式低	(1)对平缓变化不敏感,即长而平缓的缺陷可能漏检; (2)只能探出长缺陷的终点和始点; (3)可能产生难以解释的信号

8.4.2.2 检测频率选择

涡流检测所用的频率范围从 200Hz~6MHz 或更大。大多数非磁性材料的检查采用的频率是数千赫,检测磁性材料则采用较低频率。在任何具体的涡流检测中,实际所用的频率由被检工件的厚度、所希望的透入深度、要求达到的灵敏度或分辨率以及不同的检测目的等所决定。

对透入深度来说,频率越低透入深度越大。但是,降低频率的同时检测灵敏度也随之下降,检测速度也可能降低。因此,一般检测频率要选择尽可能高,只要在此频率下仍有必需的透入深度即可。若只是需要检测工件表面裂纹,可采用高到几兆赫的频率。若需检测相当深度处的缺陷,则必须牺牲灵敏度采用非常低的频率,此时不可能检测出细小的缺陷。

对非铁磁性圆棒的检测来说,工作频率的选择可采用图表法估算,如图 8.16 所示,3 个主要变量为电导率、工件直径和工作频率。第 4 个变量即在此单一阻抗曲线上的工作点,也在图 8.16 上做了考虑。通常对于圆柱形棒料,所要求的工作点对应于 $k_r = r\sqrt{wu\sigma}$ 一个值,这个值近似为 4,但可在 2~7 范围内变动。图 8.16 的使用方法如下:

(1) 在 A 线上取棒料电导率 σ(IACS 为国际退火铜标准)。
(2) 在 B 线上取棒料直径 d。
(3) 将这两点间的连线延长使之与 C 线相交。
(4) C 线上的点垂直向上画直线,与 1 所需的 k_r 值所对应的水平线相交。
(5) 根据交点在频率图(斜线)中的位置,即可读出计算所需的工作频率。

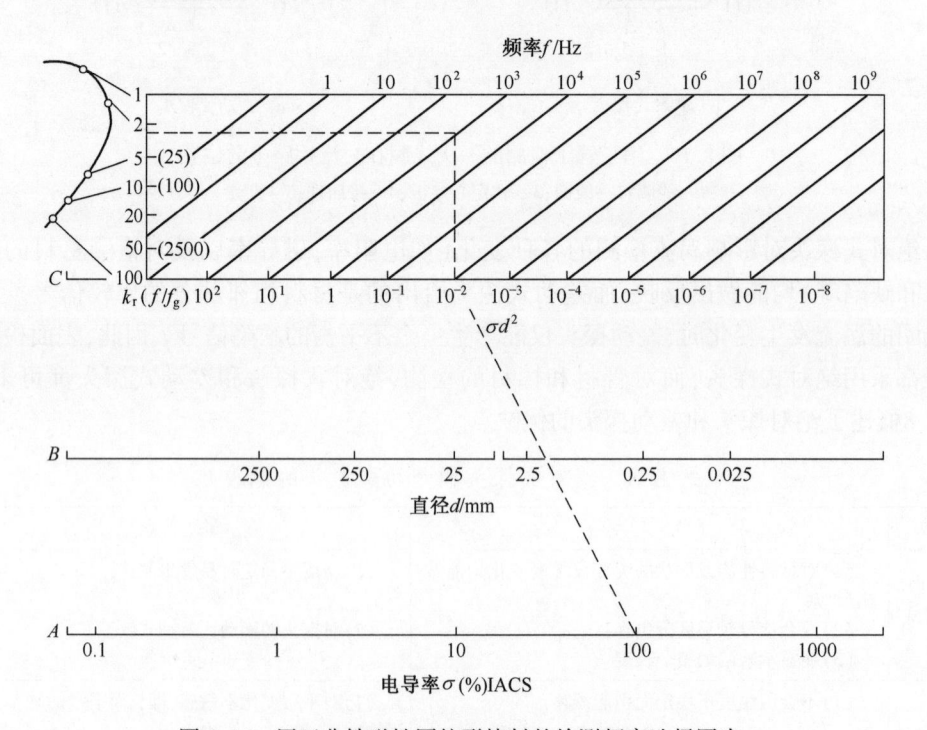

图 8.16 用于非铁磁性圆柱形棒料的检测频率选择图表

当检测速度在每秒几米以上时,必须考虑速度对检测频率的影响。因为当检测速度高时，缺陷通过检测线圈的时间较短，缺陷信号波数相应减少。当信号波数在几个以下时，检出概率降低，这时必须提高检测频率，以免漏检。

8.4.2.3 检测信号分析

通常采用的信号处理方法有相位分析法、频率分析法和振幅分析法等，其中相位分析法用得最广泛，而频率分析法和振幅分析法主要是用于各种自动探伤设备。

由检测线圈复阻抗平面图可以知道，裂纹效应的方向和其他因素效应的方向是不同的（即相位不同）。利用这种相位差异，采用选择相位来抑制干扰因素影响的方法称为相位分析法。常用的有同步检波法和不平衡电桥法两种。

1. 同步检波法

如图8.17(a)所示，以 OA 表示待检测的缺陷信号，OB 表示干扰信号，如果不对干扰加以抑制，那么输出的将是两个信号叠加的结果。若加进一个控制信号，让它们一同输入到同步检波器中，使信号的输出分别是 $OA\cos\theta_1$ 和 $OB\cos\theta_2$（θ_1 和 θ_2 分别是信号 OA、OB 与信号 OT 的夹角）。只要适当调节控制信号 OT 的相位，使 $\theta_2 = 90°$，那么干扰信号的输出为零，而总的信号输出 $OC = OA\cos\theta_1$ 仅与缺陷信号有关，消除了干扰的影响。

2. 不平衡电桥法

当探伤仪采用了电桥电路，则可以利用电场的不平衡状态来抑制干扰，称为不平衡电桥法。同步检波法适用于抑制直线状干扰电压的杂波（如棒材直径变化的干扰）；而不平衡电桥法却适用于抑制呈圆弧状电压轨迹变化的杂波（如提离效应干扰），如图8.17(b)所示，以圆弧 AB 代表干扰杂波的轨迹，AC 表示缺陷信号变化的轨迹，若取杂波圆弧 AB 的中心 O 点作电桥的不平衡偏移点，则以它们的电压差为输出信号时，显然输出信号只随缺陷的轨迹 AC 发生变化，从而抑制了干扰杂波 AB 的影响。

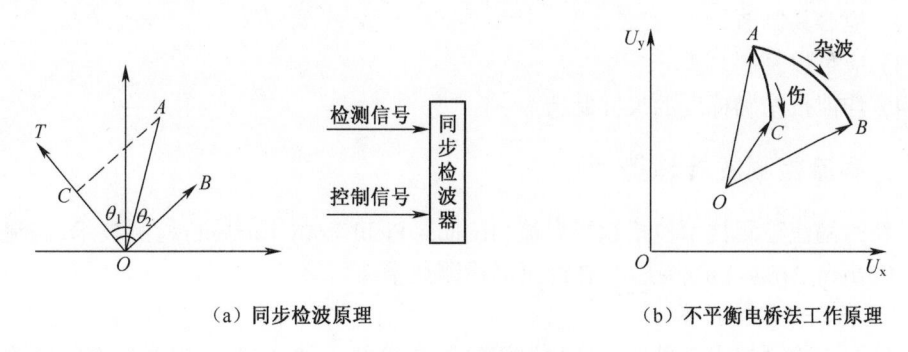

(a) 同步检波原理　　　　　　　　(b) 不平衡电桥法工作原理

图8.17　相位分析法

8.4.2.4 检测对比试样

对比试样主要用于检测和鉴定涡流检测仪的性能，如灵敏度、分辨率、端部不可检测长度等，利用对比试样选择检测条件、调整检测仪器以及在检测中利用对比试样定期检查仪器的工作正常与否，还可以利用对比试样的人工缺陷作为调整仪器的标准当量，以此来判断被检工件是否合格。

应特别强调指出的是，当一个自然缺陷在仪器上的反应和验收标准上的反应一样时，决不能认为该自然伤的几何尺寸和验收对比试样的人工缺陷的几何尺寸相同，即验收标准伤只是作为一个调整仪器的标准当量，而绝不是一个实际缺陷尺寸的度量标准，而且对比试块上人工缺陷的大小并不表示探伤仪可能检出的最小缺陷,探伤仪器检测到的最小缺陷的能力取决于它的综合灵敏度。

采用对比试样调整仪器时,首先将探头放在对比试样的无缺陷处,用补偿和调零旋钮调好仪器零点,然后将探头放在不同深度的人工缺陷处调节灵敏度,例如槽深 2mm 时指示为 2±0.2 格、4mm 时指示为 4±0.5 格等。在试样上调节结束后,将探头移至工件并调好零点,则可开始测量。涡流探伤时,材质会影响零点飘移,所以应经常修正零位。

涡流检测用的对比试样,一般都采用与被检工件同样牌号和状态的材料、同样的加工方法制作。在用于检测的试样上还可加工有一定规格的人工缺陷,有时也可以直接从工件中选取具有典型缺陷的工件作对比试样。由于对比试样随着检测目的及被检工件的材质、形状、大小等有所不同,因此种类繁多。涡流线圈的选择与人工缺陷形状也有一定关系,检测线圈的结构应选得使试件中产生的涡流垂直于人工缺陷。人工缺陷的种类和形状如图 8.18 所示,具体尺寸按各种标准中的规定。

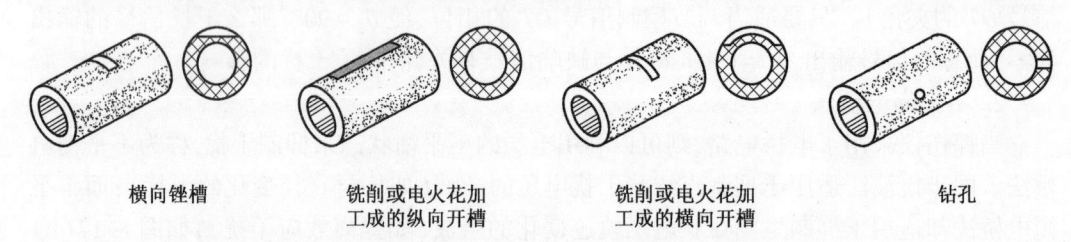

横向锉槽　　铣削或电火花加工成的纵向开槽　　铣削或电火花加工成的横向开槽　　钻孔

图 8.18　在涡流检测中用作参考标准的人工缺陷的种类和形状

人工缺陷选择的原则有以下几点。
(1) 必须符合技术要求。
(2) 应容易制造。
(3) 应可以复制。
(4) 均能按精确标度的尺寸制造。

8.4.3　涡流检测发展趋势

最新的涡流检测技术包括远场涡流(Remote Field Eddy Current)检测技术、涡流阵列(Eddy Current Arrays)检测技术、脉冲涡流检测技术。

1. 远场涡流检测技术

远场涡流检测技术是最新发展的涡流检测技术的一种,它利用电磁场在管道内部传输中产生的一种涡流现象,属于能穿透金属管壁的低频涡流检测技术,探头通常为内通过式,由激励线圈和检测线圈构成,检测线圈与激励线圈相距约 2~3 倍管内径的长度,激励线圈中通以低频交流电,检测线圈能拾取由激励线圈产生、穿过管壁后又返回管内的涡流信号,从而能有效地判断出金属管道内外壁缺陷和管壁的厚薄情况。

远场涡流检测技术最大特点是能够从一端远距离检测到另一端的整个长度范围,特别适用于管材与管道的检测,适用于高温、高压状态的管道检测,不仅适用于非铁磁性钢管,也适用于铁磁性钢管。

远场涡流检测技术优点是检测信号不受磁导率和电导率不均匀、趋肤效应、探头提离和偏心等常规涡流检测法中诸多干扰因素的影响,能以同样的灵敏度实时有效地检测金属管道管壁内外表面缺陷和管壁测厚。

远场涡流检测技术缺点是由于采用的频率很低,检测速度较慢,不适用于短管检测,并且只适用于内穿过式探头。

2. 涡流阵列检测技术

涡流阵列检测技术是最新发展的涡流检测技术应用中的一种,通过特殊设计,由多个独立工作线圈按特定的结构形式密布在平面或曲面上构成涡流检测阵列探头(32甚至64个感应线圈,频率范围达到20Hz~6MHz),借助于计算机化的涡流仪的分析、计算及处理功能,可提供检测区域实时图像便于数据判读。

涡流阵列检测技术的主要优点:

(1)检测线圈尺寸较大,单次扫查能覆盖比常规涡流检测更大的检测面,减少了机械和自动扫查系统的复杂性,大大缩减检测时间,从而实现快速有效的检测,检测效率可达到常规涡流检测方法的10~100倍。

(2)由多个特殊方式排布的、独立工作的线圈排列构成一个完整的检测线圈,激励线圈与检测线圈之间形成两种方向相互垂直的电磁场传递方式,对于不同方向的线性缺陷具有一致的检测灵敏度,可同时检测多个方向的缺陷(包括短小缺陷和纵向长裂纹、腐蚀、疲劳老化等)。

(3)涡流传感器阵列的结构形式灵活多样,根据被检零件的尺寸和型面进行探头外形设计,能很好地适应复杂部件的几何形状,满足复杂表面形状的零件或大面积金属表面的检测,可直接与被检零件形成良好的电磁耦合,实现复杂形状的一维扫查检测,易于克服提离效应影响,低复杂性和低成本的探头动作系统,不需要设计制作复杂的机械扫查装置。同时,其具有多频功能。

涡流阵列检测技术的关键:为了提高检测效率和克服众多扫查限制,涡流阵列探头中包含几个或几十个线圈,不论是激励线圈还是检测线圈,相互之间距离都非常近,要保证各个激励线圈的激励磁场之间、检测线圈的感应磁场之间不会互相干扰。

涡流阵列检测技术的应用范围:可应用于焊缝检测,平板大面积检测,各种规则或异型管、棒、条型或线材检测,腐蚀检测,多层结构检测,以及飞机机体、轮毂、发动机涡轮盘榫齿、外环、涡轮叶片等。

3. 脉冲涡流检测技术

脉冲涡流检测技术是以脉冲电流通入激励线圈,激发一个脉冲磁场,在处于该磁场中的导电试件中感生出瞬变涡流(脉冲涡流),脉冲涡流所产生的磁场在检测线圈上感应出随时间变化的电压信号,从而达到检测目的。脉冲涡流具有一定频带宽度,可同时检测不同深度处的缺陷。

8.5 表层缺陷检测

表层缺陷无损检测,也称表面检测或表面探伤,是无损检测技术中非常重要的一个方面,其目的在于检出、测量位于材料和构件表面的缺陷或近表面下的隐匿缺陷。常规的检测方法有磁粉检测、渗透检测、涡流检测和电流检测等,作为新技术的检测方法有红外检测、磁记忆检测、液晶检测和应用光电系统的目视检测等。这些检测方法各具特点,已经广泛应用于工业生产部门和使用维修部门,为材料和构件的质量检验、产品和设备的安全使用提供了技术诊断方法。在此重点介绍应用较为普遍的方法:适用于有色金属、黑色金属和非金属等各种材料的液体渗透检测法,适用于检测铁磁性材料及其合金的磁粉检测法、磁记忆检测法。

8.5.1 渗透检测

渗透检测是一种检测材料(或零件)表面和近表面开口缺陷的无损检测技术。它几乎不受被检部件的形状、大小、组织结构、化学成分和缺陷方位的限制,可广泛适用于锻件、铸件、焊接件等各种加工工艺的质量检验,以及金属、陶瓷、玻璃、塑料、粉末冶金等各种材料制造的零件质量检测。渗透检测不需要特别复杂的设备,操作简单,缺陷显示直观,检测灵敏度高,检测费用低,对复杂零件可一次检测出各个方向的缺陷。

但是,渗透检测受被检物体表面粗糙度的影响较大,不适用于多孔材料及其制品的检测。同时也受检测人员技术水平的影响较大,而且只能检测表面开口缺陷,对内部缺陷无能为力。

8.5.1.1 渗透检测基本原理

1. 渗透检测基本原理

液体渗透检测的基本原理是,由于渗透液的润湿作用和毛细现象而进入表面开口的缺陷,随后被吸附和显像。渗透作用的深度和速度与渗透液的表面张力、黏附力、内聚力、渗透时间、材料的表面状况、缺陷的大小及类型等因素有关。

1) 表面张力

液体表面张力是两个共存相之间出现的一种界面现象,是液体表面层收缩趋势的表现。表面张力可以用液面对单位长度边界线的作用力来表示,即用表面张力系数来表示,单位为 N/m。液体表面层中的分子一方面受到液体内部的吸引力,称为内聚力;另一方面受到其相邻气体分子的吸引力。由于后一种力比内聚力小,因而液体表面层中的分子有被拉进液体内部的趋势。一般来说,容易挥发的液体(如丙酮、酒精等)的表面张力系数比不易挥发的液体(如水银等)的表面张力系数小,同一种液体在高温时比在低温时的表面张力系数小,含杂质液体比纯净液体的表面张力系数要小。

2) 液体润湿作用

液体与固体交界处有两种现象。第一种现象是液体之间的相互作用力大于液体分子与固体分子之间的作用力,称为固体不被液体润湿,如水银在玻璃板上成水银珠、水滴在有油脂的玻璃板上成水珠。第二种现象是液体各个分子之间的相互作用力小于液体分子与固体分子之间相互作用力,固体被液体润湿,如水滴在洁净的玻璃板上,水滴会慢慢散开。

固体被液体润湿程度可以用液体对固体表面的接触角来表示。接触角 θ 是液面在接触点的切线与包括该液体的固体表面之间的夹角。一种液体对某种固体的接触角小于 90°,称该液体对这种固体表面是润湿的。接触角越小,说明液体对固体表面的润湿能力越好。当接触角大于 90°时,称液体对该固体表面是不润湿的。同一种液体对不同的固体来说,可能是润湿的,也可能是不润湿的,水能润湿无油脂的玻璃,但不能润湿石蜡;水银不能润湿玻璃,但能润湿干净的锌板。

润湿作用与液体表面张力有关系。内聚力大的液体,其表面张力系数也大,对固体的接触角也大。

3) 液体毛细现象

将一根很细的管子插入盛有液体的容器中,若液体能润湿管子,就会在管子内上升,使管内的液面高于容器的液面。如果液体不能润湿管子,管内液面就会低于容器液面,如图8.19所示。通常将这种润湿管壁的液体在细管中上升,而不润湿管壁的液体在细管中下降的现象称为毛细现象。

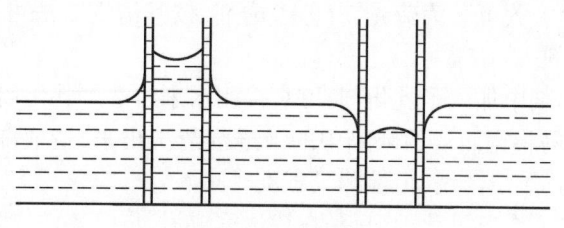

图 8.19 毛细现象

液体在毛细管中上升或下降高度可用下式计算:

$$h = \frac{2\sigma\cos\theta}{r\rho g}$$

式中:h 为液体在毛细管中上升或下降的高度;σ 为液体的表面张力系数;θ 为液体对固体表面的接触角;ρ 为液体密度;r 为毛细管内半径;g 为重力加速度。

由式可知:液体在毛细管中上升的高度与表面张力系数和接触角余弦的乘积成正比,与毛细管的内径、液体的密度和重力加速度成反比。

4) 液体渗透检测基本原理

将零件表面的开口缺陷看作是毛细管或毛细缝隙,由于所采用的渗透液都是能润湿零件的,因此渗透液在毛细作用下能渗入表面缺陷中去(图8.20)。此时在不进行显像的情况下可直接进行观察,如果使用显像剂进行显像,灵敏度会大大提高。

显像过程也是利用渗透的作用原理,显像剂是一种细微粉末,显像剂微粉之间可形成很多半径很小的毛细管,这种粉末又能被渗透液所润湿,所以当清洗完零件表面多余的渗透液后,给零件的表面敷散一层显像剂,根据上述的毛细现象,缺陷中的渗透液就容易被吸出,形成一个放大的缺陷显示,如图8.21所示。

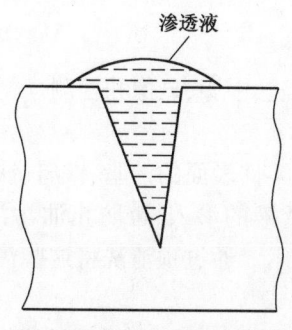

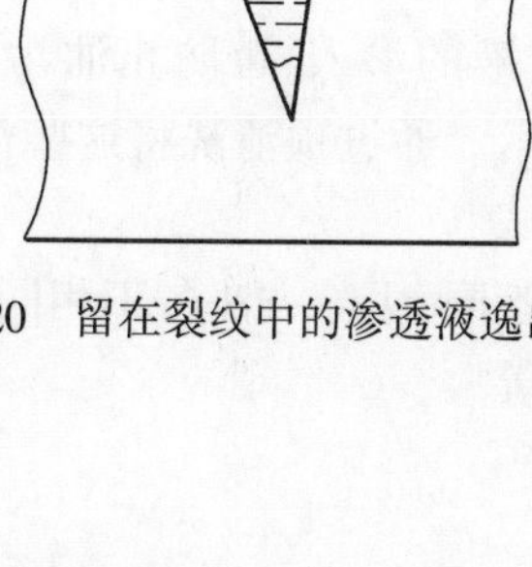

图 8.20 留在裂纹中的渗透液逸出表面 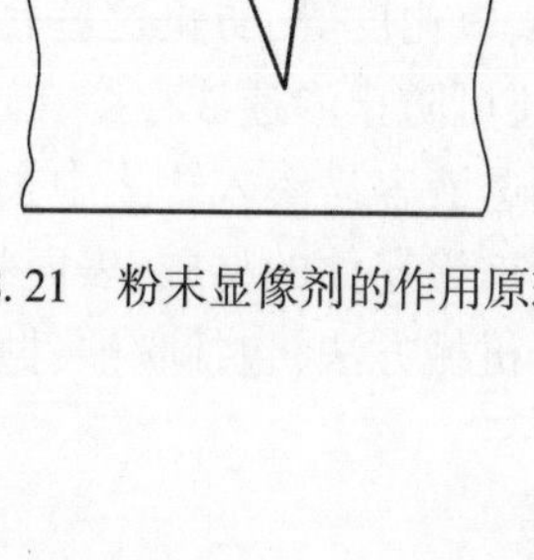　　图 8.21 粉末显像剂的作用原理

渗透剂是渗透检测中最为关键的材料,直接影响检测的精度。应具有以下性能:

(1) 渗透性能好,容易渗入缺陷中去。

(2) 易被清洗,容易从零件表面清洗干净。

(3) 对于荧光渗透液,要求其荧光辉度高;对于着色渗透剂,则要求其色彩艳丽。

(4) 其酸碱度应呈中性,对被检部件无腐蚀,毒性小,对人无伤害,对环境污染也小。

(5) 闪点高,不易着火。

(6) 制造原料来源方便,价格低廉。

渗透剂按其显示方式可分为荧光、着色渗透剂,按其清洗方法可分为水洗型、后乳化型、溶剂去除型渗透剂。

水洗型即在渗透剂中加入了乳化剂,可直接用水来清洗。乳化剂含量高时,渗透剂容易清洗(在清洗时容易将宽而浅的缺陷中的渗透剂清洗出来,造成漏检),但检测灵敏度低。乳化剂含量低时,难于清洗,但检测灵敏度较高。

后乳化型渗透剂不含有乳化剂,只是在渗透完成后,再给零件的表面渗透剂上加乳化剂。使用后乳化型渗透剂进行着色检测时,渗透液保留在缺陷中而不被清洗出来的能力强。

溶剂去除型渗透剂不用乳化剂,而是利用有机溶剂(如汽油、酒精、丙酮等)来清洗零件表面多余的渗透剂,进而达到清洗的目的。

2. 乳化作用

把油和水一起倒进容器中,静置后会出现分层现象,形成明显的界面。如果加以搅拌,使油分散在水中,形成乳浊液,由于体系的表面积增加,虽能暂时混合,但稍加静置,又会分成明显的两层。如果在容器中加入少量的表面活性剂,如肥皂或洗涤剂,再经搅拌混合后,可形成稳定的乳浊液。表面活性剂的分子具有亲水基(亲水憎油)和亲油基(亲油憎水)的两个基团,这两个基团不仅具有防止油和水两相互相排斥的功能,而且还具有把油和水两相连接起来不使其分离的特殊功能。因此,在使用表面活性剂后,它吸附在油水的边界上,以其两个基团把细微的油粒子和水粒子连接起来,使油以微小的粒子稳定地分散在水中。这种使不相容的液体混合成稳定乳化液的表面活性剂称为乳化剂。

液体渗透检测中,使用的乳化剂将零件表面的后乳化型渗透剂与水形成乳化液,以便能用水洗去。要求乳化剂具有良好的洗涤作用,高闪点和低的蒸发率,无毒、无腐蚀作用、抗污染能力强。一般乳化剂都是渗透剂生产厂家根据渗透剂的特点配套生产的,可根据渗透剂的类型合理选用。

8.5.1.2 渗透检测基本步骤

渗透检测一般分为6个基本步骤:预清洗、渗透、清洗、干燥、显像和检测。

1. 预清洗

零件在使用渗透液之前必须进行预清洗,用来去除零件表面的油脂、铁屑、铁锈,以及各种涂料、氧化皮等,防止这些污物堵塞缺陷,阻塞渗透液的渗入,也防止油污污染渗透液,同时还可防止渗透液存留在这些污物上产生虚假显示。通过预清洗将这些污物去除,以便使渗透液容易渗入缺陷中去。

由于被检零件的材质、表面状态以及污染物的种类不同,去除方法各不相同。

(1) 机械方法,包括吹砂、抛光、钢刷及超声波清洗等。

（2）化学方法,包括酸洗和碱洗等。

（3）溶剂去除法,利用三氯乙烯等化学溶剂来进行蒸气去油或利用酒精、丙酮等进行液体清洗。但预清洗后的零件必须进行充分的干燥。

2. 渗透

将渗透液覆盖被测零件表面,覆盖的方法有喷涂、刷涂、流涂、静电喷涂或浸涂等多种方法。实际工作中,根据零件数量、大小、形状以及渗透液的种类来选择具体的覆盖方法。一般情况下,渗透剂使用温度为 15~40℃。根据零件、要求发现的缺陷种类、表面状态和渗透剂种类的不同,选择渗透时间,一般渗透时间为 5~20min。渗透时间包括浸涂的时间和滴落的时间。

3. 清洗

在涂覆渗透剂并经适当时间保持之后,应从零件表面去除多余的渗透剂,但又不能将已渗入缺陷中的渗透剂清洗出来,以保证取得最高的检测灵敏度。

水洗型渗透剂可用水直接去除,水洗的方法有搅拌水浸洗、喷枪水冲洗和多喷头集中喷洗,应注意控制水洗的温度、时间和水洗的压力大小。后乳化型渗透剂在乳化后,用水去除,要注意乳化的时间要适当,时间太长,细小缺陷内部的渗透剂易被乳化而清洗掉;时间太短,零件表面的渗透剂乳化不良,表面清洗不干净,乳化时间应根据乳化剂和渗透剂的性能以及零件的表面粗糙度来决定。溶剂去除型渗透剂用溶剂予以擦除。

4. 干燥

干燥的目的是去除零件表面的水分。溶剂型渗透剂的去除不必进行专门的干燥过程。用水洗的零件,若采用干粉显示或非水湿型显像工艺,在显像前必须进行干燥,若采用含水湿型显像剂,水洗后可直接显像,然后进行干燥处理。

干燥方法:干净的布擦干、压缩空气吹干、热风吹干、热空气循环烘干等。干燥的温度不能太高,以防止将缺陷中渗透剂也同时烘干,致使在显像时渗透剂不能被吸附到零件表面上来,并且应尽量缩短干燥时间。在干燥过程中,如果操作者手上有油污,或零件筐和吊具上有残存的渗透剂等,会对零件表面造成污染,产生虚假的缺陷显示。

5. 显像

显像就是用显像剂将零件表面缺陷内的渗透剂吸附至零件表面,形成清晰可见的缺陷图像。

根据显像剂的不同,显像方式可分为干式、水型和非水型,也有不加显像剂的自显法。零件表面涂敷的显像剂要施加均匀,且一次涂覆完毕,一个部位不允许反复涂覆。

6. 检测

在着色检测时,显像后的零件可在自然光或白光下观察,不需要特别观察装置。在荧光检测时,则应将显像后的零件放在暗室内,在紫外线的照射下进行观察。对于某些虚假显示,可用干净的布或棉球沾少许酒精擦拭显示部位,擦拭后显示部位仍能显示的为真实缺陷显示,不能再现的为虚假显示。检测时可根据缺陷中渗出渗透剂的多少来粗略估计缺陷的深度。

观察完成后,应及时将零件表面的残留渗透剂和显像剂清洗干净。

8.5.1.3 常见缺陷显像特征

在渗透检测中,检出的缺陷种类繁多,造成的原因也是多方面的。目前,对于缺陷的分类方法尚待统一。常见缺陷有:缩裂、热裂、冷裂、锻造裂纹、焊接裂纹、热影响区裂纹、弧坑裂纹、磨削裂纹、淬火裂纹、应力腐蚀裂纹、疲劳裂纹、冷隔、折叠、分层、气孔、夹杂、氧化夹杂、疏松等。

1. 气孔

气孔是零件浇铸时,钢液中(或铁液、铝液等)进入了气体,在铸件凝固时,气泡没能排出来,而在零件内部形成呈球形的缺陷。这种气孔在机加工后露出表面时,利用渗透检测可以予以发现。至于那些在铸件表面上经常发现的气孔,这是因为在透气性不好的砂型中浇铸时,由于砂型里所含的水分高温时形成了蒸汽,且被迫进入金属液中,在金属表面便形成了梨形的表面气孔。在焊件的表面,也会因基体金属或焊料潮湿等原因,当清洗不干净时,在焊缝处形成气孔。

2. 疏松

疏松是铸件在凝固结晶过程中,补缩不足而形成的不连续、形状不规则的孔洞、这些孔洞多存在于零件的内部,经抛光或机加工后便露出零件表面。渗透检测时,零件表面的疏松能轻易地被显示出来。疏松又可进一步细分为点状显微疏松、条状显微疏松和聚集块状显微疏松。条状和聚集块状疏松是由无数个靠得很近的小点状疏松孔洞连成一片而形成的,因而荧光显示比较明亮。在聚集的疏松孔洞之中,通常存有较大的疏松孔洞,擦去荧光显示后,有的在白光下目视检查便可以发现。

3. 非金属夹杂

(1) 钢锭或铸件中的非金属夹杂。在浇铸钢锭或铸件时,要在熔炉浇包或锭模中加进易氧化的金属(如铝、镁硅等)作氧化剂,这些材料的氧化物或硫化物一般都比熔液轻,大部分可浮到钢液的顶部或铸件的冒口处。但也有少量氧化物存留在钢液(或铸件)中,形成了材料中的夹杂。分散的夹杂通常不会对零件产生危害,但有时这些夹杂在零件中聚集成大块,大块夹杂对零件是有害的。铸件中的夹杂在机加工后露出表面时,才能通过渗透检测发现。材料中的分层、发纹等缺陷就是由钢锭中聚集的夹杂形成的。

(2) 铸件表面夹渣。铸造时,由于模子原因,常常在铸件的表面产生夹灰、夹沙或模料等外来物夹渣,这些外来物在对铸件进行吹沙、腐蚀或其他机加工的过程中,可以全部或部分地清除掉,但往往在零件表面留下不规则的孔洞,并在孔洞中可发现或多或少的残留夹杂物。

(3) 铸件表面的氧化皮夹杂。当在非真空条件下浇铸零件时,由于金属液表面与空气接触而氧化,这样便产生了金属氧化皮。如果金属氧化皮被卷进金属液中,且在零件凝固后保留在铸件中或裸露在铸件的表面,露出表面的夹杂往往呈条状或絮丝状。由于它们在显像时多呈疤块状,所以又称为氧化斑疤。氧化斑疤与铸件颜色相同,一般较难通过目测观察出来,但渗透检测则能够很容易地发现这种缺陷。

4. 铸件裂纹

铸件裂纹是当金属熔液接近凝固温度时,如果相邻区域由于冷却速度不同而产生了内应力,在凝固收缩过程中,由于内应力的作用,便可在铸件中产生裂纹。按产生裂纹的温度不同,铸造裂纹分为热裂纹和冷裂纹。热裂纹是在高温下形成的,出现在热应力集中区,且一般比较浅。冷裂纹是在低温时产生的,通常产生在厚薄截面的交界处。渗透检测时,裂纹显示具有呈锯齿状和端部尖细的特点,较容易识别。对于较深的裂纹由于吸出的渗透剂较多,有时呈圆形显示。

5. 铸件冷隔

冷隔是一种线性铸造缺陷。浇铸时,若两股金属液流到一起而没有真正融合,当这种冷隔能延伸至铸件的表面时,则呈现出紧密、断续或连续的线状表面缺陷。冷隔常出现在远离浇口的薄截面处,如果浇铸模内壁某处在金属液流到该处之前,已经沾上了飞溅的金属,金属液流到此处时,遇到已经冷却的飞溅金属时,也不能融合在一起,而出现冷隔。在进行荧光检测时,冷隔表现为光滑的线状。

6. 折叠

折叠在铸造和轧制零件的过程中,由于模具太大,材料在模子中放置位置不正确,坯料太大等原因,而产生的一些金属重叠在零件表面上的缺陷。折叠通常与零件表面结合紧密,渗透剂渗入比较困难,但由于缺陷显露于表面,采用高灵敏度的渗透剂和较长的渗透时间,是可以发现的。

7. 缝隙

在辊轧、拉制棒材时,若棒材表面上出现一种纵向且很直的表面缺陷,尤如棒材上有一条裂缝一样,则称之为缝隙型缺陷。坯料上的裂纹是产生缝隙型缺陷的原因之一,但大部分缝隙型缺陷是由辊轧和拉制工艺造成的。图8.22为辊轧工艺造成缝隙型缺陷的示意图。当辊轧金属表面上存在金属凸耳时,辊轧后在棒材上产生折叠,这种折叠沿棒材纵向呈现为一条长而直的缺陷外形。当辊轧的金属不能充满轧模时,在辊轧过程中,将挤出金属而形成缝隙,这种缝隙往往贯穿整根棒材。在拉制棒材或丝材时,由于模子上的缺陷,可能在棒材或丝材布满贯穿性拉痕,这也是一种缝隙型缺陷。

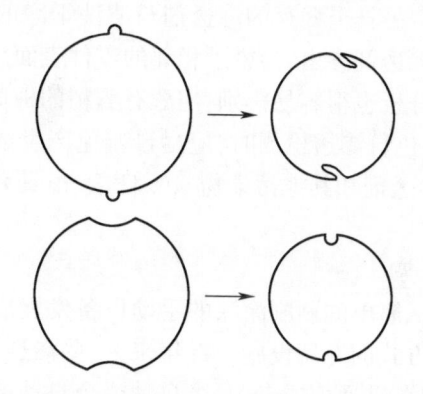

图 8.22 辊棒材上缝隙型缺陷产生的示意图

8. 焊接缺陷

焊缝上最常见的缺陷为根部未焊透(或根部未溶合)和裂纹,这两种缺陷对焊接结构的使用影响很大。未焊透是指焊缝背面由于没达到溶化温度而残留有未焊合的基体金属缝隙。焊缝上的裂纹是由于焊缝处的金属在凝固过程中,受组织应力和热应力的共同作用而造成了金属的开裂。未焊透和裂纹均可以用渗透检测法进行检测。

9. 磨削裂纹

零件在磨削加工过程中,由于砂轮的粒度不当或砂轮太钝、磨削进刀量过大、冷却条件不好或零件上碳化物偏析等原因,可能引起表面局部过热。在热应力和加工应力的共同影响下,将产生磨削裂纹。磨削裂纹一般比较浅且非常细微,其方向基本与磨削方向相垂直,并沿晶界分布或呈网状。

10. 疲劳裂纹

零件在使用过程中,若长期受交变应力的作用,可能在应力集中区域产生疲劳裂纹。疲劳裂纹往往从零件表面的划伤、刻槽、截面突变的拐角处及表面缺陷处开始,一般都开口于零件表面,且都能用渗透检测方法予以检测。

8.5.1.4 缺陷显像判别

1. 真实缺陷的显示

零件表面的真实缺陷大致可分为以下4类:

连续线状缺陷:包括裂纹、冷隔、铸造折叠等缺陷。

断续线状缺陷:这类缺陷的显像可能是排列在一条直线或曲线上,或是由相近的单个曲线组成。当零件进行磨削、喷丸、吹沙、锻造或机加工时,零件表面的线性缺陷有可能被部分地堵住,渗透检测缺陷的显像表现为断续的线状。

圆形显像:通常为铸件表面的气孔、针孔、铁豆或疏松等缺陷形成,较深的表面裂纹显像时,由于能吸出较多的渗透剂,也可能显示出圆形的影像。

小点状显像:由针孔、显微疏松等产生的影像。

2. 虚假的显像

零件表面由于渗透剂污染和清洗不干净而产生的显像称为虚假显像。产生虚假显像的原因有:操作者手上的渗透剂对被检部件的污染;检测工作台上的渗透剂对被检部件的污染;显像剂受到渗透剂的污染;清洗时,渗透剂飞溅到干净的零件表面上;擦布或棉纱纤维上的渗透剂污染;零件筐、吊具上残存的渗透剂与清洗干净的零件接触而造成的污染;已清洗干净的零件上又有渗透剂渗出,污染了相邻的零件表面。

虚假显像从显像特征分析也很容易辨别:用蘸有酒精的棉球擦拭,虚假的显像容易被擦掉,且不再重新显像。在进行渗透检测时,应尽量避免产生虚假的显像。为此,首先操纵者自己要保持干净(无渗透剂和其他污染物),零件筐、吊具和工作台要始终保持干净,要使用无绒的布擦洗零件。

8.5.1.5 渗透检测发展趋势

渗透检测用设备已经从简单的刷刷涂涂的手动设备发展成为采用各种压力喷涂、静电喷涂或浸涂等不同施加方式的专用设施。近年来,一些渗透检测设备生产厂家已应用了微机技术,设计和制造出各种通用或专用,半自动或全自动的渗透检测设备或生产线。随着人们对环境保护意识的增强,专用于渗透检测的荧光废水处理设备也有了极大的发展。渗透检测的材料、设备进展主要体现在以下几面:

(1) 环保设备与材料的研制与应用。研制出多种专用渗透废水处理设备并被广泛应用。由于三氯乙烯对人体有毒,破坏大气臭氧层,环保型水基清洗剂已经完全代替了传统的三氯乙烯蒸汽,对零件进行除油去污处理,出现了能够适应各种零件材料和污染物的环保型清洗剂以及与之相应的预清洗设备。

(2) 荧光渗透检测线的研制与应用。半自动渗透检测线被广泛研制和运用,代替了大多数手动设备,提高了检测效率和可靠性,改善了劳动条件。

8.5.2 磁粉检测

利用磁粉的聚集显示铁磁性材料及其工件表面与近表面缺陷(如发纹、裂纹、气孔、夹杂、折叠等)的无损检测方法称为磁粉检测法。该方法既可用于板材、型材、管材及锻造毛坯等原材料及半成品或成品表面与近表面质量的检测,也可以用于重要机械设备、压力容器及石油化工设备的定期检查,其优点主要有:

(1) 可以直观地显示出缺陷的形状、位置与大小,并能大致确定缺陷的性质。
(2) 检测灵敏度高,可检出宽度为 $0.1\mu m$ 的表面裂纹。
(3) 应用范围广,几乎不受被检工件大小及几何形状的限制。
(4) 工艺简单,检测速度快,费用低廉。

该方法仅局限于检测能被显著磁化的铁磁性材料(Fe、Co、Ni 及其合金)及由其制作的工件表面与近表面缺陷。

8.5.2.1 磁粉检测基本原理

1. 金属的铁磁性

在外磁场作用下,铁磁性材料会被强烈磁化。反映外加磁场强度 H 与铁磁性材料内部磁感应强度 B 之间联系的闭合曲线称为磁滞回线。根据磁滞回线形状的不同,可以把铁磁性材料划分为软磁性和硬磁性材料两类。软磁性材料的磁滞特性不显著,矫顽磁力很小,剩磁非常容易消除;硬磁性材料的磁滞特性则非常显著,矫顽磁力和剩磁都很大,适于制造永久磁铁。铁磁性材料的晶格结构不同,其磁性会有显著改变。在常温下,面心立方晶格的铁是非磁性材料,体心立方晶格的铁则是铁磁性材料。除此以外,材料的合金化、冷加工及热处理状态都会影响材料的磁特性。例如:

(1) 随着含碳量的增加,碳钢的矫顽力几乎呈线性增大,而最大相对磁导率却随之下降。
(2) 合金化将增大钢材的矫顽力,使其磁性硬化,如正火状态的 40 钢和 40Cr 钢的矫顽力分别为 $584A/m$ 和 $1256A/m$。
(3) 退火和正火状态钢材磁特性的差别不大,而淬火则可以提高钢材的矫顽。
(4) 晶粒越粗,钢材的磁导率越大,矫顽力越小,逆之则反。
(5) 钢材的矫顽力和剩磁将随压缩变形率的增加而增加。

2. 退磁场与漏磁场

(1) 退磁场。将截面积相同、长度不同的圆钢棒料放在相同的外磁场 H_0 中磁化,则各棒料中部表面的磁场强度 H 是各不同的。这是因为在被磁化的同时,棒料两端也分别感应出了 N、S 极,形成了方向与外磁场相反的磁场增量 ΔH。因为 ΔH 减弱了外磁场对材料的磁化作用,所以称为退磁场。

退磁场 ΔH 与物体的磁极化强度成正比,即

$$\Delta H = NJ/\mu_0$$

式中:J 为磁极化强度(T);μ_0 为真空磁导率($\mu_0 = 4\pi \times 10^{-7} H/m$);$N$ 为退磁因子。

N 的大小主要取决于被磁化物体的形状。完整的环形闭合体的 $N=0$,球体的 $N=0.3333$,长、短轴比值为 2 的椭圆体的 $N=0.73$。对于棒料,N 与其长度与直径的比值 L/D 成反比。

(2）漏磁场。漏磁场是指被磁化物体内部的磁力线在缺陷或磁路截面发生突变的部位离开或进入物体表面所形成的磁场。漏磁场的成因在于磁导率的突变。设想一个被磁化的工件上存在缺陷，由于缺陷内物质一般有远低于铁磁性材料的磁导率，因而造成了缺陷附近磁力线的弯曲和压缩。如果该缺陷位于工件的表面或近表面，则部分磁力线就会在缺陷处逸出工件表面进入空气，绕过缺陷后再折回工件，由此形成了缺陷的漏磁场。

(3）漏磁场与磁粉的相互作用。磁粉检测的基础是缺陷的漏磁场与外加磁粉的磁相互作用，即通过磁粉的聚集来显示被检工件表面上出现的漏磁场，再根据磁粉聚集形成的磁痕的形状和位置分析漏磁场的成因并评价缺陷。

设在被检工件表面上有漏磁场存在。如果在漏磁场处撒上磁导率很高的磁粉，因为磁力线穿过磁粉比穿过空气更容易，所以磁粉会被该漏磁场吸附，吸附过程如图 8.23 所示。

由图 8.23 可见，被磁化的磁粉沿缺陷漏磁场的磁力线排列。在漏磁场力的作用下，磁粉向磁力线最密集处移动，最终被吸附在缺陷上。由于缺陷的漏磁场有比实际缺陷本身大数倍乃至数十倍的宽度，故而磁粉被吸附后形成的磁痕能够放大缺陷。通过分析磁痕评价缺陷，即是磁粉检测的基本原理。

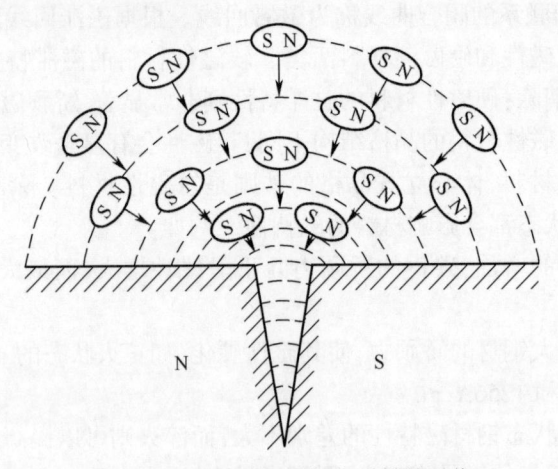

图 8.23　缺陷的漏磁场与磁粉的吸收

3. 影响漏磁场强度的主要因素

磁粉检测灵敏度的高低取决漏磁场强度的大小。在实际检测过程中，真实缺陷漏磁场的强度受到多种因素的影响，其中主要有：

（1）外加磁场强度。缺陷漏磁场强度的大小与工件被磁化的程度有关，一般来说，如果外加磁场能使被检材料的磁感应强度达到其饱和值的 80% 以上，缺陷漏磁场的强度就会显著增加。

（2）缺陷的位置与形状。就同一缺陷而言，随着埋藏深度的增加，其漏磁场的强度将迅速衰减至近似为零。另外，缺陷与磁力线的角度越接近正交（90°），其漏磁场强度越大，反之亦然。事实上，磁粉检测很难检出与被检表面所夹角度小于 20°的夹层。此外，在同样条件下，表面缺陷的漏磁场强度随着其深、宽比的增加而增加。

（3）被检表面的覆盖层。被检表面上有覆盖层（例如涂料）会降低缺陷漏磁场的强度。

（4）材料状态。钢材的合金成分、含碳量、加工及热处理状态的改变均会影响材料的磁特性，进而会影响缺陷的漏磁场。

8.5.2.2 磁化过程

1. 磁化方法

当缺陷方向与磁力线方向垂直时，缺陷显示最清晰。其夹角小于45°时，灵敏度明显降低。方向平行则缺陷有可能不显示，因此要尽可能选择有利于发现缺陷的方向磁化。对于形状复杂的工件，往往需要综合采用各种磁化方法。现将各种磁化方法介绍如下：

（1）通电法：将工件夹在探伤机夹头之间，电流从工件上通过，形成周向磁场，可发现与电流方向平行的缺陷。此方法适合检测中小工件。

（2）支杆法：用支杆触头或夹钳接触工件表面，通电磁化。此方法适合焊缝或大型部件的局部检测。

（3）穿棒法（芯棒法或中心导体法）：将导体穿入空心工件，电流从导体上流过成周向磁场，可发现与电流方向平行的缺陷。此方法适合检测管材、壳体、螺帽等空心工件的内、外表面。导体材料可以是铜、铝和钢，如果工件的孔不是直的，可用软电缆代替棒状导体，如果工件较大，可用偏置穿棒法。

（4）线圈法：工件放于通电线圈内，或用通电软电缆绕在工件上形成纵向磁场，有利于发现与线圈轴垂直的缺陷。

（5）磁轭法（极间法）：将工件夹在电磁铁的两极之间磁化，或用永久磁铁对工件局部磁化。此方法适合大型工件局部检测，或不可拆卸的工件检测。

（6）感应电流法：将环形件当成变压器次级线圈，利用磁感应原理，在工件上产生感应电流，再由感应电流产生环形磁场，可发现环形工件上的圆周方向的缺陷。此方法适合检测薄壁环形件、盘件、轴承、座圈等。

（7）复合磁化：将周向磁化和纵向磁化组合在一起，一次可发现不同方向的缺陷。

（8）直电缆法：电流通过与受检工件表面平行放置的电缆来磁化工件，可发现与电缆平行的缺陷。

2. 磁化电流

磁化电流有以下几种：

（1）直流电或经全波整流的脉冲直流电可以达到较大的检测深度，但退磁困难。

（2）交流电发现表面缺陷的灵敏度高，电源易得，退磁容易，但检测深度较浅。用于剩磁法时，需控制断电相位，以防漏检。

（3）半波整流电将交流电经半波整流后作为磁化电源，综合了直流和交流的优点，避免了各自的缺点，但对磁化设备要求较高，设备价格较贵。

8.5.2.3 磁粉检测方法

1. 表面预处理

工件表面状态对磁粉检测的灵敏度有很大的影响，如光滑表面有助于磁粉的迁移，而锈蚀或油污的表面则相反。为能获得满意的检测灵敏度，检测前应对被检表面做如下预处理：

（1）被检表面应充分干燥。

（2）用化学或机械方法彻底清除被检表面上可能存在的油污、铁锈、氧化皮、毛刺、焊渣及焊接飞溅等表面附着物。

（3）必须采用直接通电法检测带有非导电涂层的工件时,应预先彻底清除掉导电部位的局部涂料,以避免因触点接触不良而产生电弧,烧伤被检表面。

2. 施加磁粉的方法

（1）干法。用干燥磁粉(粒度范围以 10~60μm 为宜)进行磁粉检测的方法称为干法,常与电磁轭或电极触头配合,广泛用于大型铸、锻件毛坯及大型结构件焊缝的局部磁粉检测。检测时,磁粉与被检工件表面先要充分干燥,然后用喷粉器或其他工具将呈雾状的干燥磁粉施于被检工件表面,形成薄而均匀的磁粉覆盖层,同时用干燥压缩空气吹去局部堆积的多余磁粉。此时应注意控制好风压、风量及风口距离,不能干扰真正的缺陷磁痕。观察磁痕应与喷粉和去除多余磁粉的操作同时进行,观察完磁痕后再撤除外磁场。

（2）湿法。磁粉(粒度范围以 1~10μm 为宜)悬浮在油、水或其他载体中进行磁粉检测的方法称为湿法。与干法相比较,湿法具有更高的检测灵敏度,特别适合于检测如疲劳裂纹一类的细微缺陷。检测时,要用浇、浸或喷的方法将磁悬浮液施加到被检表面上。浇磁悬浮液的液流要微弱,浸磁悬浮液要掌握适当的浸没时间。两者比较,浸法的检测灵敏度较高。

使用水磁悬液时,若施加在被检工件表面上的磁悬液薄膜能保持连续并覆盖上全部被检表面,这表明水中已含有足够的润湿剂。反之,需要在水中加入更多的润湿剂,但注意不能让磁悬液的 pH 值超过 10.5。

3. 检测方法

（1）连续法。在有外加磁场作用的同时向被检表面施加磁粉或磁悬液的检测方法称为连续法。使用连续法检测时,既可在外加磁场的作用下观察磁痕,也可在撤去外加磁场以后观察磁痕。

低碳钢及所有退火状态或经过热变形的钢材均应采用连续法,一些结构复杂的大型构件也宜采用连续法检测。连续法检测的操作程序如下：

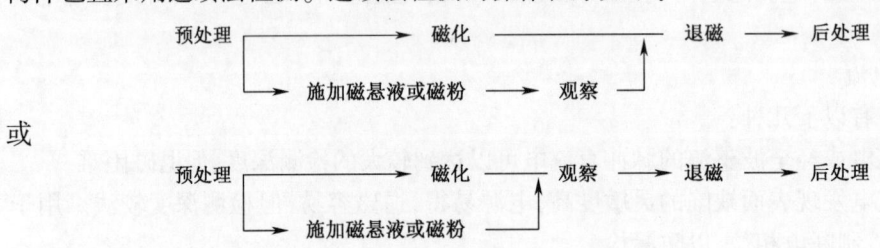

```
预处理 ─────────→ 磁化 ─────────→ 退磁 ─── 后处理
        └─ 施加磁悬液或磁粉 ──→ 观察 ─┘
```

或

```
预处理 ─────────→ 磁化 ──→ 观察 ──→ 退磁 ──→ 后处理
        └─ 施加磁悬液或磁粉 ─┘
```

① 湿粉连续磁化:在磁化的同时施加磁悬液,每次磁化的通电时间为 0.5~2s,磁化间歇时间不应超过 1s,至少在停止施加磁悬液 1s 后才可停止磁化。

② 干粉连续磁化:干粉连续磁化的原则是先磁化后喷粉,待吹去多余磁粉后才可以停止磁化。

连续法检测的灵敏度高,但检测效率较低,而且易出现干扰缺陷评定的杂乱显示。此外,复合磁化方法只能在连续法检测中使用。

（2）剩磁法。利用磁化过后被检工件上的剩磁进行磁粉检测的方法称为剩磁法。在经过热处理的高碳钢或合金钢中,凡剩余磁感应强度在 0.8T 以上,矫顽力在 800A/m 以上的材料均可用剩磁法检测。

剩磁法的检测程序：预处理→磁化→施加磁悬液→观察→退磁→后处理。

剩磁的大小主要取决于磁化电流的峰值，而通电时间原则上控制在 1/4~1s 的范围内即可。用交流励磁时，为保证得到稳定的剩磁，应配备断电相位控制装置。

剩磁法的检测效率高，其磁痕易于辨别，并有足够的检测灵敏度。但复合磁化方法不能在剩磁法检测中使用。一般情况下，剩磁法检测也不使用干粉。

4. 磁痕分析与记录

1）磁痕观察

磁粉在被检表面上聚集形成的图像称为磁痕。观察磁痕应使用 2~10 倍的放大镜。观察非荧光磁粉（用黑色的 Fe_3O_4 或褐色的 Fe_2O_3 及工业纯铁粉为原料直接制成的磁粉，有浅灰、黑、红、白或黄色）的磁痕时，要求被检表面上的白光照度达到 1500lx 以上；观察荧光磁粉（在磁性氧化铁粉（Fe_3O_4、Fe_2O_3）或工业纯铁粉外面再涂覆上一层荧光染料制成的磁粉）的磁痕时，要求紫外线（黑光）照度不低于 970lx，同时白光照度不大于 10lx。

2）磁痕分析

实际的磁粉检测中，磁痕的成因是多种多样的。例如，被检表面上残留的氧化皮与锈蚀或涂料斑点的边缘、焊缝熔合线上的咬边、粗糙的机加工表面等部位都可能会滞留磁粉，形成磁痕。这类磁痕的成因与缺陷的漏磁场无关，是假磁痕，在干粉检测中较为多见。此外，被检表面上如存在金相组织不均匀、异种材料的界面、加工硬化与非加工硬化的界面、非金属夹杂物偏析、残余应力或应力应变集中区等磁导率发生变化或几何形状发生突变的部位，则磁化后这些部位的漏磁场也能不同程度地吸附磁粉形成磁痕，出现所谓无关显示。观察磁痕时，应特别注意区别假磁痕显示、无关显示和相关显示（即缺陷磁痕）。正确识别磁痕需要丰富的实践经验，同时还要了解被检工件的制造工艺。如不能判断出现的磁痕是否为相关显示时，应进行复验。

磁粉检测中常见的相关磁痕主要有：

（1）发纹。发纹是一种原材料缺陷，钢中的非金属夹杂物和气孔在轧制、拉拔过程中随着金属的变形伸长形成发纹。发纹的磁痕特征为：

① 磁痕呈细而直的线状，有时微弯曲，端部呈尖形，沿金属纤维方向分布。

② 磁痕均匀而不浓密。擦去磁痕后，用肉眼一般看不见发纹。

③ 发纹长度多在 20mm 以下，有的呈连续，也有的呈断续分布。

（2）非金属夹杂物。非金属夹杂物的磁痕显示不太清晰，一般呈分散的点状或短线状分布。

（3）分层。分层是板材中常见的缺陷，钢板切割下料的端面上若有分层，经磁粉探伤后就会出现呈长条状或断续分布的，浓而清晰的磁痕。

（4）材料裂纹。材料裂纹的磁痕一般呈直线或一根接一根的短线状，磁粉聚集较浓且显示清晰。

（5）锻造裂纹。锻造裂纹的磁痕浓密、清晰，呈直的或弯曲的线状。

（6）折叠。折叠是一种锻造缺陷，其磁痕特征为：

① 磁痕多与工件表面成一定角度，常出现在工件尺寸突变处或易过热部位。

② 磁痕有的类似粹火裂纹，有的呈较宽的沟状，有的呈鳞片状。

③ 磁粉聚集的多少随折叠的深浅而异。

(7) 焊接裂纹。焊接裂纹产生在焊缝金属或热影响区内,长度可为几毫米至数百毫米,深度较浅的为几毫米,较深的可穿透整个焊缝或母材。焊接裂纹磁痕浓密清晰,呈直线状、弯曲状、树枝状。

(8) 气孔。气孔的磁痕呈圆形或椭圆形,磁痕显示不太清晰,其浓度与气孔的深度有关。埋藏气孔一般要使用直流磁化才能检测出来。

(9) 淬火裂纹。淬火裂纹的磁痕浓密清晰,其特征为:

① 一般呈细直的线状,尾端尖细,棱角较多。

② 渗碳淬火裂纹的边缘呈锯齿形。

③ 工件锐角处的淬火裂纹呈弧形。

(10) 疲劳裂纹。疲劳裂纹磁痕中部聚集的磁粉较多,两端磁粉逐渐减少,显示清晰。磁粉探伤中发现的相关磁痕有时要作为永久性记录保存。常用的记录磁痕的方法有照相、用透明胶带贴印、涂层剥离或画出磁痕草图等。

5. 退磁

在大多数情况下,被检工件上带有剩磁是有害的,故需退磁。退磁是将被检工件内的剩磁减小到不妨碍使用的程度,退磁原理如图 8.24 所示。

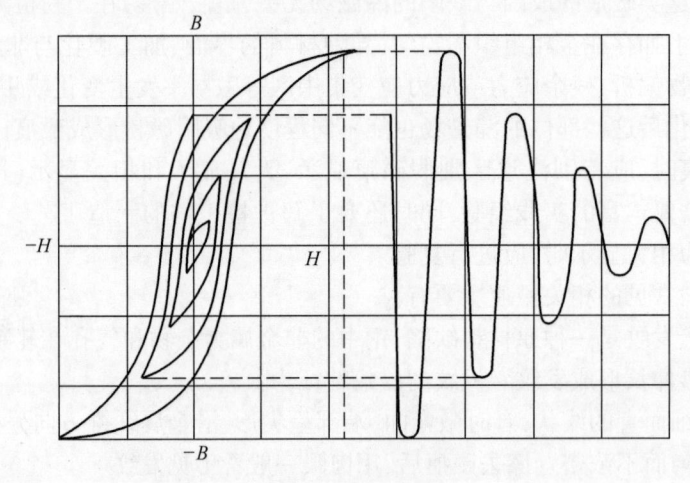

图 8.24 退磁原理

(1) 交流退磁。将被检工件从一个通有交流电的线圈中沿轴向逐步撤出至距离线圈 1.5m 以外,然后断电。将被检工件放在线圈中不动,逐渐将电流幅值降为零也可以收到同样的退磁效果。用交流电磁轭退磁时,先把电磁轭放在被检表面上,然后在励磁的同时将电磁轭缓慢移开,直至被检工件表面完全脱离开电磁轭磁场的有效范围。用触头法检测后,可再将触头放回原处,然后让励磁的交变电流逐渐衰减为零即可实现退磁。

(2) 直流退磁。在需要退磁的被检工件上通以低频换向,幅值逐渐递减为零的直流电可以更为有效地去除工件内部的剩磁。

用磁强计可以测定退磁的效果。退磁指标视产品性能要求而定。例如:航空导航系统零件的剩磁要求小于 0.1mT;内燃机的曲轴、凸轮和连杆的剩磁要求小于 0.2mT;压力容器退磁以后的剩磁不能超过 0.3mT。

6. 后处理

磁粉检测以后,应清理掉被检表面上残留的磁粉或磁悬液。油磁悬液可用汽油等溶剂清除;水磁悬液应用水进行清洗、干燥。如有必要,在被检表面上涂覆防护油。干粉可直接用压缩空气清除。

8.5.2.4 磁粉检测发展趋势

磁粉检测采用漏磁场原理检测固体材料及其制件的表面与近表面缺陷,已在航空、航天、兵器、船舶、铁路和特种设备等领域得到广泛的应用,且自动化、智能化水平不断提高,新技术不断涌现。

（1）以荧光磁粉检测技术为代表的新技术,应用日益广泛,能够较大幅度地提高磁粉检测的灵敏度、准确性和可靠性。

（2）随着工业可编程逻辑控制器(简称PLC)和触摸式工业人机界面(简称HMI或触摸屏)在磁粉检测设备上的成功应用,设备自动化程度有了较大的提高,目前的磁粉检测设备已能实现从上料→喷淋磁化→零件缺陷自动识别→后处理等全部工艺过程的自动控制,并具有磁悬液浓度和紫外线强度等的实时监控功能,大大地提高了系统的检测效率和可靠性。

（3）多功能小型化便携式磁粉检测通用装置、一体化大型磁粉检测专用装置以及用于特殊工件的复合磁化设备,能够进一步地降低劳动强度、提高检测效率、改善检测条件、减少环境污染。

（4）图像处理技术应用于磁粉检测的磁痕解释与评定,具有明显的可以预期的良好发展前景。

（5）随着法规标准的更新、材料技术的发展,磁粉检测中人、机、料、法、环各个环节的质量管理将会更加规范,并得到更多关注和重视。

8.5.3 磁记忆效应检测

设备和构件在高温、高速、高载运行状态下往往未到下一个常规检测周期就已发生损坏,造成严重的后果。传统的无损检测方法,由于原理和工艺的局限性,仅能检出已发展成形的缺陷。为了可靠、灵敏地检出金属早期损伤,尤其是金属隐性不连续变化,以满足现代工业无损检测的需要,必须探索新理论,开发新仪器。在1997年美国旧金山举行的第50届国际焊接学术会议上,俄罗斯科学家提出金属应力集中区—金属微观变化—磁记忆效应相关学说,并形成一套全新的金属诊断技术——金属磁记忆(MMM)技术,该理论立即得到国际社会的承认,并迅速在澳大利亚、印度及东欧等国家和地区的许多企业中得到推广与应用,我国也开始引进这项新技术。在现代工业中,大量的铁磁性金属构件,特别是锅炉压力容器、管道、桥梁、铁路、汽轮机叶片、转子和重要焊接部件等,随着服役时间的延长,不可避免地存在着由于应力集中和缺陷扩展而引发事故的危险性。金属磁记忆检测方法是迄今为止对这些部件进行早期诊断的唯一可行的方法。

磁记忆检测是一种以电磁学、断裂力学以及金属学等多个学科领域为基础形成的检测技术。目前,在相关基础理论研究、仪器设备研发以及检测结果定量化、损伤程度评估等方面还存在不少难题,有待工程技术人员进一步研究解决。磁记忆检测未来的发展方向是:

（1）对磁记忆效应产生的机理及其影响因素,要通过更深入的理论和应用研究,尽早在业界达成共识,形成完整严密的理论体系。

（2）有必要形成一套铁磁性金属构件损伤状况与相应漏磁场信号的具体量化标准。

（3）磁记忆检测可应用于多个领域铁磁性金属构件缺陷的早期诊断。因此,应研发制造针对不同领域特点的专用磁记忆检测装置,并发展相应的信号处理分析方法。

8.5.3.1 金属磁记忆检测原理

1. 磁记忆效应

机械零部件和金属构件发生损坏的一个重要原因,是各种微观和宏观机械应力集中。在零部件的应力集中区域,腐蚀、疲劳和蠕变过程的发展最为激烈。机械应力与铁磁材料的自磁化现象和残磁状况有直接的联系,在地磁作用的条件下,用铁磁材料制成的机械零件缺陷处会产生磁导率减小,工件表面的漏磁场增大,铁磁性材料的这种特性称为磁机械效应。磁机械效应的存在使铁磁性金属工件表面磁场增强,同时增强了的磁场"记忆"着部件的缺陷和应力集中的位置,这就是磁记忆效应。

2. 检测原理

工程部件由于疲劳和蠕变而产生的裂纹会在缺陷处出现应力集中,由于铁磁性金属部件存在着磁机械效应,故其表面上的磁场分布与部件应力载荷有一定的对应关系,因此可通过检测部件表面的磁场分布状况间接地对部件缺陷和(或)应力集中位置进行诊断,这就是磁记忆检测的基本原理。

实验研究结果表明,铁磁性部件缺陷或应力集中区域磁场的切向分量 $H_p(x)$ 具有最大值,法向分量 $H_p(y)$ 改变符号且具有零值(图8.25)。故在实际应用中,可通过检测法向分量 $H_p(y)$ 来完成对部件上是否存在缺陷或应力集中区域)的检测。

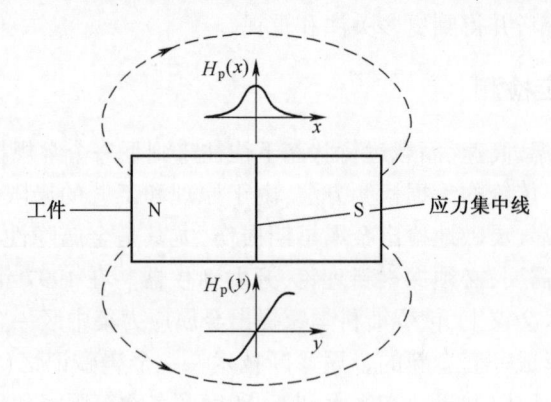

图 8.25　铁磁性部件应力集中区磁场分布

3. 磁记忆检测特点

与其他无损检测相比,磁记忆检测具有如下特点：

（1）对受检对象不要求任何准备(清理表面等)。

（2）不要求做人工磁化,因为它利用的是工件制造和使用过程中形成的天然磁化强度。

（3）不仅能检测在正运行的设备,也能检测修理的设备。

（4）是唯一能以1mm精度确定设备应力集中区的方法。

(5) 使用便携式仪表,独立的供电单元,记录装置,微处理器和高容量的存储器。

(6) 对机械制造零件,能保证百分之百的质量检测和生产在线分选。

(7) 和传统无损检测方法配合能提高检测效率和精度。

8.5.3.2 金属磁记忆检测应用

金属磁记忆方法可用以检测诸多金属构件,如输油管道、螺栓、汽轮机叶片、转子、轴承、齿轮副、路轨、桥梁、焊缝、港口机械、抽油杆和钻杆等有可能存在应力集中及发生危险性缺陷的铁磁性部件及设备。某些机器设备上的内应力分布,如飞机轮毂上螺栓扭力的均衡性,也可采用磁记忆法予以评估。通过采用磁记忆法和超声法作现场检测并做检测结果的对比,表明磁记忆法对金属损伤的早期诊断与故障的排除及预防具有较高的敏感性和可靠性。

图 8.26 为应用智能金属磁记忆诊断仪对某汽轮机叶片根部检测的结果,因其磁场法向分量 $H_p(y)$ 改变符号且具有零值存在,表示叶片的该区域出现应力集中。经验证,该处存在疲劳裂纹。

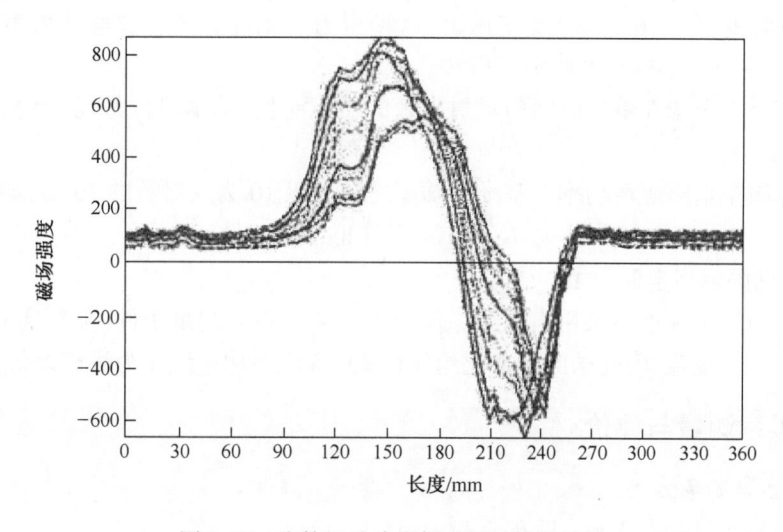

图 8.26 汽轮机叶片根部磁记忆检测结果

8.6 噪 声 检 测

现代武器装备正在向高速化、自动化方向发展,特别是一些重型、大功率装备,在工作过程中如果某些部件发生故障或出现缺陷,就会产生剧烈振动并发出强烈噪声。这种振动和噪声一方面反映了设备内部的状态变化,另一方面也会严重污染环境。因此,通过检测噪声,可以找出产生噪声的原因和部位,以便采取措施抑制故障,并对噪声进行有效控制。

8.6.1 噪声及其度量

从物理意义上讲,噪声是紊乱、断续或统计上随机的声振荡。噪声污染环境,但无污染物。噪声不会积累,其能量消失转化为空气热能。噪声传播距离一般不太远。噪声再利用目前还没有很好解决。

按噪声作用时间,把在观测时间内声级起伏小到可以忽略不计的噪声称为稳定噪声。声级有显著变化的噪声称为非稳定噪声。在每个小于1s时间间隔内有一个或几个猝发声所组成的噪声称为脉冲噪声。所谓猝发声是指一系列间断的正弦波组成的脉冲声。

噪声的种类很多,机械设备的噪声主要有:

(1)空气动力噪声,是由气体的流动或物体在气体中运动引起空气振动所产生的噪声。

(2)机械噪声,是由机械的撞击、摩擦、交变机械应力或磁性应力等作用而产生的噪声。

国际电工委员会(IEC)规定噪声单位为分贝(dB)。分贝本来是表示两个量之比大小的单位,如以某一功率 W_0 作为基准,与另一功率之比为 $10 \cdot \lg(W/W_0)$ dB。所以当 $W=W_0$ 时为0dB,当 $W>W_0$ 时为正分贝,$W<W_0$ 时为负分贝。声波在空气中传播,会在大气压上产生一个叠加的微小(微巴级)交变压力,这种压力变化部分的有效值称为声压,用分贝(dB)表示。声压大小的程度则为声压级。

声功率是指声源在单位时间内辐射出来的总声能量,基本单位是瓦(特),用 W 表示($1W = 10^7$ erg/s)。

声功率级是指声源声功率与基准声功率之比并以10为底对数的10倍,即

$$L_w = 10 \cdot \lg (W/W_0)$$

式中:W_0 根据国际规定取为 10^{-12}W。

作为噪声计量标准多采用声压级。但声压级的大小与测量条件(如距离)等有关,不大可能得到统一规定,因此国际标准化组织(ISO)推出声功率级作为噪声评价标准。

8.6.2 噪声测量与评价

8.6.2.1 噪声测量方法

噪声测量的目的在于:

(1)检测噪声是否符合有关标准。

(2)比较同类型或不同类型设备噪声的大小。

(3)利用噪声对设备进行故障诊断和故障预测。

噪声测量方法一般根据噪声特性、声源特性以及描述噪声所要求的严密程度来确定。对于机械噪声测量,一般要确定噪声源及所辐射的噪声特性,测量方法主要取决于声源、环境类型和噪声特性等。

声压级测量一般采用近声场测量法。测量时,要将声级计的计权网络旋钮对自准"线性"位置,这时测得的声压级是一个客观量,它对任何频率均无衰减。若计权网络旋钮分别对准"A""B""C"位置,则可进行不同的声级测量;若计权网络旋钮对准"滤波器"位置,则可进行倍频程的频谱测量。

测量距离可根据机器轮廓尺寸而定。当机器轮廓尺寸大于1m时,测量距离为1m;当机器轮廓尺寸小于1m时,测量距离为0.5m。如果机器不是均匀地向各个方向辐射噪声,测量点应绕机器均匀布置5个以上,点数多少取决于机器的大小,如图8.27所示。同

时找出声级最大的一点作为评价机器噪声的主要依据,其余作为评价的参考。

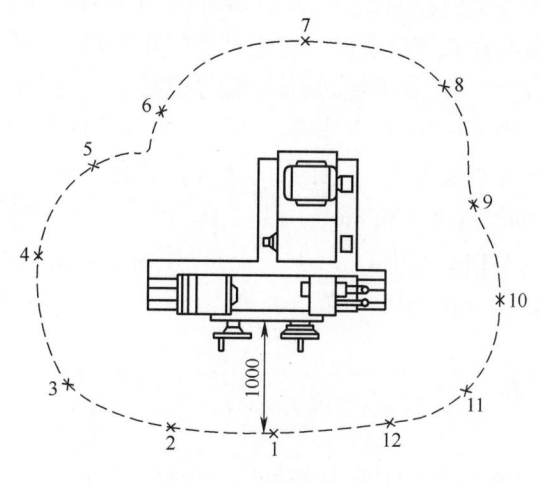

图 8.27 测量点布置图

测量前机器应经一定时间的空运转,达到稳定工作状态后,再按主轴正、反运动方向及各级转速逐级进行测量。

测量时应避免本底噪声的影响。本底噪声是指被测定的噪声源停止发声时,周围环境发出的噪声。当被测噪声源的声级以及各频带的声压级分别高于本底噪声的声级和各频带的声压级 10dB 时,则可忽略本底噪声的影响。如果测得机器运转时的噪声与本底噪声相差 3~10dB 时,应按表 8.9 修正。

表 8.9 本底噪声的修正值

L_1-L_2	3	4~6	7~9
ΔL	3	2	1

注:L_1—机器运转时的噪声声压级(dB);L_2—本底噪声声压级(dB);ΔL—修正值(dB)。

修正后机器噪声的声压级为 $L_1-\Delta L$。

若本底噪声接近被测机器的噪声(相差小于 3dB)时,本底噪声对机器噪声测量影响过大,不可能精确地进行测量,其测量结果无效,这时应降低环境噪声。

测量时应当注意避免反向声波的影响,传声器应离开墙壁等反射面 2~3m,同时声级计本身及测量者所引起的反射也不可忽略。为此,宜用三角架加长传声器和声级计之间的距离。为避免电缆对传声器电压灵敏度的影响和电噪声的增加,在加长距离时,应将前置放大器与传声器紧放在一起。

空气流动,即所谓风噪声对噪声测量的影响很大,风噪声大小与风速成正比。减小风噪声影响,可在传感器之前安置防风罩或防风锥等。在风速超过约 20km/h 的大风情况下,不应使用声级计。

较合理的考核机器噪声指标的方法是测量机器的声功率(级)。在一定的工作条件下,机器辐射的声功率是一个恒量,能较为客观地反映机器噪声源特性。但声功率不能直接测量,只能在一定条件下由测量的声级通过换算而得到。声功率的测量方法很多,一般较常用的方法为概测法。它是一种现场声功率测试方法，可在车间现场或户外进行，要求房间总的吸声面积大于测量面积的 2 倍，本底噪声低于被测噪声源 3dB。

测试前先要选择参考盒和测量表面。对于尺寸较小的机器，可以机器外轮廓尺寸作为参考盒尺寸；对于大尺寸或形状不规则的机器，可根据主要噪声发射部位来确定参考盒的尺寸。测量表面可选为半球面、长方体面及长方体与圆弧的合成体面，一般长方形体面应用较多。测点可分布在距参考盒一定距离的测量表面上。测量表面与参考盒之间的距离可取 0.25m、0.5m、1m、2m、4m 和 8m，一般取 1m 较为合适。对于小声源（宽度小于 1m），4 个侧面的中心点及顶底面中心点（共 6 个）可作为主要测量点。对于宽度大于 1m 的小声源，再在圆角选 4 个辅助测点。若声源更大（水平尺寸超过 5m），则应取以上所有测点作为主要测量点。

8.6.2.2 噪声评价指标

1. A 声级 L_A

这是模拟 40Phon 等响曲线设计的计权网络声压级，其特点是考虑了人耳对低频噪声敏感性差的频谱特性，对低频有较大的修正量，能够较好地反映人耳对各种噪声的主观评价，且易于测量，故广泛用于噪声计量中。由于 A 声级是个宽频带的度量，不同频谱的噪声对人产生的危害可能不同，但可以具有相同的 A 声级，因此 A 声级不能全面准确地反映噪声的危害程度，它主要适用于宽频带稳态噪声的一般测量。

2. 等效连续 A 声级 L_{eq}

这是用能量平均的方法将起伏波动的噪声等效于一个连续稳定的噪声。

$$L_{eq} = 10\lg \frac{1}{T} \int_0^T \left| \frac{P_A(t)}{P_0} \right|^2 dt$$

$$L_{eq} = 10\lg \frac{1}{T} \int_0^T 10^{\frac{L_A(t)}{10}} dt$$

在实际测量时，通常是采用间隔读数。间隔读数时，有

$$L_{eq} = 10 \left| \lg \frac{1}{\sum T_i} \sum T_i 10^{\frac{L_A(t)}{10}} \right|$$

由 L_{eq} 的定义可知，等效连续 A 声级是在考虑了噪声与频率之间关系的 A 声级的基础上，进一步考虑了噪声持续时间产生的影响。因此，等效连续 A 声级可用于测量持续时间不同的起伏波动噪声。但对于个别持续时间极短，脉冲噪声峰值较高的声压级，虽然其危害性很大，但在等效连续 A 声级中未必能很好地反映，即危害程度不同的噪声仍可能有相同的等效连续 A 声级。等效连续 A 声级主要用于起伏噪声的测量。

3. NR 等级数

噪声评价 NR 等级数是将所测噪声的倍频带声压级与标准 NR 曲线比较，以所测噪声最高的 NR 值表示该噪声源的噪声等级。显然，噪声评价 NR 等级数是在考虑了频率因素的基础上，进一步考虑了峰值因素，而对峰值持续时间以及起伏特性不能很好的反映。因此，NR 数较适用于相对稳态的背景噪声的测量与评价，也可作为确定背景噪声的设计目标。

4. 累计分布声级

这是一种统计百分数声级，即记录随时间变化的 A 声级并统计其累积概率分布。用

L_N表示测量时间内百分之 N 的起伏噪声所超过的声级,L_{10}相当于峰值声级,L_{50}相当于平均声级,L_{90}相当于背景声级。由累计分布声级的定义可知,L_{10}、L_{50}、L_{90}对噪声暴露给出了简单、可靠的描述,故可以用来测量、评价城市环境噪声或起伏的交通噪声。

5. 语言干扰级

为测量、评价背景噪声对语言听闻的干扰程度,引入语言干扰级。这是在考虑了语言声能的频率多数低于 500Hz 的情况下,同时考虑了 800Hz 以上声能对语言清晰度有较大影响,并从测量、评价的方便考虑,选取中心频率为 50Hz、1000Hz、2000Hz 的 3 个倍频带声压级的算术平均值作为评价背景噪声的语言干扰级。

8.6.2.3 噪声评价方法

噪声评价就是用什么物理量才能恰当地描述噪声的物理性质,并对其大小做出评定。噪声评价方法有客观评价和主观评价两种。客观评价就是利用人们规定的、用来确定噪声大小及其性质的一些物理量(如声压级、声功率级等)来对噪声做出评价。主观评价就是把噪声的某些物理特性与对人的主观效应联系起来,建立主观效应与主观量的关系,并用主观量对噪声做出评价。用来描述噪声对人体影响的主观量有响度级、感觉噪声级等。表 8.10 列出了各种情况下声压级、声压、声强的对照关系。

表 8.10 各种情况下的声压级(强)、声压、声强

噪声源	声压(强)级/dB	声压/(N/m²)	声强/(W/m²)	噪声源	声压(强)级/dB	声压/(N/m²)	声强/(W/m²)
铆钉机	95	1.12	2.2×10^{-3}	普通说话	60	0.02	10^{-6}
重型汽车	90	0.93	10^{-3}	细语	30	0.00063	10^{-9}
一般机床	85	0.36	3.2×10^{-4}	夜静	10		10^{-11}
公共汽车	80	0.2	10^{-4}				

8.7 声发射检测

材料或结构件受外力或内力作用产生变形或断裂,以弹性波形式释放出应变能的现象称为声发射。

现代声发射技术的开始以 20 世纪 50 年代初凯塞尔(Kaiser)在德国所做的研究工作为标志。凯塞尔观察到铜、锌、铝、铅、锡、黄铜、铸铁和钢等金属和合金在形变过程中都有声发射现象,最有意义的发现是材料形变声发射的不可逆效应:材料被重新加载期间,在应力值达到上次加载最大应力之前不产生声发射信号。材料的这种不可逆现象称为凯塞尔效应。凯塞尔同时提出了连续型和突发型声发射信号的概念。20 世纪 50 年代末,美国的 Schofield 和 Tatro 通过大量的研究发现,金属塑性形变过程中产生声发射主要由大量位错"活动"所引起,同时得到一个主要结论:金属材料的声发射是体积效应而不是表面效应。Tatro 在研究声发射物理机制的基础上首次提出,声发射可以作为研究工程材料疑难问题的工具并预言声发射检测技术在无损检测方面具有潜在的优势。1964 年,美国首先将声发射检测技术应用于火箭发动机壳体的质量检验并取得成功。此后,声发射检

测方法获得迅速发展。

目前,声发射技术已成为材料和构件评价不可缺少的手段之一,在材料和结构的无损检测中占有重要的地位。其发展趋势表现在以下几个方面:

(1) 理论研究方面,声发射传播理论、波形分析、声发射传感器的校正理论研究使得声发射技术应用范围不断扩大。

(2) 声发射信号处理方面(尤其是数字信号处理技术)的研究,对声发射源性质、信号的传播特性等方面的认识不断深入,提高了声发射技术检测结果的可靠性和重复性。声发射信号处理技术的发展同声发射技术的发展,特别是同声发射采集系统的发展及现代信号处理技术的发展息息相关。

(3) 计算机技术、集成电路、人工神经网络及模式识别等技术的进一步发展,相关尖端技术在声发射检测中的广泛应用,加之日益扩大的应用领域对声发射技术的发展提出了新的要求,促进了声发射技术稳步高速发展。

(4) 处理信息更快、更稳定可靠的声发射仪器以及配套软件系统的研制,进一步扩大了声发射技术的应用领域、应用范围,为大型构件结构完整性的实时动态监测创造了条件。

8.7.1 声发射检测原理及特点

声发射是一种物理现象,大多数金属材料塑性变形和断裂时有声发射产生,但其信号的强度很弱,需要采用特殊的具有高灵敏度的仪器才能检测到。各种材料的声发射频率范围很宽,范围从次声频、声频到超声频。利用仪器检测、分析声发射信号并利用声发射信息推断声发射源的技术称为声发射技术。

声发射检测必须有外部条件的作用,使材料或构件发声,如力、电磁、温度等因素的作用,使材料内部结构发生变化,如晶体结构变化、裂纹扩展等。因此,声发射检测是一种动态无损检测方法,即结构、焊接接头或材料的内部结构、缺陷处于运动变化的过程中,才能实施检测。如果裂纹和缺陷等处于静止的状态,没有发生变化和扩展,就没有声发射发生,也就不能实现声发射检测。

声发射信号可分为连续型和突发型,实测的信号也可能是两类信号复合的结果。声发射信号是上升时间很短的振荡脉冲信号,上升时间约为 $10^{-4} \sim 10^{-8}$ s,信号的重复速度很高。声发射信号有很宽的频率范围,通常从次声频到30MHz,因而声发射信号具有一定的模糊性。金属的声发射过程有一个重要特征,即它的不可逆性。例如,某一材料加载到一定的应力水平使之产生声发射然后卸载,再次加载时,只有超过前一次所加载荷时才会有声发射产生。这种不可逆性被称为凯塞尔效应。因为声发射与材料的塑性变形有密切关系,而塑性变形是一不可逆过程。图8.28为典型的钢试件拉伸过程中的应变与声发射函数关系图。

1. 声发射的来源与产生

使用声发射技术进行材料或结构件的无损检测,必须了解与其相关的声发射来源与产生。声发射源的范围是非常广泛的,这里仅简单介绍两种主要的声发射源。

1) 位错运动和塑性变形

实际金属晶体并不像理想的那样完美无缺,存在着各种各样的缺陷,对晶体性能有很大的影响。当晶体内沿某一条线上的原子排列与完整晶格不同时就会形成缺陷,位错就是这

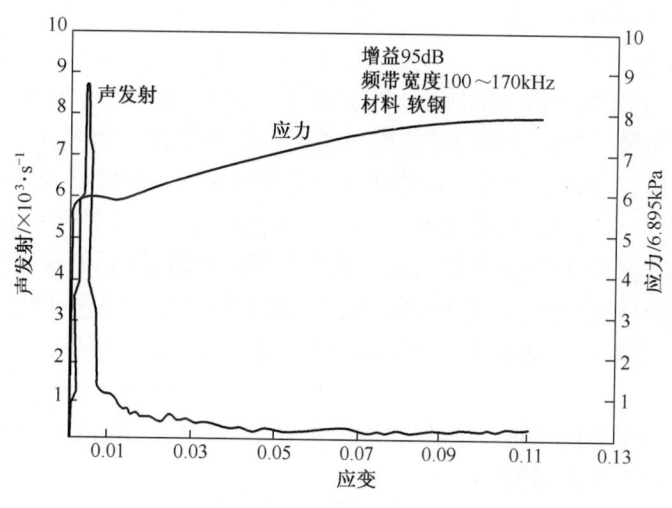

图 8.28 钢试件拉伸过程中的应变与声发射

样一种缺陷。计算结果表明，高速运动的位错产生高频率、低幅值的声发射信号，而低速运动的位错则产生低频率、高幅值的声发射信号。据估计，大约 100~1000 个位错同时运动可产生仪器能检测到的连续信号，几百个到几千个位错同时运动时可产生突发型信号。

2）裂纹的形成和扩展

裂纹的形成与扩展是一种主要的声发射源，尤其对焊接无损检测来说更为重要，因为焊接裂纹的形成和扩展是许多焊接结构和接头破坏的主要原因。裂纹的形成与扩展同材料的塑性变形有关，一旦裂纹形成，材料局部区域的应力集中得到卸载，产生声发射。材料的断裂过程大体上可分为三个阶段：裂纹成核、裂纹扩展、最终断裂。三个阶段均可产生强烈的声发射。塑性材料受到外力作用时，由于其中第二相硬质点与基体材料变形不一致，往往在二者界面上形成微孔。当外力增加时，微孔增大，相邻微孔连接在一起形成初始的微裂纹。裂纹尖端由于应力集中形成塑性区域，在外力作用下塑性区域产生微观裂纹，进一步发展成为宏观裂纹。

脆性材料不产生明显的塑性变形，一般认为位错塞积是脆性材料形成微裂纹的基本机理。由于裂纹尖端的塑性区较小，裂纹扩展较为迅速。因此，裂纹的扩展过程就包含着材料内部某一位置上能量的局部积聚和释放过程。这是一个间断过程，由这个过程所激发的声发射具有突发特征。脆性材料由于不产生明显的塑性变形，其声发射频度低，每次的发射强度大；塑性材料与之形成对照，声发射频度高，每次发射强度小，如图 8.29 所示。

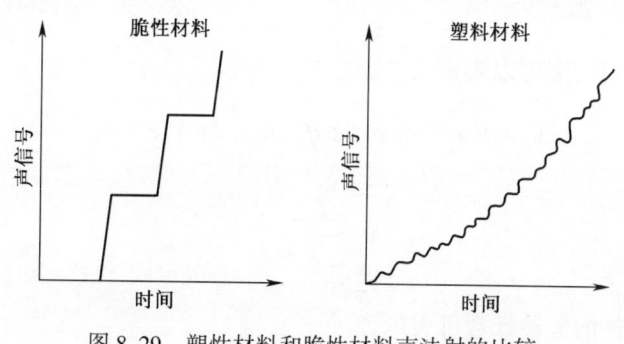

图 8.29 塑性材料和脆性材料声法射的比较

2. 声发射信号的特征参数

1) 声发射事件

图 8.30 是一个突发型信号的波形,经过包络检波后,波形超过预置的阈值电压形成一个矩形脉冲。如果一个突发型信号形成一个矩形脉冲称为一个事件,这些事件脉冲数就是事件计数。单位时间的事件计数称为事件计数率,其计数的累积则称为事件总数。图 8.31 是一个声发射信号的振铃波形,设置某一阈值电压,振铃波形超过这个阈值电压的部分形成矩形窄脉冲,计算这些振铃脉冲数就是振铃计数,图示的振铃计数为 5。这是对振幅加权的一种计数方法,如果改变阈值电压,则振铃计数也发生变化。单位时间的振铃计数率称为声发射率,累加起来称为振铃总数。取一个事件的振铃计数称为事件振铃计数或振铃/事件。

仪器输出的声发射信号是一个随机信号,如图 8.32 所示,假定一个声发射事件可以近似为指数衰减的正弦波,并表示为

$$V = V_p \cdot e^{-\beta t} \cos\omega t$$

式中: V 为瞬时电压; V_p 为峰值电压; β 为衰减系数; t 为时间; ω 为角频率。

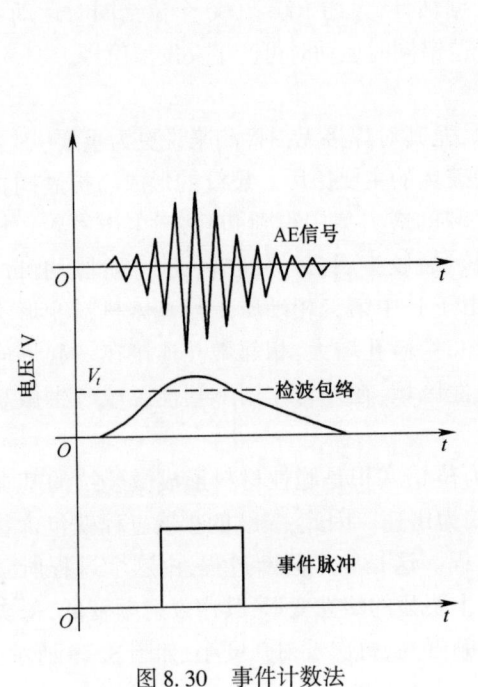

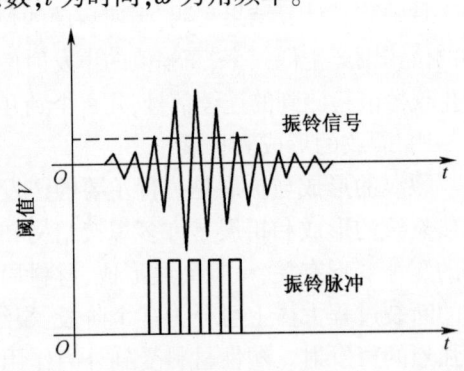

图 8.30 事件计数法

图 8.31 振铃计数法

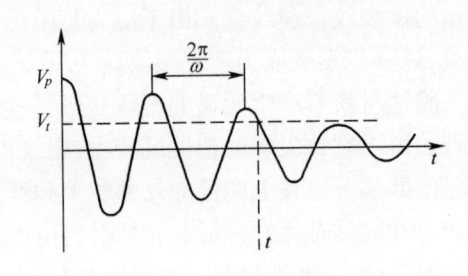

图 8.32 随机声发射信号

设阈值电压为 V_t,则可以表示为

$$V_t = V_p e^{-\beta n_e \frac{1}{f_0}} \cos(2\pi f_0) n_e \frac{1}{f_0} = V_p e^{-\beta n_e \frac{1}{f_0}}$$

即

$$\frac{V_t}{V_p} = e^{-\beta n_e \frac{1}{f_0}}$$

那么,一个事件的振铃计数可表示为

$$n_e = \frac{f_0}{\beta} \ln \frac{V_p}{V_t}$$

式中：f_0 为工作频率；β 为衰减系数。

由上式可知，一个事件的振铃计数 n_0 与衰减系数 β、工作频率 f_0、信号峰值电压 V_p 和阈值电压 V_t 有关。这种计数方法简单，既适用于突发型信号，也适用于连续型信号，因此在声发射检测中得到了广泛的应用。

2）振幅及振幅分布

振幅分布又称为幅度分布，振幅是指声发射波形的峰值振幅。振幅和振幅分布被认为是可以更多地反映声发射源信息的一种处理方法，它既可以是事件计数对振幅的分布，也可以是振铃计数对振幅的分布。振幅分布有两种表示方法，即微分型和积分型。试验表明，不同的声发射源具有不同的振幅分布谱，有随振幅增加计数单调减少的分布谱，也有高斯分布谱，但经常遇到的是在比较宽振幅比的范围内，以双对数表示为负斜率 m 的直线分布谱。

3）能量

声发射能量反映了声发射源以弹性波形式释放的能量，能量分析是针对仪器输出的信号进行的。瞬态信号的能量定义为

$$E = \frac{1}{R} \int_0^\infty V^2(t)\,dt$$

式中：$V(t)$ 为随时间变化的电压；R 为电压测量电路的输入阻抗。

8.7.2　声发射检测定位方法

在声发射检测中，确定声发射源是该检测方法中的关键技术之一。通常可将几个压电换能器按一定的几何关系放置在固定的位置上，组成换能器阵列，测定从声源发射的声波传播到各换能器的时间，由此求出相对时差，将这些时差代入满足该阵列几何关系的方程组中求解，得到缺陷的位置坐标。在实际应用中为了推导方便和简化计算，换能器通常按特定的几何图形布置。

1. 直线定位法

直线定位法是在一维空间中确定声发射源位置坐标，大多用于焊缝缺陷定位。在一维空间内放置两个换能器，它们所确定的声源位置必须在两个换能器连线或圆弧线上。

2. 平面三角形定位法

将 4 个换能器分别置于 $S_0(0,0)$、$S_1(-1,-B)$、$S_2(-1,-B)$ 与 $S_3(0,A)$，S_1、S_2、S_3 三点构成一个正三角形，$S_0(0,0)$ 为三角形的内心，并取其为直角坐标系的原点，如图 8.33 所示。在 $P(x,y)$ 点有一声源，求出到达 S_1、S_2 和 S_3 相对于 S_0 的时差后，可以计算出声源 $P(x,y)$ 的位置。

3. 归一化正方阵定位法

归一化正方阵定位是一种将声源位置坐标按换能器位置坐标归一化的定位方法。这种定位方法的数学表达式结构形式简单、对称，易于进行数据处理，便于记忆。在计算公式的推导过程中没有做过任何近似假设，表达准确，并且不经判断就可以确定唯一解。

如图 8.34 所示，将 4 个换能器置于直角坐标系中的位置 (1,1)、(1,-1)、(-1,-1)、

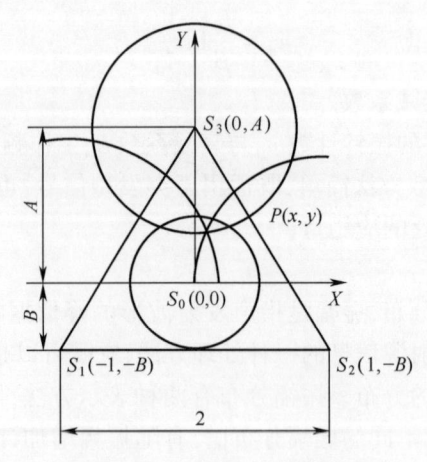

图 8.33 平面三角定位法

$(-1,1)$。声源 $P(x,y)$ 的声波传播到达换能器 1 的传播时间为 t_1，而传播到换能器 2、3、和 4 和时差分别为 Δt_2、Δt_3、Δt_4，那么 $P(x,y)$ 应该位于分别以换能器 1、2、3 和 4 的位置为圆心，以 Rt_1、$R(t_1+\Delta t_2)$、$R(t_1+\Delta t_3)$ 和 $R(t_1+\Delta t_4)$ 为半径的 4 个圆的交点上。4 个圆的交点只有一个，所以方程组只能有唯一解。

声发射源的位置应满足下述 4 个方程：

$$(x-1)^2 + (y-1)^2 = R^2 t_1^2$$
$$(x+1)^2 + (y-1)^2 = R^2 (t_1+\Delta t_2)^2$$
$$(x+1)^2 + (y+1)^2 = R^2 (t_1+\Delta t_3)^2$$
$$(x-1)^2 + (y-1)^2 = R^2 (t_1+\Delta t_4)^2$$

解上述方程可以得到声源的 x、y 坐标。

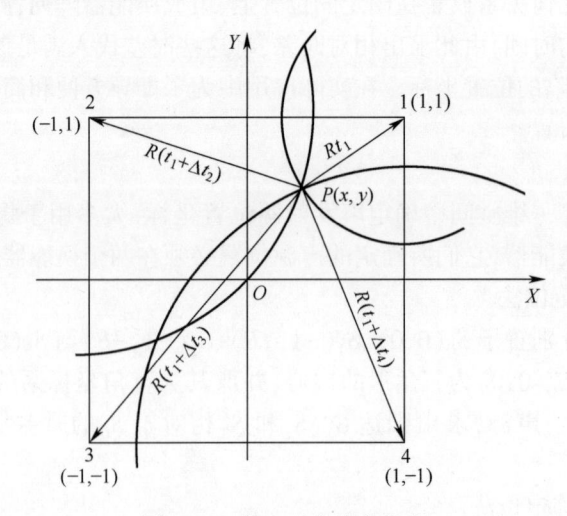

图 8.34 归一正方阵定位法

8.7.3 声发射检测应用

声发射技术应用范围很广，主要有以下几个方面：

1. 压力容器的安全性评价

评价压力容器等构件的结构完整性是声发射技术应用的一个重要领域。我国压力容器的数量很大,且相当一部分有较严重的质量问题。因此,研究和发展可靠性高、速度快和费用低的检测方法,具有特别重要的意义。目前,声发射技术在这一领域的应用已趋于成熟,且与其他无损检测方法结合使用,确保了检测结果的可靠性。

2. 机械制造过程的监控

声发射应用于机械制造过程的监控始于 20 世纪 70 年代末。我国在这一领域起步早、发展快。早在 1986 年,国防科技大学等单位就进行过用声发射监测刀具磨损的研究。现在,一些单位已研制成功车刀破损监测系统和钻头折断报警系统,前者的检测准确率高达 99%,而漏报率和误报率小于 1%。根据刀具与工件接触时挤压和摩擦产生声发射的原理,我国还研制成功高精度声发射对刀装置,用以保证配合件的加工精度。20 世纪 90 年代,有些部位已开始用人工神经网络进行刀具状态监控、铁屑形态识别与控制以及磨削接触与砂轮磨损的监测等。

3. 油田应力测量

油田应力测量在油田生产和开发中有重要作用。由于人工压裂裂纹一般是沿最大水平应力方向伸长,因此,油、水井不应沿这个方向间隔排列,否则,注水后可能会出现爆性水淹。北京石油勘探开发科学院用声发射技术测量岩心波速各向异性,达到确定油田最大水平应力方向的目的。这一结果已用在油田生产和开发上,取得了明显的经济效益。

4. 复合材料特性研究

声发射已成为研究复合材料断裂机理的一种重要手段。目前,采用声发射技术已能检测每根碳纤维或玻璃纤维丝束的断裂及丝束断裂载荷的分布,从而评价碳纤维或玻璃纤维丝束的质量。声发射技术还可区分复合材料层板不同阶段的断裂特性,如基体开裂、纤维与树脂界面开裂、裂纹层间扩展和纤维丝断裂等。过去常使用声发射参数法(振铃计数、能量、幅度和持续时间),近年来,已使用波形识别方法并取得了良好结果。

5. 结构完整性评价

20 世纪 80 年代末至 90 年代初,美国 PAC 公司先后与美国 Wrignt 实验室及麦道公司联合,研究用声发射监测 F-15 和 F-111 飞机疲劳裂纹,取得了卓有成效的结果。

我国在飞机机翼疲劳试验过程中,用声发射进行监测和对结构的完整性进行评价,都取得了许多研究成果。

6. 焊接构件疲劳损伤检测诊断

我国对高速列车转向架构架模拟梁焊接结构进行了声发射监测试验。采用声发射多参数分析技术监测了焊接梁疲劳试验的全过程,得到了构件疲劳损伤各阶段与声发射特征之间的关系,准确地监测到焊接梁中焊缝和应力集中处的裂纹萌生及扩展过程,所用方法可进一步用来确定构件的损伤程度,并有可能应用到铁路桥梁疲劳损伤监测。

7. 泄漏检测

检测泄漏是声发射技术应用的一个重要方面。如果管道有破损,流体通过管壁外泄时就会在管壁中激发应力波。由于泄漏产生的声发射信号比较大且其频谱有较大的峰值,通过相关分析,就可确定泄漏点位置。有报道说,可检测到 $8\times10^{-4}\,\text{mL/s}$ 流量的泄漏。

此外,声发射还可用于材料的疲劳、蠕变、脆断、应力腐蚀、焊接和焊接过程的监测,也可用于飞机、桥梁、混凝土大坝、海洋石油钻采平台等的安全监测。总之,声发射技术在材料结构评价等方面具有广阔的应用前景。

8.8 红外检测

红外无损检测是利用红外理论,把红外辐射特性的分析技术与方法,应用于被检对象无损检测的一个综合性应用工程技术。众所周知,材料、装备及工程结构等运行中的热状态是反映其运行状态的一个重要方面,热状态的变化和异常过热往往是确定被测对象的实际工作状态和判断其可靠性的重要依据。通过对被检对象红外辐射特性的确定和分析,是确定和判断其热状态的良好途径。因此,红外无损检测技术在材料、装备及工程结构等的检测与评价中越来越受到人们重视。

红外无损检测技术和其他无损检测技术相比,有如下优点:

(1) 操作安全。进行红外无损检测时不需要与被检对象直接接触,所以操作十分安全。这个优点在带电设备、转动设备及高空设备的无损检测中非常突出。

(2) 灵敏度高。现代红外探测器对红外辐射的探测灵敏度很高,可以检测出 0.01℃ 的温度差,能够检测出设备或结构等热状态的细微变化。

(3) 检测效率高。红外探测器的响应速度高达纳秒级,可迅速采集、处理和显示被检对象的红外辐射,提高检测效率。

新型红外无损检测仪器可与计算机相连或自身带有微处理器,实现数字化图像处理,扩大了其功能和应用范围。

红外无损检测所存在的主要问题有:

(1) 确定温度值困难。使用红外无损检测技术可以诊断出设备或结构等热状态的微小差异和细微变化,但是很难准确地确定出被检对象上某一点确切的温度值。其原因是,被检物体的红外辐射除与其温度有关外,还受其他因素的影响,特别是物体表面状态的影响。

(2) 难于确定被检物体的内部热状态。物体的红外辐射主要是其表面的红外辐射,主要反映了表面的热状态,而不可能直接反映出物体内部的热状态。

(3) 价格昂贵。红外无损检测仪器是高技术产品,更新换代迅速,生产批量不大,因此与其他检测仪器或常规检测设备相比,其价格是很昂贵的。

目前,红外无损检测技术的发展方向如下:

(1) 研究便捷、准确度高的热激励方式。

(2) 红外信息处理技术的应用,包括小波分析、神经网络、热像层析法等智能化技术的研究及应用。

(3) 缺陷检测从定性化研究向定量化发展。

(4) 为了适应现场检测的需要,对检测系统的便携式集成。

(5) 自动化检测系统的建立等。

从红外无损检测技术存在的问题和目前的发展趋势来看,研究定量化检测及建立智能化检测系统具有重大的现实意义。

8.8.1 红外检测基础

1. 红外辐射及传输

红外辐射实际是波长为 0.75~1000μm 的电磁波。由于这一波段位于可见光和微波之间,并且比红光的波长更长,所以红外辐射亦称为红外线。任何温度高于热力学零度的物体,都会不停地进行红外辐射,红外辐射又称为热辐射。图 8.35 给出了红外辐射在电磁波辐射波长范围内所处的位置。

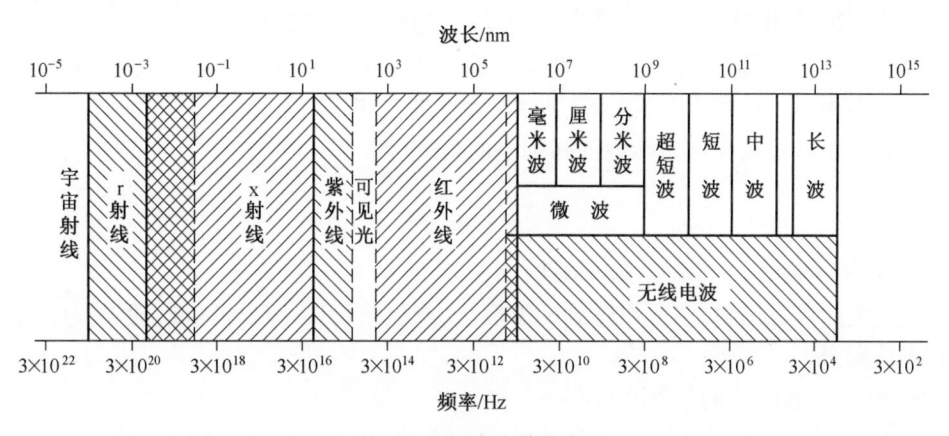

图 8.35 电磁波波谱分布图

一般为了研究方便,又将红外辐射分为三个波段:近红外波段,波长为 0.75~3.0μm;中红外波段,波长为 3.0~2.0μm;远红外波段,波长大于 20μm。

1) 红外辐射定律

(1) 辐射率。实验表明,物体表面的温度不同,其红外辐射或吸收的能力也不同。如果有一个理想物体,它对红外的辐射率、吸收率与表面温度及波长无关,且等于 1(即全部吸收或全部辐射),则这种理想的辐射体、吸收体称为黑体。

实际上黑体是不存在的,一切物体的辐射率和吸收率都小于 1,并且辐射或吸收红外的能力都与表面温度及红外辐射的波长等因素有关。在工程中,用辐射率 ε 定量地描述物体辐射或吸收红外的能力,等于物体的实际辐射强度 I 和同温度下黑体辐射强度 I_b 之比,即

$$\varepsilon = \frac{I}{I_b}$$

(2) 基尔霍夫定律。当几个物体处于同一温度时,各物体辐射红外线的能力正比于其本身吸收红外线的能力,并且任何一个物体的红外辐射能量密度为

$$\omega_\lambda = \alpha \omega_b$$

式中:ω_λ 为物体在单位时间内红外辐射的能量密度;ω_b 为黑体在同一温度下单位时间内红外辐射的能量密度;α 为物体对红外辐射的吸收系数,总小于 1。

显然,黑体是最理想的辐射体和吸收体,其吸收系数和辐射系数都等于 1。此外,物体处于红外辐射平衡状态时,它所吸收的红外能量等于它所辐射的红外线能量。由此定律还可知,性能良好的反射体或透明体,必然是性能差的辐射体。在实践中,增加物体辐

射红外线能力的常用方法,就是使它的表面具有最小反射红外线的能力。

(3) 斯蒂芬·玻耳兹曼定律。该定律指出:物体红外辐射的能量密度与其自身的热力学温度(T)的4次方成正比,并与它的表面辐射率(ε)成正比。如果用W表示单位时间、单位面积物体的红外辐射总能量,此定律可以用下面的公式表示,即

$$W = \sigma \varepsilon T^4$$

式中:σ为斯蒂芬·玻耳兹曼常数,其值为$5.6696 \times 10^{-8} \mathrm{Wm^{-2}K^{-4}}$;$\varepsilon$为物体表面辐射率;$T$为物体热力学温度。

由该定律可知,物体的温度越高,它所辐射的红外能量越大。

(4) 维恩位移定律。黑体的红外辐射具有各种不同的波长,每种波长的红外辐射能量大小也不相同。通常把对应于辐射能量最大的波长,称为辐射的峰值波长($\lambda_{\max}$),维恩定律给出了峰值波长与黑体温度间关系的公式,即

$$\lambda_{\max} = \frac{2897}{T}$$

式中:T为黑体温度(K);$\lambda_{\max}$为峰值波长(μm)。

由此定律可看出,在实际可达到的温度下,峰值波长位于红外区域,随着温度的升高,峰值波长变短。

2) 红外辐射的传输与衰减

红外辐射是一种电磁波,与其他波长的电磁波一样,可以在空间和一些介质中传播,但是在传输方面它还有自己的特点。实验表明,当红外辐射在大气中传输时,它的能量由于大气的吸收而衰减。大气对红外辐射的吸收与衰减是有选择性的,即对某种波长的红外辐射,大气几乎全部吸收;相反,对于另外一些红外辐射,大气又几乎一点也不吸收。

大气对红外辐射的吸收,实际上是大气中水蒸气、二氧化碳、臭氧、一氧化碳等气体的分子,有选择地吸收一定波长的红外辐射。由于上述气体只对一定波长红外辐射产生吸收,所以造成大气对不同波长的红外辐射具有不同的透过率。实验表明,能够顺利透过大气的红外辐射主要有三个波长范围:$1 \sim 2.5 \mu m$、$3 \sim 5 \mu m$和$8 \sim 14 \mu m$。一般将这三个波长范围称为大气窗口,即使在这三个波长范围的红外辐射,在大气中传输时还有一定的能量衰减,并且衰减程度与大气中存在的杂物、水分等密切相关。

2. 红外探测器

1) 主要性能指标

对材料、设备、结构等进行红外无损检测,首先需要将红外辐射转换为电信号,以利于分析处理。能够将红外辐射转换为电信号的器件,称红外探测器。不同的红外探测器不但工作原理不同,而且探测的波长范围、灵敏度和其他主要性能都不同。下面几个参数常用来衡量各种红外探测器的主要性能。

(1) 响应率。响应率表示红外探测器把红外辐射转换为电信号的能力,等于输出信号电压与输入红外辐射之比R,即

$$R = U/W$$

式中:U为输出信号电压;W为输入红外辐射能。

(2) 光谱响应。不同波长的红外辐射射入同一个红外探测器时,即使输入的红外辐射能相同,输出的信号电压却不一定相同。因为同一个红外探测器对某些波长的响应大,

而对其他波长可能无响应。通常将红外探测器对不同波长的响应曲线称为光谱响应曲线。对任何波长的红外辐射响应率都相等的红外探测器,称为无选择性探测器。而对不同波长的红外辐射响应率不相等的,则称选择性探测器。

选择性探测器的光谱响应曲线有一个峰值响应率(R_m),所对应的波长称为峰值响应波长(λ_m)。而当光谱响应曲线下降为峰值响应率的一半时,所对应的波长称为截止波长(λ_c)。

(3)等效噪声功率。当红外辐射入射到红外探测器上时,将输出一个电压信号,并随着入射的红外辐射变化而变化。此外,红外探测器除了输出信号电压外,还同时输出一个与目标红外辐射无关的干扰信号,称为噪声或杂波。这种干扰信号电压的均方根值,称为噪声电压。任何红外探测器只能探测到幅度大于本身噪声电压的信号,除非采用特殊的信号处理技术。所以,噪声电压成为确定某一探测器最小可探测信号的决定性因素。表示这个特性的参数称为等效噪声功率(NEP),其定义是:产生与探测器噪声输出大小相等的信号所需要的入射红外辐射能量密度,可用下式计算:

$$NEP = \frac{\omega A}{U_s/U_n}$$

式中:ω 为红外辐射能量密度;A 为红外探测器的有效面积;U_s 为红外探测器的输出信号电压;U_n 为红外探测器的噪声电压。

(4)探测率。探测率等于等效噪声功率的倒数,是表示红外探测器灵敏度大小的又一个参数,即

$$D = \frac{1}{NEP}$$

从上式可知,探测率越大,其灵敏度就越高。探测率与红外探测器的有效面积(A)和频带宽(Δf)的平方根成反比。通常采用归一化探测率,以消除面积和带宽的影响,该参数用符号 D^* 表示,即

$$D^* = D\sqrt{Af}$$

式中:D 为探测率;A 为红外探测器的有效面积;Δf 为放大器的频带。

(5)时间常数。时间常数是表示红外辐射的响应速度的一个参数,其定义是:当红外探测器加有一理想的矩形脉冲辐射信号时,它输出的信号幅值由零上升至63%时所需要的时间,其单位是毫秒或微秒。红外探测器的时间常数越小,说明它对红外辐射的响应速度越快。

2) 常用红外探测器

(1) 光电探测器。

① 光电导型探测器。当红外或其他辐射照射半导体时,其内部的电子接受了能量处于激发状态,形成了自由电子及空穴载流子,使半导体材料的电导率明显增大。这种现象称为光电导效应。依光电导效应工作的红外探测器,称为光电导探测器。常用的此类探测器有:锑化铟(InSb)探测器、硫化铅(PbS)、硒化铅(PbSe)探测器及锗(Ge)掺杂质的各种探测器。光电导型探测器是一种选择性探测器。

② 光伏型探测器。如果以红外或其他辐射照射某些半导体的 PN 结,则在 PN 结两边的 P 区和 N 区之间产生一定的电压,这种现象称为光生伏特效应,简称光伏效应。其

实际是把光能变换成电能的效应。根据光伏效应制成的红外探测器,称为光伏型探测器。常用的此类探测器有:砷化铟(InAs)探测器、碲镉汞[(Hg-Cd)Te]和光伏型锑化铟(InSb)探测器。

光伏型探测器和光电导型探测器一样,也是有选择性探测器,并具有确定的波长。光伏型探测器具有一定的时间常数,但在探测率相同的情况下,光伏型探测器的时间常数可远小于光电导型探测器。

(2) 热电探测器。热电探测器是利用某些材料吸收红外辐射后,由于温度变化而引起物理性能发生变化而制成的。常用的热电探测器有以下几种:

① 热敏电阻红外探测器。它对于从 X 射线到微波波段都可响应,因此是一种无选择性探测器,可以在室温环境中工作。它是根据物体受热后电阻会发生变化这一性质制成的红外探测器,工作原理与光电探测器不同。这种探测器的时间常数大,一般在毫秒级,只适用于响应速度不高的场合。

② 热释电探测器。它是一种新型探测器,是利用某些材料的热释电效应制成的。这种效应是指一些铁电材料吸收红外辐射后,温度升高,表面电荷发生明显变化,从而实现对红外辐射的探测。这种材料有一个很重要的特性,即在它表面电荷的多少与其本身的温度有关。通常,温度升高表面电荷减少,利用这个效应可以制成红外探测器。

常用制作热释电红外探测器的材料有硫酸三甘肽、一氧化物单晶以及以它为基础掺杂改性的陶瓷材料和聚合物等。一般将热释电材料制成薄片,作为红外探测器的敏感元件。当探测器接受红外辐射时,热释电材料被加热,温度上升,表面的电荷将发生变化,并通过电极引出,即输出电压信号。

热释电材料在作为探测器时有一个特殊的问题,当热释电材料被稳定不变的红外辐射照射时,其稳定升高到一定数值后,也将稳定不变,此时热释电材料表面的电荷也不再变化,且相应的输出电压信号为零。因此,须将入射的红外辐射进行截光调制,使其产生周期性变化,保证探测器的输出稳定。

8.8.2 红外检测技术原理与方法

1. 红外检测的原理

由上可知,红外技术是研究和应用红外辐射的一门新型科学技术。红外检测是利用红外辐射原理对设备或材料及其他物体表面进行检测和测量的专门技术,也是采集物体表面温度信息的一种手段。

当一个物体本身具有不于周围环境的温度时,不论物体的温度高于环境温度还是低于环境温度,也不论物体的高温来自外部热量的注入还是由于在其内部产生的热量造成,都会在该物体内部产生热量的流动。热流在物体内部扩散和传递的途径中,将会由于材料或设备的热物理性质不同,或受阻堆积,或通畅无阻传递,最终会在物体表面形成相应的"热区"和"冷区",这种由里及表出现的温差现象,就是红外检测的基本原理。

2. 红外检测基本方法

红外检测的基本方法分为两大类型,即被动式和主动式。被动式的红外检测应用较多,主动式的红外检测又可分为单面法和双面法。

红外检测中对被测目标的加热方式也分为稳态加热和非稳态加热。

红外检测仪器的安装和运载方式有固定式、便携式、车载式和机载式等多种。

1) 被动式红外检测

此种方式是指进行红外检测时不对被测目标加热,仅仅利用被测目标的温度不同于周围环境温度和条件,在被测目标与环境的热交换过程中进行红外检测的方式。被动式红外检测应用于运行中的设备、元器件和科学试验中。由于它不需要附加热源,在生产现场基本都采用这种方式。

2) 主动式红外检测

主动式红外检测是在进行红外检测之前对被测目标主动加热,加热源可来自被测目标的外部或在其内部,加热的方式有稳态和非稳态两种,红外检测根据不同情况可在加热过程中进行,也可在停止加热有一定延时后进行。

(1) 单面法。单面法是指对被测目标的加热和红外检测在被测目标的同一侧面进行。

(2) 双面法。相对于上述的单面法而言,双面法是把对被测目标的加热和红外检测分别在目标的正、反两个侧面进行。

3) 加热方式

(1) 稳态加热。稳态加热是指将被测目标加热到其内部温度达到均匀稳定的状态时,再把它置放于一个低于(或高于)该恒定温度的环境中进行红外检测。

这种方式多用于材料的质量检测,如被测物内部有裂纹、孔洞或脱粘等缺陷时,则被测物与环境的热交换中热流将受到缺陷的阻碍,其相应的外表面就会产生温度的变化,与没有缺陷的表面相比则会出现温差。

(2) 非稳态加热。非稳态加热是指对被测目标加热时,不需要使其内部温度达到均匀稳定状态,而在它的内部温度尚不均匀、具有导热的过程中即进行红外检测。

如将热量均匀地注入被测目标,热流进入内部温度由它的内部状况决定,若内部有缺陷,则会成为阻挡热流的热阻,经一定时间会产生热量堆积,在其相应的表面会产生热的异常。缺陷造成的热流变化取决于缺陷的位置、走向、几何尺寸和材料的热物理性能。

8.8.3 红外检测技术应用

1. 红外无损检测在热加工中的应用

(1) 点焊焊点质量的无损检测。采用外部热源给焊点加热,利用红外热像仪检测焊点的红外热图及其变化情况来判断焊点的质量。无缺陷的焊点,其温度分布是比较均匀的,而有缺陷的焊点则不然,并且移开热源后其温度分布的变化过程与无缺陷焊点将产生较大差异。

(2) 铸模检测。用红外热像仪测定压铸过程中,压铸模外表面温度分布及其变化,并进行计算机图像处理得到热像图中任意分割线上各像素元点温度值,结合有限元或有限差分方法,用计算机数值模拟压铸模内部温度场,可给出直观的压铸过程温度场的动态图像。

(3) 压力容器衬套检测。利用红外成像技术进行压力容器衬里脱落或缺陷检测的方法是,利用红外热像仪从容器表面温度场数据的传热理论分析和用计算机程序的实例计算,推算出容器内衬里层的变化从而达到对容器内衬里缺陷的定量诊断。

(4) 焊接过程检测。在焊接过程中应用红外检测技术的场合比较多,如采用红外点温仪在焊接过程中实时检测焊缝或热影响区某点或多点温度,进行焊接参数的实时修正。采用红外热像仪检测焊接过程中的熔池及其附近区域的红外图像,经过分析处理,获得焊缝宽度、焊道的熔透情况等信息,实现焊接过程的质量与焊缝尺寸的实时控制。在自动焊管生产线上采用红外线阵CCD实时检测焊接区的一维温度分布,通过控制焊接电流的大小,保证获得均匀的焊缝成形。

(5) 轴承质量检测。被测轴瓦是有两层金属压碾而成,可能存在中间层,或者大的体积状、面状缺陷。由于内部有缺陷处与无缺陷部分传热速度不同,采用对工件反面加热,导致有缺陷处温度低于无缺陷处的表面温度,通过红外摄像可获得缺陷的图像和尺寸。用类似方法也可进行轴承滚子表面裂纹的检测。

2. 电气设备的红外无损检测

电气设备和其他设备一样,无论在运行或在停止状态,都具有一定的温度(高于热力学零度),即处于一定的热状态中。设备在运行中处于何种热状态,直接反映了设备工作是否正常,运行状态是否稳定良好。使用红外热成像装置,进行设备的热状态异常检测,国内外都有很多应用实例。例如,在电力系统的设备诊断中,应用热像仪检测发电机、变压器、开关接头、压接管等,能有效地发现不正常的发热点,及时进行处理和检修,防止了可能发生的停电事故。此外在电厂,也将该项技术用于水冷壁管的检测,判断是否存在有堵塞现象。

3. 红外泄漏检测

在实际生产中,管束振动、腐蚀、疲劳、断裂等原因将导致换热器壳侧或管侧介质发生泄漏,从而降低产品质量和生产能力,影响生产的正常运行。换热器泄漏的发生及程度的判定,对于保证换热器安全运转、节约能源,充分发挥其传热性能,提高经济效益具有重要意义。除了可根据生产工艺参数进行工况分析外,还可以采用红外测温技术监测换热器的运行情况,及时发现其泄漏的性质和部位。

例如,某化工总厂在生产过程中发现一换热器出现高温报警,遂采用热像仪进行温度测试,获得了换热器的温度分布状况。检测中发现局部温度不正常,通过分析证实了换热器壳侧的氨气已漏入了管侧的冷却水中,造成气液混合,降低了冷却效果,使出口温度不断升高。

4. 红外无损检测的某些特殊应用

(1) 火车车轮轴承过热的测量。火车车轮轴承座如果出现缺陷(如轴承中有裂纹或润滑不足等),在列车运行中将迅速过热,如不能及时发现,可能导致车轮卡住或轴承损坏,使列车有可能出轨。

对于上述问题可采用红外辐射检测方法解决。在指定的地点的钢轨两侧安装红外辐射探测器,使过往列车车轮轴承发射的红外辐射恰好入射至红外探测器的物镜上,监测轮轴超过规定温度标准的过热情况。

(2) 电子产品的红外无损检测。电子元件检测元件材料老化的速度直接与元件的工作温度有关,而且是随着温度升高而加快。老化的结果使得电子产品的使用寿命缩短,降低了元件和产品的可靠性。温度以及与之相关的红外辐射,是电子产品所有元件的通用参数。

　　元件发射的红外辐射,包含着发射元件的物理结构和工作特性的重要信息。物理结构和性能的改变(如电阻率、漏电流、电荷载流子迁移率等的改变),导致所给元件失效系数的改变,利用红外方法测量这种辐射,从而有可能确定红外辐射的参数和元件或整个产品的可靠性之间的关系。

第三篇　电子产品检验技术

第9章　电子元器件检验

9.1　电子元器件选用与控制

9.1.1　电子元器件选用准则

1. 选用时遵循的原则

电子元器件选用时应遵循下列准则：

(1) 元器件的技术条件、技术性能、质量等级等均应满足装备的要求。

(2) 优先选用经实践证明质量稳定、可靠性高、有发展前途的标准元器件，不允许选用淘汰和禁用的元器件。

(3) 应最大限度地压缩元器件的品种规格和生产厂家。

(4) 未经设计定型的元器件不能在可靠性要求高的军工产品中正式使用。

(5) 优先选用有良好技术服务、供货及时、价格合理的生产厂家元器件，对关键元器件要进行军方对生产方的质量认定。

(6) 在性能价格比相等时，应优先选用国产元器件。

2. 选用时可靠性保证措施

(1) 降额使用。经验表明，元器件失效的一个重要原因是工作在允许的应力水平之上。为了提高元器件可靠性，延长其使用寿命，必须有意识地降低施加在元器件上的工作应力(电、热、机械应力)，使实际使用应力低于其规定的额定应力。

(2) 热设计。电子元器件热失效是由于高温导致元器件的材料劣化而造成的。现代电子设备所用电子元器件的密度越来越高，使元器件之间通过传导、辐射和对流产生热耦合，热应力已成为影响元器件可靠性的重要因素之一。因此，在元器件布局、安装等过程中，必须充分考虑到热的因素，采取有效的热设计和环境保护设计。

(3) 抗辐射。在航天器中使用的元器件，通常要受到宇宙射线的损伤，进而使整个电子系统失效，因此设计人员必须考虑辐射的影响。目前，国内外已陆续研制了一些抗辐射加固的半导体器件，在需要时应采用此类元器件。

(4) 防静电损伤。半导体器件在制造、存储、运输及装配过程中，由于仪器设备、材料及操作者的相对运动，均可能因摩擦而产生几千伏的静电电压，当器件与这些带电体接触时，带电体就会通过器件"引出腿"放电，引起器件失效。不仅MOS器件对静电放电损伤敏感，在双极器件和混合集成电路中，此项问题亦会造成严重后果。

（5）操作过程的损伤问题。操作过程中容易给半导体器件和集成电路带来机械损伤，应在结构设计及装配和安装时引起重视，如引线成型和切断，以及印制电路板的安装、焊接、清洗、装散热板、器件布置、印制电路板涂覆等工序，应严格贯彻电装工艺规定。

（6）储存和保管问题。储存和保管不当是造成元器件可靠性降低或失效的重要原因，必须予以重视并采取相应的措施。例如：库房的温度和湿度应控制在规定范围内，不应导致有害气体存在；存放器件的容器应采用不易带静电及不引起器件化学反应的材料制成；定期检查有测试要求的元器件等。

9.1.2 电子元器件控制

为确保电子元器件使用的可靠性，对元器件的选择、采购、监制、验收、筛选、保管、使用、失效分析和信息管理等，实行有效的全过程质量与可靠性管理。

1. 选择

设备应制定电子元器件优选目录作为数据选用、质量可靠性管理和采购的依据。设备应严格按元器件优选目录选用元器件，超目录选用应严格审批。根据设备研制阶段的需要，应对元器件优选目录实施动态管理。

（1）编制设备元器件优选目录的一般程序：

① 成立优选目录编制组，提出编制准则及实施计划。

② 调研收集元器件使用要求，国内生产质量情况及选用国外元器件情况。

③ 提出征求意见稿，广泛征求意见。

④ 汇总并分析意见，编制送审稿。

⑤ 组织审查，编制报批稿。

⑥ 呈报审批。

（2）元器件优选目录至少应包括下列内容：

① 元器件名称。

② 元器件型号、规格。

③ 元器件主要性能参数。

④ 元器件封装形式。

⑤ 元器件采用标准。

⑥ 元器件质量等级。

⑦ 元器件生产单位。

⑧ 元器件新旧型号和国内外型号对照。

（3）优选目录的管理：

① 经批准的优选目录可用标准或指令性文件发布。

② 根据设备研制阶段中，元器件生产单位的发展及质量变化和使用中信息反馈的情况，主管部门应对优选目录实施动态管理。

③ 元器件质量可靠性工作主管部门，应监督检查优选目录的执行情况。

④ 严格按优选目录选用元器件，超目录选用应填表，上报审批，一般应经过优选目录编制主管部门审查，报总设计师批准。

2. 采购

元器件采购应满足下列要求：

（1）订购单位应编制采购文件（含采购清单、补充技术条件）。采购文件应按规定的程序履行审批手续，并定期审核其有效性。

（2）订购合同应根据采购文件签订。订购合同内容要写明订购元器件的名称、型号规格、技术标准、质量等级、验收方式、生产日期、防护要求及特殊要求等质量保证条款，应满足采购文件要求。

（3）对调拨、调剂方式取得的元器件，应符合有关技术标准、质量等级等要求并具有质量证明文件、合格证及商务保证。

（4）对有储存期要求的元器件，采购时应严格控制元器件的生产时间和数量。

（5）进口元器件的采购应选择设在本土的名牌公司作为供应商，或委托国外有信誉或军用元器件采购机构采购。不准通过无质量保证的中间商采购进口元器件。

3. 监制

凡在订货合同中规定了监制要求的元器件，应按订购元器件供应单位进行监制。监制应按规定的技术标准和管理要求执行。监制中，如有问题应及时报上级主管部门。监制后，监制人员应填写监制报告，并报上级主管部门。元器件监制应满足下列要求：

（1）订购单位对关键元器件的供应提出认定与监控要求，并制定相应的文件规定。

（2）订购单位按上述文件对关键元器件供应单位及生产线、检测设备、生产工艺、质量保证措施等进行认定，并对其关键生产工序进行监制。

4. 验收

凡在订货合同中规定的下厂验收元器件，应按订购元器件批次组织有验收资格的人员按合同规定到供应单位进行验收。验收应按规定的技术标准和管理要求执行。元器件验收应考虑下列情况：

（1）对有特殊要求的元器件、关键元器件和其他需要下厂验收的元器件，应按合同规定进行下厂验收。

（2）对质量有保证的元器件，或订购单位下厂验收有困难，可委托元器件供应单位质量部门代验。经供应单位质量部门代验的产品，到货后订货单位必须立即进行入厂检验，如有问题及时反馈处理。

（3）元器件应有生产日期（或生产批次号）、质量等级的标志，并应与质量证明文件相符。根据技术条件要求，应按产品批次进行复验。

（4）进口元器件到货后，应按元器件规定的技术标准进行检验及复验。元器件检验工作由指定的元器件可靠性检测机构或失效分析机构、元器件质量控制部门进行，并按批次和品种进行破坏性物理分析（DPA）以评价其工艺可靠性。对于选用无检验手段的进口元器件，必须报经总设计师批准后，方可用于军工产品或重点工程产品。

（5）经元器件可靠性检测中心等部门检验及复验合格的元器件，应由检验部门出具检验合格证，作为装机的依据。凡无检验合格证的元器件不能装机使用。

5. 筛选

对没有筛选报告的元器件，或有筛选报告满足不了要求的元器件，应根据使用单位需要做补充筛选（二次筛选），其筛选技术条件应符合规定的技术标准或产品研制的技术文件。

元器件筛选应按下述情况进行：

（1）元器件筛选应由元器件供应单位，按元器件技术标准和订货合同要求，进行出厂前的筛选(一次筛选)和订货单位在元器件到货后的补充筛选(二次筛选)。

（2）二次筛选应在元器件验收合格后，根据需要由订货单位或使用单位委托元器件检测站按有关规定进行，要求能剔除早期失效的元器件。

（3）筛选试验要求(包括筛选试验项目、试验应力条件等)及筛选后的检验判据，由订货单位根据需要及元器件标准确定。

（4）有下列情况之一者应进行二次筛选，筛选合格后方可装机使用。

① 元器件供应单位所进行的筛选，其筛选条件(项目和应力)低于订货单位要求时。

② 元器件供应单位虽已按有关文件要求进行了筛选，但不能有效剔除某种失效模式时。

③ 对进口元器件，原则上应按选择的质量等级技术标准进行二次筛选。

6. 储存与保管

应制定有关元器件储存与保管条件、存放条件、入库检验、定期检查出库检验及元器件失效的补发等标准要求。元器件储存与保管应满足下列要求：

（1）元器件的储存与保管必须符合规定的储存保管条件，特别对需要防潮、防腐、防锈、防老化、防静电等元器件更应妥善保管。

（2）元器件的库房存放做到不同品种分类存放，库房内应标志明显、排列有序、安全稳妥、存放合理、库房整洁、温湿度有记录，并定期检查。

（3）在库房存放过程中，应对有定期测试要求的元器件进行定期质量检验。发现不合格品应及时报废隔离出库，做出标记并记录在案。

7. 超期复验

应根据需要制定元器件储存期要求，对超过规定储存期要求的元器件，装机前应按规定进行超期复验，或报废处理。

8. 使用

设备设计师在合理选用元器件的前提下，要采用降额设计、热设计、环境防护设计等可靠性设计技术。要严格控制新研制元器件的使用，并且要进行元器件的应用评审，提高元器件使用的可靠性。元器件使用规则可按前面叙述要求实行。

9. 失效分析

加强元器件失效分析和质量反馈，提高元器件的固有可靠性。元器件失效分析均应按有关规定，送上级主管部门指定的元器件失效分析机构进行失效分析。元器件失效分析后，负责分析的单位应按有关规定向委托单位提交失效分析报告，并及时反馈上报有关单位，采取纠错措施，防止重复故障发生。

10. 信息管理

应建立设备元器件信息管理制度，指定有关部门收集、处理、保管元器件及选用全过程的质量信息，并建立元器件数据库，实施计算机管理。元器件信息管理应按下述要求进行：

（1）订购单位应建立元器件数据管理系统。制定元器件质量信息的收集、传递、反馈、统计、分析与故障处理等信息管理方法。

(2) 要建立元器件使用全过程的质量档案,其内容包括元器件管理文件、优选目录、选择、采购、验收、复验、筛选、失效分析、现场使用、故障处理等各种元器件数据报告。

(3) 设备研制过程中,重视元器件有关数据的收集、处理储存和利用,建立军工产品或重点工程元器件数据库,并实施计算机管理。设备元器件信息管理系统应提供下列查询项目:

① 元器件优选目录。
② 实际使用的元器件目录。
③ 可靠性试验数据。
④ 环境适应性试验数据。
⑤ 筛选项目和筛选合格率。
⑥ 实际选用元器件批次质量数据。
⑦ 元器件失效分析数据。
⑧ 元器件装配去向与装机清单。
⑨ 合格器材供应单位名单。
⑩ 进口元器件型号品种及货源。

(4) 为满足设备元器件批次质量管理的需要,应及时搜集有关元器件的失效数据和质量可靠性数据,为领导部门及设计师系统决策元器件问题,提供有价值的信息和科学依据。

9.1.3 电子元器件管理

1. 电子元器件管理基本方法

元器件管理的基本手段和方法是计划、组织、监督和控制。其具体做法是:

(1) 建立元器件控制机构。厂、所的元器件控制机构应由总设计师系统(或总质量师系统)负责,可靠性、标准化、供应及设计部门人员参加,其主要职责是:

① 制定产品的元器件控制大纲及控制方案。
② 编制本厂、所或产品的优选元器件清单。
③ 制定对转承制方元器件选用要求及控制程序。
④ 制定型号专用元器件降额准则、热设计准则及其他应用指南。
⑤ 参与设备型号设计评审中元器件的评审工作。
⑥ 参与元器件重大质量问题的调查分析工作。
⑦ 负责组织设备型号元器件的质量与可靠性信息网、数据库工作。
⑧ 其他日常工作。

(2) 编制本厂、所或设备型号优选元器件清单。

编制优选元器件清单内容如上所述。优先元器件清单应经过评审,按有关技术责任制经批准后执行。

(3) 制定选用非优选元器件清单中元器件的控制程序。

(4) 建立经认证的元器件质量检验分析站,它是元器件质量可靠性的检验分析机构。其主要职能是:

① 完成各单位送检元器件的质量与可靠性检验任务。对检验合格的元器件发给合格证,并对其检验结果的正确性负责。

② 完成各单位委托的元器件失效分析工作,按分析结果提出处理建议。

③ 检验发现元器件有重大质量问题时,应立即向送检单位报警并向有关上级机关报告。

④ 接受并完成各单位委托的元器件筛选任务。

2. 优选电子元器件生产厂家及动态管理

优选元器件生产厂家及动态管理在元器件管理中占有很重要的地位。确定优选元器件生产厂家一般通过下述三个途径:

(1) 根据本单位以往的检验,存优淘劣。

(2) 对一些电子设备研制单位进行调研,吸取优选元器件生产厂家的经验。

(3) 对元器件生产厂家进行考察。由于影响元器件质量因素是多方面的,考察内容一般包括以下 16 个方面:质量管理,可靠性水平,技术性能,执行标准,生产工艺,生产设备,技术能力,质量检验,例行试验,可靠性试验,成品老化筛选,交货期,售后服务,价格,地理位置,财政状况。对上述各方面考察后进行评分,分数高者列为优选厂家。

对优选元器件生产厂家应实施"ABC"管理,其中"A"类厂家为优选厂家,"B"类厂家为备选厂家,"C"类厂家为限制选用厂家。

对优选的元器件生产厂家应实施动态管理。由于种种原因,有些厂家产品质量会逐年提高,而有些厂家由于内因或外因,质量下降或波动,甚至停产。因此,对优选的元器件厂家应定时或经常地进行考察,有可能原定为"A"类厂家变为"B"类或"C"类厂家,而原为"C"类厂家升为"A"类厂家;也可能被淘汰掉,另换新的厂家。

9.2 电子元器件可靠性筛选

9.2.1 概述

1. 目的

电子元器件的失效率与时间的关系可用浴盆曲线(图 9.1)来表示。曲线分为三个阶段,即早期失效阶段、偶然失效阶段和耗损失效阶段。Ⅰ区失效率很高,但随时间迅速下降,表明产品批中混杂着各种质量低劣的早期失效产品(由于材料、设计、制造工艺的缺陷所造成);Ⅱ区失效率低且基本恒定,它表明电子产品在规定条件下正常地工作,其失

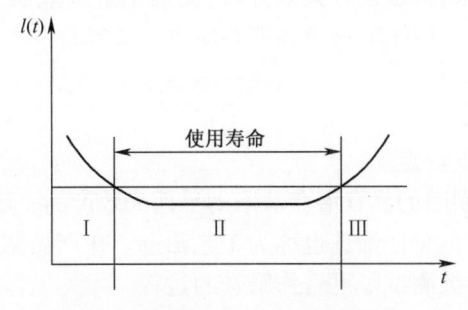

图 9.1 成批电子设备故障率曲线

效是随机性的,即产品失效并非由某种特定机理所支配;Ⅲ区是失效率迅速上升的时期,这是由于产品经长期使用后产生磨损(老化)而不断发生失效所致。显然,如果把早期失效产品剔除掉,就使产品从开始使用便进入失效率低而恒定的时期,即提高了产品的使用可靠性。

筛选的主要目的是对电子元器件实施100%非破坏性筛选检验,剔除具有潜在缺陷的早期失效产品,提高批产品的可靠性。一般在微电路产品上施加一定的电、热应力,其产品特性分布会有如图9.2所示的变化。施加应力的大小确定主要考虑因素是,如何才能有利于将具有潜在缺陷的早期失效产品与合格产品分离开来,即有利于失效产品的劣化而不会损伤合格产品。

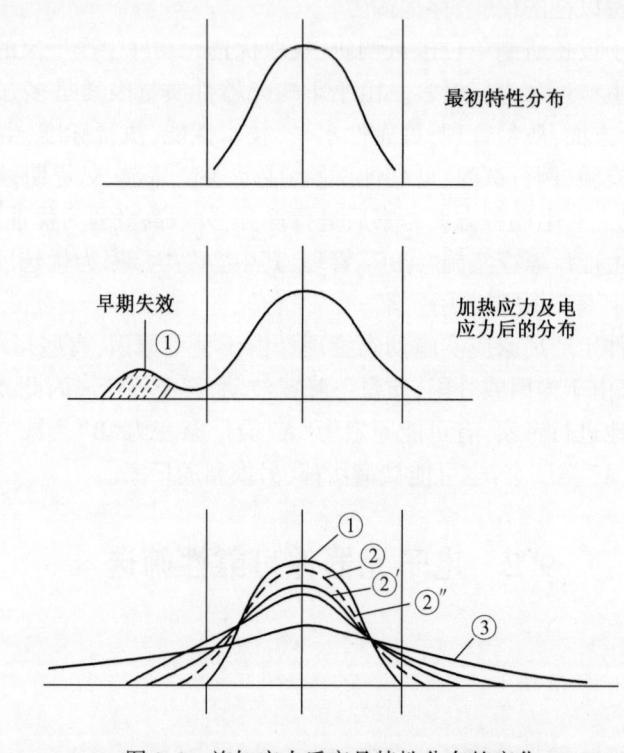

图9.2 施加应力后产品特性分布的变化

在偶然失效阶段,如果长时间加热或电应力,会有图9.2中②→②′→②″的变化规律。一旦进入耗损失效阶段,曲线变化会很快成为③的形状,不合格产品会大幅度增多。为了得到理想的筛选结果,应该通过失效分析,明确主要失效模式,了解对这种失效模式最敏感的应力,研究图9.2中①的形成在哪种应力下最容易发生,在此基础上确定筛选方法和条件。

2. 特点

可靠性筛选具有如下特点:

(1)可靠性筛选所剔出的具有潜在缺陷的早期失效产品一般是工艺缺陷和工艺过程产生的差错造成的,所以可靠性筛选也称为工艺筛选。在产品制造中,各个工艺质量的检验,成品和半成品的电参数测试等可看作筛选的过程。

(2)可靠性筛选是全部产品的实验,而不是产品抽样检验。所以,可靠性筛选必须是非破坏性的试验,经过试验对批产品不应增加新的失效模式和机理。

(3) 可靠性筛选本身不增加产品固有的可靠性,可提高批产品的可靠性。因为把潜在的早期失效产品从整批产品中剔除后,确保出厂产品具有原设计要求的可靠性。所以,高可靠性电子产品的获得要靠对元器件可靠性设计和严格工艺控制,而不是靠可靠性筛选。

3. 分类

可靠性筛选可分为常规筛选和特殊环境筛选两大类。在一般环境条件下使用的产品只需进行常规筛选,而在特殊环境条件下使用的产品则除进行常规筛选外,还需进行特殊环境筛选。实践证明,失效率低的产品对特殊环境的适应能力不一定都好。

特殊环境筛选包括抗辐射、冷热超高真空、盐雾、霉菌、油雾筛选等。

核辐射环境是目前的最恶劣环境,它对电子产品会产生严重的影响。宇航中使用的电子产品受到宇宙射线的作用而使性能显著变劣。在 γ 射线作用下,CMOS 电路参数会产生明显的变化:输出波形变坏、输出高电平变低、输出低电平升高等。电位器对辐射反应也是非常敏感的。电位器结构材料中的有机物、聚合物如清漆、黏合剂、绝缘混合剂、塑料等在中子辐射和 γ 电离辐射的作用下失去其稳定性。同类型产品的抗辐射能力差异很大。通过筛选,可以把抗辐射能力差的产品剔除出来。

其他各项特殊环境筛选,也是针对产品在使用中可能遇到的特殊环境条件而设置的。

按筛选性质,常规筛选一般可以分为检查筛选、环境应力筛选和寿命筛选三大类。

(1) 检查筛选,包括:目检和显微镜检查;红外线检查;X 射线检查;密封性检查;粒子碰撞噪声检测(PIND)。

(2) 环境应力筛选,包括:振动加速度筛选;冲击加速度筛选;离心加速度筛选(恒定加速度筛选);高低温循环或热冲击筛选。

(3) 寿命筛选,包括:高温储存;低温储存;功率老炼筛选。

9.2.2 可靠性筛选检验方法

1. 检查筛选

1) 目检和显微镜检查筛选

这是一种重要的筛选方法,简便易行而且效率很高,在半导体器件生产中被广泛使用。例如,在晶体管或集成电路封装前,用显微镜对芯片进行检查,可以发现沾污、缺陷、损伤、互连不好、键合不良等缺陷,应及时将其剔除。

半导体器件在封装前通常用 30~200 倍的双筒立体显微镜按有关规范进行检查,必要时应用扫描电子显微镜进行检查。

显微镜检查筛选有其局限性,即它只能找到表面的显而易见的缺陷,而一些新型集成电路属于多层结构,显微镜检查筛选就失去了其作用。

2) 红外线检查筛选

利用物质中分子热骚动产生的红外辐射,检查元器件热特性的一种方法。当产品设计不合理、工艺上存在缺陷及生产过程中存在某些失效机理时,会在局部产生过热点和热区,运用红外探测或照相技术便可以发现过热点和热区,把有潜在缺陷的产品筛选掉。这种检查方法不会损伤产品,尤其适用于大规模集成电路和电阻器。此外,可借助红外技术,根据焊点热辐射状况测量它的温度,以此来确定焊点质量的好坏。

用红外线设备如热像仪进行检查,精度高,不接触样品,检查速度快,所以它是一种有效的热测量方法。

3) X射线检查筛选

元器件密封后,如果采用X射线照相方法,可以透过外壳发现内部沾污、金属微尘、键合不良、内部引线损伤等缺陷。X射线检查也是一种非破坏性检查方法。

在晶体管和集成电路生产中,X射线检查通常用于检验产品的组装工艺质量。组装工艺是半导体器件生产中的一道关键工艺,但其控制和检验的自动化程序往往较低,主要依靠人工操作,这就使产品质量容易出现大的波动。X射线检查可以弥补其他检查方法(如显微镜检查)的不足,既可以在产品制造后期剔除有缺陷的封装产品(包括塑料壳和金属壳封装产品),又可以对失效产品进行分析,提供产品质量情况,在产品质量波动较大的情况下,可立即进行处理。

采用X射线照相技术,可进行下述工艺质量检验:

(1) 焊接质量检验。

好的焊接:在基片下,X射线检验没有任何斑点显示,基片是透明的,各边壁由金属完整地沾润。

不良的焊接:在基片下可看到若干斑点,芯片外形仅部分能看见,各边壁仅部分由金属沾润。焊接不良会在芯片上产生过量的机械应力,使芯片在键合时产生微裂纹。

(2) 键合质量检验。

好的键合:如热压之后所有金球都具有相同直径和形变,金丝从球体垂直引出并平滑地弯曲到适当方向。所有金丝都具有相同的机械应力。

不良的键合:如金球具有不同的直径,变形的金球和尖锐弯曲的金丝可能造成微裂纹。金丝上具有不同的机械应力。不良的键合会使从变形球体中引出的金丝产生微裂纹,在工作条件下可能造成突然失效。

太长金丝在封装过程中会产生互连短路,特别是塑料封装器件更容易出现这种情况。对金属封装器件,太长的金丝会导致与外壳之间短路,特别在机械负荷作用下更容易出现。

(3) 污染检查。可检查出封壳内由于组装不善所造成的污染(外来粒子)。

在高可靠继电器生产中,把X射线检查作为一种筛选手段。它用于检查下列质量缺陷:

① 外壳或结构上的焊珠、溅焊或其他封在壳内的外来杂质。
② 引线断裂、脱离或过于松弛。
③ 连接不良。
④ 结构未对准,或内部结构与外壳之间的间隙太小。
⑤ 外壳结构有裂纹、开裂或脱离。

4) 密封性检查筛选

对于密封结构的产品,其致密性再好,总会存在一定的漏气率。对同一密封结构的产品,如果采用不同的检漏方法,就会得出不同的结论。密封性不良往往是导致某些电子元器件失效的重要因素,因此有必要采用筛选的方法,把密封性不良的产品剔除出来。

密封性筛选包括检查"大漏"和"微漏"两方面。前者采用粗检漏方法,其检测灵敏度低于 10^{-5} atm·cm³/s;后者采用细检漏方法,包括氦质谱检漏法和放射性示踪检漏法。氦质谱检漏法的检漏范围是 $10^{-5} \sim 10^{-8}$ atm·cm³/s,放射性示踪检漏法的检漏范围是 $10^{-8} \sim 10^{-13}$ atm·cm³/s,其中以氦质谱检漏法使用较为广泛。

(1) 气泡法。这是一种粗检漏方法,这种方法是在低倍显微镜下,观察置于一定温度浸液中的元器件表面有无气泡冒出。浸液一般选用氟碳化合物,其性能稳定,不会对产品造成不良影响。采用这种方法时应注意使温度达到规定值,否则会造成大量漏检。为提高检测效果,通常对浸液加压。

(2) 氦质谱检漏法。氦的原子量小,黏量小(仅大于氢气),黏度小,渗透力强,易于穿透极小的漏隙。氦是惰性气体,对被试产品无有害影响,在大气中含量甚微,所以是较理想的示踪气体。检漏前将元器件在高压(2~5个大气压)氦气中存放一定时间后取出,用氦质谱检漏仪检漏。当产品有漏孔时,被压入的氦气通过漏隙进入检漏仪的质谱室中,在其离子室内与其他气体一起被电离,在电场的作用下离子聚成束,以一定的速度进入磁分析器。由于氦离子质量轻,经磁分析器易与相邻谱线分开,到达收集极形成离子流,由质谱仪的输出表读出其漏速。氦质谱仪只能检查漏速小于 10^{-5} atm·cm³/s 的漏孔。这种方法称为无损检漏。

(3) 放射性气体示踪检漏法。这是一种高灵敏度的检漏方法,对产品性能的影响一般可以忽略不计。通常采用的放射性示踪气体是氪的同位素 Kr^{85}。将待检漏的元器件在一个至几个大气压的 Kr^{85}-N_2 混合气体中存放一定时间,取出后吹去表面残余气体,放在一个辐射探测器中,根据进入元器件内的 Kr^{85} 放射出的 γ 射线强度就可推算出漏气速率。其灵敏度上限大约可检出 10^{-13} atm·cm³/s 的漏孔。但这种方法不能检查大漏孔,操作中要注意射线防护等问题。

上面介绍的"粗检"和"细检"两类检漏方法,可相互补充,其检测灵敏度范围也相互衔接,因此,在密封性筛选中,两类检漏方法都得采用。

粗检法的具体化要求是:先抽真空至 1mmHg,保持 30min,加压并加入 F-113,压力不低于 5kg/cm²,保持时间不大于 2h,再把器件投入高沸点氟碳化合物溶液中,温度不低于 125℃,剔除连续冒泡的器件。

5) 粒子碰撞噪声检测(PIDN)

当有空腔器件的内部有可动多余物时,有可能造成内部引线的短路。宇航用器件在失重的空间运行,可动多余物可能造成的危害就更大。所以,国军标对宇航级器件规定了要做粒子碰撞噪声检测(PIND)筛选,以剔除内部有可动多余物的器件。对于非宇航用的元器件,则根据具体情况,将 PIND 作为选用的筛选项目。

PIND 筛选时应根据器件腔体的高度按规定施加适当的机械应力,使附着在器件内部的可动多余物脱落。具体的试验方法和合格判据分别见 GJB 128A—1997《半导体分立器件试验方法》方法 2052、GJB 548B—2005《微电子器件试验方法和程序》方法 2020.1 和 GJB 360B—2009《电子及电气元件试验方法》方法 217。

2. 环境应力筛选

1) 振动加速度筛选

电子产品在使用和运输过程中,可能遇到各种频率和不同强度的振动环境。振动加速度筛选就是在实验室中模拟各种恶劣振动条件对产品的影响,暴露产品生产工艺中的一些缺陷,如引线焊接不良、内引线过长等。在振动过程中可分为加电检查和不加电检查两种。加电检查振动筛选能够发现瞬时短路、瞬时开路等缺陷。

按振动性质分,可分为50Hz等幅振动筛选和扫频振动筛选两种。扫频振动的特点是振动频率在一定范围内按对数规律变化,它可以发现因机械共振引起的失效,通常利用电磁振动台进行,频率范围按产品的不同使用场合选取。

2) 冲击加速度筛选

在运输、跌落、碰撞和车辆颠簸中,电子产品会受到不同程度的机械冲击,其加速度一般小于$100g$,而在作战环境下,由于爆炸等原因,就可能受到高达到$20000g$的高加速度机械冲击。冲击加速度筛选就是在实验室中,模拟恶劣冲击环境条件对产品的影响,暴露存在间歇短路、间歇开路、微粒子等缺陷的产品,把它们剔除掉。

冲击加速度筛选分为有监控、无监控两种。冲击机分跌落冲击机和气压冲击机两种,其中以气压冲击机试验效果较好。为解决试验设备问题,当相应标准或技术协议允许时,冲击加速度筛选常用敲击试验来代替。

3) 离心加速度筛选

离心加速度筛选又称为恒定加速度筛选。在飞机和导弹上工作的电子产品,经常要受到离心力的作用。离心加速度筛选就是模拟这一环境条件对产品的影响,暴露产品中存在的键合、强度不够、芯片黏合不良、内引线过长、引线弧度太大、内部有可动微粒等缺陷。

如果考核产品在使用环境下的适应能力,则可选用较低的离心加速度应力,约$5g\sim100g$;若考核产品结构的牢固程度,则需施加较高的离心加速度应力,约$10000g\sim20000g$。为了解决试验设备问题,离心加速度筛选也常用跌落试验来代替。

4) 温度循环和热冲击筛选

温度循环筛选是使电子产品在较短的时间内随极端高温和极端低温的作用,剔除因材料热胀冷缩性能不匹配、内引线和管芯涂料温度系数不匹配、芯片裂纹、接触不良等原因而造成的失效产品。

筛选试验的严格度等级由高温、低温数值,在不同温度下的平衡时间,高、低温转换时间及循环次数等确定。

热冲击筛选是使电子产品在很短时间内承受温度剧变的作用,以剔除适应能力差的产品。

热冲击筛选在高、低温之间的过渡时间比温度循环筛选的短,一般小于10s。

各类元器件的温度循环(热冲击)方法如下:

(1) 二、三极管。

锗管:$-55℃\pm3℃ \rightleftharpoons 85℃\pm2℃$ 　　循环5次

硅管:$-55℃\pm3℃ \rightleftharpoons 125℃\pm2℃$ 　　循环5次

闸流管:$-55℃\pm3℃ \rightleftharpoons 100℃\pm2℃$ 　　循环5次

先低温后高温,高、低温下保持时间各为30min,转换时间小于1min。产品转换后温箱应在15min内达到规定温度。剔除的失效产品中,若短路、开路、接触不良、断腿、掉帽等严重失效器件比例大于5%时,则此批产品不能交付使用。

(2) 集成电路。

-55℃±3℃ ⇌ 125℃±3℃　　　　　循环 5 次

先低温后高温,高、低温下保持时间各为 30min,转换时间小于 1min。

(3) 铝电解电容器。

负极限温度$^{+3}_{-0}$℃　　　　　　　　1h

室温　　　　　　　　　　　　0.5h

正极限温度$^{+3}_{-0}$℃　　　　　　　　1h

室温　　　　　　　　　　　　0.5h

共 3 个循环。

(4) 微调线绕电位器。

-55℃±3℃ ⇌ 125℃±3℃　　　　　循环 5 次

先低温后高温,高、低温下保持时间各为 30min,转换时间 15min。

(5) 中小功率 N 沟道耗尽型场效应管。

-55℃±3℃ ⇌ 150℃±2℃

3. 寿命筛选

1) 高温储存筛选

高温储存筛选是在试验箱内模拟高温条件,对元器件施加高温应力,加速元器件中可能发生或存在的任何物理化学反应过程,如由水蒸气或其他离子所引起的腐蚀作用、表面漏电、沾污、以及金-铝之间金属化合物生成等,使具有潜在缺陷元器件提前失效而剔除之。总之,高温储存对污染、引线焊接不良、氧化层缺陷等都有筛选效果。

高温储存筛选具有方法简单、成本低的突出优点,所以被普遍采用,但需要认真研究合适的储存温度。提高储存温度能加速产品内可能发生或存在的物理、化学反应过程,缩短筛选时间,但受到产品结构、材料性能的限制。对于半导体器件来说,最高储存温度除了受到金属与半导体材料共熔点温度的限制以外,还受到管子内涂料、外壳漆层及标志耐热温度和引线氧化温度的限制。因此,金铝系统器件最高储存温度不得超过 150℃,铝铝系统器件可选用 200℃,金金系统器件可选用 300℃。对电容器来说,最高储存温度除了受到介质耐热温度限制外,还受到外壳漆层和标志耐热温度,以及引线氧化温度的限制,某些电容器还受到外壳浸渍材料(地蜡)的限制。因此,电容器的最高储存温度一般都取它的正极限温度。

高温储存对性能良好的元器件能起到稳定其电参数的作用,特别是与器件表面态有关的电参数的稳定作用更明显。下面是高温储存提高元器件电参数稳定性的一些例子。

(1) 3EG12B 硅晶体管。这种管子采用金-锑合金真空烧结工艺,可耐受较高的温度。经研究表明,这种管子的一种主要失效模式是直流电流增益 h_{FE} 增大,但增大到一定程度就稳定下来。经试验,这种管子在 295℃ 温度下储存 50h 能使 h_{FE} 参数稳定下来,从而提高了管子的使用可靠性。

(2) 聚苯乙烯电容器。这种电容器以聚苯乙烯薄膜做介质,以铝箔做极板,经卷烧、热聚合等工艺制成。由于介质材料和极板材料的线膨胀系数不同,在热聚合工艺过程中使电容器产生一定的内应力,导致电容器在使用过程中发生显著的电容量漂移。这种电容器在正极限温度下储存一定时间,便可消除电容器中存在的内应力,使电容量趋于稳定。

（3）金属膜电阻器。这种电阻器经过几十小时的高温储存,能改善其膜层的结晶结构,消除生产工艺中产生的各种内应力,提高阻值的稳定性。

半导体分立器件和集成电路高温储存的试验方法分别见 GJB 128A—1997《半导体分立器件试验方法》方法 1051 和 GJB 548B—2005《微电子器件试验方法和程序》方法 1010.1。

2）低温储存筛选

低温储存筛选是根据某些材料在低温下性能劣化,或根据各种材料在低温下冷缩程度不同造成结构破坏而失效的原理,来剔除缺陷产品的一种筛选方法。例如:内涂覆材料龟裂而挣断内引线;某些金属引线在低温下发脆而造成脱焊;绝缘材料龟裂而使外壳漏气等。

3）功率老炼筛选

功率老炼筛选就是在较长的时间内对元器件连续施加一定的电应力,通过电—热应力的综合作用来加速元器件内部各种物理、化学反应过程,促使元器件内部各种潜在缺陷及早暴露,从而达到剔除早期失效产品的目的。它对工艺制造过程中可能存在的一系列缺陷,如表面沾污、引线焊接不良、沟道漏电、硅片裂纹、氧化层缺陷、局部发热点、二次击穿等都有较好的筛选效果。对于无缺陷的元器件,也可促使其电参数稳定。

半导体器件常用的老炼筛选方法有常温静态、高温静态、高温反偏和高温动态老炼。

常温静态功率老炼是老炼时器件所处的环境温度是室温,器件处于放大工作直流偏置状态,器件老炼所需的热应力由其本身所消耗的电功率转换而来。由于器件在老炼过程中受到电、热的综合作用,内部的各种物理、化学过程被加速,便于把有缺陷的器件剔除出来。这种方法无需高温设备,操作简便,因此被普遍采用。在器件安全范围内,适当增加老炼功率,提高器件结温,可以收到更好的老炼效果。

高温静态功率老炼的加电方式以及试验电路形式均与常温静态功率老炼相同,只是前者在较高的环境温度下进行。因器件在较高环境温度下进行老炼,集成电路结温很高。一般来说,集成电路的高温静态功率老炼效果比常温静态功率老炼的效果好,但此种方法需要高温箱、高温工具,设备费用高。

高温反偏老炼中,器件被同时加上高温环境应力和反向偏压电应力,器件内部无电流或只有微小电流通过,几乎不消耗电功率。这种方法对剔除具有表面效应缺陷的早期失效器件特别有效,在一些表面敏感的半导体器件中得到广泛应用。

高温动态老炼主要用于数字电路,其方法是:向被老炼电路的输入端输入脉冲信号,使电路不停地处于翻转状态。这种方法接近电路的实际使用状态。试验条件一般是在最高额定工作温度和最高额定工作电压下老炼 168~240h。

4. 特性参数电测筛选

电测筛选是元器件应力筛选的一种补充手段,它普遍应用于晶体管特性参数的筛选,就是剔除那些由于生产工艺变化、工艺控制浮动等原因引起的电参数"异常"的元器件,从而达到筛选的目的。

1）晶体管反向击穿特性测试

利用晶体管图示仪测试晶体管反向击穿特性,是检测不可靠器件的一种好办法。在目前的工艺条件下,器件的表面状态是影响器件反向特性的重要因素。通过对晶体管反向击穿特性的测试,可以发现有缺陷的器件,从而把它剔除掉。

通常测试中,会遇到硬击穿、工艺缺陷造成的低击穿、材料本身或光刻形成针孔(小岛)引发的 PN 结不平整、器件 c-e 间隔存在并联电阻、软击穿、反向击穿、沟道漏电、反向击穿特性存在负阻并伴有二次击穿、反向击穿特性蠕动等 9 种反向特性曲线。其中,所需的是第一种即"硬击穿"的反向特性,这种器件的击穿机理单一,反向漏电流小,受温度的反向漏电流小,受温度的影响也较小。其余 8 种则属有缺陷器件的反向特性曲线,应予以剔除。

在测晶体管阻反向击穿电压时,若用示波器扫描击穿特性,对于小功率晶体管、微波低噪声晶体管(双极型),扫描击穿电流不能超过 100μA,否则会造成"热电子损伤效应",使 h_{FE} 下降。

2) 晶体管反向漏电流测试

反向漏电流对温度的变化非常敏感,它对晶体管的工作稳定性影响较大。

器件 PN 结表面对反向漏电流有决定性的影响。表面漏电流包括表面复合电流、表面沟道电流和表面漏电流三部分,是由 PN 结表面的不正常复合中心,表面杂质离子及结表面存在水汽、沾污等引起的。

当环境温度上升时,器件的反向漏电流就会迅速增大。由于器件的反向漏电流以表面漏电流为主,故反向漏电流随温度变化的规律基本上是表面漏电流随温度变化的规律。在电测筛选中,可以采用在常温下测试反向漏电流的方法,来推测器件在高温下漏电流的变化趋势。

3) 晶体管电流放大系数测试

晶体管的电流放大系数由其结构系数所决定,但也与器件的表面状态有很大关系,尤其是在小电流注入时,发射结空间电荷区的复合作用和基区表面的复合作用对电流放大系数有很大的影响,使其急剧下降。

为了改善晶体管电流放大系数的线性特性,提高小电流注入时的电流放大系数,应严格工艺规程,加强质量控制,改善器件的表面状态。

电流放大系数的线性特性是表示器件质量的重要参数,一个好的器件,其电流放大系数应有较强的线性特性。因此,在选择器件时,可以电流放大系数是否"线性"为标准。

4) 晶体管 EB 正向大电流测试

有些管子内引线接触不好(包括管芯、铝膜质量不好、内引线压焊或接触不好、管芯氧化层腐蚀不好等),需用 EB 加正向大电流的方法来剔除曲线抖动及曲线形状异常的管子。

5) 高温测试及热测试

某些大功率管及高反压管,由于在功率老化时电应力较小,当管子需在高温、高压下工作时,电参数可能不满足整机线路要求,所以要进行高温测试及热测试,某些高温性能不好的中、小功率管也要进行这项筛选。高温测试是在实际需要的高温条件下,测量管子的击穿电压及反向漏电流,剔除不满足线路要求的管子。热测试是在老化台上给晶体管加一定的功率,老炼一定时间(如满功率老炼 4~6h)后,在管子冷却前(一般不超过 1min)进行观测。

6) 低温测试

某些晶体管和集成电路,在低温下性能下降(如低温下晶体管的直流放大系数 β 下降)。低温测试目的是为了获得与器件设计要求相适应的低温特性的一致性与均匀性。

低温测试一般在器件极限低温(-55℃±3℃)下进行,其方法是:试件在低温箱中恒温 30min 后测试。如果通过试验发现器件在某一温度范围内,其直流放大系数 β 与温度的关系曲线为一条近似直线时,就不需进行实际低温测试,而代之以该温度范围内某一认为合适的温度点进行测试。

电参数测量筛选也应用于元件方面。例如,钽电解电容器通常在最高额定工作温度(85℃±2℃)下测量漏电流,剔除不合格品。又如,铝电解电容器通常在最高额定工作温度下(保温 6h 后)测量漏电流,以剔除不合格品。

5. 其他筛选方法

1) 精密老炼筛选方法

精密老炼筛选试验既是电子产品的可靠性保证试验又是电子产品的可靠性评价试验,之所以受到重视,是因为海缆系统等高可靠工程项目对电子元器件的可靠性要求很高,如日本 CS-36M 海缆系统中的无人增音机所使用的晶体管,要求其工作失效率为 1 菲特。这样低的失效率当时无法用一般的方法予以保证和评价,需要采用精密老炼筛选的方法。

精密老炼筛选试验作为电子产品可靠性的一项保证试验技术,所要解决的是通过一般可靠性保证技术(如生产工艺质量控制、批量保证试验和一般可靠性筛选等)不能圆满解决的系统工程的高可靠性问题。精密老炼筛选与一般可靠性筛选的区别在于:一般可靠性筛选的目的是剔除早期失效产品,提高批产品的可靠性水平;精密老炼筛选则是在一般可靠性筛选的基础上,把性能虽然满足规范要求,但参数偏离均值较明显的产品剔除掉,把性能满足规范要求、参数一致性非常好、性能非常稳定的产品挑选出来。

精密老炼筛选试验应力不宜选择得太高,否则离实际使用情况相差太远,试验结果与实际使用结果的相关性差。但试验应力也不宜选择得太低,否则产品性能的变化就很小,很难区分产品的优劣,且试验时间太长。确切的办法是,产品在模拟实用条件下进行试验,使产品产生彼此不同的特性变化,且与产品在长期实际使用中的特性变化有某种对应关系。就是说,由试验期间产品的特性变化能预示产品在长期使用中的特性变化,这样可以根据产品在试验期间的特性变化,选择适合需要的高可靠产品。

精密老炼筛选试验的时间以能获得产品特性变化的必要信息为限度,一般需要数千小时。例如,SF 北大西洋海缆系统使用的器件,选择 20℃(模拟浅海大陆架的实际温度)作为试验温度,试验时间为半年,受试器件为预用器件的 5 倍。测量周期为 0、4、28 天,以后每隔 28 天测量一次。在试验的 400 万个器件中,无突然失效发生,除 h_{EF} 参数略有变化外,其他参数无变化。

精密老炼筛选选择器件的方法有两种,一是按顺位法来选择,二是按特性值分布选择。

顺位法就是把经过精密老炼筛选试验的器件特性变化率(参数变化率)由小到大按顺序排列,然后挑选出变化率最小的那部分器件。但是,根据变化率大小顺序来选择器件时,有时会出现器件参数变化率和测量误差差不多,甚至测不出来的情况,这时按参数变化率大小顺序来选择器件就无意义了,因此,应采用与某一特定值相比较的方法来选择器件。

根据器件特性值分布来选择器件的方法:首先将器件的特性值按大小顺序排列,做出表示器件特性值分布规律的正态分布曲线图,求出器件特性值的中位数值 M 和标准离差 σ,然后根据实际需要,选择特性值与中位数值之差不超过 1σ、2σ 或 3σ 的器件。

由于半导体器件对温度非常敏感,温度变化对参数影响很大。因此,在精密老炼筛选系统中,对试验设备的温度稳定性和测量仪器的精确性要求特别高。一般通过控温系统保证试验设备的温度稳定性,最高的控温精度可达±0.005℃。

除了要求试验设备有很高的温度稳定性外,还要求试验设备不受外界电气条件的干扰,因为电源电压或测试设备的瞬变、静电放电等会造成器件失效。

此外,器件从投试开始到结束,其位置应始终固定,即试验与测量时样品应处于同一位置上。试验本身及试验程序最好采用自动控制,数据处理及分析最好由计算机进行。

2) 线性判别筛选方法

线性判别筛选是在老炼筛选的基础上发展起来的一种筛选方法,比一般老炼筛选方法复杂。因为它不仅要对产品进行老炼,而且要根据老炼结果建立筛选判别式,以便对母体中所有产品的寿命值进行判别。

元器件的参数与寿命有内在的联系,但并非每个参数值及其变化对元器件的寿命都有同等程度的影响,有的参数较灵敏地反映出来该种元器件的寿命,有的则不然。例如,阻值变化率、电流增益 h_{EF} 和三次谐波分别是电阻器寿命、晶体管寿命和继电器触点寿命的一种灵敏指示参数,根据每个被试元器件的原始参数值和试验一小段时间后的参数值,判断每个元器件的寿命长短,以此来剔除早期失效产品或挑选寿命长的产品。这就是线性判别筛选的原理。

线性判别筛选的要点是通过对某种元器件的子样分析,找出对元器件寿命有显著影响的参数,并求出其影响的程度(分量),得出筛选判别式,从而对产品母体的寿命值进行判别。

概括起来,线性判别筛选分下述三个步骤进行:

(1) 从母体 N 中抽取一部分样品 n_1(子样)做试验,根据试验结果建立筛选判别式。

(2) 从母体 N 中抽取另一部分样品 n_2(子样)做试验,以上面建立的筛选判别式对试验结果进行判别,看筛选判别式是否适用。

(3) 如果适用,就用所建立的筛选判别式对母体中($N-n_1-n_2$)的所有产品进行判别筛选。如果不适用,就要分析原因,并重复(1)、(2)两个步骤,重新建立筛选判别式,重新对母体产品进行筛选判别。

3) 可靠性物理筛选方法

物理筛选是以失效物理为基础,采用能揭示产品缺陷的物理手段,把可靠性低的产品剔除出来。它是一种非破坏性筛选方法,具有节省时间、设备的优点,但与老炼筛选相比,其筛选效果不如老炼筛选好。为了提高筛选效率,有时把物理筛选与老炼筛选结合起来进行。

常见的有无源元件非线性筛选、噪声测量筛选等方法。

9.2.3 可靠性筛选方案设计与评价

筛选方案的设计合理与否十分重要,如果不合理,就会事倍功半,浪费设备与人力。筛选方案设计包括两方面内容：一方面根据所要求的可靠性等级确定筛选项目，并确定每个项目的具体试验条件，如应力水平、试验时间、测量参数、测量周期、筛选合格判据等；另一方面把各个筛选项目按一定的先后次序排列起来，成为一个完整的试验方案。

9.2.3.1 筛选项目

可靠性筛选是针对元器件的失效机理和失效模式而进行的，必须把那些能有效地激发并剔除早期失效产品的试验项目列入其筛选方案中。失效模式可以通过应力试验和现场使用反馈两种办法获得。

在开展现场失效分析时往往有这样的情况：元器件被当做失效产品送上来，但通过分析发现这些元器件并没有失效，这种现象是由于维修人员的错误判断所造成的。其原因是维修人员为了图方便，在设备出现故障时，把故障部位附近几个元器件都换上新的元器件。有时元器件的失效并非它本身的原因所造成，而是由于附近元器件失效所牵连。因此，对元器件进行失效分析时，要防止把二次失效当做一次失效来处理。

此外，还有这样一种情况：现场使用结果表明某种产品的失效率很高，此时就要分析一下，到底是元器件厂的问题还是设备生产厂的问题，因为设备生产厂使用不当也是促使元器件失效的原因之一。如果出现这种情况，应把注意力集中在过应力保护和改善使用环境方面。

失效模式可通过三种途径获得：

(1) 对产品进行强应力试验，加速其失效，使产品的失效模式完全暴露。

(2) 从产品现场使用中反馈获得。

(3) 从类似工艺的老产品中已知的失效模型来推测。

经过长期的实践，总结出各种筛选项目与所针对的失效模式之间的关系。以下经验可供设计筛选项目时参考。

1. 晶体管筛选项目所针对的失效模式

晶体管通常出现的失效模式有：

(1) 芯片键合点缺陷。

(2) 表面沟道漏电。

(3) 氧化层缺陷(针孔)。

(4) 铝膜划伤。

(5) 管壳漏气。

(6) 内引线过长。

对于模式(1)，可选择高温储存、温度循环、热冲击、振动、离心加速度、功率老炼等作为筛选项目，而以离心加速度为主。

对于失效模式(2)，可选择高温储存和功率老炼，而以功率老炼为主。

对于失效模式(3)和(4)，可选择镜检、温度循环和功率老炼，而以镜检和功率老炼为主。

对于失效模式(5)，可选择检漏。

对于失效模式(6)，可选择振动、离心加速度。

表9.1给出了晶体管主要失效模式和筛选项目的关系。

表 9.1 晶体管主要失效模式和筛选项目的关系

序号	主要失效模式	镜检	高温储存	热冲击	高温反偏	离心加速度	检漏	功率老炼	冲击加速度	振动	温度循环	电参数测试	外观检查
1	污染	0	0		0			0					
2	芯片本身缺陷	0	0	0				0	0	0	0		
3	芯片装配缺陷	0	0			0		0	0	0	0		
4	内引线焊接不良	0	0			0		0	0	0			
5	引线过长	0				0			0	0			
6	金属微尘	0				0			0				
7	氧化层缺陷	0	0					0					
8	金属化层铝膜缺陷	0	0					0					
9	密封不良						0						0
10	引线缺陷												0
11	参数漂移		0									0	

注:"0"表示可选用的筛选项目,余同

2. 集成电路的筛选项目所针对的失效模式

集成电路通常出现的失效模式有:

(1) 因划片出现划痕、裂纹而造成开路或短路。
(2) 光刻掩膜中的刻痕、瑕疵造成开路、短路。
(3) 光刻时污染而造成低击穿或漏电流增大。
(4) 金属化层刻痕或污染造成开路或短路。
(5) 芯片—底座键合不良而造成芯片龟裂或翘起。
(6) 封装不良而造成性能退化或因化学腐蚀和受潮而致短路或开路。

对于失效模式(1),可选择封帽前镜检或温度循环作为筛选项目。
对于失效模式(2),可选择封帽前镜检或电测试的筛选方法。
对于失效模式(3)和(4),可选择封帽前镜检、温度循环、功率老炼等。
对于失效模式(5),可选择封帽前镜检、离心加速度、冲击、振动等。
对于失效模式(6),可选择漏检。

表 9.2 给出了集成电路主要失效模式和筛选项目的关系。

表 9.2 集成电路主要失效模式和筛选项目的关系

序号	主要失效模式	封帽前镜检	温度循环	电测试	离心加速度	冲击加速度	温度循环	振动加速度	检漏
1	划片划痕、碎裂	0	0						
2	光刻掩膜中的刻痕、瑕疵	0		0					

(续)

序号	主要失效模式	筛选项目						
		封帽前镜检	温度循环	电测试	离心加速度	冲击加速度	温度循环	振动加速度	检漏
3	光刻时污染	0	0	0					
4	金属化层刻痕或污染	0	0	0					
5	芯片—底座键合不良	0			0	0	0		
6	封装不良								0

3. 电阻器的筛选项目所针对的失效模式

电阻器通常出现的失效模式有：

（1）基体缺陷使膜层材料中产生不规则热点，造成阻值增大。

（2）膜层螺旋槽刻得不恰当而产生不规则热点，导致阻值无规则增大。

（3）膜材料与引线端接触不良导致开路或阻值不规则增大。

（4）膜和基体受污染使阻值变化异常或开路。

（5）电阻线疵病使电阻线截面积减小，发生不规则热点，造成阻值不规则增大或开路。

（6）多层绕制的线绕电阻，因绝缘层疵病而发生阻值不规则下降或短路。

（7）引线端疵病造成开路。

采用长期功率老炼或短期超负荷老炼能有效地暴露上述各种失效模式。

表 9.3 给出了电阻器主要失效模式和筛选项目的关系。

表 9.3 电阻器主要实效模式和筛选的关系

序号	主要失效模式	筛选项目													
		耐潮热	热冲击	短期超负载	密封性	温度循环	电源噪声	电阻电压系数	电阻温度特性	X射线	红外线	外观检查	功率老炼	高温储存	低温储存	振动	冲击
1	膜疵点	0		0			0		0				0	0			
2	膜层不均			0			0		0			0	0				
3	合成膜疵点			0		0	0	0	0					0	0	0	
4	绕线疵点			0		0	0						0				
5	涂层和密封	0	0														
6	质量差			0		0			0	0	0	0	0	0	0	0	0
7	端帽和引线质量差			0	0	0				0		0		0			
8	基体疵点			0	0												

4. 电容器的筛选项目所针对的失效模式

电容器通常出现的失效模式有：

(1) 介质中有疵点、缺陷或存在杂质、导电微粒而导致击穿、短路。

(2) 引出线和电极接触不良而造成开路。

(3) 芯子热聚合产生的内应力引起电参数漂移。

(4) 外壳密封性差造成吸潮或漏液，以致引起电参数漂移。

对于失效模式(1)，可选择温度循环、高温储存或电压老炼作为筛选项目。

对于模式(2)，可选择温度循环。

对于模式(3)，可选择高温储存。

对于模式(4)，可选择潮湿、温度循环或密封性检验，而以密封性检验为主。

表 9.4 给出了电容器的主要失效模式和筛选项目的关系。

表 9.4 电容器的主要失效模式和筛选项目的关系

序号	主要失效模式	耐潮热	电压老炼	热冲击	密封性	电参数测试	温度循环	电流噪声	X射线	外观检查	介质抗电强度	高温储存	振动加速度	冲击加速度	离心加速度
1	介质疵点	0	0			0					0	0			
2	引线焊接质量差					0						0			
3	引线卡子接触不良				0										
4	内引线过长												0	0	0
5	金属化层质量差						0								
6	密封质量差	0		0	0	0		0	0				0	0	
7	芯子热聚合质量差		0			0						0			
8	介质留边量过小											0			

5. 机电继电器的筛选项目所针对的失效模式

机电继电器通常出现的失效模式有：

(1) 触点簧片断裂，引出线断腿。

(2) 触点工作不正常(常闭或常开)。

(3) 小负荷下出现触点黏连或三点连通现象。

(4) 外壳漏气。

(5) 衔铁卡死。

以上失效模式通常采用高、低温运行筛选(即在高、低温条件下，继电器作吸合和释放动作，检测每对触点的接触电阻或接触压降)、温度循环筛选和扫频振动筛选等项目来剔除。

9.2.3.2 筛选应力强度

确定筛选应力水平的原则是能有效地激发隐藏于产品中的潜在缺陷，并使其暴露出来,但又不破坏性能好的产品。一般来说,可以通过应力试验来确定最高筛选应力水平。

电子元器件的失效概率与其使用的应力如电应力、热应力、机械环境应力等有密切的关系。一般来说,产品的使用应力越高,其失效概率也越高。图 9.3 表示电子产品的失效概率与应力强度间的关系。它是通过对电子产品的应力试验,以及现场使用统计而获得的。

图 9.3 中,区域 A 呈正态分布,表示可靠产品的失效分布;区域 B、C、D 表示不可靠产品的失效分布,其曲线形状是不规则的。其中一部分产品在额定使用应力以下就发生失效,有些质量低劣的产品甚至在平均使用应力以下就失效。从图 9.3 中还可以看出,可靠产品的平均失效应力远高于产品的平均使用应力。要在可靠产品开始失效的应力强度以下,选择适当的应力强度作为筛选应力,剔除不可靠产品而不损坏可靠的产品。

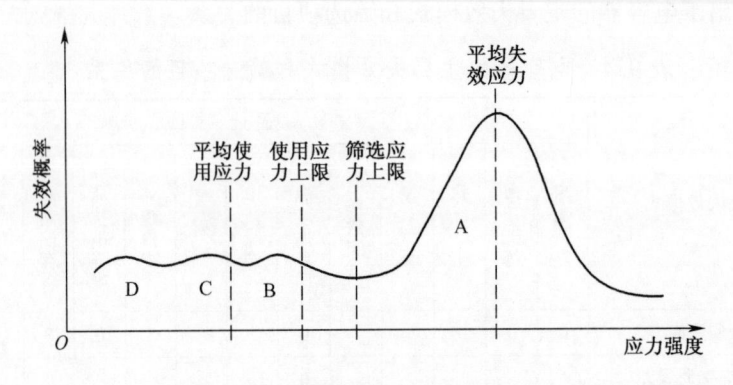

图 9.3 电子产品应力强度分布曲线

对于设计合理、工艺成熟、质量控制严格的生产线生产出来的产品,其性能比较稳定,质量一致性也比较好,而其筛选淘汰率一般比较低。因此,对于筛选淘汰率超过一定比例的产品批可能存在某些方面的固有缺陷,应予以拒收。

图 9.4 表明某些在设计、工艺或材料上存在本质缺陷而早期失效率很高的产品,是不可能通过筛选来提高其使用可靠性的,这类产品经过筛选出来的"合格品",实际上仍然是不合格的,在使用中会陆续出现失效。因此,不能只从筛选后的"合格品"比例的应力强度大小来判别产品的好坏,而应该找出设计、工艺、材料上的存在问题,加以解决。

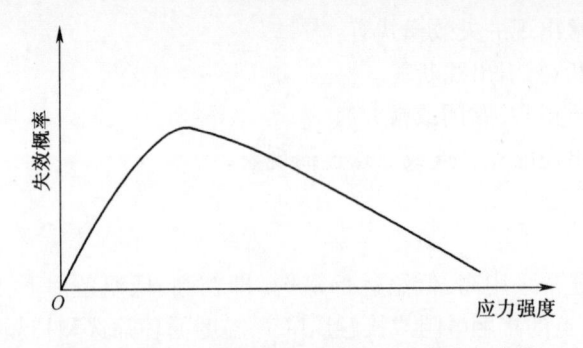

图 9.4 存在本质缺陷的产品应力强度分布曲线

为了确定产品应施加的筛选应力强度,往往采用步进应力试验方法,对产品进行极限应力试验,由此得出产品失效概率与应力强度分布间的关系。下面是某厂确定精密聚苯乙烯电容器电压筛选应力强度的一个例子。

某厂生产海、地缆无人增音机用的 CB14K 精密聚苯乙烯电容器。在生产中虽然经过 2.5~3 倍额定工作电压的工艺筛选，但在实际使用中仍会出现电击穿短路现象，严重地影响产品的使用可靠性。为了有效地剔除早期失效产品，采用了步进应力试验方法，对该产品进行了电压筛选应力强度的研究。

试验在室温、70℃、-45℃ 三组不同温度下进行。每组试验样品 50 件。按步进方式对每件样品施加 $2m \cdot V_R$ 的直流电压 20s（$m=1,2,\cdots$；V_R 为产品额定工作电压），如图 9.5 所示，直到样品击穿为止，绘出样品击穿电压分布图及累积击穿率与击穿电压的关系曲线。

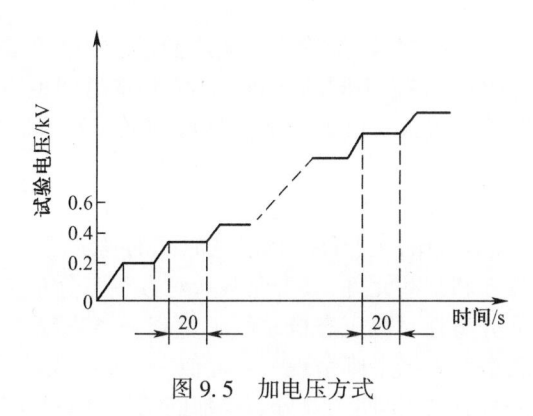

图 9.5　加电压方式

因 3 组温度下的试验结果大致相同，这里只给出综合的击穿电压分布图，如图 9.6 所示。

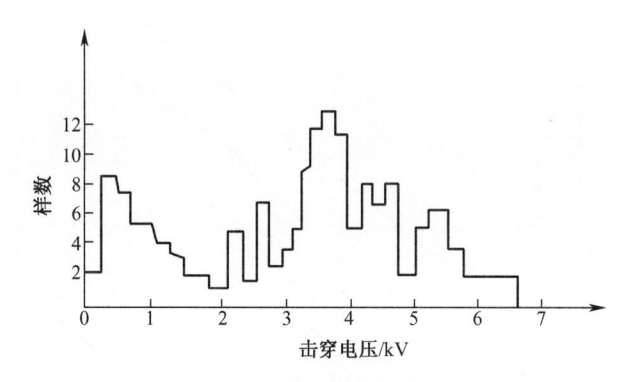

图 9.6　综合击穿电压分布图

从图 9.6 中可以看出，击穿电压的分布大致为两个正态分布区，两个正态分布区交接处所对应的击穿电压为 2kV。

对击穿样品进行解剖分析发现：击穿电压在 0~2kV 的正态分布区，其击穿是因引线头部有尖端、毛刺、薄膜上沾上导电杂质和其他有害杂质，辅助引线的头与头之间的距离太小，引线在铝箔上点焊时产生毛刺，以及溅射金属等工艺原因引起产品抗电强度急剧下降所致，属于早期失效。而击穿电压为 2~7kV 的正态分布区，其击穿是因薄膜厚度不均匀、有针孔、沾上了导电杂质和其他有害杂质、引线尾部有气隙等原因引起产品抗电强度降低所致，基本上是属于正常失效。

根据上述结果,工厂决定采用2kV、1min的电压筛选方法,取得较满意的筛选效果。

考虑到实用性及筛选效果,电压筛选可在室温条件下进行。

筛选应力多种多样,各种元器件进行筛选时所需的应力水平可通过反复试验来确定。为达到同样的目的,若筛选应力水平高一些,所需筛选时间就短一些,但筛选应力水平的提高以不改变元器件的失效机理为前提。

但是,提高筛选应力水平有时不仅不能提高剔除早期失效产品的效果,反而掩盖了产品的早期失效现象。

9.2.3.3 筛选时间

各种元器件在不同筛选项目中的筛选时间是通过反复试验后确定的,这里主要讨论元器件老炼筛选时间。

老炼筛选是针对元器件存在早期失效这一现象而进行的。不同种类的元器件,其早期失效和偶然失效的时间分界点是不同的,因此,所需筛选时间也不同。只有掌握了各种元器件的失效分布规律,才有可能正确地确定元器件的老炼筛选时间。下面介绍两种确定老炼筛选时间的方法。

1. 根据早期失效分布和筛选效率来确定老炼筛选时间

1) 寿命服从对数正态分布的元器件老炼筛选时间的确定

实践证明,半导体器件和某些元件,其寿命服从对数正态分布。如果将早期失效品剔除掉,则这类产品的寿命分布在对数正态概率纸上呈现一条直线。对于未经过筛选的产品,其寿命分布在对数正态概率纸上则呈现一条近似"S"形曲线。这是一种双峰分布,是长寿命的主分布和短寿命的反常早期失效分布叠加的结果,如图9.7所示。

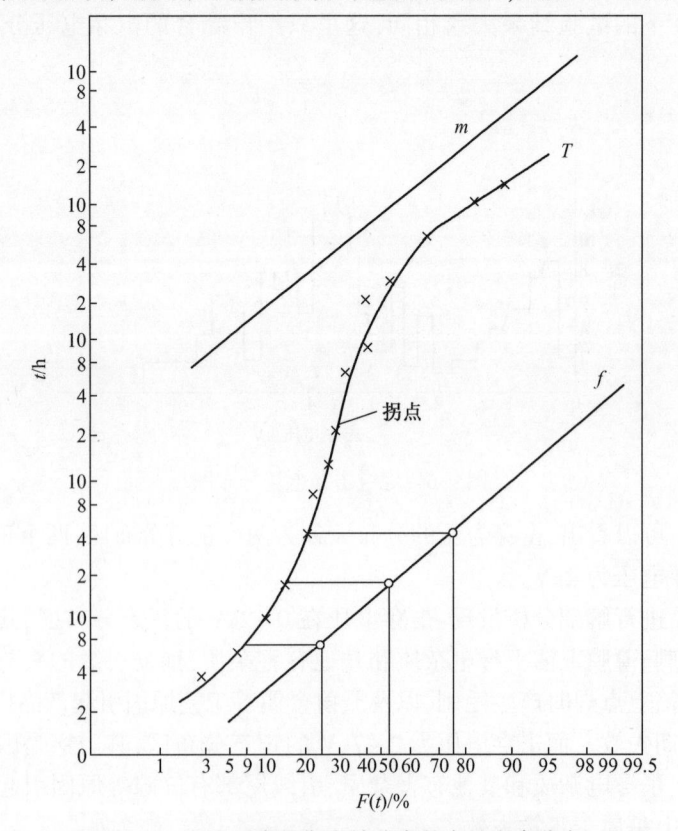

图9.7 包含反常早期失效分布的产品寿命分布

$$F_T = F_m P_m + F_f P_f$$

式中：T 为总分布；m 为主分布；f 为反常分布；F_T、F_m、F_f 分别为总分布、主分布和反常分布的累积失效百分数；P_m、P_f 分别为主分布和反常分布在母体所占份额，且 $P_m + P_f = 100\%$。

短寿命产品就是老炼筛选所要剔除的对象。如何从寿命试验（或加速寿命试验）所得到的总分布中分离出反常分布和主分布呢？通过观察大量由主分布和反常分布叠加而成的总分布，可以认为"S"形曲线拐点表示了样品中反常失效器件所占的百分比。假定所有的反常失效都发生在主分布的失效开始之前，那么拐点不表示所有反常寿命产品在该试验应力下完全被剔除的时间。因此，T 分布上 $F_T = 75\% P_f$、$50\% P_f$ 和 $25\% P_f$ 所对应的时间就是 f 分布上 $F_f = 75\%$、50% 和 25% 所对应的时间。从 T 分布的上述三个点分别作水平线与累积失效 75%、50% 和 25% 的三条垂线相交于三个交点，通过这三个交点配置一条直线，则该直线就是所求的反常分布 f。

有了反常早期失效分布后，就可以根据预先选定的筛选效率，从反常分布 f 直线上求出老炼筛选所需的最短时间。例如，如果筛选效率为 90%，则反常分布 f 上与累积失效 90% 所对应的时间，就是在该试验应力下（针对反常失效）筛选效率在 90% 所需的最短老炼时间。如果反常分布的失效机理与主分布的失效机理相同，则可以采用提高温度应力（加速）的办法来缩短老炼时间，并利用加速系数对试验时间进行换算。

2）寿命服从威布尔分布的元器件老炼筛选时间的确定

实践证明，较多元件的寿命分布服从威布尔分布。如果将早期失效品筛选掉，则这类产品的寿命分布在威布尔概率纸上呈现一条直线。对于未经过筛选的产品，其寿命分布在威布尔概率纸上则呈现一条近似"S"形曲线。这也是一种双峰分布，它由长寿命的主分布和短寿命的反常早期失效分布叠加而成。寿命服从威布尔分布的"S"形失效分布曲线，其分离方法与寿命服从对数正态分布的相似。

2. 根据 $\lambda(t)$ 曲线确定老炼筛选时间

元器件的瞬时失效率为

$$\lambda(t) = \frac{r(t + \Delta t) - r(t)}{[N - r(t)] \cdot \Delta t}$$

式中：$r(t+\Delta t)$ 为在 $(t+\Delta t)$ 时刻失效的元器件数；$r(t)$ 为在 t 时刻失效的元器件数；N 为参加老炼筛选的元器件数；Δt 为统计失效样品的时间间隔。

根据元器件在寿试验中的失效情况，利用上式可计算出不同时刻元器件的失效率，然后在坐标纸上描点，便可得到 $\lambda(t)$-t 的关系曲线，由此根据所需的 $\lambda(t)$ 确定所需的老炼筛选时间，如图 9.8 所示。

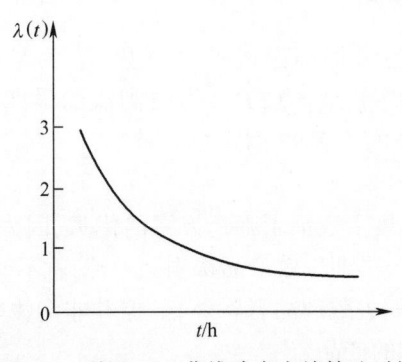

图 9.8 利用 $\lambda(t)$ 曲线确定老炼筛选时间

9.2.3.4 电参数测量周期

电参数的测量周期可根据具体情况来确定。有些测量是在施加应力条件下进行的，如高温测试、低温测试等；有些则是在试验后进行的，如高温储存、功率老炼等。如果采用参数漂移筛选技术进行筛选的话，则在试验前后都要进行测量。

若经某项目筛选后，产品电参数的变化是可逆的，则在筛选结束后要进行测量；若筛选后产品电参数的变化是不可逆的，则在进行若干项目的筛选后，再进行一次测试。

全部筛选取项目在开始筛选以前，需进行一次参数测试，一方面是为了获得原始数据，另一方面是为了保证参加筛选的产品都是符合技术条件规定的合格品。如果发现某产品的初始参数不合格，则不应参加筛选。

9.2.3.5 筛选参数及判据

要选择那些能灵敏地显示产品寿命特性（能预示产品早期失效）的参数作为筛选参数。例如：电阻器可选电阻值、电流噪声；电容器可选电容量、损耗角正切值、绝缘电阻（漏电流）；二极管可选反向电流、反向击穿电压；三极管可选集电极—基极间反向漏电流 I_{CBO}、直流增益 h_{FE}、集电极—基极击穿电压 BV_{CBO}；集成电路可选输入电流、短路输出电流、输入漏电流等作为筛选参数。

在筛选程序中，通常采用两类拒收数据，即合格/不合格判据和参数飘移极限数据。前者以元器件规范表中的参数容差极限作为筛选拒收判据；后者则以允许的参数最大漂移百分数作为筛选拒收判据。前者很容易进行判别，只需把参数测量值与判据值进行比较，便可知道合格与否；后者则需计算筛选前后参数漂移的百分数，而且参数最大漂移极限判据的确定比较复杂，因为不同应用场合对元器件的可靠性要求不同，所允许的参数最大漂移极限也不同，这就必须通过试验，摸清产品参数漂移规律，以及产品在筛选期间的参数漂移量与使用寿命的相关性。

9.2.3.6 筛选方案评价

一个理想的筛选方案应做到不会错判一个元器件，即不应把本来可靠的产品判为早期失效产品，也不会将有潜在缺陷的产品判为可靠的产品。但事实上，完全理想的筛选方案是很难找到的，筛选方案只能尽量接近上述的要求。筛选方案的优劣可通过下述三种指标来评价。

1. 筛选淘汰率

筛选淘汰率是筛选剔出的次品数与参加筛选的产品总数的比值，可表示为

$$Q = \frac{N_1(1-P_1) + N_2 \cdot P_2}{N} \times 100\%$$

式中：Q 为筛选淘汰率；N 为参加筛选的产品总数；N_1 为早期失效的产品数；P_1 为早期失效的产品未被淘汰的概率；$N_1(1-P_1)$ 为被淘汰的早期失效产品数；N_2 为正常工作的产品数；P_2 为正常工作的产品被淘汰的概率；$N_2 \cdot P_2$ 为被淘汰的正常工作的产品数。

筛选淘汰率在一定期程度上表征了筛选方案的优劣，因为采用某种筛选方案对某批产品进行筛选时，如果连一个早期失效产品都剔除不掉，就不能认为这个筛选方案是好的（该批产品中确实不存在早期失效产品者除外）。但并非淘汰率越高越好，因为被淘汰的产品中可能包含一部分可靠的产品。

2. 筛选效率

筛选效率是早期失效产品被淘汰的概率与正常工作的产品保存概率的乘积,可表示为

$$\eta = \frac{r}{R}\left(1 - \frac{n-r}{N-R}\right)$$

式中:η 为筛选效率;R 为早期失效产品总数;r 为被淘汰的早期失效产品数;n 为被淘汰的产品总数;N 为参加筛选的产品总数;$n-r$ 为被淘汰的正常工作产品数;$N-R$ 为正常工作的产品总数。

从上式可看出,筛选效率 η 的取值在 0~1 之间,不同的筛选方法,η 值也不同,η 越接近于 1 的筛选方案就越好。

当 $r=0$ 时,$\eta=0$;或者 $\frac{n-r}{N-R}=1$ 时,$\eta=0$。前者表示早期失效产品一个也淘汰不掉,后者表示正常工作的产品全部被淘汰掉。

当同时满足 $n-r=0$、$r=R$ 时,则 $\eta=1$,表示当早期失效产品全部被淘汰,而正常工作的产品一个也没被淘汰时,筛选效率最高。

3. 筛选效果

$$\beta = \frac{\lambda_N - \lambda_S}{\lambda_N} \times 100\%$$

式中:β 为筛选效果;λ_N 为筛选前产品的失效率;λ_S 为筛选后产品的失效率。

筛选效果表示产品经过筛选后,失效率下降的相对值。β 的取值在 0~1 之间。当 $\beta=0$ 时,表示筛选毫无效果;当 $\beta=1$ 时,表示筛选后产品的失效率降到零,实际上这是不可能的;当 $\beta=0.9$ 时,相应于筛选后产品的失效率降低一个数量级。

从上述讨论可看出,用筛选效率 β 来评价筛选方案的优劣本来是比较好的,但由于批量产品中实际存在的早期失效产品总数 R 不知道,故这种方法在实践中无法应用。如果单纯采用筛选淘汰率 Q 来评价筛选方案的优劣,也不够确切。因为当 Q 值较大时,虽然表明该种筛选方案能淘汰出较多的产品,但这些被淘汰的产品不一定全是早期失效产品,其中可能包含了一部分可靠产品,而有一部分应该淘汰的早期失效产品却没有被淘汰掉。但如果采用筛选效果 β 与筛选淘汰率 Q 结合的方法,来评价筛选方案的优劣,则是比较合适的。显然,筛选效果高而筛选淘汰率低的筛选方案,是最佳的筛选方案。

9.2.4 元器件二次筛选

美国军用标准 MIL-STD-975H《NASA 标准 EEE 电子元器件目录》仅对于航天、航空产品上的质量等级较低的半导体分立器件提出了二次筛选的要求,并不是对所有元器件都要进行二次筛选的。我国的情况与美国有所不同,所以航天等部门针对需要进行补充筛选(二次筛选)的元器件范围定得较宽。但与"一次筛选"类似,补充筛选(二次筛选)也有其局限性,若项目和应力选取不当,还有可能造成元器件内伤,反而降低了元器件的质量,所以补充筛选(二次筛选)还是有一定的风险性。

1. 适用范围

主要适用于下列 4 种情况的元器件:

(1) 元器件生产方未进行"一次筛选",或使用方对"一次筛选"的项目和应力不具体了解时。

(2) 元器件生产方已进行了"一次筛选",但"一次筛选"的项目或应力还不能满足使用方对元器件质量要求时。

(3) 在元器件的产品规范中未做具体规定,元器件生产方也不具备筛选条件的特殊筛选项目。

(4) 对元器件生产方是否已按合同或规范的要求进行了"一次筛选"或对承制方"一次筛选"的有效性有疑问而需要进行验证的元器件。

以上(1)、(2)、(3)情况元器件的补充筛选是很难用其他措施替代的。对于情况(4)则除了进行补充筛选外,还可采取对元器件生产方"一次筛选"进行监督等措施替代补充筛选。

2. 局限性

对于经过严格质量控制、工艺稳定的元器件,采取合理的筛选措施,无疑将提高批元器件的质量。理想的筛选结果是将有缺陷的、早期失效的元器件全部剔除掉,而将非早期失效的元器件全部保留下来,但是要完全做到这一点是十分困难的。因为根据现有的仪器设备,有些失效模式在无损条件下还无法检查出来,如半导体器件芯片附着强度差、硅铝丝键合力低等缺陷就很难用常规的筛选方法予以完全剔除,所以单纯依靠筛选来提高元器件的可靠性有一定限制的。MIL-EEBK-217F《电子设备可靠性预计》第5.10条的数据表明:通过用户筛选可以改善微电路的质量系数,也即提高微电路的质量,但是不论采取哪些筛选措施,也无法把质量等级低于B级的微电路提高为B级。

以上说明筛选(包括二次筛选)两方面的局限性:一方面,筛选不可能将有缺陷的早期失效元器件全部剔除;另一方面,筛选虽能改善元器件的批质量但不能提高其固有质量等级。

3. 风险性

风险性主要来源于筛选应力(包括电应力、热应力、机械应力和时间)的选取。如果筛选应力过低,则起不到筛选应有的作用;筛选应力过高,则将损坏正常的元器件或使其受到内伤、缩短其工作寿命。操作失误或设备故障,也将使筛选带来风险。

以上诸因素不仅将对"一次筛选"造成风险,同时也将使补充筛选造成更大的风险。因为在"一次筛选"以后,还将进行一系列质量一致性检验,如果由于应力选择不当或操作失误使被筛选的元器件受到内伤,还有可能在质量一致性检验中发现,不致将在"一次筛选"中质量受到严重损伤的元器件用到军事装备上去。补充筛选则与"一次筛选"不同,补充筛选后不再进行全面的质量检验,所以很有可能将由于补充筛选不当造成损伤的元器件用到军事装备上去。由此可见,补充筛选应力选取不当或操作失误造成的风险将大于"一次筛选"。

为了减低补充筛选(二次筛选)的风险,对于已能满足要求的元器件应尽量不做承受电应力、机械应力、热应力的筛选项目,仅做一些必要的检查性和测试性的筛选项目。对于必须做补充筛选(二次筛选)的元器件,如电应力、热应力、机械应力的选取在任何情况下不得超过元器件的最大额定值。由于微波器件容易自激损伤,操作及设备亦较复杂,所以微波器件必须作补充筛选(二次筛选)时,应尽可能委托生产方或检测机构进行。

4. 确定二次筛选程序原则

对以上各类元器件"一次筛选"的项目进行适当的剪裁,并按先后顺序有机地组合在一起,即组成了补充筛选,而器件的补充筛选(二次筛选)则都是成品筛选,所以补充筛选(二次筛选)的程序中必须删除"一次筛选"中对半成品的筛选项目。现根据试验范围中关于补充筛选适用元器件的四种情况,将补充筛选(二次筛选)程序分为 A、B、C、D 四类,以下分别说明其确定的原则。

1) 确定 A 类补充筛选程序的原则

对于未进行"一次筛选"或对"一次筛选"的应力或项目不具体了解的元器件,应进行 A 类补充筛选(二次筛选)。对于这类元器件补充筛选(二次筛选)的程序,原则上应与产品规范规定的"一次筛选"的程序相同。

对于产品规范未确定筛选程序的元器件可参考本节相应示例,进行补充筛选(二次筛选)。

2) 确定 B 类补充筛选程序的原则

对于"一次筛选"的应力或项目还不能满足整机质量要求的元器件,应进行 B 类补充筛选(二次筛选)。对于这类元器件应根据整体对元器件的质量要求确定补充筛选(二次筛选)程序。例如,在整机上应采用 B 级集成电路的部位,但仅有"七专"集成电路,则原则上应按 B 级集成电路的筛选项目和应力(时间)。除去"七专"集成电路筛选已做的项目和应力(时间),并对老炼的时间增加必要的裕量进行补充筛选(二次筛选)。

对于产品规范未确定筛选程序的元器件可参照本节相应示例进行补充筛选(二次筛选)。

对于"一次筛选"中已做"高温储存"筛选的器件,则补充筛选(二次筛选)就不必再做。

实践表明在"一次筛选"中,"高温储存"对器件的筛选效果不显著,如果补充筛选(二次筛选)再次进行"高温储存",有可能造成元器件标志模糊、引出端可焊性差,以及内引线强度(包括键合强度)降低等不利因素。

3) 确定 C 类补充筛选程序的原则

C 类补充筛选是指对元器件某一种或几种常见的失效模式或整机特殊要求而进行针对性筛选。针对性补充筛选往往是单项的而非全面的筛选。例如,某些集成电路在一定温度范围内容易自激振荡,则应在此温度范围内进行加电应力后进行测试筛选;某些密封继电器内部经常残留可动多余物,则应进行微粒碰撞噪声检测;某些元器件根据整机设计要求在一定温度范围内,其参数变化应不超过规定值,则应在一定温度范围内进行电参数测试。这些例子说明必须通过调查研究,积累数据,以确定某些元器件常见的失效模式,进行试验分析,才能确定行之有效的 C 类(针对性)补充筛选的程序。

4) 确定 D 类补充筛选程序的原则

D 类补充筛选是指"验证性"的补充筛选,这里的"验证性"有两方面的意义:一方面是"验证"生产方是否已按规定做了"一次筛选";另一方面是验证生产方所做"一次筛选"项目的有效性。

D 类补充筛选的程序可与"一次筛选"的程序相同,也可抽查其中的若干项,对某些筛选项目可抽样进行测试,不通过时再全部进行测试。

9.3 电子元器件破坏性物理分析

电子元器件破坏性物理分析(Destructive Physical Analysis,DPA)技术,即是在电子元器件成品批中随机抽取适当样品,采用一系列非破坏性和破坏性的物理试验与分析方法,以检验元器件的设计、结构、材料和工艺制造质量是否满足预定用途的规范要求的一种有效分析方法。

DPA技术是高可靠性工程中元器件质量保证的重要方法之一,所获得的信息可用于:

(1) 核查元器件的内部设计、材料、结构和工艺质量是否符合有关技术标准,防止具有明显或潜在缺陷的元器件装机使用。

(2) 帮助处理"异常"的元器件。

(3) 帮助确定在设计、材料或工艺制造方面的改进措施。

(4) 评估供货方的生产状况和质量变化倾向。

DPA技术首先是由美国提出并广泛应用于可靠性工程,在高可靠元器件的质量保证中发挥了重要作用。元件的DPA标准最早是由美国电子工业协会制定,如高可靠陶瓷独石电容器破坏性物理分析方法标准EIA-469。20世纪80年代初,美军标也开始采用元器件的DPA方法,1980年10月颁布了MIL-STD-1580《电子、电磁和机电元器件破坏性物理分析》标准;1984年将微电子器件DPA内容纳入MIL-STD-883标准中;1989年12月颁布MIL-STD-1580A的修订本。至今美国仍在不断发展与完善DPA技术,如1998年1月颁布的MIL-STD-750D标准第三次修订本中,又重新修改了有关二极管和晶体管的DPA方法,从中可看出美国对DPA工作高度重视的程度。

我国从20世纪90年代中后期开始重视并认真开展这项工作,目前主要的执行标准是GJB 4027A—2006《军用电子元器件破坏性物理分析方法》。近年来,信息产业部、航天工业总公司、军委装备发展部等单位在开展DPA的工作中,主要以提高国产军用元器件的质量为目的,充分利用和发挥长期从事电子元器件失效分析的技术特长,按照下列程序实施:DPA分析实验→对存在问题进行分析研究→协助厂、所实施针对性的改进措施→检查整改效果,收到显著成效。

9.3.1 DPA检验一般要求

9.3.1.1 进行DPA的元器件种类

进行DPA的目的,是验证电子元器件能否满足预定使用要求。根据DPA的结果促使元器件的生产厂改进工艺和加强质量控制,使使用者最终能得到满足使用要求的元器件。因此,对所使用的元器件都可酌情进行DPA试验,包括:

(1) 电阻器:
① 金属膜固定电阻器。
② 金属箔固定电阻器。
③ 片式固定电阻器。
④ 精密线绕固定电阻器。

⑤ 功率型线绕固定电阻器。
⑥ 电阻网络。
⑦ 非线绕电位器。
⑧ 线绕电位器。
（2）电容器：
① 圆片瓷介电容器。
② 多层瓷介(独石)电容器。
③ 云母电容器。
④ 金属化塑料膜介质电容器。
⑤ 非固体电解质钽电容器。
⑥ 非固体电解质钽箔电容器。
⑦ 固体电解质钽电容器。
⑧ 片式固体电解质钽电容器。
⑨ 玻璃介质微调可变电容器。
⑩ 瓷介微调可变电容器。
（3）敏感元器件和传感器：
① 珠状热敏电阻器。
② 圆片式热敏电阻器。
③ 压阻式压力传感器。
（4）滤波器：电磁干扰(EMI)低通馈通滤波器。
（5）开关：微动开关。
（6）电连接器：
① 低频电连接器。
② 电连接器接触件。
③ 射频电连接器。
（7）继电器：
① 电磁继电器。
② 固体继电器。
③ 恒温继电器。
（8）线圈和变压器：
① 电感器和变压器。
② 射频线圈。
③ 片式印刷电感器。
（9）石英晶体和压电元件：
① 石英晶体元件。
② 晶体振荡器。
（10）半导体分立器件：
① 无键合引线轴向引线玻璃外壳和玻璃钝化封装二极管。
② 无键合引线螺栓安装和轴向引线金属外壳二极管。

③ 表面安装和外引线同向引出晶体管、二极管。

（11）集成电路：

① 密封半导体集成电路。

② 混合集成电路（含多芯片组件）。

③ 塑封半导体集成电路。

（12）光电器件：

① 光耦合器。

② 半导体光电模块。

（13）声表面波器件。

（14）射频元件：

① 同轴衰减器。

② 隔直/监测 T 形头。

③ 同轴、波导检波器。

（15）熔断器：

① 熔丝型管状熔断器。

② 玻璃和陶瓷基片型熔断器。

（16）加热器：带状柔性加热器。

9.3.1.2　DPA 检验依据

DPA 试验依据是根据不同的元器件类型选择不同的试验项目和标准。与 DPA 试验有关国内外标准如下：

（1）GB/T 2828.1—2012《计数抽样检验程序 第 1 部分：按接收质量限（AQL）检索的逐批检验抽样计划》。该标准规定抽样产品的提交、样品的抽取、抽取方案、接收与不接收等。

（2）GB 4589.1—2006《半导体器件 第 10 部分：分立器件和集成电路总规范》。

（3）GJB 4027A—2006《军用电子元器件破坏性物理分析方法》。该标准规定电子元器件 DPA 的通用方法，包括 DPA 程序的一般要求和典型电子元器件 DPA 试验与分析的通用方法和缺陷判据。包括具体型号元器件实施 DPA 的项目、方法和缺陷判据。

（4）MIL-STD-1580A《电子、电磁和机电元器件破坏性物理分析》，等同于 GJB 4027A—2006《军用电子元器件破坏性物理分析方法》。

（5）MIL-STD-883E《微电子器件试验方法和程序》，等同于 GJB 548B—2005《微电子器件试验方法和程序》。

（6）GJB 548B—2005《微电子器件试验方法和程序》。

该标准规定了微电子器件统一的试验方法、控制和程序，包括为确定对自然因素和条件的抗损坏能力而进行的基本环境试验；物理和电试验；设计、封装和材料的限制；标志的一般要求；工作质量和人员培训程序；以及为保证这些器件满足预定用途的质量与可靠性水平而必须采取的其他控制和限制。例如：

① 方法 2009.1 外部目检。

② 方法 2010.1 内部目检（单片）。

③ 方法 1018.1 内部水汽含量。

④ 方法 2012.1 X 射线照相。

⑤ 方法 2019.2 芯片剪切强度等。

(7) GJB 360B—2009《电子及电气元件试验方法》。

该标准规定电子电气的通用试验方法,主要试验包括环境类、物理性能类及基本电性能类属于 DPA 的项目:

① 方法 112 密封试验。

② 方法 209 X 射线照相试验。

③ 方法 217 粒子碰撞噪声检测试验。

(8) GJB 128A—1997《半导体分立器件试验方法》。

该标准规定半导体分立器件的通用试验方法,包括军用条件下抗损害能力的基本环境试验、机械性能试验和电特性试验。例如:

① 方法 1018 内部水汽含量。

② 方法 1071 密封。

③ 方法 2017 芯片粘附强度。

④ 方法 2037 键合强度。

⑤ 方法 2076 X 射线照相检验等。

9.3.1.3 DPA 不合格批处理

批次性缺陷是由于设计、制造过程的差错所造成的,或者由于验收试验、进货检验和储存等过程的差错所造成的,并在同一批多个器件上重复出现的缺陷。有批次性缺陷的评价为不合格批。而检验出缺陷或者不能确定是否为缺陷,该批评价为可疑批。每一种缺陷应加以拍照、测量并在 DPA 报告中说明。

1. 对可疑批的处理

(1) 如果第一次样品分析无明确结论,怀疑设备或操作有问题时,应在该 DPA 批次中补充或重新抽样做 DPA 再分析。

(2) 如对试验结果不能确定是否为合格时,应组织有关专家进行会诊。

2. 对不合格批处理

(1) 如果缺陷属于可筛选缺陷,应对该 DPA 批次进行百分之百重新筛选。筛选合格后允许重新抽样做 DPA。

(2) 如果缺陷属于批次性缺陷,该 DPA 批次应报废或退货。

(3) 如果缺陷属于非批次性缺陷,而且有缺陷的样品数量为一只时,可在原抽样数量上加倍抽样分析。如果再次出现缺陷应报废或退货。

9.3.2 DPA 检验项目

9.3.2.1 检验项目种类与要求

由于元器件的种类繁多,它们在设计、工艺和结构方面相差很大,因此在进行 DPA 时不仅选择的项目不同,而且试验的重点也不相同。

国内 DPA 工作主要执行的标准是 GJB 4027A—2006《军用电子元器件破坏性物理分析方法》。该标准对于不同的元器件有不同的 DPA 试验分析方法和程序,如密封半导体集成电路和混合集成电路(含多芯片组件)的 DPA 项目共有 9 项:外部目检、X 射线检查、粒子碰撞噪声检测(PIND)、密封、内部气体成分分析、内部目检、键合强度、扫描电子显微镜(SEM)检查、剪切强度。电阻器和电容器等元件一般是3~4项：外部目检、引出端强度、内部目检、制样镜检。连接器需做外部目检、X射线检查、物理检查、制样镜检和接触件检查等。

(1) 外部目检，其目的是检验已封装元器件的外部质量是否符合要求，检查其标志、外观、封口封装、镀层等外部质量是否符合要求。如该项不合格，可通过对整批器件进行针对性检验筛选剔除有缺陷的器件。该项检验是非破坏性。

(2) X射线检查，主要检查元器件内部多余物、内引线开路或短路、芯片焊接(粘接)空洞等内部缺陷。但难以检查铝丝的状况，该项检验是非破坏性的。

(3) 粒子碰撞噪声检测，检查器件封装腔体内有无可动的多余物。如不合格也可通过对整批器件进行针对性筛选剔除有缺陷的器件。PIND是非破坏性的。

(4) 密封性试验，检查气密性封装器件的封装质量是否符合要求。如该项不合格，也可通过对整批器件进行针对性筛选剔除有缺陷的器件。该项试验属非破坏性。

(5) 内部气体成分分析，定量检测密封器件封装内部的水汽及有害气体含量。该项不合格一般是批次性的。该项属破坏性分析。

(6) 内部目检，检查器件内部结构、材料和生产工艺是否符合相关的要求。该项对器件的开封技术与检查技术均要求较高。检出缺陷是否批次性，需对缺陷的种类认真分析后才能确定整批器件可否使用。

(7) 键合强度试验，检验器件内引线的键合强度是否符合规定的要求。键合强度退化往往是批次性的，出现"零克力"的批次一般不可使用。该项是破坏性试验。

(8) 扫描电子显微镜检查，主要用于判断器件芯片表面互连金属化层的质量，还可确定器件某些需确认部分的材料成分和对多余物作成分分析。SEM设备昂贵。

(9) 剪切强度试验，检验半导体芯片或表面安装的无源元件附着在管座或其他基片上所使用的材料和工艺的完整性。剪切强度不合格常有批次性倾斜。该项是破坏性试验。

表9.5为某装备承制厂元器件DPA分析种类一览表。

9.3.2.2 检验项目选取与等级

在实施DPA时，可以依据实践经验增加和剪裁DPA项目。例如，欧洲某航天公司的标准规定，微电子器件和晶体管的DPA有14个项目，依次为外部目检、机械、电性能测试、X射线照相、密封性检测、可焊性、抗溶性、引线牢固性、开帽、微剖面、内部目检、键合强度、扫描电子显微镜和芯片剪切。将这份标准中混合集成电路与美国军用标准MIL-STD-883中方法5009的混合集成电路DPA项目相比较，欧洲某航天公司的标准多机械、电性能测试、可焊性、抗溶性、引线牢固性等5项，少颗粒碰撞噪声检测、内部水汽含量检测和内部结构3个项目。实地调查表明：该公司DPA项目的增加和剪裁考虑的因素是问题出现频率和使用较少的样品获得较多的质量与可靠性信息。以水汽含量检测为例，由于采购元器件的质量等级高，水汽含量过高的问题已经十分少见。法国某公司高可靠器件生产线封装时公司的水汽含量内控标准是30ppm，实测值是2ppm。内控标准已经低于合同标准，实测数值比内控标准还有1个半数量级的保险系数。相比之下，国内差距很大。就内部水汽含量过高引起器件内部铝腐蚀问题，1988年的20个为卫星提供半导体器件

表 9.5 元器件破坏性物理分析项目一览表

序号	元器件名称	电测试	外部目检	引出端强度	照相	X射线检查	物理试验	接触件焊接	接触件弯曲	PIND	密封	残余气体分析	去封盖	微洁净检查	内部目检	除去内部端盖	张圈检查	材料	样品制备	显微镜检查	键合强度	扫描电子显微镜	芯片剪切	结构	DPA项目总数
1	固定瓷介电容器		√	√											√				√	√					6
2	固定瓷介片式电容器		√	√															√	√					3
3	固定云母电容器		√												√				√						5
4	固定固体钽电解电容器		√								√	√							√						4
5	固定钽箔电解电容器		√								√	√													3
6	固定纸介或塑料电容器		√								√	√			√										4
7	固定金属化薄膜电容器		√								√	√			√										4
8	固定湿芯钽电解电容器		√									√													3
9	固定玻璃电容器		√									√			√										3
10	密封或非密封活塞式可变电容器		√									√			√				√						5
11	接触件隔绝的多针电连接器		√		√	√	√																		4
12	带接触件的多针电连接器	√																	√			√			3
13	射频电连接器		√												√										2
14	接触件电连接器		√					√	√																3
15	石英晶体单元		√								√	√			√				√						4
16	二极管	√	√			√				√	√				√				√	√	√	√	√		10
17	电磁干扰低通滤波器		√								√				√										3
18	电感器和变压器		√			√													√						4

343

（续）

序号	元器件名称	DPA 项目															项目总数
		电测试	外部目检	引出端强度	照相	X射线检查	物理试验	接触件焊接	接触件弯曲	PIND	密封	残余气体分析	去封盖	微洁净检查	内部目检	除去内部端盖	张圈检查	材料	样品制备	显微镜检查	键合强度	扫描电子显微镜	芯片剪切	结构	
19	射线线圈	√	√	√																				5
20	单片集成电路	√	√	√	√					√	√	√	√	√				√	√	√	√	√	√	12
21	混合和多片集成电路	√	√		√					√	√	√	√	√	√				√	√	√	√	√	12
22	继电器	√	√							√	√	√	√	√					√					7
23	线绕可变电阻器	√	√													√		√						2
24	非线绕可变电阻器	√	√								√													2
25	固定金属膜电阻器	√	√											√				√						4
26	固定金属箔电阻器	√	√	√																				3
27	固定片式电阻器	√									√													1
28	电阻器网络	√	√											√		√								4
29	精密线绕电阻器	√	√															√						3
30	固定功率线绕电阻器	√	√																					2
31	碳质合成电阻器	不 要 求 DPA																							
32	快速开关	√	√								√	√	√	√			√	√						6
33	热敏开关	√	√								√	√	√	√				√						6
34	玻璃体密封热敏电阻器	√	√	√							√			√				√			√			5
35	非密封热敏电阻器	√	√	√							√	√		√										4
36	晶体管	√	√		√					√	√	√	√	√					√	√	√	√		10

344

的国内高可靠器件生产厂,有1/3的生产厂在封装时不做内部水汽含量控制;1/2的厂用毛发湿度计测湿,但控湿标准差别较大,在15%～35%相对湿度范围。这种状况近年虽有好转,但不乐观。内部水汽含量检测应视情况处理。

一些国外宇航公司的标准,除规定半导体分立元器件、集成电路、滤波器、可变电容器/电阻器、陶瓷电容器、钽电容器、继电器、晶体检波器、混合电路、开关、高压元器件、高频元器件和光电元器件要做DPA,还规定了DPA的等级。例如,一家法国公司将DPA分成简化、普通、寿命试验和全项4个等级。在同一个等级中又对项目规定必做、选做和适用时做3种。

分析认为,确定DPA等级有一定的规律:

(1) DPA等级越高,DPA项目越多。按这个规律,等级的次序为简化、普通、寿命试验和全项。简化级项目数平均占普通级的75%、占寿命试验级的69%、占全项级的56%。例如,集成电路的DPA,简化级有7项,普通级有9项,寿命试验级有10项,全项级有13项。

(2) 提高等级的原则是以简化级项目为基础,再增加新的项目。不是任意组合项目达到一定项目数后等级就提高。

(3) 简化级项目的必做项目,可能是法国工程师认为DPA的最核心的内容。例如集成电路简化级的7项有外部目检、机械、电测、开帽、内部目检、键合强度和芯片剪切力。必做外部目检、开帽、内部目检、键合强度和芯片剪切5个项目,选做机械和电测2个项目。

9.3.2.3 项目检验注意事项

DPA检验应在规定的温度、湿度和防静电的洁净区进行。DPA检验中重点是解剖技术、样品制备。

在DPA的试验项目中,解剖和样品制备属于破坏性项目,一旦该项试验失败,随后的各项试验将无法进行,所以此项工作只许成功,不许失败。由于不同种类样品的结构、封装类型、封装材料和制造工艺都不相同,必须确保在解剖和样品制备中不引入新的质量问题,避免引入污染或产生异常损伤,才有可能得出准确的DPA结论。因此,应针对不同种类的样品,研究它们相应的解剖方法和样品制备方法以及相应的妥善防护措施。例如:

(1) 元器件是采用塑料包封,应采用化学溶剂去除,并且这种溶剂对元器件内部的组成元件和有关材料无破坏作用。推荐使用EIA-469规定的方法。

(2) 圆金属壳封装的样品,应采用切割或剥离金属外壳的方法。切开部位和力矩的大小应充分试验,待取得经验并证实无破坏性后方可进行正式试验。

(3) 方形金属外壳(继电器等)的开封方法是:将样品安装在类似台钳的夹具上,夹具不应使外壳变形,也不应扰动继电器内部的尺寸。定位的方位应使底座与罩壳的溶焊处能用铣床进行立铣。立铣掉的材料高度和深度必须严格控制,待铣到熔焊面露出焊缝为止,然后用刀片小心地切穿剩余的壁厚。

(4) 扁圆形金属管壳(石英晶体等),可用扁平研磨去罩壳冷焊到基板的凸缘,然后用锋利的刀片切割去剩余部分。由于石英晶体的内部结构比较脆弱,开封过程不能使用台钳、扁嘴钳和夹子一类工具。

(5) 对于"温度开关",不能用一般方法开启外壳,为了避免温度开关的损坏或变形,禁止使用夹子、钳子之类的夹持工具,只能用研磨的方法开封,用手拿着试样在毛玻璃板上进行研磨,但不能将顶磨穿,待磨到剩余部分为壁厚的大约10%时,再用刀片一类锋利工具切穿。

(6)对于继电器、石英晶体、温度开关一类器件,在打开封壳之前应进行全面清洗、清除掉外壳上的全部粒子或其他污染物,最终打开阶段还应在洁净的白色无污染台基或纸表面上进行。

因为一部分元器件是实芯结构,在解剖样品时为了获得必要的信息,还应进行专门的样品剖切面制备,如电容器、热敏电阻器和电磁场连接器等都需要进行此项试验,以下列举几个例子:

(1)云母电容器和独石电容器的剖面制作。将样品浇铸在清晰的环氧树脂中,在垂直于引线平面的某一平面剖切样品,以便评价介质叠层质量,引线固定板或箔与固定板的连接以及浸渍剂进入的程度等。

(2)固体钽电容的剖面制作。将样品封入清晰的剖切塑料中,塑料的轴向深度为露出焊管顶部的阳极引线。在剖切过程中要注意保证不产生裂纹。

(3)热敏电阻器的剖面制作。将样品浇铸在塑料或环氧树脂中,然后沿其纵轴方向剖切至裸露其中心引线的深度,经抛光表面后,再用显微镜检查其结构和工艺质量。

(4)射频连接器的剖面制作。将连接器样品浇铸在清晰的环氧树脂中,在浇铸灌封过程中需要抽真空以便排除气体。沿通过连接器和中心的纵轴线切割。

开封后元器件的所有部分应能追溯到样品的母体。已开封后的样品在后续样品制备前应储存在洁净、干燥的环境中,可采用真空干燥箱或氮干燥箱。

9.3.3 DPA 工作程序

9.3.3.1 一般工作程序

DPA 工作程序应以能获得最多有用的 DPA 信息为原则进行编制。程序应包括检验的项目,实施的顺序,允许并行或调换顺序的检验项目,以及依据某些项目的检验结果可能实施的待选项目。DPA 一般工作程序如图 9.9 所示。

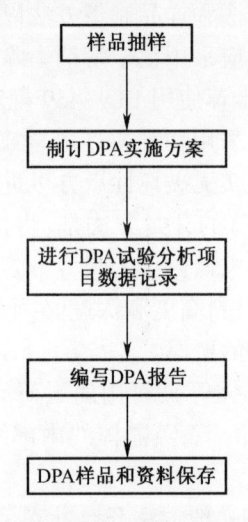

图 9.9 DPA 一般工作程序

9.3.3.2 DPA抽样与试验

1. DPA抽样

DPA样品应在生产批或采购批中随机抽取,并按DPA的不同用途规定相应的抽样方案。DPA用于批质量一致性检验时,抽样方案应以产品规范为准,当产品规范未规定时,应按GJB 4027A—2006《军用电子元器件破坏性物理分析方法》或MIL-STD-1580A《电子、电磁和机电元器件破坏性物理分析》等国内外有关DPA标准来确定抽样方案。DPA用于交货检验或到货检验时,抽样方案可与批质量一致性检验相同,使用方也可根据采购文件(合同)中规定的需要提出其他的抽样要求。

根据GJB 4027A—2006《军用电子元器件破坏性物理分析方法》规定:一般元器件,DPA样本大小应为生产批总数的2%,但不少于5只也不多于10只;结构复杂的元器件,样本大小应为生产批总数的1%,但不少于2只也不多于5只;价格昂贵或批量很少的元器件,在经鉴定或采购机构批准后可适当减少样品数。

抽样方式可由实验室派人到现场抽样,或由委托方抽样后连同样品的有关资料送样、寄样到DPA实验室。DPA抽样方式及过程应符合DPA抽样控制程序。

2. 试验项目

DPA试验要根据不同的元器件制定合适的DPA试验项目。在一般情况下,应按以下的程序进行,也可以根据实际要求,增加或减少检验项目。DPA试验方法则参照9.3.1节中有关标准规定。

(1) 外部目检。

(2) X射线检查。

(3) 颗粒碰撞噪声检测(PIND)(适用于密封空腔结构)。

(4) 密封检测(适用于密封空腔结构)。

(5) 内部气体成分分析(适用于密封空腔结构)。

(6) 开封。

(7) 内部目检。

(8) 结构检验。

(9) 键合强度检验。

(10) 扫描电子显微镜检查(必要时)。

(11) 芯片剪切试验。

(12) 剥层和/或剖面检验(适用时)。

9.3.3.3 DPA数据记录与信息采集

1. DPA数据记录

为了便于识别和记录,样品应予以编号,每批DPA应有一个独立的编号。应记录每个元器件的有关标记,按相应的DPA程序记录检测数据,每个记录的数据都应与样品和检验项目相对应。典型的DPA数据记录至少包括:

(1) DPA方案的概述。

(2) DPA报告摘要表。

(3) DPA项目结果汇总表。

（4）DPA 试验记录表。

（5）有关照片：通常需要获取其宏观或显微全貌照片。对所观察到的缺陷或异常情况还需要补充其他照片。对昂贵量少的样品或重要信息的照片应有备份。应按要求采用诸如颜色、暗场、相衬度和干涉度等显微技术，以提高成像的清晰度。当采用扫描电子显微镜检查时，还应包括最坏情况的照片。所有照片应有标识，以便能按母体元器件辨认，并标明所采用的放大倍数（必要时，含 X 射线、中子射线照片）。

（6）支持结论的其他数据和分析结果。

2. DPA 信息采集

DPA 信息采集包括 DPA 样品的背景材料和基本结构信息。

DPA 样品的背景材料是指其生产单位、生产批号、生产日期、生产线质量保证体系、产品质量保证等级、可靠性等级、结构类型、产品型号、封装形式、工艺结构特征、使用工程、订货单位、抽样方式、抽样数量、抽样母体数量及样品经历（还应包括样品的电参数结果），该产品历史记载中的失效模式和缺陷情况。

基本结构信息应包括结构图，各组成部分的相对位置，关键尺寸及相应的材料和工艺。基本结构信息应作为解剖过程中的比较标准来使用。基本结构信息可向元器件承制方索取，或依据初次接收的样品进行结构分析获取。

9.3.3.4 DPA 报告

每个 DPA 批次，承接任务的实验室都应该向委托单位及有关部门提供 DPA 报告。

DPA 报告应该具有良好的可追溯性，有关表格应按相关标准规定编写。

DPA 报告应包括下列内容：

（1）DPA 报告摘要表。

（2）DPA 检验项目表。

（3）DPA 试验记录表。

（4）典型缺陷照片。

（5）DPA 结论。

第10章 电子产品制造过程检验

电子产品制造过程检验主要包括:印制板工艺检验;装配工艺检验;焊接工艺检验;"三防"工艺检验。

10.1 印制板检验

10.1.1 印制板缺陷

印制电路板(俗称印制板)是现代电子设备必不可少的重要部件,技术发展很快,其缺陷类型也较多,主要缺陷如下:

(1) 印制铜箔线松动,甚至脱离基板,由敷铜板质量差或制造过程损伤所致。松动的铜箔线易发生位移而改变与相邻铜箔线的间隙,可能发生短路,影响可靠性。当松动发生在焊接盘部位时,维修拆卸该部位元件时可能损坏焊接盘。

(2) 安装孔破损。可能引起虚焊,影响可靠性,维修时易损坏印制板。

(3) 安装孔歪斜和安装孔不在焊接盘中央,当发生在安装密度大的情况下或多层板上时,有此缺陷的板将无法使用。在其他场合若勉强使用,将可能使元器件引线扭曲受损和发生虚焊,影响可靠性和维修性。

(4) 金属化孔缺陷,主要是孔内有电镀空白或焊盘有大于10%的面积缺少镀层。可能造成虚焊或焊点电阻过大,因而耐受功率下降,影响可靠性。

(5) 多余导体,有可能减小防短路间隙而影响可靠性。

(6) 铜箔线变窄,比设计要求窄35%以上时,会明显影响其负载能力,影响长期连续工作设备的可靠性。

(7) 铜箔线间隙过小。此缺陷无论是由设计造成的还是工艺引入的,都可能发生短路,影响可靠性。

(8) 安装孔间隔过小,损坏孔的材料甚至与相邻孔贯穿。此缺陷不仅影响可靠性,还可能影响维修性。

(9) 孔直径不符要求,过大或过小。孔过大影响焊接,过小影响元器件的安装和维修,两者都有可能导致虚焊,影响可靠性和维修性。

(10) 测试点位置不当或过密,影响调试、性能检测及维修。

10.1.2 印制板检验内容

印制板作为基本的重要电子部件,制成后必须通过必要的检验,才能进入焊接、装配工序。尤其在批量生产中,对印制板进行检验,是产品质量和后续工序顺利进展的重要保证。

1. 目视检验

目视检验简单易行,借助简单的工具如直尺、卡尺、放大镜等,对要求不高的印制板可以进行质量把关。主要检验内容如下:

(1) 外形尺寸与厚度是否在要求的范围内,特别是与插座导轨配合的尺寸。
(2) 导电图形的完整和清晰,有无短路和断路、毛刺等。
(3) 表面质量,有无凹痕、划伤、针孔及表面粗糙。
(4) 焊盘孔及其他孔的位置及孔径,有无漏打或打偏。
(5) 镀层质量,镀层平整光亮,无凸起缺损。
(6) 涂层质量,阻焊剂均匀牢固,位置准确,助焊剂均匀。
(7) 板面平整无明显翘曲。
(8) 字符标记清晰、干净,笔画或符号的边缘无渗透、划伤、断线。

2. 电气性能检验

(1) 连通性能。一般可以使用万用表对导电图形的连通性能进行检验,重点是双面板的金属化孔和多层板的连接性能。对于大批量生产的印制板,制板厂在出厂前采用专门的工装、仪器进行检验,甚至专门为这种印制板设计针床用于检验。

(2) 绝缘性能。检测同一层不同导线之间或不同层导线之间的绝缘电阻,以确认印制板的绝缘性能。检测时应在一定温度和湿度下,按照印制板的标准进行。

3. 工艺性能检验

(1) 可焊性。检验焊料对导电图形的润湿性能。
(2) 镀层附着力。检验镀层附着力,可以采用简单的胶带试验法。将质量好的透明胶带粘在要测试的镀层上,按压均匀后快速掀起胶带一端扯下,镀层无脱落为合格。

此外,还有铜箔抗剥离强度、镀层成分、金属化孔抗拉强度等多项指标,应该根据对印制板的要求选择检测内容。

10.2 装配工艺检验

电子设备生产组装包括多个工序过程,从装配环境、材料、元器件、零部件、工具、设备、各类文件的准备,到元器件安装、压接、绕接、机械装配、清洗、涂覆、封装等实施过程。检验中应当注意的问题较多,如元器件安装高度要适当,以提高电子设备抗振性能;消除元器件预应力,避免使用中因振动、腐蚀等原因造成的失效。在此仅介绍几项主要工艺应注意的问题。

10.2.1 元器件安装

1. 安装基本要求

(1) 保证导通与绝缘的电气性能。电气连接的通与断,是安装的核心。不仅在安装以后简单地使用万用表测试的通与断,而且要考虑在振动、长期工作、温度、湿度等自然条件变化的环境中,都能保证通者恒通、断者恒断。因此,必须在安装过程中充分考虑各方面的因素,采取相应措施。

(2) 保证机械强度。电子产品在使用过程中,不可避免地需要运输和搬动,会发生各种有意或无意的振动、冲击,如果机械安装不够牢固,电气连接不够可靠,都有可能因为加速运动的瞬间受力使安装受到损害。

(3) 保证传热的要求。在安装中,必须考虑某些零部件在传热、电磁方面的要求,因此需要采取相应的措施。常用的散热器标准件,不论采用哪一种形式,其目的都是为了使元器件在工作中产生的热量能够更好地传送出去。大功率晶体管在机壳上安装时,利用金属机壳作为散热器的方法如图10.1(a)所示。安装时,既要保证绝缘的要求,又不能影响散热的效果。如果工作温度较高,应该使用云母垫片;低于100℃时,可以采用没有破损的聚酯薄膜作为垫片。并且,在器件和散热器之间涂抹导热硅脂,能够降低热阻、改善传热的效果。穿过散热器和机壳的螺钉也要套上绝缘管。紧固螺钉时,不要将一个拧紧以后再去拧另一个,容易造成管壳同散热器之间贴合不严(图10.1(b)),影响散热性能。正确的方法是把两个(或多个)螺钉轮流逐渐拧紧,这样可使安装贴合严密并减小内应力。

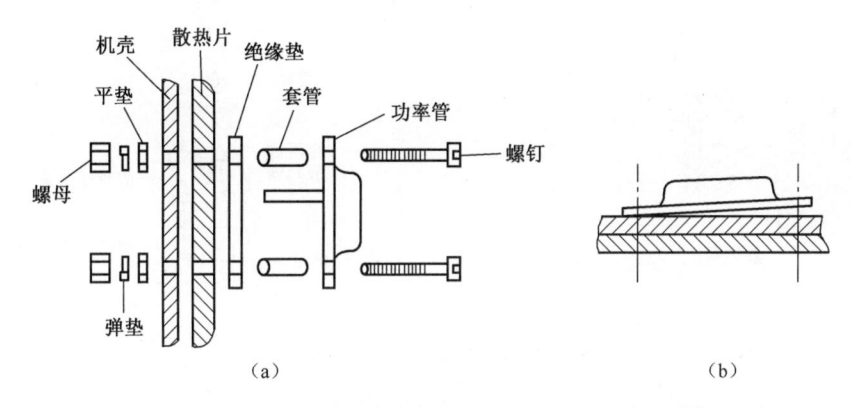

图10.1 功率器件散热器在金属机壳上的安装

(4) 接地与屏蔽要充分利用。接地与屏蔽的目的:一是消除外界对产品的电磁干扰;二是消除产品对外界的电磁干扰;三是减少产品内部的相互电磁干扰。接地与屏蔽在设计中要认真考虑,在实际安装中更要高度重视。一台电子设备可能在实验室工作很正常,但在现场工作时,各种干扰可能就会出现,有时甚至不能正常工作,其中绝大多数是由于接地、屏蔽设计安装不合理所致。

2. 集成电路安装

根据集成电路封装方式的不同,安装也有不同的方法和要求。在传统的集成电路中,以塑封双列直插式(DIP型)和塑封功率电路(TO-220型)两种应用较为普遍。

(1) 双列直插式集成电路安装。双列直插式(DIP型)器件一般采用专用插座进行安装,装配和焊接的规范程度主要取决于印制板的精度。当然,这种集成电路也能直接插焊在印制板上。直接插焊法虽然牺牲了可更换性,但却提高了连接可靠性并降低了成本。采用插座虽然方便,但要支出额外的费用,并且接触的可靠性较差。

目前,国产器件插座的规格还不很齐全,虽然可以方便地买到标准的DIP型插座引脚(间距2.54mm,跨距3×2.54mm或6×2.54mm),但间距密集排列(如引脚间距1.78mm,跨距n×2.54mm)的就难以购得。值得注意的是,一些集成电路插座,质量性能较差,插座内簧片的弹性不足,往往插拔几次后出现接触不良,以至于往往误判为集成电路损坏。

（2）功率器件安装。功率器件一般是指消耗功率较大、在1W以上的器件。不论是功率晶体管还是功率集成电路，在使用中都会因消耗电能而发热。为保证电路内部的PN结不致因温度过高而损坏，安装时都要配有相应的散热器。耗散功率为100W的晶体管，如果不配装相应面积的散热器，并设法使装配中的热阻尽可能小，则只能承受一半甚至更小的功率。

几种典型功率器件的安装方式如图10.2所示。图10.2(a)所示的功率器件一般以大功率二极管和晶闸管居多；图10.2(b)所示的功率器件有大功率晶体管、大功率集成运放等电路；图10.2(c)所示的一般是大功率塑封晶体管或功率集成电路；图10.2(d)所示的是厚膜功率模块。有些制造厂家在功率器件出厂之前，就已经为它装配了合适的散热器。

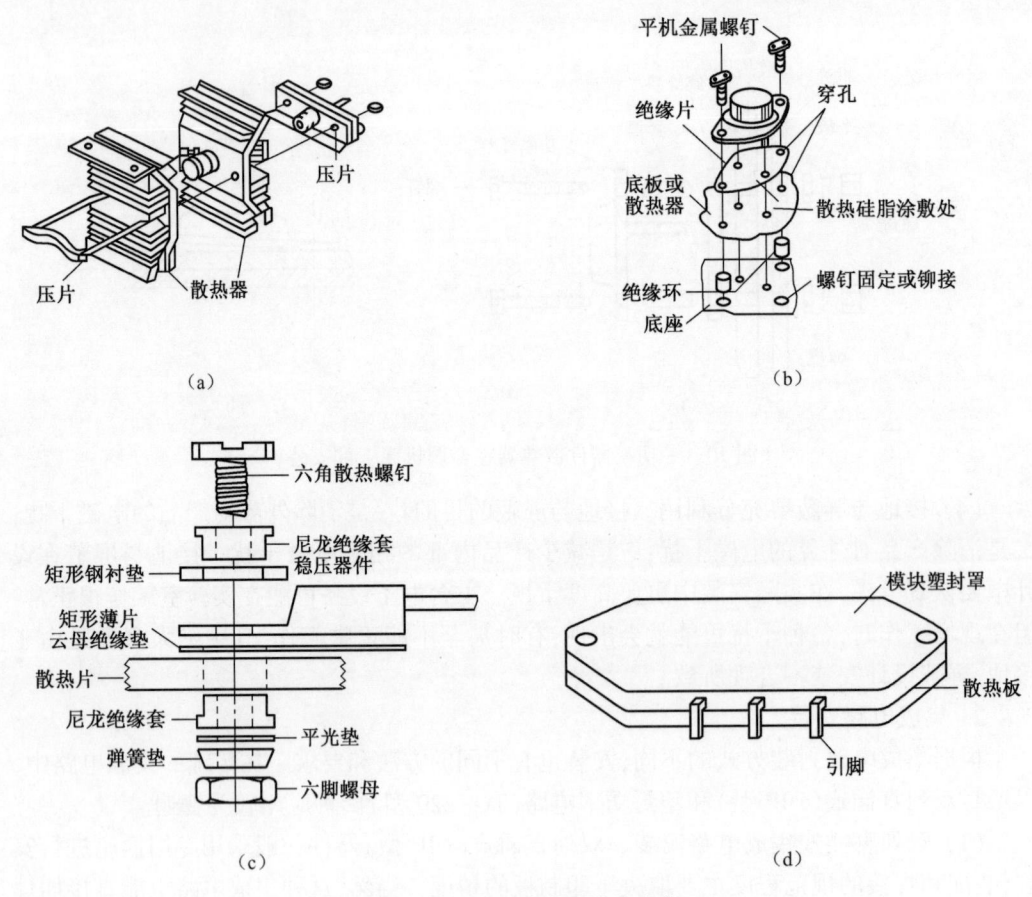

图10.2 典型功率器件的安装

图10.2中的安装方式，在整机产品的实际电路中又可以分成两种具体形式。一种是直接将器件和散热片用螺钉固定在印制板上，像其他元器件一样在板的焊接面进行焊接，这种方法的优点是连线长度短、可靠性高，缺点是拆焊困难，不适合功率较大的器件。另一种是将功率器件及散热器作为一个独立部件安装在设备中便于散热的地方，如安装在侧面板或后面板上，器件的电极通过安装导线同印制板电路相连接，优点是安装灵活且便

352

于散热,缺点是增加了连接导线。

对于不能依靠引线支撑自身和散热片重量的塑封功率器件,应该采用卧式安装或固定散热器的办法固定器件。有些三端器件的三条引线距离较小,可以采取图10.3所示的方法安装。有些器件引线的可塑性很差,用搭焊的方法引出连接导线比较可靠。

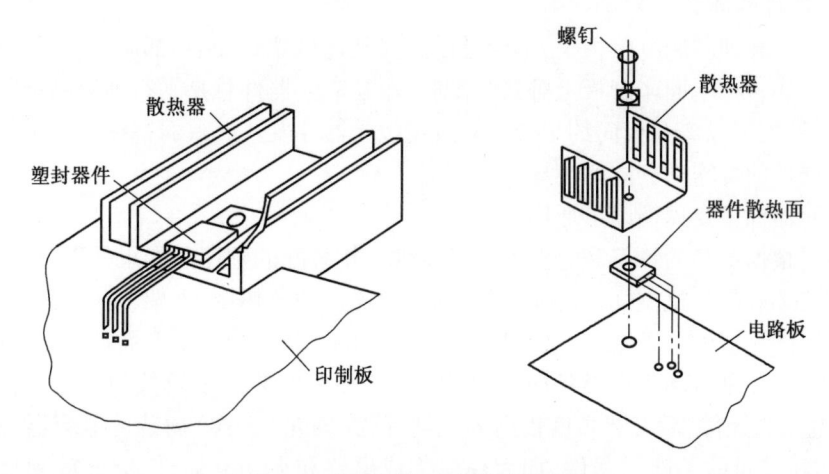

图10.3 塑料封装功率器件的安装

3. THT元器件安装

传统元器件在印制板上的固定,可以分为卧式安装与立式安装两种方式。在电子产品开始装配、焊接以前,除了要事先做好对于全部元器件的测试筛选以外,还要进行两项准备工作:一是要检查元器件引线的可焊性,若可焊性不好,就必须进行镀锡处理;二是要根据元器件在印制板上的安装形式,对元器件的引线进行整形,使之符合在印制板上的安装孔位。如果没有完成准备工作就匆忙开始装焊,可能造成虚焊或安装错误,带来不必要的麻烦。

1) 元器件引线的弯曲成形

为使元器件在印制板上的装配排列整齐并便于焊接,在安装前通常采用手工或专用机械把元器件引线弯曲成一定的形状——整形,如图10.4所示。

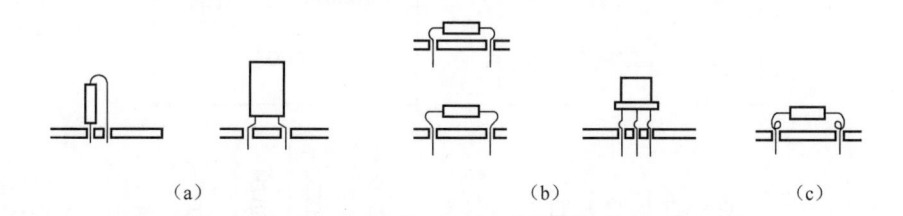

图10.4 元器件引线弯曲成形

图10.4(a)比较简单,适合于手工装配;图10.4(b)适合于机械整形和自动装焊,特别是可以避免元器件在机械焊接过程中从印制板上脱落;图10.4(c)虽然对于某些怕热的元器件在焊接时散热有利,但因为加工比较麻烦,现在已经很少采用。

不论采用哪种方法对元器件引脚进行整形,都应该按照元器件在印制板上孔位的尺寸要求,使其弯曲成形的引线能够方便地插入孔内。为避免损坏元器件,整形时必须

353

注意：

(1) 引线弯曲的最小半径不得小于引线直径的 2 倍，不能"打死弯"。

(2) 引线弯曲处距离元器件本体至少在 2mm 以上，绝对不能从引线的根部开始弯折。对于容易崩裂的玻璃封装的元器件，引线整形时尤其要注意这一点。

2) 元器件的插装

元器件插装到印制电路板上，不论是卧式安装还是立式安装，都应该使元器件的引线尽可能短一些。在单面印制板上卧式装配时，小功率元器件总是平行地紧贴板面；在双面板上，元器件则可以离开板面约 1~2mm，避免因元器件发热而减弱铜销对基板的附着力，并防止元器件的裸露部分同印制导线短路。

插装元器件还要遵循以下原则：

(1) 要根据产品的特点和企业的设备条件安排装配的顺序。如果是手工插装、焊接，应该先安装那些需要机械固定的元器件，如功率器件的散热器、支架、卡子等，然后再安装靠焊接固定的元器件。否则，就会在机械紧固时，使印制板受力变形而损坏其他已经安装的元器件。如果是自动机械设备插装、焊接，就应该先安装高度较低的元器件，如电路的"跳线"、电阻类元件，后安装高度较高的元器件，如轴向（立式）插装的电容器、晶体管等元器件，对于贵重的关键元器件，如大规模集成电路和大功率器件，应该放到最后插装。安装散热器、支架、卡子等，要靠近焊接工序，这样不仅可以避免先装的元器件妨碍插装后装的元器件，还有利于避免因为传送系统振动丢失贵重元器件。

(2) 各种元器件的安装，应该尽量使它们的标记（用色码或字符标注的数值、精度等）向上或朝着易于辨认的方向，并注意标记的读数方向一致（从左到右或从上到下），这样有利于检验人员直观检查；卧式安装的元器件，尽量使两端引线的长度相等、对称，把元器件放在两孔中央，排列要整齐；立式安装的色环电阻应该高度一致，最好让起始色环向上，以便检查安装错误，上端的引线不要留得太长，以免与其他元器件短路，如图 10.5 所示。有极性的元器件，插装时要保证方向正确。

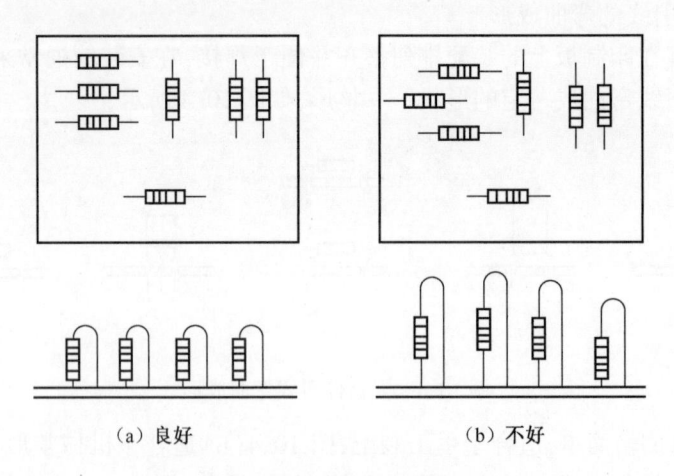

(a) 良好　　　　(b) 不好

图 10.5　元器件的插装

(3) 当元器件在印制电路板上立式装配时，单位面积上容纳元器件的数量较多，适合于机壳内空间较小、元器件紧凑密集的产品。但立式装配的机械性能较差，抗振能力弱，如果元器件倾斜,就有可能接触临近的元器件而造成短路。为使引线相互隔离,往往采用加套绝缘塑料管的方法。在同一个电子产品中,元器件各条引线所加套管的颜色应该一致,便于区别不同的电极。

(4) 在非专业化条件下批量制作电子产品的时候,通常是手工安装元器件与焊接操作同步进行。应该先装配需要机械固定的元器件,先焊接那些比较耐热的元器件,如接插件、小型变压器、电阻、电容等,然后再装配焊接比较怕热的元器件,如各种半导体器件及塑料封装的元件。

4. SMT 元器件安装

应用 SMT(Surface Mounting Technology)技术的电子产品,一些是全部都采用 SMT 元器件的电路,但还有所谓的"混装工艺",即在同一块印制电路板上,既有插装的传统 THT 元器件,又有表面安装的 SMT 元器件。电路的安装结构就有很多种。

(1) 第一种装配结构:全部采用表面安装。印制电路板上没有通孔插装元器件,各种 SMD(Surface Mounting Devices)有源器件和 SMC(Surface Mounting Component)无源器件被贴装在电路板的一面或两侧,如图 10.6(a)所示。

(2) 第二种装配结构:双面混合安装。如图 10.6(b)所示,在印制电路板的 A 面(也称为"元件面")上,既有通孔插装元器件,又有各种 SMT 元器件;在印制板的 B 面(也称为"焊接面")上,只装配体积较小的 SMD 晶体管和 SMC 元件。

(3) 第三种装配结构:两面分别安装。在印制电路板的 A 面上只安装通孔插装元器件,而小型的 SMT 元器件贴装在印制电路板的 B 面上,如图 10.6(c)所示。

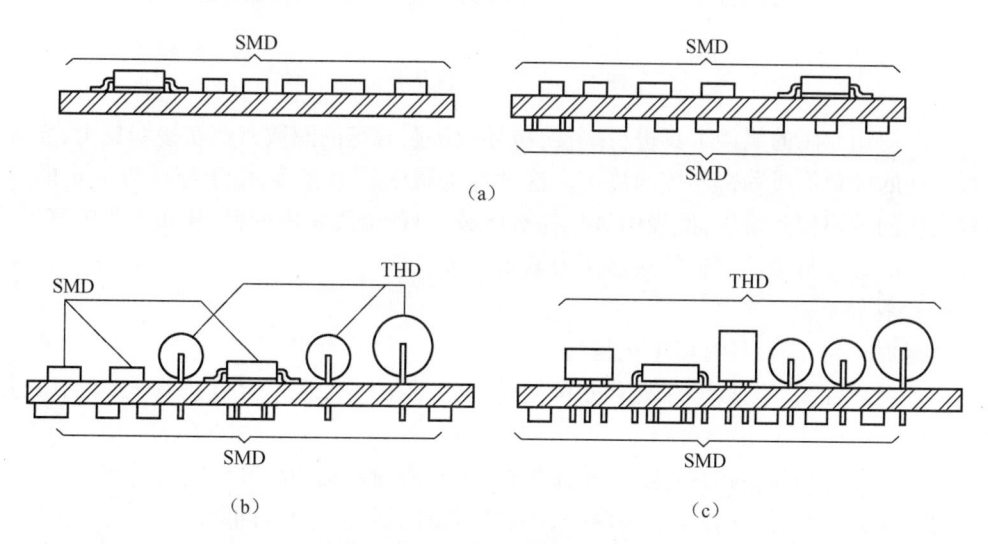

图 10.6 SMT 安装结构示意图

可以认为,第一种装配结构能够充分体现出 SMT 的技术优势,这种印制电路板最终将会价格最便宜、体积最小。但许多专家仍然认为,后两种混合装配的印制板也有很好的发展前景,因为它们不仅发挥了 SMT 贴装的优点,同时还可以解决某些元件至今不能采用表面装配形式的问题。

SMT 元器件贴装到印制板上的关键,是使元器件电极准确定位于各自焊盘。从印制电路板的装配焊接工艺来看,第三种装配结构除了要使用贴片胶把 SMT 元器件粘贴在印制板上以外,其余和传统的通孔插装方式的区别不大,特别是可以利用现在已经比较普及的波峰焊设备进行焊接,工艺技术上也比较成熟;而前两种装配结构一般都需要添加再流焊设备。

10.2.2 绕接连接

绕接是不使用焊剂、焊料而直接将导线缠绕在接线柱上,形成电气和机械连接的一种连接技术。绕接技术近年来已在电子、通信等领域,特别是要求高可靠性的设备中得到广泛应用,成为电子装配中的一种基本工艺。

1. 绕接机理

绕接通常用于连接绕线端子和导线。绕线端子(或称接线柱、绕线杆)一般由铜或铜合金制成,常见截面为正方形、矩形等带棱边的形状,导线则一般采用单股铜导线,如图10.7所示。

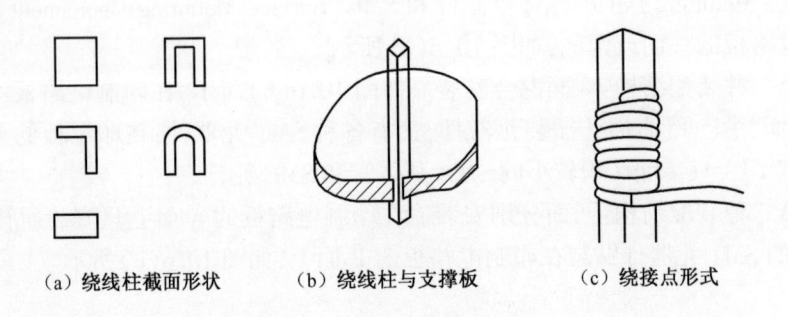

(a)绕线柱截面形状　　　(b)绕线柱与支撑板　　　(c)绕接点形式

图10.7 绕接材料及形式

一般使用专用的绕接工具进行绕接,将导线按照规定的圈数密绕在接线柱上,靠导线与接线柱的棱角形成紧密连接的接点。这种连接属于压力连接,由于导线以一定的压力同接线柱的棱边相互挤压,使表面氧化物被压破,两种金属紧密接触,从而实现电气连接。绕接质量的好坏与绕接材料的接触压力紧密相关。

2. 绕接特点

同锡焊相比,绕接具有以下优越性:

(1)可靠性高,绕接点的理论可靠性是焊接的10倍,且不存在虚焊及焊剂腐蚀的问题。

(2)工作寿命长,具有抗老化、抗振特性,工作寿命可达40年之久。

(3)工艺性好,操作技术容易掌握,不存在烧坏元件、材料等问题。

(4)可以实现高密度装配,实现产品小型化。

(5)节约有色金属,降低生产成本。

绕接存在的缺点是:

(1)对接线柱有特殊要求,且走线方向受到限制。

(2)多股线不能绕接,单股线又容易折断。

(3)效率较低,只能依次实现连接。

具体到电子产品中使用何种连接方法,要根据产品的要求及工艺条件来确定。

3. 绕接点质量

绕接点要求导线紧密排列，不得有重绕、断绕，导线不留尾。图 10.8 所示的是不合格的接头外形。

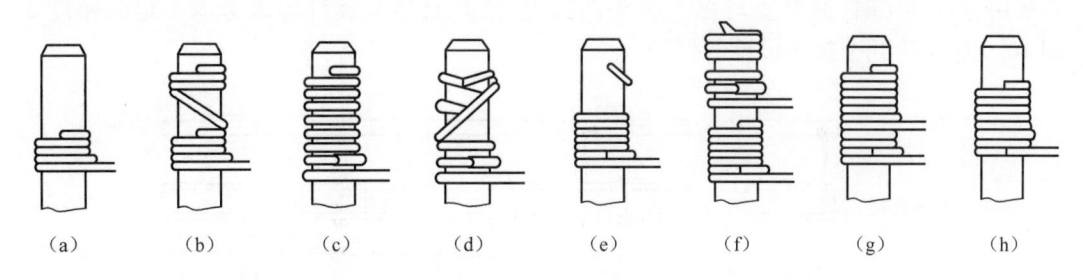

图 10.8　绕接缺陷

如果因绕接点不合格或者电路变动需要退绕时，可以使用专门的退绕器。由于导线在绕接时已经产生刻痕，刻痕处容易断裂，所以退绕后的导线要重新剥头，原来的端头部分不能重复使用。

10.2.3　粘接

粘接也称胶接，是近年来迅速发展的一种连接新工艺，在电子工业中有广泛的用途。

粘接是为了连接异型材料而经常使用的。例如，对陶瓷、玻璃、塑料等材料，采用焊接、螺钉和铆接都不能实现。在一些不能承受机械力、热影响的地方（例如应变片），粘接更有独到之处。粘接在电子设备的研制、实验和维修中，也会常常用到。

粘接的三要素包括适宜的黏合剂、粘接表面的处理和正确的固化方法，是检验粘接工艺的主要检验内容。

1. 粘接机理

物体内存在分子、原子之间的作用力，当两种不同材料紧密地靠在一起时，能够产生黏合（或称粘附）作用。这种黏合作用又可以分为本征黏合和机械黏合两种作用。本征黏合表现为黏合剂与被粘工件表面之间分子的吸引力；机械黏合则表现为黏合剂渗入被黏合工件表面的孔隙内，黏合剂固化后被机械地镶嵌在孔隙中，从而实现被粘工件的连接。

也可以认为，机械黏合是扩大了黏合接触面的本征黏合，类似于锡焊中的浸润作用。为实现黏合剂与工件表面的充分接触，要求黏合面必须清洁。因此，粘接质量与黏合面的表面处理紧密相关。

2. 黏合表面处理

一般看来很干净的黏合面，其表面会不可避免地存在着杂质、氧化物、水分等污染物质。黏合前对表面的处理是获得牢固粘接的关键。任何高性能的黏合剂，只有在适当的表面上才能形成良好的粘接层。

对黏合表面的处理有下列几种。

（1）一般处理。对要求不高或比较干净的表面，用酒精、丙酮等溶剂把油污清洗掉，待清洗剂挥发以后即可进行粘接。

（2）化学处理。有些金属在粘接以前，应当进行酸洗。例如，铝合金必须进行氧化处理，使其表面形成牢固的氧化层后，再施行粘接。

(3) 机械处理。为增大接头的接触面积,需要用机械方式形成粗糙的表面。

3. 黏合接头设计

虽然不少黏合剂都可以达到或超过粘接材料本身的强度,但接头毕竟是一个薄弱点。在采用黏合连接时,通常要对黏合接头做出设计,并且接头设计应该考虑一定的裕度。图 10.9 所示为几个接头设计的例子。

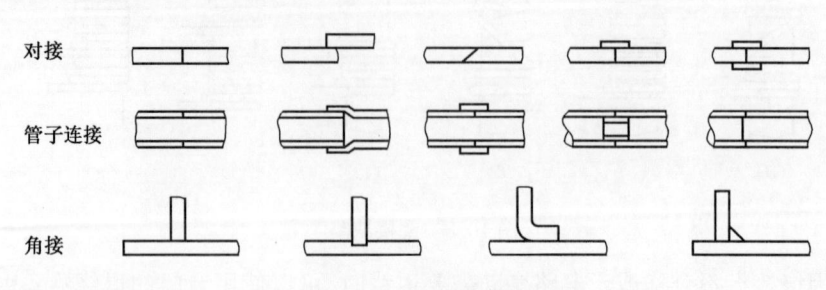

图 10.9 粘接头形状

4. 黏合剂选择使用

在具体进行粘接操作以前,要根据所粘接对象的材料性质,选择最适用的黏合剂。例如,在粘接小的塑料齿轮时,一般可以使用 502 等黏合剂;粘接 ABS 工程塑料、有机玻璃等高分子材料制成的物品时,可以使用有机溶剂,让材料直接融合粘接,也可以选用 501、502 胶等;粘接金属时,采用 701 胶等。

粘接中使用的有机溶剂,一般是三氯甲烷、丙酮等。应当尽量采用溶解速度快、污染小、毒性小、对人体刺激小的试剂。

10.2.4 螺纹连接

电子设备设计制造中,不可避免地会使用各种螺钉、螺母等连接件,有关这方面的详细资料可参见机械零件手册,在此仅就一般中常用的螺纹连接进行介绍,供检验参考。

1. 螺钉选用

螺钉类型的主要区别,是螺钉头部的形状和螺纹的种类。在大多数对连接表面没有特殊要求的情况下,都可以选用圆柱或半圆头螺钉。其中,圆柱头螺钉特别是球面圆头螺钉,因为槽口较深,用改锥拧紧时一般不容易损坏槽口,因此比半圆头螺钉更适用于需要较大紧固力的部位或改锥不能垂直施加压力的部位。

根据螺钉刀口的不同,螺钉又分为十字头螺钉和一字头螺钉。通常情况下,十字头螺钉的刀口相对不易损坏,所以使用较为广泛。

当需要连接面平整时,应该用沉头螺钉;当沉头孔合适时,可以使螺钉与平面保持同高并且使连接件准确地定位。因为这种螺钉的槽口较浅,一般不能承受较大的紧固力。为解决这一问题,在某些情况下可以使用内六角螺钉,它具有同沉头螺钉一样的特性,且不易在拧紧过程中脱扣。在使用内六角螺钉紧固时,要使用专用的内六角扳手。

自攻螺钉一般用于薄铁板与薄铁板、薄铁板与塑料件、塑料件与塑料件之间的连接,它的特点是不需要预先攻制螺纹。显然,这种螺钉不能用于经常拆卸或承受较大扭力的连接。自攻螺钉适用于固定重量轻的部件,而像变压器、铁壳电容器等相对重量较大的零部件,绝不可以使用自攻螺钉固定。

紧定螺钉和特殊螺钉的使用不如上述螺钉普遍,根据结构和使用要求不难准确定其种类。其中,滚花螺钉适用于经常用手拧动的部位,这类螺钉中不用加装防松垫圈。

2. 螺钉材料及表面选择

一般设备中的连接螺钉,都可以选用成本较低的镀铸钢制螺钉。面板上使用的螺钉,为了美观起见并防止生锈,可使用镀亮铬、镀镍或表面发蓝的螺钉;紧定螺钉由于埋在元件内部,所以在选择时只需要考虑连接强度等技术要求即可。对于某些要求导电性能良好的情况,如当作电气连接的接点时,可考虑选用黄铜螺钉、镀银螺钉。由于这种螺钉的价格高且不易买到,因此要慎重选用。

3. 防止螺钉松动

在受到振动和冲击力时,拧紧的螺钉很容易松动。电子仪器中一般采用增加各种垫圈的办法防止螺钉松动。

平垫圈可以防止拧紧时螺钉与连接件的相互作用,但不能起到防松作用。

弹簧垫圈使用最为普遍且防松效果好,但这种垫圈经过多次拆卸后,防松效果就会变差。因此,应该在结构调整完毕时的最后工序再紧固它。

波形垫圈的防松效果稍差,但所需要的拧紧力较小且不会吃进金属表面,常用于螺纹尺寸较大且连接面不希望有伤痕的部位。

齿形垫圈也是一种所需压紧力较小的垫圈,但其齿能咬住连接件的表面;特别是在涂漆表面上的防松垫,在电位器类的元件中使用较多。

止动垫圈的防振作用是靠耳片固定六角螺母,仅适用于靠近连接件的边缘但不需要拆卸的部位,一般不常使用。

在高档精密电子产品中,一种"止退胶"正在取代各种防止螺钉松动的垫圈。这种胶并不妨碍螺钉的安装和拆卸,但却使螺钉不会因振动而松动,不仅降低了成本、简化了安装过程,而且排除了金属垫圈脱落引起电路短路的可能,因而更加安全。

4. 螺纹连接工艺要点

(1) 合理选择紧固件组合。

(2) 合理选用改锥,拧紧时不打滑,不损伤螺钉头。

(3) 多个螺钉接点旋紧时应遵循用力均匀、交叉对称、分步拧紧的步骤,以免造成连接件歪斜或应力集中损坏。

(4) 用扳手旋紧六角螺钉时,不要用大扳手拧小螺钉,也不可用力过大,以免损坏螺钉或连接件。

5. 螺纹连接的装配要求

(1) 可拆卸螺纹连接的装配要求:

① 可拆卸螺纹连接必须保证连接可靠,装拆方便。

② 使用的各种金属紧固件均要求进行表面处理,螺纹连接紧固后,尾端外露一般不得小于1.5螺距,连接有效长度一般不得小于3螺距。

③ 装配过程中不允许出现滑扣、起毛刺等现象,螺纹孔由于工艺上难以避免的原因,造成与螺钉不相匹配时,允许回丝并随即涂以防锈剂,回丝时应采取严格的保护措施,防止多余物带入装配件。

④ 螺纹连接应有防松措施,当采用弹簧垫圈时,拧紧程度以弹簧垫圈切口压平为准;

未采取其他防护措施时,紧固件应按相关标准规定胶封。

⑤ 对非金属材料制成的零部件装配时不允许直接安装弹簧垫圈,而应加垫非金属垫圈或采用自锁镙母、双螺母等方式紧固。

⑥ 沉头螺钉紧固后,其顶部与被紧固件表面保持平齐,允许稍低于被紧固件表面。

⑦ 螺纹连接时应选用适当的装配工具,紧固件应按对称交叉分步紧固,以免发生装配件变形和接触不良,紧固力适当。

(2)不可拆卸螺纹连接的装配要求:

① 不可拆卸螺纹连接应按相关标准的规定采用粘接强度较高的胶液涂在螺纹连接部位,使其紧固后达到牢固可靠的目的。

② 不可拆卸螺纹连接的装配应符合上述可拆卸螺纹连接的装配要求。

10.2.5 内部结构连接

产品内部结构的连接检验,要考虑如下因素:

(1)便于整机装配、调试、维修。可以根据工作原理,把比较复杂的产品划分成若干个功能电路;每个功能电路作为一个独立的单元部件,在整机装配前均能单独装配与调试。这样不仅适合于大批量的生产,维修时还可通过更换单元部件及时排除故障。

(2)零部件的安装布局要保证整机的重心靠下并尽量落在底层的中心位置;彼此需要相互连接的部件应当比较靠近,避免过长和往返的连线;易损坏的零部件要安装在更换方便的位置;零部件的固定要满足防振的要求;印制电路板通过插座连接时,应当装有长度不小于印制电路板 2/3 长度的导轨,印制电路板插入后要有紧固措施。

(3)印制电路板在机箱内的位置及其固定连接方式,不仅要考虑散热和防振,还要注意维修是否方便。通常,在维修时希望同时看到印制电路板的元件面和焊接面,以便检查和测量。对于多块印制电路板,可以采用总线结构,通过接插件互相连接并向外引出;拔掉插头,就能使每块电路分离,将印制电路板拿出来测量检查,有利于维修与互换。对于大面积单块印制电路板,最好采用铰链合页或抽槽导轨固定,以便在维修时翻起或拉出印制电路板能同时看到两面。

10.3 焊接工艺检验

10.3.1 焊接质量要求

对焊接的要求有如下几个方面:

1. 可靠的电气连接

焊接是电子线路在物理上实现电气连接的主要手段。锡焊连接不是靠压力,而是靠焊接过程形成的牢固连接的合金层达到电气连接的目的。如果焊锡仅仅是堆在焊件的表面或只有少部分形成合金层,也许在最初的测试和工作中不会发现焊点存在问题,但随着条件改变和时间推移,接触层氧化,脱离出现,电路时通时断或者干脆不工作,而这时观察焊点外表,依然连接如初。这是电子产品工作中最头疼的问题,也是产品制造中必须重视的问题。

2. 足够的机械强度

焊接不仅起到电气连接的作用,同时也是固定元器件、保证机械连接的手段,这就存在机械强度的问题。作为锡焊材料的铅锡合金,本身强度是比较低的,常用铅锡焊料的抗拉强度约为 30~47N/cm,只有普通钢材的 10%。要想增加强度,就要有足够的连接面积。如果是虚焊点,焊料仅仅堆在焊盘上,自然就谈不到强度。另外,在元器件插装后把引线弯折,实行钩接、绞合、网绕后再焊接,也是增加机械强度的有效措施。

造成强度较低的常见原因是焊锡未流满焊点或焊锡量过少,还可能因为焊接时焊料尚未凝固就发生元器件振动而引起焊点结晶粗大(像豆腐渣状)或有裂纹。

3. 光洁整齐的外观

良好的焊点要求焊料用量恰到好处,表面圆润,有金属光泽。外表是焊接质量的反映,应注意:焊点表面有金属光泽是焊接温度合适、生成合金层的标志,不仅仅是美观的要求。

焊点的外观检查,除用目测(或借助放大镜、显微镜观测)焊点是否合乎上述标准以外,还包括从以下几个方面对整块印制电路板进行焊接质量的检查:

(1) 没有漏焊。
(2) 没有焊料拉尖。
(3) 没有焊料引起导线间短路(即所谓"桥接")。
(4) 不损伤导线及元器件的绝缘层。
(5) 没有焊料飞溅。

检查时,除目测外还要用指触、镊子拨动、拉线等办法检查有无导线断线、焊盘剥离等缺陷。

10.3.2 常见焊接缺陷

焊接过程中,施工人员的技术素质、焊接的工具与设备、焊接材料、焊接的实施工艺方法以及焊接环境直接影响到焊接的质量,对这些影响因素的具体要求在相关工业企业的标准如航天工业企业标准 QJ 3011—1998《航天电子电气产品焊接通用技术要求》、QJ 3117A—2011《航天电子电气产品手工焊接工艺技术要求》中均有明确的规定。

常见连接焊接缺陷主要有:焊头缠绕过少(少于1/4圈)或过多(多于3/4圈),线头过长伸出焊点表面超过 1.5mm,漏焊,焊料不足,焊料过量,冷焊(焊料未熔化浸润),松香焊头,接线头绝缘,线头过长等。其中,漏焊、冷焊、松香焊头及接线头绝缘等缺陷直接影响性能,比较容易被发现和消除;而焊头缠绕过少(少于1/4圈),线头过长伸出焊点表面超过 1.5mm,焊料不足,冷焊(焊料未熔化浸润),线头过长等缺陷;有可能仍能暂时满足性能要求,但随着环境应力的不断施加,特别是在热和振动应力的共同作用下,它们便可能导致连接不良,甚至开路,从而将严重影响产品可靠性。

印制电路板组装件焊接缺陷主要有:焊孔没填满,焊点过高,有烧焦面,引线穿孔的尺寸不合要求等。后两种缺陷可能主要影响性能;而焊料没填满可能发生虚焊,引线穿孔的尺寸不合要求(如过长)则可能因碰触引起短路。

10.3.3 焊接质量检验

焊接质量应在清洗后检验。电子产品的焊点及连接部位均需检验。焊点应百分之百目测检验,并可借助于 4~10 倍放大镜。对于有争议的焊点或目测拒收的产品,应提高放大倍数来检验。通常根据焊盘宽度选择放大倍数,如下:

焊盘宽度	仲裁用放大倍数
>0.5mm	10×
0.25~0.5mm	20×
<0.25mm	30×

只有符合下列要求的焊点,才能判定为合格焊点:

(1) 焊点表面光滑、明亮,无针孔或非结晶状态。
(2) 焊料应润滑所有焊接表面,形成良好的焊锡轮廓线,润湿角一般应小于 30°。
(3) 焊料应充分覆盖所有连接部位,但应略显导线或引线外形轮廓,焊料不足或过量都是不允许的,如图 10.10 所示。
(4) 焊点和连接部位不应有划痕、尖角、针孔、砂眼、焊剂残渣、焊料飞溅物及其他异物。
(5) 焊料不应呈滴状、尖峰状,相邻导电体间不应发生桥接。
(6) 焊料或焊料与连接件之间不应存在裂缝、断裂或分离。
(7) 不应存在冷焊或过热连接。
(8) 印制电路板、导线绝缘层和元器件不应过热焦化发黑,印制电路板基材不应分层起泡,印制导线和焊盘不应分离起翘。

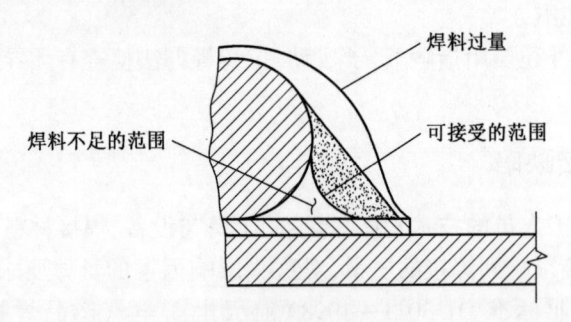

图 10.10 焊料不足和过量

常见焊点的评判:

(1) 塔型接线端子的焊点应符合图 10.11 的要求。
(2) 叉型接线端子的焊点应符合图 10.12 的要求。

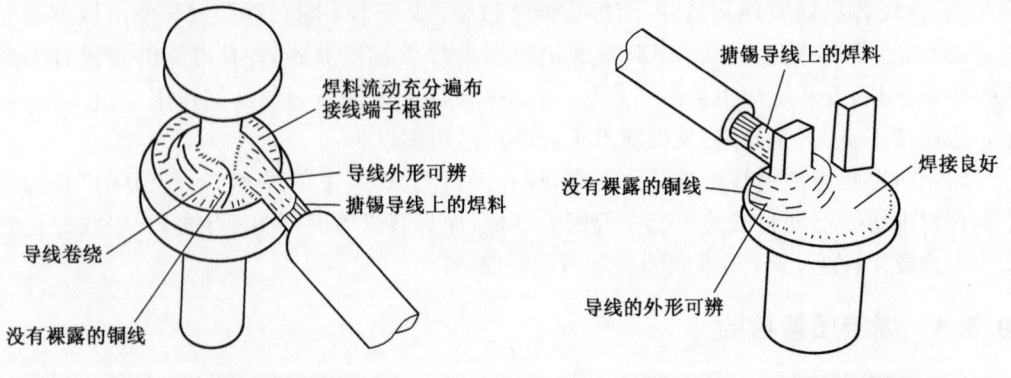

图 10.11 塔型端子的焊点　　　　图 10.12 叉型端子的焊点

(3) 钩型接线端子的焊点应符合图10.13的要求。
(4) 杯型接线端子的焊点应符合图10.14的要求。
(5) 穿孔型接线端子的焊点应符合图10.15的要求。

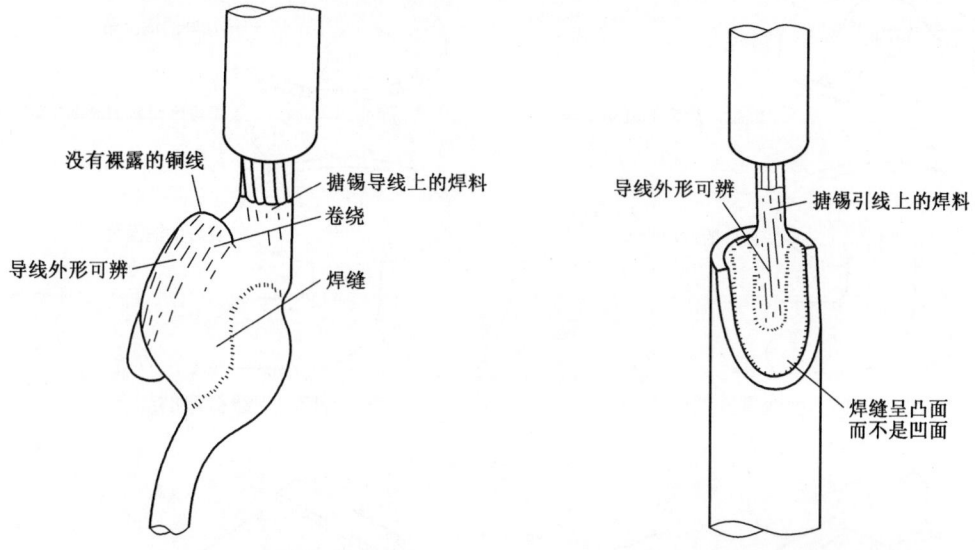

图10.13 钩型接线端子的焊点

图10.14 杯型接线端子的焊点

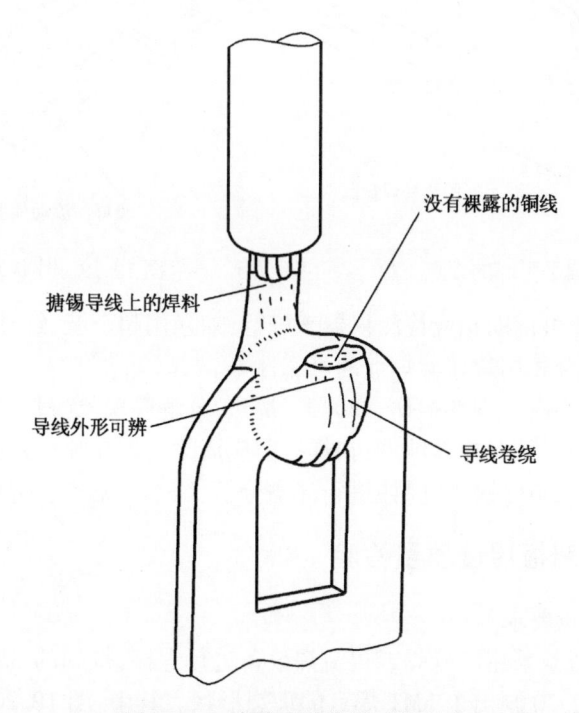

图10.15 穿孔型接线端子的焊点

(6) 印制电路板上直插引线的焊点应符合图10.16的要求。
(7) 印制电路板上打弯引线的焊点应符合图10.17的要求。
(8) 扁平封装器件的焊点应符合图10.18的要求。

(9) 片状元件的焊点应符合图 10.19 的要求。

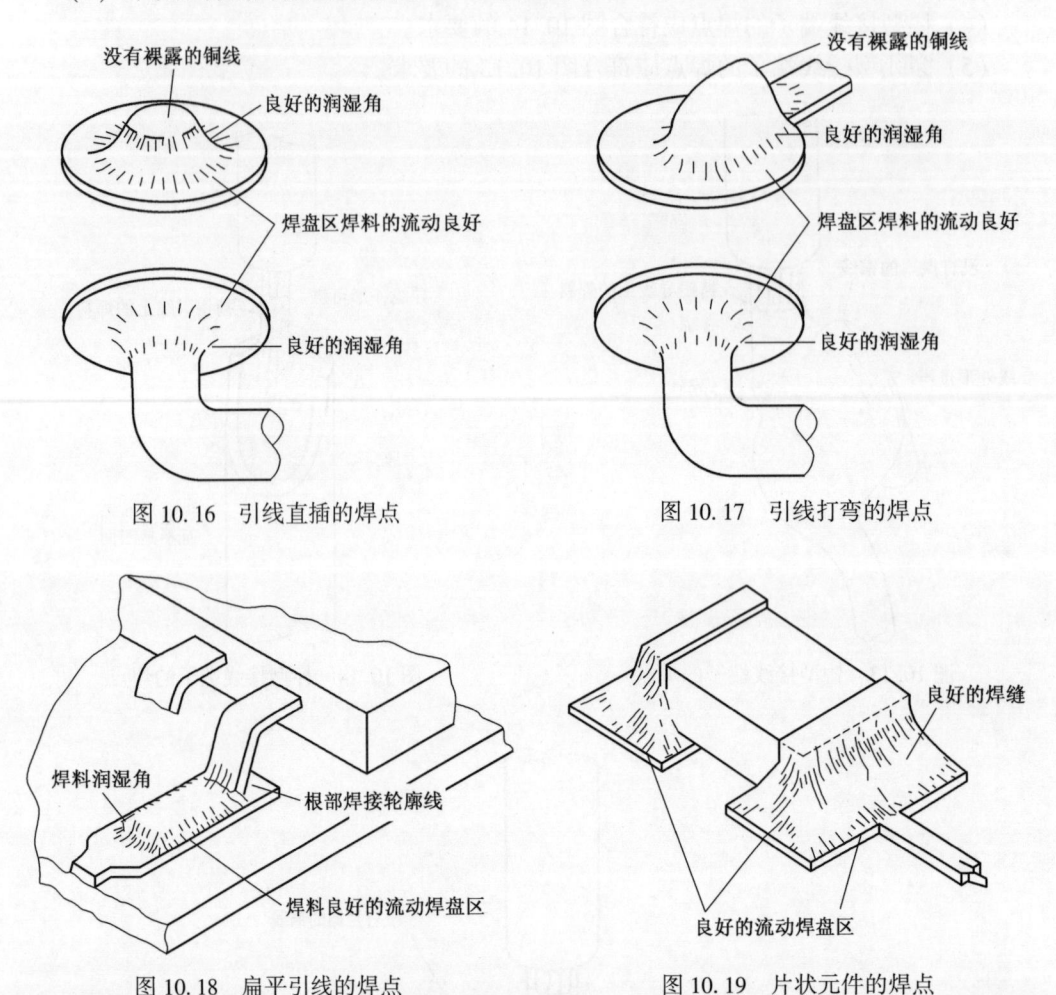

图 10.16　引线直插的焊点

图 10.17　引线打弯的焊点

图 10.18　扁平引线的焊点

图 10.19　片状元件的焊点

对焊点的检验还可借助相应检测仪器来进行,如采用超声波、红外以及激光全息技术探伤焊接缺陷、制作金相切片检验焊点的可靠性等。

焊接后,绝缘体不应出现热损伤,如裂痕、烧焦、分解等现象(过热变色是允许的)。

对重复使用的焊料就保持其纯度,在焊接前应清除出现在焊料接触面上所有浮渣,并定期按 GB/T 3131—2001《锡铅钎料》进行光谱分析,若不合格应全部更新焊料。

10.3.4　SMT 电路板焊接质量检验

1. SMT 焊点质量要求

不论采用手工还是采用波峰焊或再流焊设备进行焊接,得到的 SMT 元器件焊点应是可靠、美观的。图 10.20 画出了 SMT 焊点的理想形状。其中,图 10.20(a)是无引线 SMD 元件的焊点,焊点主要产生在电极焊端外侧的焊盘上;图 10.20(b)是翼形电极引脚器件 SO/SOL/QFP 的焊点,焊点主要产生在电极引脚内侧的焊盘上;图 10.20(c)是 J 形电极引脚器件 PLCC 的焊点,焊点主要产生在电极引脚外侧的焊盘上。良好的焊点非常光亮,其轮廓应该是微凹的漫坡形。

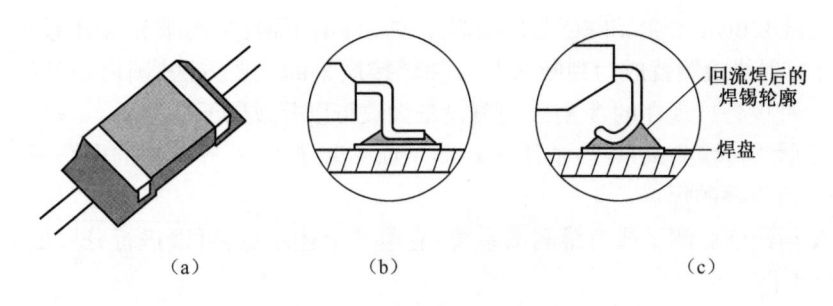

图 10.20 SMT 焊点理想形状

2. SMT 焊点检验

SMT 电路的小型化和高密度化,使检验的工作量越来越大,依靠人工目视检验的难度越来越高,判断标准也不能保证完全一致。目前,生产厂家在大批量生产过程中,检测 SMT 电路板的焊接质量,广泛使用自动光学检测(AOI)或 X 射线检测技术及设备。

这两类检测系统的主要差别在于对不同光信号的采集处理方式的差异。

1) AOI 自动光学检测系统

AOI 所用的光学视觉系统的原理基本有两种,即设计规则检验法(DRC)和图形识别方法。DRC 是按照一些给定的设计规则来检测电路图形,它能从算法上保证被检测电路的正确性,统一评判标准,帮助制造过程控制质量,并具有高速处理数据、编程工作量小等特点,但它对边界条件的确定能力较差。图形识别法是将已经储存的数字化设计图形与实际产品的图形相比较,按照完好的电路样板或计算机辅助设计时编制的检查程序进行比较,检查精度取决于系统的分辨率和检查程序的设定。图形识别法用设计数据代替 DRC 中的预定设计原则,具有明显的优越性,但其采集数据量较大,对系统的实时性反应能力的要求较高。

AOI 系统用可见光(激光)或不可见光(X 射线)作为检测光源,光学部分采集需要检测的图形,由图像处理软件对数据进行处理、分析和判断,它不仅能够从外观上检查 PCB 板和元器件的质量,也可以在贴片焊接工序以后检查焊点的质量。

AOI 的主要功能有:

(1) 检查电路板有引线的一面,保证引线焊端排列和弯折适当。

(2) 检查电路板正面,判断是否存在元器件缺漏、安装错误、外形损伤及安装方向错误等现象。

(3) 检查元器件表面印制的标记质量等。

AOI 系统允许正常的产品通过,发现电路板装配焊接的缺陷,便会记录缺陷的类型和特征,并向操作者发出信号,或者触发执行机构自动取下不合格部件送回返修系统。AOI 系统还会对缺陷进行分析和统计,为主控计算机调整制造过程提供依据。AOI 系统使用方便、调整容易。目前市场上出售的 AOI 系统,可以完成的检查项目一般包括元器件缺漏检查、元器件识别、SMD 方向检查、焊点检查、引线检查及反接检查等。

AOI 系统的不足之处是只能进行图形的直观检测,检测的效果依赖系统的分辨率,它不能检测不可见的焊点和元器件,也不能从电性能上定量地进行测试,条件好的企业一般更多地装备了在线测试(ICT)设备。AOI 系统的另一个缺点是价格昂贵。

2) X 射线检测

PLCC、SOJ、BGA、CSP 和 FC 芯片的焊点在器件的下面,用肉眼和 AOI 系统都不能检测,因此用 X 射线检测就成为判断这些器件焊接质量的主要方法,国内条件好的企业已经装备了这种设备。现在的 X 射线检测设备大致可以分成以下三种。

(1) X 射线传输测试系统:适用于检测单面贴装了 BGA 等芯片的电路板,其缺点是不能区分垂直重叠的焊点。

(2) X 射线断面测试或三维测试系统:克服了上述缺点,可以进行分层断面检测,相当于工业 CT 机。

(3) X 射线和 ICT 结合的检测系统:用 ICT 在线测试补偿 X 射线检测的不足之处,适用于高密度、双面贴装 BGA 等芯片的电路板。

10.4 "三防"、灌封、粘固工艺检验

"三防"防护工艺检验中,应注意零部件的清洗、防护涂层的均匀性、电接触点是否被防护涂层绝缘、防护涂层对高频部件性能的影响等。

航天电子电气产品中的印制电路板组装件、接线板、电缆组装件及各焊点均应进行 100% 的清洗,去除焊剂残渣及各种污染物,应防止元器件清洗时受损。涂覆、封装后应进行电气性能复测,利用高倍放大镜在"三防"施工后对敏感部位如触点的接触性能进行检查,复测合格后方准进入下道工序作业。

灌封与粘固部位的外观应光滑、无气孔、无明显拉尖、杂质和剥落。其厚度和形状应符合设计或工艺文件要求。灌封和粘固后产品电气性能和机械性能应满足产品技术条件要求。

第 11 章　电子产品整机检验

电子产品整机检验应以国军标、部标、设计任务书以及技术协议为准。其检验内容主要有下列几个方面：

（1）电性能检验，如基本性能检验包括安全性、功能性、整机老化检验、电磁兼容性检验等。

（2）热性能检验。

（3）环境适应性检验。"三防"（防潮、防霉菌、防盐雾）性能检验；环境应力筛选检验。

（4）综合环境应力检验。

除上述检验内容外，为检验电子产品整机在实际应用环境中的使用性能及可靠性，通常还要在比使用环境更为苛刻的条件下进行破坏性的例行试验，如低气压、常温高湿、低温、振动、离心、运输等苛刻环境。

11.1　电性能检验

11.1.1　基本性能检验

11.1.1.1　安全性能检验

对于电器产品，不仅要求在正常使用条件下安全可靠，而且在各种错误操作和非正常运行状态下，不会出现危险。因而，就需要对其进行安全性检验，确保产品安全、可靠。

对有关电子装备电气安全性能检验如绝缘电阻、电气强度、漏电电流、接地电阻、防触电保护、电气间隙和漏电距离测量，耐久性试验，稳定性试验，非正常运行试验等，可参见 GB 4706.1—2005《家用和类似用途电器的安全 第 1 部分：通用要求》相关检验、测试方法，并结合产品设计图纸、规范、标准等进行。这里仅介绍几种普通常用的检验项目。

1. 防触电检查

电器产品必须保证人体不与其带电部分发生意外接触，防触电检查常用试验指进行检验。试验指是模拟人的手指功能而设计的，标准试验指结构如图 11.1 所示。检验时，在试验指前端位置串接一个指示灯，能通过不小于 40V 的安全电压。当试验指和正常工作的产品任何可能的部位接触时，若指示灯不亮则认为这一部位为安全位置，若指示灯亮，则认为这一部位为不安全位置。

除被测产品上需用工具可拆的部件以外，应检查产品的所有位置。即使是产品指示灯装在可拆盖后面，而装拆指示灯也可能产生人与灯座上带电部分偶然接触，故需要检查。油漆、瓷漆、普通纸、棉织物、金属部件上的氧化膜、玻璃粉及密封膏等都不能作为防止与带电部件发生意外接触的保护，均不应该漏检。

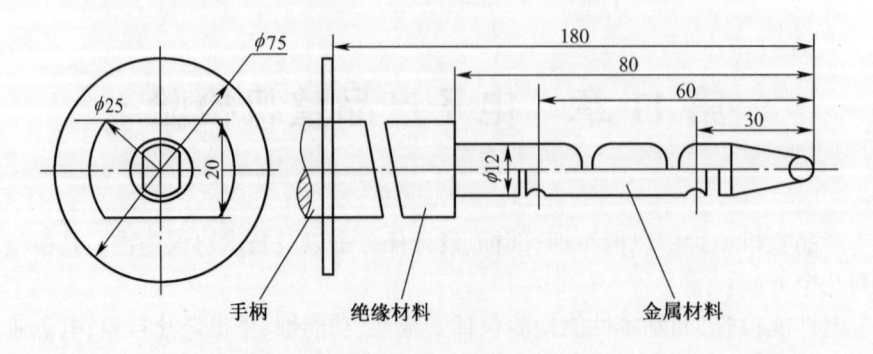

图 11.1　标准试验指

2. 绝缘电阻测量

1）绝缘电阻

绝缘电阻 R 是和试件接触的电极间直流电压与电极间通过的稳态电流之商，即

$$R = \frac{U}{I}$$

式中：U 为施加于试件的直流电压（V）；I 为通过试件的稳态电流（A）；R 为绝缘电阻（Ω）。

绝缘电阻由试件体积内部的体积电阻与试件表面电阻并联组成。测定的绝缘电阻，一般是指产品带电部分与外露非带电金属部分之间的电阻。

有些电气产品标准只规定了热态绝缘电阻值，常态条件下绝缘电阻值由生产厂自行掌握。如果常态绝缘电阻值低，说明绝缘结构中可能存在某些隐患或受损。

IEC 标准规定，测量带电部件与壳体之间的绝缘电阻（如有电热元件，应将它断开）时，基本绝缘条件的绝缘电阻值不应小于 2MΩ，加强绝缘条件的绝缘电阻值不应小于 7MΩ。

2）绝缘电阻测量

根据产品的技术条件，一般在对仪器有绝缘要求的外部端口（电源插头或接线柱）和机壳之间、与机壳绝缘的内部电路和机壳之间、内部互相绝缘的电路之间，进行绝缘电阻测试。

测量绝缘电阻的方法很多，有用兆欧表、检流计、静电计和高阻计的直接测量法；有用电桥、比较电流的比较测量法；有用静电计充电测量法等。工程中常用兆欧表直接测量，因为兆欧表测量最为简便，仪器结构简单、易于携带，读数稳定，特别适用于户外的预防性试验，但灵敏度不高，只能测到 100MΩ。

用兆欧表测量时，将被测产品脱离电源，从兆欧表的"线路"和"地线"端上分别引出两根导线，接至被测产品的受测部位，以 120 次/min 的速度平稳地摇动手柄约 1min，等指针稳定后，读出绝缘电阻值。测量潮湿状态电阻值，产品须经过规定的潮湿试验周期后，在潮湿箱内进行。

3）影响测试结果的因素

（1）温度影响。绝缘材料中含有一定的杂质，杂质分子随温度的升高会加剧离解，使绝缘材料的体积电阻急剧下降，绝缘电阻降低。因此，标准中只规定热态绝缘电阻值，而对常态绝缘电阻值未做规定。

（2）时间影响。一般要求摇兆欧表约1min，指针稳定后读数。由于测量的电路中除有决定绝缘电阻的泄漏电流外，还有分布电容电流和材料的吸收电流，这两种电流是随时间而衰减的，最后泄漏电流才稳定在某一值。

（3）接线和操作的影响。测量导线不能使用双股绝缘或绞线，因为导线间绝缘缺陷可能影响测试结果，使测定值小于真实值。另外，摇动兆欧表时，忽快忽慢也影响测量数据的正确性，必须匀速平稳操作。

（4）读数误差。兆欧表的表盘刻度不均匀，在高绝缘电阻值段难以读准数值，容易出现误差。此外，不能在有强电磁场的场合使用。

3. 电气强度试验

电器强度试验是在对产品施加一定电压，经过一段时间后，若不发生表面飞弧、扫掠放电、电晕和击穿现象，则判断产品合格。试验时施加的电压值一般高于该产品的工作电压。但该试验结果只能说明产品能否承受住试验电压，而不能说明产品绝缘强度有多高。进行绝缘材料的应用研究和电气设备的设计试制时，必须测定绝缘强度，需要采用击穿试验。

1）电气强度试验方法

电器强度试验有两种：一是直流耐压试验；二是交流工频耐压试验。一般是采用前一种方法。另外，有一些虽然不是直流供电的电器产品，但由于其电容量很大（如电力电容器、长电缆等），工频试验变压器的容量不能满足要求而又没有补偿电抗器时，也可以做直流耐压试验。由于直流和交流工频下击穿的机理不同，在做耐压试验时所加的直流试验电压要比工频下的工作电压高。交流工频耐压试验与产品实际运行情况较接近，且电压较高，是鉴定产品的有效方法。下面主要介绍交流工频耐压试验方法。

采用交流工频下的电气强度试验，必须有一套高压试验装置，其中包括高压试验变压器、调压器、电压测量系统以及控制和保护装置等。图11.2是手动升压试验装置线路图。图11.2中，SL_1是装在安全门上的限位开关，只有安全门闭上时SL_1才闭合；SL_2是装在调

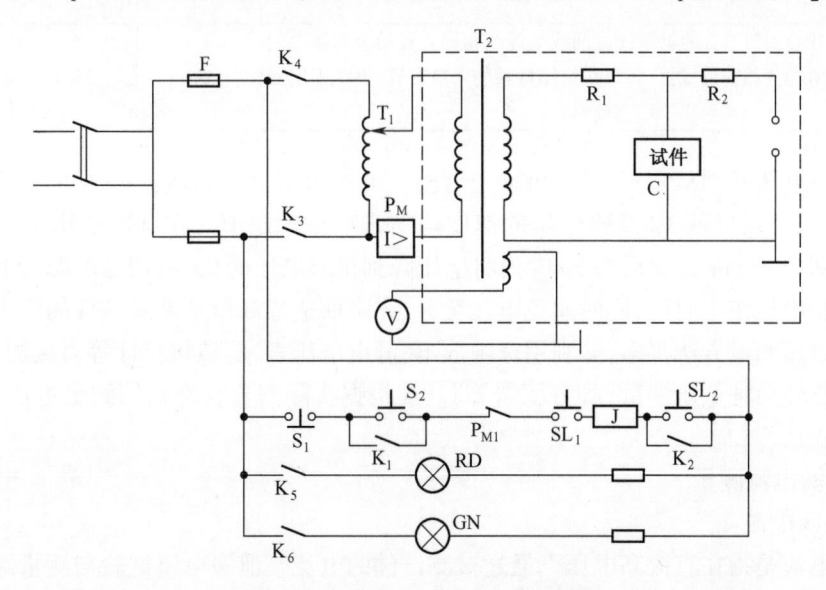

图11.2 手动升压试验装置线路图

压器底部的限位开关,只有当调压器降到"零"位置时 SL_2 才闭合;S_2 为接通控制回路的开关;S_1 为切断控制回路的分开关;继电器 K 带动 5 个常开点和一个常闭点,其中 K_1、K_2 起自锁作用,即当控制回路接通,K_1、K_2 闭合,这时即使 S_2、SL_2 打开,控制回路也不会被切断。K_3、K_4 闭合使调压器接通电源,绿灯亮说明电源有电,红灯亮说明调压器接通电源,可以进行升压试验。一旦被测产品发生击穿,过电流继电器 P_M 动作,打开常闭点 P_{M1},于是控制回路被切断,K_3、K_4 打开,切断调压器上的电源。如果在升压过程中,发生意外情况需要立刻切断变压器电源时,只需按 S_1 就可以实现。图 11.2 中调压器由电动机来驱动,加上适当的电路,可以改成自动升压试验装置。

2) 试验电压的选取

试验电压要求为工频 50Hz 的正弦波,其波形畸变不得超过 5%。试验电压值和施加试验电压的部位应按 GB 4706.1—2005《家用和类似用途电器的安全 第 1 部分:通用要求》规定的值执行,如表 11.1 所列。

表 11.1 电气强度试验电压值

施加试验电压的部位		试验电压/V		
		Ⅲ类电器	Ⅱ类电器	Ⅰ类电器
1	带电部位和仅用基本绝缘与带电部位隔离的壳体之间	500	—	1250
	带电部位和用加强绝缘与带电部位隔离的壳体之间	—	3750	3750
2	同极性的带电部件之间	500	1250	1250
3	对于用双重绝缘的部件仅用基本绝缘与带电部位隔离的金属部件和	带电部件之间	—	1250	1250
		壳体之间	—	2500	2500
4	用绝缘材料做衬里的金属壳或金属盖与贴在衬里内表面的金属箔之间	—	2500	2500
5	与手柄、旋钮、夹件等接触的金属箔和它们的轴之间(如果万一绝缘失效使这些轴带电)		2500	2500(1250)
6	壳体与用金属箔包着的电源线之间或电源线相同直径的金属棒之间(此金属棒插在电源线的位置上,固定在绝缘材料的入口套管、电线固定器等之间)		—	2500	1250

试验时升压必须从零开始,不可冲击合闸。电压由零上升到试验电压的 40% 可不受速度限制,而后以每秒 3% 试验电压的速度均匀升压至规定值。在试验电压下保持一定的耐压时间(1~5min),之后在 5min 内将电压降到试验电压的 25%,切除电源。上述规定是为了控制电压作用时间,同时避免电压突升、突降而造成高压脉冲对试件的伤害。

试验电压测量方法很多,如利用球隙放电、静电电压表、旋转伏特计等直接测量高压,也可将高压转换到低压测量(如分压器等)。应根据实际需要合理选用测量方法,测量误差不大于 3%。

4. 泄漏电流测量

1) 泄漏电流

泄漏电流是指在直流高电压下通过被测试件的电流。泄漏电流试验与测量绝缘电阻本质上是相同的,所不同的是施加于试件的直流电压比测量绝缘电阻时更高。这样,一方面因泄漏电流较大,不需要放大器就可以直接用微安表来测量,测量结果的重复性也较好;另一方面由于绝缘中存在的某些缺陷或弱点,只有在较高电场强度下才能暴露出来,从而在较高的电压下,测出泄漏电流的变化规律,可以从中判断绝缘体内是否存在缺陷。因此,在电力设备中,经常将泄漏电流试验作为预防性试验项目之一。

2) 测量方法

泄漏电流的测试采用直流电源,一般由高压整流设备供给,根据被测试产品的电压等级,施以相应的试验电压,用微安表监视泄漏电流的大小。图 11.3 为试验装置的原理图,被测试件与直流高压电源及微安表串联。微安表可按不同的试件接在Ⅰ、Ⅱ、Ⅲ三个不同的位置。

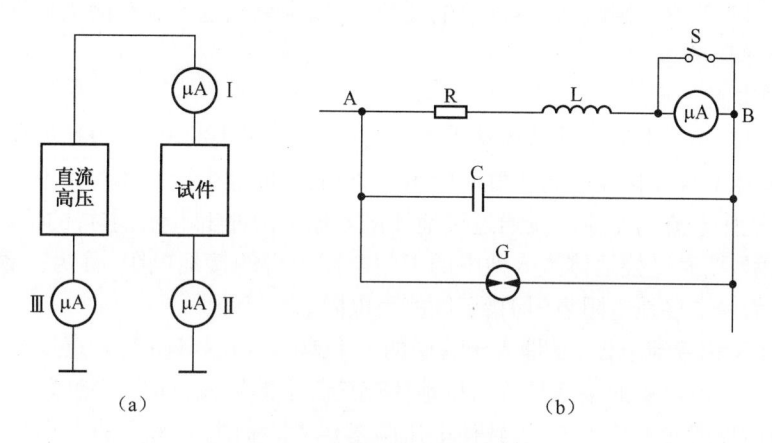

图 11.3 泄漏电流测试装置

R—保护电阻;L—限流电抗线圈;C—稳流电容器;G—高压保护放电间隙。

当试件一端接地时,如果试验用的高压直流电源一端接地,则微安表只有接在高压端,即图 11.3(a)中Ⅰ处,此时必须采取安全措施。

如果试验电源两端都对地绝缘,则可将微安表串接在电源与地之间,即图 11.3(a)中Ⅲ处。有些专用于测量泄漏电流的装置,就把微安表固定在这个位置。这种接法虽然安全方便,但高压端(包括高压引线、保护电阻和滤波电容器等)对地的泄漏电流也会流经微安表而造成测量误差。因此,测量前先不接试件,将电压上升到测量值,这时微安表最好无读数;如果有很小的读数(与测量的泄漏电流比较),可记下此读数 I_1;以后再接上试件测得电流为 I_2,则试件的泄漏电流为

$$I = I_2 - I_1$$

如果不接试件,微安表的读数很大(接近测量的泄漏电流),则必须采取措施消除这部分漏电流,如加强高压端对地的绝缘,高压引线采用屏蔽线,并把屏蔽接地等。

如果试件可以不接地,则将微安表接在试件与地之间,即图 11.3(a)中Ⅱ处。这种接法最合适,既可避免高压端对地漏电流,又能安全地测量。

为使微安表读数稳定和安全,最好采用图 11.3(b)的接线方法。微安表串接电感 L、并接电容器 C,可以减少读数的不稳定。放电间隙 G 是用来控制 A、B 之间的电压。如果试件击穿,或 R、L、微安表以负接地点没接好或烧坏时,A 点将出现高电位,这时放电间隙放电,使 A 点基本上处于低电位。电阻 R 的阻值以电流超过微安表量程,瞬间是否使放

电间隙放电来确定，即

$$R = \frac{U}{I} \times 10^6$$

式中：U 为放电间隙 G 实际放电电压(V)；I 为微安表满量程电流值(μA)。

图 11.3 中，C 值为 0.5~5μF，耐压 300V；L 值通常为几十毫亨至 1H。

泄漏电流的试验，是在规定的直流电压值下，测量一定时间内通过试件的电流值。有时为进一步分析绝缘状态，还必须绘制泄漏电流与电压或泄漏电流与时间的关系曲线。

测定泄漏电流时，规定的试验电压值是指试件两端的电压，最好用静电伏特计直接测量。试验电压一般是几千伏到几万伏。如果是做电压与泄漏电流的关系曲线，则在各试验电压值下都应停留一定时间，再读取电流读数，以避免充电电流对测量结果的影响。

5. 接地电阻测量

1) 接地电阻

接地电阻是指当电流由接地体接入土壤时，土壤中呈现的电阻，包括接地体与设备间的连线、接地体本身和接地体与土壤间电阻的总和，数值等于接地体对大地零电位点的电压和流经接地体电流的比值。按通过接地体流入地中的冲击电流，求得的接地电阻，称为冲击接地电阻；按通过接地体流入地中的工频电流求得的接地电阻，称为工频接地电阻。一般未说明为冲击接地电阻者，均指工频接地电阻。

接地体(又称接地电极)是埋入土壤中的一个或一组互相连接，并直接与大地接触的金属导体。把电器设备的接地部分与接地体连接起来的导线，称为接地线。

在接地体周围的电流密度大，致使电压降落也大。而电流密度的大小与距接地体距离的平方成反比。因此在一定范围之外，由于电流密度接近于零，该处即可作为大地的零电位点。

对产品接地电阻的测量，实际上是测量产品上的接地端子或接地线到易触及非带电金属表面的电阻值。根据标准规定，0 类电器没有接地装置，Ⅱ类电器不准有接地装置，Ⅲ类电器因是使用不超过 50V 的安全特低电压，没有必要使用接地装置，因此只有 0Ⅰ类和Ⅰ类电器才有接地端子或接地线。标准还规定，接地螺钉应是不易腐蚀且导电性好的铜或铜合金材料制成，接地线应为黄绿双色铜芯绝缘软线，截面积不小于 $0.75mm^2$。从接地端子至易触及非带电金属表面的电阻值不得超过 0.1Ω，从地线的接插端(插头端)至易触及非带电金属表面的电阻值不得大于 0.2Ω。

2) 产品接地电阻测量方法

图 11.4 为产品接地电阻测量线路图。测量时，调节自耦调压器 TY，开关 Q 置向②，使降压变压器 TD 空载，电压不超过 12V，再调节可变电阻 R，使电路中电流为电器额定电流的 1.5 倍或 25A(两者中选较大值)。然后将开关 Q 置向①，测量电器的接地端子或接地线与易触及非带电金属表面(或壳体)之间的电压降，并根据测得的电流和电压降计算出电阻值。

11.1.1.2 功能性检验

按图纸设计和技术条件等的要求，通电检查电子产品模块、整机的设计功能和性能参数的实现情况。

对于测量类电子产品模块、整机，检定其测量精度，按前面第 3 章所述的现代测量误

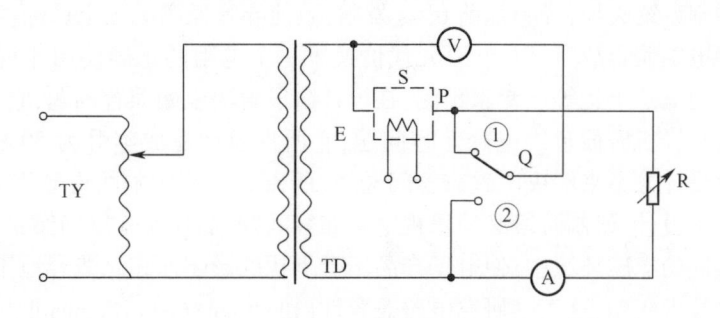

图 11.4 接地电阻测量线路图

V—电压表；A—电流表；S—被测试电器；E—接电线；
P—测试线路与易触及非带电金属表面的连接点。

差分析及数据处理，进行计量检验。

11.1.1.3 整机老化检验

为保证电子整机产品的生产质量，通常在装配、调试之后，还要进行整机的通电老化。整机产品进行老化与电子元器件老化筛选的原理相同，就是要通过老化发现产品在制造过程中存在的潜在缺陷，把故障（早期失效）消灭在出厂之前。

1. 老化条件的确定

电子整机产品的老化，全部在接通电源的情况下进行。老化的主要条件是时间和温度，根据不同情况，通常可以在室温下选择 8h、24h、48h、72h 或 168h 的连续老化时间；有时采取提高室内温度（密封老化室，让产品自身的工作热量不容易散发，或者增加电热装置）甚至把产品放入恒温的试验箱的办法，缩短老化时间。

在老化时，应该密切注意产品的工作状态，如果发现个别产品出现异常情况，要立即使它退出通电老化。

2. 静态老化和动态老化

在老化电子整机产品时，如果只接通电源、没有向产品注入信号，这种状态称为静态老化；如果同时还向产品输入工作信号，称为动态老化。例如，监视器，静态老化时显像管上只有光栅，而动态老化时从天线输入端送入信号，屏幕上显示图像，喇叭中发出声音。又如，计算机在静态老化时只接通电源，不运行程序，而动态老化时要持续运行测试程序。

显然，动态老化比较静态老化是更为有效的老化方法。

11.1.2 电磁兼容性检验

11.1.2.1 概述

1. 定义

随着智能化、自动化、信息化武器装备的发展，电子产品在其中的数量日益增多。电子产品正在向高频率、宽频带、高集成度、高可靠性和高精度方向发展，而电磁干扰也越来越严重，它已成为武器装备发挥正常作战效能的突出障碍。

电磁干扰造成的大量令人难忘的中外武器装备故障、事故，如：1971 年 11 月 5 日，由于静电干扰，"欧罗巴"火箭发射起飞后，制导计算机发生故障，姿态失控，火箭炸毁；由于宇宙电离辐射干扰，"伽利略"火星探测卫星一度失控；电源噪声干扰曾经导致美国一次导弹试验的控制系统失控,导弹提前 0.1s 发射,致使导弹偏离了预定目标;我军某装备研制阶段产生的电磁兼容故障,以 20 万元代价换来一个电阻的正确使用才得到解决;未来作战环境的人为电子干扰等。专家预测:在设计阶段解决电磁兼容问题,它仅占总产品成本的 5%~7%;在样机阶段解决电磁兼容问题,它所占总产品成本升为 50% 以上;而在产品阶段要更改设计方案来解决电磁兼容问题,它所占总产品成本的份额将飙升至 200%。因而在武器装备设计、研制阶段必须重视电磁兼容问题,加强检验以确保武器装备质量。

如何在共同的电磁环境中,使电子产品不受干扰的影响而相互兼容地正常工作,是迫切需要解决的技术问题,这正是研究电磁兼容性(Electromagnetic Compatibility,EMC)的宗旨。电磁兼容的定义按 GJB 72A—2002《电磁干扰和电磁兼容性术语》为:设备、分系统、系统在共同的电磁环境中能一起执行各自功能的共存状态,包括两个方面:设备、分系统、系统在预定的电磁环境中运行时,可按规定的安全裕度实现设计的工作性能且不因电磁干扰而受损或产生不可接受的降级;设备、分系统、系统在预定的电磁环境中正常地工作且不会给环境(或其他设备)带来不可接受的电磁干扰。

EMC 的研究对象是电磁干扰,研究范围包括从静电问题到电磁脉冲,从低频到超高频,有用电场的方法也有用电路的方法,有强电(电气)问题又有弱电(电子)问题,有工程技术问题又有管理工程问题。它涉及电子、电气、电磁场、计算机、通信、电磁测量、机械结构、自动控制、生物医学、工程材料等广泛的学科领域。

EMC 研究的重点是系统和设备工作时所产生的非预期效果。一般来说,它比研究系统和设备的工作性能往往要复杂得多,需采用特定的方法及程序来对各种干扰进行分析和计算,以便进行合理的设计。为保证测量结果的可比性,电磁兼容测量不仅要有高精度的测量设备,并且还要有统一规定的测量方法。

2. 相关标准

从 20 世纪 20 年代起,各工业先进国家日益重视 EMC 的研究。为保证各系统之间的电磁兼容,必须对人为的电磁干扰进行规定及限制,从而需要制定 EMC 有关标准及规范,第一个无线电干扰标准是美国于 1945 年 6 月制定的陆、海军标准 JAN-I-225《150kHz-20MHz 无线电干扰测量方法》。1964 年美国国防部组织专门小组改进标准和规范,统一名词术语,统一测量方法,统一极限值,这就是著名的 MIL-STD-460 系列标准,它对各国的军事部门及对近代系列标准有较大的影响。表 11.2 列出美军军用标准中与 EMC 有关的部分标准代号。

表 11.2 美军军用标准中与 EMC 有关的部分标准

序号	标准代号	标准、规范、通告名称
1	国防部通信局的 310-70-1 号通告	国防通信系统的接地、搭接与屏蔽方法的暂行指南(DCA Notice 310-70-1)
2	MIL-STD-188-124	关于公用远距离或战术通信系统的接地、搭接和屏蔽的一般要求
3	MIL-B-5087B	航天系统的电气搭接和雷电保护
4	MIL-E-6051D	系统电磁兼容性要求
5	MIL-I-6181D	机载设备干扰控制要求
6	MIL-STD-416C	设备的电磁干扰性能要求
7	MIL-STD-462	电磁干扰特性的测量

(续)

序号	标准代号	标准、规范、通告名称
8	MIL-STD-463	电磁干扰技术中术语、定义与单位制
9	MIL-STD-469	雷达装备设计中的电磁兼容性要求
10	MIL-STD-704A	机载电源的特性及应用
11	MIL-STD-1857	接地、搭接和屏蔽设计的实施
12	MIL-STD-1541	空间系统电磁兼容性要求
13	MIL-STD-1542	空间系统装备的电磁兼容性和接地要求
14	MIL-R-5757	电气继电器(适用于电子和通信设备)通用规范
15	MIL-R-83536	有可靠性指标的电磁继电器总规范
16	MIL-R-28776	有可靠性指标的混合式继电器总规范

国际无线电干扰特别委员会(CISPR)经常在其出版物中,发表关于测量技术的规范,推荐电磁干扰的允许值标准以及控制电磁干扰发射的报告等,业已被世界许多国家所采用,成为世界各国民用的通用标准。国际电工技术委员会近年来制定出一系列 EMC 标准,著名的 IEC801 和 IEC1000 系列标准,涉及电源谐波、电压失落及波动、射频场干扰、浪涌、快速脉冲串干扰、静电放电等诸多干扰形式,如表 11.3 所列。

表 11.3 国际电工技术委员会制定的 EMC 标准

序号	标准代号	标准、规范、通告名称
1	IEC 512	电子设备用机电元件基本试验规程及测量方法
2	IEC 68	电工电子产品环境试验规程
3	IEC 810-2	静电放电敏感度要求
4	IEC 810-4	快速脉冲串敏感度要求
5	IEC 810-5	浪涌干扰敏感度要求
6	IEC 810-6	传导干扰敏感度要求
7	IEC 1000-4-2	静电放电抗扰度基本要求
8	IEC 1000-4-4	快速脉冲串抗扰度基本要求
9	IEC 1000-4-5	浪涌干扰抗扰度基本要求
10	IEC 1000-4-6	传导干扰抗扰度基本要求
11	IEC 1000-11	电压瞬态失落及波动抗扰度基本要求

我国以往对 EMC 的研究认识不足,该项工作起步较晚,与国际间的差距较大。第一个电磁干扰标准是 1962 年才颁布的行业标准 CZ 5001—62《船用电气设备工业无线电干扰极限标准和测量方法》。近年来,随着武器装备的快速发展,EMC 问题日益突出,借鉴国外先进标准的基本方针,结合国情加强相关标准与规范方面建设,至今已制定了行业标准、国家标准和国家军用标准数十个,对军工产品的研究、生产及质量、可靠性的提高,起到了应有的作用,并已具备按上述标准、国际标准及国外其他一些有关标准进行 EMC 测量和试验的能力。表 11.4 为我国有关 EMC 的部分军用标准。

表 11.4 我国有关 EMC 的部分军用标准

序号	标准代号	标准、规范、通告名称
1	GJB 72A—2002	电磁干扰和电磁兼容名词术语
2	GJB 5313—2004	电磁辐射暴露限值和测量方法
3	GJB 151B—2013	军用设备和分系统电磁发射及敏感度要求与测量
4	GJB 181A—2003	飞机供电特性
5	GJB 1389A—2005	系统电磁兼容性要求
6	GJB 6190—2008	电磁屏蔽材料屏蔽效能测量方法
7	GJB 4060—2000	舰船总体天线电磁兼容性测试方法
8	GJB/J 5410—2005	电磁兼容测量天线的天线系数校准规范
9	GJB 5489.12—2005	航空机枪试验方法 第12部分:电磁兼容性
10	GJB 6458.29—2008	火箭炮试验方法 第29部分:电磁兼容性试验
11	GJB 7504—2012	电磁辐射对军械危害试验方法
12	GJB/Z 132—2002	军用电磁干扰滤波器选用和安装指南
13	GJB/Z 170.14—2013	军工产品设计定型文件编制指南 第14部分:电磁兼容性评估报告
14	GJB 3590—1999	航天系统电磁兼容性要求
15	GJB 403A—1998	舰载雷达通用规范
16	GJB 1046—1990	舰艇搭接、接地、屏蔽、滤波及电缆电磁兼容性要求和方法
17	GJB 1014—1990	飞机布线通用要求
18	GJB 968.7—1990	军用舷外机定型试验规程:电磁干扰试验方法

11.1.2.2 电磁干扰现象

各种形式的电磁干扰是影响电子产品 EMC 的主要因素。电磁干扰现象是指无用的电磁场通过辐射与传导的途径以场和电流的形式侵入电子产品产生电噪声,干扰电子产品的正常工作,甚至导致设备故障、失灵,如吸尘器对电视机画面产生的线条干扰、电磁辐射使计算机工作失常、控制系统失灵产生误动作等。

形成电磁干扰必须同时具备三个基本因素:电磁干扰源、耦合通道和对干扰源敏感的受扰器。

1. 电磁干扰源

电磁干扰源是指产生电磁干扰的任何元件、器件、装置、设备、系统或自然现象,通常有人为干扰和自然干扰,其中又包括功能性干扰和非功能性干扰。对于一台电子产品又可以分为内部干扰和外部干扰。

(1) 内部干扰指电子产品内部各元器件、部组件之间的相互干扰,包括以下几种:

① 工作电源通过线路的分布电容和绝缘电阻产生漏电造成的干扰。

② 信号通过地线、电源和传输导线的阻抗互相耦合或导线之间的互感造成的干扰。

③ 设备或系统内部某些元件发热,影响元件本身或其他元件的稳定性造成的干扰。

④ 大功率和高电压部件产生的磁场、电场通过耦合影响其他部件造成的干扰。

(2) 外部干扰指电子产品或系统以外的因素对线路、设备或系统的干扰,包括以下几种：

① 外部的高电压、电源通过绝缘漏电而干扰电子线路、设备或系统。

② 外部大功率设备在空间产生很强的磁场，通过互感耦合干扰电子线路、设备或系统。

③ 空间电磁波对电子线路或系统产生的干扰。

④ 工作环境温度不稳定，引起电子线路、设备或系统内部元器件参数改变造成的干扰。

⑤ 由工业电网供电的设备和由电网电压通过电源变压器所产生的干扰。

2. 耦合通道

耦合通道是指将电磁干扰能量从干扰源耦合到受扰器上，并使系统性能明显恶化的媒介。干扰信号可以是连续的、随机的或周期的，其传递途径如下：

(1) 通过电源、信号线、控制线、互连线、电缆线等直接传导方式引入线路、设备或系统。

(2) 以电磁辐射的形式从空间进入被干扰的电子线路、设备或系统内。当干扰源的频率较高、干扰信号的波长 λ 比被干扰的对象结构尺寸小，或者干扰源与被干扰者之间的距离 r 远大于 $\lambda/(2\pi)$ 时，则干扰信号可以认为是辐射场，它以平面电磁波形式向外辐射能量进入被干扰对象的通路。

(3) 以漏电和耦合形式，通过绝缘支撑物等（包括空气）为媒介，经公共阻抗的耦合进入被干扰的线路、设备或系统。如果干扰源的频率较低，干扰信号的波长 λ 比被干扰对象的结构尺寸大，或者干扰源与干扰对象之间的距离 r 远小于 $\lambda/(2\pi)$，则干扰源可以认为是似稳场，它以感应场形式进入被干扰对象的通路。

3. 受扰器

受扰器是指受到电磁干扰影响，或者说电磁干扰对其发生影响的设备。

在 IEC/TC77 规范中，对有关电磁干扰现象进行了明确的分类，如表 11.5 所列。

表 11.5 电磁干扰现象分类

传导低频现象	谐波
	电压波动
	信号系统
	电压陷落及失落
	电压失衡
	电源频率变化
	感应低频电压
	交流电网中的直流分量
辐射低频场现象	磁场（连续或瞬态）
	电场
传导高频现象	感应连续波电压或电流
	单向瞬态（单个或重复一个快速脉冲串）
	振荡瞬态（单个或重复一个快速脉冲串）

(续)

辐射高频场现象	磁场
	电场
	电磁场 ·连续波 ·瞬态(单个或重复一个快速脉冲串)
静电放电现象	
核电磁脉冲现象	

11.1.2.3 电磁兼容控制技术与保证方法

1. 电磁兼容控制技术

在电子产品研制的不同阶段，EMC 控制所运用的方法和程序是不同的。方案、设计、开发(样机)、生产、测试(鉴定)和运行的各个阶段均可为实施 EMC 工程提供一定的机会。最初的方案阶段是提供最佳费效比的机会，而最终的运行阶段提供的机会最小。对系统寿命的周期而言，拖延的时间越长，最佳机会消失越快，最后剩余机会的费用就越大。据美国军方统计，EMC 所需的费用约占系统总成本的 5%~10%。EMC 获得成功的基础在于，预测电磁干扰发射与敏感度的分析能力和运行中各个阶段的有效诊断程序。

1) 系统间电磁干扰的控制技术

系统间电磁干扰形式的特点是干扰通常发生在由各独立系统控制的两个或两个以上分系统之间。系统间电磁干扰控制技术分为频率管理、时间管理、位置管理和方向管理 4 类，如图 11.5 所示。

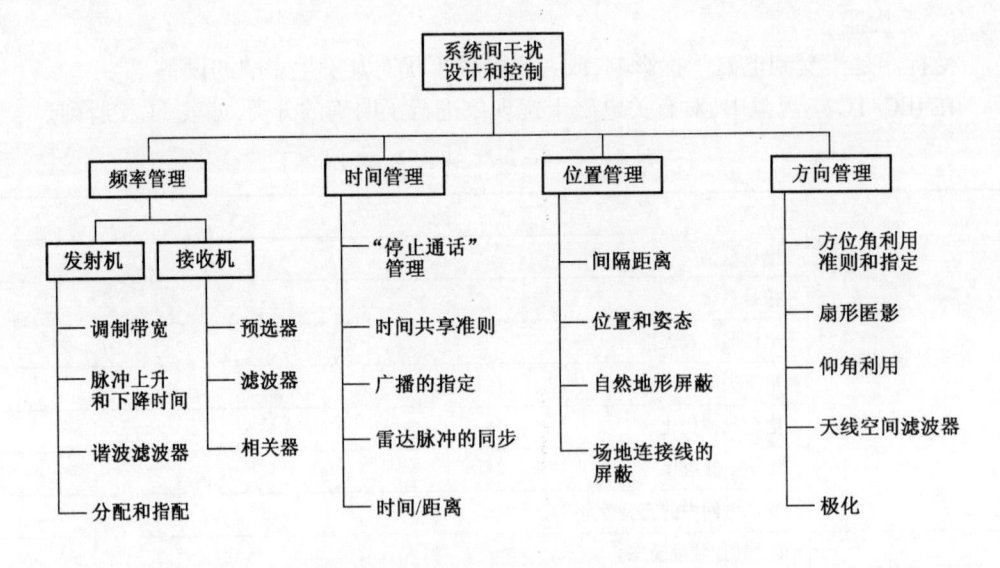

图 11.5 系统间电磁干扰控制技术

2) 系统内电磁干扰的控制技术

对于系统内的电磁干扰，主要关心的是自身干扰所引起的性能恶化，但还需考虑其他的潜在问题，如本系统产生的传导、辐射发射对邻近系统的有害影响和外部产生的传导、辐射发射对系统所引起的敏感度问题。系统内电磁干扰的控制技术分为电路和元器件、滤波、屏蔽、布线和接地,如图11.6所示。

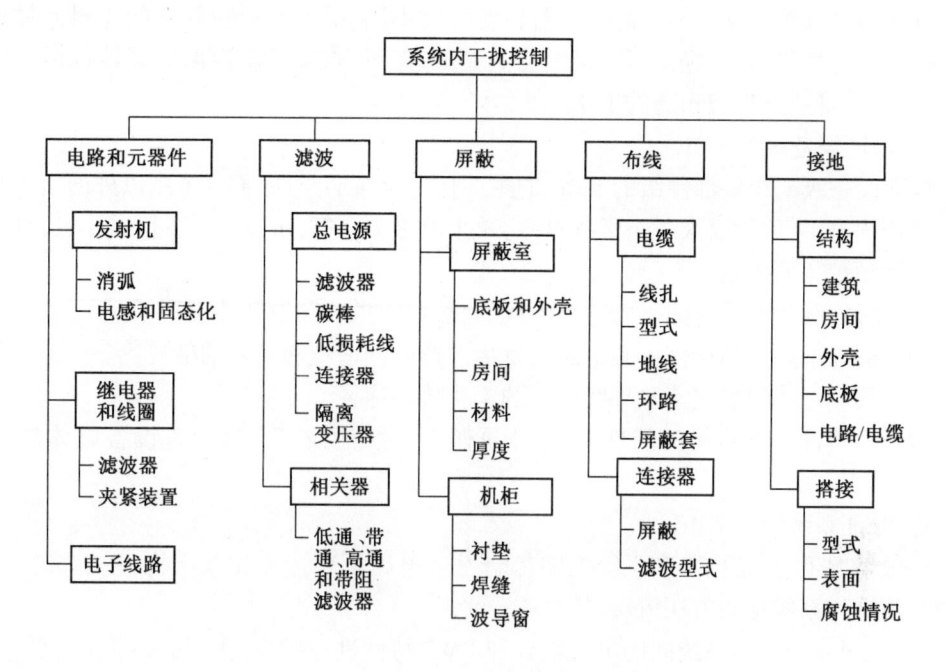

图11.6 系统内电磁干扰控制的树形结构

2. 电磁兼容保证方法

保证电子产品EMC是一项复杂的技术任务,不存在万能的方法。电子产品的EMC设计涉及很广的学科领域,具有学科交叉的特点,而且必须在各个阶段,包括由电子产品的设计到使用阶段的全过程,利用不同性质的措施才能有效的解决。通常要考虑在元件级、部件级、设备级、系统级和业务级保证EMC的工作,主要有设计工艺、电路技术方法、系统工程方法和利用专业技术组织机构四大类方法。

1) 元件级保证EMC

在设备元件级上保证EMC的主要任务是要减弱这些元件上产生干扰以及减小元件上外界感应的电平。设备元件可以分在两类:无源器件和有源器件。无源器件主要包括电容器、电阻器、电感线圈(变压器)、连接器。在分析无源器件的EMC问题时,最关键的就是要分析这些元器件产生电磁问题的原因。通常主要有以下原因:

(1) 工作频带上的元件参数与工作频带以外的元件参数有很大的差别,这个差别会产生EMC问题。

(2) 元件的末端引线有电感存在,在高频时,由于这个电感的作用会发生EMC问题,并且使元器件的频率特性发生很大改变。

(3) 元器件上有各种寄生电容、寄生电感,这些表现为电路上的分布参数。有分布参数的电路与原来的电路有很大的不同,因此必须考虑由这些寄生参数和电路器件所组成的新的等效电路。

对有源器件来讲,器件工作时会产生电磁辐射,也会以传导电流的方式成为干扰源。由于隔离不完善以及耦合电感、耦合电容的存在,使有源器件影响其他器件或电路功能的实现,在含有非线性元件的电路中还可能发生频谱成分的变化,这种变化会引起电磁干扰。其实,大多数有源器件都具有非线性的特点。继电器接触点、开关的火花效应和电弧也可以认为是有源器件。不同的有源器件的特性不同,例如发射极耦合的逻辑元件产生的干扰最小,但同时对干扰作用却最敏感。又如,互补 MOS 逻辑电路的元器件最不容易受干扰,但本身却产生相当高的干扰电平。

2) 保证设备级的 EMC

保证设备级或设备部件级的 EMC 的主要任务是减弱元件、部件范围以外的由干扰源产生的干扰电平,这就要求减小干扰电平,减小电磁耦合等,可以采取下面减小振荡电平,减小干扰频带宽的措施。

(1) 增加脉冲前沿时间可以减小干扰的频带宽,也可圆滑脉冲尖顶。

(2) 消除电路中的振荡器和电磁泵发生器产生的谐波和信号的谐波。

(3) 限制干扰辐射或消除导线引导的干扰传播途径。

(4) 改善设备电路元件的性能,采用屏蔽、接地、滤波等方法改善设备整体的 EMC 特性。

3) 保证系统级的 EMC

一般情况下,系统内部和系统之间都会发生电磁耦合造成相互干扰,系统级的 EMC 问题必须采用系统论的方法解决。

首先,对系统内与系统间的电磁耦合和 EMC 特性进行描述,找到描述 EMC 问题的最小一组关键参数。通常这一步要伴随着对实际情况的深入调查、测量、实验,查明、描述、分析电磁耦合的发生途径和过程,然后对系统 EMC 问题进行建模,引入数学描述和计算机模拟。其次,从系统工程的角度确立能保证电子产品或电子系统达到最佳工作质量或最佳性能的特征参数指标。最后,根据这些指标,合理地组织系统并合理地选择组成系统的设备或元件参数。

4) 保证业务级的 EMC

这个级别的问题,必须采用一整套的组织措施和技术措施,使国内和国际有关业务工作协调一致,并充分利用空间区域分布、频率资源和时间方面的因素获得最佳的效果。

EMC 设计的理论基础是电磁场理论、电路理论和信号分析理论等。应用中的 EMC 设计有接地技术、滤波技术和吸收技术、屏蔽技术和隔离技术以及结构技术等。EMC 设计的基本方法有问题解决法、规范法和系统法。EMC 设计的内容有电磁环境分析、频率选用、EMC 指标和 EMC 设计技术应用。

通常在电子/电气系统或装置的设计中,最常用搭接、接地、屏蔽、滤波、平衡线路、同轴电缆、扭绞双线电缆等方法来降低和消除电磁干扰。目前在 EMC 研究领域中,已建立了电磁干扰的源模型、耦合模型和接受器模型等数学模型,进行分析、预测以及规范研制和计算弃权。有些系统内部和系统之间的分析程序已经商品化,形成了一套较完整的 EMC 设计体系。

11.1.2.4 电磁兼容测试

EMC 的定量设计为提高电子产品电磁兼容性能提供了良好的保证。为了确保定量设计的正确性和可靠性,科学地评价设备的电磁兼容性能,需要对各种干扰源的干扰量、传输特性和敏感器的敏感度进行定量测定,验证设备是否符合 EMC 标准和规范;找出设备设计及生产过程中在 EMC 方面的薄弱环节,为用户安装和使用提供有效的数据,因此 EMC 测试是 EMC 设计所必不可少的重要内容。

EMC 测试不同于电压电流等电参数的测量,它除了要有精确的测量仪器外,还要具备符合要求的测量实验室(场地)和规定严格的测量方法。没有合格的测量场地和不按规定的测量方法进行测试,即使有了精确的测量设备也得不到准确结果。不同的电子产品和不同的使用场合,则依据的测量标准也不一样。要测量某一电子产品的 EMC 性能,首先要确定用什么标准,标准确定以后测量方法和测量设备及测量用场地也就确定了。所以,EMC 测量要具备:测量依据的标准和规范;测量设备;测量场地。

EMC 测量可分为诊断测量(预测量)和认证测量(按相关标准进行测量)。认证测量需要满足一定的测试标准和规范,要求精确的测量仪器和专门的测量场地;诊断测量不需要严格遵守什么标准和规范,只要能找出干扰源并能大致估计出干扰的频率和幅度量级即可。

1. 电磁兼容测量的主要仪器和设施

EMC 检验包括两方面内容:

(1) 在规定的条件下,对电力或电子产品发出的有害的电磁干扰进行测试,确定其是否超过了规定的限值,这就是干扰度(EMI)检验。测量需要的设备有接收机、接收天线、探头和卡钳、电源阻抗稳定网络和 10μF 穿心电容等。

(2) 各类设备运行所产生的电磁干扰,使工作过程的设备处于严酷的电磁环境中,为保证装置和系统可靠工作,并具有较多的可靠性,这些装置和系统必须经受在工作场所可能遇到的各种电磁干扰试验,这就是抗扰度(EMS)检验。所需要的设备除上面测量 EMI 的设备外还需要产生电磁场的设备,如各种信号发生器、功率放大器、发射天线、注入探头、注入变压器、横电磁波(TEM)传输室、吉赫横电磁波(GTEM)传输室、混响室和亥姆霍兹圈等。EMI 和 EMS 一般都是在屏蔽室内进行。

电磁干扰信号测量技术主要分为时域和频域测量两大类。时域是测量电磁信号幅度相对于时间的函数,频域是测量电磁信号幅度相对于频率的函数曲线,时域与频域是相互关联的,用何种方法测量,可根据信号特性而定。如果要测量干扰信号与时间的关系,如测量开关形成的脉冲信号或其他瞬变信号,则用时域测量合适,常用的时域测量仪器有示波器、峰值记忆电压表、瞬态记录仪等。如果要测量干扰信号与频率的关系,即其频谱特性,则用频域测量合适。由于频域测量仪器比时域测量仪器灵敏度高、频率范围宽、动态范围大,所以现在大部分 EMC 测量是用频域法。常用的频域测量仪器有干扰场强度计、频谱分析仪、功率谱测量仪等。

在 EMC 测量中,需要用各种连续波信号发生器(包括正弦波、AM、FM、脉冲调制等)和脉冲信号发生器,还要用来模拟静电、电快速瞬变脉冲、浪涌、尖峰信号、阻尼正弦瞬变信号等的信号发生器。

EMC 测量放大器需要用宽带大功率放大器。敏感度测试一般需要很强的信号以产生从 1V/m 至几百伏每米场强,因此要用功率放大器把信号放大。

EMC 测量除了需要接收机外,还需要传感器把电磁信号通过电磁感应形成感应电压或电流送到接收机中,以便测量电磁信号的频率和大小,或者把信号通过传感器的电磁感应作用再幅射出去。EMC 测量附件主要有天线、电流卡钳(电流探头)、注入卡钳(注入探头)、功率吸收钳、电压探头和电场探头等。

TEM 传输室是由信号源、放大器、功率计、50Ω 负载和 TEM 传输室等组成,可用作辐射敏感度测量装置和辐射发射测量装置,也可以作为电场标准和磁场标准来校准全向探头、小偶极子和环天线。

GTEM 传输室克服了 TEM 传输室上限频率不高和被测件太小的缺点,它具有很宽的工作频率范围、较大的工作空间,但室内场强的均匀性和测量精度不如 TEM 传输室高。

混响室是一个用金属板做成的屏蔽体,其内部有模搅拌器、发射天线和接收天线。发射天线发射一个很强的信号,由于各个面对电磁波的反射,再加上模搅拌器的搅拌,使金属腔体内产生含有许多个谐振模的场强,利用这个相对均匀的场强可进行电磁敏感度测量。

亥姆霍兹线圈能产生一个比较均匀的磁场,利用这个磁场可进行磁场敏感度测量。

辐射测量场地要求用开阔场地,其地面应平坦且足够大、无架空电力线、周围无反射物、无电磁污染,为得到有效的测量结果,建议环境电平低于测量得到的发射电平 20dB。在 GB/T 6113 系列中有推荐的 30~1000MHz 频率范围的开阔试验场地的详细结构图。符合条件的开阔场地难以寻找时,用屏蔽暗室(既有屏蔽又吸波)来替代。替代场地测量重复性好,不受外界干扰的影响,可全天候测量。但由于存在不同程度的反射和谐振,给测量结果带来很大的测量误差。

传导测量的场地条件:由于电网负载因季节、时间和地点的不同而随时在变化,因此导致电网输出阻抗不断地变化,另外电网中还可能有其他干扰,这些都影响传导测量精度,同时被测设备产生的干扰也能影响电网的质量而造成污染。为了能正确地进行传导测量,客观地考核受试设备的干扰,需要电网能提供一个稳定的输出阻抗,以便统一传导测量条件。例如,在电网和被测设备之间安装滤波去耦网络、电阻阻抗稳定网络或隔离变压器等,就是为了规定统一的电源阻抗特性,统一传导测量条件,以避免来自电源系统的干扰影响测试结果和测量精度,并使 EUT 产生的干扰信号与电网系统隔离开。

2. 电磁兼容基本测量方法

电磁兼容基本测量方法可参考 GJB 151B—2013《军用设备和分系统电磁发射和敏感度要求与测量》,客观存在的测量项目按照英文字母和数字混合编号命名的:

C—传导   E—发射   R—辐射   S—敏感度

CE—传导发射   CS—传导敏感度   RE—辐射发射   RS—辐射敏感度

该标准共有 21 条测试项目,不一定都进行测量,不同的被测设备可选择不同的测试项目。下面是几种典型的基本测量方法。

(1)电磁辐射发射(RE)测量:目的是测量被测设备辐射的电磁能量是否超过标准要求,以便控制设备和系统辐射的电磁能量。测量框图如图 11.7 所示。

为消除环境电磁干扰的影响,测量应在屏蔽室内进行。被测件(EUT)与接收天线之间的距离 R 和天线高度,对于不同的标准有不同的要求,如 GJB 151B—2013《军用设备和分系统电磁发射和敏感度要求与测量》被测件离地高 1m,R = 1m,接收天线距地面高 1.2m,测试中需改变接收天线极化和 EUT 方向。GB 9254—2008 被测件离地高 0.8m,R 可分为 3m、10m、30m 等不同的距离,且接收天线要能在 1~4m 的高度上下移动和改变极化,而且被测件需在转台上旋转。TEM 和 GTEM 传输室也能作辐射发射测量。

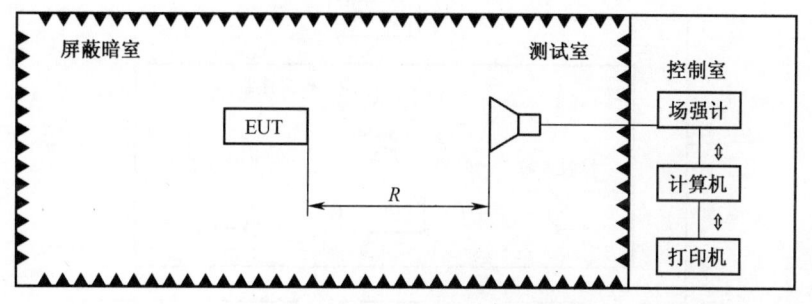

图 11.7 辐射发射测量系统

（2）电磁辐射敏感度（RS）测量：目的是考核被测设备受空间电磁波能量影响的程度。按标准要求对被测件施加一定强度的场强，观察被测设备工作是否正常。做此项测试需产生一个一定强度的电磁环境，产生的方法有以下几种：

① 用发射天线产生场强（图 11.8）。例如，GJB 151B—2013《军用设备和分系统电磁发射和敏感度要求与测量》中 10kHz~40GHz 电场辐射敏感度测量（RS103）。

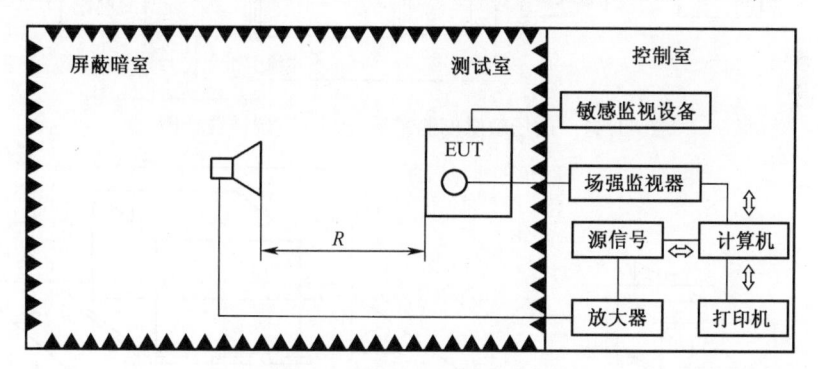

图 11.8 电场辐射敏感度测量系统

② 用 GTEM 传输室产生场强（图 11.9）。例如，GJB 151B—2013《军用设备和分系统电磁发射和敏感度要求与测量》瞬态电磁场辐射敏感度试验（RS105）。

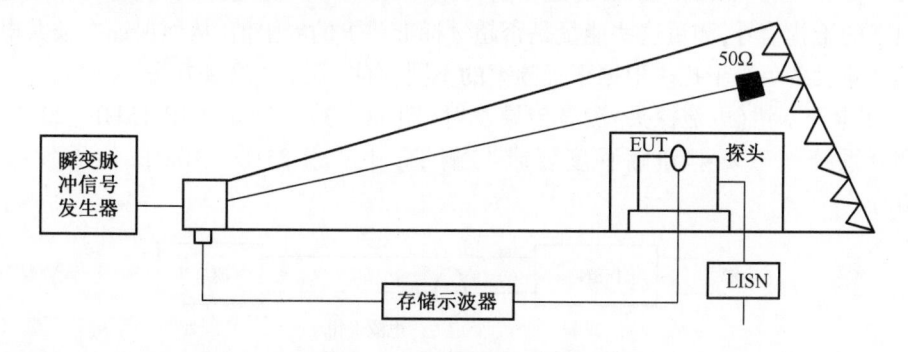

图 11.9 GTEM 传输室测试装置

用混响室产生场强（图 11.10）。
用亥姆霍兹线圈产生磁场（图 11.11）。
用感应线圈产生磁场（图 11.12）。

图 11.10 用混响室产生场强

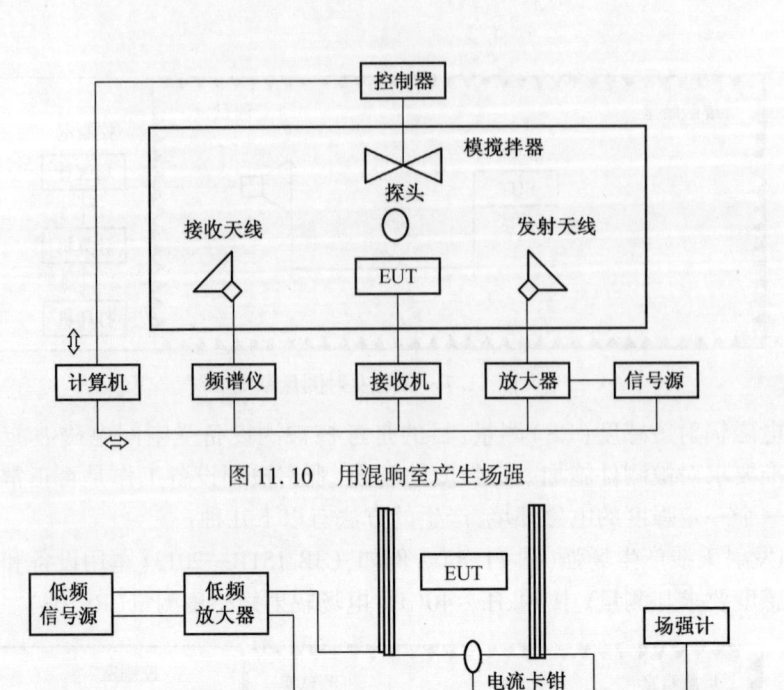

图 11.11 磁场敏感度测量系统——亥姆霍兹线圈

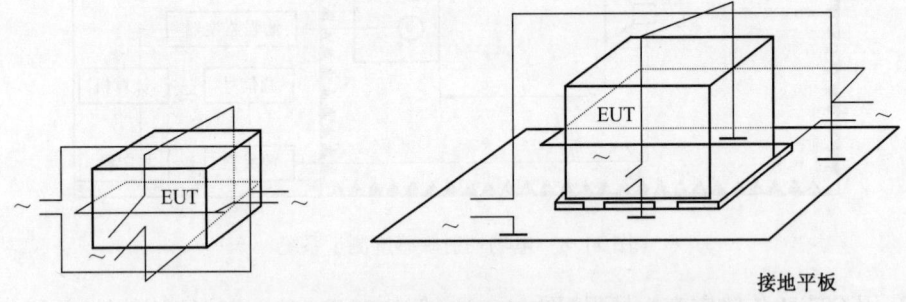

图 11.12 用于小型被测件试验和机柜试验的感应线圈

(3) 传导发射(CE)测量：目的是测量被测设备工作时，从电源线、信号线和互连线上耦合出来的干扰信号，测量这些能量是否超过标准要求的界限值，从而保证在公共电网上工作的其他设备免受干扰。根据干扰频率的不同，有以下几种测量方法：

① 用电流卡钳(电流探头)测量传导发射(图 11.13)。例如，GJB 151B—2013《军用设备和分系统电磁发射和敏感度要求与测量》中 f 为 25Hz～10kHz 传导发射测量(CE101)。

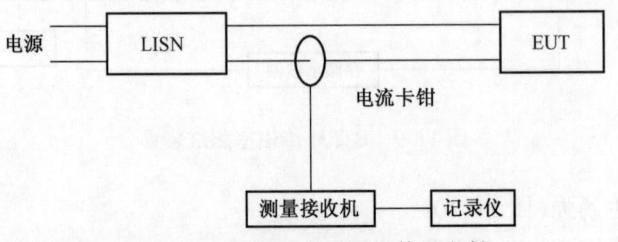

图 11.13 用电流卡钳测量传导发射

② 用电源阻抗稳定网络(LISN)测量传导发射(图 11.14)。例如，GJB 151B—2013

《军用设备和分系统电磁发射和敏感度要求与测量》中 f 为 10kHz~10MHz(CE102)和 GB 9254—2008《信息技术设备的无线电骚扰限值和测量方法》中 f 为 150kHz~30MHz 传导发射测量。

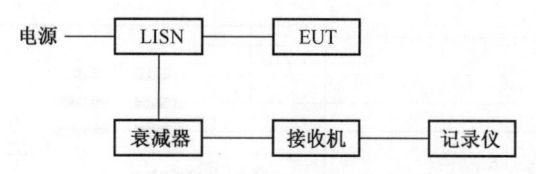

图 11.14 用电源阻抗稳定网络测量传导发射

③ 用功率吸收钳测量传导发射(图 11.15)。例如,GB4343—2009 中干扰功率测量方法 f 为 30~300MHz(CISPR14)。

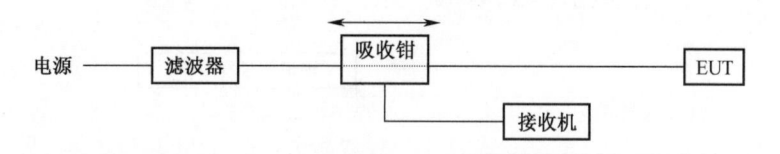

图 11.15 用功率吸收钳测量传导发射

(4) 传导敏感度(CS)测量:目的是在被测设备的电源线、互连线(信号线、控制线)、天线输入端及设备壳体上按照标准要求注入规定的干扰信号,考核被测件对干扰信号的承受能力,观察被测件工作可能出现的异常现象,如性能降低、元器件损坏或功能故障等。有下列几种测量方法:

① 通过变压器注入干扰信号(图 11.16)。例如,GJB 151B—2013《军用设备和分系统电磁发射和敏感度要求与测量》中 CS101 传导敏感度测量。

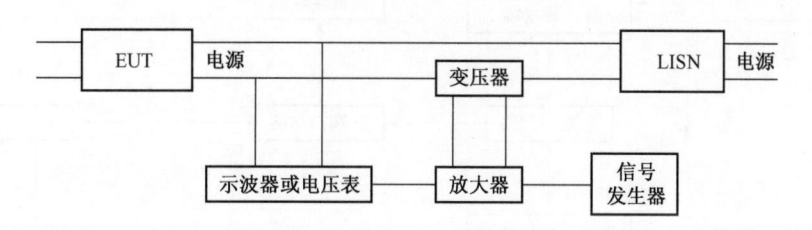

图 11.16 通过变压器注入干扰信号进行敏感度测量

② 用网络注入干扰信号(图 11.17~图 11.19)。图 11.17 是 GB/T 17626.4—2008《电磁兼容 试验和测量技术 电快速瞬变脉冲群抗扰度试验》中用信息技术注入电快速瞬变脉冲群抗扰度试验耦合/去耦合网络。图 11.18 是 GB/T 17626.5—2008《电磁兼容 试验和测量技术 浪涌(冲击)抗扰度试验》中用信息技术设备浪涌(冲击)抗扰度试验耦合/去耦合网络。图 11.19 是作干扰信号互调、交调、无用信号的测量用的三端口网络。有关接收机和调谐放大器要求作的项目,如通信接收机、无线电接收机、雷达接收机、声学接收机、电子对抗等需作传导敏感度测量。例如,GJB 151B—2013《军用设备和分系统电磁发射和敏感度要求与测量》中 15kHz~10GHz 天线端口互调传导敏感度(CS103)、25Hz~20GHz 天线端口无用信号抑制传导敏感度(CS104)、25Hz~20GHz 天线端口交调传导敏感度(CS105)。

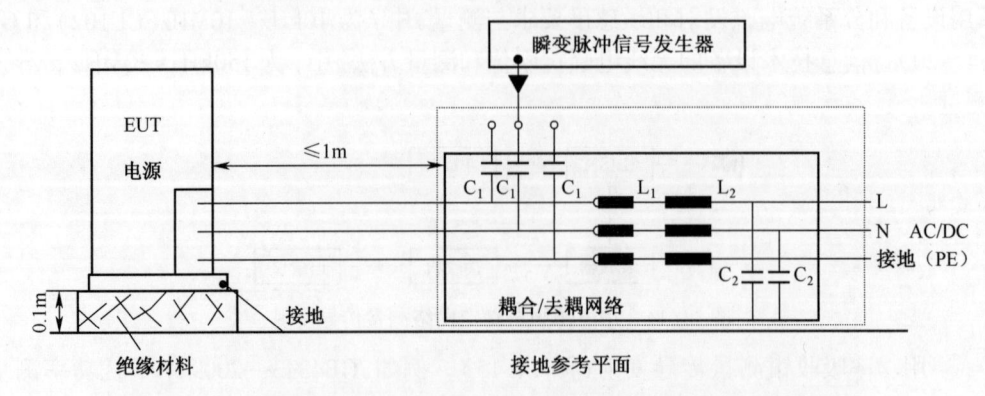

图 11.17 信息技术注入电快速瞬变脉冲群抗扰度试验耦合/去耦合网络
C_1—耦合电容;C_2—滤波电容;L_1—铁氧体;L_2—去耦电感。

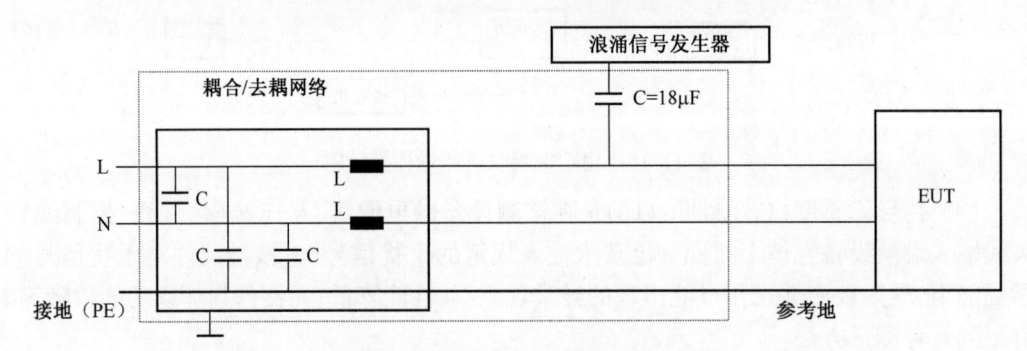

图 11.18 信息技术设备浪涌(冲击)抗扰度试验耦合/去耦合网络

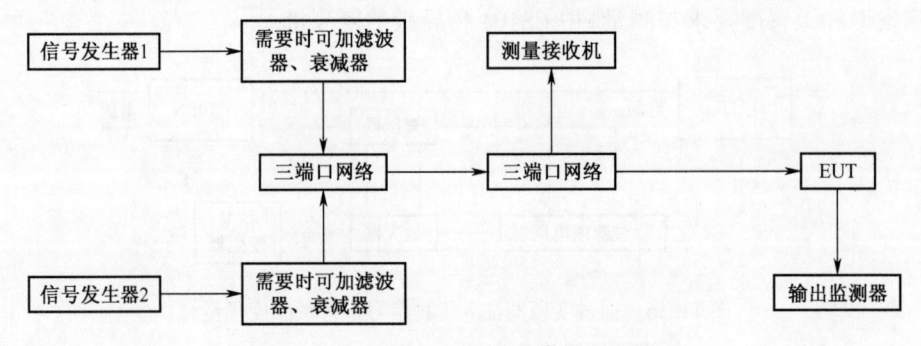

图 11.19 互调、交调、无用信号的测量

③ 用注入卡钳注入(图 11.20)。例如,GJB 151B—2013《军用设备和分系统电磁发射和敏感度要求与测量》中 4kHz~400MHz 电缆束注入传导敏感度(CS114)、电缆束注入脉冲激励传导敏感度(CS115)、10kHz~100MHz 电缆和电源线阻尼正弦瞬变传导敏感度(CS116)。

④ 直接注入干扰信号(图 11.21~图 11.23)。图 11.21 是将尖峰信号直接加到直流电源线上。例如,GJB 151B—2013《军用设备和分系统电磁发射和敏感度要求与测量》中电源线尖峰信号敏感度测量(CS106)。图 11.22 是对含有低频灵敏接收机的金属壳体(如飞机、导弹、潜艇)进行传导敏感度试验。例如,GJB 151B—2013《军用设备和分系统电磁发射和敏感度要求与测量》中 50Hz~100kHz 壳体电流传导敏感度测量(CS109)。

图11.23是静电放电抗扰性试验的台式设备布置。静电放电抗扰性试验有接触放电和间接放电两种。标准要求静电放电仅施加于操作人员正常使用被测设备时可能接触的点和表面上，在预选点上至少施加10次放电，且每次放电间隔至少1s，放电枪应与实施放电的平面垂直，放电回路的电缆应距被测设备至少大于0.2m。

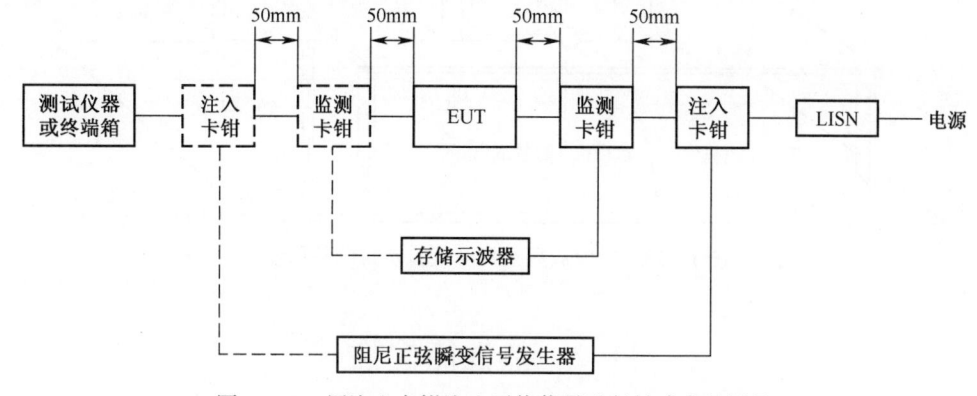

图11.20 用注入卡钳注入干扰信号进行敏感度的测量

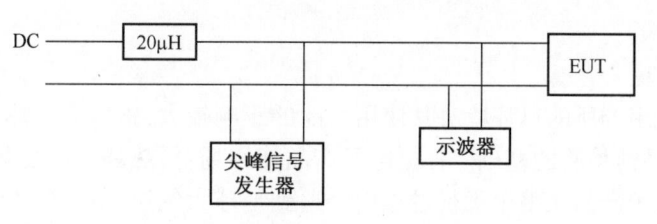

图11.21 电源线尖峰信号敏感度测量

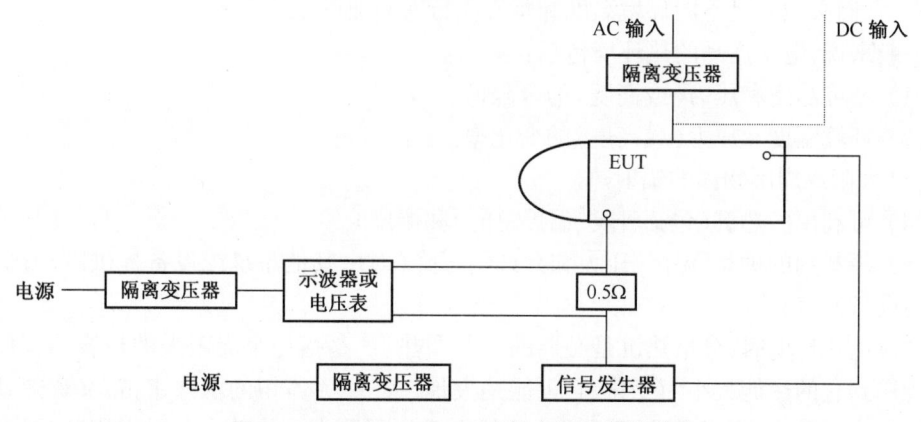

图11.22 50Hz~100kHz 壳体电流传导敏感度

当今世界，电子/电气设备对空间电磁环境的干扰日益严重，而随着电磁干扰发展起来的电磁兼容学科，已被国内外科学界、工业界、军事界及环境保护界瞩目。在此方面应引起足够的重视，投入足够的研究力量，加速研究步伐，改善测量设备，完善资料和数据积累，加强电磁兼容管理，开展对各种电子/电气系统的EMC预测分析和设计方法的研究，并将此项研究应用于产品的设计、工艺等生产过程，以提高产品质量，改善空间电磁环境。

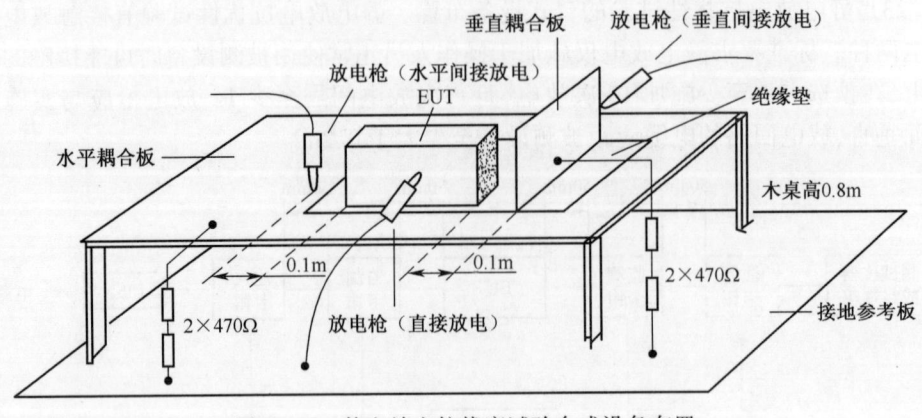

图 11.23 静电放电抗扰度试验台式设备布置

11.2 热性能检验

11.2.1 概述

11.2.1.1 热环境

电子产品使用场所的热环境对其使用性能的影响较大,正确分析热环境是电子产品热控制设计、热性能检验的基础。根据电子产品使用场合,热环境的变化多端,如装在宇航飞行器上的电子产品在整个飞行过程中将遇到地球大气层热环境、大气层外的宇宙空间热环境等,导弹上工作的电子元器件所经受的环境条件比地面室内设备的环境条件恶劣得多,它们必须满足不同环境温度和特殊飞行密封舱的压力要求。

一般来说,电子产品的热环境包括:
(1) 环境温度和压力(或高度)的极限值。
(2) 环境温度和压力(或高度)的变化率。
(3) 太阳或周围物体的辐射热。
(4) 可利用的热沉(包括种类、温度、压力和湿度)。
(5) 冷却剂的种类、温度、压力和允许的压降(对由其他系统或设备提供冷却剂进行冷却的设备而言)。

在讨论热环境时,分析热沉是必要的。所谓热沉,是指一个无限大的热容器,其温度不随传递到它的热能大小而变化,它可能是大地、大气、大体积的水或宇宙,又称热地,亦称"最终散热器",也就是将在后面讨论的热电模拟回路中的接地点。对空用和陆用装备而言,周围大气就是热沉。建筑物、设备掩体和地面运载工具主要受周围大气层温度的影响,温度范围为$-50\sim+50℃$。从高原到深山峡谷的压力范围为75.8~106.9kPa,太阳辐射力可达 $1kW/m^2$,长波辐射能约为 $0.01\sim0.1kW/m^2$,静止空气的对流换热系数为$6W/(m^2·℃)$,风速为27.8m/s时的对流换热系数为$75W/(m^2·℃)$。

导弹及低空、高空飞行器的环境条件取决于围绕该设备的空气动力流动。当导弹及低空、高空飞行器接近地球表面低速飞行时,除在深山峡谷压力可能增大外,其他条件近似等于上述条件。导弹及低空、高空飞行器在超声速飞行时,边界层吸收的外部热量可使导弹或飞机的蒙皮温度达到相当高的程度。导弹及低空、高空飞行器在接近海平面低马赫数飞行时，蒙皮温度可达 130℃；在海拔 10~20km 的高度超声速飞行时，其温度与上述相当。在后一种条件下，由于高的动压与低的静压，可能会引起大于 106.9kPa 的压力，而最小压力却低于上述最小压力值，使其遇到的压力范围扩大。

军用、民用和直升飞机上的仪器设备，多数采用标准的密封或非密封的航空机箱（ATR 机箱），利用喷气发动机压气机的冲压空气对 ATR 机箱进行强迫冷却。由于冲压空气的温度和压力较高，应在使用前使其通过冷却透平节流、冷却以及水分离等干燥处理。

航天器上的电子产品依靠向宇宙空间的热辐射实现散热，其空间环境温度为-269℃，没有空气，是高真空的环境。航天器要经受太阳的直接热辐射、行星及其卫星的反照，以及行星与卫星阴影区的深度冷却，故在航天器表面应有合适的涂层。它既可以吸收来自太阳的辐射热，又可以为航天器及电子产品提供极好的冷却。在航天器内部，由于没有空气，导热和辐射是两种主要的热控制方法。在电子元器件允许的温度范围内，导热作用比辐射更显著。

舰船的环境条件比较好，外部环境温度不会超过 35℃，其太阳辐射强度和对流换热系数与上述地面设备相似。但是，当潜艇高速航行时，与海水的热交换系数可达 10^5 W/(m² · ℃)，此时任何潮湿设备表面温度几乎与海水温度相等。

需要进行热控制的各类电子产品，在热设计时，必须同时注意对连续工作和取决于运载工具与任务的首次平均故障时间（MTTF）的要求，MTTF 反映了设备的可靠性。各种运载工具的额定时间需要考虑携带的燃料、通信与控制的最大距离及作用范围等。地面雷达和舰船上的电子元器件可能整天都工作，而导弹上的电子元器件一般发射一次仅工作 30~300s（不包括捕获飞行状态），机载设备上的元器件则为 3~24h，装甲车上的电子产品通常为 6~24h。

11.2.1.2 热控制

为了保证元器件和设备的热可靠性以及对温度压力变化的恶劣环境条件的适应能力，电子元器件、设备的热控制和热分析技术得到了普遍的重视和发展。

自 1948 年半导体器件问世以来，电子元器件的小型化、微小型化和集成技术的不断发展，使每个集成电路所包含的元器件数超过了 250000 个，由于超大规模集成电路、专用集成电路、超高速集成电路等微电子技术的不断发展，微电子元器件和设备的组装密度在迅速提高。

随着组装密度的提高，组件和设备的热流密度也在迅速增加，如图 11.24 所示。研究表明，芯片级的热流密度高达 100W/cm²，它仅比太阳表面的热流密度低两个数量级。太阳表面的温度可达 6000℃，而半导体集成电路芯片的结温应低于 100℃。如此高的热流密度，若不采取合理的热控制技术，必将严重影响电子元器件和设备的热可靠性。

电子产品热控制的目的是要为芯片级、元件级、组件级和系统级提供良好的热环境，保证它们在规定的热环境下，能按预定的参数正常、可靠地工作。热控制系统必须在规定的使用期内，完成所规定的功能，并以最少的维护保证其正常工作的功能。

防止电子元器件的热失效是热控制的主要目的。热失效是指电子元器件直接由于热因素而导致完全失去其电气功能的一种失效形式。这种失效，在某种程度上取决于局部

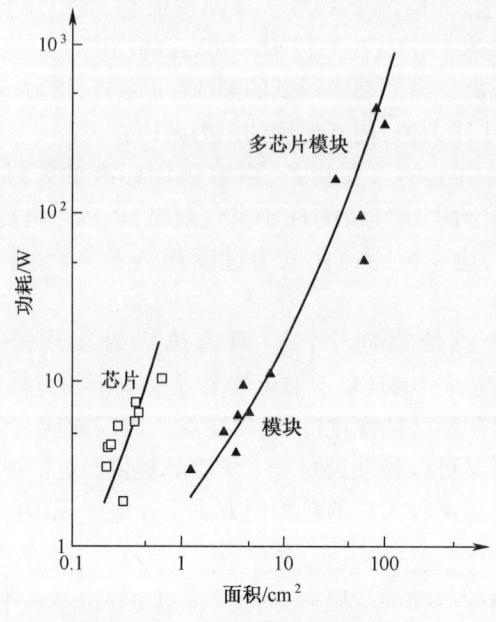

图 11.24　芯片与器件的热流密度

温度场、电子元器件的工作过程和形式,因此,就需要正确地确定出现热失效的温度,而这个温度应成为热控制系统的重要判据。在确定热控制方案时,电子元器件的最高允许温度和最大功耗应作为主要的设计参数。

11.2.1.3　热评估

电子产品、组件及印制电路板、元器件在工作时消耗一定能量,产生一定热量。热量的产生会直接影响到温度的升高和热应力的增加,同时对周围的器件也产生影响,使有的设备、组件、电路板、元器件在较高的温度下不可靠地工作,甚至缩短其工作寿命。实践证明,随着温度的增加,它们的失效率也呈指数增长趋势。对电子产品进行可靠性热设计,实施有效的热控制措施是提高设备工作可靠性的关键措施。然而,在实际设备中,所用的器件的品种繁多,系统功能、结构千变万化,用实际的物理模型建立一个准确的数学模型,实现设备的热设计工作是很困难的,因此允许设计有一定的误差。评价热设计的水平和效果主要依靠热评估工作。在设备工作时测出其内部工作温度分布,获得关键发热部位、部件的温度将作为评估热设计的主要参数。通过热测量,不仅评估了热设计的效果,同时发现热设计中存在的缺陷(热控制过盈或不足),获得改进热设计的措施,为提高设备设计的合理性及可靠性提供有利保障。热评估的目的是为使军用电子产品长期、连续、可靠地工作,必须对设备的热设计合理性、冷却措施的有效性进行全面的热性能评价,找出热设计的缺陷,及时改进热设计,进一步提高设备工作的可靠性。

11.2.2　热控制原则与方法

11.2.2.1　基本要求

电子产品热控制是设备可靠性设计的一项重要技术。由于温度与元器件失效率的指数规律,随温度的升高,失效率迅速增加。因此,在进行热设计时,必须首先了解元器件的热特性,并根据 GJB/Z 299《电子设备可靠性预计手册》提供的元器件基本失效率(λ_b)与温度(T)、电应力比(S)的关系模型,进行可靠性预计,此时要求预先分析元器件的工作环境温度和电应力比,以便利用"T-3"表或曲线图查得 λ_b 值。在此基础上,根据设备工作环境的类别和元器件质量等级等,预计元器件的工作失效率以及设备的可靠性。

(1) 热控制应满足设备可靠性的要求。高温对大多数电子元器件将产生严重的影响。过应力(即电、热或机械应力)容易使元器件过早失效,电应力与热应力之间有着紧密的内在联系,减少电应力(降额)可使热应力得到相应的降低,提高元器件的可靠性。例如,硅 PNP 晶体管,其电应力比为 0.3 时,在 130℃时的基本失效率为 $13.9 \times 10^{-6}/h$,而在 25℃时的基本失效率则为 $2.25 \times 10^{-6}/h$,高低温失效率之比为 6∶1。在进行热控制系统设计时,应把元器件的温度控制在规定的数值以下。

(2) 热控制应满足设备预期工作的热环境要求。

地面用电子产品的热环境包括:设备周围的空气温度、湿度、气压和空气流速,设备周围物体的形状和黑度,日光照射等。

机载电子产品的热环境包括:飞行高度、飞行速度、设备在飞机上的安装位置、有无空调舱,以及空调空气的温度和速度等。

(3) 热控制应满足对冷却系统的限制要求。对冷却系统的限制主要包括对使用的电源(交流、直流及功率容量)的限制、对振动和噪声的限制、对冷却剂进出口温度的限制及结构(安装条件、密封、体积和重量等)的限制。

(4) 电子产品热设计应与电路设计及结构设计同时进行。

(5) 热设计与维修性设计相结合。

(6) 根据发热功耗、环境温度、允许工作温度、可靠性要求,以及尺寸、重量、冷却所需功率、经济性与安全等因素,选择最简单、最有效的冷却方法。

(7) 热控制设计应保证电子产品在紧急情况下,具有最起码的冷却措施,使关键部件或设备在冷却系统某些部件遭破坏或不工作的情况下,具有继续工作的能力。

11.2.2.2 基本原则

电子产品热控制系统设计的基本任务是在热源至热沉之间提供一条低热阻的通道,保证热量迅速传递出去,以便满足可靠性的要求。

(1) 保证热控制系统具有良好的冷却功能,即可用性。要保证设备内的电子器件均能在规定的热环境中正常工作,每个元器件的配置必须符合安装要求。

由于现代电子产品的安装密度在不断地提高,它们对环境因素表现出不同的敏感性,且各自的散热量也很不一样,热设计就必须为它们提供一种适当的"微气候"(即人为地造成电子产品中局部冷却的气候条件),保证设备不管环境条件如何变化,冷却系统都能按预定的方式完成规定的冷却功能。

(2) 保证设备热控制系统的可靠性。在规定的使用期限内,冷却系统的故障率应比元器件的故障率低,如某计算机系统的技术规范规定,系统每周工作 5 天,每天工作 12h,全年允许中断时间最多为 60min,而在任何 12h 的工作中,中断时间不得超过 5min。这说明对热控制系统的可靠性要求是相当高的。特别是对一些强迫冷却系统和蒸发冷却系统,为保证设备正常可靠地工作,常采用冗余方案,来保证冷却系统的可靠性。同时,要在系统中装有安全保护装置,如流量开关、温度继电器、压力继电器等。

(3) 热控制系统应有良好的适应性(相容性)。设计中必须留有余地,因为有的设备在工作一段时间后,由于工程上的变化,可能会引起热损耗或流体流动阻力的增加,则要求增大散热能力,以便无需多大的变更就能增加其散热能力。

(4) 热控制系统应有良好的维修性。为了便于测试、维修和更换元器件,设备中的关键元器件要易于接近和取放。

(5) 热控制系统应有良好的经济性。经济性包括热控制系统的初次投资成本、日常运行和维修费用等。热控制系统的成本只占整个设备成本的一定比例。

设计一个性能良好的热控制系统,应综合考虑各方面的因素,使其既能满足热控制的要求,又能达到电气性能指标,所用的代价最小、结构紧凑、工作可靠。而这样一个热控制系统,往往要经过一系列的技术方案论证和试验之后才能达到。

11.2.2.3 热控制方法

电子产品的热控制,首先要从确定元器件或设备的冷却方法开始。冷却方法的选择直接影响元器件或设备的组装设计、可靠性、重量和成本等。要有效地控制元器件或设备的温度,必须首先确定它们的发热量、与散热有关的结构尺寸、工作环境条件及其他特殊要求(如密封、气压等)。

自然冷却(导热、自然对流和辐射换热的单独作用或两种以上换热形式的组合)的优点是可靠性高,成本低。它不需要通风机或泵之类的冷却剂驱动装置,避免了因机械部件的磨损或故障影响系统可靠性的弊病。因此,在考虑冷却方法时,应优先考虑自然冷却方法。

图 11.25 是根据设备的允许温升和热流密度确定冷却方法的选择图。由图 11.25 可见,当温升为 60℃时,自然冷却的热流密度小于 0.05W/cm²,因此,这种冷却方法不可能提供 1W/cm² 的热流密度,甚至在温升为 100℃时也是这样。如果用强迫空气冷却,则传热能力可提高一个数量级。若采用碳氟有机液蒸发冷却,可提供相当高的传热能力,且这种冷却剂有很高的介电特性,可使大多数功率元件直接浸入工作液进行冷却,其热流密度将超过 10W/cm²,而温升则小于 10℃。

目前在一些热流密度不太高、温升要求也不高的电子产品中,广泛地采用自然冷却方法。在一些热流密度比较大、温升要求比较高的设备中,则多数采用强迫空气冷却。强迫空气冷却与液体冷却、蒸发冷却相比较,具有设备简单、成本低的特点。因此,尽管强迫通风冷却系统的体积和重量大些,但对陆用设备还是非常合适的一种冷却方法。

设备内部元器件的冷却方法应使发热元器件与被冷却表面或散热器之间有一条低热阻的传热路径,冷却方法应简单、可靠性维修性好、成本低等。利用金属导热是最基本的传热方法,其热路容易控制。而辐射换热则需要较高的温差,且传热路径不易控制。对流换热需要较大的换热面积,在安装密度较高的设备内部难以满足要求。

直接液体冷却适用于体积功率密度较高的电子元器件或部件,也适用于那些必须在高温环境条件下工作且元器件与被冷却表面之间的温度梯度很小的部件。直接液体冷却要求冷却剂与电子元器件相容,而且元器件能够承受由于液体的高介电常数与功率因数引起寄生电容的增加和电气损失。其典型面积热阻为 1.25℃/(W·cm²)。直接液体冷却分为直接浸没冷却和直接强迫冷却。直接强迫液体冷却的热阻为 0.03℃/(W·cm²),这种冷却方法的效率较高,但增加了泵功率和热交换器等部件。如果采用喷雾浸没冷却,可以减轻冷却设备的重量。

蒸发冷却适用于体积功率密度很高的元器件或部件,其热阻为 0.006℃/(W·cm²)。

热电致冷是一种产生负热阻的致冷技术,优点是不需要外界动力且可靠性高,缺点是效率低、重量大。

热管是一种传热效率很高的传热器件,其传热性能比相同的金属导热能力高几十倍,并且热管两端的温差很小。应用热管传热时,主要问题是如何减小热管两端接触界面上的热阻。

冷却方法确定后,应研究电子产品中各类电子元器件的热安装方案和设备的整体结构形式。从热控制要求出发,应尽量减小传热路径的热阻,合理分配各个传热环节的热阻值;正确布置发热元件与热敏元件的位置及间距;注意印制板组装件的放置方向和它们的间距,保证冷却气流均匀流过发热元器件,形成合理的气流通路。

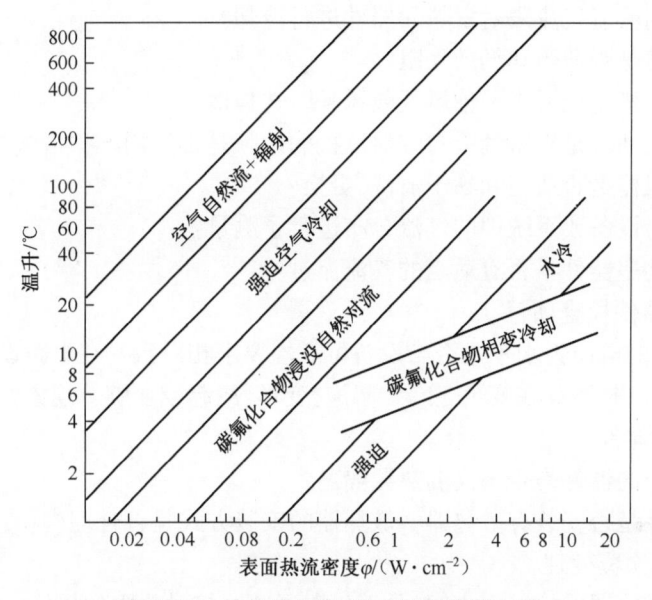

图 11.25 按热流密度、温升选择冷却方法

11.2.3 热评估实施

热评估最好从电路板级的设计阶段实施。由于条件限制,目前尚未开展。对设备级进行热评估是环境试验后的最后一道把关措施。

设备整机系统热评价分为热粗测和热细测两道程序。粗测是在常温下进行,细测在高低温环境下进行。

11.2.3.1 热粗测

热粗测的内容由目检和热粗测量试验两部分组成。

1. 目检

目检内容如下:

1) 冷却系统检查项目

依据所采用的冷却方式的不同进行不同内容的检查。

(1) 自然冷却。

① 是否使用最短的热流通路?

② 是否利用金属作为导热通路？

③ 电子元器件是否采用垂直安装和交错排列？

④ 对热敏感的元器件是否与热源隔离？二者距离小于 50mm 时，是否采用热屏蔽罩？

⑤ 对发热功率大于 0.5W 的元器件，是否装在金属底座上或与散热器之间设置良好的导热通路？

⑥ 热源表面的黑度是否足够大？

⑦ 是否有供通风的百叶窗口？

⑧ 对于密闭式热源，是否提供良好的导热通路？

(2) 强迫空气冷却。

① 流向发热元器件的空气是否经过冷却过滤？

② 是否利用顺流气流来对发热元器件进行冷却？

③ 气流通道是否适当和畅通无阻？

④ 风机的容量是否适当？抽风或鼓风是否选择适当？

⑤ 风机的电动机是否得到冷却？对风机的故障是否采用防护措施？

⑥ 空气过滤器是否适当和易于清洗、更换？

⑦ 是否已对设备或系统中的气流分布进行了测量？

⑧ 关键的功率器件是否有适当的气流流过？

2) 电子元器件检查项目

电子元器件的电应力水平是否与设备可靠性要求相一致？在电路设计中是否进行了合理的降额设计？是否存在变色、变黑、起泡、变形、漆起或变脏等现象？

(1) 半导体器件。

① 对热敏感的器件是否与高温热源隔离？

② 功率器件是否安装有散热器？散热器的安装方式是否合理（垂直于冷气流方向）？其表面是否经过涂覆处理？

③ 器件与散热器的接触面之间，是否采取了减小接触热阻的措施？

(2) 电容器。

电容器与热源之间是否采取了隔离或缓热措施？

(3) 电阻器。

① 功耗大的电阻器是否采取了冷却措施？

② 对功耗大的电阻器是否采用机械夹紧方法或封装材料来提高它的导热能力？

③ 对电阻器的安装，是否采取了减小热阻的措施（如短引线、与底座接触良好等）？

(4) 变压器和电感器。

① 是否为变压器或电感器提供了良好的导热通路？

② 是否将变压器或电感器置于对流冷却良好的位置？

③ 对功耗较大的变压器或电感器是否采取了专门的散热措施？

(5) 印制电路板。

① 是否将发热元器件与对热敏感的元器件进行热隔离？

② 对于多层印制电路板中采用金属芯的中间层，这些层与支承结构件或散热器之间是否有良好的导热通路？

③ 是否采用保护性涂覆和封装,以降低印制电路板至散热器或结构件之间的热阻?
④ 是否在必要的通路上采用较粗的导线?

2. 热粗测量内容与步骤

热粗测量试验一般在实验室内的常温工作环境下进行,主要内容和步骤如下:

(1) 采用不影响设备工作时内部热分布的测量设备与测量方法(应采用微型陶瓷封装的贴片铂电阻温度传感器)。

(2) 确定关键发热部位和主要发热部件,安放温度传感器。

(3) 设备开机进行热测量,记录各测量点的温度数值、测量时间,持续到设备内部工作达到热平衡后延续 30min。

(4) 给出设备内部关键部位和关键发热元器件表面的工作温度,确定所用的电子器件内部结温是否超过降额使用后的结温。热粗测试验的实施流程如图 11.26 所示。

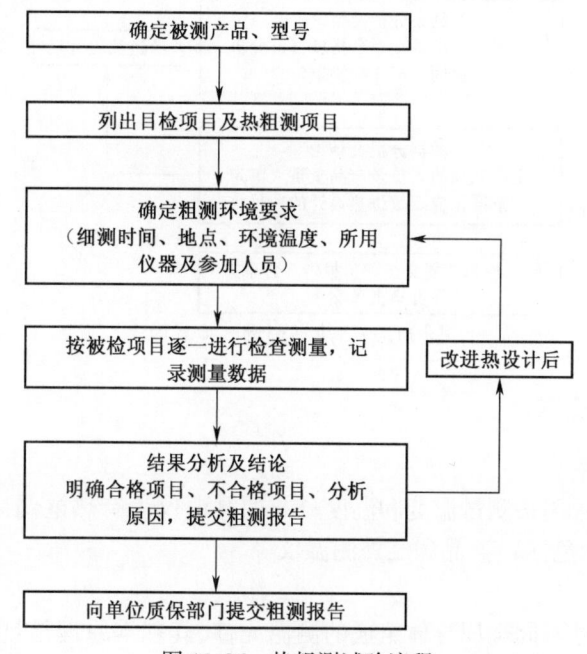

图 11.26 热粗测试验流程

11.2.3.2 热细测

热细测量的目的是评价设备工作在高低温环境下设备内部工作温度分布,获得评价或改进热设计的温度数据。

设备热细测量要求在高低温箱内进行,其内容和步骤如图 11.27 所示。测量内容和步骤基本与热粗测量相似,不同的要求如下:

(1) 测量发热空间、部位、发热元器件的工作温度,逐一安放好热传感器。

(2) 低温环境下的热测量:通电开机,从常温开始进行热测量,记录下测量点的温度,直至-55℃后,保温 2h,测至设备内部温度达到平衡为止。

(3) 高温环境下的热测量:通电开机,从常温开始进行热测量,记录下各测量点的温度,直至+60℃(也可根据设备实际工作的环境而定),保温 2h,测至设备内部温度达到平衡为止。如果个别发热部件达不到热平衡,应继续测量 1~2h。

(4) 确定高温环境下所用器件是否超过降额使用后的结温。

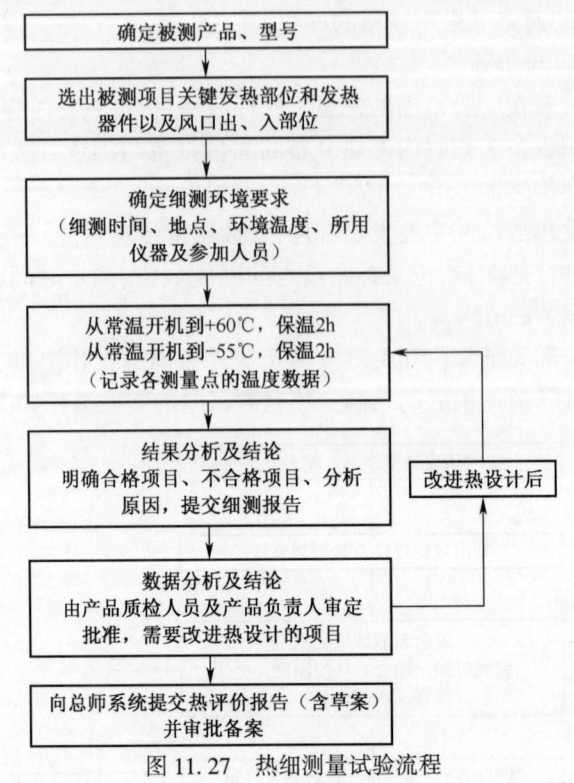

```
确定被测产品、型号
        ↓
选出被测项目关键发热部位和发热
器件以及风口出、入部位
        ↓
确定细测环境要求
(细测时间、地点、环境温度、所用
仪器及参加人员)
        ↓
从常温开机到+60℃,保温2h
从常温开机到-55℃,保温2h  ←──┐
(记录各测量点的温度数据)       │
        ↓                    │
结果分析及结论                 │
明确合格项目、不合格项目、分析   改进热设计后
原因,提交细测报告              │
        ↓                    │
数据分析及结论                 │
由产品质检人员及产品负责人审定 ──┘
批准,需要改进热设计的项目
        ↓
向总师系统提交热评价报告(含草案)
并审批备案
```

图 11.27 热细测量试验流程

11.2.4 热测试技术

11.2.4.1 温度测量

在电子产品中常用来测量温度和温度分布的测温仪表有热电偶、热敏电阻、温度计、温度敏感涂料(漆和色标)、液晶和红外测温仪等。

1. 热电偶

热电偶是由两种不同金属导体组成的测温元件,其基本原理是热电效应。在由两种不同金属材料组成的回路中,只要两种金属材料相连接的两个结点的温度不相同,就会产生热电势,其热电势的大小与连接端的温度有关。

表 11.6 列出了在电子产品中常用的 4 种热电偶,并分别列出了它们适用的温度范围。热电偶在测量时,通常与电位差计联合使用,所产生的电势可直接由电位差计读出。其工作原理是由一个已知电势与一个被测的热电势平衡,如图 11.28 所示。

表 11.6 几种常用热电偶

序号	材料	应用场合	温度范围/℃	电压值/mV
1	铜—康铜	低温	−260~300	4.28
2	铁—康铜	低压	−150~750	5.27
3	铬—铬合金	氧化环境	−250~1250	4.10
4	86%铂和13%铑合金	高温	0~1500	0.65

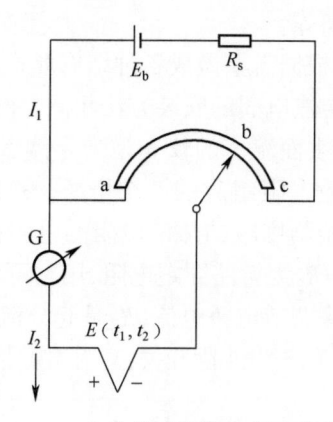

图 11.28　电位差计和热电偶配合使用

在利用热电偶进行温度测量时,必须保证工作端(测量头)与被测物有良好的接触,图 11.29 表示了正确的和不正确的热电偶测温安装方法。为了尽量减小接触热阻,最好将热电偶焊到被测物体上,如图 11.29(a)所示。如果不能这样做,则热电偶的结点必须紧紧地楔入被测物中。图 11.29(b)所示的方法是在被测部件上钻一小孔,用一琴线将测量点楔入并紧靠小孔内壁;图 11.29(c)为不正确的安装方法,因为琴线没有能够使测量点紧靠小孔的内壁,所测温度是孔内的空气温度;图 11.29(d)是将热电偶安装在探头内,探头的顶部浸入硅脂中,这样可以减小部件和热电偶之间的接触热阻,提高测量精度。

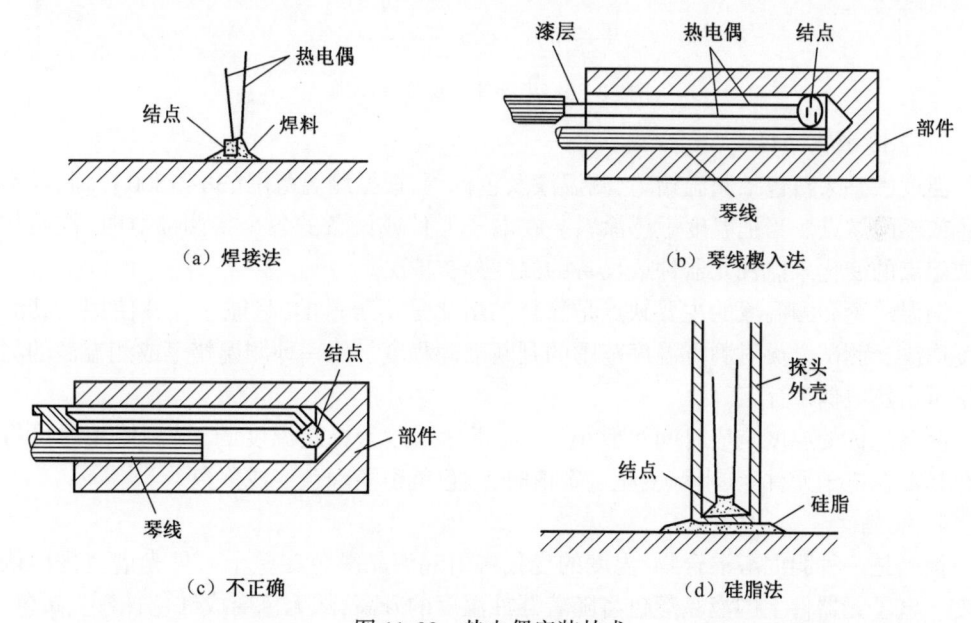

图 11.29　热电偶安装技术

2. 热敏电阻

热敏电阻是一种温度敏感元件,其阻值随温度变化的范围比一般金属要大一个数量级,因此反应比较灵敏,热惯性小。热敏电阻对热负荷的敏感程度比热电偶好,不需要冷端参考点。热敏电阻的工作温度范围为 $-80 \sim 200 ℃$。

热敏电阻的材料一般采用负电阻温度系数很大的固体多晶半导体氧化物,如氧化铜、氧化铁、氧化铝、氧化锰、氧化镍等。

热敏电阻温度计的探头可根据需要做成各种结构形式,在进行测量时,应保证其探头与被测物紧密结合,安装方法与热电偶的安装方法相同,如图 11.29(b)、(d)所示。

目前常用来测量电子产品表面温度的仪表是半导体点温度计,其原理如图 11.30 所示。它是由热敏电阻 R_T 与其他电阻组成的一个电桥。桥路中:R_M、R_1、R_2、R_3 为锰铜电阻;R_3 等于半导体点温度计起始刻度时的热敏电阻的电阻值;R_M 等于半导体点温度计满刻度时半导体热敏电阻值;$R_1 = R_2$ 为桥路固定电阻,用它可对热敏电阻的非线性刻度起补偿作用。R_4 是线绕电位器,用来调节电桥电流;R_5 是起分流作用的碳膜电阻;R_6 是起降压作用的电阻;E 为直流电源 1.5V;S 为波段开关;V 为温度指示表(毫伏表)。

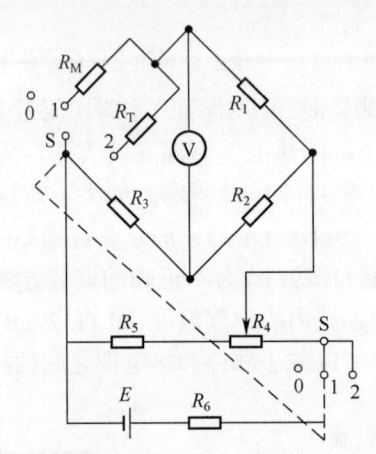

图 11.30 半导体点温度计原理

3. 温度敏感涂料

温度敏感涂料包括测温蜡笔、测温漆及色标等,根据测温范围(38~1800℃)制成不同颜色或不同熔点。当把温度敏感涂料装在电子元件或设备的各个待测部位时,按照其颜色或熔点的变化来监视元器件或设备的温度分布情况。

测温蜡笔和测温漆的主要缺点是涂料的熔化是不可逆的,只能一次性使用。其测量精度取决于测试人员对测点温度范围的判断准确程度。每一种测温蜡笔或测温漆的测温范围可由热电偶来标定。

测温色标的温度响应时间一般小于 1s;指标误差为标定温度的 1%。使用时可将测温色标贴在电子元件上,当温度超过定值时,颜色就由淡颜色变成黑色。

4. 液晶

液晶是一种胆固醇混合物,温度的变化将引起液晶颜色在整个可见光谱范围内依次改变。电子元器件上的液晶颜色将随着器件温度的升高,从无色变成红色、橙色、黄色、绿色、蓝色、紫色等颜色直到最后再变成无色。可适当选择液晶成分来测量不同的温度。颜色的变化是可逆的,所以能进行反复测量。

液晶的颜色变化与温度的关系如图 11.31 所示。从图 11.31 中可以看出,测温范围主要取决于液晶的成分。液晶涂料还可用于测量电子产品的温度分布。

5. 红外线测温仪

红外线测温仪是一种非接触式的测温仪器,测温范围为-20~1600℃,其工作原理是

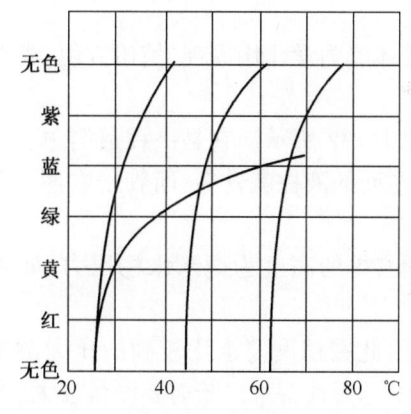

图 11.31　不同成分的液晶颜色与温度关系

利用物体的红外辐射能量来确定物体的温度。因为所有的物体,其温度只要大于绝对零度,它总是要向外辐射能量(红外辐射),而且物体的温度越高,辐射的能量就越强,利用这个原理制成的仪器称为红外线测温仪。由于红外线测温仪可不接触物体,因此测温时不会影响物体的温度场,而且测温速度快。该仪器可配置彩色显像系统、数据处理及录像装置,将被测物体的温度直接显示出来。

各种测温设备的测量范围、测量精度以及它们的优缺点列于表 11.7。

表 11.7　各种测温设备优缺点

测量设备	测量范围/℃	测量精度/℃	优　　点	缺　　点
热电偶	−260～1500	±0.5	量程宽,制造简单,便宜	非线性,需校正,测量前要正确判断被测物体的温度范围,要有参考点
热敏电阻	−80～150	±0.5	比热电偶灵敏,不需要准确的参考点,便宜	量程较小,测量前要正确判断被测物体的温度范围
铂电阻温度计	−70～750	±0.1	500℃范围内测量时,线性、稳定性好,可用作标准测量	不宜测空气温度,易碎,若导线电阻占的比例大时,需要补偿,价格贵
玻璃球温度计	−35～405	±0.25	常用于测量液体温度,便宜	接触要好,易碎
测温蜡笔测温漆	38～1800	±1%	使用方便,可测温度场的分布情况,便宜	一次使用,被测物在测量前要清洁,并要正确判断被测物体的温度范围
液晶显示	25～75 80～135 135～180	2	使用方便,涂在设备内部各表面,通过颜色的变化,可观察温度分布,可逆,便宜	要有黑色背景才能得到好的对比度,操作技术要求较高
红外线测温	0～500	±2	不需要与被测物接触,使用方便,可测到小至 2mm 范围内的目标	需要知道目标的发射率,需要有一定的目标剖面,价格较贵

11.2.4.2　强迫冷却时压力测量

适用于电子产品强迫风冷和强迫液体冷却时的压力测量仪器主要有液柱压力计和弹簧式压力表两类。

399

1. 液柱压力计

液柱压力计主要基于液体静力学作用原理,使用方便,成本低,测量准确度较高。

1) U形玻璃管压力计

U形玻璃管压力计如图11.32所示。它是一种最简单、方便的压力计。当管子右端液面受到一定压力时,管子左面的液柱就升高,而管子右面的液柱则下降,两液面之差就是所测压力大小。

如果工作液为水,则所测得的高度为毫米水柱压力;如果为水银,则为毫米水银柱压力。

由于水有毛细管作用,因此在精度要求比较高的压力测量中,不能用直径很小的U形管,这时可以采用酒精或甲苯等代替水。若需要测量较大的压力时,为了便于读数可采用密度较大的工作液体;反之,可采用密度较小的工作液体。

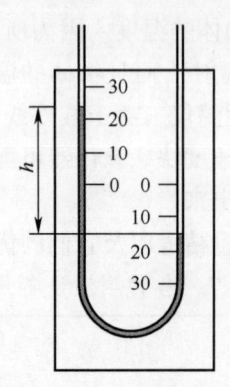

图11.32 U形压力计

2) 杯形单管压力计

这种压力计与上述压力计不同的是把其中待测压力的一个管的直径改大,如图11.33所示。由图11.33可知,压力计上所读的 h_1 值并不是真正的液柱高。这是因为液体由大管流到小管,其液面降低了,所以必须加上大管液面下降的 h_2 值。

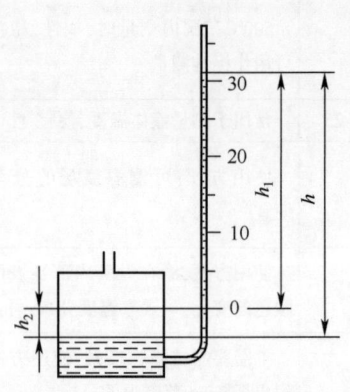

图11.33 杯形单管压力计

3) 倾斜式压力计

倾斜式压力计的结构如图11.34所示。在被测压力的作用下,工作液倾斜管中的液面升了 h_1,液面高度差 $h=h_1+h_2$。

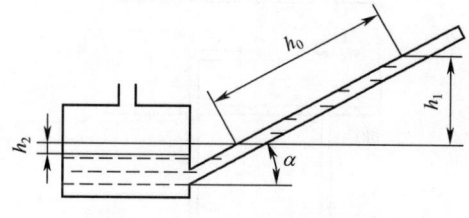

图 11.34 倾斜式压力计结构

相同压力下,α 越小,则 h_0 就越大。但 α 值不宜太小,一般应取 $\alpha \geq 8° \sim 10°$,否则将影响读数的准确度。

此外,还有补偿式微压计也是利用液柱变化来测量压力。

2. 弹簧式压力表

弹簧式压力表的工作原理是基于弹性元件在力的作用下发生弹性变形,由其变形的大小来测定压力的大小。所用的弹性元件有包端管、膜片及膜盒等。

11.2.4.3 空气和液体流量测量

流量可分为两种:质量流量,即在单位时间内通过工作流体的质量;体积流量,即在单位时间内通过工作流体的体积。这两者之间的关系为

$$G = Q_f \rho$$

式中:G 为质量流量(kg/s);Q_f 为体积流量(m³/s);ρ 为工作流体的密度(kg/m³)。

测量流量的方法很多,这里仅介绍在电子产品热试验中常用的几种测量方法:皮托管测定法、转子流量计和节流式流量计。

1. 皮托管测定法

此法是先测量工作流体的流速,再由流速计算流量,因此其实质是测量流体流动的动压力。动压力是全压力和静压力之差值,它与流速之间的关系可由伯努利方程得出,即

$$P_d - P_s = \frac{\rho}{2}\omega^2$$

式中:P_d 为流体全压力(Pa);P_s 为流体静压力(Pa);ω 为流体流速(m/s);ρ 为流体密度(kg/m³)。

由上式可得

$$\omega = \sqrt{\frac{2}{\rho}(P_d - P_s)}$$

因此,为求出流体的流速,则必须测出全压力和静压力的差值。全压力的测定可用装在正对着流速方向的开口管的方式来实现,而静压力则可通过管壁上的开孔测出,如图 11.35 所示。若把两根管子接到一个微压计上就可以直接测得动压力。

皮托管是把上述两根管子组合而成的一种动压测定管,其结构如图 11.36 所示。它由两根同轴的管子组成:里面的管子其端部开孔并对准流体流动的方向,用来测量流体的全压;外边的管子四周开了几个等分的小孔(一般为 4~8 个孔),用来测量静压。将皮托管另外一端的两个接头(全压和静压接头)分别接到一个补偿式微压计上,即可进行测量。

空气流速的测量还可以采用热球风速仪进行测量。它是由热球式测量探头和测量仪

401

图 11.35　测量动压力示意图

图 11.36　皮托管结构

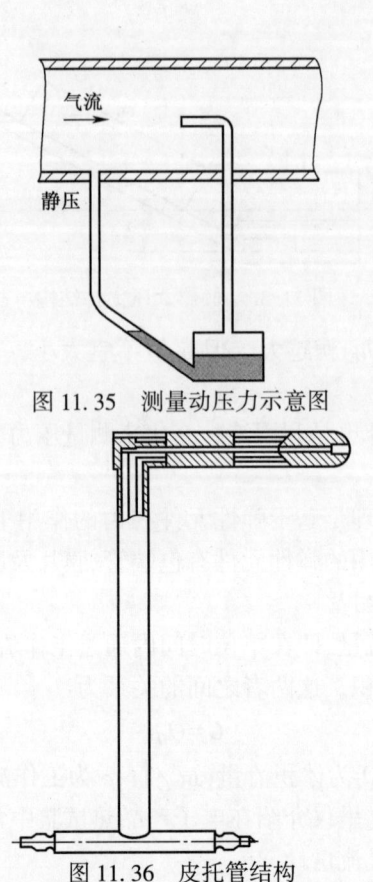

表组成的。热球风速仪的原理线路图如图 11.37 所示。在球内绕有加热玻璃球用的镍铬丝线圈和一个测温用的热电偶,并直接暴露在气流中。热电偶的冷端连接在磷铜制的支柱上,当大小一定的电流流过加热线圈后,玻璃球的温度升高,其升高的程度与气流的速度有关,即气流流速小,则温度升高的程度大;反之,温度升高的程度小。温升的大小通过热电偶在仪表上指示,也可以直接用速度表示。

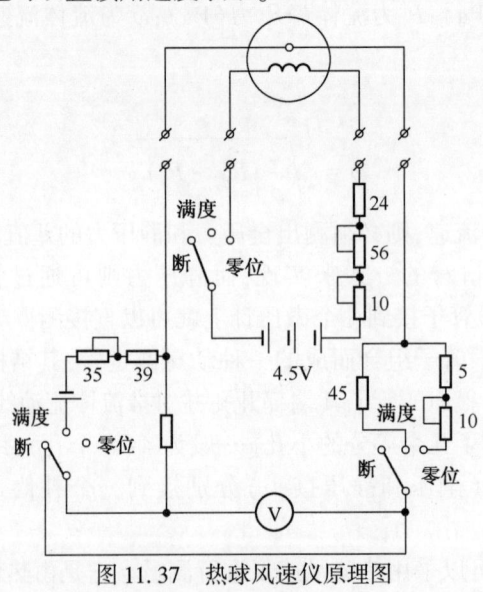

图 11.37　热球风速仪原理图

此外,空气流速还可以采用热线风速仪及杯式风速计进行测量。

2. 转子流量计

转子流量计也称为浮子流量计,可测量各种工作流体的流量,其原理如图 11.38 所示。它是由金属或玻璃的锥形管和浮子所组成。锥形管的上端直径较大,浮子的直径比锥形管的内径还小,故浮子可以沿刻有标尺的管子向上自由移动。当流体在锥形管内由下向上流过时,浮子升高,直至浮子与锥形管内表面间的环形空隙达到某一数值时为止。这个数值是流体作用在浮子上的力,它和浮子在流体中的重量相等。因此,浮子上升的高度取决于浮子和圆锥体的几何形状、浮子的材料、流体的种类以及流体的流量等。

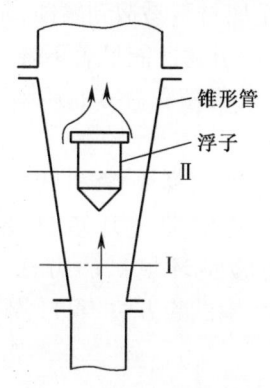

图 11.38 转子流量计

这种流量计的特点是结构简单、精度较高,在使用时还可直接观察流体和浮子的情况。缺点是这种流量计必须垂直安装,而且玻璃容易打碎,因此使用时需特别小心。

3. 节流式流量计

这种流量计是一种利用节流设备产生的压力降来测量流体流量的仪器。通常用的节流设备有孔板、喷嘴、文丘利管等三种。其工作原理是将节流设备装在冷却系统的管路中,并在里面造成局部的收缩。当流体流过时,在收缩截面处的流速将增大,静压力下降,因此在节流设备前后产生一个压力差。质量流量 G 的大小可根据压差进行计算,即

$$G = \alpha \varepsilon A_0 \sqrt{2\rho \Delta P}$$

式中:α 为流量系数,根据不同的节流装置,由实验确定(标准孔板 0.6~0.7,标准喷管、文丘利管约为 1);ε 为体积膨胀的修正系数,可查阅有关热工测量仪表资料获得;A_0 为节流设备的孔径的面积(m^2);ρ 为冷却剂的密度(kg/m^3);ΔP 为节流设备前后的压力差(Pa)。

节流装置前后的压力降可采用各种压力测量仪表进行测量。

利用节流式流量计进行流量测量时应注意以下几个问题:

(1) 节流设备前后都应是直管,以保证流体不受扰乱的进入和流出。

(2) 节流设备的中心应与管道的中心线相重合,因此要有定心装置。

(3) 如果在节流设备前安装测温头,则应离开节流设备一定的距离。

(4) 为保证测量的精度,从节流设备到压差计之间的连接管长度不宜过长。

11.3 环境适应性检验

11.3.1 "三防"性能检验

11.3.1.1 检验目的

电子产品中大量使用金属和非金属材料,由于使用环境条件极为复杂,而各种材料的性质又不一样,它们在不同的环境、不同的气候因素的影响下,特别是在高温高湿、大量工业气体污染、盐雾等恶劣环境中,金属材料易遭到腐蚀;非金属材料也易老化和霉变;元器件会遭到不同程度的破坏作用,从而引起性能显著下降,严重影响设备的可靠性及寿命。"三防"设计的目的就是要在有潮气、霉菌和盐雾的环境下工作的电子产品不受或少受影响而可靠地工作或降低故障率。

对于"三防"工艺处理过的电子产品模块、整机的"三防"性能检验采取抽验的方法,根据 GJB 150.9A—2009《军用装备实验室环境试验方法 第 9 部分:湿热试验》、GJB 150.10A—2009《军用装备实验室环境试验方法 第 10 部分:霉菌试验》和 GJB 150.11A—2009《军用装备实验室环境试验方法 第 11 部分:盐雾试验》,进行湿热、霉菌、盐雾试验,以确定其是否合格。

11.3.1.2 检验内容

1. 湿热检验

不同武器系统的湿热试验条件不同,如表 11.8 所列。

表 11.8 不同武器系统的湿热试验条件

类 别	高温高湿阶段 温度/℃	高温高湿阶段 相对湿度/%	低温高湿阶段 温度/℃	低温高湿阶段 相对湿度/%	试验周期/天
地面和机载电子设备湿热试验	60	95	30	95	10
地面起动控制设备湿热试验	60 ±5	95	30 ±5	95	5
自然环境周期湿热试验	40	90	21	95	20

地面和机载电子设备的湿热试验以 24h 为一周期,每周期分为升温、高温高湿、降温和低温高湿 4 个阶段,如图 11.39 所示。

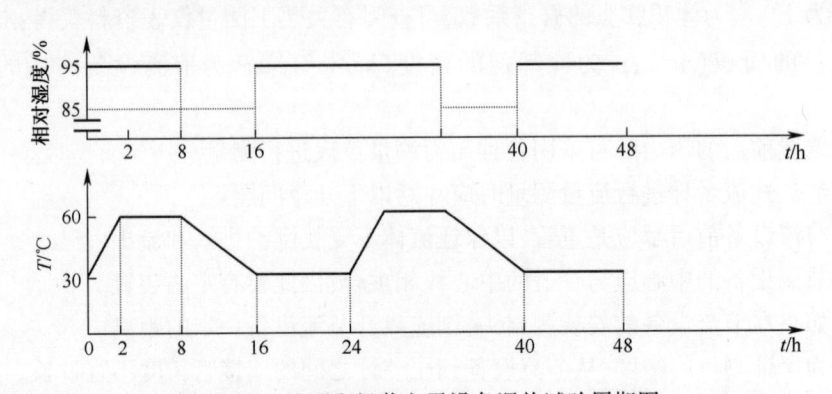

图 11.39 地面和机载电子设备湿热试验周期图

（1）升温阶段。在2h小时内,将试验箱温度由30℃升到60℃,相对湿度升至95%。温湿度的控制应能保证试验样品表面凝露。

高温高湿阶段:在60℃及相对湿度95%条件下至少保持6h。

（2）降温阶段。在8h内将试验箱温度降到30℃,此期间内相对湿度保持在85%以上。

低温高湿阶段:当试验箱温度降到30℃后,相对湿度应为95%,在此条件下保持8h。

在第5周期和第10周期接近结束前,试验样品处于温度30℃、相对湿度95%的条件下,对其性能进行检测。

地面起动控制设备样品的预处理过程在温度40~50℃的条件下干燥不少于2h,在温度25±5℃、相对湿度50%的条件下放置24h。其湿热控制图如图11.40所示,进行5次24h的周期试验。24h的试验周期是由60℃下16h和30℃下8h组成(包括转换时间)。在这两个温度条件下,相对湿度保持95%或稍大些。在30℃和60℃两者间的每个转换时间不超过1.5h。在每个温度转换时间内,相对湿度不需控制。

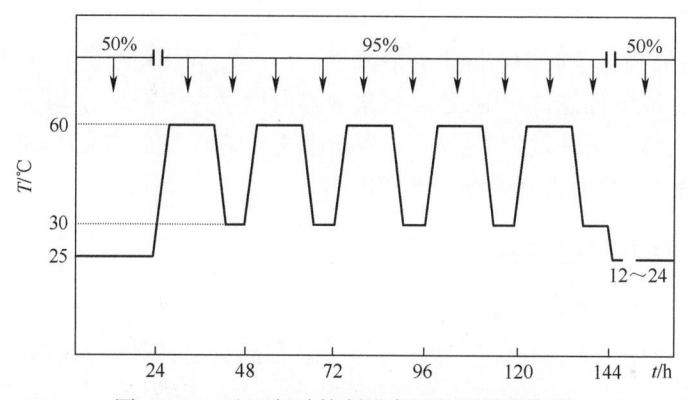

图11.40　地面起动控制设备湿热试验周期图

可在第2周期的60℃降至30℃之前对其性能进行检查,在第5周期结束,试验箱内温度为30℃、相对湿度不小于95%的条件下,对样品性能进行检测。

自然环境下的周期湿热试验样品首先进行预处理,样品在温度55℃的条件下干燥24h,在温度23℃、相对湿度50±10%的条件下放置24h。其湿热控制图如图11.41所示。

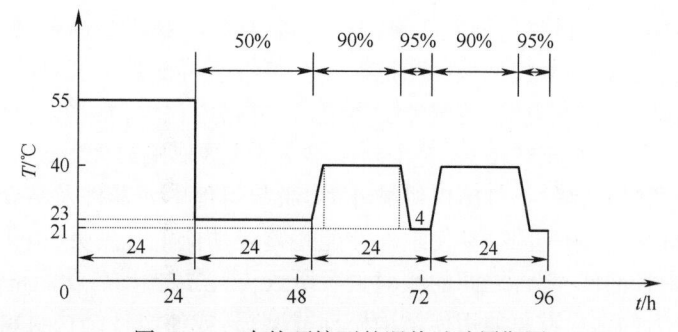

图11.41　自然环境下的湿热试验周期图

在2h内试验箱温度升至40℃,相对湿度升至90%。在上述条件下对样品性能进行测试,16h内保持箱内温度为40℃,相对湿度为90%。然后在2h内箱内温度降至21℃,

405

相对湿度升至95%,保持此条件4h。重复上述试验,共进行20个周期。在最后一个周期,样品处于温度21℃、相对湿度95%的条件下,对其性能进行检测。

2. 霉菌检验

根据GJB 150.10A—2009《军用装备实验室环境试验方法 第10部分:霉菌试验》,鉴定电子设备的抗菌能力通过霉菌试验来检验。试验周期的确定,若样品仅做外观检查试验周期为28天,若样品需进行性能测试,试验周期为84天。

试验在温湿度交变循环条件下进行,每24h循环一次。前20h,保持温度30±1℃、相对湿度95±5%。在以后的4h中,保持25±1℃、相对湿度95^{+5}_{-0}%最少2h,用于温湿度变化的时间最长为2h。变化期间温度保持在24~31℃之间,相对湿度不得小于90%。

试验常用的菌种有黑曲霉、黄曲霉、杂色曲霉、绳状青霉、球毛壳霉等。

试验结束时,立即检查试验样品表面霉菌生长情况,以目测为主,必要时可借助放大镜进行观察。记录霉菌生长部位、覆盖面积、颜色、生长形式、生长密度和生长厚度,根据需要进行性能检测。

3. 盐雾检验

试验用盐溶液为含5%±1%NaCl的溶液,温度35℃,pH值为6.5~7.2。盐雾的沉降率,在试验有效空间的任意位置上,连续收集喷雾时间最少为16h,平均每小时在80cm^{2}的水平收集面积内,盐雾沉降量为1~2mL。样品连续承受喷雾的时间为48h。

试验结束后进行全面直观检查及性能检测。

11.3.2 环境应力筛选检验

11.3.2.1 环境应力筛选检验作用

温度循环主要用于激发性能漂移方面的缺陷和部分工艺缺陷,而随机振动则主要用于激发工艺缺陷。

温度循环对剔除早期失效有效,首先是因为它具有较高的热应力和热疲劳的交互作用同时作用在电子组件上。由于组件有多种复合材料制成的,在热应力的作用下,各种材料的膨胀系数的差异而产生一定的机械应力,采用快速、大幅度的温度冲击,致使材料在承受双向变化的热应力同时,使其应力差也变大,这样在结合部可产生有效作用,使隐患得以暴露,又通过多次循环产生热变疲劳应力,加速了激发时效。其次是温度对元件和材料物理化学性能影响,有机材料低温变硬、发脆,高温软化,超出温度范围,其物理和机械性能变化,造成失效,如影响机械强度和抗震减振特性。再次是温度对电性能也有影响,高温使材料电阻加大,会使电路、传感器发生温漂;电路内耗大,发热大,反过来加剧环境温度,加速绝缘体老化,甚至热击穿,对半导体器件的主要影响放大倍数和穿透电流。

随机振动是通过直接给组件施以机械外力,激起组件中元器件及结合部的谐振来达到暴露潜在隐患目的。一是因振动使组件性能超差或功能混乱失灵,由于振动加速度加大,改变了组件中各部件、零件之间的相对关系所致,在去掉振动后功能正常;二是由于振动引起的交变应力的多次反复使用使结构松动或磨损,或使组件结构材料的微小缺陷经多次交变应力的作用使裂纹扩展,造成材料电气或机械性能的变化或结构的变化而失效。

11.3.2.2 环境应力筛选基本方法

目前,国内外普遍使用的高效筛选方法主要有两种,一种是温度循环与随机振动综合施加,另一种是温度循环和随机振动顺序施加。

1. 温度循环与随机振动综合施加方法

温度循环与随机振动综合施加方法要求生产厂具备温度和振动综合筛选试验设备,其工艺过程为产品安装在温度箱内的振动台的台面上,箱内温度由高温降至低温,在低温保持3h,此时设备不通电工作。3h后箱内开始升温,设备通电工作,当升温到规定的高温保持5h,并在此阶段振动10min。

2. 温度循环和随机振动顺序施加方法

当生产厂没有温度循环和随机振动综合试验设备时,可采取温度循环和随机振动顺序施加的方法。这种方法把随机振动分成两次,温度循环前一次,时间为5min,温度循环后一次,时间为5~15min,其中应有5min无故障。

11.3.2.3 环境应力条件的选择

1. 温度循环

温度循环的基本环境应力包括温度变化幅度(温度范围)、温度变化速率、循环次数以及在高、低温阶段稳定时间。一次循环的时间为3h20min或4h。

(1) 温度变化幅度。一般来说,温度达到50℃以上才能发现缺陷。温度变化幅度越大,筛选效率也越高。国外的一些经验表明,大部分航空电子产品在-55~70℃的温度变化幅度进行温度循环,可以达到较好的筛选效果。对于一些特殊设备,还可以增大变化幅度,即提高温度范围,由具体产品有关技术条件确定。一般取产品的工作极限温度,也可取非工作温度。

(2) 温度变化速率。温度循环变化速率越大,筛选效果越好。为了保证温度快速变化,应选用加热和致冷能力大的试验箱。一般筛选标准规定温度变化速率为5℃/min,也可以根据需要提高温度变化速率。美国针对一些电子产品已经把温度变化速率提高到30℃/min。

(3) 循环次数。循环次数对筛选效果也非常重要。图11.42提供了消除缺陷所需要的循环数与设备复杂性之间的关系。由图11.42中可以看出,筛选效率随循环数的增加而迅速提高。产品越复杂,所需的循环次数越多,如含2000个元器件的设备至少要进行6个循环。表11.9给出了使产品失效率达到稳定时一般所需的温度循环数的参考值,但对于武器系统分系统电子产品的循环次数应达到总系统的要求。

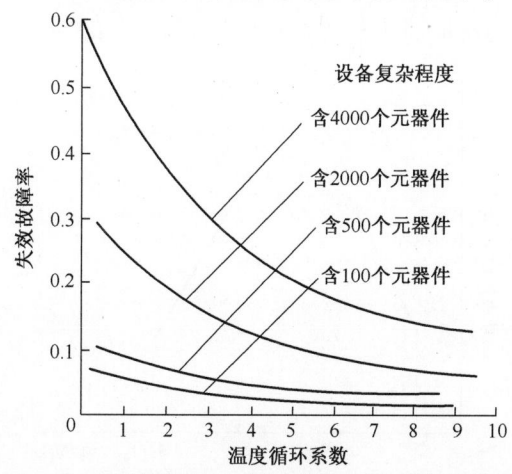

图11.42 消除缺陷所需循环数和复杂程度的关系

在 GJB 1032—1990《电子产品环境应力筛选方法》规定:在缺陷剔除试验中,温度循环为 10 次或 12 次,相应试验时间为 40h;在无故障检验中则为 10~20 次或 12~24 次,时间为 40~80h。

表 11.9 各类产品筛选所需循环数

产品类型	电子器件数	所需循环
简单型	100 个	1
中等复杂型	500 个	3
复杂型	2000 个	6
超复杂型	4000 个	10

(4) 高、低温稳定时间。经验表明,高、低温稳定时间对筛选效果影响不大,只要能保证产品温度达到热稳定即可。

2. 随机振动

图 11.43 表明了振动量值和振动时间对筛选效果的影响,振动量值低于 $4g$ 的筛选不太有效,$6g$ 量值下的筛选效果要好得多,筛选效果还随振动时间的增加而迅速提高。图 11.43 表明,振动 30min 可发现 80% 左右的缺陷。在试验中对振动谱、施振轴向、时间、控制点、监测点等都有要求。

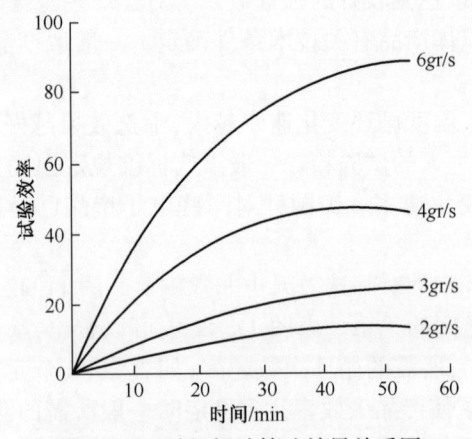

图 11.43 随机振动筛选效果关系图

(1) 随机振动谱。随机振动功率谱密度要求如图 11.44 所示。

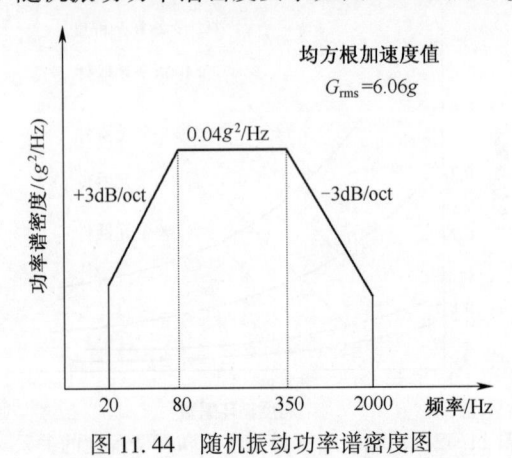

图 11.44 随机振动功率谱密度图

（2）施振轴向的确定。施振方向的选择取决于产品的物理结构特点、内部部件布局以及产品对不同方向振动的灵敏度。一般情况只选取一个轴向施振即可有效地完成筛选,必要时亦可增加施振轴向以使筛选充分。在筛选试验前应通过产品的振动特性试验,为确定施振轴向提供依据。

（3）施振时间。在缺陷剔除试验阶段为5min,无故障检验阶段为5～15min。

（4）控制点。控制点应选在夹具或台面上的最接近产品的刚度最大的部位。对大型整机可采用多点平均控制。

（5）监测点。监测点应选在试验产品的关键部位处,使其均方根加速度不得超过设计允许最大值。若超过则应进行谱分析,查出优势频率所在,允许降低该处谱值,以保证不使试验产品关键部位受到过应力作用。

ESS条件要根据具体产品的具体情况,以本标准为基础进行适当的剪裁,得出具体产品的筛选条件。在筛选执行过程中,还要根据产品的工艺成熟程度及使用方的质量反馈信息对筛选条件进行调整。

11.3.2.4 环境应力筛选程序

按照GJB 1032—1990《电子产品环境应力筛选方法》,环境应力筛选程序由初始性能检测、缺陷剔除试验、无故障检验及最后性能检测等组成。

（1）初始性能检测。试验产品应按有关标准或技术文件进行外观、机械及电气性能检测并记录。凡检测不合格者不能继续进行环境应力筛选试验。

（2）环境应力筛选,包括缺陷剔除试验和无故障检验试验两部分。

① 缺陷剔除试验。试验产品应施加规定的随机振动和温度循环应力,以激发出尽可能多的故障。在此期间,发现的所有故障都应记录下来并加以修复,试验条件如前述。

在随机振动试验时出现的故障,待随机振动试验结束后排除;在温度循环试验时出现的故障,每次出现故障后,应立即中断试验,排除故障再重新进行试验。

试验因故中断后再重新进行试验时,中断前的试验时间应计入试验时间,对温度循环则需扣除中断所在循环内的中断前试验时间。

在最后4次温度循环必须进行100%的功能监测。

② 无故障检验试验。试验的目的在于验证筛选的有效性,应先进行温度循环,后进行随机振动。所施加的应力量级与缺陷剔除试验相同。不同的是温度循环时间增加到最大为80h;随机振动增加到最长为15min。在最后4次温度循环和整个无故障检验随机振动时间内必须进行100%的功能监测。

试验过程应对试验产品进行功能监测,在最长80h内只要连续40h温度循环期间不出现故障,即可认为产品通过了温度循环应力筛选;在最长15min内连续5min内不出现故障,则可认为产品通过了随机振动筛选。

若在80h温度循环试验中,在前40h出现的故障允许设法排除后继续进行无故障检验试验;同样对随机振动试验若10min前出现的故障允许排除后继续试验。

（3）最后性能检测。将通过无故障检验的产品在标准大气条件下通电工作,按产品技术条件要求逐项检测并记录其结果,将最后性能与初始测量值比较,对筛选产品根据规定的验收功能极限值进行评价。

11.4 综合环境应力检验

11.4.1 综合环境应力试验定义与作用

众所周知,电子产品的环境比较复杂,产品不仅经受正常工作的环境,也经受运输、储存和安装时的环境。实际的环境条件通常是由若干单一环境因素复合而成的,如气候环境包括设备工作的温度、湿度、大气压力、气压变化等,机械环境包括冲击、振动、自由跌落等。对于电子仪器来说,又常会受到电场、磁场的干扰。因此,电子产品在其寿命的各个阶段中将面临的环境应力并不是单一的,而是多个环境应力的综合。

综合环境应力试验就是把各种环境应力(如温度、振动、湿度等)或与电应力相结合,同时施加在产品样品上,模拟产品在未来运输、储存和使用过程中实际经受的应力作用,验证产品可靠性 MTBF 的水平;同时暴露出产品设计、元器件选用、生产工艺等方面存在的薄弱环节,分析原因、寻找纠正措施的一种有效的试验方法。

事实证明,在我国目前的状态下,加强设备的综合环境应力试验是提高产品抗恶劣环境能力、增长产品可靠性的重要途径。实践证明:

(1) 综合环境应力能更真实地反映产品现场所遇到的环境,所得出的 MTBF 值更能代表产品的实际可靠性水平。

(2) 综合环境应力能更真实地反映产品现场使用中出现的失效模式,能采用更有针对性的增长措施。

(3) 综合环境应力能更充分地揭露产品隐藏的缺陷、故障、失效,可靠性水平增长更快。

11.4.2 综合环境应力试验特点

综合环境应力试验的应用范围非常广泛,它可用于产品研制的各个阶段,用于考核产品的耐环境能力、环境适应性及其可靠性等。但它主要用于可靠性试验(如可靠性鉴定和验收试验),模拟那些在部署寿命中主要发生的叠加环境效应,是趋向于对产品实际使用环境的模拟,即其考虑的是真实环境。具有如下的特点:

(1) 只考虑主要的有限的环境因素,如在可靠性鉴定和验收试验里面,通常只考虑温湿度、振动与电应力。

(2) 对实验严酷度取的是使用值,而不是极值,且明确规定对于作用时间短的高量级环境不予考虑,考虑的是出现概率较多的量值。例如,温度应力,就以实际使用中可能经历的合理量级为基础,对小概率出现的事件(或称为合理极值)一概不考虑。

11.4.3 综合环境应力之间联合作用

大量的实验表明,在许多情况下,当单个环境应力单独作用时,其效果不明显或检测不出来,而当两个或两个以上应力同时作用时就明显显示出来,往往比将各项环境应力分开进行的单项试验的总效果要大得多。例如,美国海军将通过单项试验的电子产品的失效率与现场使用的失效率进行对比,发现它们的比值为1∶20;而用几种应力组成的综合模拟环境应力试验的结果,与现场使用结果比较,它们的失效率之比为4∶5。这些数据说明,除了各应力本身的作用外,应力之间还存在着非线性联合作用,应力之间的这种联合作用能相互产生某些效应,这些效应是任何单个环境应力无法产生的,某一种环境因素对产品的影响可能会在另一种环境因素诱发下得到加强并导致失效,多应力同时作用的效果将剧烈增长。例如,高温与湿度的结合会增加潮湿的穿透速度,增加潮湿引起的蜕化效应,也能增加湿度的一般破坏作用;低温与沙尘的结合会增加尘埃的渗透能力;湿度与振动的结合会增加电气材料的击穿率;湿度与磨屑、沙粒的结合会增大机械的破坏力;低气压与低温的结合能加速密封处的泄漏;湿度与臭氧的结合会形成氧化氢,它对塑料、合成橡胶、黏合剂等破坏作用比水气和臭氧单独作用大得多。

各种环境应力可综合叠加产生以下的一些典型故障:
(1) 参数漂移引起电子元件性能下降(温度/湿度)。
(2) 快速形成水或霜引起光电变得模糊或者机械故障(温度/湿度)。
(3) 密封结构中大量积存冷凝水(温度/湿度)。
(4) 不同材料的不同收缩或膨胀(温度/高度)。
(5) 运动部件的卡死或松动(温度/振动)。
(6) 玻璃瓶和光学设备破裂(温度/振动/高度)。
(7) 爆破器材中固体小球或颗粒破裂(温度/湿度/振动)。
(8) 部件变形或破裂(温度/振动/高度)。
(9) 密封舱泄漏(温度/振动/高度)。
(10) 散热不充分引起故障(温度/振动/高度)。
(11) 部件分离(温度/湿度/振动/高度)。
(12) 表面涂层开裂(温度/湿度/振动/高度)。

11.4.4　几种典型综合环境应力试验

1. 湿热试验

湿热试验的检验内容在前面"三防"性能检验中已有所叙述。湿热环境的影响主要是湿气的影响。在高相对湿度环境下,对产品的影响主要是吸潮湿,化学作用易发生腐蚀和电解反应,引起的典型故障有容器的破裂、膨胀、腐蚀等;而物理作用更加明显,所引起的典型故障有丧失抗电能力、丧失机械强度、损害电气性能、增加绝缘体的导电性。高温会提高湿气的渗透率,增加湿度的破坏性。

湿热试验有两种,一种是恒定湿热试验,另一种是交变湿热试验。恒定湿热试验的目的是确定电子产品在高温及高相对湿度环境条件下工作的适应性;交变湿热试验的目的是确定电子产品在高相对湿度并拌有温度循环变化的环境条件下工作的适应性。

2. 振动—温度—湿度综合环境应力试验

振动—温度—湿度广泛用于电子产品的可靠性鉴定与验收试验,是使用最广泛的综合环境应力试验。在所有的环境因素中,电子产品对振动、温度和湿度最为敏感。据国外某基地所使用的产品的失效分析统计:温度占43.3%,振动占28.7%,湿度占16%。从这些数据不难看出,热效应、温度和振动对产品的可靠性有巨大影响,这三种应力作用导致的故障加起来占88%。从费效比来看,振动—温度—湿度三综合包括了环境因素敏感度的88%,若在考虑其他的环境因素(剩下的12%),即四综合、五综合等,那么所花的费用却要增加2倍以上,这也是振动—温度—湿度三综合使用最广泛的原因之一。

3. 振动—温度—噪声三综合试验

这种试验主要适用于电子产品的环境适应性试验。

4. 温度—湿度—高度三综合

温度—湿度—高度试验模拟的是飞行器升降期间非控温、非增压舱内设备遇到的环境条件。当飞行器在高空飞行时,一些装有弹性密封的设备处于低温下,密封件可能会硬化收缩而损坏,设备内部的压力就随设备舱内气压的降低而降低;当飞行器返回湿热的地面时,产品表面温度因低于空气温度会结冰结霜,随着设备舱内温度和气压的回升,湿热空气中的水分以及设备表面冰霜融化产生的水就会被"压"入设备内部,从而产生积水现象。因此,温度—湿度—高度试验主要考核的就是那些装有弹性密封的机载设备和其他带壳盖的不密封的机载设备,看它们在低温低气压和高温高湿的交替作用下,是否会发生密封失效、壳体内积聚冷凝水,进而影响产品的性能。

5. 温度—湿度—振动—高度四综合试验

这种试验主要适用于航空与航天产品的环境适应性试验,帮助确定飞机在地面和飞行工作期间,温度、湿度、振动和高度对机载电子和机电设备安全性、完整性和性能的综合影响。以模拟气候环境为主,一般采用振动台与气候环境试验结合在一起,实现高频振动、高低温、湿度、高度的综合。美国国防部试验方法标准 MIL-STD-810F 与 GJB 150.24A—2009《军用装备实验室环境试验方法 第24部分:温度—湿度—振动—高度试验》中都有比较详细的温度—湿度—振动—高度试验方法。

6. 温度—高度—振动—加速度综合环境应力试验

这种试验主要是针对工作在低气压环境下的航空电子装置与其他电子装置的定性和验收试验。国内还没有这样的试验设备,也没有开展这样的综合试验项目。美国 Wyle 实验室有这样的试验设备(A/V-1050 温度—高度—振动—加速度试验平台),基本环境模拟能力:最大的线加速度为 $50g$,桌面半径为 120cm,环境试验箱为 $0.3047m^3$;振动台的最大推力为 0.499t,频率范围为 10~2000Hz,电动激励器提供正弦、正弦扫描和随机振动的输入信号,在样品(包括夹具)重量为 49.896kg 情况下,最大随机振动量极为 $14gr/s$;温度极限值为+115℃和35℃,高度极限值为14000m。A/V 平台除了提供综合应力试验外,还提供以下的一些性能:高温环境极限模拟、低温环境极限模拟和中高度环境极限模拟。

7. 加速度—振动—噪声—真空四综合试验

这种试验主要用于模拟航天器发射准备、动力段飞行、再入大气层时的飞行环境剖面。它以模拟力学环境为主,一般都在离心机一端,安装一个环境试验室。美国 Goddard 宇宙飞行中心"发射阶段模拟器"可以实现加速度、振动、噪声、真空综合环境,其离心机半径为 18.3m,最大加速度为 $30g$。

8. 振动—温度—湿度—静载荷(或疲劳载荷)四综合试验

这种试验主要用来做飞机结构部件,如复合材料、蜂窝结构等的疲劳试验。

11.4.5 综合环境应力试验案例

对某车载电子设备综合环境应力试验采用温度(高温、低温)、湿度、振动与电应力等多种环境因素叠加,试验剖面图和随机振动功率谱密度如图 11.45 所示。其结果与自然环境故障失效相比,有较好的一致性,但因无湿度因素故有一定差异。

我国目前较为成熟的环境试验设备多是用于模拟一个或两个环境因素的设备,如振动台、温度试验箱、温湿度试验箱等,且试验方法也多是在几个试验环境中分阶段进行。这样的试验效果往往不太理想。如前所述,电子产品在其寿命的各个阶段中将面临的环境应力并不是单一的,而是多个环境应力的综合。由于综合环境试验设备缺乏,很多试验没法开展,很难模拟产品的真实环境。针对这个问题,现在有人提出了环境试验设备的虚拟技术,即利用有限元思想和计算机模拟的方法。

综合环境应力试验虽然比单应力试验更能模拟产品的实际环境,但它只能模拟任务环境中有限个环境因素对电子产品的影响,绝不可能完全真实地模拟电子产品的任务环境。而且,试验必须考虑并承当一定的风险系数,即必须科学合理的确定各环境因素的量级。量级定得不好,往往出现过实验或欠实验,所以在大力开展综合环境应力试验的同时,也应加强对外场试验的重视,两者相互补充、相互促进。

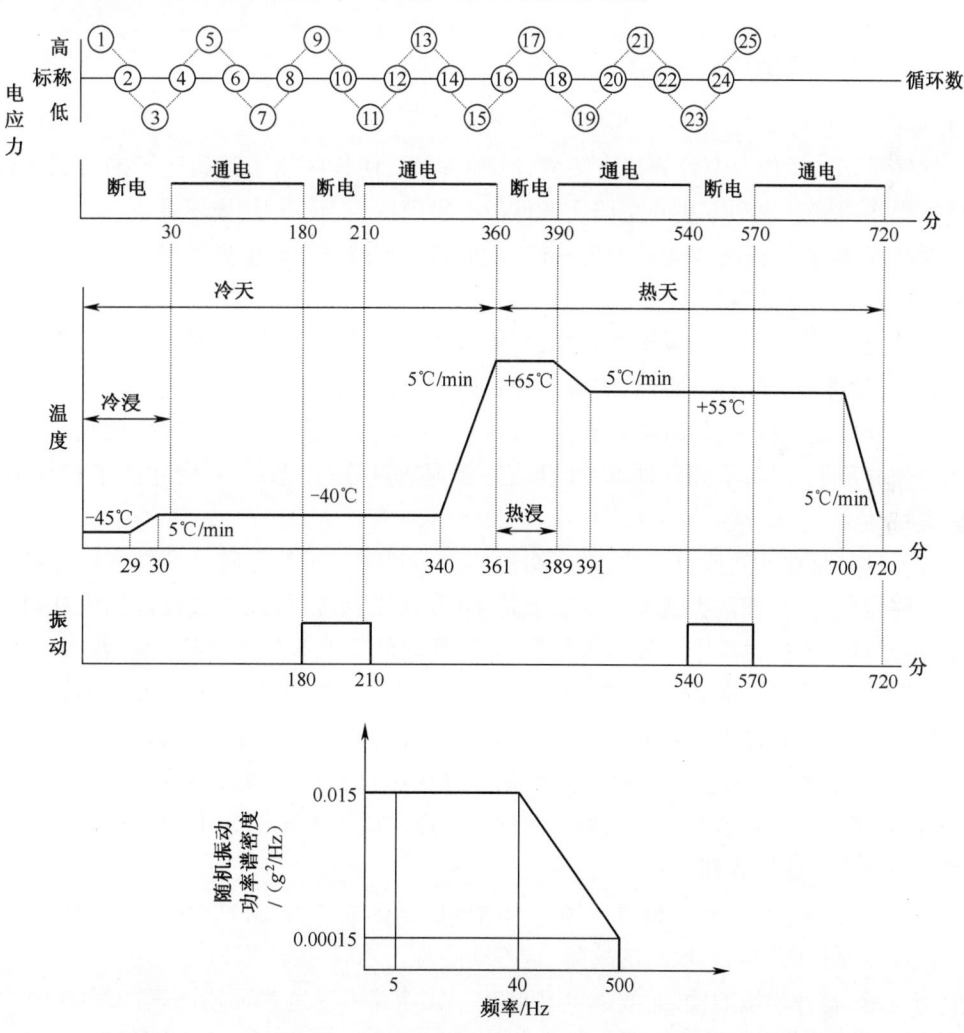

图 11.45　某车载电子设备综合环境应力试验剖面图和随机振动功率谱

第四篇 软件产品检验技术

第12章 软件产品检验

12.1 概 述

12.1.1 软件质量检验背景

12.1.1.1 软件特点

软件是指与操作一个计算机有关的计算机程序、使程序能够正确运行的数据结构以及描述程序研制过程和方法的文档。软件没有物理特性，看不见、摸不着，正因为如此，软件常常被误解、忽视或者与硬件混为一谈，人们难以理解在微妙电磁场世界中以字和字节形式存在的看不见的事物。

因其无形，软件不仅难以理解和描述，而且难以制作，不能用物理方法进行制造。与硬件相比，软件具有独特的特性，主要表现在以下方面：

（1）软件是一种逻辑实体，具有抽象性。它可以被记录在纸上、内存、磁盘和光盘等各类存储介质上，但看不到软件本身的形态，必须通过分析、思考、判断才能了解其功能、性能等特性。

（2）软件是被开发或设计的，没有明显的制造过程。虽然在软件开发和硬件制造之间有一些相似之处，但两类活动在本质上是不同的。二者都可以通过良好的设计得到高质量，但硬件在制造过程中可能引入质量问题，而软件几乎不存在或很容易改正。二者都是要建造一个"产品"，但方法不同，硬件几乎都可以自动生产，但是软件开发的方法却是极其低效，基本上只能手工。软件作为人的智力产品，易受人为错误的影响，其开发过程不透明，易于修改，质量难以控制和考核；而硬件生产过程可以通过严格的生产规程来控制，外部质量可通过仪器设备来检测。软件质量成本集中于开发上，因此软件项目也不能像硬件制造项目那样管理。

（3）软件不会"磨损"。硬件故障率与时间的函数常称为"浴缸曲线"，表明硬件初期由于设计或制造的缺陷有较高的故障；这些缺陷修正之后，故障率相对稳定一段时间。随着时间流逝，各种环境的侵蚀，故障率又提升。软件并不受这些环境因素的影响，在初期由于未发现的错误会引起程序具有较高的故障率，当错误改正后，理想中故障率应趋于平稳，但由于这些修改不可避免地引入新的错误，故障率曲线呈现锯齿形，最小故障率水平也开始提高(图12.1)。实际上软件的退化是由于修改。

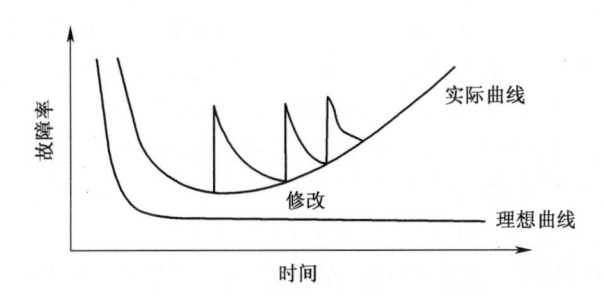

图 12.1　软件实际故障率曲线

（4）软件对硬件和环境有着不同程度的依赖性。软件开发和运行常受到计算机系统的限制，从而导致软件移植问题，这是衡量软件质量的因素之一。

（5）软件开发至今尚未完全摆脱手工作坊式的开发方式，生产效率低，目前还不能像设计和建造楼房、汽车那样开发软件。

（6）复杂性是软件的一个固有特性。在其他学科中常常用简化技术，而软件则不是这样，软件本质是通过合成复杂性来获得解决复杂问题的方法，其定义的解决方法远比要解决的现实世界中的复杂问题还要复杂得多。软件涉及人类社会的各行各业、方方面面，其开发常常涉及其他领域的专业知识，对软件工程师提出了很高的要求。同时，软件作为信息产品，相互之间的接口状态复杂多变，集成困难；而硬件的接口相对简单，比较容易规范，集成组装相对容易等。另外，当一个硬件磨损时，可以用另外一个备用零件替换它，而软件故障常常表明是设计中出现错误，因此软件维护要比硬件维护复杂得多。

（7）软件成本相当昂贵。软件开发需要投入大量、高强度的脑力劳动，成本非常高，风险也大。现在软件的开销已大大超过了硬件的开销。

12.1.1.2　软件在武器系统中的作用与发展趋势

军用软件通常是指用于军事目的的一类软件，一般可分为两大类，一类是武器系统软件；另一类是非武器系统软件（称为自动化信息系统软件）。武器系统软件包括：为武器系统专门设计或专用的并成为整个系统不可缺少的一部分嵌入式软件；指挥、控制和通信软件；对武器系统及其完成任务起保障作用的其他武器系统软件，如任务规划软件、战斗管理软件、后勤保障软件、演习分析软件、训练软件、飞行计划软件、应用测试软件、程序管理软件、模拟器软件等。非武器系统软件（称为自动化信息系统软件）主要是指执行与武器系统无关的系统使用和保障功能的软件，如科学计算、人员管理、资源控制、地图管理、设备维修、仿真、人工智能软件等。

与一般民用软件相比，军用软件的特点表现在以下几个方面：

（1）用户的特定性和需求的确定性。

（2）嵌入式软件多，实时性要求高，有多进程并发功能要求。

（3）要适应各种恶劣军事应用环境，对可靠性、可维护性和安全性要求高。

（4）军方要求变化多且用户界面要求高，状态控制的严格性。

（5）使用和维护阶段时间长。

（6）开发竞争压力的局限性。

军用软件已经渗透到军事领域的各个方面，成为武器装备体系中不可或缺的组成部分。武器装备被称为"智能"武器则是因为软件为其提供了大脑。软件通过专用硬件的运行,可以完成许多功能,如作战飞机的每一次使用基本上都依赖于软件,包括战略和战术行动,以及监视、探测、评估和预警等。在许多武器装备上,软件功能甚至要超出其他部件,如软件控制所有飞机的垂直稳定度,软件使飞机的隐身技术成为可能。软件对于武器装备的重要性已在高技术局部战争中得到证明,主要体现在以下几个方面:

1. 软件是高新武器装备的灵魂

在高新武器装备中软件实现的功能越来越多,有些装备甚至大大超过了硬件。软件不但能执行以前由硬件执行的许多功能,而且还能执行仅靠硬件几乎无法执行的功能,如为减少雷达截面积,B-2轰炸机没有垂直控制面,飞机的垂直稳定度全靠软件来控制,从而满足了B-2轰炸机隐身的要求。软件的应用不仅极大地提高了武器装备原有的许多性能,而且已成为整个军事系统的控制中枢和威力倍增器,成为高新武器装备的灵魂。

2. 软件是构筑信息化装备体系的关键

现代战争是体系与体系的对抗,单一武器、单一系统的决胜作用已经逐渐弱化,而由大量嵌入芯片和软件的各种武器装备所形成的信息化装备体系已成为战争制胜的基础。构筑信息化装备体系绝不是各种装备的简单堆积,也不只是各种武器装备和系统之间的物理连通,而是通过软件使各种作战信息按照作战要求有序流动,满足体系内各部分之间互连互通互操作的要求,实现不同武器系统的功能互补、协同行动和互相支援。因此,软件已成为构筑信息化装备体系的关键。

3. 软件可有效提升武器装备的整体作战效能

由于软件能极大提高武器装备的信息获取、传输、处理、存储、管理、分发及其数字化、智能化、网络化水平,利用软件技术改造已有武器装备已成为一些装备升级换代的主要模式之一。软件技术在大大提高武器装备作战效能的同时,还具有成本小、周期短和效果好的优点。例如,伊拉克战争前夕,美国海军F-14战斗机主要通过软件升级的方式具备了投放精确制导武器的能力,使改造周期从以往的几个月甚至几年,缩短至3个星期;另外,美军的全球指挥控制系统近几次的改进也主要是通过软件升级而实现的。

4. 软件是信息战中攻防对抗装备发展的焦点

信息战已成为现代战争的一种主要模式。一方面,作为一类特殊软件——计算机病毒成为信息战进攻的重要手段。计算机病毒的作用主要是通过破坏敌方信息系统和计算机网络中的软件,达到使其瘫痪的目的。海湾战争中,美军利用开发的计算机病毒"预埋"技术,在芯片中置入计算机病毒,给伊方造成了重大的损失。目前,"台军"已把计算机病毒作为反制大陆的重要手段,并在实战中进行演练。另一方面,信息安全软件、网络防护软件成为信息战防御的关键工具。为对抗计算机病毒和其他针对信息系统及网络中的软件攻击,保证其正常运行,各国都在开发以软件为主要形式的对抗措施。随着信息系统及网络的广泛应用,以争夺信息优势为目标的信息对抗日趋激烈,军用软件将成为敌我双方信息攻防对抗装备的焦点。

现代战争是陆、海、空、天、电磁的多维战争,对武器装备系统提出了更高的要求。新型号武器装备系统软件需求与日俱增。装备软件发展趋势突出表现在以下几个方面:

(1) 软件实现系统功能的比例加大。在武器装备中软件所占的比例越来越大,其中导弹、飞机最为明显,许多原来由硬件实现的功能已由软件来取代,以美军飞机为例,F111战斗机航电系统功能的20%是由软件来实现,F16战斗机软件、硬件的比例是40%

和60%,到了F22战斗机,软件已实现了航电系统功能的80%,而无人侦察机,其软件甚至实现了90%的系统功能。

（2）软件所起的作用增大。软件可以提高武器装备的能力,已成为装备系统力量的倍增器。例如,美军对AH-64攻击直升机进行改造,加装了相应的军用软件,其杀伤力提高了4.2倍,使总体作战能力增长了16倍。

（3）软件规模增大。武器装备向智能化发展,软件承担着大量的信息处理与控制任务,其规模也越来越大。例如,20世纪50年代的F4战斗机机载软件只有2000行代码,而20世纪90年代的F22战斗机机载软件的代码多达700万行。

（4）软硬件综合程度增高、软件结构更加复杂。武器装备信息化程度不断提高,装备控制系统往往由若干个"智能"设备组成,使得系统越来越复杂,软硬件的关系更加紧密。由于装备软件承担着大量的控制功能,并且软件逐渐从"功能型"向"智能型"转化,因此软件结构越来越复杂,复杂度也越来越高。

（5）多软件交互运行越来越多。网络战是未来战争的一种主要作战模式,其实质是利用强大的计算机网络体系,将军队的所有侦查探测系统、通信联络系统、指挥控制系统和武器系统组成一个以计算机为中心的信息网络体系,利用该网络,各级作战人员可以及时了解战场态势,交流作战信息,指挥与实施作战行动。软件在此作战模式中发挥着极其重要的作用。

软件在现代武器装备中应用发展趋势及其重要作用,决定了必须对其加强质量检验与监督,以保证武器装备质量,充分发挥武器装备作战效能。

12.1.1.3 软件质量低下的根源

近期因软件质量问题而导致严重后果,造成重大损失的事例屡见不鲜,特别是军事、航空航天等方面,软件微小瑕疵就有可能造成巨大的损失,甚至对国家安全造成严重威胁。近年在我军进行导弹实弹发射的一次演习时,一发导弹发射后不久即坠落爆炸,事后查明是在通过地面测控设备装订某类参数时,装订顺序颠倒引发软件缺陷,导致错误运行。即使是军事技术强国的美国亦有类似的事件发生。伊拉克战争中,美军"爱国者"导弹防御系统主要用于对抗伊军"飞毛腿"导弹。2003年3月23日,一架英国皇家空军的"旋风"战斗机在完成任务返航时被"爱国者"导弹击中,机上两名飞行员遇难。事后,专家认为这一事故是"爱国者"导弹防御系统中一个软件缺陷造成的。

武器装备发生软件质量问题,不仅会影响装备整体效能的发挥,还会影响部队的训练、战备水平,甚至影响平时正常的工作开展,战时无法发挥装备效能,极端情况下可能导致自相残杀。因此,保证软件质量对现代武器装备及国防建设具有非常重要意义。

软件工程的三大要素——质量、成本和进度中,成本和进度可以定量度量,而质量的定量度量却非常困难,然而它是十分重要的。缺乏软件质量的具体度量,意味着当质量、费用和进度产生矛盾时,将牺牲质量。事实上,这正是软件产品存在质量问题的主要原因,因此软件工程化管理极端地侧重于软件质量要素是完全必要的。

软件质量高低主要是以在已释放的软件产品中残留差错的多少来衡量的。软件中的差错是造成软件质量低下的根源,因此软件工程的核心内容是避免错误、纠正错误、容忍错误(容差)和度量错误。由此不难看出,软件中的差错是软件工程关注的焦点。

由于软件是由人编写的,难免存在各种缺陷。由软件缺陷导致的一系列事件的共同特点:首先,软件开发过程没有按照预期目标进行;其次,软件虽然都经过测试,但并不能保证完全排除了存在(潜在的)的错误。不管软件存在问题的规模和危害有多大,由于都会产生使用上的各种障碍,因而统称为软件缺陷。

对于软件缺陷的准确定义,通常有下列几条:

(1) 软件未达到产品说明书中已经标明的功能。

(2) 软件出现了产品说明书中指明不会出现的错误。

(3) 软件未达到产品说明书中虽未指出但应当达到的目标。

(4) 软件功能超出了产品说明书中指明的范围。

(5) 软件检验测试人员认为软件难以理解、不易使用,或者最终用户认为该软件使用效果不好。

通过以下从不同角度对软件中的差错进行分析,将有助于对软件工程方法和软件工程过程的理解。根据大量软件产品差错数据的统计:

(1) 在软件寿命期各阶段的差错分布为:需求分析和设计阶段占64%;编码阶段占36%。

(2) 差错总数中,差错类型的分布为:文档占2%;计算占5%;人的差错占5%;环境占5%;接口占6%;数据占6%;逻辑占28%;需求转化占36%;其他占7%。

(3) 在软件寿命期各阶段可能发现差错的分布为:需求分析阶段占9%;设计占2%;编码占7%;软件集成占15%;系统集成占48%;现场试验占13%;运行占6%。

(4) 纠正一个软件差错的费用。软件从计划、编制、测试,一直到交付用户使用的过程中,都有可能产生和发现缺陷。随着整个开发过程的时间推移,修复软件缺陷费用呈几何级数增长。如果说在编写产品说明书这样的早期阶段发现软件缺陷,修正费用是按元计算,那么同样的缺陷在软件编制完成后测试时才发现,修正费用将上升10倍;如果此软件缺陷是在销售后由用户发现则修正费用可能达到上百倍。图12.2是在不同阶段发现软件缺陷时修改费用增长示意图。它说明了越是在软件寿命周期的早期发现软件的缺陷,修正缺陷的费用就越低;反之,代价是很大的。

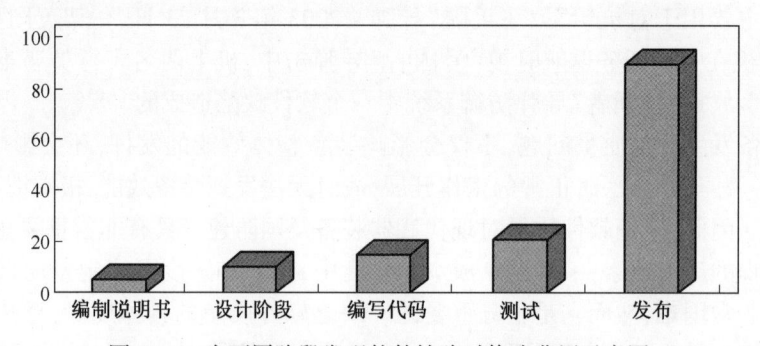

图12.2　在不同阶段发现软件缺陷时修改费用示意图

由上面的有关软件差错及纠错费用统计数据可以看到:软件中约60%的差错是在需求分析和设计阶段引入的,而在此阶段一般只能查出10%左右差错,大部分差错只能在软件寿命期的后期阶段发现。同时,随着软件进展到寿命期的后期阶段,纠错所需的代价将成10倍地增加。可想而知,软件差错,特别是早期差错,不仅在功能、性能方面产生的影响是巨大的,甚至是灾难性的,而且在经济上造成的损失也是极其重大的。值得指出的是：上述数据是由软件工程化管理很好的先进国家统计而来，他们移交软件产品的每1000行可执行源代码的差错数为3~7个，而在我国则高于15个。因此，更应该运用软件工程的方法和过程，建立强有力的软件质量管理组织，加强软件寿命期各阶段、特别是早期阶段的质量检验与监督，提高软件质量水平。

12.1.2 软件质量概念及其影响因素

12.1.2.1 软件质量相关概念

软件质量没有一个统一的、唯一的定义，不同的标准、系统有不同的定义。比较权威的关于软件质量的定义有：

（1）一个系统、部件或过程满足具体要求的程度（CMM）。
（2）一个系统、部件或过程满足顾客或用户需求与期望的程度（IEEE）。
（3）一组固有特性满足要求的程度（ISO 9000）。
（4）实体特性的总和，表示实体满足明确或隐含要求的能力（GJB 5236）。

综合以上定义，在此给出的软件质量定义是：软件产品满足客户（买主、使用者和维护者）需求的一组可度量的特性。从上述这个简明的定义中，可以看出：

（1）软件质量是软件产品的属性。
（2）定义软件产品质量的特性可以有许多。

不同的客户对质量的需求是不同的。客户应该确定他们要求哪些质量特性，并且确定如何度量它们。表12.1给出了软件质量要求的一些例子。

表12.1 软件质量要求举例

客　　户	质 量 要 求
买主	成本，资金，使用效率
使用/操作者	功能性，可靠性，使用容易性
维护者	改变容易，可扩展

需要指出的是：系统不同，软件的质量特性也将不完全相同；而且对不同系统的同一个特性，是否满足要求的度量标准也不一样。

软件产品不可避免地存在缺陷和差错，在某种程度上，可以说：如何改善软件产品质量的问题，实质上就是在软件的开发中如何避免错误、如何检测和纠正错误的问题。同样，度量一个软件产品的质量问题，主要就是确认软件产品中缺陷和差错存在状态的问题。

12.1.2.2 影响软件质量的主要因素

决定软件产品质量的因素有很多。美国罗姆空军开发中心和空军系统控制中心做了大量工作，以确定这些因素的存在、影响，以及它们与软件质量的关系。软件工程化就是在不断地克服那些对软件质量有不利影响的因素、增强对软件质量产生有利影响的因素的过程中发展起来的。因此，了解影响软件质量的主要因素，对于理解后面将要叙述的软件质量度量、测试、评价、监督的执行和实施将是十分有益的。

影响软件质量的因素有以下15种：
（1）开发方法和工具。影响软件质量的开发方法和工具主要有：

① 结构化设计、编码、测试和维护。
② 伪码和流程图技术,它是设计工具,也是编码工具。
③ 设计、编码、测试、维护工具以及需求分析跟踪码产生工具。
④ 进程和状态报告及差错跟踪。
⑤ 设计和编码排查。
⑥ 正式评审。

(2) 开发人员的训练因素。这主要是指开发人员的全部经验以及结构化方法的经验,它们将对软件质量产生有利的影响。

(3) 软件开发的组织形式。其组织其机构、指导方针以及使用的标准将影响软件的质量。

(4) 文档的提供。源代码、技术资料以及开发计划等将影响软件的质量。
① 包含在软件编码中的文档(模块名、模块在层次树中的位置及模块功能)。
② 软件以外的开发文档(配置管理计划、质量保证计划、软件开发计划及软件测试计划)。

(5) 复杂性。结构和功能的复杂性将影响软件的质量。

(6) 环境。终端用户的环境以及对环境建模的难易程度将影响软件的质量。具体的环境因素有:
① 软件、硬件与人之间的接口。
② 用户的训练。
③ 输入数据的确认。

(7) 现有的软件原型。在概念设想、需求分析和设计阶段,如果存在有效的原型,将对软件质量产生有利的影响。

(8) 需求转换和可跟踪性。在开发期间,需求转换和跟踪的有效性将影响软件的质量。

(9) 测试方法。作为一个整体,测试和确认软件系统的方法将影响软件的质量,具体的方法有:
① 独立的验证和确认。
② 责任分配(一个人设计模块 A,编码模块 B,测试模块 C;另一个人设计模块 B,编码模块 C,测试模块 A……)。
③ 专职的开发、测试和编码。
④ 不独立的测试。

(10) 维护(文件、标准和方法)。执行维护活动的方法将影响软件的质量。

(11) 计划和资源。计划和资源的限制将影响软件的质量。

(12) 语言。更高级的语言将更适合于结构化开发。

(13) 现有的类似软件。可以用于建模目的的类似软件的存在,将影响软件的质量。

(14) 软件的质量特征。影响软件的质量特征有维护性、重用性、安全性、故障容差、保密性、精度、灵活性、性能、用户友好性等。

(15) 设计参数的折中。在计划和成本限制下,软件的设计参数以及要完成的每一个目标,必须要进行折中,这将会直接影响软件的质量。

综上所述,软件工程就是针对各种因素可能导入的差错以及差错在软件寿命期内可能的分布,应用系统工程的方法,将复杂的问题分解为若干可实现并可管理的部分;利用各种标准、规程、方法和技术,使软件的生产过程规范化,并可控制、可重复和可预测。为了实现软件工程的目标,还要进行一系列组织、计划、协调和监督等工作,最终的目的是生产出高质量并被验证达到质量要求的产品。

12.1.2.3 装备软件质量的存在问题

随着武器装备发展和作战需求的不断变化,装备中软件规模与数量的不断增加,研制单位在装备软件研制中运用软件工程及其技术的水平不断提高,与军用软件开发有关的国家相关标准的贯彻逐渐成为一种自觉的行动,但目前仍然存在着许多问题和不足。主要表现在:

(1) 研制单位软件质量保证体系不完善。例如,"软件质量管理要求"颁布并开始试行后,部分研制单位软件质量体系还未建立。即使建立了软件质量体系的单位,其体系文件也有待进一步通过实践来补充和完善。由于研制单位软件工程化管理水平不高,软件开发人员的素质成为影响软件产品质量的重要因素。

(2) 交付的软件不能完全满足实际使用需求。软件开发人员常常对部队需求只有一些模糊的了解,有的甚至缺乏基本的战术概念,造成对需求的理解不准确、不透彻,存在"闭门造车"现象,最终导致产品不符合部队的实际需要。

(3) 软件产品存在质量隐患。由于软件质量保证技术还没有完全应用到软件研制的全过程中,软件测评工作开展不够深入,从而导致装备软件质量评价工具的开发与软件产品的设计存在质量隐患。

(4) 软件文档编制不规范,与程序源代码的一致性不强。装备软件不仅仅是指程序源代码,还包括一整套符合相关国军标要求的文档资料。这些文档资料应该在软件研制过程中产生出来,而且应该和程序源代码完全一致。

(5) 软件可维护性不佳,可移植性不好。由于文档的不完善,软件中的错误不易发现、非常难改,也不能根据需要在原有软件中增加一些新的功能。软件开发人员仍然在重复开发类似的或基本类似的软件,软件标准化、可重用软件等概念还需要加强推广。

(6) 软件实际研制成本在装备研制总成本中所占的比例逐年上升。如海军,由于海军标准显控台的推广应用,硬件成本逐渐趋于稳定。然而软件研制需要大量人力,软件成本随着作战需求的不断提高、软件规模和数量的不断扩大而持续上升。软件研制成本未按实际的软体成本计价,实际成本比估计成本高出很多,且为了赶进度和节约成本所采取的一些权宜之计,不可避免地影响了装备软件产品的质量。

国际上较成熟的武器系统开发工程中,编写源代码只占整个开发过程的30%,从工程角度对产品功能进行划分,形成一系列相关文档等工作将占70%的开发时间。而在我国,这一数字正好相反,甚至尤有过之,所开发的软件常常有源代码而无流程图,无详细说明文档,质量不高,升级维护困难,并且编写源代码占去了开发的绝大部分时间。因此,迫切需要引入软件质量检验、评价的相应技术和手段,开发出有实用价值的评价工具,规范装备软件产品的评价和认定程序,加强软件质量检验与监督工作,提高软件质量水平。

12.1.3 软件质量检验与监督策略

根据装备软件特点、发展趋势及其质量问题的主要因素,实施装备软件质量检验与监督是非常必要的。简而言之,其意义就是通过采用各种质量检验与监督的手段方法,促使软件研制方提高管理水平和质量保证能力,使之有效地实现软件需求,保证装备软件质量,降低费用,并按计划完成任务,从而确保装备软件密集系统能够实现其效能和完好性。

12.1.3.1 软件质量检验

1. 软件质量检验特点

对照一般产品质量检验工作内容,软件产品质量检验之所以困难,主要原因是质量特性标准多为定性的、不定量的,以及其质量特性测试工具非标准化。

对于硬件产品的质量特性,绝大多数都能够量化,承制方与军方对其的认识也易于达成一致,为判断产品质量是否合格奠定了良好的基础。而对于软件产品质量,作为开发者的承制方与作为使用者的军方在认识上有一定差异,其质量特性的量化较困难,通常习惯于用定性语言予以描述,这为判断软件质量合格与否增加难度。

硬件产品质量特性参数的测量按要求应由经计量检定、状态受控的工具仪器进行测量。软件产品质量是以存在缺陷数量进行衡量的,对其质量缺陷的测量是以测试用例为工具进行的,尤其是在软件产品的系统测试与验收测试阶段。不同测试用例检测软件缺陷的能力是不同,因而测试用例设计水平直接影响到软件质量的测试结果。而不同的人针对同一软件产品所设计的测试用例水平是有所差异的,发现软件缺陷的能力自然有高低,也相应地影响着对软件质量的评价。测试用例的科学、合理、规范,是保证软件质量检验工作顺利开展、圆满完成的前提,应予以足够重视。

另外,与硬件质量检验相比,软件质量检验工作组织、检验内容、质量评价要复杂得多,同时其测评检验费用也异常高昂,统计表明:一般软件质量测评检验费用约为其开发成本的40%~60%。

综合上述分析,软件质量检验表现出如下特点:早期检验的重要性,检验标准的模糊性,检验工具的非标性,测评检验的复杂性,以及测评检验的费用高等。

2. 软件质量检验策略

针对软件产品质量检验的特点,军方质量检验的应对策略如下:

(1) 重视软件开发早期检验。由于软件产品在开发早期易于产生缺陷,一旦产生缺陷而又没有及时发现,后期排除将导致高昂的代价。因此,应重视在软件开发早期的检验工作,将差错、缺陷排除在早期开发阶段,避免差错、缺陷的传播。

(2) 生存周期全程参与检验。目前很多军事代表室常常在软件产品开发完毕后才对其检验,此时软件质量已经形成,已失去控制、提高其质量的主动性。应参照硬件产品从进货到最终成品全过程质量检验的思路,军方应在软件生存周期全程参与质量测试、检验。对于软件单元测试、集成测试以及确认测试着重检验测试文档、测试用例、测试结果分析等资料,监督软件开发人员完成这些工作的质量,在条件许可的情况下应参与部分测试工作。对于软件系统测试和验收测试,军方代表加大参与力度,检查、评估软件测试用例设计水平,参与测试结果分析,必要时军方可独立组织测评、检验工作,以维护军方权益,保证装备质量。

（3）质量目标的定量化。正确认识软件质量特性，结合具体软件产品特点与要求将其质量特性指标定量化，为开展质量检验工作奠定良好基础。

（4）检验测试用例合理、规范化。测试用例直接影响到软件测试结果及其质量的准确评价，因此评估测试用例设计的质量水平，应是军方代表质量检验工作的重点内容之一。

12.1.3.2 软件质量监督

1. 质量监督目的与方式

结合GJB 1405A《装备质量管理术语》的质量监督概念，在此定义软件质量监督概念是为了确保软件满足规定的要求，对组织、过程和产品的状况进行监视、验证、分析与督促的活动。其实施的目的是：预防、发现和纠正质量问题；为定型和检验验收软件产品提供证据；促使装备承制单位提高软件质量保证能力。

软件及其质量管理、控制和监督是随着计算机硬件，特别是计算机应用的产生和发展而不断地发展起来的。尽管软件与硬件相比，存在着很多的差异，但可以借鉴对硬件实施质量监督、管理的思路和方法，分析软件的质量监督方式。首先，从实施质量监督主体的来源方面看，质量监督主要可分为内部和外部，其中内部质量监督是组织自己或以组织的名义进行的内部监督；对于组织而言，外部质量监督可以包括来自顾客、消费者、独立的第三方或政府主管部门等方面的监督。其次，从实施质量监督的对象来看，质量监督主要是针对产品、过程、体系等。

因此，通常采用的质量监督方式有：组织内部对其产品、过程、体系的监督，以及组织外部对其产品、过程和体系的监督。对软件的质量监督，目前也多采用这些方式、方法。例如，针对产品的有软件测试、软件的独立验证与确认等，针对过程的有软件过程能力评定或CMM认证，针对体系的有内部质量体系审核、第二方的质量体系评定或第三方的质量体系认证等。

实施软件质量监督要从两方面来考虑：一是软件承制方，软件承制单位要对软件的研制过程进行产品化管理，以具备实施监督的条件；二是软件使用方（军方），军方的软件质量监督是建立在软件承制单位实施软件管理的基础上，进行重点监督。实施软件质量监督的主要依据是：研制总要求、研制合同（技术协议）、采购合同；国家和军队有关法规、标准；双方约定的有关技术文件。

2. 质量监督内容与方法

根据装备软件特点和发展趋势，尽管已颁布了GJB 4072A《军用软件质量监督要求》，规定了软件研制阶段、生产阶段、售后技术服务阶段，以及质量体系方面的监督要求，但这些要求对于诸如飞机、导弹、航天等复杂武器系统的软件质量监督是不够的。例如，应增加对软件过程能力的监督；对于软件研制阶段的监督，不能仅限于对软件基本生存周期阶段的监督，而应结合复杂武器系统软件的特点，增加对软件实现管理过程，如责任制管理过程、综合管理过程、技术管理等过程的监督。因此，为了更好地实施武器系统软件质量监督工作，军方采用的监督方式和监督内容要比GJB 4072A的内容更加系统、细化。

军方对装备软件的质量监督应从三个方面着手：对承制单位软件质量保证能力进行监督，对承制单位软件实现过程进行监督，对软件产品及外包软件进行监督，如图12.3所示。

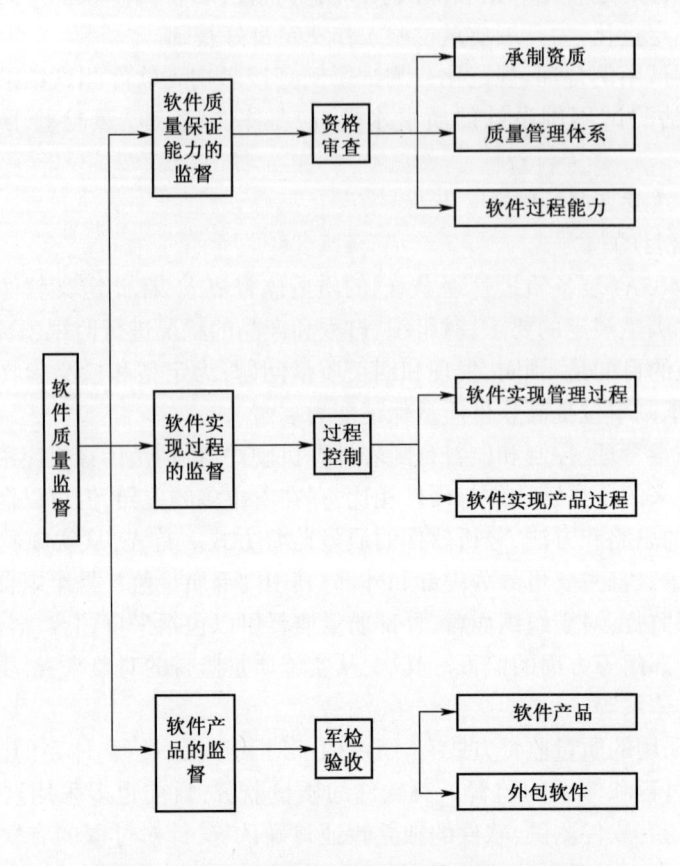

图 12.3　军方对装备软件实施质量监督总体思路

在实施装备软件质量监督时,军方可根据不同的监督内容,采用不同的监督方法:
(1) 审签文件。
(2) 参加论证。
(3) 参加评审、验证和确认。
(4) 参加软件各种类型的测试。
(5) 参加产品定型或鉴定。
(6) 参加并组织质量审核。
(7) 参加或组织软件过程能力评定。
(8) 参加质量会议。
(9) 软件生存周期转阶段控制。
(10) 收集并处理质量信息。
(11) 处理软件质量问题。
(12) 质量评价。
(13) 风险评估。
(14) 质量体系认证。
(15) 其他。

12.2 软件质量度量

12.2.1 软件质量特性相关概念

12.2.1.1 软件质量要求及相关概念

软件质量主要涉及软件开发所采用的技术、软件开发人员的能力、对软件开发过程的质量控制和软件开发所受限的时间与成本等因素,如图 12.4 所示。软件产品质量与传统制造业的产品质量是不同的,这是由软件自身的特点所决定的。

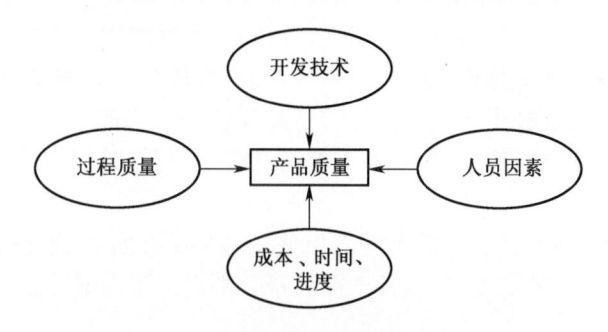

图 12.4 影响软件产品质量的因素

质量特性及其组合,是软件开发与维护中需要着重考虑的因素。由软件质量定义可知,不符合需求的软件就不具备质量。为保证质量,软件过程标准定义了一组开发准则,用来指导软件人员用工程化的方法来开发软件。为满足软件的各项精确定义的功能、性能需求,符合文档化的开发标准,需要相应地给出或设计一些质量特性及其组合。如果这些质量特性及其组合都能在产品中得到满足,则这个软件产品质量就是高的。因此,软件质量是各种质量特性的复杂组合,它随着应用的不同而不同,随着用户提出的质量要求不同而不同。软件需求是度量软件质量的基础,分析软件质量度量应从软件需求着手。

对于硬件产品质量特性,无论设计人员还是用户,二者的要求是一致的,也是易于明确的。而对于无形的软件产品,用户与设计人员站在不同立场、角度,对其质量特性的要求、理解是有所差异的。

在用户眼中的软件质量,一般可表示如下:
(1) 软件能做的事正是我所要的。
(2) 操作中感到系统响应迅速、及时。
(3) 系统提供的帮助信息非常好用、容易掌握。
(4) 使用中没有发现缺陷或隐含错误。
(5) 手册编写得好,使用方便。
(6) 即使运行中出现问题,很容易修复。

从用户的使用角度看,"软件质量是确定软件在使用中满足顾客预期要求的程度",它反映了软件对用户要求的满足性和适应性。用户感兴趣的是软件是否好用、是否是所期望的,而一般不关心软件是用什么语言、如何开发出来的、内部结构怎样。从软件的价值观点看,"软件质量是顾客和用户觉得软件满足其综合期望的程度"。顾客期望选择和购买经济适用的产品,既适合用户要求又经济实惠是用户对软件产品的综合期望和追求目标。

而在软件开发技术人员眼中,质量好的软件应满足:

(1) 所提供的功能和性能符合用户要求。

(2) 在技术上没差错。

(3) 开发过程符合标准或规范的要求。

(4) 具有良好的编程风格。

(5) 向用户提供的产品是经过测试的。

(6) 文档编制特别是规格说明编写完整、准确,易于维护。

尽管二者对软件质量好的标准不一致,但对同一个软件产品而言,二者要求应当统一于一体,均应得到满足才能称得上高质量软件产品,即用户认为是质量好的产品,也应当满足技术人员的要求,而技术人员认为好的产品反映在用户眼中也是好的产品。不应出现设计人员认为质量高的产品而用户的需求没有得到满足,或者用户认为质量好的产品而设计人员认为很差。

软件产品质量好坏与其质量需求密切相关。为满足开发者、维护者、需求方,以及最终用户对软件质量评价的需要,对软件产品质量分别提出了内部质量、外部质量和使用质量的概念。

(1) 内部质量。它是基于内部视角,如开发者关注的、软件产品本身具有的质量特性的总体。内部质量主要针对内部质量需求来测量和评价。软件产品质量可以在代码实现、评审和测试期间被部分地改进。除非进行重新设计,由内部质量表示的软件产品质量的基本性质不会改变。

(2) 外部质量。它是基于外部视角,如运行软件的系统所体验到的软件产品质量特性的总体。当软件执行时,典型的是在模拟环境中用模拟数据测试时,使用外部度量所测量和评价的质量。在测试期间,大多数错误都应该可以被发现和消除。然而,测试后仍会存在一些错误,这是因为难以校正软件的体系结构或软件其他基本设计方面的问题,基本设计在整个测试中通常保持不变。

(3) 使用质量。它是基于用户视角的软件产品用于指定的环境和使用条件时的质量。它测量用户在特定环境中感到满意的程度,而不是测量软件自身的特性。这一概念主要是强调产品即使达到了其本身内部质量、外部质量要求,如果不能得到用户的满意,不能得到市场的认同,也不能说是达到了使用质量的要求。

软件产品质量可以通过测量内部质量属性(典型的是对中间产品的静态测量),也可以通过测量外部质量属性(典型的是通过测量代码执行时的特性),或者通过测量使用质量的属性来评价。目标就是使软件产品在指定的使用条件下具有所需的效用。

12.2.1.2 软件产品质量与其生存周期之间关系

内部质量、外部质量和使用质量的观点在软件生存周期中是变化的。例如,在生存周期开始阶段作为质量需求而规定的质量大多数是从外部和用户的角度出发的,它与设计质量这样的中间产品质量不同,后者大多是从内部和开发者的角度来看问题的。为获得必要的质量级别,使用诸如质量规格说明和评价这样的技术支持这些不同的观点。为了在生存周期的每个阶段适当地管理质量,需要对质量定义这些观点和相关技术。

在软件生存周期的不同阶段存在着关于产品质量和相关度量的不同视角,如图12.5所示。

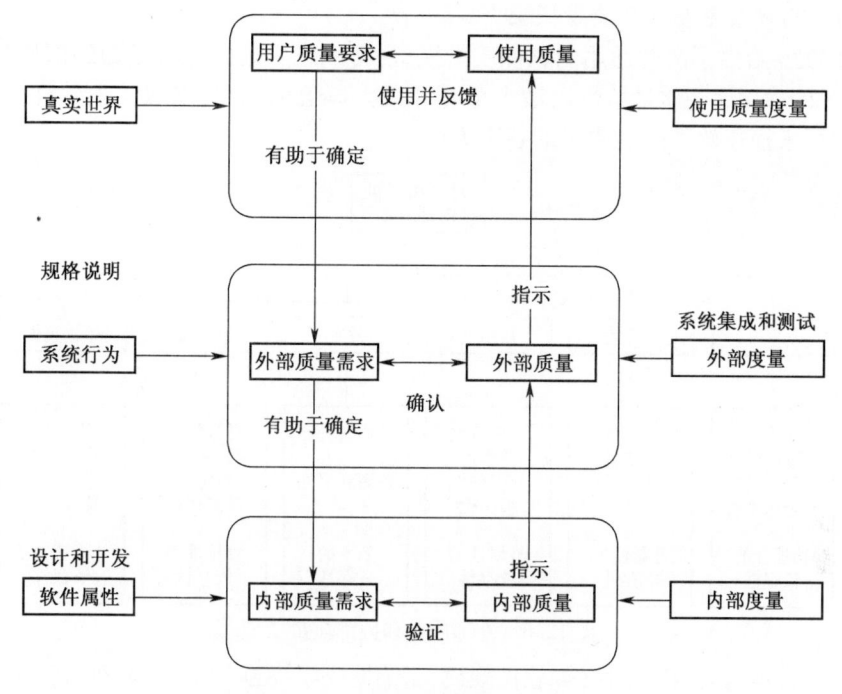

图 12.5 软件生存周期中的质量

用户质量要求可通过使用质量度量、外部度量,有时是内部度量来确定为质量需求。当确认产品时,这些度量确定的需求应该作为准则来使用。要获得满足用户要求的产品通常需要在软件开发中采用迭代的方法不断得到用户方面的反馈。

外部质量需求从外部视角来规定要求的质量级别,包括用户质量要求派生的需求(包括使用质量需求)。外部质量需求用作不同开发阶段的确认目标。对所定义的质量特性,外部质量需求应在质量需求规格说明中用外部度量加以描述,宜转换为内部质量需求,而且在评价产品时可以作为准则使用。

内部质量需求从产品的内部视角来规定要求的质量级别,它用来规定中间产品的特性,包括静态的、动态的模型和其他文档与源代码。内部质量需求可用作不同开发阶段的确认目标,也可用于开发期间定义开发策略以及评价和验证的准则。具体的内部质量需求应使用内部度量加以定量的说明。

用户从软件实际使用的需要出发,对软件提出了质量要求。它可以包括软件功能性、可靠性、易用性、效率、维护性和可移植性等方面,当然不同的用户要求是不同的。用户的要求映射为软件的系统行为,即软件的需求规格说明。在软件需求规格说明中体现并描述该软件的外部质量需求。在该软件的设计和开发中,又将该软件的外部质量需求映射为内部质量需求。软件的内部质量指示了其外部质量,软件的外部质量又指示了其使用质量。使用质量的符合程度确定了用户对所提交软件的感受。因此,合适的软件内部属性是获得所需外部特性的先决条件,而合适的外部特性则是获得使用质量的先决条件。

12.2.2 软件质量模型

12.2.2.1 内部质量与外部质量模型

GJB 5236给出了两种通用的软件质量模型,其中之一是内部质量和外部质量共用的模型(图12.6)。这些质量特性以最少重叠和最大覆盖为原则,选取代表软件固有的、可区分的特征来描述软件产品质量的各个方面。

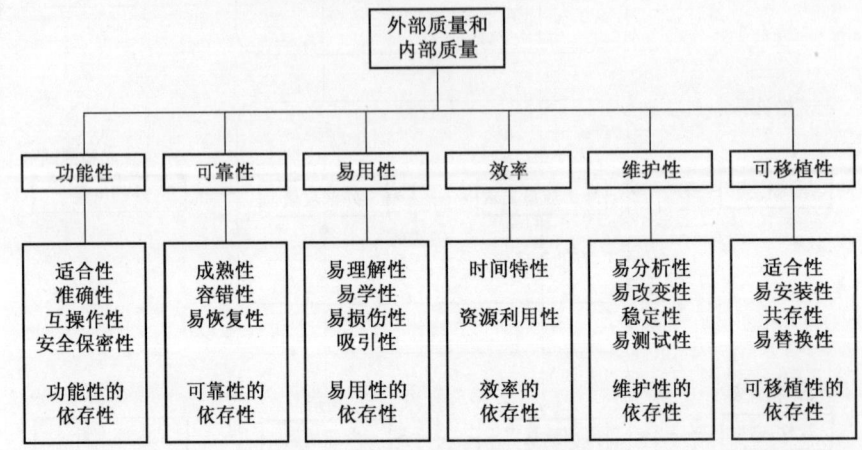

```
                    外部质量和
                    内部质量
    ┌────────┬────────┬────────┼────────┬────────┐
  功能性    可靠性   易用性    效率    维护性   可移植性
  适合性    成熟性   易理解性  时间特性 易分析性  适合性
  准确性    容错性   易学性   资源利用性 易改变性  易安装性
  互操作性  易恢复性 易操作性          稳定性    共存性
  安全保密性          吸引性            易测试性  易替换性
  功能性的  可靠性的 易用性的  效率的   维护性的  可移植性的
  依存性    依存性   依存性    依存性   依存性    依存性
```

图12.6 外部质量和内部质量模型

当用软件本身的内部属性(如软件规模、复杂性或模块独立性等)来刻画软件产品质量时,所体现的是内部质量;而当软件在特定环境下运行时所表现的行为则代表了产品的外部质量。这一质量模型可以用来描述软件的内部质量和外部质量。质量模型中定义的特性适用于每一类软件,包括嵌入式系统中的程序和数据。特性和子特性为软件产品质量提供了一致的术语,也为确定软件的质量需求和在软件产品能力间进行权衡提供了一个框架。

在对软件质量度量时,GJB 5236着重强调了与标准的依从性,主要有两方面含义:一是所有的特性或子特性在测量时应遵循有关的标准、规程或约定;二是当某一软件产品在声称其功能性、可靠性、易用性、效率、可维护性或可移植性的一个或几个特性符合某些标准时,必须考察它与这些特性的相应标准的符合程度。

GJB 5236以分层方式对软件的每个质量特性和影响质量特性的子特性给予定义。对每个特性、子特性,可测量软件的一组内部属性,以确定软件所达到的质量水平。这些特性和子特性也可依据包含该软件的系统所提供该能力的程度从外部来测量。表12.2以表格形式给出了外部质量和内部质量的分层定义。

表12.2 特性和子特性的定义

序号	特性名称	子特性名称	定 义
1	功能性		软件产品提供满足明确和隐含要求的功能的能力
1.1		适合性	软件产品为指定的任务和用户目标提供一组合适的功能的能力
1.2		准确性	软件产品提供所需精度的正确或相符合的结果或效果的能力
1.3		互操作性	软件产品与一个或更多的规定系统进行交互的能力
1.4		安全保密性	软件产品保护信息和数据的能力,以使未授权的人员或系统不能阅读或修改这些信息和数据
1.5		功能性的依从性	软件产品遵循与功能性相关的标准、约定或法规以及类似规定的能力

(续)

序号	特性名称	子特性名称	定 义
2	可靠性		软件产品维持规定的性能级别的能力
2.1	可靠性	成熟性	软件产品为避免由软件中的故障而导致失效的能力
2.2	可靠性	容错性	在软件出现故障或者违反其指定接口的情况下,软件产品维持规定的性能级别的能力
2.3	可靠性	易恢复性	在失效发生的情况下,软件产品重建规定的性能级别并恢复受直接影响的数据的能力
2.4	可靠性	可靠性的依从性	软件产品遵循与可靠性相关的标准、约定或法规的能力
3	易用性		软件产品被理解、学习、使用和吸引用户的能力
3.1	易用性	易理解性	软件产品使用户能理解软件是否合适以及如何能将软件用于特定任务和使用条件的能力
3.2	易用性	易学性	软件产品使用户学会其应用的能力
3.3	易用性	易操作性	软件产品使用户操作和控制它的能力
3.4	易用性	吸引性	软件产品吸引用户的能力
3.5	易用性	易用性的依从性	软件产品遵循与易用性相关的标准、约定、风格指南或法规的能力
4	效率		相对于所用的资源量,软件产品可提供适当性能的能力
4.1	效率	时间特性	软件产品执行其功能时,提供适当的响应和处理时间以及吞吐率的能力
4.2	效率	资源利用性	软件产品执行其功能时,使用合适数量和类别资源的能力
4.3	效率	效率的依从性	软件产品遵循与效率相关的标准或约定的能力
5	维护性		软件产品可被修改的能力。包括纠正、改进或软件对环境、需求和功能规格说明变化的适应
5.1	维护性	易分析性	软件产品可被诊断自身的缺陷或失效原因或标识待修改部分的能力
5.2	维护性	易改变性	软件产品使指定的修改可以被实现的能力
5.3	维护性	稳定性	软件产品避免由于软件修改而造成意外结果的能力
5.4	维护性	易测试性	软件产品使已修改软件能被确认的能力
5.5	维护性	维护性的依从性	软件产品遵循与维护性相关的标准和约定的能力
6	可移植性		软件产品从一种环境转移到另一种环境的能力
6.1	可移植性	适应性	软件产品毋需采用额外的活动或手段就可适应不同指定环境的能力
6.2	可移植性	易安装性	软件产品在指定的环境中被安装的能力
6.3	可移植性	共存性	软件产品在公共环境中同与其分享公共资源的其他独立软件共存的能力
6.4	可移植性	易替换性	软件产品替代另一个相同用途的指定软件产品的能力
6.5	可移植性	可移植性的依从性	软件产品遵循与可移植性相关的标准和约定的能力

12.2.2.2 使用质量模型

GJB 5236 定义的使用质量模型将其属性分为 4 类:有效性、生产率、安全性和满意度(图 12.7)。使用质量是基于用户观点的质量,实际上使用质量是面向用户的 6 个外部特性的组合效用。使用质量的获得依赖于取得必需的外部质量,而外部质量的获得则依赖于取得必需的内部质量。通常在三个层次上都是需要测量,因为满足内部测度准则的要求并不足以确保符合外部测度准则,而满足子特性的外部测度准则也不足以保证符合使用质量准则。

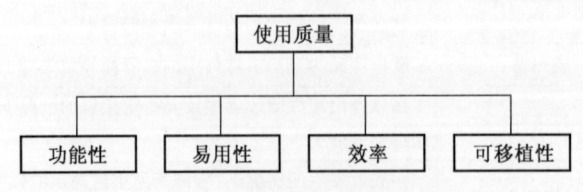

图 12.7 使用质量的质量模型

表 12.3 同样以表格形式给出使用质量的定义,以便读者有一个概略的了解。

表 12.3 使用质量定义

序号	特性名称	定 义	说 明
1	有效性	软件产品在指定的使用周境下,使用户能正确和完全地达到规定目标的能力	
2	生产率	软件产品在指定的使用周境下,使用户为达到有效性所消耗的适当数量的资源的能力	相关资源可以包括完成任务的时间、用户的工作量、物质材料和使用的财政支出
3	安全性	软件产品在指定使用周境下,达到对人类、业务、软件、财产或环境造成损害的可接受的风险级别的能力	风险常常是由功能性(包括安全保密性)、可靠性、易用性或维护性中的缺陷所致
4	满意度	软件产品在指定的使用周境下,使用户满意的能力	满意度是用户对其与产品交互的反应,还包括对产品使用的意见

使用质量是基于用户视角的软件系统质量,是根据使用软件的结果而不是软件自身的属性来测量的。使用质量是面向用户的内部和外部质量的组合效果。

使用质量与其他软件产品质量特性之间的关系取决于用户的类型:
(1)对最终用户来说,使用质量主要是功能性、可靠性、易用性和效率的结果。
(2)对维护软件的人员来说,使用质量是维护性的结果。
(3)对移植软件的人员来说,使用质量是可移植性的结果。

12.2.2.3 质量模型的使用

选择质量模型的基础取决于产品的业务目标和评价者的要求。这些要求由测度准则确定。GJB 5236 定义的质量模型支持多种评价需求,如:
(1)用户或用户的业务单位可采用质量的度量评价软件产品的适合性。
(2)需求方可以根据功能性、可靠性、易用性和效率的外部测度的准则值或者使用质量的准则值评价软件产品。
(3)维护人员可以使用维护性的度量评价软件产品。
(4)负责在不同环境中实现软件的人员可以使用可移植性的度量评价软件产品。
(5)开发人员可以根据使用任一质量特性的内部测度的准则值评价软件产品。

软件项目策划是提高软件质量的重要方法之一,其工作活动的结果是软件质量保证计划说明书。质量模型的使用是与软件质量保证计划密切相关的,因为使用软件质量模型是为了提高软件开发的质量,而软件质量的提高和控制是贯穿在整个软件生存周期中的。因此,软件项目的策划是使用软件产品质量模型的基础。

使用软件质量模型是为了测量在软件开发过程的质量数据,为软件产品质量的评价做准备,也是为不断的改进软件过程提供依据,所以在软件项目策划时一般应考虑如下问题:

(1) 确定软件的总体质量要求。
(2) 确定所采用的软件生存周期模型。
(3) 确定软件质量保证的组织。
(4) 确定本项目的用户特殊要求。
(5) 确定软件质量模型。
(6) 标识应测量的软件过程和软件项。
(7) 确定测量数据的来源和收集方法。
(8) 确定测量数据的计算方法。
(9) 确定项目验收的准则。

将上述问题的考虑结果描述在软件质量保证计划说明书中,作为整个项目开展的质量控制基准。表 12.4 以表格形式说明实施的要点。

表 12.4 软件产品质量模型使用建议

实施步骤	实施依据和要求		
	开发方	需求方	评价者
1. 确定软件总体质量要求	确定软件开发组织对软件开发的总体质量要求	确定软件选择的总体质量要求	确定本次评价活动的总体质量要求
2. 确定所采用的软件生存周期模型	应从软件组织已确定的组织基准模型中选择,并根据项目情况作适当的剪裁		
3. 确定软件质量保证的组织	明确承担软件质量保证的组织,是独立的团队,还是在软件项目组中建立	明确承担软件选购的评价组织,是自己还是委托第三方进行	明确承担本次评价活动的专家组成员
4. 确定本项目的用户特殊要求	根据用户合同和口头的承诺确定	根据将使用的场合和用途确定	根据委托方的要求确定
5. 确定软件质量模型	根据上述 1~4 项,一般应考虑软件的内部和外部质量特性,选择合适的度量元	一般应关注软件的使用质量特性,选择合适的度量元。必要时可参考外部质量特性	确定所评价的软件范围和评价清单
6. 标识应度量的软件过程和软件项	根据第 5 项标识出应度量的过程活动和软件项,包括软件的中间产品	列出应测量的特性清单	确定所评价的软件范围和评价清单
7. 确定测量数据的来源和测量方法	明确软件过程中评审的频度、记录样式、文档要求和具体安排	在列出所测量特性清单上记录结果	在列出的评价清单上记录结果
8. 确定测量数据的计算方法	明确对测量数据的计算方法。标准中已建议了一些计算公式,但不充分,软件组织需要更具体的方法	给出本次获取的关注权值,不同的权值体现了不同的关注程度	给出本次评价的关注权值,不同的权值体现了不同的关注程度
9. 确定项目验收的准则	明确项目应达到的目标	明确本次获取可接受最低目标	明确本次评价交付的要求

软件质量特性之间既存在竞争,也存在相互促进,因此就具体软件产品而言,在建立质量模型时要权衡利弊全面考虑。软件质量特性之间的竞争参见表 12.5。

表 12.5 质量特性之间影响

质量特性	功能性	可靠性	易用性	效率	维护性	可移植性
功能性		△			△	
可靠性				▼		△
易用性				▼	△	△
效率		▼			▼	▼
维护性		△		▼		△
可移植性		▼		▼		

注:△表示有利影响;▼表示不利影响

12.2.3 软件质量度量

12.2.3.1 度量目的与对象

度量就是定义的测量方法和测量标度。它可以是内部的或外部的,可以是直接的或间接的,包括把定性数据进行分类的方法。

软件度量的目的表现在以下 4 个方面:

(1) 认知:认知和理解过程、产品、资源和环境,建立比较基线。

(2) 评估:比较同步跟踪软件项目的状态、管理进展;及时发现项目实施与计划的偏差,评估质量目标的实现情况,以及技术、过程的改进对产品和过程的影响。

(3) 预测:建立在适当资源下,达到成本、进度和质量目标的计划基础,也可根据度量的实证,预测项目发展的趋势,估计分析风险,做出设计/成本权衡。

(4) 改进:帮助识别问题根源,判断可以改进的机会,交流改进的目标和理由等,调整资源分配等。

软件度量对象包括产品、过程和项目三大类。产品是指在软件开发过程中产生的各种中间产品、最终产品、发布的资料和文档、现货软件等。产品度量是用来描述软件产品的特征。过程是指与软件相关的一些活动,这些活动都有一个时间因素,过程度量是用来提高和改善软件开发维护过程的度量,而项目度量则是用来描述项目的特征和执行的。软件质量度量是软件度量的一个子集,它侧重于产品、过程和项目的质量细节。一般来说,软件质量度量与过程和产品联系的更加紧密,而与项目度量的联系则没有这么紧密。但是,一些项目指标如开发人员的人数、技术水平、项目进度等,毫无疑问会影响产品的质量。

因此,一般所说的软件质量度量是指产品质量度量和过程质量度量。软件质量工程就是研究过程、项目特性与产品度量之间的关系,在从中发现这些度量关系的基础上,进而工程化地改进与提高过程和产品质量。

软件产品质量可以通过测量内部属性(典型的是对中间产品的静态测量),也可以通过测量外部属性(典型的是通过测量代码执行时的特性),或者通过测量使用质量的属性来评价,如图 12.8 所示。

过程质量有助于提高产品质量,而产品质量又有助于提高使用质量。因此,评估和改进一个过程是提高产品质量的一种手段,而评价和改进产品质量则又是提高使用质量的一种手段。同样,评价使用质量可以为改进产品提供反馈,而评价产品则可以为改进过程提供反馈。

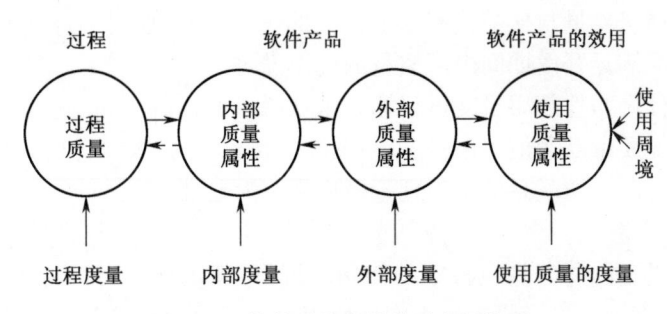

图 12.8 软件质量度量类型之间关系

12.2.3.2 度量类型

具体到某一软件产品,GJB 5236 规定了三种质量度量类型——内部质量度量、外部质量度量和使用质量度量。

1. 内部质量度量

内部质量度量可以应用于设计和编码期间的非执行软件产品(如规格说明或源代码)。当开发软件产品时,中间产品要使用测量内在性质的内部质量度量来评价,这些内部质量度量包括那些可以从模拟行为中得到的度量。这些内部质量度量的主要目的是为了确保获得所需的外部质量和使用质量。

内部质量度量使用户、评价者、测试人员和开发者可以在软件产品运行之前就能评价软件产品质量和尽早地提出质量问题。

内部质量度量通过分析中间的或可交付的软件产品静态性质,来测量内部属性或指出外部属性。内部质量度量是对呈现在源代码语句、控制图、数据流和状态转变表述上的软件组成元素的数量或频率进行测量。应注意的是,开发过程产生的各类文档也是软件产品的一部分,它也可以用内部质量度量来进行评价。

用于开发阶段的非运行软件产品的内部质量度量,为用户提供了测量中间可交付项的质量的能力,从而可以预计最终产品的质量。这样就可以使评价者尽可能在开发生存周期的早期阶段标识出质量问题,并实施纠正措施。

2. 外部质量度量

外部质量度量是通过测试、操作和观察可运行的软件或系统,测量软件产品所在的系统行为来进行的。在获取或使用软件产品之前,要在指定的组织和技术环境中使用基于与产品使用、广告和管理相关的业务目标的度量对产品进行评价。在 GJB 5236 中给出主要的外部质量度量实例,它将使用户、评价者、测试人员和开发者可以在测试或运行过程中评价软件产品质量。

由于外部质量度量是通过测量该软件产品作为其一部分的系统的行为来测量软件产品的质量,故只能在生存周期过程的测试阶段和任何运行阶段使用,只要在其所在系统的

433

环境下运行软件产品即可以执行这样的测量。

内部质量度量和外部质量度量之间存在着一定的关系。当定义了软件产品的质量需求后,把有助于质量需求的软件产品质量特性和子特性编列成表。然后,确定适当的外部质量度量和接受范围来量化确认软件满足用户要求的质量准则。定义与规定软件的内部质量属性以策划最终获得所需的外部质量和使用质量,并将其纳入开发期间的产品中。确定适当的内部质量度量与接受范围来量化内部质量属性,使得内部质量属性可以用来验证软件中间产品满足开发期间内部质量的规格说明。

建议尽可能使用与外部质量度量目标有密切联系的内部度量,这样就可用内部质量度量值来预测外部质量度量值。但是,就目前软件技术而言,要设计出一种可以提供内部和外部质量度量之间密切联系的精确理论模型是较为困难的。

3. 使用质量度量

使用质量度量是测量产品在特定的使用环境下,满足指定用户为达到有效性、生产率、安全性和满意度规定目标要求的程度。使用质量评价就是确认在特定用户的任务方案中软件产品的质量。

使用质量是基于用户观点的包含软件的系统的质量,它是根据使用软件的结果而不是软件自身的性质来测量的。使用质量是面向用户的内部和外部质量的组合效果。使用质量与其他软件产品质量特性之间的关系还取决于用户的类型:对最终用户来说,使用质量主要是功能性、可靠性、易用性和效率的结果;对维护软件的人员来说,使用质量是维护性的结果;对要移植软件的人员来说,使用质量是可移植性的结果。

使用质量度量只能在真实的系统环境下运行,因为要在使用的特定条件中测量产品是否达到用户要求的有效性、生产率、安全生和满意度等具体特定目标。

12.2.3.3 度量方法

软件质量度量的方法,从不同角度可分为客观与主观度量、直接与间接度量两大类。

1. 客观与主观度量

客观度量是指所得到的关于某对象的度量值是该对象的真实描述,不会因度量人员的不同、所使用工具的不同而产生差异,如软件规模(LOC)。

主观度量是指所得到的关于某对象的度量值是由度量实施者的主观判断得到的,因此所得到的度量值会因不同测量人员而不同,受环境、人的情绪、人际关系等各种因素的影响,从严格的意义上讲是不可确定的度量,如"系统的易学习性、满意度"的度量。

2. 直接与间接度量

直接度量是指不依赖于任何其他属性的度量值便可以计算得到的度量,如执行速度、储存空间等。

间接度量是指需要依赖本实体或其他实体的一个或多个属性的度量值才可得到的度量,如功能性、可靠性、维护性等。

12.2.3.4 质量特性度量元

GJB 5236 在给出质量模型的同时,分别就内部质量度量、外部质量度量和使用质量度量对每个质量特性、子特性相关的属性度量元如何测量,以表格的形式给出测量指南。

在度量表中,针对每个度量元基本上是按以下 10 个项目予以说明。

(1) 度量名称:对每个度量元予以相应命名。

（2）度量目的:以提问的形式说明该项度量的目的是什么。

（3）应用方法:实施该项度量所使用的方法、技术或规则。

（4）测量、公式及数据元素计算:给出度量中所用的测量公式,并解释所用的数据元素的意义;有时一个度量会对应多个公式。

需要说明的是,上述两项的方法及公式仅仅是质量度量或质量评价中用的方法和公式,而数据元素值的获得是通过另外的软件测试、测量或评审而得来的。

（5）测量值解释:给出该度量元取值范围和最佳值,在具体质量评价实施中应给出评价准则。

（6）度量标度类型:测量中使用的标度类型,包括标称标度、顺序标度、间隔标度、比率标度和绝对标度。在 GJB 5236 中主要使用的是比率标度和绝对标度。

（7）测度类型:计数类型(如变化数、失效数),时间类型(如经时时间、用户时间),规模类型(如功能规模、源代码规模)。在 GJB 5236 中主要使用的是计数类型及少量的时间类型。

（8）测量输入:度量中使用的数据、资料来源。

（9）在软件生存周期过程中的应用:根据 GB/T 8566 或 GJB 2786A 标识出应用该度量的相应软件生存周期过程。

（10）目标用户:标识测度结果的用户。

GJB 5236 给出 58 张具体的度量元度量表,其中内部质量属性度量表 26 张、外部质量属性度量表 28 张,使用质量属性度量表 4 张。下面以内部、外部质量属性之一功能性的子特性——适合性度量为例说明度量元构成(表 12.6)。

表 12.6　软件适合性度量说明

项　目	内部适合性度量	外部适合性度量
度量名称	功能实现的完整性	功能实现的完整性
度量目的	功能实现的完整程度如何?	按照需求规格说明,功能实现的完整程度如何?
应用的方法	对评价中检测到遗漏的功能进行计数,并与需求规格说明中已描述的功能数相比较	按照需求规格说明对系统做功能性测试(黑盒测试)。对在评价中检测到缺少的功能进行计数,将其与需求规格说明中描述的功能数进行比较
测量、公式及数据元素计算	$X = 1 - A/B$ A 为评价中检测到遗漏的功能数 B 为在需求规格说明中已描述的功能数	$X = 1 - A/B$ A 为评价中检测缺少的功能数 B 为在需求规格说明中描述的功能数
测量值解释	$0.0 \leq X \leq 1.0$ 越接近 1.0 越完整	$0.0 \leq X \leq 1.0$ 越接近 1.0 越完整
度量标度类型	绝对标度	绝对标度
测度类型	X 为计数/计数 A 为计数 B 为计数	X 为计数/计数 A 为计数 B 为计数
测量输入	需求规格说明 设计文档 源代码 评审报告	需求规格说明 评价报告

(续)

项 目	内部适合性度量	外部适合性度量
在软件生存周期过程中的应用	确认 联合评审	确认 质量保证 合格性测试
目标用户	需方 开发者	开发者 SQA

就同一属性而言，内部质量度量和外部质量度量既有相同之处也有不同之处，因此在实际操作中要关注并总结这些内容。另外，关于测量公式不限于表中所列，可以使用其他经典方式。还有就是关于目标用户也不限于表中所列，如外部适合性度量表中列出目标用户有"开发者、SQA"，其实还应该有"需方"或"第三方评价者"等，这样更合适。

12.2.3.5 度量应注意的问题

1. 度量选择与测量准则

选择度量的基础取决于软件产品的业务目标和评价者要求。这些要求由测量准则确定。GJB 5236 的质量模型支持多种评价需求，如：

（1）用户或用户的业务单位可采取使用质量的度量评价软件产品的适合性。

（2）需求方可根据功能性、可靠性、易用性和效率的外部测度的准则值或者使用质量的准则值评价软件产品。

（3）维护人员可以使用维护性的度量评价软件产品。

（4）负责在不同环境中实现软件的人员可以使用可移植性的度量评价软件产品。

（5）开发人员可以根据使用任一质量特性的内部测度的准则值评价软件产品。

2. 用于比较的度量

在使用定量的度量结果进行产品间或与准则值的比较时，应说明度量是否是客观的，是否有经验地使用已知值项，且是否是可以再现的。

仅当使用精确度量时，才可对产品间或准则值做可信赖的比较。测量规程宜测量软件产品的质量特性或子特性，并要求足够的精确度以使测量可以允许确定准则并进行比较。应该允许由测量工具或人为错误引起测量误差的可能性。

为使可信赖的比较成为可能，用于比较的度量应该是有效的并且足够精确的。这意味着测量应该客观地、经验性地使用有效标度，并且可以再现：

（1）应该有一个书面的且一致的规程为产品的这个属性指定数目或类别以示客观。

（2）数据应该源自于观察或有效的心理测量调查表以获得经验数据。

（3）为使用有效的标度，数据应该基于等值的或已知值的项。如果用检查表来提供数据，则项应该在必要时加权。

（4）为了再现，测量规程应该在不同的场合由不同人员对同一软件产品进行相同测量时，可以获得在适当允许误差下的相同测度结果。

内部质量度量应该具有可预测的有效性，也就是说应该与一些所期望的外部质量测度联系起来。例如，某个特定的、软件属性的一个内部测度宜与软件使用时质量的一些可测量的方面相联系。测量指定一些与正常的期望相符的值是重要的，如果测量表明产是高质量的,那么它应该与产品满足特定用户要求相一致。

3. 软件度量原则

(1) 解释度量数据时使用通用的观念,并考虑组织的感受性。

(2) 对收集测量和度量的个人及小组提供定期的反馈。

(3) 不要用度量去评价个人、威胁个人或小组。

(4) 与开发者和小组一起设定清晰的目标及达到这些目标的度量。

(5) 指出某个问题的度量数据不应该被看成是"否定的"含义,这些数据仅仅是过程改进的指标。

(6) 不要被某个与其他重要度量不符合的度量迷惑。

4. 软件度量结果

运用度量结果对软件早期阶段估计和预测软件产品的质量特性是最具有价值的度量。

1) 利用当前的数据预测质量特性

(1) 利用回归分析来预测。当利用当前的特性(属性)的值(数据)来预测同一特性(属性)未来的值(数据)时,根据一个足够长的时间内观察到的一组数据进行回归分析是有用的。例如,在测试阶段(活动)中获得的 MTBF(平均失效间隔时间)的值可用于估计在运行阶段的 MTBF。

(2) 利用相关性分析来预测。当用不同属性的当前测量值来预测特性(属性)的未来值(测量)时,使用一个确认的、表明相关性的函数进行相关性分析是有用的。例如,在编码阶段,模块的复杂性可用来预测在维护过程中程序修改和测试所花费的时间与工作量。

2) 根据当前的事实估计当前的质量特性

利用相关性分析来估计。在估计不可直接测试的属性的当前值时,若任何其他的测量与目标测量密切相关时,可以运用相关性分析的方法。例如,软件产品中遗留的故障数是不可预测的,但它可以用检测出的故障数及故障趋势进行估计。

对于那些不能直接测度的属性进行预测的度量,可以应用模型、公式、经验、合理判断进行估计。

对于那些不能直接测度的属性进行预测的度量可以用下列方法进行确认:

(1) 标识要预测的属性的测量。

(2) 标识要用来预测的度量。

(3) 进行基于确认的统计分析。

(4) 将结果归档。

(5) 定期重复上述工作。

12.3 软件质量测试

12.3.1 概述

12.3.1.1 测试目的与原则

正如任何生产过程离不开产品质量检验一样,在软件开发中测试工作是必不可少的。

IEEE 给出的软件测试定义是:"使用人工或自动手段来运行或测定某个系统的过程,其目的在于检验它是否满足规定的需求或是弄清楚预期结果与实际结果之间的差别。"软件测试工作做得好坏,决定着软件产品质量的高低。不像其他由文档评审为主要内容的质量检查那样,在此所阐述的质量测试,是指软件产品的动态测试,它是根据软件系统的一部分或全部的运行来检验软件产品质量的。这种测试可以真实地、直接地反映一个软件产品的质量因素,如正确性、可靠性、生命力、实用性以及效率等。

装备软件测试目的是:

(1) 验证软件是否满足软件开发合同或任务书、系统/子系统设计文档、软件需求规格说明和软件设计说明所规定的软件质量特性要求。

(2) 通过测试,发现软件错误。

(3) 为软件产品质量的评价提供依据。

在执行测试活动时,应该遵循如下原则:

(1) 应当把"尽早地和不断地进行软件测试"作为软件开发者的座右铭。不应把软件测试仅仅看作是软件开发的一个独立阶段,而应当把它贯穿到软件开发的各个阶段中。坚持在软件开发各个阶段的技术评审,这样才能在开发过程中尽早发现和预防错误,把出现的错误纠正在早期,杜绝某些发生错误的隐患。

(2) 测试用例应由测试输入数据和与之对应的预期输出结果这两部分组成。测试以前应当根据测试要求选择测试用例,用来检验程序员编制的程序,因此,不但需要测试的输入数据,而且需要针对这些输入数据的预期输出结果。

(3) 程序员应避免检查自己编写的程序。程序员、开发小组应尽可能避免测试自己编写、开发的程序。如果条件允许,最好建立独立的软件测试小组或测试机构,这不能与程序的调试相混淆,调试由程序员自己来做可能更有效。

(4) 在设计测试用例时,应当包括合理输入条件和不合理输入条件。合理输入条件是指能验证程序正确的输入条件,不合理输入条件是指异常的、临界的,以及可能引起问题异变的输入条件。软件系统处理非法命令的能力必须在测试时受到检验。用不合理输入条件测试程序时,往往比用合理输入条件进行测试能发现更多的错误。

(5) 充分注意测试中的群集现象。在被测程序段中,若发现错误数目多,则残存错误数目也比较多。这种错误群集性现象,已为许多程序的测试实践所证实。根据这个规律,应当对错误群集的程序段进行重点测试,以提高测试投资的效益。

(6) 严格执行测试计划,排除测试的随意性。测试之前应仔细考虑测试项目,对每一项测试做出周密的计划,包括被测程序的功能、输入和输出、测试内容、进度安排、资源要求、测试用例的选择、测试的控制方式和过程等,还要包括系统的组装方式、跟踪规程、调试规程、回归测试的规定以及评价标准等。对于测试计划,要明确规定,不要随意解释。

(7) 应当对每一个测试结果做全面检查。有些错误的征兆在输出实测结果时已经明显地出现,但是如果不仔细、全面地检查测试结果,就可能使这些错误被遗漏掉。所以,必须对预期的输出结果明确定义,对实测的结果仔细分析检查。

(8) 妥善保存测试计划、测试用例、出错统计和最终分析报告,为维护提供方便。

12.3.1.2 测试复杂性分析

通常认为开发一个软件是复杂的,需要花费大量的人力和物力资源,而测试一个软件则相对比较容易,通过测试能够找出所有的软件故障。事实上,由于软件测试的复杂性、充分性和代价(经济性),不可能查出软件中所有的故障。

1. 无法对程序进行完全测试

软件测试中不能对软件进行完全的测试,也不能找出所有的软件缺陷,原因是:

(1) 测试所需要的输入量太大。

(2) 测试的输出结果太多。

(3) 软件实现的途径太多。

(4) 软件规格说明没有一个客观标准,因为从不同的角度来看待考察软件缺陷或故障的标准是不同的。

例如,对 Windows 计算器程序进行测试检验。首先进行加法测试,输入 1+0 = ,1+1 = ,1+2 = ,…,因计算器能够处理 32 位数,必须测试所有的可能性,直到输入 1+99999…999999(32 个 9)。然后继续 2+0 = ,2+1 = ,2+2 = ,…,依此类推,最后输入 99999…999999(32 个 9)+99999…999999(32 个 9)= 。接着测试十进制数 1.0+0.1,1.0+0.2,…一直依次进行。这个例子说明不可能对一个程序进行完全测试,既使是像简单的计算器程序也不例外。

2. 测试无法显示潜在的软件缺陷和故障

软件测试工作与传染病疫情员的工作相似,疫情员只是报告已经发现的疫情,却无法报告潜伏的疫情状况。同样,通过软件测试只能报告软件已被发现的缺陷和故障,不可能保证经测试后发现的是全部的软件缺陷,即无法报告隐藏的软件故障。若继续进行测试工作,则可能又发现一些新的问题。

3. 存在的故障现象与发现的故障数量成正比

现实当中的寄生虫现象与软件当中的故障几乎一样,两者都是群体出现。当发现了一个软件故障后,很可能会接二连三地发现更多的软件故障。在典型程序中,某些程序段相比其他的程序段更容易出错,软件开发及测试人员注意到这样的一个现象:47%的软件故障(是由用户发现的)只与系统当中 4%的程序模块有关。经验表明,经测试后的程序中隐含的故障数目与该程序中已发现的故障数目成正比,产生的原因可能是:

(1)程序员的工作状态不佳,同样的错误可能会在一些地方多次重犯。

(2)某些软件故障可能是冰山一角,看似无关的故障可能就是由一个很严重的原因引起。

经验表明,应当对故障集中的程序段进行重点测试,越是问题多的模块,越是需要花费更多的时间和代价来测试。

4. 杀虫剂现象

"杀虫剂现象"用于描述软件测试进行得越多,其程序中缺陷的免疫力就越强。这与使用农药杀虫很类似,常用一种农药,害虫就会渐渐产生抵抗力,使该农药发挥不了多大作用。为了避免这种现象的发生,要根据不同的测试方法设计相应的测试用例,对程序不同部分进行测试,找出更多的软件故障。

5. 并非所有的软件故障都能修复

在软件测试中,令人沮丧的现实是:即使付出再多的时间和代价,也不能使所有的软件故障都得到修复。但这并不说明测试没有达到目的,关键是要进行正确的判断、合理的

取舍,根据风险分析决定哪些故障必须修复,哪些故障可不修复。通常没能修复软件故障的理由是:

(1) 没有足够的时间进行修复。

(2) 修复的风险较大,修复了旧的故障,可能产生更多的故障。

(3) 不值得修复,主要是在不常用功能中的故障,或对运行影响不大的故障。

(4) 可不算作故障的一些缺陷,在某些场合,错误理解或者软件规格说明变更,可以把软件故障当作附加的功能而不作为故障来对待。

6. 软件测试的风险代价

因为不能测试软件所有的情况,因此软件存在风险。如上所述,不可能对软件使用的所有情况进行测试,但有可能客户使用时会遇到,并且可能发现软件缺陷。此时,再进行软件缺陷的修复,代价将是很高的。软件测试的一个主要工作原则就是如何把无边无际的可能性减少到一个可以控制的范围,以及如何针对软件风险做出恰当地选择,去粗存精,找到最佳测试量,使得测试工作量不多也不少,既能达到测试的目的,又能较为经济。图 12.9 是测试工作量和软件缺陷数量之间的关系。

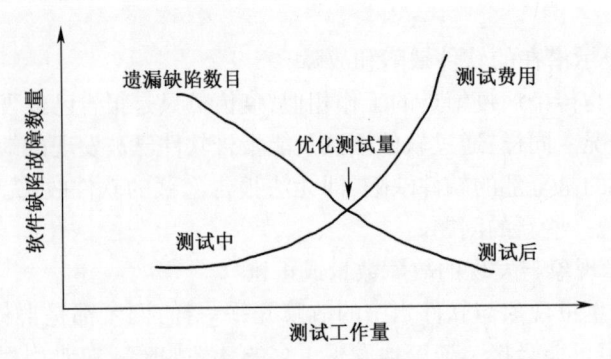

图 12.9 测试工作量和软件缺陷数量之间的关系

12.3.2 软件测试内容

根据 GJB 2786A 要求,软件测试级别可分为单元测试、部件测试、配置项测试、系统测试,可根据软件的规模、类型、安全性关键等级选择测试级别。而回归测试出现在上述每个测试级别中,并贯穿于整个软件生存周期,因而单独分级进行描述。

单元测试内容与一般软件著作常见的介绍内容一致,而部件测试、配置项测试、系统测试的内容应根据 GJB 5236 所定义的质量子特性来确定,即从适合性、准确性、互操作性、保密安全性、容错性、成熟性、易恢复性、易理解性、易学性、易操作性、吸引性、时间特性、资源利用性、易改变性、稳定性、易测试性、易分析性、适应性、易安装性、易替换性、共存性和依从性等多方面确定测试内容,它们与传统软件测试内容分类、对应关系如表 12.7 所列。

12.3.2.1 单元测试

单元测试是测试程序的最小单位,是在软件开发过程中实施的最低级别的测试活动,即检查单元程序模块有无错误。在结构化程序编程中,测试对象主要是函数或子程序过程;在面向对象的编程中,如 C++,测试的对象可能是类,也可能是类的成员函数,或者是被典型定义的一个菜单、屏幕显示界面或对话框等。单元测试是在编码完成后必须进行的测试工作,单元测试一般由程序开发者自行完成。

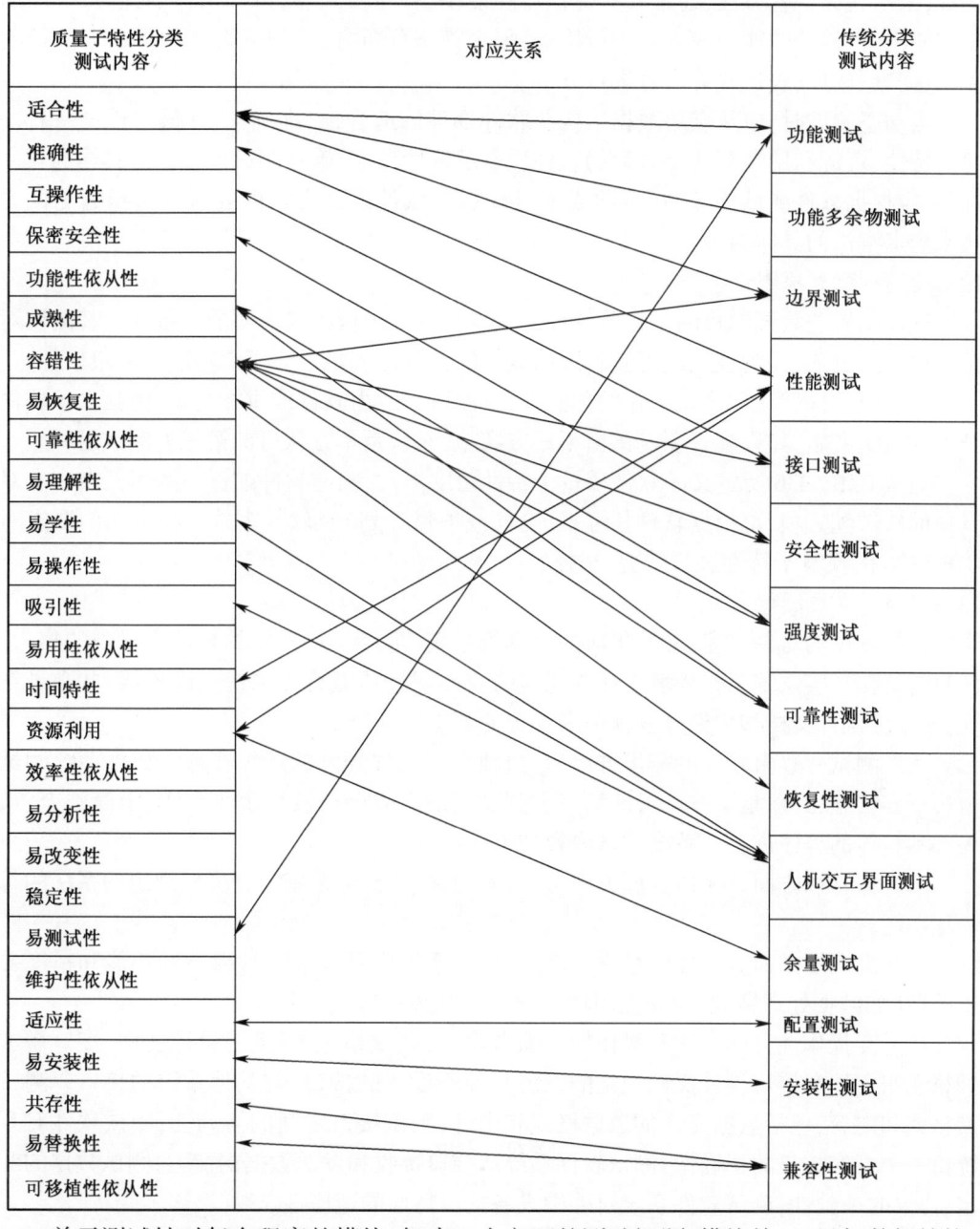

表 12.7 软件测试内容的对应关系

质量子特性分类 测试内容	对应关系	传统分类 测试内容
适合性		功能测试
准确性		
互操作性		功能多余物测试
保密安全性		
功能性依从性		边界测试
成熟性		
容错性		性能测试
易恢复性		
可靠性依从性		接口测试
易理解性		
易学性		安全性测试
易操作性		
吸引性		强度测试
易用性依从性		
时间特性		可靠性测试
资源利用		
效率性依从性		恢复性测试
易分析性		
易改变性		人机交互界面测试
稳定性		
易测试性		余量测试
维护性依从性		
适应性		配置测试
易安装性		
共存性		安装性测试
易替换性		兼容性测试
可移植性依从性		

单元测试针对每个程序的模块,解决 5 个方面的测试问题:模块接口、局部数据结构、边界条件、独立路径和错误处理。

12.3.2.2 部件测试

软件部件测试的目的是检验软件单元和软件部件之间的接口关系,并验证软件部件是否符合设计要求。其测试对象包括软件部件的组装过程、组装得到的软件部件。

软件部件测试一般由软件供方组织并实施,测试人员与开发人员应相对独立,也可委托第三方进行测试。部件测试的工作产品一般应纳入软件的配置管理中。

当对软件部件进行必要的静态测试时,所测试的内容与选择的静态测试方法有关。例如,采用代码审查方法,通常要对寄存器的使用、程序格式、入口和出口的连接、程序语言的使用、存储器的使用等内容进行检查;采用静态分析方法,通常要求软件单元的控制流、数据流、接口、表达式等内容进行分析。

当动态测试时,应从全局数据结构及软件部件的适合性、准确性、互操作性、容错性、时间特性、资源利用性等几个方面的软件质量子特性考虑,确定测试内容。对具体的软件部件,应根据软件测试任务书(合同或项目计划)、软件设计文档的要求及选择的测试方法来确定测试的具体内容。

12.3.2.3 配置项测试

软件配置项测试的目的是检验软件配置项与软件规格需求说明的一致性。其测试对象是软件配置项,即为独立的配置管理而设计的并且能满足最终用户功能的一组软件。

应保证软件配置项测试工作的独立性,其测试一般由软件的供方组织,由独立于软件开发的组织实施,如果配置项测试由第三方实施,必须是军方认可的第三方测试组织。

应从 GJB 5236 所定义的软件质量子特性角度出发,确定软件配置项的测试内容。对具体的软件配置项,可根据软件任务书(合同或项目计划)及软件需求规格说明的要求对 GJB 5236 的质量子特性进行裁剪、选择。

12.3.2.4 系统测试

系统测试的对象是完整的、集成的计算机系统,重点是新开发的软件配置项的集合。其目的是在真实系统工作环境下检验完整的软件配置项能否和系统正确连接,并满足系统/子系统设计文档和软件开发任务书规定的要求。

系统测试一般由软件的需求方组织,由独立于软件开发的组织实施。如果系统测试由第三方实施,必须是军方认可的第三方测试组织。应严格按照由小到大、由简到繁、从局部到整体的程序进行。系统测试内容如下:

(1) 适合性方面。从适合性方面考虑,应测试系统/子系统设计文档规定的系统的每一项功能。

(2) 准确性方面。从准确性方面考虑,可对系统中具有准确性要求的功能和精度要求的项(如数据处理精度、时间控制精度、时间测量精度)进行测试。

(3) 互操作性方面。从互操作性方面考虑,可测试系统/子系统设计文档、接口需求规格说明文档和接口设计文档规定的系统与外部设备的接口、与其他系统的接口。测试其格式和内容,包括数据交换的数据格式和内容;测试接口之间的协调性;测试软件对系统每一个真实接口的正确性;测试软件系统从接口接收和发送数据的能力;测试数据的约定、协议的一致性;测试软件系统对外围设备接口特性的适应性。

(4) 安全保密性方面。从安全保密性方面,可测试系统及其数据访问的可控制性。测试系统防止非法操作的模式,包括防止非授权的创建、删除或修改程序或信息,必要时做强化异常操作的测试。测试系统防止数据被讹误和被破坏的能力。测试系统的加密和解密功能。

(5) 时间特性方面。从时间特性方面考虑,可测试系统的响应时间、平均响应时间、响应极限时间,系统的吞吐量、均吞吐量、极限吞吐量,系统的周转时间、平均周转时间、周转时间极限。在测试时,应标识和定义适合于软件应用的任务,并对多项任务进行测试,而不是仅测试一项任务。

(6) 资源利用性方面。从资源利用性方面考虑,可测试系统的输入/输出设备、内存和传输资源的利用情况。

① 执行大量的并发任务,测试输入/输出设备的利用时间。
② 在使输入/输出负载达到最大的系统条件下,运行系统,测试输入/输出负载极限。
③ 并发执行大量的任务,测试用户等待输入/输出设备操作完成需要的时间。
④ 在规定的负载下和在规定的时间范围内运行系统,测试内存的利用情况。
⑤ 在最大负载下运行系统,测试内存的利用情况。
⑥ 并发执行规定的数个任务,测试系统的传输能力。
⑦ 在系统负载最大的条件下和在规定的时间周期内,测试传输资源的利用情况。
⑧ 在系统传输负载最大的条件下,测试不同介质同步完成其任务的时间周期。

(7) 成熟性方面。在成熟性方面,可基于系统运行剖面设计测试用例,根据实际使用的概率分布随机选择输入,运行系统,测试系统满足需求的程度并获取失效数据,其中包括对重要输入变量值的覆盖、对相关输入变量可能组合的覆盖、对设计输入空间与实际输入空间之间区域的覆盖、对各种使用功能的覆盖、对使用环境的覆盖。应在有代表性的使用环境中,以及可能影响系统运行方式的环境中运行软件,验证系统的可靠性需求是否正确实现。对一些特殊的系统,如容错软件、实时嵌入式软件等,由于在一般的使用环境下常常很难在软件中植入错误,应考虑多种测试环境。测试系统的平均无故障时间,选择可靠性增长模型,通过检测到的失效数和故障数,对系统的可靠性进行预测。

(8) 容错性方面。从容错性方面考虑,可测试如下内容:
① 系统对中断发生的反应。
② 系统在边界条件下的反应。
③ 系统的功能、性能的降级情况。
④ 系统的各种误操作模式。
⑤ 系统的各种故障模式(如数据超范围、死锁)。
⑥ 测试在多机系统出现故障需要切换时系统的功能和性能的连续平稳性。

(9) 易恢复性方面。从易恢复性方面考虑,可测试如下内容:
① 具有自动修复功能的系统的自动修复的时间。
② 系统在特定的时间范围内的平均宕机时间。
③ 系统在特定的时间范围内的平均恢复时间。
④ 系统的可重启动并继续提供服务的能力。
⑤ 系统的还原功能的还原能力。

(10) 易理解性方面。从易理解性方面考虑,可测试如下内容:
① 系统的各项功能,确认它们是否容易被识别和被理解。
② 要求具有演示能力的功能,确认演示是否容易被访问、演示是否充分和有效。
③ 界面的输入和输出,确认输入和输出的格式和含义是否容易被理解。

(11) 易学性方面。从易学性方面考虑,可测试系统的在线帮助,确认在线帮助是否容易定位,是否有效;还可对照用户手册或操作手册执行系统,测试用户文档的有效性。

(12) 易操作性方面。从易操作性方面考虑,可测试如下内容:

① 输入数据,确认系统是否对输入数据进行有效性检查。

② 要求具有中断执行的功能,确认它们能否在动作完成之前被取消。

③ 要求具有还原能力(数据库的事务回滚能力)的功能,确认它们能否在动作完成之后被撤消。

④ 包含参数设置的功能,确认参数是否易于选择、是否有缺省值。

⑤ 要求具有解释的消息,确认它们是否明确。

⑥ 要求具有界面提示能力的界面元素,确认它们是否有效。

⑦ 要求具有容错能力的功能和操作,确认系统能否提示错误的风险、能否容易纠正错误的输入、能否从错误中恢复。

⑧ 要求具有定制能力的功能和操作,确认定制能力的有效性。

⑨ 要求具有运行状态监控能力的功能,确认它们的有效性。

(13) 吸引性方面。从吸引性方面考虑,可测试系统的人机交互界面能否定制。

(14) 易改变性方面。从易改变性方面考虑,可测试能否通过参数来改变系统。

(15) 易测试性方面。从易测试性方面考虑,可测试软件内置的测试功能,确认它们是否完整和有效。

(16) 易分析性方面。从易分析性方面考虑,可设计各种情况的测试用例运行系统,并监测系统运行状态数据,检查这些数据是否容易获得、内容是否充分。如果软件具有诊断功能,应测试该功能。

(17) 适应性方面。从适应性方面考虑,可测试如下内容:

① 软件对诸如数据文件、数据块或数据库等数据结构的适应能力。

② 软件对硬件设备和网络设施等硬件环境的适应能力。

③ 软件对系统软件或并行应用软件等软件环境的适应能力。

④ 软件是否易于移植。

(18) 易安装性方面。从易安装性方面考虑,可测试软件安装的工作量、安装的可定制性、安装的简易性、手工安装操作的简易性、是否容易重新安装。

(19) 易替换性方面。当替换整个不同的软件系统和用同一软件系列的高版本替换低版本时,在易替换性方面,可考虑测试:

① 软件能否继续使用被其替代的软件使用过的数据。

② 软件是否具有被其替代的软件中的类似功能。

(20) 共存性方面。从共存性方面考虑,可测试软件与其他软件共同运行的情况。

(21) 依从性方面。当软件在功能性、可靠性、易用性、效率、维护性和可移植性方面遵循了相关的标准、约定、风格、指南或法规时,应酌情进行测试。

12.3.2.5 回归测试

未通过软件单元、部件、配置项、系统测试的,在更改之后均应进行相应的回归测试。如未通过系统测试的软件,在其更改之后应对更改的软件单元、受更改影响的软件部件、软件配置项和系统进行回归测试。

测试的目的是,测试软件更改之后,更改部分的正确性和对更改需求的符合性,以及软件原有的、正确的功能、性能和其他规定的要求的不损害性。

1. 单元回归测试

通常应由原测试方组织并实施软件单元回归测试,特殊情况下可交由其他测试方进行。测试管理应纳入软件开发过程。

一般应根据软件单元的更改情况确定单元回归测试的测试内容,可能存在以下三种情况:

(1) 仅重复测试原单元测试做过的测试内容。

(2) 修改原单元测试做过的测试内容。

(3) 在前两者的基础上增加新的测试内容。

2. 部件回归测试

通常由软件的供方组织并实施软件部件回归测试,也可委托第三方实施。测试管理应纳入软件开发过程。

部件回归测试内容如下:

(1) 对更改的软件单元测试内容同前述单元回归测试内容。

(2) 对软件部件的测试。测试分析员应分析更改的软件单元对软件部件的影响域,并据此确定回归测试内容。可能存在三种情况:一是仅重复测试与更改相关的并已在软件部件测试中做过的测试内容;二是修改与更改相关的并已在软件部件测试中做过的测试内容;三是在前两者的基础上增加新的测试内容。

3. 配置项回归测试

一般由软件的供方组织软件配置项回归测试,可由供方实施,或交独立的测试机构实施。对供方实施的回归测试,测试管理应纳入软件开发过程,对独立的测试机构所实施的测试,其管理与上述配置项测试要求一样。

配置项回归测试内容如下:

(1) 对更改的软件单元测试内容同前述单元回归测试内容。

(2) 对受更改影响的软件部件测试内容同前述部件回归测试内容。

(3) 对软件配置项的测试。测试分析员应分析更改对软件配置项的影响域,并据此确定回归测试内容。可能存在以下三种情况:一是仅重复测试与更改相关的并已在原软件配置项测试中做过的测试内容;二是修改与更改相关的并已在原软件配置项测试中做过的测试内容;三是在前两者的基础上增加新的测试内容。

4. 系统回归测试

一般应由软件的需方或供方组织系统回归测试,可由供方实施或交独立的测试机构实施。对供方实施的回归测试,测试管理应纳入软件开发过程,对独立的测试机构所实施的测试,其管理与上述系统测试要求一样。

系统回归测试内容如下:

(1) 对更改的软件单元测试内容同前述单元回归测试内容。

(2) 对受更改影响的软件部件测试内容同前述部件回归测试内容。

(3) 对受更改影响的软件配置项测试内容同前述配置项回归测试内容。

(4) 对系统的测试。测试分析员应分析软件系统受更改影响的范围,并据此确定回归测试内容。可能存在以下三种情况:一是仅重复测试与更改相关的并已在原系统测试中做过的测试内容;二是修改与更改相关的并已在原系统测试中做过的测试内容;三是在前两者的基础上增加新的测试内容。

12.3.3 软件测试过程

12.3.3.1 测试策划

测试分析人员一般根据测试任务书(合同或项目计划)和被测试软件的设计文档分析被测试软件单元,根据测试任务书和被测试软件的设计文档(含接口设计文档)分析被测试软件部件,根据测试任务书和被测软件的需求规格说明(含接口需求规格说明)、设计文档分析被测软件配置项,根据测试任务书、被测软件的开发任务书(或合同)或系统/子系统设计文档分析被测系统,并确定以下内容:

(1) 确定测试充分性要求。根据软件单元的重要性、软件单元测试目标和约束条件,确定单元测试应覆盖的范围和每一范围所要求的覆盖程度。根据软件部件、配置项的重要性和安全性关键等级,确定部件、配置项测试应覆盖的范围和每一范围所要求的覆盖程度。

(2) 确定测试终止的要求。指定测试过程正常终止的条件,确定导致测试过程异常终止的可能情况。

(3) 确定用于测试的资源要求,包括软件、硬件、人员数量、人员技能等。

(4) 确定需要测试的软件特性。单元、部件测试根据软件设计文档的描述,配置项测试根据软件测试任务书及软件需求规格说明、设计文档的描述,系统测试根据软件开发任务书(合同)或系统/子系统设计文档的描述,分别确定软件单元、部件、配置项、系统的功能、性能、状态、接口、数据结构、设计约束等内容和要求,对其标识。若需要,将其分类,并从中确定需测试的软件特性。

(5) 确定测试需要的技术和方法,包括测试数据生成与验证技术,测试数据输入技术,单元测试结果获取技术,部件测试的增量测试组装策略,配置项与系统测试是否使用标准测试集等。

(6) 根据测试任务书(合同或项目计划)的要求和被测软件的特点,确定测试结束条件。

(7) 确定由资源和被测试软件单元、部件、配置项、系统分别所决定的单元、部件、配置项、系统测试活动的进度。

根据上述分析,按照 GJB 438A 的要求分别编写软件单元、部件、配置项、系统测试计划。应分别对软件单元、部件、配置项、系统测试计划进行评审,审查测试的范围和内容、资源、进度、各方责任等是否明确、测试方法是否合理、有效和可行,测试文档是否符合规范,测试活动是否独立。

一般情况下,单元测试计划由软件的供方自行组织评审,评审细则也自行制定。通过评审后,进入下一步工作;否则,需要重新进行单元测试的策划。

对于软件部件测试计划,当测试活动由被测软件的供方实施时,其评审应纳入被测软件的概要设计阶段评审。通过评审后,进入下一步工作;否则,需要重新进行软件部件测试的策划。

对于软件配置项、系统测试计划,当测试活动由被测软件的供方实施时,其评审应分别纳入被测软件的需求分析阶段评审、软件开发过程的阶段评审;当测试活动由独立的测试机构实施时,这两项测试计划应通过软件的军方、供方和有关专家参加的评审。通过评审后,进入下一步工作;否则,需要重新进行配置项、系统测试的策划。

12.3.3.2 测试设计与实现

测试的设计和实现工作由测试设计人员和测试程序员完成,在不同级别的测试中分别根据软件单元、部件、配置项、系统测试计划完成以下工作:

（1）设计测试用例,将需测试的软件特性分解,针对分解后的每种情况设计测试用例,每个测试用例的设计应符合测试用例要求。

（2）获取测试数据,包括获取现有的测试数据和生成新的数据,并按照要求验证所有数据。

（3）确定测试顺序,可从资源约束、风险以及测试用例失效造成的影响或后果等几个方面考虑。

（4）获取测试资源,对于支持测试的软、硬件,有的可从现有的工具中选定,有的需要研制开发。

（5）编写测试程序,包括开发测试支持工具,对于单元、部件测试还应编写驱动模块和桩模块。

（6）建立和校准测试环境。

（7）按照 GJB 438A 的要求分别编写软件单元、部件、配置项、系统测试说明。

应分别对软件单元、部件、配置项、系统测试说明进行评审。审查测试用例是否正确、可行和充分,测试环境是否正确、合理,测试文档是否符合规范。

通常由软件测试方自行组织单元测试说明的评审,评审细则也自行制定。通过评审后,进入下一步工作;否则,需要重新进行单元测试设计和实现。

当软件部件测试活动由被测软件的供方实施时,其测试说明的评审应纳入软件开发的阶段评审。通过评审后,进入下一步工作;否则,需要重新对软件部件测试进行设计和实现。

对于软件配置项、系统测试说明,当测试活动由被测软件的供方实施时,其测试说明评审应由软件的供方组织,军方和有关专家参加;当测试活动由独立的测试机构实施时,其测试说明评审应由测试机构组织,军方、软件供方和有关专家参加。通过评审后,进入下一步工作;否则,需要重新进行配置项、系统测试的设计和实现。

12.3.3.3 测试执行

执行测试的工作由测试员和测试分析员完成。软件测试员的主要工作是分别按照软件单元、部件、配置项、系统测试计划及其测试说明规定的测试项目和内容执行测试,在执行过程中应认真观察并如实地记录测试过程、测试结果和发现的错误,认真填写测试记录。测试分析员的工作主要有以下两个方面。

（1）根据每个测试用例的期望测试结果、实际测试结果和评价准则判定该测试用例是否通过,并将结果记录在软件测试记录中。如果不通过,应认真分析情况,并根据以下情况采取相应措施:

① 软件单元、部件、配置项、系统测试说明和测试数据的错误。采取的措施是:改正错误,将改正错误信息详细记录,然后重新运行该测试。

② 执行测试步骤时的错误。采取的措施是：重新运行未正确执行的测试步骤。

③ 测试环境（包括软件环境和硬件环境）中的错误。采取的措施是：修正测试环境，将环境修正情况详细记录，重新运行该测试；如果不能修正环境，记录理由，再核对终止情况。

④ 软件单元、部件、配置项、系统的实现错误。采取的措施是：填写软件问题报告单，可提出软件修改建议，然后继续进行测试；或者把错误与异常终止情况进行比较，核对终止情况。软件更改完毕后，应根据情况对其进行回归测试。

⑤ 软件单元、部件、配置项、系统的设计错误。采取的措施是：填写软件问题报告单，可提出软件修改建议，然后继续进行测试；或者把错误与异常终止情况进行比较，核对终止情况。软件更改完毕后，应根据情况对其进行回归测试或重新组织测试，回归测试中需要相应地修改测试设计和数据。

（2）当所有的测试用例都执行完毕，测试分析员要根据测试的充分性要求和失效记录，确定测试工作是否充分，是否需要增加新的测试。当测试过程正常终止时，如果发现测试工作不足，应分别对软件单元、部件、配置项、系统进行补充测试，直到测试达到预期要求，并将附加的内容记录在测试报告中；如果不需要补充测试，则将正常终止情况分别记录在软件单元、部件、配置项、系统测试报告中。当测试过程异常终止时，应记录导致终止的条件、未完成的测试和未被修正的错误。

12.3.3.4 测试总结

测试分析员在单元测试时根据被测试软件设计文档，部件测试时根据被测软件的设计文档（含接口设计文档），配置项测试时根据被测软件配置项的需求规格说明（含接口规格说明）、软件设计文档，系统测试时根据软件开发任务书或软件开发合同或系统/子系统设计文档，以及相应的测试计划、测试说明、测试记录和软件问题报告单等，分析和评估测试工作，一般包括下面几项工作：

（1）总结软件单元、部件、配置项、系统测试计划及其测试说明的变化情况及其原因，并分别记录在软件单元、部件、配置项、系统测试报告中。

（2）对测试异常终止情况，确定未能被测试活动充分覆盖的范围，并将理由记录在测试报告中。

（3）确定未能解决的软件测试事件以及不能解决的理由，并将理由分别记录在软件单元、部件、配置项、系统测试报告中。

（4）总结测试所反映的软件单元与软件设计文档之间、软件部件与软件设计文档（含接口设计文档）之间、软件配置项和软件需求规格说明（含接口规格说明）与软件设计文档（含接口设计文档）之间、软件系统与软件开发任务书或软件开发合同或系统/子系统设计文档之间的差异，记录在测试报告中。

（5）将测试结果连同所发现的错误情况分别与单元、部件、配置项、系统测试的对应依据文档相对照，评价软件单元、部件、配置项、系统的设计与实现，提出软件改进建议，记录在测试报告中。

（6）按照 GJB 438A 的要求分别编写软件单元、部件、配置项、系统测试报告，该报告应包括测试结果分析、对软件单元、部件、配置项、系统的评估和建议。

（7）根据测试记录和软件问题报告单编写测试问题报告。

分别对单元、部件、配置项、系统测试执行活动、测试报告、测试记录和测试问题报告进行评审。审查测试执行活动的有效性,测试结果的正确性和合理性,是否达到了测试目的,测试文档是否符合规范。

一般情况下,单元测试评审由软件测试方自行组织,评审细则也自行制定。当部件、配置项、系统测试活动由被测试软件的供方实施时,评审由软件供方组织,军方和有关专家参加;当部件、配置项、系统测试活动由独立的测试机构实施时,评审由软件测试机构组织,军方、软件供方和有关专家参加。

12.3.4 软件测试方法

12.3.4.1 静态测试

静态测试方法包括检查单和静态分析方法。对文档的静态测试方法主要是以检查单的形式进行,而对代码的静态测试方法一般采用代码审查、代码走查和静态分析。静态分析一般包括控制流分析、数据流分析、接口分析和表达式分析。对于规模较小、安全性要求很高的代码也可进行形式化证明。

静态测试具体测试方法如下:

1. 代码审查

代码审查的测试内容:检查代码和设计的一致性;检查代码执行标准的情况;检查代码逻辑表达的准确性;检查代码结构的合理性;检查代码的可读性。

代码审查的组织:由4人以上组成,分别为组长、资深程序员、程序编写者与专职测试人员。组长不能由被测试程序的编写者担任,组长负责分配资料、安排计划、主持开会、记录并保存被发现的错误。

代码审查的过程:

(1) 准备阶段:组长分发有关材料,被测程序的设计和编码人员向审查组详细说明有关材料,并回答审查组所提出的有关问题。

(2) 程序阅读:审查组仔细阅读代码和相关材料,对照代码审查单,记录问题及明显缺陷。

(3) 会议审查:组长主持会议,程序员逐句阐明程序的逻辑,其他人员提出问题,利用代码审查单进行分析讨论,对讨论的各个问题形成结论性意见。

(4) 形成报告:会后将发现的错误形成代码审查问题表,并交给程序开发人员。对发现错误较多或发现重大错误,在改正错误之后再次进行会议审查。

代码审查问题表应写明所查出的错误类型、错误类别、错误严重程度、错误位置、错误原因。错误类型有文档错误、编程语言错误、逻辑错误、接口错误、数据使用错误、编程风格不当、软件多余物。错误类别有遗漏、错误、多余。

这种静态测试方法是一种多人一起进行的测试活动,要求每个人尽量多提出问题,同时讲述程序者也会突然发现一些问题,此时要放慢进度,把问题分析出来。

2. 代码走查

代码走查的测试内容与代码审查的基本一样。

代码走查的组织:由4人以上组成,分别为组长、秘书、资深程序员与专职测试人员。被测试程序的编写者不能作为走查人员。组长负责分配资料、安排计划、主持开会,秘书记录被发现的错误。

代码走查的过程：

（1）准备阶段：组长分发有关材料，走查组详细阅读材料和认真研究程序。

（2）生成实例：走查组提出一些有代表性的测试实例。

（3）会议走查：组长主持会议，其他人员对测试实例用头脑执行程序，即测试实例沿程序逻辑走一遍，并由测试人员讲述程序执行过程，在纸上或黑板上监视程序状态，秘书记录发现的问题。

（4）形成报告：会后将发现的错误形成报告，并交给程序开发人员。对发现错误较多或发现重大错误，在改正错误之后再次进行会议走查。

这种静态测试方法是一种多人一起进行的测试活动，要求每个人尽量多提供测试实例，这些测试实例是作为怀疑程序逻辑与计算错误的启发点，在随测试实例游历程序逻辑时、在怀疑程序的过程中发现错误。这种方法不如代码审查检查的范围广，错误覆盖全。

3. 静态分析

静态分析一般包括控制流分析、数据流分析、接口分析、表达式分析。

（1）控制流分析。控制流分析是使用控制流程图系统地检查被测程序的控制结构的工作。控制流按照结构化程序规则和程序结构的基本要求进行程序结构检查。被测程序不应包含如下问题：

① 转向并不存在的语句标号。

② 没有使用的语句标号。

③ 没有使用的子程序定义。

④ 调用并不存在的子程序。

⑤ 从程序入口进入后无法达到的语句。

⑥ 不能达到停止语句的语句。

控制流程图是一种简化的程序流程图，控制流程图由"节点"和"弧"两种图形符号构成。

（2）数据流分析。数据流分析是用控制流程图来分析数据发生的异常情况，这些异常包括被初始化、被赋值或被引用过程中行为序列的异常。数据流分析也作为数据流测试的预处理过程。

数据流分析首先建立控制流程图，然后在控制流程图中标注某个数据对象的操作序列，遍历控制流程图，形成该对象的数据流模型，并给出该对象的初始状态，利用数据流异常状态图分析数据对象可能的异常。

数据流分析可以查出引用未定义变量、对以前未使用的变量再次赋值等程序错误或异常情况。

（3）接口分析。接口分析主要用在程序静态分析和设计分析。接口一致性的设计分析涉及模块之间接口的一致性以及模块与外部数据库之间的一致性。程序的接口分析涉及子程序以及函数之间的接口一致性，包括检查形参与实参的类型、数量、维数、顺序以及使用的一致性。

（4）表达式分析。常见表达式错误主要有以下几种：括号使用不正确，数组引用错误，作为除数的变量可能为零，作为开平方的变量可能为负，作为正切值的变量可能为

π/2,浮点数变量比较时产生的错误。

此外,静态分析还可以完成下述工作。

(1) 提供间接涉及程序缺陷的信息:每一类型语句出现的次数;所有变量和常量的交叉引用表;标识符的使用方式;过程的调用层次;违背编码规则;程序结构图和流程图;子程序规模、调用,被调用关系、扇入、扇出数。

(2) 进行语法,语义分析,提出语义或结构要点,供进一步分析。

(3) 进行符号求值。

(4) 为动态测试选择测试用例进行预处理。

静态分析常需要使用软件工具进行。静态分析是在程序编译通过之后,其他静态测试之前进行的。

12.3.4.2 动态测试

动态测试方法一般采用白盒测试方法和黑盒测试方法。黑盒测试方法一般包括功能分解、边界值分析、判定表、因果图、随机测试、猜错法和正交试验法等;白盒测试方法一般包括控制流测试(语句覆盖测试、分支覆盖测试、条件覆盖测试、条件组合覆盖测试、路径覆盖测试)、数据流测试、程序变异、程序插桩、域测试和符号求值等。

在软件动态测试过程中,针对测试对象采用适当的测试方法,实现测试要求。配置项测试和系统测试一般采用黑盒测试方法;部件测试一般主要采用黑盒测试方法,辅助以白盒测试方法;单元测试一般采用白盒测试方法,辅助以黑盒测试方法。

1. 黑盒测试方法

1) 功能分解

功能分解是将需求规格说明中每一个功能加以分解,确保各个功能被全面地测试。功能分解是一种较常用的方法。其步骤如下:

(1) 使用程序设计中的功能抽象方法把程序分解为功能单元。

(2) 使用数据抽象方法产生测试每个功能单元的数据。功能抽象中程序被看成一种抽象的功能层次,每个层次可标识被测试的功能,层次结构中的某一功能由其下一层功能定义。按照功能层次进行分解,可以得到众多的最低层次的子功能,以这些子功能为对象,进行测试用例设计。

数据抽象中,数据结构可以由抽象数据类型的层次图来描述,每个抽象数据类型有其取值集合。程序的每一个输入和输出量的取值集合用数据抽象来描述。

2) 等价类划分

等价类划分是在分析需求规格说明的基础上,把程序的输入域划分成若干部分,然后在每部分中选取代表性数据形成测试用例。其步骤如下:

(1) 划分有效等价类:对规格说明是有意义、合理的输入数据所构成的集合。

(2) 划分无效等价类:对规格说明是无意义、不合理的输入数据所构成的集合。

(3) 为每一个等价类定义一个唯一的编号。

(4) 为每一个等价类设计一组测试用例,确保覆盖相应的等价类。

3) 边界值分析

边界值分析是针对边界值进行测试的。使用等于、小于或大于边界值的数据对程序进行测试的方法就是边界值分析方法。其步骤如下:

（1）通过分析规格说明，找出所有可能的边界条件。
（2）对每一个边界条件，给出满足和不满足边界值的输入数据。
（3）设计相应的测试用例。

对满足边界值的输入可以发现计算错误，对不满足的输入可以发现域错误。该方法会为其他测试方法补充一些测试用例，绝大多数测试都会用到本方法。

4）判定表

判定表由四部分组成：条件桩，条件条目，动作桩，动作条目。任何一个条件组合的取值及其相应要执行的操作构成规则，条目中的每一列是一条规则。

条件引用输入的等价类，动作引用被测软件的主要功能处理部分，规则就是测试用例。

建立并优化判定表，把判定表中每一列表示的情况写成测试用例。

该方法的使用有以下要求：
（1）规格说明以判定表形式给出，或是很容易转换成判定表。
（2）条件的排列顺序不会影响执行哪些操作。
（3）规则的排列顺序不会影响执行哪些操作。
（4）每当某一规则的条件已经满足，并确定要执行的操作后，不必检验别的规则。
（5）如果某一规则的条件得到满足，将执行多个操作，这些操作的执行与顺序无关。

5）因果图

因果图方法是通过画因果图，把用自然语言描述的功能说明转换为判定表，然后为判定表的每一列设计一个测试用例。其步骤如下：

（1）分析程序规格说明，引出原因（输入条件）和结果（输出结果），并给每个原因和结果赋予一个标识符。
（2）分析程序规格说明中语义的内容，并将其表示成连接各个原因和各个结果的"因果图"。
（3）在因果图上标明约束条件。
（4）通过跟踪因果图中的状态条件，把因果图转换成有限项的判定表。
（5）把判定表中每一列表示的情况生成测试用例。

如果需求规格说明中含有输入条件的组合，宜采用本方法。有些软件的因果图可能非常庞大，以至于根据因果图得到的测试用例数目非常大，此时不宜使用本方法。

6）随机测试

随机测试是指测试输入数据是在所有可能输入值中随机选取的。测试人员只需按规定输入变量的取值区间，在需要时提供必要的变换机制，使产生的随机数服从预期的概率分布。该方法获得预期输出比较困难，多用于可靠性测试和系统强度测试。

7）猜错法

猜错法是有经验的测试人员，通过列出可能有的错误和易错情况表，写出测试用例的方法。

8）正交实验法

正交实验法是从大量的实验点中挑出适量的、有代表性的点，应用正交表，合理地安排实验的一种科学的实验设计方法。

利用正交实验法设计测试用例时,首先要根据被测软件的规格说明书找出影响功能实现的操作对象和外部因素,把它们当作因子,而把各个因子的取值当作状态,生成二元的因素分析表。然后,利用正交表进行各因子的状态的组合,构造有效的测试输入数据集,并建立因果图。由此得出的测试用例的数目将大大减少。

2. 白盒测试方法

1) 控制流测试

控制流测试依据控制流程图产生测试用例,通过对不同控制结构成份的测试验证程序的控制结构。所谓验证某种控制结构即指使这种控制结构在程序运行中得到执行,也称这一过程为覆盖。

(1) 语句覆盖。语句覆盖要求设计适当数量的测试用例,运行被测程序,使得程序中每一条语句至少被执行一遍,语句覆盖在测试中主要发现错误语句。

(2) 分支覆盖。分支覆盖要求设计适当数量的测试用例,运行被测程序,使得程序中每个真值分支和假值分支至少执行一次,分支覆盖也称判定覆盖。

(3) 条件覆盖。条件覆盖要求设计适当数量的测试用例,运行被测程序,使得每个判断中的每个条件的可能取值至少满足一次。

(4) 条件组合覆盖。条件组合覆盖要求设计适当数量的测试用例,运行被测程序,使得每个判断中条件的各种组合至少出现一次,这种方法包含了"分支覆盖"和"条件覆盖"的各种要求。

(5) 路径覆盖。路径覆盖要求设计适当数量的测试用例,运行被测程序,使得程序沿所有可能的路径执行,较大程序的路径可能很多,所以在设计测试用例时,要简化循环次数。

以上各种覆盖的控制流测试步骤如下:

(1) 将程序流程图转换成控制流图。

(2) 经过语法分析求得路径表达式。

(3) 生成路径树。

(4) 进行路径编码。

(5) 经过译码得到执行的路径。

(6) 通过路径枚举产生特定路径的测试用例。

2) 数据流测试

数据流测试是用控制流程图对变量的定义和引用进行分析,查找出未定义的变量或定义了而未使用的变量,这些变量可能是拼错的变量、变量混淆或丢失了语句。数据流测试一般使用工具进行。

数据流测试通过一定的覆盖准则,检查程序中每个数据对象的每次定义、使用和消除的情况。

数据流测试步骤:

(1) 将程序流程图转换成控制流图。

(2) 在每个链路上标注对有关变量的数据操作的操作符号或符号序列。

(3) 选定数据流测试策略。

(4) 根据测试策略得到测试路径。

(5) 根据路径可以获得测试输入数据和测试用例。

动态数据流异常检查在程序运行时执行,获得的是对数据对象的真实操作序列,克服了静态分析检查的局限,但动态方式检查是沿与测试输入有关的一部分路径进行的,检查的全面性和程序结构覆盖有关。

3) 程序变异

程序变异是一种错误驱动测试,是为了查出被测软件在做过其他测试后还剩余一些的小错误。本方法应用于测试工具。

4) 程序插装

程序插装是向被测程序中插入操作以实现测试目的方法。程序插装不应该影响被测程序的运行过程和功能。

有很多的工具有程序插装功能。由于数据记录量大,手工进行将是一件很烦琐的事。

5) 域测试

域测试是要判别程序对输入空间的划分是否正确。该方法限制太多,使用不方便,供有特殊要求的测试使用。

6) 符号求值

符号求值是允许数值变量取"符号值"以及数值。符号求值可以检查公式的执行结果是否达到程序预期的目的;也可以通过程序的符号执行,产生出程序的路径,用于产生测试数据。符号求值最好使用工具,在公式分支较少时手工推导也是可行的。

12.3.5 软件测试用例设计

12.3.5.1 测试用例要素

设计测试用例时,应遵循以下原则:

(1) 基于测试需求的原则。应按照测试级别的不同要求,设计测试用例,如单元测试依据详细设计说明,部件测试依据概要设计说明,配置项测试依据软件需求规格说明,系统测试依据用户需求(系统/子系统设计说明、软件开发任务书等)。

(2) 基于测试方法的原则。应明确所采用的测试用例设计方法。为达到不同的测试充分性要求,应采用相应的测试方法,如等价类划分、边界值分析、猜错、因果图等方法。

(3) 兼顾测试充分性和效率的原则。测试用例集应兼顾测试的充分性和测试的效率;每个测试用例的内容也应完整,具有可操作性。

(4) 测试执行的可重复性原则。应保证测试用例执行的可重复性。

所设计的每个测试用例均应包括以下要素:

(1) 名称和标识。每个测试用例应有唯一的名称和标识。

(2) 测试追踪。说明测试所依据的内容来源,如系统测试依据的是用户需求,配置项测试依据的是软件需求,部件测试和单元测试依据的软件设计。

(3) 用例说明。简要描述测试的对象、目的和所采用的测试方法。

(4) 测试的初始化要求。应考虑下述初始化要求:

① 硬件配置。被测系统的硬件配置情况,包括硬件条件或电气状态。

② 软件配置。被测系统的软件配置情况,包括测试的初始条件。

③ 测试配置。测试系统的配置情况,如用于测试的模拟系统和测试工具等的配置

情况。

④ 参数设置。测试开始前的设置,如标志、第一断点、指针、控制参数和初始化数据等的设置。

⑤ 其他对于测试用例的特殊说明。

（5）测试的输入。在测试用例执行中发送给被测对象的所有测试命令、数据和信号等。对于每个测试用例应提供如下内容：

① 每个测试输入的具体内容(如确定的数值、状态或信号等)及其性质(如有效值、无效值、边界值等)。

② 测试输入的来源(例如,测试程序产生、磁盘文件、通过网络接收、人工键盘输入等),以及选择输入所使用的方法(例如,等价类划分、边界值分析、错误推测、因果图、功能图方法等)。

③ 测试输入是真实的还是模拟的。

④ 测试输入的时间顺序或事件顺序。

（6）期望测试结果。说明测试用例执行中由被测软件所产生的期望测试结果,即经过验证,认为正确的结果。必要时,应提供中间的期望结果。期望测试结果应该有具体内容,如确定的数值、状态或信号等,不应是不确切的概念或笼统的描述。

（7）评估测试结果的标准。判断测试用例执行中产生的中间和最后结果是否正确的标准。对于每个测试结果,应根据不同情况提供如下信息：

① 实际测试结果所需的精度。

② 实际测试结果与期望结果之间的差异允许的上限、下限。

③ 时间的最大和最小间隔,或事件数目的最大和最小值。

④ 实际测试结果不确定时,再测试的条件。

⑤ 与产生测试结果有关的出错处理。

⑥ 上面没有提及的其他标准。

（8）操作过程。实施测试用例的执行步骤。把测试的操作过程定义为一系列按照执行顺序排列的相对独立的步骤,对于每个操作应提供：

① 每一步所需的测试操作动作、测试程序的输入、设备操作等。

② 每一步期望的测试结果。

③ 每一步的评估标准。

④ 程序终止伴随的动作或错误指示。

⑤ 获取和分析实际测试结果的过程。

（9）前提和约束。在测试用例说明中施加的所有前提条件和约束条件,如果有特别限制、参数偏差或异常处理,应该标识出来,并应说明它们对测试用例的影响。

（10）测试终止条件。说明测试正常终止和异常终止的条件。

12.3.5.2 测试用例典型设计方法

1. 等价类划分法

等价类划分是一种典型的黑盒测试方法。使用这一方法时,完全不考虑程序的内部结构,只依据程序的规格说明来设计测试用例。由于不可能用所有可以输入的数据来测试程序,而只能从全部可供输入的数据中选择一个子集进行测试。如何选择适当的子集,使其尽可能多地发现错误,解决的办法之一就是等价类划分。

首先把数目极多的输入数据(有效的和无效的)划分为若干等价类。等价类是指某个输入域的子集合。在该子集合中,各个输入数据对于揭露程序中的错误都是等效的,并合理地假定:测试某等价类的代表值就等效于对这一类其他值的测试。因此,可以把全部输入数据合理划分为若干等价类,在每一个等价类中取一个数据作为测试的输入条件,就可用少量代表性测试数据,取得较好的测试效果。

等价类的划分有两种不同的情况:

(1) 有效等价类。对于程序规格说明来说,是合理的、有意义的输入数据构成的集合。利用它,可以检验程序是否实现了规格说明预先规定的功能和性能。

(2) 无效等价类。对于程序规格说明来说,是不合理的、无意义的输入数据构成的集合。利用它,可以检查程序中功能和性能的实现是否有不符合规格说明要求的地方。

在设计测试用例时,要同时考虑有效等价类和无效等价类的设计。软件不能都只接收合理的数据,还要经受意外的考验,接受无效的或不合理的数据,这样获得的软件才能具有较高的可靠性。

划分等价类的原则如下:

(1) 按区间划分。如果可能的输入数据属于一个取值范围或值的个数限制范围,则可以确立一个有效等价类和两个无效等价类。

(2) 按数值划分。如果规定了输入数据的一组值,而且程序要对每个输入值分别进行处理,则可为每一个输入值确立一个有效等价类,此外,针对这组值确立一个无效等价类,它是所有不允许的输入值的集合。

(3) 按数值集合划分。如果可能的输入数据属于一个值的集合,或者需满足"必须如何"的条件,这时可确立一个有效等价类和一个无效等价类。

(4) 按限制条件或规则划分。如果规定了输入数据必须遵守的规则或限制条件,则可以确立一个有效等价类(符合规则)和若干个无效等价类(从不同角度违反规则)。

在确立了等价类之后,建立等价类表,列出所有划分出的等价类:

输入条件	有效等价类	无效等价类
…	……	……
…	……	……
…		

根据已列出的等价类表,按以下步骤确定测试用例:

(1) 为每个等价类规定一个唯一的编号。

(2) 设计一个新的测试用例,使其尽可能多地覆盖尚未覆盖的有效等价类。重复这一步,最后使得所有有效等价类均被测试用例所覆盖。

(3) 设计一个新的测试用例,使其只覆盖一个无效等价类。重复这一步使所有无效等价类均被覆盖。

2. 边界值分析法

人们从长期的测试工作经验得知,大量的错误是发生在输入或输出范围的边界上,而不是在输入范围的内部。因此,针对各种边界情况设计测试用例,可以查出更多的错误。

例如,在做三角形计算时,要输入三角形的三个边长:A、B 和 C。应注意到,这三个数

值应当满足 $A>0$、$B>0$、$C>0$、$A+B>C$、$A+C>B$、$B+C>A$，才能构成三角形。但如果把 6 个不等式中的任何一个大于号(>)错写成大于等于号(≥)，那就不能构成三角形。问题恰好出现在容易被疏忽的边界附近。这里所说的边界是指，相当于输入等价类和输出等价类而言，稍高于其边界值及稍低于其边界值的一些特定情况。

使用边界值分析方法设计测试用例，首先应确定边界情况。通常，输入等价类与输出等价类的边界，就是应着重测试的边界情况。应当选取正好等于、刚刚大于或刚刚小于边界的值作为测试数据，而不是选取等价类中的典型值或任意值作为测试数据。

边界值分析方法是最有效的黑盒测试方法，但当边界情况很复杂的时候，要找出适当的测试用例还需针对问题的输入域、输出域边界，耐心细致地逐个考虑。

3. 逻辑覆盖

逻辑覆盖是以程序内部的逻辑结构为基础的设计测试用例的技术，属白盒测试。这一方法要求测试人员对程序的逻辑结构有清楚的了解，甚至要能掌握源程序的所有细节。由于覆盖测试的目标不同，逻辑覆盖又可分为语句覆盖、判定覆盖、条件覆盖、判定—条件覆盖、条件组合覆盖及路径覆盖。

（1）语句覆盖。语句覆盖就是设计若干个测试用例，运行被测程序，使得每一可执行语句至少执行一次。这种覆盖又称为点覆盖，它使得程序中每个可执行语句都得到执行，但它是最弱的逻辑覆盖准，效果有限，必须与其他方法交互使用。

（2）判定覆盖。判定覆盖就是设计若干个测试用例，运行被测程序，使得程序中每个判断的取真分支和取假分支至少经历一次。判定覆盖又称为分支覆盖。

判定覆盖只比语句覆盖稍强一些，但实际效果表明，只是判定覆盖，还不能保证一定能查出在判断的条件中存在的错误。因此，还需要更强的逻辑覆盖准则去检验判断内部条件。

（3）条件覆盖。条件覆盖就是设计若干个测试用例，运行被测程序，使得程序中每个判断的每个条件的可能取值至少执行一次。

条件覆盖深入到判定中的每个条件，但可能不能满足判定覆盖的要求。

（4）判定—条件覆盖。判定—条件覆盖就是设计足够的测试用例，使得判断中每个条件的所有可能取值至少执行一次，同时每个判断本身的所有可能判断结果至少执行一次。换言之，即是要求各个判断的所有可能的条件取值组合至少执行一次。

判定—条件覆盖有缺陷。从表面上来看，它测试了所有条件的取值，但事实并非如此。往往某些条件掩盖了另一些条件，会遗漏某些条件取值错误的情况。为彻底地检查所有条件的取值，需要将判定语句中给出的复合条件表达式进行分解，形成多个基本判定嵌套的流程图，这样就可以有效地检查所有的条件是否正确（图 12.10 和图 12.11）。

（5）条件组合覆盖。条件组合覆盖就是设计足

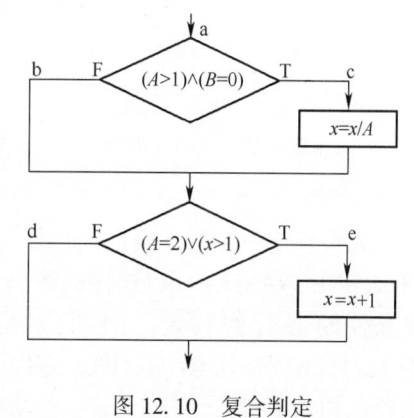

图 12.10　复合判定

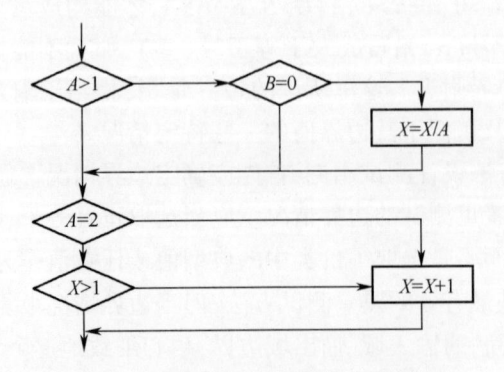

图 12.11 改为单个条件判定的嵌套结构

够的测试用例,运行被测程序,使得每个判断的所有可能的条件取值组合至少执行一次。这是一种相当强的覆盖准则,可以有效地检查各种可能的条件取值的组合是否正确。它不但可覆盖所有条件的可能取值的组合,还可覆盖所有判断的可取分支,但可能有的路径会遗漏掉,测试还不完全。

(6)路径覆盖。路径覆盖就是设计足够的测试用例,覆盖程序中所有可能的路径,这是最强的覆盖准则。但在路径数目很大时,真正做到完全覆盖是很困难的,必须把覆盖路径数目压缩到一定限度。

4. 基本路径测试

如果把覆盖的路径数压缩到一定限度内,如程序中的循环体只执行零次和一次,就成为基本路径测试。它是在程序控制流图的基础上,通过分析控制构造的环路复杂性,导出基本可执行路径集合,从而设计测试用例的方法。

设计出的测试用例要保证在测试中,程序的每一个可执行语句至少要执行一次。

(1)程序的控制流图。控制流图是描述程序控制流的一种图示方法,基本控制构造的图形符号如图 12.12 所示。符号○称为控制流图的一个节点,一组顺序处理框可以映射为一个单一的节点。控制流图中的箭头称为边,它表示了控制流的方向,在选择或多分支结构中分支的汇聚处,即使没有执行语句也应该有一个汇聚节点。边和节点圈定的区域称为区域,当对区域计数时,图形外的区域也应记为一个区域。

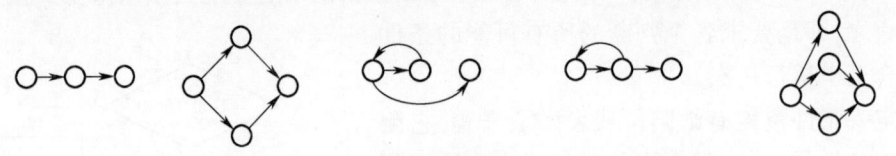

(a)顺序结构　(b)IF选择结构　(c)WHILE重复结构　(d)UNTIL重复结构　(e)CASE多分支结构

图 12.12　控制流图的各种图形符号

如果判定中的条件表达式是复合条件时,即条件表达式是由一个或多个逻辑运算符(OR,AND,NAND,NOR)连接的逻辑表达式,则需要改复合条件的判定为一系列只有单个条件的嵌套的判定。例如,对应图 12.13(a)的复合条件的判定,应该画成如图 12.13(b)所示的控制流图。条件语句 if a OR b 中条件 a 和条件 b 各有一个只有单个条件的判定节点。

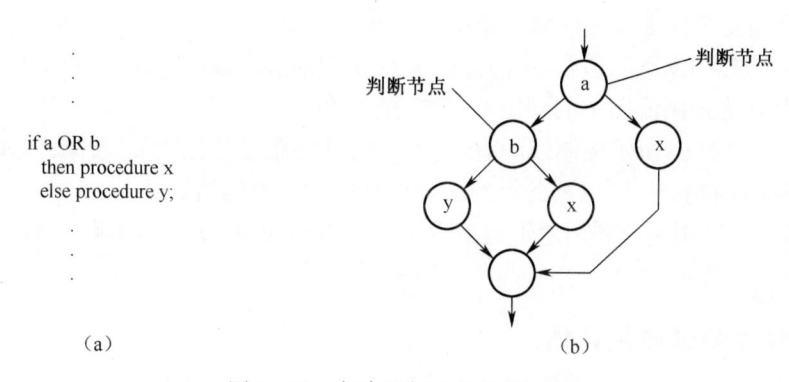

```
if a OR b
  then procedure x
  else procedure y;
```

(a)　　　　　　　　　　　　　　(b)

图 12.13　复合逻辑下的控制流图

(2) 计算程序环路复杂性。进行程序的基本路径测试时,程序的环路复杂性给出了程序基本路径集合中的独立路径条数,这是确保程序中每个可执行语句至少执行一次所必需的测试用例数目的上界。

独立路径是指包括一组以前没有处理的语句或条件的一条路径,如在图 12.13(b)所示的控制流图中,一组独立的路径如下:

path1:1—11
path2:1—2—3—4—5—10—1—11
path3:1—2—3—6—8—9—10—1—11
path4:1—2—3—6—7—9—10—1—11

路径 path1、path2、path3、path4 组成了图 12.14(b)所示控制流图的一个基本路径集。只要设计出的测试用例能够确保这些基本路径的执行,就可以使得程序中的每个可执行语句至少执行一次,每个条件的取真和取假分支也能得到测试。基本路径集不是唯一的,对于给定的控制流图,可以得到不同的基本路径集。

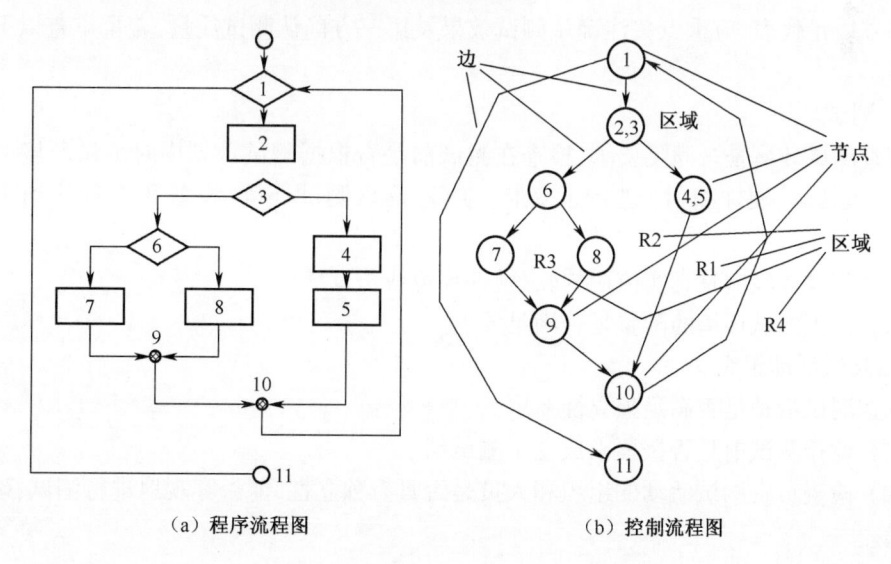

(a) 程序流程图　　　　　　　　(b) 控制流程图

图 12.14　程序流程图与对应的控制流图

通常环路复杂性可用以下三种方法求得:

① 将环路复杂性定义为控制流图中的区域数。
② 设 E 为控制流图的边数,N 为图的节点数,则定义环路复杂性为 $V(G)=E-N+2$。
③ 若设 P 为控制流图中的判定节点数,则有 $V(G)=P+1$。

因为图 12.14(b)所示控制流图有 4 个区域,其环路复杂性为 4。它是构成基本路径集的独立路径数的上界,可以据此得到应该设计的测试用例的数目。

(3)导出测试用例。利用逻辑覆盖方法生成测试用例,确保基本路径集中每条路径的执行。

12.3.6 软件测试质量评估

从软件工程化角度来讲,软件测试在整个开发过程中具有非常重要的作用。软件测试的目的在于按照规定的步骤,采取适当的方法,对软件进行严格的检查,以发现和改正软件的错误,使软件的质量在测试过程中不断提高,最终达到用户规定的要求,能够交付使用。大量的实践数据统计表明,软件测试需要消耗大量的资源,测试所需的时间甚至高达开发总时间的 40%~60%。由此可见,软件测试质量对于软件产品的质量是十分重要的。

软件测试需要合理设计,包括测试环境构建、测试方法设计、测试用例选择、预期结果设定等多方面的内容。在软件测试活动结束后,军方代表有必要对本次软件测试质量进行审查与评估,其目的就是审查测试过程和测试结果的有效性,是否达到了测试目的,确认软件可否转入下一阶段的工作。

12.3.6.1 审查内容

在软件测试的不同阶段,如单元测试、部件测试、确认测试(亦称配置项测试)、第三方测试、系统测试,所需要审查的侧重点不尽相同,既有相同之处也有不同之处。单元测试、部件测试是软件设计人员在软件开发过程中自己完成的测试,多采用白盒测试方法。作为军方质量代表,应重点关注确认测试效果及第三方确认测试质量,着重审查以下几方面内容。

1. 测试环境

审查测试环境是否满足要求,检查在测试前是否根据测试计划中对测试环境的要求对系统(包括软、硬件项目)进行了安装、准备,确认测试环境、设备和工具达到了预期要求。

(1)测试环境应是真实应用的软、硬件环境或仿真环境。
(2)检查测试环境的配置是否满足要求。

2. 测试活动组织

审查测试活动是否满足独立性要求。
(1)检查测试前是否按要求成立了测试组。
(2)检查负责测试活动的组织和人员是否具有独立性,能否客观地进行测试,确保测试质量。

3. 测试文档

审查的内容包括:
(1)检查测试记录和测试文档是否齐全。

（2）检查文档是否符合规范，文档编写应满足相关的文档编写要求，章节是否完整、文字描述是否准确等。

（3）检查测试记录内容，测试记录一般包括每项测试时间、参与测试的人员、环境、方法、数据和预期结果、实测结果等，结果不一致的处理等。

4. 测试结果

测试结果审查是评估软件测试质量的重要环节。审查测试结果及测试分析报告需要关注的内容如下：

（1）审查测试项目的完备性。检查在测试用例和测试过程中是否确切地规定了测试的输入、测试步骤、预期的输出和评价测试结果的方法；对照软件需求规格说明和相关文件要求，检查测试计划中是否覆盖了全部必要的测试，若有遗漏项，应要求测试人员给出合理的解释。

（2）审查测试的一致性。检查测试计划与需求规格说明是否保持一致；检查测试过程和实现是否与测试计划保持一致；检查测试报告、测试结果记录是否与实际测试过程一致。

（3）审查测试用例的充分性。审查测试是否满足相关的测试覆盖要求。对软件需求规格说明中明确和隐含的需求（包括功能、性能、接口、质量要求等）的覆盖率是否达到了100%；对由于测试条件限制覆盖不到的语句和分支，是否进行分析和确认并给出明确的分析结论。

（4）审查测试结果的合理性和正确性。比较在预定环境下，测试结果与预期结果的符合程度，结果是否在合理的范围内。

（5）审查测试过程的彻底性。检查测试出现异常或结果超出正常范围时，测试人员是否按相关规定对测试中发现的错误进行了规范的处理；检查软件更改后是否进行了回归测试。

12.3.6.2　测试用例审查

一般而言，确认测试至少应包括功能测试、性能测试、外部接口测试、余量测试和边界测试，必要时还应包括人机交互界面测试、安全性测试、强度测试、恢复性测试、互操作性测试、安装测试等内容。不同测试项目要求的测试用例不同。一般情况下，着重审查如下测试用例设计的内容。

1. 功能测试用例审查

（1）检查是否对每项功能至少设计一个测试用例和一个认可的异常进行测试。

（2）检查是否用每个功能的合法边界值和非法边界值进行了测试。

（3）检查是否用一系列真实值或仿真值对系统进行了测试。

（4）检查是否用任意的随机数据作为软件的非正常输入数据对软件的适应能力进行了检查。

2. 性能测试用例审查

（1）检查在测试结果中是否对需求分析提出的各项性能指标都进行了测试。

（2）检查测试结果是否可以说明数据处理精度满足需求中的要求或在可接受的范围之中。

（3）检查测试结果是否能说明时间特性（实时性）满足要求。

3. 安全性、可靠性测试

检查安全性、可靠性测试中是否进行了下列各项测试,并达到了预期结果:

(1) 用输入异常信息的方法对软件的异常处理能力进行了测试。
(2) 用产生一系列强制性故障的方法检查软件的异常处理能力。
(3) 检查对系统防止非法进入的处理能力。
(4) 检查出现误操作时系统的适应能力。
(5) 制造条件对双工切换、多机替换的正确性和连续性进行了测试。

4. 对外接口测试

检查对外接口以及人机界面的测试是否满足以下要求:

(1) 由测试结果检查系统输出信息的信息格式及内容是否达到接口控制文件的要求。
(2) 检查人机界面的操作是否简便易行、安全可靠。

12.4 软件质量评价

12.4.1 概述

12.4.1.1 评价目的与意义

实践表明:在软件生存周期过程中及时对软件产品,包括软件的中间产品和最终产品质量进行系统、科学的评价,是促进软件质量提高的一种有效方法。在软件开发过程中根据质量需求适时对软件的中间产品的质量属性进行测量和评价,可以尽早发现问题、及时纠正问题,从而降低成本、控制进度;在获取现货软件、定制的软件或修改现有的软件产品时,软件的需求方按照系统的要求对软件产品的质量进行评价,验证其是否满足系统的要求,可以选择最适合的产品,或重用已有的软件产品,从而加快进度,节约成本;第三方评价机构对软件产品客观、公正的评价,有助于供货方组织改进产品质量、更好地推广产品,有助于需求方组织关注可能的质量问题、更好地进行维护。

对软件产品实施质量评价,是继软件质量管理和独立软件测试之后的又一个推动装备软件质量进一步提高的重要手段。软件质量评价能够比较客观地评定软件的质量水平,有目的地控制、管理和改进软件的质量,为软件定型、验收、鉴定和产业化提供了客观、公正的科学依据。因此,软件质量评价对保证装备软件质量提供了有效保障。

12.4.1.2 评价级别与评价技术

评价级别与软件完整性要求有关。根据系统风险的可容忍程度将系统和软件的完整性分为 A、B、C、D 四个等级,A 为最高级,D 为最低级。软件产品根据其用途、应用环境的不同,可能会遇到安全、安全保密、经济和环境方面的风险,就会有涉及这些方面的完整性要求。如果给某个被评价的软件产品赋于一个软件完整性级别,那么就可用其完整性级别来选择评价级别。表 12.8 从软件失效后果的严重程度给出了风险与评价级别的关系。

表 12.8 不同方面的评价级别

级别	安全性	经济性	保密性	环 境
A	人员死亡或系统报废	财政危机(组织将不能生存)	对战略性数据和业务的保护	不可恢复的环境损害

(续)

级别	安全性	经济性	保密性	环　境
B	人员严重受伤、严重职业病、系统严重损坏或任务失败	巨大经济损失（组织被兼并）	对关键性数据和业务的保护	可恢复的环境损害
C	人员轻度受伤、轻度职业病、系统轻度损坏或任务受影响	重大经济损失（组织受到影响）	针对出错风险的保护	局部污染
D	轻于C级的损伤，但任务不受影响	轻微经济损失	没有具体的风险	没有环境风险

就应用的评价技术和取得的评价结果而言，评价级别定义了评价的深度和全面性。因此，不同的评价级别给出了软件产品质量的不同置信度，评价时也应选择不同的评价技术。在考虑合理的工作量和时间、评价成本等因素的情况下，级别A应使用最严格的评价技术给出最高置信度，级别D可使用不够严格的评价方法，投入的工作量通常也是较少的。因而，与软件完整性级别相关的严格度级别可用来指导选择评价技术。

评价级别的选择可根据产品的每一质量特性单独进行，与产品质量特性的重要性有关。对某一质量特性，应针对所有相关方面评估因产品不符合该特性的需求而产生的风险及后果，以及因高质量带来的收益等方面来确定它的重要性，进而确定其评价级别。另外，软件特性的评价级别也会随大型产品中部件的不同而改变，如一个系统中具有高可靠性需求的关键部件同系统中的其他部件是不一样的。

为详细描述评价规格说明以满足某些评价需求，必须规定度量，而度量要基于根据质量特性和评价级别选择的评价技术。下面列出了从低到高排序的针对GJB 5236中每个质量特性的评价技术。

（1）功能性。
① 功能测试或黑盒测试。
② 根据检查表检查开发文档。
③ 用测试覆盖准则进行单元测试。

（2）可靠性。
① 对使用特殊程序设计语言工具的验证。
② 在软件设计和源代码中进行容错结构分析。
③ 可靠性增长建模。

（3）易用性。
① 用户界面和文档检查。
② 与接口标准和符合性验证。
③ 实际用户的使用经验。

（4）效率。
① 执行时间的测量。
② 基准测试。
③ 确定算法复杂度设计的分析。

(5) 维护性。
① 根据检查表检查开发文档。
② 编码度量和编程规则的验证。
③ 开发文档各个要素间的可追踪性分析。
(6) 可移植性。
① 软件安装规程的分析。
② 验证编程规则。
③ 软件设计的分析。

12.4.2 评价策划与管理

软件产品评价技术已被越来越多的组织和部门所采用,因而评价工作所涉及的技术开发、组织管理、资源利用、成果转移等管理工作也变得越来越重要,尤其是对组织中或专门负责管理和协助产品评价活动、提供评价所需技术的支持机构,他们策划与管理评价工作是否到位对评价的成功与否起到了关键作用。

技术管理关系到软件评价的过程、度量和工具的策划与管理,包括组织内评价技术经验的利用、获取、标准化、控制、转移和反馈等方面的管理。

12.4.2.1 支持机构主要任务

GJB 2434A 描述的评价策划与管理主要涉及组织级和项目级两个层面。从组织级来讲,运用评价技术对开发的、获取的或评价的软件产品进行评价,需要支持机构在组织层面上明确职责、确定目标、制定程序、配备人员和相应的资源、分析评价的效益。从项目级来看,评价工作主要由项目管理者来管理,它也需要支持机构在其策划和实施项目级的产品评价时给予支持。因此,评价支持机构的主要任务包括:

(1) 获取与产品有关的标准和技术信息,以及必要时获取有关专家的支持。
(2) 基于项目需求和组织需求制定适当的内部标准和开发适当的工具。
(3) 制定为评价设立基准的准则。
(4) 评审软件获取和开发的效益及质量。
(5) 收集和分析评价结果,并在组织内通过数据库进行分发。
(6) 基于组织内部和各评价项目的经验,为技术转移提供便利。
(7) 支持评价项目及其各自的项目管理者。

根据评价软件的组织方面的情况,支持机构可以是内部的,也可以是外部的。若支持机构是评价组织内部的一部分,则它可以是涉及软件评价的内部或外部部门。支持机构的具体任务及评价项目如表12.9所列,该表还给出了支持机构与评价项目之间的关系。

表 12.9 支持机构与评价项目之间的关系

支持机构应提供	评价项目要总结
1. 新技术	1. 项目经验
2. 相关标准	2. 评价经验
3. 专家经验(咨询服务)	3. 项目数据
4. 培训	4. 技术经验
5. 组织的数据库	5. 对支持机构的反馈
6. 对评价项目的支持	

12.4.2.2 评价的管理支持

1. 评价策划的组织级管理支持

支持机构对评价的组织级管理支持包括：

（1）制定和实施改进软件评价及支持技术的整体计划。如果组织已经把软件产品评价作为整个组织实施软件质量管理的一项活动列入产品生存周期模型中，那么组织的产品评价计划要由支持机构来维护。针对具体的产品，制定相关的组织目标，采用适当的评价技术，确定相应的管理职责，从而改进评价计划。

（2）实施评价技术，将评价模块纳入配置控制下，编制评价模块文档。支持机构根据评价计划负责准备所需的产品评价技术。如果没有现行可用的技术，通过从外部获取或者自行开发产品评价模块等方式来解决。

（3）为技术转移准备培训大纲、工具及环境。负责评价所用技术在组织内的转移工作。如果组织对计划采用的评价技术不熟悉，支持机构需负责进行培训，负责评价技术的转移和数据收集，以及转移效果的评估。

（4）评估软件评价的技术。负责对组织实施产品评价的收益和效果进行评估，包括收集和维护评价信息，以便在新的项目和新技术应用中使用；分析及评估评价结果和所用的技术，以便证实所用的测量和度量、评价方法和准则的有效性；将评价技术标准化，以便于管理和使用。

（5）管理评价经验。负责对组织内评价方案和评估经验的管理，主要是指质量需求的定义、度量的选择、评定等级的定义以及评估准则等。采用的方法有：定期进行质量评价的评审；将现有标准与新的评价标准和新度量的使用结合起来；给这些标准提供评价结果的反馈；给组织的质量计划和/或质量手册提供评价结果的反馈；维护改进的记录并确保在组织中"最佳实践"的利用。

2. 评价策划的项目级管理支持

项目级评价一般由项目管理者来管理。项目管理者负责项目评价计划的制定、评价活动的实施和评价所需资源的准备等。支持机构负责协助项目级评价工作，包括评价方案的策划、评价计划的升级和项目与组织间的技术转移等管理支持。

由于支持机构负责组织内所有评价活动和所用的评价技术，因此，策划评价时支持机构协助项目管理者制定评价计划，如确定使用的评价技术、传递可用的数据和文档等信息、参与评价计划的评审等。对评价项目的进展情况进行监督，出现问题给予帮助。在评价项目结束时，收集评价结果，以备将来使用。对组织中各项目的评价计划进行维护，不断采用新技术，积累新的数据和经验。

12.4.3 评价方法

1. 用户和产品技术文档（包括联机文档）的评审

在对功能性、易用性、可移植性和维护性等需求方面进行评价时，产品文档可以提供所有必要的信息。不需要实际购买该软件产品，而通过借阅文档或购买文档集就能得到对相关软件产品文档的访问。虽然阅读软件产品文档可能不如参加课程或进行培训更有效，但被证明是最经济的方法，尤其是对于评价者具有相关专业知识的情况。

2. 基于供方课程和培训的评价

通过供方或第三方为众多的软件产品提供产品课程，在没有软件产品课程的情况下，安排有经验的用户或软件产品的开发者进行专门培训，在此基础上进行评价。提供产品课程或培训的好处在于能使评价者把精力集中在特定范围，并且在较短时间内获得有关产品在功能性和易用性方面的特定信息。通过阅读软件产品的文档也可能得到相同的信息，但花费的时间更多。课程或培训的附加成本需要根据获取信息的效率和课程资料的普遍性两方面来衡量。

3. 软件工程过程的评估

对软件工程过程的评估是通过检查过程的中间产品，如产品质量计划、需求规格说明、体系结构描述或概要设计说明、详细设计说明、源代码、验证和确认记录、代码走查和测试记录等，来决定软件产品的质量。为达到这一目标，必须定义哪些文档构成了可以接受的软件工程过程的文档编制基线，这一基线将为最终得到的软件产品提供充分的质量保证。

针对目标完整性级别剪裁 GB/T 8566 的需求定义一个可以接受的基线，以便规定必要的开发活动和相关的支持活动。软件工程过程文档编制基线可参照 GB/T 8566 或 GJB 438A 的规定来确定。

对具有高完整性需求的系统，可以通过有关标准来提出附加过程和产品需求。

供方的质量/开发计划及相关的方法学规程，可以用来评估供方对目标基线的符合情况。依从性级别可以通过标识主要缺陷和评估其对软件产品质量的潜在影响来确定。附加的评价或变通的办法能说明缺陷的影响。

由于有多种软件工程过程对特殊组织或不同种类的软件产品是有效的，因此评价过程应具有灵活性，以便适应多种合理的软件工程过程和方法。

软件工程评审可分为计划—需求、设计—获取、全面评价三个阶段进行。每阶段均从产品文档、课程和培训，软件工程过程，运行历史三个方面开展评审。当认为软件的完整性级别不要求对软件工程过程进行全面评价时，评审可以在第Ⅰ阶段或第Ⅱ阶段之后停止。

4. 供方运行历史的评审

对供方运行历史的评审能够提供一种表明软件产品质量的非常有效的方法，可以通过评审软件产品的销售图表和使用该产品的行业及应用程序的详细资料来实现。这种评审也说明了软件版本的修订历史、维护修订的方法、解决用户反映的缺陷的方法，以及已知缺陷的详细内容。执行评审最便利的方法是与供方的工程人员、销售人员和用户支持人员进行沟通，以及检查所有支持记录。

对软件产品运行历史有如下要求：

（1）销售图表应至少有 180 天的时间；即用在评价中的销售数字应只包括在评价前 180 天以上的销售量，原因是软件产品从交付、安装、委托代理直至服务到位可能需要花费多达 180 天的时间。

（2）软件产品应至少经历一个主要的修订，并且应有该修订中可用的运行历史数据。这是基于如下假设：软件产品的质量依赖于它所经历的改进次数。

（3）软件产品的用户拥有向供方反馈缺陷报告的途径，而且也存在缺陷发生和处理缺陷的证据。

对软件产品运行历史的评审应确定：

（1）软件是否通过修改另一产品而产生，能否使用该产品的运行历史。对该软件产品的更改次数和更改程度来说，这可能是附带的。

（2）软件产品运行的单元年数。

5. 用户运行历史的评审

对那些正在使用或曾在某个应用中使用该软件产品的实际用户评审其运行历史，能使评价者在实际操作条件下不带偏见地回答一些具体问题。根据用户的应用和所要求的应用之间的相似程度，从整体质量或特定功能中得到的质量保证可能与从原型或者甚至从扩展的实验用途中所得到的保证一样有用。进行评审最方便的办法是通过在工作现场与用户进行沟通，甚至可能通过观看演示或查阅支持记录的方式。

评价者对用户运行历史的评审应：

（1）建立与要求的应用相似的等级。

（2）试图观察运行中的软件产品或取得其他支持的证据。

（3）询问用户有关供方提供的支持形式和支持质量的问题。

（4）确定人为差错的总数。

6. 供方的能力、支持和质量体系的评审

对供方的支持能力级别和维护软件的能力进行评价应说明：

（1）财务的稳定性、经验和能力。

（2）产品开发环境的支持，包括集成工具、所用操作系统、对其他部件/库对象的维护和使用。

（3）产品与其他产品或产品组的接口，包括接口标准。

（4）涉及第三方的可能性。

（5）提供产品支持的充分的资源承诺。

（6）证明持续得到支持的充分的用户基础。

（7）用于纠正错误及环境支持的充分的维护服务。

（8）对安装平台的充足引用。

（9）正式和充分的发布、修订控制规程和实践证据。

（10）正式的回归测试和设计更改的正式评价。

（11）文档化和形成惯例的问题报告和解决规程。

（12）质量体系已就位。

（13）用于软件和硬件的标准。

（14）未来的开发计划，即与当前市场定位相关的策略已就位。

（15）产品质量保证书。

7. 原型和其他评价方法

（1）原型。原型是一种评价方法，用于分析或微调需求，以确定使用软件产品的技术可行性，或排除与特定的功能性、易用性需求以及与实现有关的未知风险或技术风险。原型可能利用也可能不利用全部软件产品功能，或者可能说明也可能不说明整个应用的需求。

应注意:原型常常要求供方提供对特别指明的设备、人员和文档的访问。对这些和其他因素,如特定环境条件或服务所隐含的成本和进度问题,应在确定软件产品原型的可行性时考虑。

除了通常的评价需求之外,原型应:

① 使用足以表明需求已被评估的例子,并实际提供对关键运行参数的重新构造和模拟。

② 尽量整理文档以便能被第三方重复使用。

③ 利用与提议的应用相关的历史数据。

（2）其他评价方法。评价等级应该与评价的完整性级别相对应。其他的评价方法包括:

①对软件结构设计的分析(维护性)。

②软件的故障树分析(安全性、可靠性)。

③基于软件产品测试的随机统计应用(可靠性)。

④检测语法和语义的正确性的代码动态分析(可靠性)。

⑤软件设计的危险分析(安全性、可靠性)。

⑥对软件需求规格说明的评审(功能性)。

⑦代码检查(功能性)。

⑧软件的黑盒测试(功能性)。

⑨基准测试(效率)。

⑩需求的可追踪性分析(维护性)。

⑪在部件间接口的模拟故障(健壮性)。

对具有高完整性级别的复杂软件,故障树分析或软件设计的危险分析能够用来为进行评价而孤立"关键的"软件模块,这可以排除对不影响应用完整性的软件进行严格评价的必要。

12.4.4 评价模块

由于软件产品的开发方法不同、规模大小不同、应用目标和范围不同,产品评价工作所用的技术和方法也有区别,但评价工作的核心都是用一组适用的技术对软件产品的质量特性/子特性/属性进行测量和对测量结果进行评价。为了在组织内能正确一致地使用度量,也为了使组织不断总结和积累软件产品质量特性评价的经验和数据,有必要对所用的度量、相关方法及使用指南进行模块化,对其文档编制格式进行标准化。

12.4.4.1 评价模块概念

评价模块是针对特定软件质量特性或子特性的评价技术包,包括评价方法和技术、评价的输入、待测量和收集的数据,以及支持规程和工具。

软件产品评价是一项综合性的工作,各个质量特性和子特性的不同方面可能需要采用不同的评价技术和收集不同的数据。为了应付这种复杂性,可把评价活动构造成多个可管理的单元,每个单元覆盖质量的一个或多个方面。也就是说,把针对一个特定的质量特性或子特性所用的特定评价技术、支持规程和工具,以及进行评价所需的信息收集起来,整理成包,便于组织在产品评价时选择和管理。

评价模块提供了评价技术、度量和测度之间的联系。当开发组织、需方或第三方评价组织推荐应用一种评价技术时,可从评价模块库中选出合适的评价模块。

12.4.4.2 评价模块文档结构

评价模块的文档结构一般有 6 个部分,分别描述评价模块的不同方面,另外还可以有可选的附录。

(1) 前言或引言:描述评价模块的编制、版本、与其他文档的关系等正式信息,介绍评价模块的原则、背景和评价技术原理等信息。

(2) 范围:定义评价模块所针对的质量特性、子特性或属性、评价级别、评级技术和评价模块的适用范围。

(3) 引用文件:定义评价模块引用的标准和技术文档。

(4) 术语和定义:定义或引用评价模块所用的术语。

(5) 输入和度量:标识评价需要的输入,如产品和产品部件的信息、产品的支持信息和使用信息,定义待收集的数据和待计算的测度。

(6) 结果解释:规定每个测度的映射,包括测度含义、映射标度、判定准则等,以及对结果的报告。

(7) 附录(可选)应用规程:包含一些未定义的技术术语、需要的资源(如工具、环境、人员、时间等)、评价实施规程、数据记录等,以及最终文档要求。

12.4.4.3 评价模块开发

评价模块的开发比较灵活,不仅可以针对某个或某几个质量特性或子特性进行,也可以针对其中的某个质量属性来开发,开发过程一般经历 5 个步骤。

(1) 标识评价模块的需求:标识和确定评价模块所用的质量模型、准备评价的质量特性/子特性/属性,评价的严格程度和适用范围等。

(2) 确定评价模块的规格说明:确定可用的评价技术和评价输入、可用的度量/测量方法,以及需要什么样的数据元素集合等。

(3) 制定评价规程:与上一步的评价规格说明结合起来,考虑如何执行评价、如何解释度量和评价数据、如何验证评价等程序性内容,并估计评价所需的资源等。

(4) 描述评价规程:按照评价模块的格式描述上一步确定的评价规程,形成初步的评价模块文档。

(5) 验证和确认评价模块:按照评价模块规格说明评审(验证)这一评价模块,一般由熟悉评价技术的专家来进行,确认评价模块代表了最新技术发展水平,且现有技术对组织不太适用。

由不同小组的人员在不同的环境下试用评价模块并进行确认,然后将试用得到的经验反馈给开发小组加以改进。

12.4.4.4 评价模块示例

以软件质量特性之一可靠性的故障密度指标为例,说明评价模块构成内容。

1. 引言

本评价模块用于确定程序的故障密度。在设计和测试期间检测出大量故障能够减少软件中潜在的故障,这些潜在故障将引发运行期间的失效。在运行初期大量的故障引起频繁失效并降低产品可靠性,因此在软件投入运行前应确保故障密度在规定的阈值以下。

通常,软件产品中遗留的故障数是难以统计的。但是,通过使用模型和故障检测的历史数据,可以估计其数值。故障密度即利用这个估计值计算出来。一般估计规程如下:

(1) 选择一个合适的可靠性增长模型(RGM),如采用指数型 RGM 和 S 型 RGM。

(2) 在测试周期的特定时刻,记录所测故障的累积数目。

(3) 要求用 RGM 参数方程拟合一组数据记录的曲线方程。

(4) 当 RGM 方式中的时间(t)趋于无穷时,可计算出潜在故障数的估计值。

2. 范围

(1) 特性:可靠性—成熟性—故障密度。

(2) 评价级别:级别为 B。

(3) 技术:使用可靠性增长建模技术。最终软件产品中的故障数使用可靠性增长模型做出预测。

(4) 适用性:通常用在系统测试期间,适用于所有类型的程序设计语言。当必须将故障密度值与用不同程序设计语言编写的软件其他特性值做比较时,规模值应标准化。

3. 引用文件

略。

4. 术语和定义

下列定义适用于本评价模块。

故障:计算机程序中的不正确的步骤、过程或数据定义。

失效:系统或部件不能按规定的性能要求执行它所要求的功能。

LOC(代码行数):代码行数。

ELOC(出错代码行数):检测到失效并加以修改的代码行数。

EELOC(估计的出错代码行数):估计出错的代码行数。

NCLOC(无注释的代码行数):没有注释的代码行数。

FDV(故障密度值):指出每单位产品故障数量的值。

5. 输入和度量

(1) 评价的输入。下列来源用作评价的输入:

① 产品部件:源代码。

② 产品信息:程序测试报告、程序评审报告、程序验证报告。

(2) 数据元素。为便于应用评价技术,必须收集下列数据元素:

① 检测到的故障数(ELOC)。

② 每个失效的检测时间,时间的测量方法必须一致,如 CPU 时间或日历时间。

③ 无注释的代码行数(NCLOC)。

(3) 度量和测度。

$$FDV = (EELOC - ELOC)/NCLOC$$

6. 结果解释

(1) 测度的映射。组织内标度的试验性数据源:

$FDV \leqslant 10^{-4}$	优秀(高于要求)
$10^{-4} < FDV \leqslant 10^{-3}$	良好(达到目标)
$10^{-3} < FDV \leqslant 10^{-2}$	合格(最低可接受)

FDV>10⁻² 不合格(不可接受)

(2) 报告。作为应用评价模块的结果报告下列信息：
① 源代码的标识。
② 故障密度值:FDV。
③ 相应的评级(优秀、良好、合格、不合格)。

7. 应用规程
(1) 所用技术术语定义。
RGM(可靠性增长模型):用于估计出错的代码行数。
(2) 需要的资源。使用评价模块时,下列资源必须是可用的:
① 需要的软件工具:LOC 计数工具、改过的代码行的计数工具、可靠性数据采集工具和分析工具(可选)。
② 软硬件平台:无特殊需求。
③ 测试装备或其他设备:无特殊需求,但建议使用可靠性数据采集和分析工具。
④ 技能和资格:需要有使用 RGM 方面的知识。
⑤ 应用的人力方面:大部分工作与对失效进行测试和记录有关。若采用可靠性数据采集工具,则 RGM 的应用和 FDV 计算只需要有限的工作。
⑥ 其他特殊资源:无特殊需求。
(3) 评价细则。
① 样本的选择:选择样本源代码。采样率应超过一半。
② 原始数据的生成:失效数据从测试报告中提取。若测试报告不可用,则进行测试。为了采用可靠性增长模型 RGM,需要最小的测试时间为×××。
③ 算法:通过使用可靠性增长模型 RGM,估计潜在的出错 LOC 数。通过应用 RGM 模型求出 EELOC。
计算故障密度值 FDV:

$$FDV = (EELOC - ELOC)/NCLOC$$

值得注意的是,这里必须详细解释如何使用 RGM 模型或工具,或者必须提供对用于估计的软件工具和手册所做的引用。
④ 工作和最终文档的保留要求:每周做一次测试,在测试阶段做趋势分析。若故障密度的计算值大于一些规定值(评为不合格),则再次进行源代码评审上、重新测试和调试,并且再次计算故障密度。
(4) 文档编制(内部)。下列信息在内部文档中记录:
① 源代码样本的标识和版本。
② 测试文档的标识和版本。
③ 用于估计 EELOC 的失效集。
④ 应用日期和负责人。

12.4.5 评价过程

GJB 2434A 的主要内容是给出了三种软件产品评价过程,分别规定了供方、需方和第三方独立评价者实施产品评价所遵循的过程。其基本活动是类似的,都是按照确立评价需求、规定评价、设计评价和执行评价等活动描述相应的产品评价过程,如图12.15所示。但每个过程活动的具体任务则根据使用者不同、评价目的和需求的不同而有所区别。

理解软件产品通用评价过程主要包括哪些活动,每项活动相应的任务是什么,有哪些输入和输出等是非常必要的。

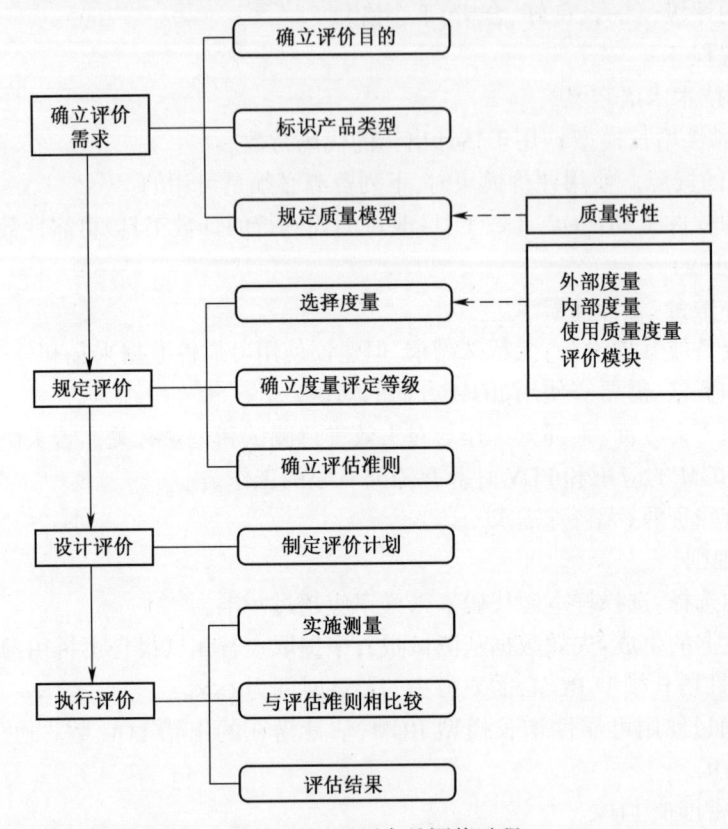

图 12.15 通用产品评价过程

12.4.5.1 确立评价需求

该项活动主要由确立评价目的、标识产品类型和规定质量模型组成。其输入是软件或系统的质量需求,包括用户质量要求、系统的质量要求、相应的法律法规及特定的需方要求等,输出是软件的评价需求。

1. 确立评价目的

确立评价目的,即明确为什么要进行评价,确立评价目标。

2. 标识产品类型

需要考虑准备评价的产品是中间产品还是最终产品。

3. 规定质量模型

具体地说就是规定评价需求。在进行软件或系统的需求分析时,不仅分析其功能需求,还必须考虑它的质量需求和性能需求。

软件质量模型代表了软件质量特性的总体,这些质量特性通常用特性、子特性和属性的分层树结构进行分类(图12.16)。一个特定的软件质量特性或子特性可以用一个或多个属性来评估。

对于一个特定软件产品,它的各个质量特性的重要性是不同的。如对于实时系统来说,可靠性、效率和功能性比较重要,而生存期长的软件则可移植性、可维护性比较重要。另外,还要考虑软件各个质量特性之间存在着的有利和不利的影响,如由于效率的要求,可使用汇编语言,但如此一来,编写的程序可移植性和可维护性比较差。因此,在确定产品质量特性/子特性时要综合考虑它们之间的相互关系和重要程度,给出相应的优先级。

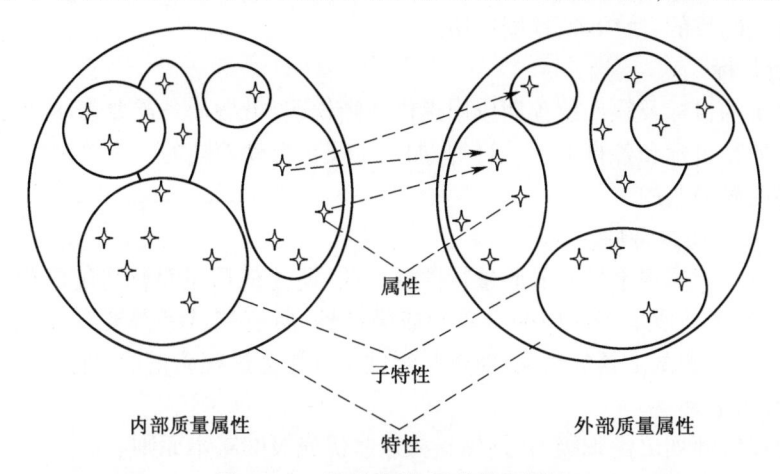

图 12.16 质量特性、子特性和属性

12.4.5.2 规定评价

该项活动实际上就是规定评价的规格说明,由选择度量、确立度量评定等级和确立评估准则组成。该活动的输入是上一步的输出——评价需求,其输出是评价规格说明。

1. 选择度量

GJB 5236 给出了测量软件质量特性的度量表,对软件质量模型中的每个内部、外部和使用质量特性/子特性,通过提供若干度量元的方式列出了一些行之有效的测量方法。

2. 确定质量评定等级

将产品满足质量需求的程度进行分类。

3. 确定评估准则

在针对评价需求选择一组度量元或方法、确立评定等级之后,评价者应将评价规格说明编成文档,其中可以按软件完整性级别、规定质量模型和优先顺序列出待评价的质量特性与子特性,选择的内部、外部或使用质量的度量,可能的验收准则等,如表 12.10 所列。

表 12.10 功能性的测度

特性	适合性	准确性	互操作性	安全保密性	依从性
期望值	肯定回答多于 70%	肯定回答多于 70%	肯定回答多于 70%	肯定回答多于 70%	肯定回答多于 25%
评定值	适合性的评价值	准确性的评价值	互操作性的评价值	安全保密性的评价值	依从性的评价值
1(不合格)	[0…0.70]	[0…0.70]	[0…0.70]	[0…0.70]	[0…0.25]
2(合格)	[0.70…0.80]	[0.70…0.80]	[0.70…0.80]	[0.70…0.80]	[0.25…0.50]
3(良好)	[0.80…0.90]	[0.80…0.90]	[0.80…0.90]	[0.80…0.90]	[0.50…0.75]
4(优秀)	[0.90…1]	[0.90…1]	[0.90…1]	[0.90…1]	[0.75…1]

评价者还应规定测量的执行条件(如环境、时间、成本等)和测量规程,针对不同的质

量特性使用不同的评价准则。

12.4.5.3 设计评价

设计评价的主要任务是制定评价计划。该活动的输入是评价规格说明,输出是评价计划。评价计划描述了评价所用的方法和评价活动的进度表。一般应包含如下内容:

1. 引言

描述计划的目的、使用者、预期应用。

2. 评价目标

应对评价的目标及软件的预期应用提供清晰说明,可按业务需要表述,但是这些需要应用于设定质量目标和各自准则的目的,如用于飞机自动着陆的安全关键性系统的应用,其需求是被明确说明的。

3. 可应用的质量特性

应提供支持上述规定目标的质量特性的说明,所述的质量目标可能既面向产品又面向过程。例如,产品质量特性中的可靠性或维护性;所有测试者都要有经证明的测试资格,并有经过使用测试工具的培训,而这些测试工具作为过程质量的目标。

4. 列出优先级

应对上述特性列出优先级,并提供支持这些优先级的基本原则。

5. 质量目标(特性)

应提供在项目开发的中间或最后阶段可测量的被量化的质量目标。例如,在最终测试期间每千行代码的差错数,或在配置管理系统的最新控制版本下每个总录入故障数。

6. 进度表

应提供明确的目标计划,用里程碑和所述的可交付来提供。

7. 职责定义

定义相关计划实施中所有设想的职责,包括所有数据收集、任务分析、其他支持需求的实现、报告、随后的工作和类似需求。

8. 测量类别

应定义计划实施的各种测量。若产品和过程测量都要进行,则应对其分类。产品质量测量包括性能、可靠性和可移植性等的测量,说明在开发的哪一阶段执行哪些测量,重复的频率如何,哪些技术或工具可用于帮助数据的捕获和分析,如果偏离所述目标时,设想哪些动作等。这些测量可以是最终的或中间的测量,可以通过使用子特性来获得。过程质量测量描述如何实施过程测量,包括监督标准的有效性,工具的使用和项目管理等。

9. 使用与分析数据

应定义如何分析数据,使用什么统计方法和使用什么表现技术,也应说明如何设想把信息集成于进度追踪过程或产品验收过程。

10. 报告

应定义是在项目或产品评介的内部还是在外部报告分析结果,并说明如何解决未完成项。

11. 其他需求

可用于包括计划前面未覆盖的需求,如可包括使用的技术和方法、支持工具、引用的相关标准和指南、供方的评价等。

12.4.5.4 执行评价

该活动的输入是评价计划,输出是评价报告和评价数据。

按照评价计划对软件质量特性使用所选择的度量,其结果为一系列映射到测量标度上的值。将测量值与预定准则进行比较,将结果记录下来,然后对评价结果进行评估。评估是软件评价过程的最后一步,对一组已评定的等级进行总结,其结果是对软件产品满足质量需求程度的一个综合的报告,最后将总结的质量与时间和成本等其他方面进行比较。评价者根据管理准则做出一个管理决策,最终是决策层做出的接受或拒绝、发布或不发布该软件产品的决定。此评价结果对软件开发生存周期的下一步决定十分重要,如需求是否需更改或开发过程是否需要更多的资源。

12.4.6 软件质量综合评价模型构建与应用

12.4.6.1 质量综合评价指标的选取

在实际软件质量评价活动中,为准确反映软件质量及其满足实际需求的程度,应制定一个综合评价指标体系。它是正确评估软件质量的基础和先决条件。软件质量特性、子特性评价指标的选取是否合适,直接影响到软件质量综合评价的结论。

指标体系是由多个相互联系、相互作用的评价指标,按照一定的层次结构组成的有机整体。任何评价体系的建立都是经过科学的分析和周密物设计。由于装备软件种类较多,对其质量的要求千差万别,要将这些质量需求反映在评价指标体系上,必须结合具体装备软件的特点及其需求建立评价指标体系。

为了使软件质量评价指标体系构建合理,建立的评价指标体系满足如下要求:

1. 完备性原则

要综合评价软件质量,必须将反映装备软件质量的影响因素全面、系统、合理地纳入到评价范围之内,并依据此设计指标体系。

2. 科学性原则

要求运用科学方法,对所评估的装备软件使用周境、任务、功能、构成特点等进行分析,结合装备软件质量需求确定质量特性、子特性的指标,使其符合具体装备软件的客观实际。

3. 重点性原则

在对软件质量进行评价时应适当地突出重点,在全面评价软件质量的基础上,结合软件的任务,针对软件特点,有重点地选取指标,确保指标真实、可靠地反映装备软件质量。

4. 系统性原则

一是在确定评价对象的每一个指标时,不是孤立地应指标本身考虑问题,而要对评价体系的各层次指标同时加以考虑,注意各指标之间的竞争、制约;二是在确定某一装备软件的评价体系时,不是孤立地考虑该指标体系,而是把其放到软件工程的整体中综合考虑,有利于软件工程各项活动的协调。

例如,在确定被评估软件的质量要素时,不但要考虑技术问题,还要考虑成本与达到效果的绩效,许多软件有一些多余的功能,而这些对部队建设没有实际效用,却占用了许多成本,因此在成本和效果都能满足的情况下,应最大限度地维护部队装备建设的利益。

5. 层次性原则

在建立评价指标体系时,按照系统论的观点,"自顶向下,逐步细化"。针对具体装备软件,根据评价目的,选取若干个质量特性作为一级指标,再在一级指标下选取质量子特性作为二级指标。

6. 简洁性原则

建立指标体系时要抓住被评价软件的本质特点,尽量采用有代表性的重要质量特性、子特性作为评价指标,指标体系既简明扼要,又疏而不漏,避免烦琐复杂。

下面列举不同类型软件需要考虑的质量要素,具体如表12.11所列。

表12.11 不同类型软件质量要素

应用环境	需要考虑的质量要素
生存期长	可移植性、可重用性
实时系统	功能性、可靠性、有效性
系统运行环境不同	可移植性
航空航天软件	可靠性、容错性
工业软件	可维护性、可移植性、可重用性
普通商业软件	易用性、可维护性
教育软件	可靠性、功能性

在建立软件质量评价指标体系时,除了遵循上述原则要求外,还要按照下面的程序进行:

(1) 目标分析。目标就是评价要达到的目的,即要求达到的期望状态。

(2) 系统分析。系统分析就是采用系统工程的观点和方法,对软件评价进行分析,弄清软件评价目标的影响因素,并澄清各因素之间的相互关系。

(3) 属性分析。对各个要素的特点进行分析,建立与之相适应的指标,弄清楚各个指标的本质属性,为各个指标建立数学模型、获取评价数据依据奠定基础。指标属性是指每个指标是定性还是定量的。

(4) 结构分析。不同的目标结构,会带来不同的评价指标体系结构形式。

(5) 信息来源分析。指标信息来源于有关方面的数据库、公式计算、统计分析、专家咨询和主管估计等。

(6) 权重计算。权重计算是要素对总目标的贡献程度的度量。通过权重分析,可以得到各个指标在评估中的地位以及影响程度。

(7) 归一化分析。归一化分析是指标间相互比较的基础,是进行总体评价的前提。

(8) 形成初步的评价指标体系。

(9) 咨询评审。形成初步的评价指标体系后,需广泛征求专家、业务机关、相关专业人员、使用部队的意见与建议,形成较完整的评价指标体系。

12.4.6.2 质量综合评价方法及评价权重的确定

软件质量评价是对多属性体系结构描述的对象系统地做出全局性、整体性的评价。由于影响评价对象的因素往往是众多而复杂的,如果仅从单一指标或单一方面进行评价不尽合理,往往需要将反映软件质量的多方面信息加以汇集整理,从而得到一个综合指标体系,以此反映被评价对象的整体情况。

目前,用于软件质量评价方法种类很多,选取何种评价方法,主要取决于评价本身的目的和被评价事物的特点。根据各评价方法所依据的理论基础,软件质量评价方法分为:效用函数综合评价法,如功效系数法;专家评分法,如专家打分综合法;运筹学与其他数学方法,如层次分析法、数据分析法、模糊综合评判法;新型评价方法,如人工神经网络评价法、灰色综合评价法;混合方法,也就是几种方法集成使用情况,如层次分析法与模糊综合评判集成、模糊神经网络评价法等。选择具体何种方法时,应遵循如下原则:①评价者能熟练掌握和运用;②能够正确地反映评价对象和评价目的;③有坚实的理论基础,能为人们所信服;④简洁明了,尽量降低算法的复杂性。

下面对几种常用的评价方法予以介绍:

1. 层次分析法

层次分析法(AHP)是美国匹兹堡大学运筹学专家 T. L. Saaty 于 20 世纪 70 年代提出的一种系统分析方法。它的主要思想是根据研究对象的性质将要求达到的目标分解成多个组成因素,并按因素间的隶属度关系将其层次化,组成一个层次结构模型,然后按层分析,最终获得最低层对于最高层的重要性权值,或进行优劣排序。

层次分析法的效果好坏取决于判断矩阵的一致性程度,以及判断者对系统各要素的把握程度,由于实际评估系统往往很复杂,而且人们认识上的多样性及主观的片面不稳定性,系统要素的重要性没有统一的度量标准,只能对它们进行估计判断。因此,判断矩阵的一致性条件不完全满足在实际应用中是客观存在的,它要面临要素的优劣评估导致不正确的问题。

2. 数据包络法

数据包络法(DEA)是由 A. Charnel 等人于 1978 年提出的。DEA 在研究具有相同类型部门或单位间的相对有效性等方面十分有用。数据包络法主要适用于多输入/多输出同类决策单元的有效性评价。

DEA 需要一系列指标数值作为系统评估的基础数据,数据包络中输入和输出指标要求能够全面反映系统投入和产出的情况。但是,不同的人选取指标的角度和目的不同,因此所选的指标也不相同,而且很难有一个固定的标准来判断不同指标所反映的状况。指标选取的不同必然会影响到计算的结果。

3. 德尔菲法

德尔菲法是在 20 世纪 40 年代由 O. Helm 和 N. Dalca 首创,经过 T. J. Gordon 和兰德公司进一步发展而形成的。德尔菲法依据系统的程序,采用匿名发表意见的方式,即专家之间不得相互讨论,不发生横向联系,只能与调查人员发生关系,通过统计多轮次调查专家对问卷所提问题的看法,经过反复征询、归纳、修改,最后汇成专家基本一致的看法,作为预测的结果。

德尔菲法具有匿名性的特点,每名专家只知道几种不同的意见,而对于持不同意见的专家是不清楚的,因此每位专家对于观点的意见和建议可以不用顾及太多,但是匿名性的特点对于不同专家可能持有的偏见是无法处理的,在发扬其优越性的同时,忽略了集体讨论的作用。

4. 模糊综合评判法

模糊综合评判法是一种基于模糊变换理论对多因素问题进行多层次和综合评估的方法，它是将模糊问题定量化的一种评判法。模糊评判在处理定性指标较多的评估问题时具有良好的适应性，对带有主观评估因素的指标适应性较强，可适用于类型识别系统、专家评估系统等。

模糊综合评估是以模糊数学为基础，应用模糊关系合成原理，将一些边界不清楚、不易定量的因素定量化，是一个从多个因素以被评价事物隶属等级状况进行综合性评价的一种方法。其优点是：数学模型简单，容易掌握，对多因素、多层次的复杂问题评判效果比较好，是别的数学分支和模型难以代替的方法。

5. 人工神经网络法

人工神经网络是模仿生物神经网络功能的一种经验模型，主要由大量与自然神经细胞类似的人工神经元互联而成，具有自组织、自学习和自适应能力的良好品性，因此得到广泛应用研究。它根据输入的信息建立神经元，通过学习规则或自组织等过程建立相应的非红性数学模型，并不断进行修正，使输出结果与实际值之间差距不断缩小。神经网络将信息或知识分布储存在大量的神经元或整个系统中，可以将经验性知识充分利用，从而使误差最小化，因而可以建立基于人工神经网络的多指标综合评价方法。

基于人工神经网络的多指标综合评价方法，通过神经网络的自学习、自适应功能和强容错性，建立更加接近人类思维模式的定性和定量相结合的综合评价模型。人工神经网络作为一种交互式的评价方法，它可以根据用户期望的输出不断修改指标的权值，直到用户满意为止。因此，一般来说，人工神经网络评价法得到的结果会更符合实际情况。

人工神经网络评价法具有自适应能力，能对多指标综合评价问题给出一个客观评价。特别是，针对综合评价建模过程中变量选取方法的局限性，采用神经网络原理可对变量进行贡献分析，进而剔出影响不显著和不重要的因素，以建立简化模型。既能考虑评价专家的经验和直觉思维模式，又能降低综合评价过程中人为不确定因素，较好地保证了评价结果的客观性。其不足之处在于需要大量的样本，评价模型隐含评价算法，应用范围有限。另外，网络收敛速度也极大地影响着评价工作效率。

软件质量评价指标体系建立后，应确定每个指标在综合评价中所占的比重即权重值。权重是各评价指标对评价对象影响程度的大小。一般来说，指标权重比统计数据对评价结果的影响更大。统计数据有误或不准，一般只影响某项评估指标的某个计算参数；而权重不准确，则对评估指标的计算结果起到"倍增性"的影响，而且由于某项评价指标的权重与其他关联的评估指标的权重是相互制约的，也影响到其他评价指标的评价结果。因此，科学地确定指标权重，对于综合评价结果是否科学合理具有举足轻重的作用。

目前，确定权重的方法基本上可以归为主观赋权法和客观赋权法两大类。主观赋权法是由决策分析者对各属性的主观重视程度而进行赋权，通常采用向专家征集意见的方法，它体现了决策者的意向，但同时也具有较大的主观随意性。而客观赋权法是指单纯利用属性的客观信息而计算确定相应的权重的方法，主要有熵权信息法、变异系数法、离差最大化法等。客观法虽然具有较强的数学理论依据，但没有考虑到决策者的主观意愿，且有时得出的结果会与各属性的实际重要程度相悖，难以给出明确的解释。

两种赋权法各有优缺点。实际应用中，可根据具体情况选择不同的权重确定方法。

现行综合评价方法通常采用主观赋权法,由于专家对指标重要程度的估价主要来源于研究经验和客观实际,其看法的形成往往与所处的客观环境有关直接的联系,因此从某程度上看,主观赋权法也具有一定的客观性。权重权重分配确定方法有专家估测法、层次分析法、模糊逆方程法、环比法等。

12.4.6.3 质量评价模型及其应用

以某网络通信服务软件为例,通过问卷调查确定其评价指标。其问卷设计调研对象从具有软件开发经验的实际工作者和软件项目质量监督军事代表和基层部队使用者中挑选。针对其特点,把软件质量评价指标从问卷调查结果用统计学的方法测算出来。

问卷的统计方法应用描述性统计方法,将每个指标的选择率计算出来,而后选择处于某一范围的质量指标,就完成了某一软件质量指标的选择。如规定选择率在50%以上的就接受为软件质量评价指标,功能性的选择率为75%,则选择功能性这一质量特性,再在这一质量特性的基础上通过评价子特性的选择率来确定子特性的选择情况,从而确定软件质量指标评价体系。问卷调查统计结果为:其功能性的选择率90%,可靠性的选择率85%,效率的选择率80%,可维护性的选择率60%,其他特性均不符合规定的50%指标;通过选择子特性,功能性选择适合性、互操作性,可靠性选择成熟性、容错性、易恢复性,效率选择时间特性、资源特性,可维护性选择稳定性、易测试性。从而完成了一个特定的军用软件质量特性评价指标体系的构建工作,如图12.17所示。

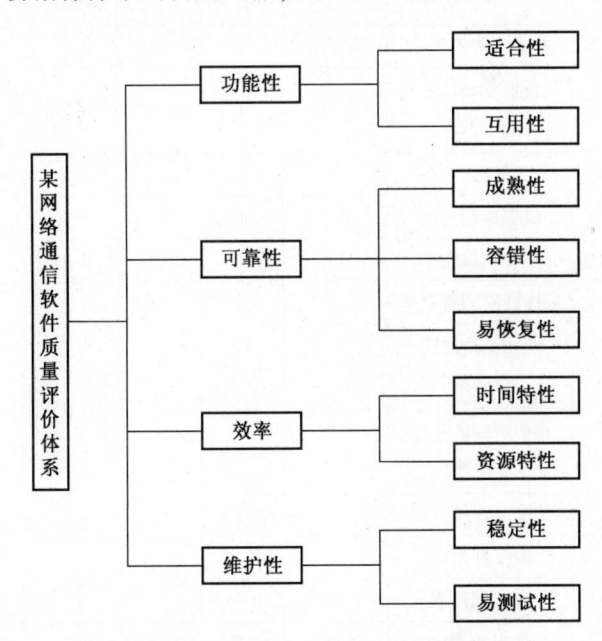

图 12.17 某网络通信软件质量评价指标体系

专家运用层次分析法根据软件质量特性中功能性、可靠性、效率、维护性4项指标的重要程度和判断矩阵标度给出判断矩阵:

$$A = \begin{bmatrix} 1 & 1 & 5 & 5 \\ 1 & 1 & 3 & 5 \\ 1/5 & 1/3 & 1 & 1/3 \\ 1/5 & 1/5 & 3 & 1 \end{bmatrix}$$

求取该判断矩阵的最大特征值 $\lambda_{max} = 4$，对应的特征向量为(1.1362,1,0.1962, 0.2991)，进行归一化处理得到(0.43,0.38,0.08,0.11)。

其余子特性的权值的确定方法与此特性权值的确定方法相同，可得出子特性权值。

根据下列公式评价各质量特性，即

$$v_{sij} = \sum_{k=1}^{N_{mij}} \omega_{mijk} \cdot v_{ijk}$$

$$v_i = \sum_{j=1}^{N_{sj}} \omega_{sij} \cdot v_{sij}$$

式中：v_i 为第 i 个质量特性的测量值；v_{sij} 为第 i 个质量特性的第 j 个子特性的测量值；v_{ijk} 为第 i 个质量特性的第 j 个子特性的第 k 个度量项的测量值；N_{si} 为第 i 个质量特性的子特性数量；N_{mij} 为第 i 个质量特性的第 j 个子特性的度量项的数量；ω_{sij} 为第 i 个质量特性的第 j 个子特性的加权系数；ω_{mijk} 为第 i 个质量特性的第 j 个子特性的第 k 个度量项的加权系数。

表 12.12 是其质量评价结果，可以看出该军用通信软件的质量属于良好范围。

表 12.12 综合评价表

综合评价项	质量特性	质量子特性	度量项	度量值	度量项加权值	子特性值	子特性加权值	特性值	特性加权值	综合评分
质量评价模型	功能性	适合性	功能正确实现率	0.898	1	0.898	0.8	0.902	0.43	0.808
		互操作性	数据交换格式实现率	0.917	1	0.917	0.2			
	可靠性	成熟性	强度符合率	1	1	1	0.3	0.65	0.38	
		容错性	误操作避免率	0.5	1	0.5	0.4			
		易恢复性	重启动成功率	0.5	1	0.5	0.3			
	效率	时间特性	短周转时间符合率	1	0.25	1	0.5	1	0.08	
			快速响应时间符合率	1	0.25					
			单位时间吞吐量符合率	1	0.25					
			传输时延符合率	1	0.25					
		资源特性	内存利用率	1	0.5	1	0.5			
			CPU 利用率	1	0.5					
	维护性	稳定性	更改成功的比率	0.886	1	0.886	0.7	0.847	0.11	
		易测试性	重新测试的效率	0.756	1	0.756	0.3			

参 考 文 献

[1] 王毓芳,肖诗唐. 质量检验教程. 北京:中国计量出版社,2003.
[2] 王国纲. 航天班组长质量培训教材:检验分册. 北京:中国宇航出版社,2004.
[3] 总装备部综合计划部. 军品质量监督与检验验收. 2001.
[4] 高峻,裴东,肖心有. 军品质量检验技术. 北京:国防工业出版社,2004.
[5] 常铁军,祁欣.材料近代分析测试方法. 哈尔滨:哈尔滨工业大学出版社,2003.
[6] 郑修麟. 材料力学性能.西安:西北工业大学出版社,2000.
[7] 王晓春,张希燕. 材料现代分析与测试技术. 北京:国防工业出版社,2010.
[8] 王富耻. 材料现代分析测试方法. 北京:北京理工大学出版社,2006.
[9] 郭立伟,朱艳,戴鸿滨. 现代材料分析测试方法. 北京:北京大学出版社,2014.
[10] 杨玉林,范瑞清,张立珠,等. 材料测试技术与分析方法. 哈尔滨:哈尔滨工业大学出版社,2014.
[11] GB/T 228.1—2010 金属材料　拉伸试验　第1部分:室温试验方法.
[12] GB/T 7314—2005 金属材料　室温压缩试验方法.
[13] 秦树人. 机械工程测试原理与技术.重庆:重庆大学出版社,2002.
[14] 刘星. 军事装备试验计量技术与管理. 北京:国防工业出版社,2005.
[15] 马海荣. 几何量精度设计与检测. 北京:机械工业出版社,2004.
[16] GB/T 1958—2004 产品几何量技术规范(GPS) 形状和位置公差 检测规定.
[17] 王自明. 无损检测综合知识. 北京:机械工业出版社,2005.
[18] 李喜孟. 无损检测. 北京:机械工业出版社,2001.
[19] 王仲生. 无损检测诊断现场实用技术. 北京:机械工业出版社,2003.
[20] 程玉兰.红外诊断现场实用技术. 北京:机械工业出版社,2002.
[21] 夏纪真. 无损检测导论. 广州:中山大学出版社,2016.
[22] 沈建中,林俊明. 现代复合材料的无损检测技术. 北京:国防工业出版社,2016.
[23] 罗雯,魏建中,阳辉,等.电子元器件可靠性试验工程. 电子工业出版社,2005.
[24] 孙青,庄奕琪,王锡吉,等.电子元器件可靠性工程. 电子工业出版社,2002.
[25] 王卫平. 电子产品制造技术. 北京:清华大学出版社,2005.
[26] 汤元信. 电子工艺及电子工程设计. 北京:北京航空航天大学出版社,1999.
[27] GB/T 2828.1—2012 计数抽样检验程序 第1部分:按接收质量限(AQL)检索的逐批检验抽样计划.
[28] GB 4589.1—2006 半导体器件　第10部分:分立器件和集成电路总规范.
[29] GJB 4027A—2006 军用电子元器件破坏性物理分析方法.
[30] GJB 548B—2005 微电子器件试验方法和程序.
[31] GJB 360B—2009 电子及电气元件试验方法.
[32] GJB 128A—1997 半导体分立器件试验方法.
[33] 区健昌. 电子设备的电磁兼容性设计. 北京:电子工业出版社,2004.
[34] 邱成悌,赵惇殳,蒋全兴. 电子设备结构设计原理. 南京:东南大学出版社,2005.
[35] 余建祖. 电子设备热设计及分析技术. 北京:高等教育出版社,2002.
[36] GB 4706.1—2005 家用和类似用途电器的安全　第1部分:通用要求.

[37] GB 9254—2008 信息技术设备的无线电骚扰限值和测量方法.
[38] GB 4343—2009 家用电器、电动工具和类似器具的电磁兼容要求.
[39] GB/T 17626.4—2008 电磁兼容 试验和测量技术 电快速瞬变脉冲群抗扰度试验.
[40] GB/T 17626.5—2008 电磁兼容 试验和测量技术 浪涌(冲击)抗扰度试验.
[41] GJB 151B—2013 军用设备和分系统电磁发射及敏感度要求与测量.
[42] GJB 1032—90 电子产品环境应力筛选方法.
[43] GJB 150A—2009 军用装备实验室环境试验方法.
[44] (美) Paul C. Jorgensen. 软件测试. 北京:机械工业出版社,2003.
[45] 洪伦耀,董云卫. 软件质量工程. 西安:西安电子科技大学出版社,2004.
[46] 阮镰,陆民燕,韩峰岩. 装备软件质量和可靠性管理. 北京:国防工业出版社,2006.
[47] 刘小方.复杂武器装备数字化质量检验系统构建与分析.计算机仿真,2015,32(3).
[48] 刘小方,程绪建. 装备软件质量检验与监督. 北京:国防工业出版社,2012.